Wynn Kapit, Lawrence M. Elson

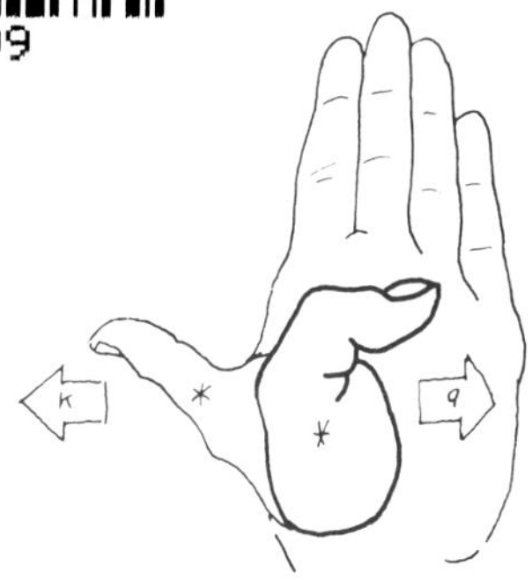

ANATOMIE-MALATLAS

Arcis Verlag

Die Deutsche Bibliothek – CIP-Einheitsaufnahme

Kapit, Wynn:
Anatomie-Malatlas / Wynn Kapit ; Lawrence M. Elson. [Aus dem Amerikan. übers. und textlich überarb. von Adela Kraus-Žatecky]. – Überarb. Neuaufl. – München : Arcis-Verl., 1995
ISBN 3-89075-080-X
NE: Elson, Lawrence M.:; Kraus-Žatecky, Adela [Bearb.]

Aus dem Amerikanischen übersetzt und textlich überarbeitet von Adela Kraus-Žatecky.

Überarbeitete und erweiterte Neuauflage

ISBN: 3-89075-080-X

Inhaltsverzeichnis

Vorwort

Der menschliche Körper fasziniert im Grunde jeden Menschen. Doch fehlen oft Gelegenheit und auch die entsprechenden Hilfsmittel, um sich einmal genauer mit ihm zu befassen. Das vorliegende Buch bietet eine sehr gute Möglichkeit, mit relativ geringem zeitlichen Aufwand (fast kein stures Auswendiglernen!) und einer Methode, die Freude macht, den menschlichen Körper und seine Funktionen genau kennenzulernen.

Malend lernen? Malen ist, wie die moderne Lernforschung weiß, eine der wirkungsvollsten – und gleichzeitig angenehmsten – Lernmethoden. Die Lernenden werden mit den grundlegenden strukturellen und funktionalen Erscheinungsformen des menschlichen Körpers vertraut, während sie die Tafeln ausmalen und zum eigenen Körper in Beziehung setzen. Das Buch eignet sich als Einführung in die Anatomie für einen großen Leserkreis. Für Studenten, insbesondere für die Medizinstudenten, bietet dieses Buch mit Zeichenvorlagen zum Lernen und Wiederholen der Anatomie und Physiologie des Menschen eine umfassende Grundlageninformation. Künstler können mit dieser Methode die anatomische Basis für die Schönheit der menschlichen Körperform kennenlernen. Menschen mit bestimmten gesundheitlichen Problemen haben hier die Möglichkeit, beim Ausmalen die Körperstrukturen verstehen zu lernen, deren Funktionsmängel die Beschwerden hervorrufen. Ärzten, Krankenschwestern, Hebammen, Chiropraktikern, Krankengymnasten, Physiotherapeuten und den Mitarbeitern in weiteren Heilberufen wird der Anatomie-Malatlas in der Ausbildung helfen und später dazu dienen, den Patienten ihre spezielle Funktionsstörung zu erklären. Jeder, der dem Aufbau des menschlichen Organismus ein mehr als beiläufiges Interesse entgegenbringt, wird Spaß daran haben, diese Bilddarstellungen des Körpers und seiner einzelnen Teile auszumalen.

Der Anatomie-Malatlas fördert das aktive Lernen: 163 Bildtafeln, der Organisation des Körpers entsprechend systematisch geordnet, sind anzumalen. Bevor Sie sich mit den Bildtafeln beschäftigen, sollten Sie die »Hinweise zur Arbeit mit diesem Buch« aufmerksam durchlesen.

Es ist nicht unbedingt notwendig, die vorgegebene Reihenfolge genau einzuhalten, aber es ist empfehlenswert, ein Kapitel im Zusammenhang durchzuarbeiten und dabei immer am Anfang dieses Kapitels zu beginnen. Ebenso empfehlen wir, sich zuerst mit den Kapiteln »Einleitung« (Anat. Ebenen und Schnitte, sowie Lage- und Richtungsbezeichnungen, Tafel 1,2) und »Grundstrukturen des Körpers« (Tafeln 3–10) zu beschäftigen, bevor Sie sich anderen Bildtafeln zuwenden.

Jedes Kapitel beginnt mit einer einführenden Darstellung, gefolgt von Tafeln mit den einzelnen anatomischen Strukturen, die nach Körperregionen geordnet sind (Kopf, Hals, obere Extremität etc.). Für jede Körperregion und ihre Bezeichnung wird dieselbe Farbe verwendet. Auf diese Weise können Sie Begriff und zugehörige Körperregion auf einen Blick erfassen und verbinden. In dem Maße, wie sich die optische Orientierung entwickelt, werden strukturelle Beziehungen deutlich werden.

Jede Bildtafel vermittelt je nach vorhandenem Platz wissenschaftliche Fakten und Erklärungen. Die kurzen Textabschnitte sind für alle Benutzer geschrieben und setzen keine akademische Ausbildung in diesem Bereich voraus. Möglicherweise wirken einige Darstellungen auf den ersten Blick sehr schwierig. Wenn Sie aber die verschiedenen Teile ausgemalt haben, wird die Beziehung der einzelnen Teile zueinander durchschaubar. Die gleiche Erfahrung werden Sie auch mit ganzen Kapiteln machen, wenn Sie die in Beziehung stehenden Bildtafeln, nachdem sie vollständig bearbeitet sind, miteinander vergleichen. Querverweise zu anderen Tafeln sind unter der Abbildungsnummer in der rechten oberen Ecke der Bildtafeln aufgelistet.

HINWEISE ZUR ARBEIT MIT DIESEM BUCH

Auf jeder einzelnen Tafel finden Sie
a) eine Malanleitung,
b) ggf. Querverweise zu anderen Tafeln,
c) die neu eingeführten Begriffe (in Outline-Schrift) mit den Identifikationsbuchstaben (z. B. ARTERIE a),
d) die anatomische Zeichnung mit den Identifikationsbuchstaben (*, a, b, c... oder a_1, b_1... oder A^1, B^1...) und
e) die wissenschaftliche Erklärung.

Abkürzungen:

M = Muskel
N = Nerv
A = Arterie
V = Vene
Mm = Muskeln
Nn = Nerven
Aa = Arterien
Vv = Venen
Lig. = Ligamentum
sup. = superior
inf. = inferior
post. = posterior
ant. = anterior
Abb. = Abbildung
R = Ramus
int = interior
med = medial
Sys = System
Tr = Trakt
n. d. = nicht dargestellt

Symbole:

* = grau bemalen (Überschrift)
● = schwarz bemalen (Zwischenüberschrift)
n.d. = nicht dargestellt (im Text)
+/+ = nicht bemalen
?Farben = sehr viele Farben, doppelt verwenden

Das Symbol (......) als Verlängerung einer Arterie, einer Vene, eines Nerves oder eines Ausführungsganges bedeutet, daß die betroffene Struktur in der Tiefe hinter dem Organ verläuft, durch das die Punkte gezogen sind.

Zur Vorgehensweise

Bevor Sie mit dem Ausmalen beginnen, schauen Sie sich in Ruhe die ganze Seite an und lesen Sie die Malanleitung, die erläuternden Zwischentexte usw. genau durch. Es ist nicht notwendig, daß Sie alles, was Sie vor sich sehen, sofort ganz verstehen, wichtiger ist, daß Sie ein Gefühl für die Seite entwickeln und wissen, was Sie erwartet.

Jedes neue Kapitel beginnt bei den Grundlagen und geht dann weiter zu den Einzelheiten. Es ist also möglich, sich je nach Interesse auf die Aneignung eines Grundlagenwissens zu beschränken oder aber in spezielle Bereiche vorzudringen. Wenn Sie den vorliegenden Stoff einer Tafel für Ihre Zwecke zu detailliert oder fachspezifisch finden, können Sie ihn weglassen. Für den besseren Überblick ist es allerdings empfehlenswert, diese Tafel als Teil der Gesamtdarstellung des Themas trotzdem auszumalen.

Zum Gebrauch der Farben

Optimal ist eine **Ausstattung** mit mindestens 20 verschiedenen Farben (einschließlich 1 oder 2 Grautönen), doch können die Bildtafeln auch mit 12 Farben

und einem Grauton bearbeitet werden. Bunt- und Filzstifte sind Wachsmalkreiden vorzuziehen. Am besten geeignet sind Buntstifte, weil sie die Konturen durchscheinen lassen und man unterschiedlich stark aufdrücken kann.
Ab und zu werden bestimmte Farben für bestimmte Strukturen vorgeschlagen. Im Prinzip können Sie zwar jede beliebige Farbe verwenden, aber einige Farben weisen auf bestimmte Körperregionen hin, entweder weil sie in der Realität diese Farbe haben, oder weil sie in Anatomie-Atlanten normalerweise immer in denselben Farben dargestellt sind, wie z. B.: **Arterien (rot), Venen (blau), Nerven (gelb), Lymphgefäße (grün), Fettgewebe (gelb), Muskelgewebe (braun) usw.** Sollen verschiedene Arterien, Venen, Nerven etc. bemalt werden, muß man natürlich auch hier unterschiedliche Farben bzw. Farbtöne verwenden.

Als allgemeine Regel gilt: Benutzen Sie für die **größeren Flächen** mehr **neutrale oder helle Farben,** für **kleinere oder wichtigere Bezirke** dagegen **leuchtende, kräftige Farben.** Gelegentlich schlagen wir vor für eine Bildtafel Farben zu verwenden, die bereits auf einer vorhergegangenen, mit dieser in Beziehung stehenden Tafel dieselben Körperregionen eingesetzt wurden. In diesen Fällen malen Sie diese Körperregionen und Begriffe zuerst aus, ohne zu berücksichtigen, wo sie auf der Bildtafel stehen. Dann gehen Sie zurück zum Anfang der Begriffsliste und beginnen der Reihenfolge entsprechend. Diese Vorgehensweise verhindert, daß Sie eine Farbe verwenden, die bereits für eine andere Körperregion bestimmt war.

Zum Ausmalen der Tafeln

Sie sollten möglichst nicht über die dickeren **Linien** hinausmalen, denn in der Regel handelt es sich um Grenzlinien, die unterschiedlich auszumalende Bezirke trennen. Die dünneren Linien dürfen übermalt werden, denn sie dienen meist dazu, ein Gebiet zu strukturieren oder ihm ein plastisches Aussehen zu verleihen. Wenn man nicht deckende Stifte, z. B. Buntstifte, verwendet, scheinen diese Linien durch. Um den plastischen Effekt zu verstärken, können Sie die mit dünnen Linien versehenen Bezirke zusätzlich abschnittweise dunkler oder fester bemalen.

Wenn Sie ein Wort oder einen zusammenhängenden Ausdruck in Outlineschrift bearbeiten, sollten Sie **immer** für die Bezeichnung und die mit dem gleichen Kennbuchstaben versehene, dazugehörige Körperregion (Knochen, Muskel etc.) dieselbe Farbe verwenden. Diese Vorgehensweise wird eine stärkere optische Verbindung zwischen Körperregion und ihrer Bezeichnung schaffen und dabei helfen, auch die Rechtschreibung der neuen Begriffe zu erlernen. Es ist empfehlenswert, die Begriffe in der aufgeführten Reihenfolge anzumalen.

Ist ein Ausdruck mit einem **Sternchen** (*) versehen, sollte man einen mittleren Grauton verwenden. Meist handelt es sich dann um große Überschriften, die besonders hervorgehoben werden sollen. Wenn hinter einem Wort oder einem zusammenhängenden Ausdruck ein kleiner **schwarzer Punkt (•)** steht, wählen Sie einen dunklen Grauton oder schwarz.

Damit Sie Überschriften oder Bezeichnungen nicht verwechseln, benutzen Sie bitte nur **eine Farbe pro Kennzeichnungsbuchstaben** auf der betreffenden Seite. Verschiedene Bezeichnungen/Körperregionen mit dem gleichen Identifizierungsbuchstaben, aber zusätzlich einer kleinen Nummer (a_1, a_2, A^1, A^2 etc.) werden alle mit derselben Farbe ausgemalt. Solche Körperregionen weisen – trotz vorhandener Unterschiede – genügend Bezug zueinander auf, um dieselbe Farbe zu rechtfertigen.

Manchmal sind nicht alle auszumalenden Körperregionen mit einem kennzeichnenden Buchstaben versehen. Das kann z. B. bei symmetrischen Strukturen der Fall sein, wo auch die unbeschriftete Seite mitbemalt werden sollte. Oder aber auch, wenn eine oder zwei Bezeichnungen erkennen lassen, daß alles mit Farbe versehen werden soll.

Gelegentlich sind Strukturen nicht beschriftet, weil sie mit dem auf der Bildtafel behandelten Thema keinen funktionellen Zusammenhang aufweisen. Solche Strukturen werden dann auch nicht ausgemalt (sind durch ein **Kreuzsymbol** (+/**+**) gekennzeichnet).

ANATOMIE-MALATLAS

EINLEITUNG
ANATOMISCHE EBENEN UND SCHNITTE

Tafel 1
(vgl. Tafel 2)

1. Bemalen Sie die vier Körperschnitte und ihre Strukturen in sehr hellen Farben.
2. Beachten Sie, daß die mit (+) markierten Bereiche nicht ausgemalt werden sollen.

Zum Studium der Anatomie des menschlichen Körpers müssen Teile oder Bereiche des Körperinneren visuell dargestellt werden. Als Dissektion (dis = auseinander; sectio = Schnitt) bezeichnet man die Präparation des Körpers, um einen Blick in sein Inneres zu erhalten. Eine solche Methode ist das Schneiden des Körpers entlang vorgegebener Linien oder Referenzflächen – das erlaubt eine durchgehende visuelle Orientierung. Zwei dieser Flächen sind entlang der Längsachse des Körpers oder Körperteils ausgerichtet, dabei steht die eine senkrecht zur anderen (Längsschnitte). Die dritte Ebene liegt senkrecht zur Längsachse des Körpers oder Körperabschnittes (Querschnitt). Praktische Bedeutung haben solche Ebenen in medizinischen, bildgebenden Verfahren, wie Computertomographie (CT) und Magnetresonanztomographie (MRT). Hierbei wird das Körperinnere mittels Computerauswertung in Form von »Scheiben« abgebildet, entlang von Sagittal-, Frontal- und Transversalebenen.

MEDIAN A

Das ist die zentrale Longitudinalebene, die Kopf und Rumpf in eine rechte und linke Hälfte teilt. Zwei charakteristische Strukturen der Medianebene sind die Wirbelsäule und das Rückenmark. Die Medianebene ist die mittlere der Sagittalebenen.

SAGITTAL B

Sagittalebenen sind die Longitudinalebenen, die parallel zur Medianebene verlaufen. Sie können an Kopf, Rumpf und Gliedmaßen gebildet werden.

FRONTAL ODER KORONAL C

Diese Longitudinalebene teilt den Körper in gleiche oder ungleiche vordere und hintere Teile. Der Begriff »koronal« wird manchmal von Radiologen bei CT und MRT benutzt.

QUER ODER TRANSVERSAL D

Die Transversalebene teilt den Körper oder Körperteile in obere und untere Abschnitte. Sie stellt einen Querschnitt senkrecht zu den Longitudinalebenen dar. Transversalebenen werden von Radiologen als axiale oder transaxiale Schnitte bezeichnet. Sie sind häufig bei CT- und MRT-Darstellungen zu sehen.

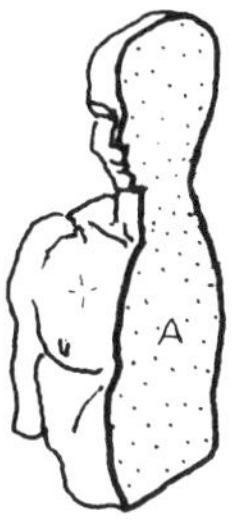

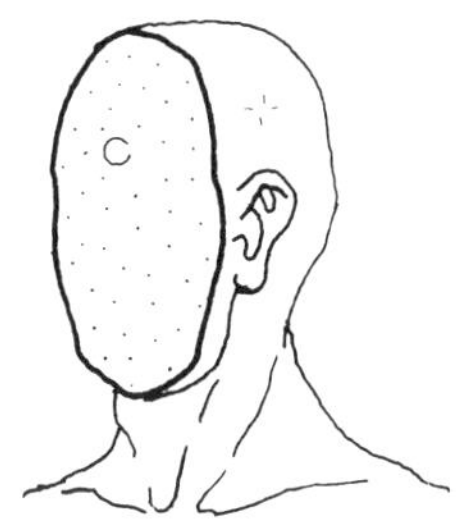

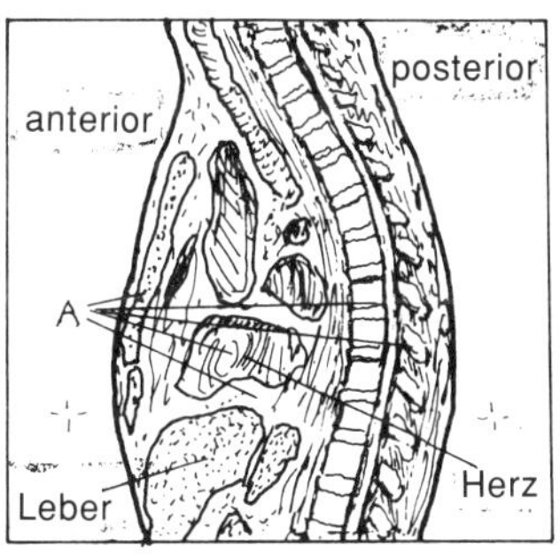

Medianschnitt durch den Thorax

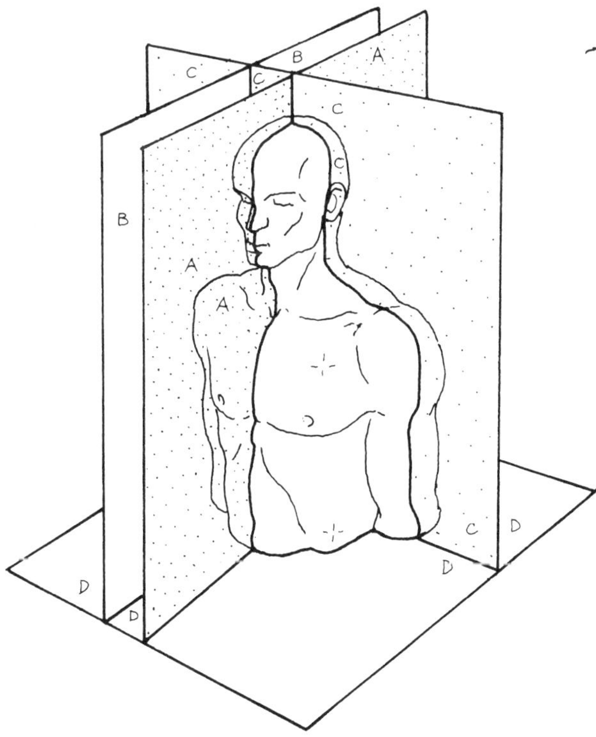

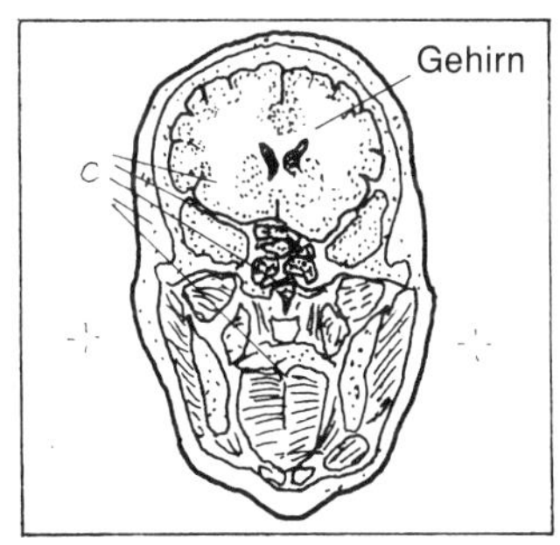

Frontalschnitt durch den Kopf

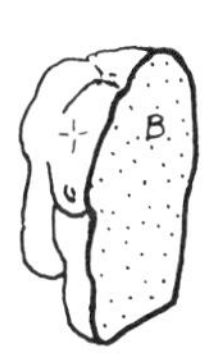

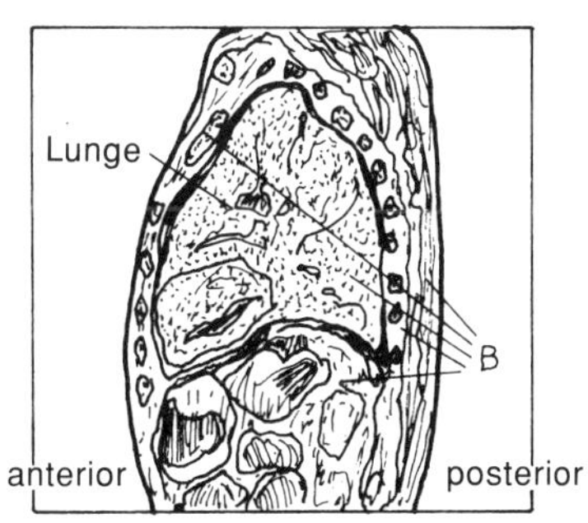

Sagittalschnitt durch den Thorax

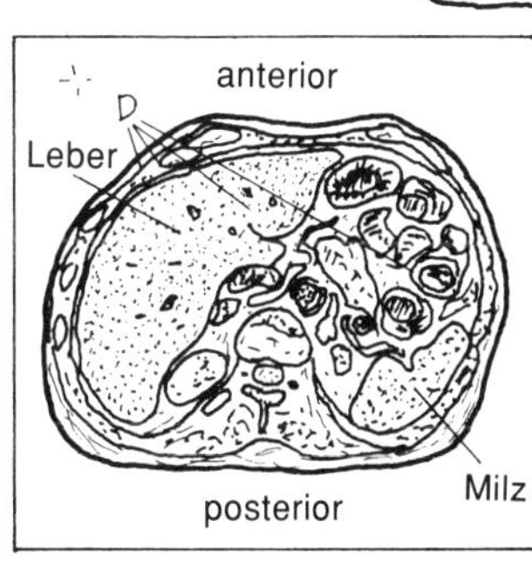

Querschnitt durch den Bauch

EINLEITUNG
LAGE- UND RICHTUNGSBEZEICHNUNGEN

Tafel 2
(vgl. Tafel 1)

1. Verwenden Sie leuchtende oder dunkle Farben.
2. Malen Sie nur die Pfeile und nicht die Bilder aus.

Die Lage- und Richtungsbezeichnungen beschreiben die Beziehung von einem Organ zu einem anderen, in der Regel entlang einer der drei Körperebenen, die auf Tafel 1 beschrieben sind. Um Verwirrung zu vermeiden, beziehen sich diese Begriffe auf die anatomische Grundstellung: aufrechter Stand, Gliedmaßen ausgestreckt, Handflächen nach vorne.

KRANIAL, SUPERIOR, ROSTRAL A

Diese Begriffe kennzeichnen eine Struktur, die näher zum Kopf hin oder höher als eine andere Struktur liegt. Beachten Sie auch die Anwendung des Begriffes »kranial« beim Vierbeiner.

ANTERIOR, VENTRAL B

Diese Begriffe kennzeichnen eine Struktur, die im Vergleich zu einer anderen Struktur weiter vorne liegt. Beim Menschen wird der Begriff »anterior« bevorzugt. Beachten Sie den Unterschied in der Anwendung des Begriffes »ventral« beim Vierbeiner.

POSTERIOR, DORSAL C

Diese Begriffe kennzeichnen Strukturen, die gegenüber anderen Strukturen weiter hinten liegen. Beim Menschen wird der Begriff »posterior« bevorzugt. Beachten sie den Unterschied in der Anwendung des Begriffes »dorsal« beim Vierbeiner.

MEDIAL D

Dieser Begriff kennzeichnet eine Struktur, die im Vergleich zu einer anderen Struktur näher zur Medianebene liegt. »Medial« ist dabei *nicht* synonym zu »median« (= in der Medianebene gelegen).

LATERAL E

Dieser Begriff kennzeichnet eine Struktur, die im Vergleich zu einer anderen Struktur weiter entfernt von der Medianebene liegt.

PROXIMAL F

Dieser Begriff wird nur an den Extremitäten (Gliedmaßen) gebraucht und kennzeichnet eine Struktur, die im Vergleich zu einer anderen Struktur derselben Extremität näher zur Medianebene oder näher zum Rumpfansatz liegt.

DISTAL G

Dieser Begriff wird nur an den Extremitäten gebraucht und sagt aus, daß die betreffende Struktur gegenüber einer anderen Struktur derselben Extremität weiter entfernt von der Medianebene oder vom Rumpfansatz liegt.

KAUDAL, INFERIOR H

Diese Begriffe kennzeichnen eine Struktur, die im Vergleich zu einer anderen Struktur näher zu den Füßen oder weiter unten liegt. Beachten Sie die Anwendung des Begriffes »kaudal« beim Vierbeiner.

SUPERFIZIELL I PROFUND J

Der Begriff »superfiziell« (oberflächlich) wird synonym mit »extern« verwendet, der Begriff »profund« (tief) synonym mit »intern«. Im Vergleich zu einem Referenzpunkt der Brustwand liegt eine superfizielle Struktur näher zur Körperoberfläche und eine profunde Struktur tiefer im Innern des Körpers.

IPSILATERAL K KONTRALATERAL L

Der Begriff »ipsilateral« bedeutet »auf derselben Seite« wie der Referenzpunkt; »kontralateral« bedeutet »auf der gegenüberliegenden Seite«.

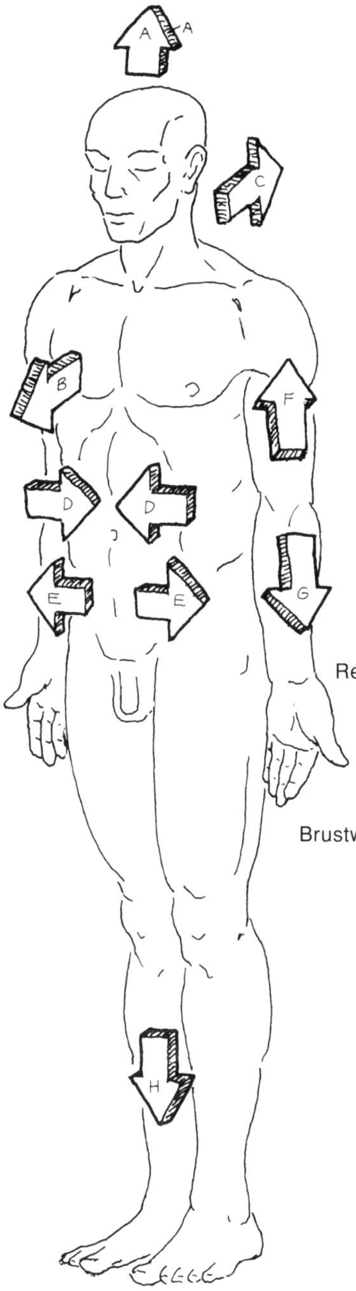

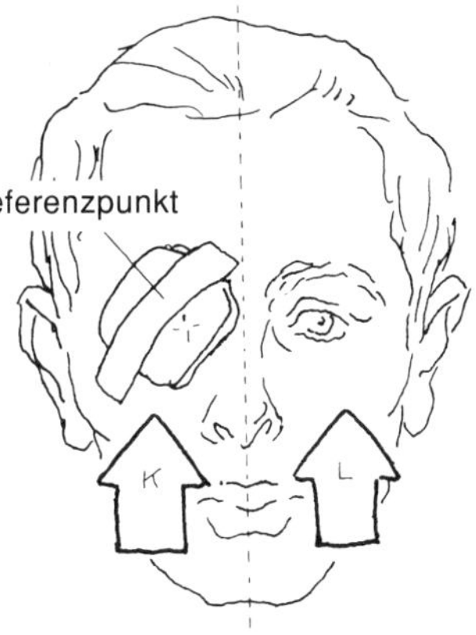

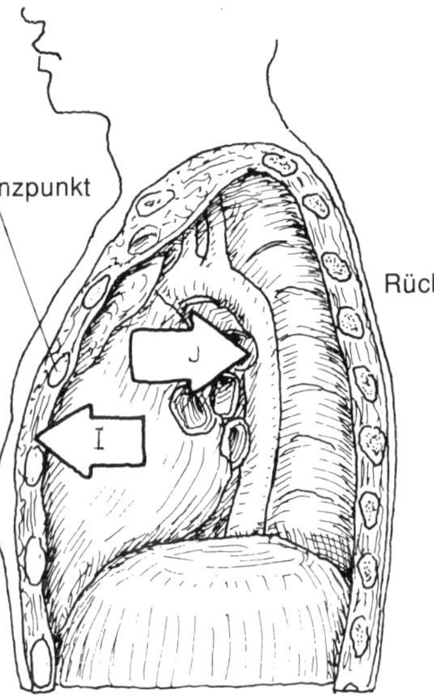

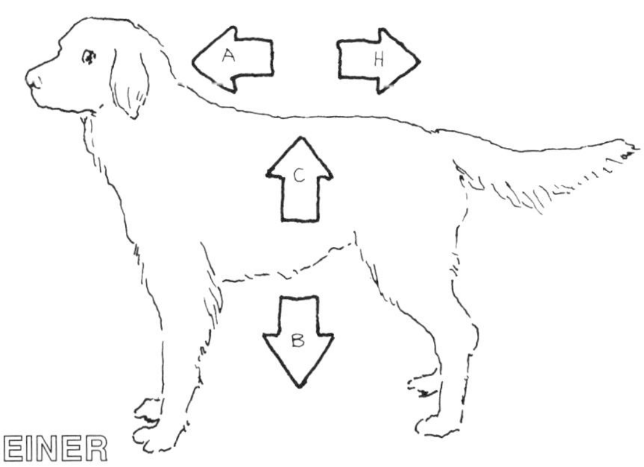

VIERBEINER

Beim Vierbeiner werden vier Richtungen unterschieden: Kopfende (kranial), Schwanzende (kaudal), Bauchseite (ventral) und Rückenseite (dorsal). Beim Zweibeiner (z.B. Mensch) bezeichnet man ventral auch als anterior, dorsal auch als posterior, kranial auch als superior und kaudal auch als inferior.

GRUNDSTRUKTUREN DES KÖRPERS
ALLGEMEINER ZELLAUFBAU *

13 Farben

1. Denken Sie beim Ausmalen der Zellstrukturen daran, daß eine lebende Zelle sich ständig verändert: Die Zellmembran bewegt sich wellenförmig, während sie Stoffe aufnimmt und ausscheidet; Bläschen wandern durch das Zytoplasma (Zelleib). Die Abb. zeigt die Zelle in Momentaufnahme. Kleine Pinozytosebläschen (k) sind im lebenden Organismus schon in einer Sekunde verschwunden, während inzwischen neue Bläschen entstehen. Die größeren intrazellulären Strukturen wandern in der Regel nur unwesentlich.
2. Das endoplasmatische Retikulum (= ER) (f) ist zweimal dargestellt, einmal mit (rauhes ER) und einmal ohne (glattes ER) Ribosomen. Die Ribosomen sollten zum Kontrast in einer dunkleren Farbe als das ER ausgemalt werden.

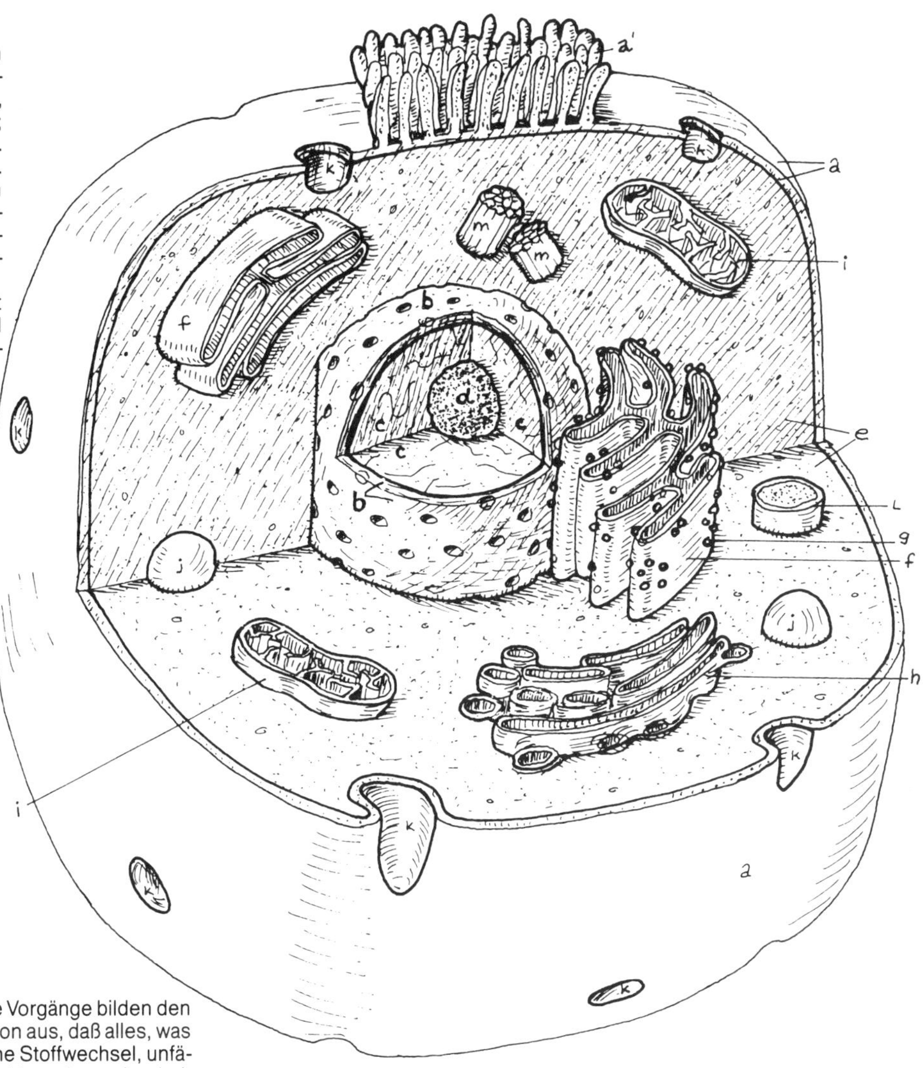

ZELLMEMBRAN a
MIKROVILLI a_1
KERNMEMBRAN b
NUKLEUS c
NUKLEOLUS d
ZYTOPLASMA e
ENDOPLASMATISCHES RETIKULUM f
RIBOSOMEN g
GOLGI-APPARAT h
MITOCHONDRIEN i
VAKUOLEN j
PINOZYTOSE-BLÄSCHEN k
LYSOSOM L
ZENTRIOLEN m

Die Zelle ist der Grundbaustein aller Lebewesen. Ihre Vorgänge bilden den Grundstock des Lebens. Grundsätzlich geht man davon aus, daß alles, was weniger komplex aufgebaut ist als eine Zelle (d.h. ohne Stoffwechsel, unfähig zur Vermehrung und Anpassung an veränderte Umweltgegebenheiten), nicht lebt; alles was komplexer aufgebaut ist, stellt eine Ansammlung mehrerer Zellen dar. Der menschliche Körper besteht gänzlich aus Zellen, Bindegewebsfasern (Zellprodukten) und Flüssigkeit, die sich zu verschiedenen Geweben und Organen zusammenschließen. Die Funktionen der einzelnen Zellen ergänzen sich zur Gesamtfunktion des Körpers. Die Störung einer bestimmten Funktion von Zellen, z. B. durch Mikroorganismen, angeborene Defekte oder Verletzungen, ist Ursache einer Krankheit. Grundbausteine einer Zelle sind Eiweiß (15%), Fett (3%), Kohlenhydrate (1%), Nukleinsäuren und Mineralien (1%) sowie Wasser (80%). Aus diesen Komponenten bauen sich die einzelnen Arbeitseinheiten der Zelle auf, Zellorganellen genannt. Alle Zellen besitzen eine grundlegende Funktion: die Produktion von Protein (zum Aufbau und Ersatz von Zellteilen, zur Arbeit der Zelle, für die Ausfuhr aus der Zelle, z. B. Sekretion). Die meisten Zellorganellen sind in diesen Prozeß einbezogen.

Nukleus (Zellkern): steuert die Zellaktivität. Er besteht aus dem proteinumhüllten Erbmaterial (DNA, aufgelockerte Form: Chromatin; verdichtete Form: Chromosomen), dem Nukleolus und einer durchlässigen Kernmembran. Die DNA enthält die Informationen zu allen Aktivitäten der Zelle. Der Nukleolus produziert RNA, die unter anderem die Informationen der DNA durch den Zellkern in das Zytoplasma befördert.

Zellmembran/Mikrovilli/Zytoplasma: Der Aufbau der Zellmembran (Cytolemma) entspricht den Membranen verschiedener intrazellulärer Strukturen. Das Zytoplasma ist die Grundsubstanz der Zelle mit Ausnahme des Nukleus (und seiner Grundsubstanz, dem Nukleoplasma). Die freie Oberfläche von bestimmten Zellmembranen zeigt fingerartige Ausstülpungen (Microvilli), die sich wellenförmig bewegen. Sie erhöhen die Absorptionsfläche der Zelle und fördern somit die Aufnahme und Abgabe von Stoffen. Innerhalb des Zytoplasmas befinden sich:

Endoplasmatisches Retikulum (ER): Abgeflachtes, in mehreren Schichten angeordnetes Röhren- und Spaltsystem, in dem Eiweiße in verschiedenen Aufbaustadien transportiert werden können. Häufig ist es mit Ribosomen besetzt (rauhes ER). Das glatte ER ist vermutlich an der Produktion von Steroiden (Östrogen, Kortisol usw.) beteiligt.

Ribosomen: RNA-Körnchen, an denen durch Aneinanderreihen von Aminosäuren der Eiweißaufbau erfolgt.

Golgi-Apparat: Mehrschichtiges, flaches Spaltsystem. Die abgerundeten Enden mit benachbarten Bläschen lassen auf einen bläschenbildenden Prozeß schließen. Hier werden Proteine gesammelt und gespeichert und innerhalb der sich abschnürenden Bläschen durch das Zytoplasma transportiert.

Mitochondrien: Mit einer Membran umgebene Strukturen, beladen mit komplexen Enzymsystemen, deren Aktivität die Energie für die Vorgänge in der Zelle bereitstellt. Hier findet auch die Zellatmung (Nutzung von Sauerstoff unter Bildung von Kohlendioxyd und Wasser) statt.

Vakuolen/Pinozytosebläschen: Membranumsäumte Bläschen mit unterschiedlichem Inhalt, die durch die Zelle wandern. Sie können mit Lysosomen verschmelzen oder schnell in die Zellmembran eingebaut werden. So wird ihr Inhalt rasch nach außen in die extrazelluläre Flüssigkeit freigesetzt (Exozytose). Die Einschleusung (Endozytose) von Flüssigkeiten und Feststoffen in das Zellinnere durch denselben Mechanismus nennt man Pinozytose/Phagozytose (terminologisch abgeleitet von Trinken/Essen).

Lysosomen: Membranumsäumte, enzymhaltige Bläschen, die mit Vakuolen, die verschiedenes Fremdmaterial oder Zellabfall enthalten, verschmelzen und deren Inhalte enzymatisch abbauen. Der abgebaute Inhalt wird üblicherweise durch die Zellmembran ausgeschleust.

Zentriolen: Ein paar zylindrische Körperchen. Sie bilden während der Zellteilung den Spindelapparat, der die Chromosomen zu den entgegengesetzten Polen der sich teilenden Zelle befördert.

Die gemeinsamen und sich ergänzenden Funktionen der verschiedenen Organellen, die von den Informationen der jeweils aktivierten DNA-Segmente abhängen, bewirken die große Variationsbreite der Zellaktivitäten: die Kontraktionen von Muskelzellen, Weiterleitung elektrochemischer Impulse durch Nervenzellen, Sekretion durch Epithelzellen und Produktion von Bindegewebsfasern durch Bindegewebszellen.

Tafel 4
(vgl. Tafel 3)

GRUNDSTRUKTUREN DES KÖRPERS
ZELLTEILUNG / MITOSE *

10 Farben
1. Gehen Sie erst nach vollständiger Bearbeitung einer Phase zur nächsten über. Das Studium des entsprechenden Textabschnittes wird Ihnen helfen, die Bedeutung jeder Phase zu verstehen. Unveränderte Strukturen sind in der folgenden Phase nicht wiederholt gekennzeichnet; sie werden in derselben Farbe wie zuvor ausgemalt.
2. Verwenden Sie für die Zellmembran, die Kernmembran, den Nukleolus und die Zentriolen dieselben Farben wie auf Tafel 2.
3. Die Strukturen e-e_2 sollen sich farblich deutlich von den Strukturen f-f_2 unterscheiden, damit ihre Anordnung gut erkennbar wird. Diese Farben drücken keinen Qualitätsunterschied aus.
4. Für die Strukturen d+d_1 empfehlen wir eine graue Farbe, um eine Verwechslung mit e-e_2 und f-f_2 zu vermeiden.
5. Es ist sinnvoller, über die Spindelfasern einen Strich zu ziehen, anstatt jeden einzelnen Punkt anzufärben.

ZELLMEMBRAN a, KERNMEMBRAN b
NUKLEOLUS c CHROMATIN d*
CHROMOSOMEN d_{1*} / CHROMATIDEN e
CHROMOSOMEN e_1 / CHROMATIN e_2
CHROMATIDEN f / CHROMOSOMEN f_1
CHROMATIN f_2 ZENTROMERE (KINETOCHORE) g
ZENTRIOLEN h TEILUNGSSTERN (ASTER) i
SPINDELFASERN j

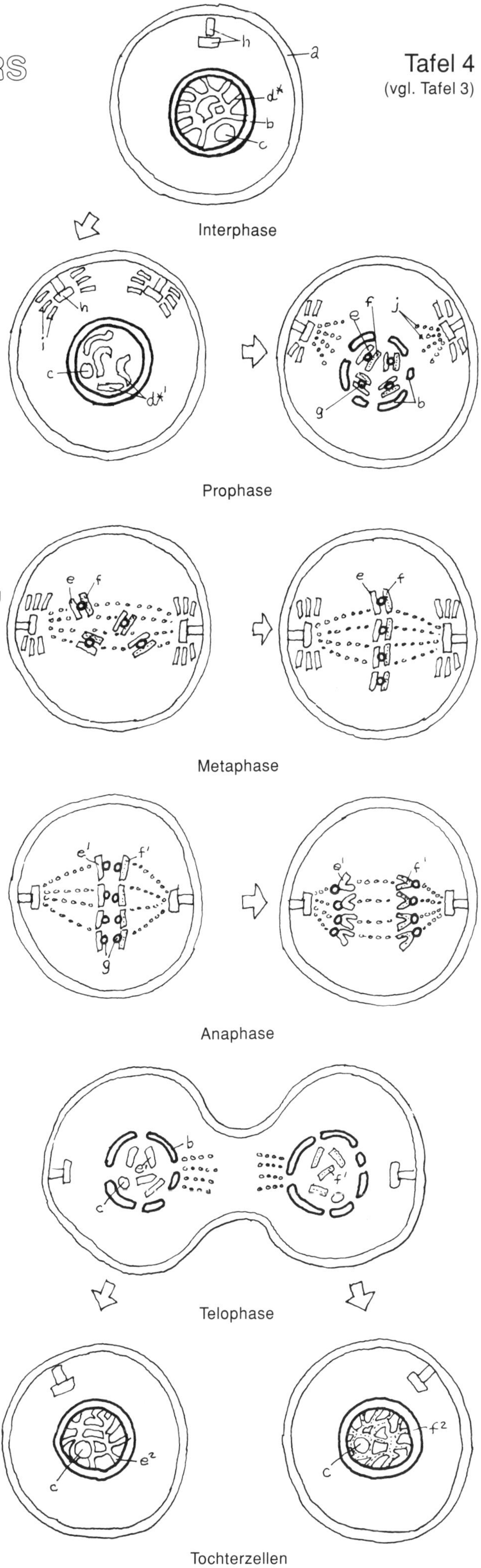

Eine wesentliche Eigenschaft aller Lebewesen ist die Fähigkeit, sich zu vermehren. Lebewesen bestehen aus Zellen, und es sind diese Zellen, die sich in einem Prozeß der Verdopplung und Teilung (Mitose) vermehren. Manche Zellen vermehren sich regelmäßig und häufig (Epithel- und Bindegewebszellen), andere nur unter bestimmten Umständen, manche überhaupt nicht (Nervenzellen). Die Abnahme der zur Zellregeneration notwendigen Mitoserate führt zu Atrophie (Abnahme der Gewebsmasse). Unkontrollierte Mitosen führen zu zellreichem hypertrophen Gewebe bzw. zu bösartigen Gewebsneubildungen (Karzinom, Krebs).
Die Abbildungen zeigen in erster Linie Veränderungen im Zellkern. Das Entscheidende an der Mitose ist die Duplikation und nachfolgende Aufteilung der DNA, dem Erbmaterial. Die *Mitose* verläuft normalerweise innerhalb von Minuten. Die Zeitspanne zwischen zwei aufeinanderfolgenden Teilungen nennt man *Interphase.* Während dieser Zeit wird die DNA des Chromatins vorbereitend für die nächste Mitose verdoppelt. Die mikroskopisch sichtbaren Veränderungen des Kernmaterials während der Zellteilung werden in Phasen eingeteilt:

Prophase: Das *aufgelockerte Chromatin* (d*) verdichtet und verkürzt sich durch Spiralenbildung. Das verdichtete Chromatin formt sich zu insgesamt 46 *Chromosomen* (d^{1*}). Jedes Chromosom (zur Vereinfachung sind nur vier dargestellt) besteht aus zwei *Chromatiden* (e, f), die durch ein *Zentromer* (g) verbunden sind. Jede der beiden Chromatiden enthält die identische DNA dieses Chromosoms und wird in der Anaphase zum eigenständigen Chromosom. Beachten Sie, daß eine Chromatide (e) jedes Chromosoms für eine *Tochterzelle,* die andere Chromatide (f) desselben Chromosoms für die andere Tochterzelle bestimmt sind. Gegen Ende der Prophase verschwindet der *Nukleolus,* und die *Kernmembran* löst sich auf. Das *Zentriolenpaar* im Zytoplasma hat sich während der Interphase ebenfalls verdoppelt. Beide Paare entwickeln nun sternförmig angeordnete Mikrotubuli, die *Teilungssterne* (Aster, i) und wandern zu entgegengesetzten Polen der Zelle.

Metaphase: Stränge aus Mikrotubuli (Spindelfasern) ziehen durch die Zelle von einem Zentriolenpaar zum anderen. 46 Chromatidenpaare und ihre Zentromere (davon 4 dargestellt) ordnen sich an den Spindelfasern in der Zellmitte innerhalb einer Ebene an.

Anaphase: Die Zentromere teilen sich; jede der beiden Chromatiden ist mit einem Tochterzentromer verbunden. Die beiden Chromatiden haben keine Verbindung mehr. Sie werden jetzt zu Recht selbst *Chromosomen* (e^1, f^1) genannt. Jeweils 46 Chromosomen werden an ihren Zentromeren zu jedem der beiden Pole gezogen (je 4 sind dargestellt). Die Anaphase ist beendet, wenn die neuen Tochterchromosomen an ihren Zellpolen angekommen sind.

Telophase: Die Zellmembran beginnt sich in der Mitte zwischen den Zellpolen einzuschnüren und die Ursprungszelle in zwei Tochterzellen zu teilen. In den neu entstehenden Zellen bilden sich der Nukleolus und die Kernmembran aus. Die Chromosomen lockern sich wieder auf, ihre Zentromere verschwinden. Die Zellorganellen teilen sich mit dem Zytoplasma auf die beiden Tochterzellen auf, während rasch die vollständige Trennung erfolgt. Wie die »Mutterzelle« zuvor, verharren nun die Tochterzellen in der Interphase, bis »ihre Zeit« kommt, um sich zu teilen.

GRUNDSTRUKTUREN DES KÖRPERS
GEWEBE: EPITHELGEWEBE *

7 Farben
1. Malen Sie jeden Gewebeblock oberhalb der Basalmembran aus. Malen Sie alle Zellen des Blocks aus.
2. Beachten Sie, daß 2 der Überschriften in dunkelgrau oder schwarz ausgemalt werden sollen.
3. Der Ausführungsgang der exokrinen Drüse sowie die Blutkapillare der endokrinen Drüse sollen nicht ausgemalt werden.

Die Zellen des Körpers können in vier Hauptgewebstypen unterteilt werden:
- Epithelgewebe,
- Binde- und Stützgewebe,
- Muskelgewebe und
- Nervengewebe.

Epithelgewebe säumen alle Oberflächen des Körpers:
- Haut,
- Körperhöhlen,
- Gänge und Gefäße.

Epithelgewebe können aus einer oder mehreren Zellschichten bestehen. Sie werden nach der Zellform ihrer freien Oberfläche benannt. Die Zellen von Epithelgewebe werden durch die Basalmembran und interzelluläre Fasern zusammengehalten. Da Epithelien keine Blutgefäße enthalten, werden die Zellen durch Diffusion ernährt.

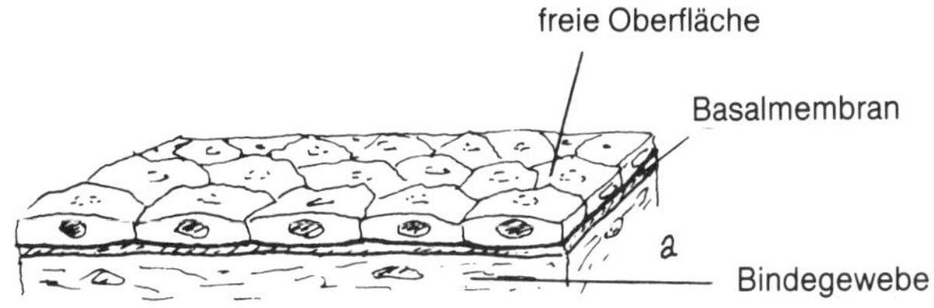

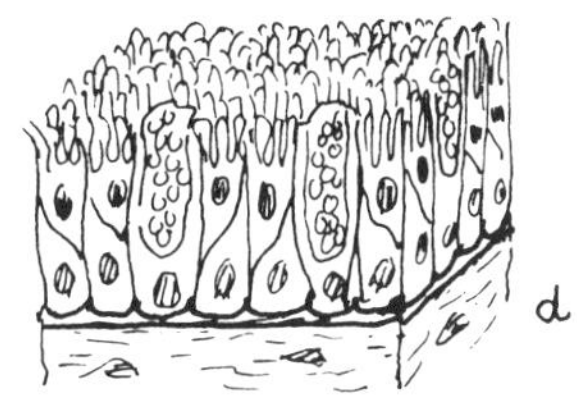

OBERFLÄCHENEPITHEL *
EINSCHICHTIGES EPITHEL
PLATTENEPITHEL a
KUBISCHES EPITHEL b
ZYLINDEREPITHEL c
MEHRREIHIGES EPITHEL MIT ZILIEN UND BECHERZELLEN d

Einschichtiges Plattenepithel kleidet alle Gefäße des Blut- und Lymphsystems einschließlich des Herzens, Lungenalveolen und Teilen des Nierenhohlsystems aus. Diese dünne epitheliale Schicht ermöglicht eine rasche Filtration oder Diffusion.
Kubische und *zylindrische* Epithelien kleiden Drüsengänge sowie den Verdauungstrakt aus und sind für Sekretion/Resorption verantwortlich.
Mehrreihiges Epithel kleidet den Respirationstrakt aus. Von seinen Becherzellen und Drüsen wird Schleim produziert, mit dem durch die wellenförmigen Flimmerbewegungen der Zilien Verunreinigungen zurück zum Rachen (Pharynx) transportiert werden.

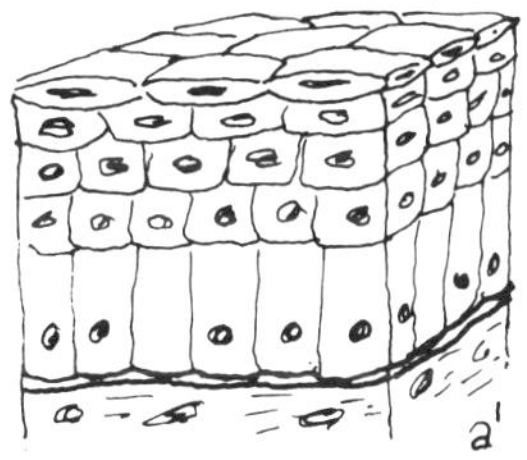

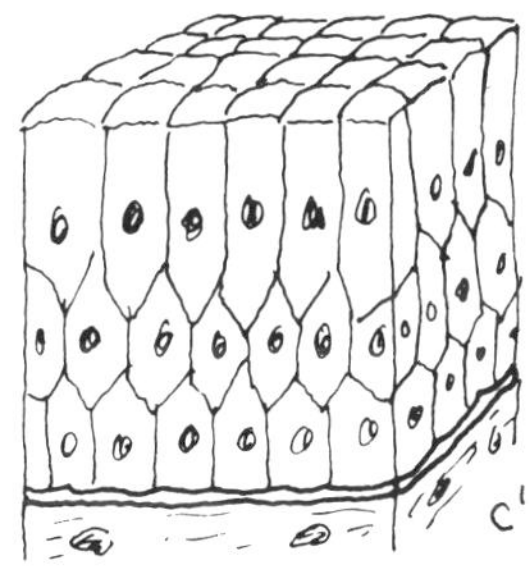

MEHRSCHICHTIGES EPITHEL *
PLATTENEPITHEL a'
ZYLINDEREPITHEL c'
ÜBERGANGSEPITHEL: GEDEHNT e, KONTRAHIERT e'

Mehrschichtiges Plattenepithel bedeckt die Haut und kleidet die Mundhöhle, einen Großteil des Pharynx (Rachen), den Ösophagus (Speiseröhre), die Vagina (Scheide) sowie den Analkanal aus. Es schützt vor äußeren Einfüssen.
Mehrschichtiges Zylinderepithel kommt in bestimmten Genitalorganen vor.
Übergangsepithel kleidet die Harnblase, die Ureteren (Harnleiter) und das Nierenbecken aus. Es kann sich, entsprechend dem Füllungszustand, zusammenziehen und ausdehnen.

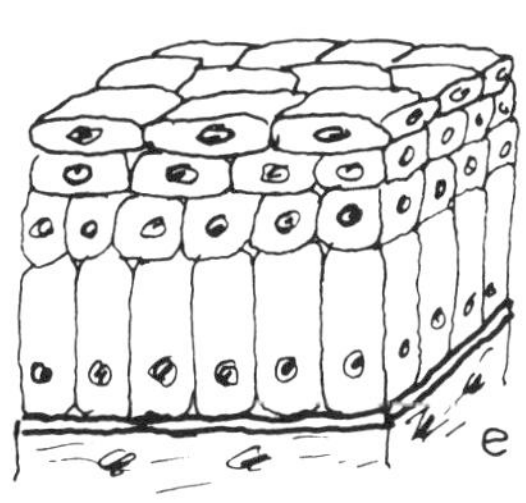

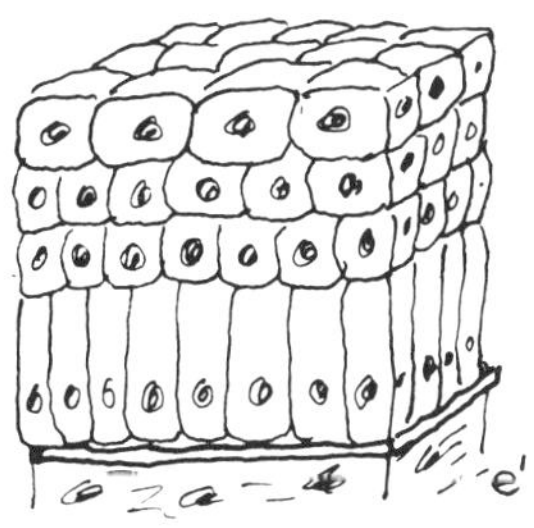

DRÜSENEPITHEL •
EXOKRINE DRÜSE f

Exokrine Drüsen entstehen als Einstülpungen aus Epithelgewebe. Im allgemeinen sezernieren sie Enzyme, Schleim oder seröse Flüssigkeiten. Charakteristisch sind Gänge, die zu Hohlorganen oder zur Haut hin offen sind. Beispiele: Talgdrüsen, Schweißdrüsen, Brustdrüse, Pankreas (Bauchspeicheldrüse). Die sekretorischen Anteile können verschiedene Formen besitzen (tubulär, geschlängelt, alveolär; mit einem oder mit vielen Ausführungsgängen).

ENDOKRINE DRÜSE g

Endokrine Drüsen entstehen wie exokrine Drüsen, verlieren jedoch im Laufe der Entwicklung ihre Ausführungsgänge. Sie sind eng mit Kapillaren assoziiert, die ihre Produkte abtransportieren. Beispiele: Schilddrüse, Hypophyse, Nebenniere.

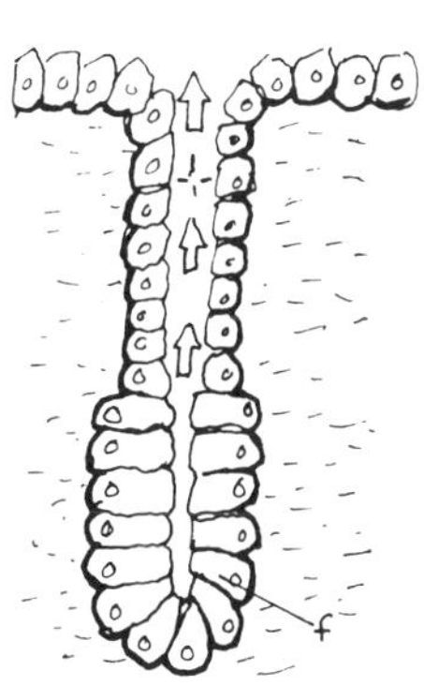

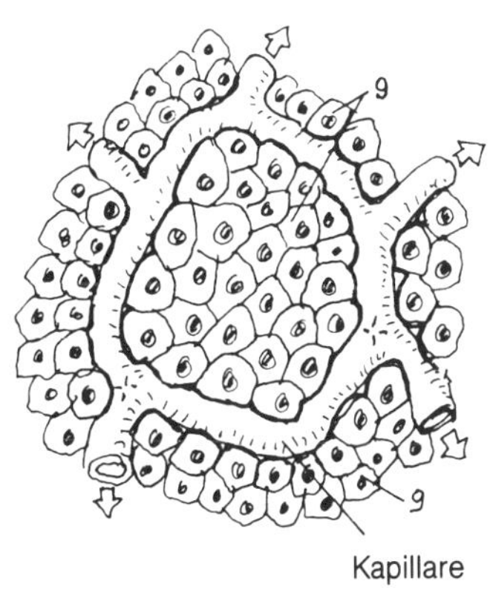

GRUNDSTRUKTUREN DES KÖRPERS
GEWEBE: BINDEGEWEBE * (Teil 1)

16 Farben
1. Der Hintergrund (Matrix, Grundsubstanz) der dargestellten Gewebe bleibt frei, mit Ausnahme der Fälle von hyalinen und elastischen Knorpeln, wo die Matrix (p) mit einem hellen Blauton versehen werden sollte.
2. Verwenden Sie für die Fetttröpfchen (h) der Fettzellen eine gelbe Farbe, für die elastischen Fasern schwarz.
3. Die Bindegewebssonderformen Knochen und Blut werden auf Tafel 15 und 61 behandelt.

Die verschiedenen *Binde- und Stützgewebsformen* (Blut, normales Bindegewebe sowie die Stützgewebe Knorpel und Knochen) verbinden und stützen die verschiedenen Körperstrukturen. Alle Epithelgewebe, jede einzelne Muskelzelle, jedes Gefäß, jeder periphere Nerv bis hin zu jedem einzelnen Axon sind von Bindegewebsfasern eingehüllt. Alle Knochen im Körper und alle dazwischenliegenden Gelenke bestehen aus Binde- und Stützgewebe. Die Bestandteile der Binde- und Stützgewebe sind grundsätzlich alle gleich: Zellen und Fasern sind in einer Grundsubstanz - oder Matrix - eingebettet. Die Zusammensetzung der Glykoproteinmatrix erscheint lichtmikroskopisch strukturlos (amorph). Das Verhältnis von Zellen zu Fasern und/oder die Dichte der Matrix bestimmen den Bindegewebstyp. Zum Beispiel haben Blut/Lymphe eine flüssige Konsistenz trotz vieler Zellen, aber keine Fasern. Demgegenüber hat Knochen eine sehr hohe Dichte mit einer mineralisierten Matrix, wenig Zellen und viel Fasern. Alle Binde- und Stützgewebe (außer Knorpel) enthalten viele Blutgefäße, Nervenstränge und evtl. auch einige Lymphgefäße. Diese sind in den folgenden Tafeln nicht immer mit dargestellt.

Die schematischen Abbildungen, die Sie hier ausmalen, sind Darstellungen verschiedener Bindegewebstypen in 200–500facher Vergrößerung. Um solche Strukturen zu sehen, bedarf es eines Mikroskopes, wobei die Gewebe mittels bestimmter Verfahren zur Differenzierung verschiedener Strukturen gefärbt werden. Ungefärbte Gewebestücke des Körpers erscheinen farblos, so daß die typischen Gewebestrukturen voneinander nicht zu unterscheiden sind.

BINDEGEWEBE •

INTERSTITIELLES BINDEGEWEBE *
FIBROBLASTEN a
MAKROPHAGEN b
FETTZELLE c
PLASMAZELLE d
KOLLAGENFASERN e
ELASTISCHE FASERN f

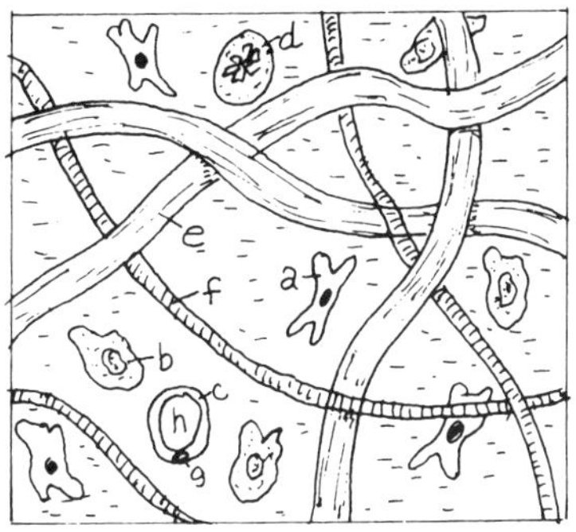

Interstitielles Bindegewebe (= IB) ist charakterisiert durch dickflüssige Matrix, viele verschiedenartige Zellen und eine lockere, unregelmäßige Anordnung der Fasern. Zu den Zelltypen dieses Gewebes zählen *Fibroblasten* (produzieren Kollagene und elastische Fasern), *Makrophagen* (fressen Bakterien, zugrundegegangenes Zellmaterial und Fremdmaterial), Fettzellen (speichern Fett) sowie *Plasmazellen,* Lymphozyten und andere weiße Blutkörperchen (die alle der Abwehr des Körpers gegenüber Befall mit Mikroorganismen und Fremdmaterial dienen). Die dickflüssige Matrix ermöglicht die Wanderung von Zellen innerhalb des IB. Die Fasern, die den Großteil der Gewebsmasse ausmachen, bestehen aus Proteinketten mit einer großen Zugfestigkeit (Kollagen) oder Elastizität bei spiraliger Anordnung (Elastin). IB kommt als stützende Schicht unter dem Epithel von Haut und Hohlorganen vor, sowie als Füllmaterial zwischen verschiedenen Strukturen des Körpers.

FETTGEWEBE *
FETTZELLE c
NUKLEUS g
FETTTROPFEN h
RETIKULÄRE FASERN i
KAPILLAREN j

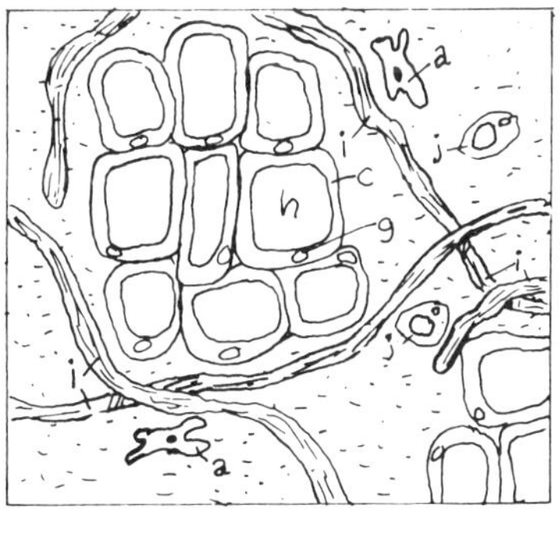

Fettgewebe ist ein stoffwechselaktives Gewebe, das Fett (Lipide) in Abhängigkeit von verschiedenen nervösen und hormonellen Stimuli speichert und freisetzt. Diese Speicherung von Stoffwechselenergie ist sehr wichtig. Fettzellen können auch Kohlenhydrate in Fette umbauen. Fettgewebe kommt an der Oberfläche bestimmter Organe vor, in serösen Membranen, im Knochenmark und im IB (besonders als Unterhaut-Fettgewebe). Außerdem dient Fettgewebe als Isolator (zur Aufrechterhaltung der Körpertemperatur) sowie an bestimmten Stellen als Schutzpolster.

STRAFFES BINDEGEWEBE, PARALLELFASERIG *
KOLLAGENFASERN e
FIBROBLASTEN a

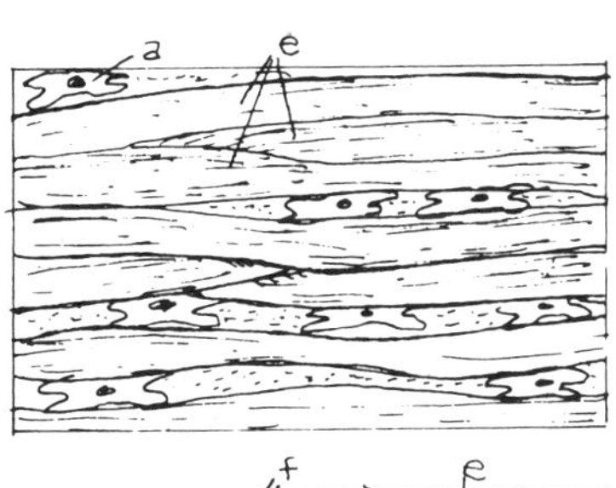

Straffes Bindegewebe besteht zum Großteil aus Kollagenfasern in *paralleler* oder *geflechtartiger* Anordnung. Fibroblasten liegen einzeln zwischen den Fasern verstreut. Parallelfaseriges straffes Bindegewebe hat eine hohe Zugfestigkeit und bildet Bänder und Sehnen. Geflechtartiges straffes Bindegewebe bildet Kapseln für verschiedene Organe, umhüllt Knorpel und Knochen und stabilisiert als Dermis (Lederhaut) die Epithelschicht der Haut. Zwischen diesen festen Fasermassen ist nur wenig Zellbewegung möglich.

STRAFFES BINDEGEWEBE, GEFLECHTARTIG *
KOLLAGENFASERN e
FIBROBLASTEN a
ELASTISCHE FASERN f

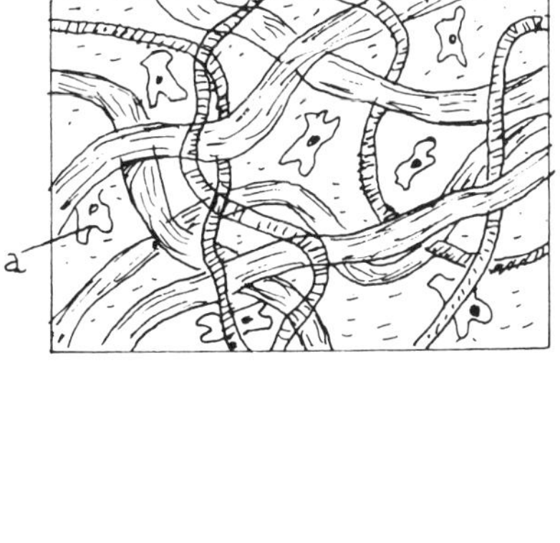

GRUNDSTRUKTUREN DES KÖRPERS
GEWEBE: BINDEGEWEBE * (Teil 2)

(vgl. Tafel 10, 15, 62)

FETT / BINDEGEWEBE •

ELASTISCHES BINDEGEWEBE *
ELASTISCHE FASERN f
FIBROBLASTEN a

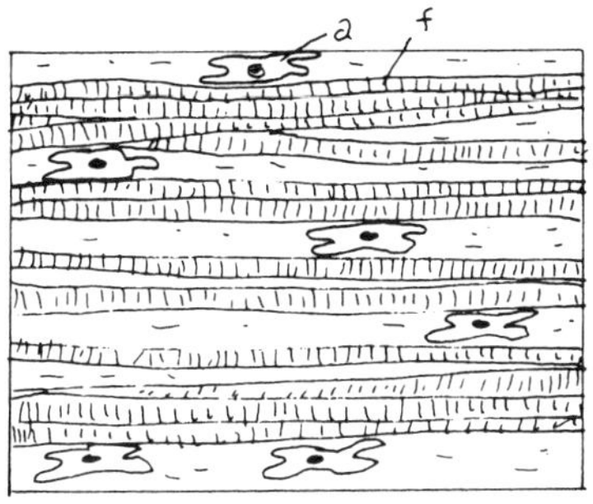

Elastische und retikuläre Gewebe wie auch Fettgewebe und andere Bindegewebsarten (z. B. embryonales Bindegewebe) sind Spezialformen des normalen Bindegewebes. *Elastisches Bindegewebe* besteht aus wellenförmigen elastischen Fasern in paralleler Anordnung, mit wenigen dazwischenliegenden Fibroblasten. Diese Gewebeform kommt in der Wand der meisten Arterien, mancher Venen, Schwellkörper und Lungenalveolen vor, ferner in manchen Bändern (Ligamenten); vereinzelte elastische Fasern kommen auch im normalen interstitiellen Bindegewebe vor.

RETIKULÄRES BINDEGEWEBE *
RETIKULÄRE FASERN L
PARENCHYMZELLEN m

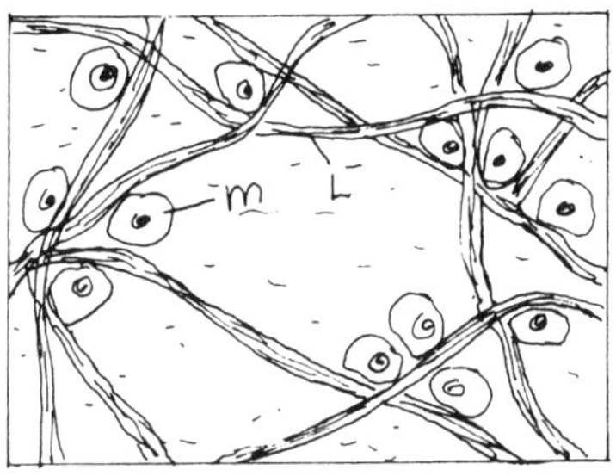

Retikuläre Fasern sind wie kollagene Fasern aufgebaut, jedoch viel feiner strukturiert und in lockerer, unregelmäßiger, netzartiger Form angeordnet. Das retikuläre Bindegewebe stützt den Zellverband von zarten Gewebsstrukturen wie Lebergewebe, lymphatischem Gewebe und Knochenmark.

STÜTZGEWEBE •

KNORPEL *

HYALINER KNORPEL *
ZELLHOF n
CHONDROZYT o
MATRIX p

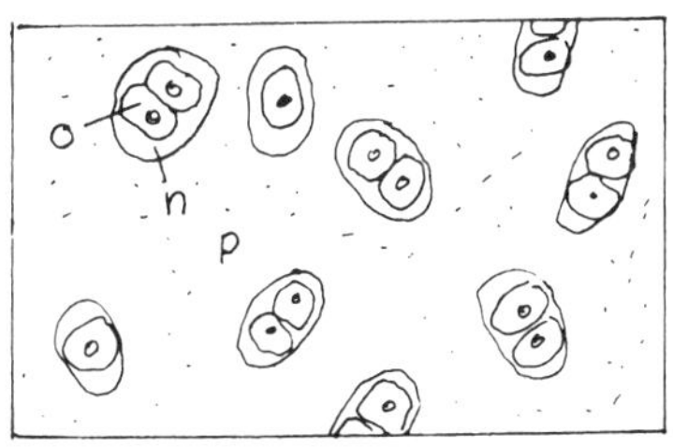

Knorpel besteht aus einer gallertigen organischen Matrix, in die stützende kollagene Fasern und die matrixproduzierenden Zellen (Chondrozyten) eingelagert sind. So entsteht ein festes Gewebe, das druckstabil und dennoch etwas elastisch ist. Die Zellen, oft in Paaren angeordnet, befinden sich in Bezirken mit flüssigerer Matrix (Zellhof, Lakune), durch die sie über Diffusion ernährt werden. Anders als andere Bindegewebstypen enthält Knorpel keine Blutgefäße, lediglich die umgebende Bindegewebsschicht ist vaskularisiert. *Hyaliner Knorpel* bedeckt die Enden von Knochen als Gelenkknorpel. Aus hyalinem Knorpel bestehen der Nasenknorpel, Rippenknorpel, Kehlkopfknorpel sowie die Knorpelspangen des Respirationstraktes. Das fetale Skelett besteht zunächst zum Großteil aus hyalinem Knorpel und wird später in ein Knochenskelett umgebaut.

ELASTISCHER KNORPEL *
ZELLHOF n
CHONDROZYT o
ELASTISCHE FASERN f
MATRIX p

Elastischer Knorpel ist im Prinzip hyaliner Knorpel mit elastischen Fasern, er bildet das Gerüst der Epiglottis (Kehldeckel) und des äußeren Ohres.

FASERKNORPEL *
CHONDROZYT o
KOLLAGENFASERN e

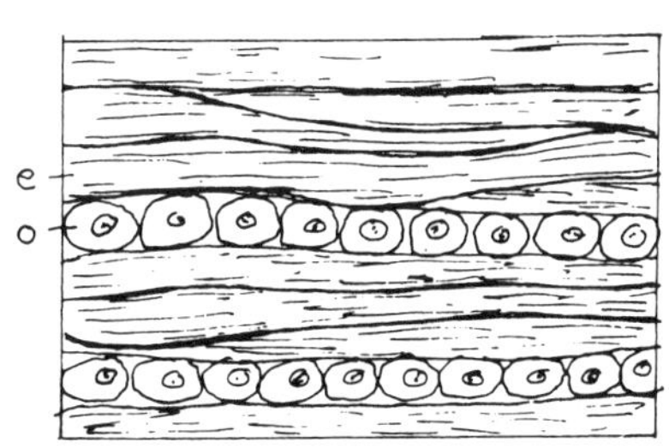

Faserknorpel, von Matrix umgeben und in straffes Bindegewebe eingebettet, kommt zwischen den Wirbelkörpern (als Zwischenwirbelscheibe) in der Symphyse (s. Tafel 28) sowie im Bereich von Gelenkkapseln und einstrahlenden Bändern vor.

GRUNDSTRUKTUREN DES KÖRPERS
GEWEBE: MUSKELGEWEBE *

8 Farben
1. Beachten Sie die Anwesenheit von Bindegewebe (c), das alle Muskelfasern umgibt. Die Muskelfasern wurden zur Darstellung des Bindegewebes etwas auseinandergezogen. Es wird empfohlen, für das Bindegewebe eine helle Pastellfarbe zu verwenden und es vor den dunkleren Muskelzellen anzumalen.
2. Verwenden Sie dunkle Farben für die Nuklei (b) und die Glanzstreifen (e).
3. Verwenden Sie rot für Kapillaren (f), die in allen drei Abbildungen dargestellt, aber nur einmal, unter Herzmuskelzellen, beschriftet sind.

Muskelgewebe, bestehend aus Gruppen von Muskelzellen oder -fasern und ihren Bindegewebshüllen, ist charakterisiert durch seine Fähigkeit, sich auf nervale, nervenähnliche oder hormonelle Reize hin um etwa 1/3 seiner Ruhelänge zusammenzuziehen. Strukturell und funktionell können drei Arten von Muskelfasern unterschieden werden. Das Bindegewebe, das die Muskelfasern umhüllt, stützt die Nerven und die versorgenden Blutgefäße wie auch die Muskelfasern selbst. Muskelgewebe ist sehr gefäßreich, denn die Muskelkontraktion benötigt einen hohen Sauerstoffbedarf, der durch den Transport von roten Blutkörperchen in den Gefäßen gedeckt wird.

GLATTE MUSKULATUR *
GLATTE MUSKELZELLEN a
NUKLEUS b
BINDEGEWEBE c

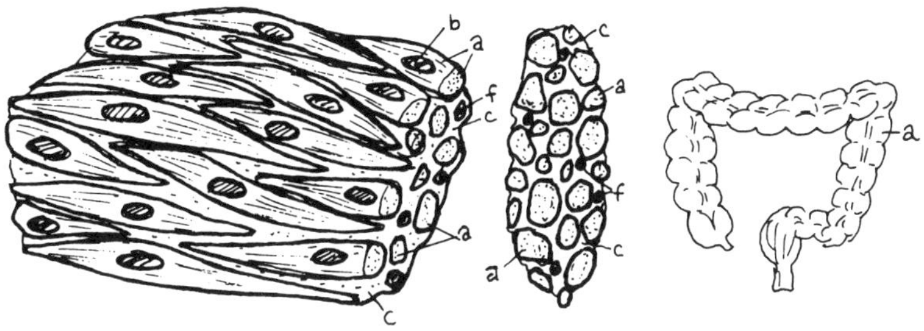

Glatte Muskelzellen sind länglich und spindelförmig, haben einen zentral gelegenen Nukleus und keine Querstreifung (daher »glatt«) und kommen in der Wand von Hohlorganen vor. Sie sorgen für die Weiterbeförderung von Material in den Hohlorganen. Hierzu zählen Organe des Harn-, Respirations- und Verdauungstraktes, die Geschlechtsorgane und die Blutgefäße. Die Tätigkeit glatter Muskeln zeichnet sich durch langsame, andauernde, rhythmische Kontraktionen aus, wie sie von Menstruations- (Uterusmuskulatur) und Magenkrämpfen her bekannt sind. Die meisten glatten Muskeln kontrahieren sich sowohl bei bestimmten hormonellen Reizen als auch bei nervaler Stimulation. Ihre Kontraktion ist grundsätzlich nicht willkürlich steuerbar.

QUERGESTREIFTE HERZMUSKULATUR *
ZELLEN MIT QUERSTREIFUNG d
GLANZSTREIFEN e
KAPILLAREN f

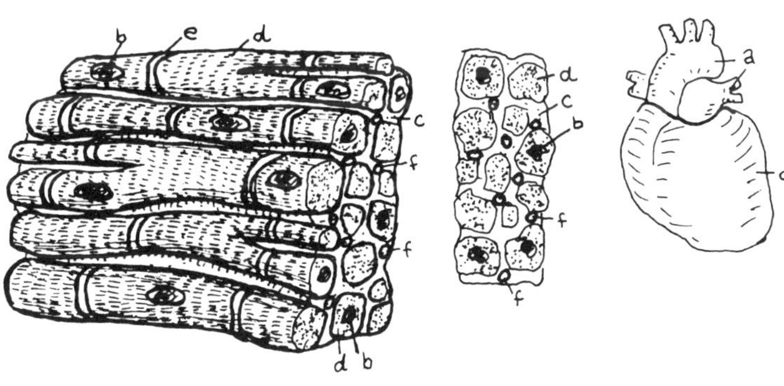

Herzmuskelzellen sind charakterisiert durch Querstreifung, Abgrenzungen zwischen den Zellen (Glanzstreifen), zentral gelegene Nuklei und sich gabelnde Fasern. Aus Schichten von verflochtenen Herzmuskelfasern bauen sich die Herzwände auf. Muskelfasern sind grundsätzlich nicht sehr regenerationsfähig. Bei Verschluß eines größeren, den Herzmuskel versorgenden Gefäßes stirbt das Muskelgewebe im betroffenen Areal ab (Infarkt); bevor das benachbarte Herzmuskelgewebe sich vermehren kann, wird es durch eine Bindegewebsnarbe (Infarktnarbe) ersetzt. Herzmuskelfasern kontrahieren sich spontan auf Reizung durch spezielle Impuls-leitende Muskelzellen – sie benötigen keine Nerven zur Kontraktionsauslösung. Normalerweise kann die Herzfrequenz nicht willkürlich kontrolliert werden, da die Regulation der Herzfrequenz über autonome (nicht dem Willen unterworfene) Nerven erfolgt.

QUERGESTREIFTE SKELETTMUSKULATUR *
SARKOLEMM (ZELLMEMBRAN) g
MYOFIBRILLEN h

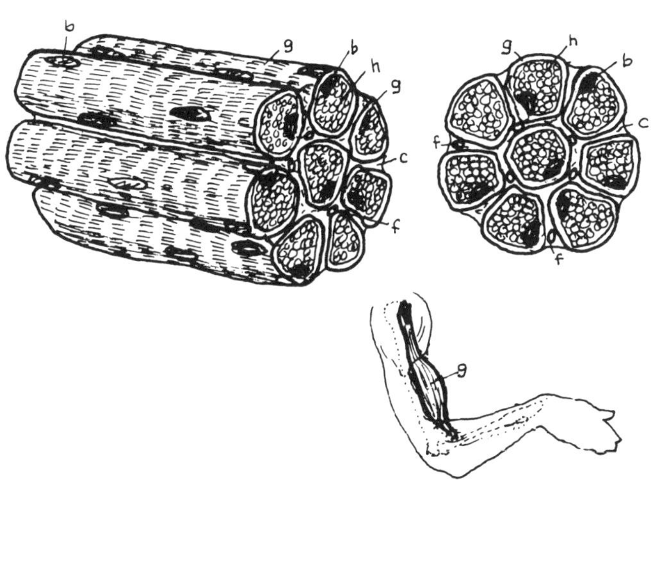

Quergestreifte Skelettmuskelzellen sind länglich, zylindrisch und mehrkernig. Ihr mikroskopischer Aufbau und die zugehörigen Bindegewebshüllen sind in Tafel 35 beschrieben. Skelettmuskeln tragen wesentlich zum Erscheinungsbild des Körpers bei (s. Tafel 60). Meist setzen sie an Knochen an und überspannen ein Gelenk (Tafel 32). Durch die Muskelkontraktion bewegen sich die ein Gelenk bildenden Knochen. Dadurch wird das Knochenskelett beweglich. Die Tätigkeit von Skelettmuskeln zeichnet sich grundsätzlich durch schnelle, kurzzeitige und kräftige Kontraktionen aus. Sie werden durch einen Nervenimpuls (Innervation) ausgelöst. Der Skelettmuskel ist sogar in seinem Stoffwechsel (Metabolismus) von seiner Nervenversorgung abhängig. Eine Durchtrennung des versorgenden Nervs führt zur Atrophie und zum Absterben des Muskels; schließlich wird die betreffende Muskulatur durch Bindegewebe ersetzt.

GRUNDSTRUKTUREN DES KÖRPERS
GEWEBE: NERVENGEWEBE

Benutzen Sie eine helle Farbe für A. Beachten Sie die kleinen Pfeile – sie zeigen die Richtung der Impulsübertragung an. Bei den Neuronen des peripheren Nervensystems unten links ist die Lokalisation ihrer verschiedenen Abschnitte am Beispiel des linken Arms dargestellt.

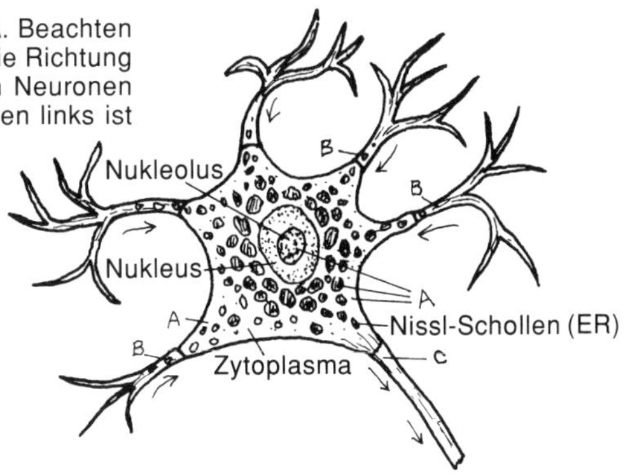

NEURON*

ZELLEIB A
FORTSÄTZE (∻)
DENDRIT B
AXON C

FORMEN VON NEURONEN*

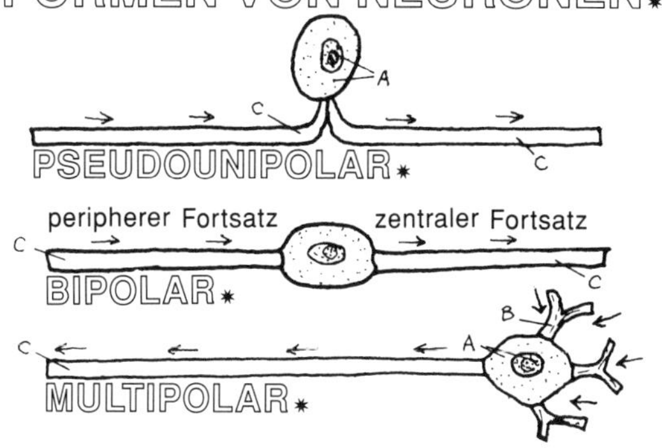

Nervengewebe besteht aus *Neuronen* und *Neuroglia*. Neurone erzeugen und übertragen elektrochemische Impulse über neuronale (zelluläre) *Fortsätze*. Zur Neuroglia zählen die nicht impulserzeugenden und -leitenden Versorgungszellen des Nervensystems. Der den Nukleus enthaltende Hauptteil des Neurons ist der *Zelleib* (Perikaryon). Sein Zytoplasma enthält die üblichen Zellorganellen (s. Tafel 3); nur das endoplasmatische Retikulum (ER) kommt hier in Haufen vor, die als Nissl-Schollen bezeichnet werden. Nach der Geburt teilen sich Neurone nicht mehr mitotisch, was ihre Fähigkeit zur Regeneration nach Verletzungen einschränkt. Das neuronale Wachstum beschränkt sich auf die Aussprossung und Verzweigung der Fortsätze. Neurone sind die impulsübertragenden Zellen von Gehirn und Rückenmark (Zentralnervensystem oder ZNS) sowie von den Hirn- und Spinalnerven (peripheres Nervensystem oder PNS).

Nach Zahl und Anordnung ihrer Fortsätze werden drei Grundformen von Neuronen unterschieden. Fortsätze, die stark verzweigt sind und keine Hülle haben, bezeichnet man als *Dendriten*. Dünne, lange und nur minimal verzweigte Fortsätze bezeichnet man als *Axone*. Innerhalb jeder Kategorie gibt es große Unterschiede bezüglich Größe und Form der Neurone. Unipolare Neurone haben nur einen Fortsatz. *Pseudounipolare* Neurone scheinen nur einen Fortsatz zu haben, der sich in der Nähe des Zelleibs in einen zentralen und einen peripheren Fortsatz, beides Axone, teilt; dabei übertragen beide Fortsätze den Impuls in die gleiche Richtung (s. auch das sensible Neuron unten links). *Bipolare* Neurone haben zwei Fortsätze, beides Axone, welche die Impulse in der gleichen Richtung leiten. *Multipolare* Neurone haben drei oder mehr Fortsätze, von denen einer ein Axon ist (s. das motorische Neuron im PNS unten links und das ZNS-Neuron unten rechts).

Peripheres Nervensystem (PNS)

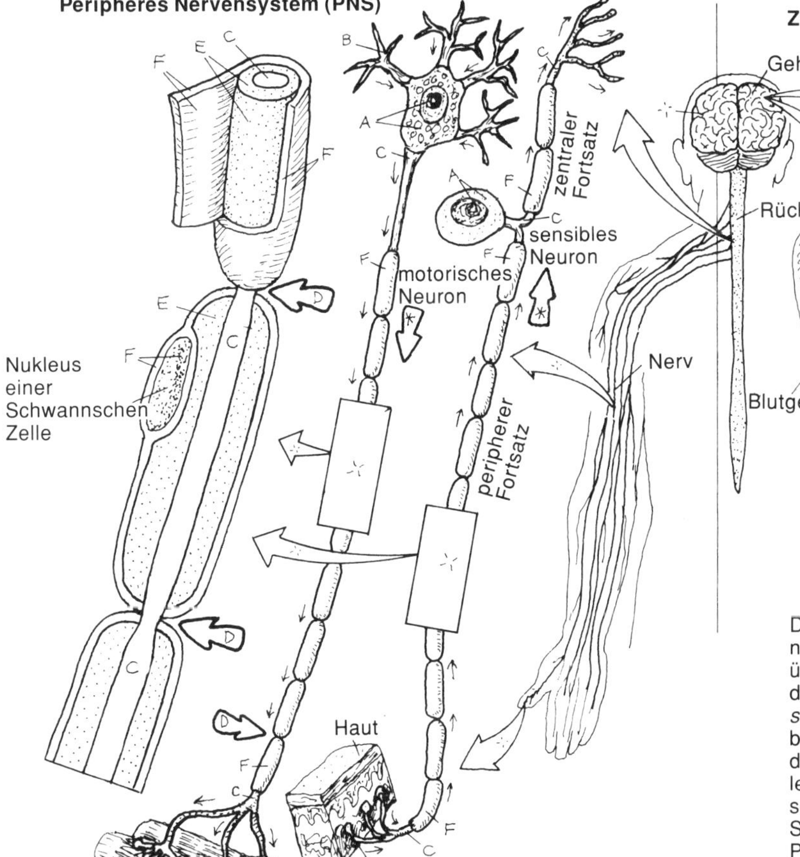

Zentralnervensystem (ZNS)

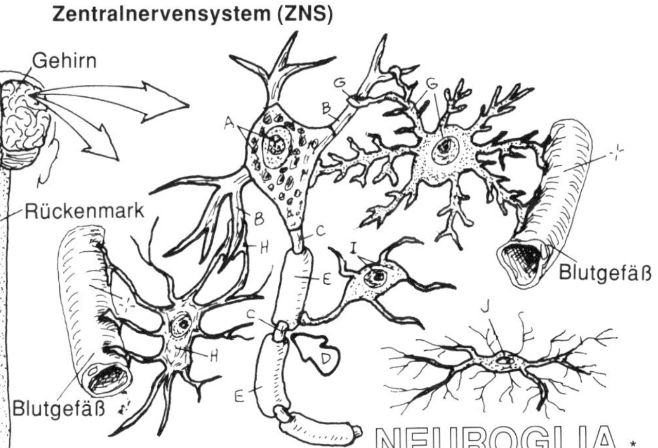

RANVIERSCHER SCHNÜRRING D
AXONHÜLLEN*
MYELIN E
SCHWANNSCHE ZELLE F

NEUROGLIA*
PROTOPLASMATISCHER ASTROZYT G
FIBRILLÄRER ASTROZYT H
OLIGODENDROZYT I
MIKROGLIA J

Die meisten Axone sind in eine oder mehrere (bis zu 200) Lagen eines isolierenden Phospholipids (Myelin) gehüllt, das die Impulsübertragungsrate steigert. Im ZNS (unten rechts) wird Myelin von den *Oligodendrozyten* gebildet, im PNS (unten links) von *Schwannschen Zellen*. Alle Axone des PNS sind eingehüllt von den Zellmembranen der Schwannschen Zellen (Neurolemm), aber nicht unbedingt von Myelin. Die Abschnitte zwischen den Schwannschen Zellen sind die *Ranvierschen Schnürringe*; sie ermöglichen eine schnelle Impulsübertragung von Schnürring zu Schnürring. Schwannsche Zellen sind auch an der axonalen Regeneration im PNS beteiligt. Im ZNS wurde eine relevante axonale Regeneration nicht beobachtet.

Neuroglia gibt es sowohl im PNS (Schwannsche Zellen) als auch im ZNS. *Protoplasmatische Astrozyten* findet man in erster Linie in der grauen Substanz (Dendriten, Zelleiber) des ZNS, *fibrilläre Astrozyten* in der weißen Substanz (myelinisierte Axone). Ihre Fortsätze berühren sowohl Neurone als auch Blutgefäße, sie dienen vermutlich dem Metabolismus, der Versorgung mit Nährstoffen sowie als physikalische Stütze. Auch eine Bedeutung bei der Aufrechterhaltung der Blut-Hirn-Schranke wird vermutet. *Oligodendrozyten* sind kleiner als Astrozyten, haben weniger Fortsätze und werden in der Nähe von Neuronen gefunden. Als *Mikroglia* bezeichnet man die kleinen Freßzellen von Gehirn und Rückenmark.

GRUNDSTRUKTUREN DES KÖRPERS
GEWEBEVERBÄNDE

Diese Tafel soll Ihnen helfen, die vier Gewebegrundtypen in somatische und viszerale Strukturen optisch einzubinden. Achten Sie darauf, wie die unterschiedlichen Gewebe in den beiden Beispielen von Körperstrukturen angeordnet sind. Überlegen Sie, welche Funktion jedes einzelne Gewebe im Rahmen der Gesamtfunktion des Körperteils oder Organs übernimmt. Durch das Zusammenspiel der Funktionen dieser Gewebe im Gewebsverband entsteht eine Vielzahl von Variationen.

Benutzen Sie gelb für Struktur D und helle, gut unterscheidbare Farben für A und B sowie einen mittelbraunen Ton für C. Die verschiedenen Blutgefäße – im oberen Bild Arterien und Venen, im unteren Bild Arteriolen, Venolen und Lymphgefäße, sollen nicht ausgemalt werden, da sie aus mehr als einem Gewebegrundtyp bestehen. Beachten Sie, daß innerhalb der tiefen Faszie Arterien grundsätzlich von Venen begleitet werden.

SOMATISCHE STRUKTUR +
EPITHELGEWEBE *
HAUT (EPIDERMIS) A
BINDEGEWEBE *
HAUT (DERMIS) B
OBERFLÄCHLICHE FASZIE B1
TIEFE FASZIE B2
ZWISCHENKNOCHENMEMBRAN B3
KNOCHEN B4
PERIOST B5
MUSKELGEWEBE *
SKELETTMUSKULATUR C
NERVENGEWEBE *
NERV D

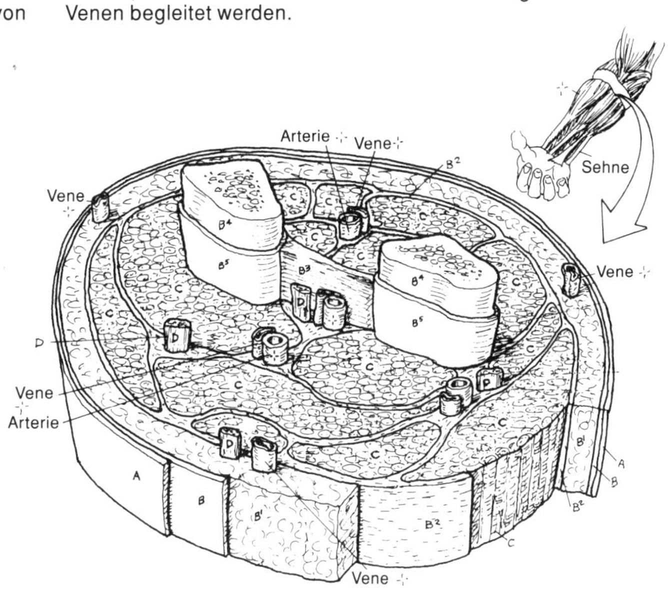

Der somatische Gewebsverband umfaßt das mit Haut bedeckte Muskel- und Skelettgerüst, das der Stabilität, Bewegung und dem Schutz dient. An seiner Konstruktion werden diese Aufgaben deutlich. Überall ist die äußerste Hülle der Körperwand ein schützendes, verhorntes mehrschichtiges Plattenepithel *(Epidermis)*, es bildet die äußere Schicht der Haut. Epithelgewebe findet man in somatischen Strukturen auch als Auskleidung der Blutgefäße und in Drüsen (nicht dargestellt). Zu den Bindegewebsschichten der Körperwand zählt die untere Hautschicht *(Dermis)*, die aus straffem, geflechtartigem Bindegewebe besteht; unmittelbar darunter (subkutan) liegt die bewegliche *oberflächliche Faszie* (interstitielles Bindegewebe und Fettgewebe), die Hautnerven, kleine Gefäße und vereinzelt größere Venen enthält. Die *tiefe Faszie*, ein gefäßreiches, empfindliches, straffes, geflechtartiges Bindegewebe, umhüllt die *Skelettmuskulatur* (myofasziales Gewebe) und die versorgenden Nerven und Gefäße. *Knochen* sind untereinander über *Ligamente* (straffes parallelfaseriges Bindegewebe, hier als Zwischenknochenmembran) verbunden, die vom *Periost* (gefäß- und zellreiches, straffes, geflechtartiges Bindegewebe) ausgehen. Die Skelettmuskeln und ihre *Nerven* sind zu Gruppen zusammengepackt, die durch verschiebbare Septen der tiefen Faszie getrennt sind – hier liegen auch die neurovaskulären Strukturen geschützt eingebettet. Die bindegewebigen Anteile der Skelettmuskeln laufen zu Muskelsehnen zusammen.

VISZERALE STRUKTUR +
EPITHELGEWEBE *
LAMINA EPITHELIALIS A1
DRÜSE A2
SEROSA (ÄUSSERE SCHICHT) A3
BINDEGEWEBE *
LAMINA PROPRIA B6
SUBMUKOSA B7
SEROSA (INNERE SCHICHT) B8
MUSKELGEWEBE *
GLATTE MUSKULATUR C1
NERVENGEWEBE *
NERVENZELLEN D1

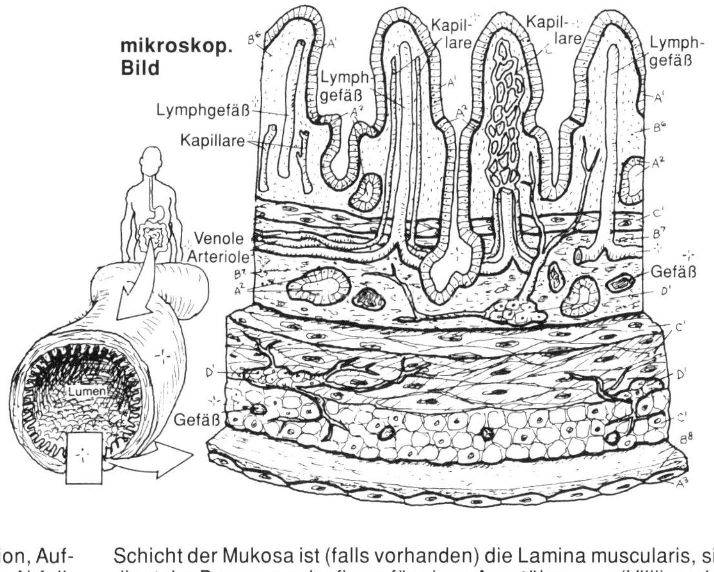

Aufgaben der viszeralen Strukturen sind Absorption, Sekretion, Aufnahme und Transport von Nahrung, Luft, Sekreten und/oder Abfallstoffen in deren Hohlräumen. Epithelgewebe bildet die innerste Schicht *(Lamina epithelialis)* der dünnen und anpassungsfähigen Schleimhaut. Diese begrenzt das Lumen (Hohlraum der Hohlorgane); das Epithel ist häufig nur einschichtig (Ausnahmen: Ösophagus, Harntrakt, Geschlechtsorgane) und dient dem Stoffaustausch. Die einzelligen oder größeren *Drüsen* in der Mukosa (Schleimhaut) und Submukosa bestehen genauso aus Epithelgewebe wie auch die Innenwände der Blut- und Lymphgefäße. Zur Mukosa gehört auch eine subepitheliale Schicht aus lockerem Bindegewebe *(Lamina propria)* mit Abwehrzellen, Drüsen, Gefäßen und Nerven. Die tiefste Schicht der Mukosa ist (falls vorhanden) die Lamina muscularis, sie dient der Bewegung der fingerförmigen Ausstülpungen (Villi) an der Mukosaoberfläche. Unter der Mukosa befindet sich straffes geflechtartiges Bindegewebe *(Submukosa)*, voll von großen Gefäßen und kleinen Nerven/Nervenzellen zur Versorgung der Mukosa. Noch tiefer liegen zwei bis drei Schichten glatten Muskelgewebes (Muskularis); sie werden von lokalen Nervenzellen innerviert und bewegen in peristaltischen Kontraktionen die Wand des Organs. Als äußerste Lage findet man bei Organen des Bauch- und Brustraums die *Serosa*, ihre äußere Grenzschicht besteht aus einschichtigem Plattenepithel, die innere Schicht aus lockerem Bindegewebe.

ORGANISATION DES KÖRPERS
ORGANSYSTEME (Teil 1)

Tafel 11
(vgl. Tafel 12)

Verwenden Sie für diese und die folgende Tafel helle Farben. Beim Skelett (A) sind nur am Knie- und am Schultergelenk Gelenkkapseln (A[1]) dargestellt. Für die Muskulatur (B) verwenden Sie am besten einen braunen Farbton. Beim kardiovaskulären System (C) sollten das Herz und die Arterien rot, die Venen dagegen blau ausgemalt werden. Für die Lymphgefäße (D) sollte grün verwendet werden. Alle Nerven, aber auch Gehirn und Rückenmark (E), sollen gelb ausgemalt werden. Der Hintergrund der Rechtecke zur Darstellung des endokrinen Systems (F) wird nicht ausgemalt. Für die Haut (G) eignet sich am besten eine Hautfarbe.

Gewebe bestehen aus Ansammlungen gleicher Zellen. Die Körperwand und die inneren Strukturen/Organe sind aus den vier Grundtypen von Geweben aufgebaut. Als *System* faßt man Organe und Strukturen mit einer gemeinsamen Funktion zusammen. Dabei müssen die Organe und Strukturen eines einzelnen Systems nicht unbedingt beieinanderliegen, sondern können auf unterschiedliche Körperregionen verteilt sein.

SKELETTSYSTEM A
GELENKSYSTEM A[1]

Das *Skelettsystem* besteht aus dem knöchernen Skelett, dem Periost der Knochen und den Bändern, welche die Knochen an Gelenken verbinden. Dieses System könnte auch auf die verschiedenen Faszien ausgedehnt werden, die die Skelettmuskeln umhüllen und so zur strukturellen Stabilität des Körpers beitragen. Das *Gelenksystem* umfaßt sowohl die beweglichen als auch die fixen Gelenke und die dazugehörigen Strukturen, einschließlich Gelenkkapseln, Synovialmembranen und Disken/Menisken.

MUSKELSYSTEM B

Das Muskelsystem umfaßt die Skelettmuskeln, die Skelett, Gesicht und andere Strukturen bewegen können und dem Körper seine Form geben, den Herzmuskel und die glatten Muskeln von Organwänden, Gefäßen und Haut.

KARDIOVASKULÄRES SYSTEM C

Zum *kardiovaskulären System* (Herz-Kreislauf-System) gehören das vierkammerige Herz, die Arterien, die das Blut zu den Geweben leiten, die Kapillaren, in denen der Austausch an Nährstoffen, Gasen und Molekülen mit den Geweben stattfindet, und die Venen, die das Blut von den Geweben zum Herzen zurücktransportieren. Bei breiterer Begriffsauslegung kann das kardiovaskuläre System auch das Lymphsystem mit einschließen.

LYMPHSYSTEM D

Das *Lymphsystem* ist ein Gefäßsystem, das als Unterstutzung der Venen die Gewebsflüssigkeiten wieder aufnimmt und zum Herzen zurückleitet. Der Körper besteht zu etwa 60 % aus Wasser, und die Venen allein sind nicht in der Lage, die Gewebsdrainage zu gewährleisten. Die Lymphknoten filtern die Lymphe und sind überall im Körper lokalisiert.

NERVENSYSTEM E

Das *Nervensystem* besteht aus impulserzeugendem und -übertragendem Gewebe. Es gliedert sich in ein Zentralnervensystem (Gehirn und Rückenmark) und ein peripheres Nervensystem (Nerven), zu dem auch das autonome Nervensystem, das an unwillkürlichen Steuerungen und vegetativen Vorgängen beteiligt ist, gezählt wird.

ENDOKRINES SYSTEM F

Das *endokrine System* oder Hormonsystem besteht aus Drüsen, die chemische Botenstoffe (Hormone) in die Gewebsflüssigkeiten und das Blut abgeben und so die Funktion vieler Körperbereiche beeinflussen. Viele dieser Drüsen werden auch vom Hypothalamus des Gehirns kontrolliert. Hormone sind an der Aufrechterhaltung ausgewogener metabolischer Funktionen in vielen Organsystemen beteiligt.

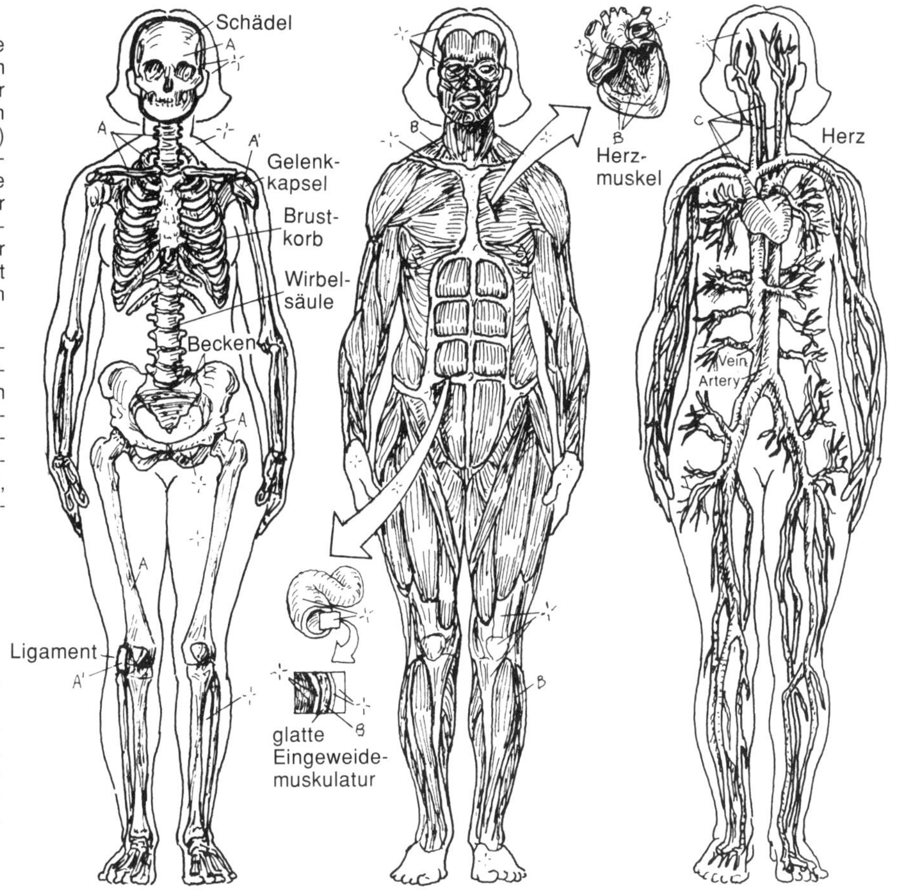

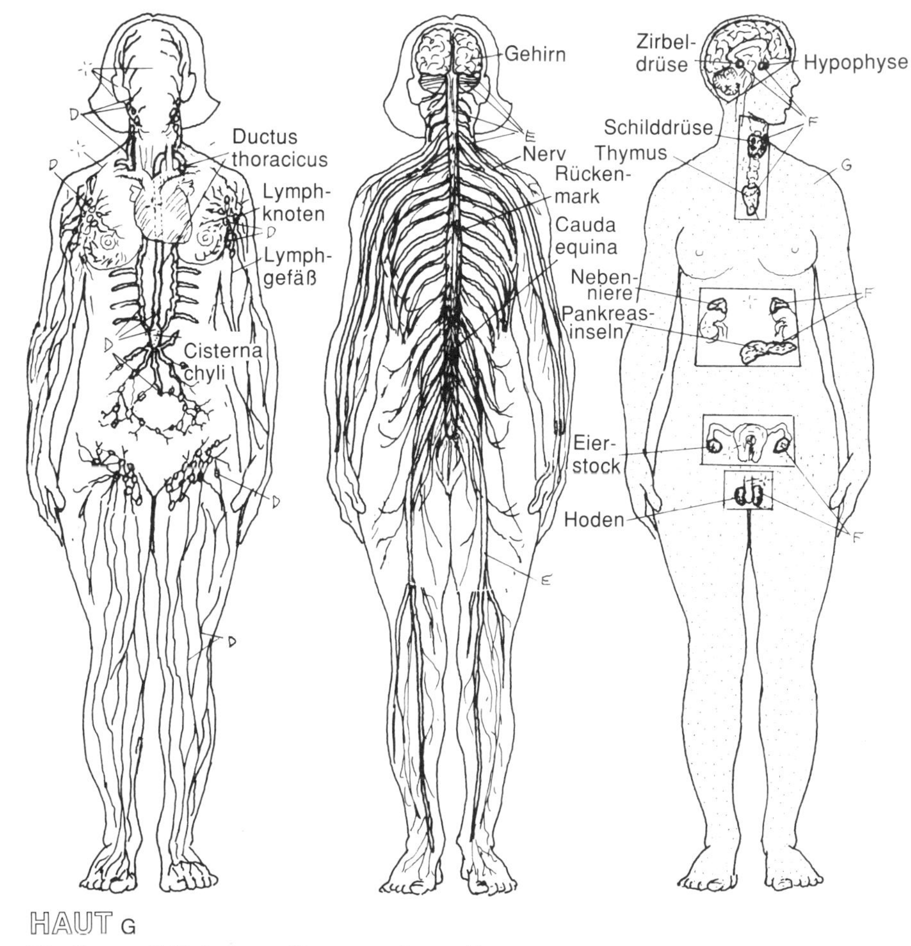

HAUT G

Die Haut enthält Drüsen, Sinnesrezeptoren, Gefäße, Abwehrzellen und Antikörper. Mehrere Zelltypen und eine oberflächliche Hornschicht halten schädliche Umweltfaktoren ab.

ORGANISATION DES KÖRPERS
ORGANSYSTEME (Teil 2)

Verwenden Sie andere helle Farben als in der vorhergehenden Tafel.

RESPIRATORISCHES SYSTEM H

Das *respiratorische System* besteht aus dem oberen (Nase bis Kehlkopf) und dem unteren (Luftröhre und die Luftwege der Lungen) Respirationstrakt. Den größten Teil bilden die Luftwege; nur in den Lungenbläschen (Alveolen) und in sehr kleinen Bronchiolen findet ein Gasaustausch mit den Lungenkapillaren statt.

VERDAUUNGSSYSTEM I

Das *Verdauungssystem* dient der Aufspaltung, Verdauung und Umwandlung von Nahrung sowie der Ausscheidung der Rückstände. Der Verdauungstrakt beginnt mit dem Mund, setzt sich fort in den Bauch (Abdomen), wo er einen gewundenen Verlauf nimmt, um schließlich am Anus wieder nach außen zu münden. Assoziierte Drüsen sind die Leber und die Bauchspeicheldrüse (Pankreas) mit dem Gallensystem (Gallenblase und Gallengänge).

HARNSYSTEM J

Das *Harnsystem* dient dem Wasserhaushalt und der Aufrechterhaltung eines stabilen Säure-Basen-Gleichgewichts in den Körperflüssigkeiten. Die wichtigste Aufgabe haben dabei die Nieren; die übrigbleibende Flüssigkeit (Urin) wird durch die Harnleiter (Ureter) in die Harnblase geleitet und über die Harnröhre (Urethra) ausgeschieden.

IMMUNSYSTEM/ LYMPHATISCHES SYSTEM K

Das *lymphatische System* setzt sich aus Organen zusammen, die der Abwehr dienen: Thymus, Knochenmark, Milz, Lymphknoten, Tonsillen sowie kleinere Ansammlungen lymphatischen Gewebes. Die unterschiedlichen Abwehrzellen sind im ganzen Körper verteilt und sorgen für die Abwehr invasiver Mikroorganismen sowie für die Beseitigung geschädigter und/oder abnormaler Zellen.

WEIBLICHES FORTPFLANZUNGSSYSTEM L

Aufgaben des *weiblichen Fortpflanzungssystems* sind Sekretion von Sexualhormonen, Produktion und Transport von weiblichen Keimzellen (Eizellen), Aufnahme und Transport der männlichen Keimzellen (Spermien) zum Ort der Befruchtung, die Austragung des Embryo/Fetus und schließlich dessen Geburt.

MÄNNLICHES FORTPFLANZUNGSSYSTEM M

Das männliche Fortpflanzungssystem dient der Sekretion männlicher Sexualhormone, der Produktion und Erhaltung von Spermien sowie der Übertragung der Spermien in den weiblichen Genitaltrakt.

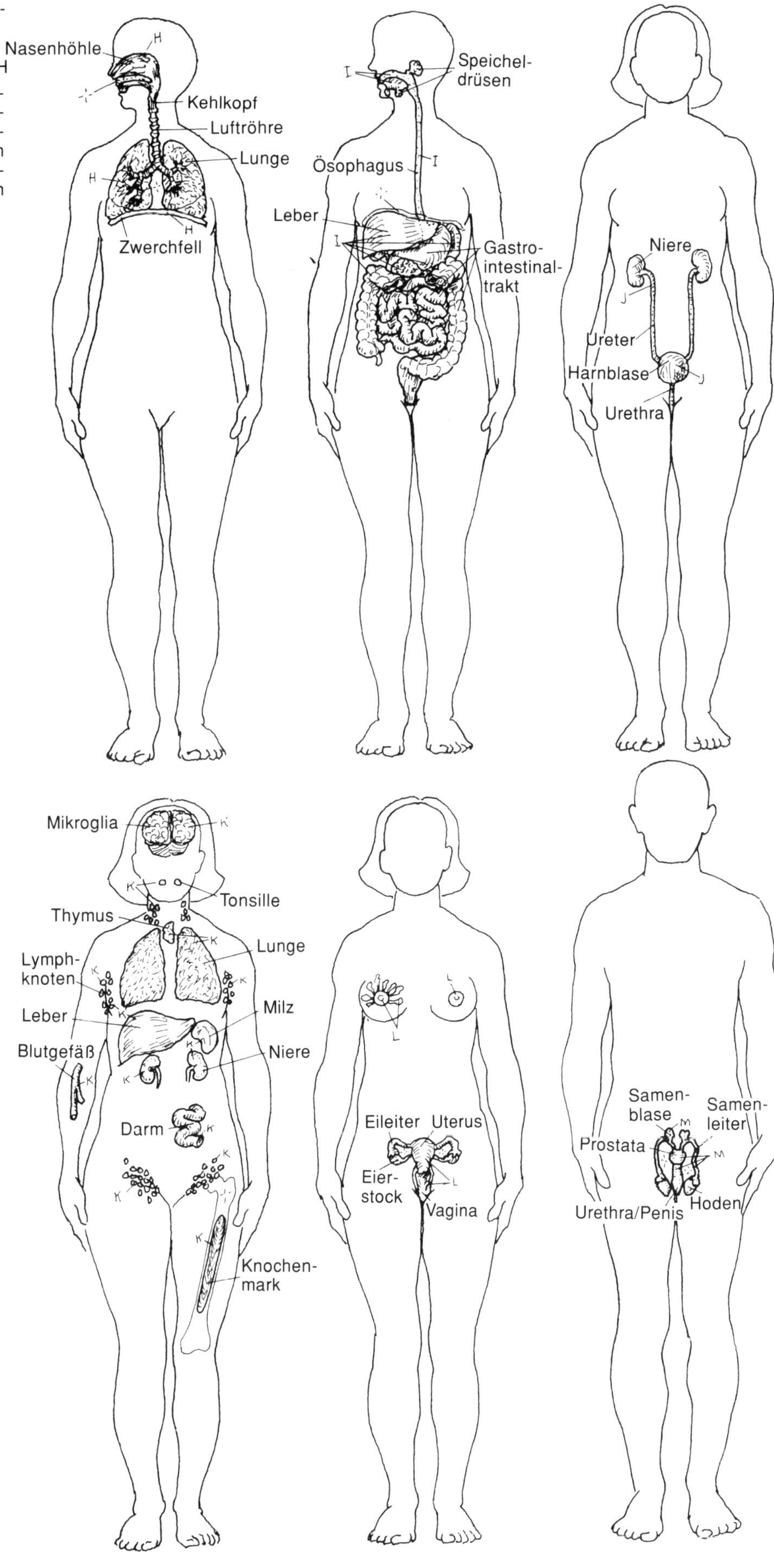

ORGANISATION DES KÖRPERS
KÖRPERREGIONEN

Vermutlich werden Sie bei den abgebildeten Pfeilen die Farben wiederholen müssen. Es empfiehlt sich, die Farben nach übergeordneten Regionen zu wählen (z. B. verschiedene Rottöne für Kopf und Hals, Blautöne für die obere Extremität, Brauntöne für die untere Extremität usw.).

KOPF/HALS: *

KRANIAL A
ORBITAL B
FAZIAL C
MANDIBULAR D
ZERVIKAL E
SUPRAKLAVIKULAR F

OBERE EXTREMITÄT: *

DELTOID G
AXILLÄR H
BRACHIAL I
KUBITAL J
ANTEKUBITAL K
ANTEBRACHIAL L
KARPAL M

THORAX: *

PEKTORAL N
SKAPULAR O

BECKEN-BAUCHRAUM: *

ABDOMINAL P
PELVIN Q
INGUINAL R
GENITAL S

RÜCKEN: *

THORAKAL T
LUMBAL U
SAKROILIAKAL V

UNTERE EXTREMITÄT: *

GLUTÄAL W
FEMORAL X
PATELLAR Y
POPLITEAL Z
KRURAL 1.
MALLEOLAR 2.
TARSAL 3.

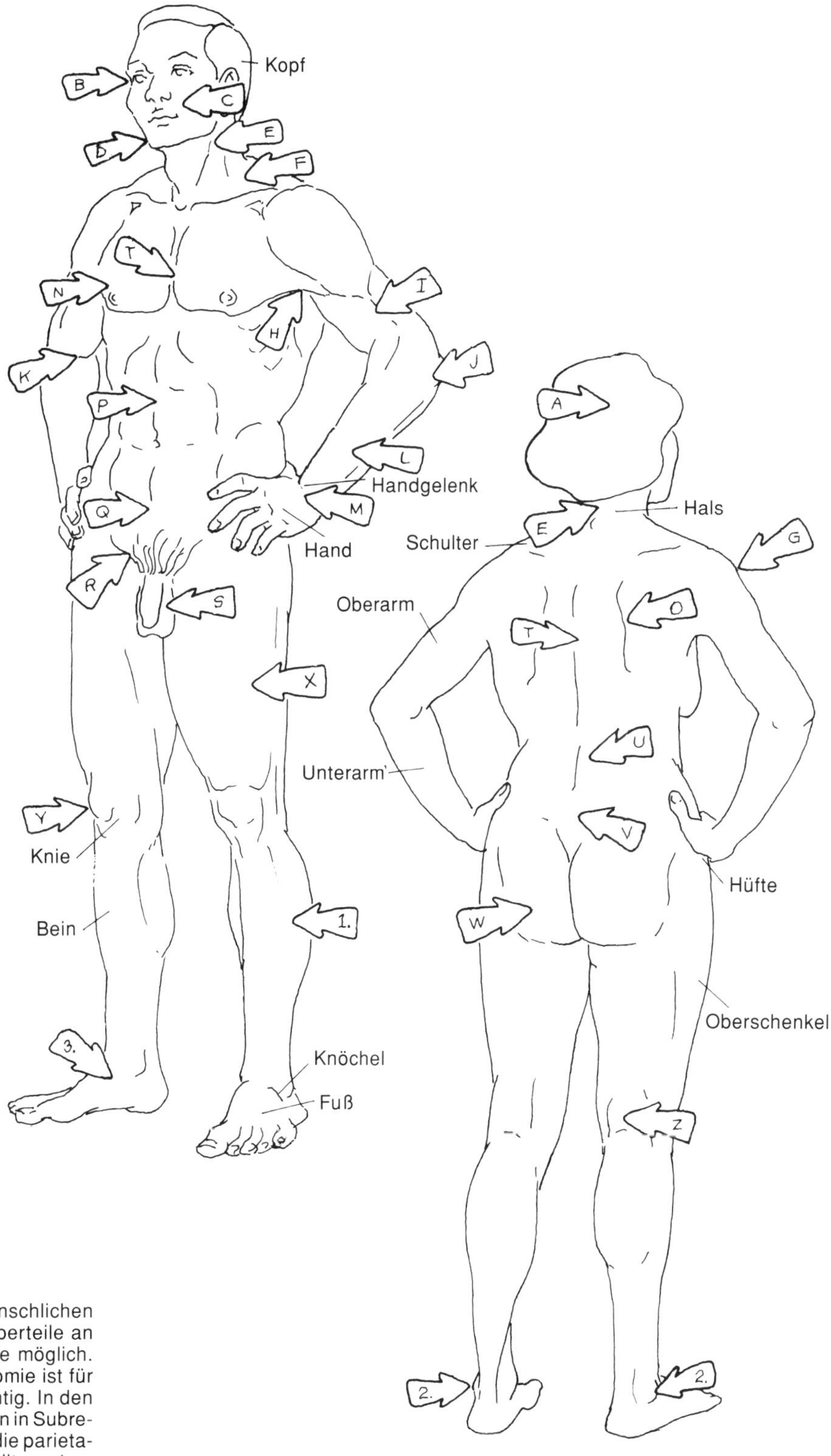

Die regionale Anatomie ist die Unterteilung des menschlichen Körpers in Regionen. Durch die Dissektion der Körperteile an der Leiche ist das Studium der regionalen Anatomie möglich. Das Studium und die Kenntnis der regionalen Anatomie ist für Personen, die im Gesundheitswesen tätig sind, wichtig. In den meisten Regionen gibt es noch weitere Unterteilungen in Subregionen, z.B. kann die kraniale Region in die frontale, die parietale, die temporale und die okzipitale Subregion unterteilt werden. Typischerweise setzt sich jede Region aus Strukturen verschiedener Organsysteme zusammen.

ORGANISATION DES KÖRPERS
HÖHLEN UND IHRE GRENZSCHICHTEN

Verwenden Sie helle Farben, außer für Struktur H. Beachten Sie, daß die Begrenzungen der geschlossenen Körperhöhlen alle grau angemalt werden sollen. In den nach außen offenen Eingeweide-Hohlräumen unten sollen die Höhlen eine dunklere Farbe erhalten (H); die Begrenzungen der geschlossenen Höhlen sind unten nicht dargestellt.

GESCHLOSSENE KÖRPERHÖHLEN: ∗

KOPFHÖHLE A / DURA MATER A'
WIRBELKANAL B / DURA MATER B'
BRUSTHÖHLE C / PLEURA C'
BAUCHHÖHLE, BECKEN D / PERITONEUM D'

Geschlossene Körperhöhlen haben keine natürliche Öffnung nach außen. Die *Kopfhöhle* liegt im oberen Schädelbereich und enthält das Gehirn und assoziierte Strukturen. Sie ist mit dem in der Wirbelsäule verlaufenden *Wirbelkanal* verbunden. Im Wirbelkanal liegt das Rückenmark mit seinen Gefäßen und Nervenwurzeln. Die straffe, bindegewebige Schicht, die sowohl Kopfhöhle als auch Wirbelkanal auskleidet, heißt *Dura mater* (harte Hirnhaut). Teile der Dura hüllen Gehirn und Rückenmark ein; andere Teile bilden Trennwände (Durasepten, nicht dargestellt), die einzelne Hirnteile voneinander trennen.

Die *Brusthöhle* des Thorax ist vom Brustkorb und dessen Muskeln umgeben; an ihrer Rückwand liegt die Wirbelsäule, nach kaudal wird sie vom Zwerchfell begrenzt. Durch einen zentralen Gewebsverband (Mediastinum) wird die Brusthöhle in einen rechten und einen linken Raum für die Lungen geteilt. Diese beiden Teilhöhlen werden von einer dünnen Schicht aus sekretorischem, einschichtigem Plattenepithel ausgekleidet, es sezerniert eine wässrige (seröse) Flüssigkeit und wird daher Serosa genannt. Die Serosa der Brusthöhle heißt *Pleura*, sie wird in Tafel 95 besprochen.

Die *Bauchhöhle* und das *Becken* sind nach ventral und lateral von Muskelschichten, den unteren Rippen und ihren Muskeln sowie von den Beckenknochen umgeben. Die obere und untere Begrenzung sind jeweils muskuläre Wände (Zwerchfell und Bekkenboden). Bauchhöhle und Becken enthalten die Bauch- und Beckeneingeweide. Die Bauchhöhle ist zum Großteil mit einer Serosa überzogen, die *Peritoneum* genannt und in Tafel 102 ausführlicher besprochen wird.

Es gibt eine Reihe weiterer geschlossener Höhlen im Körper, wie Gelenkhöhlen, Herzbeutel, Gefäße, Hirnkammern, Höhlen/Gänge von Auge und Innenohr sowie die Höhlen, die durch Serosa-Falten entstehen (s. Tafeln 64, 95 und 102).

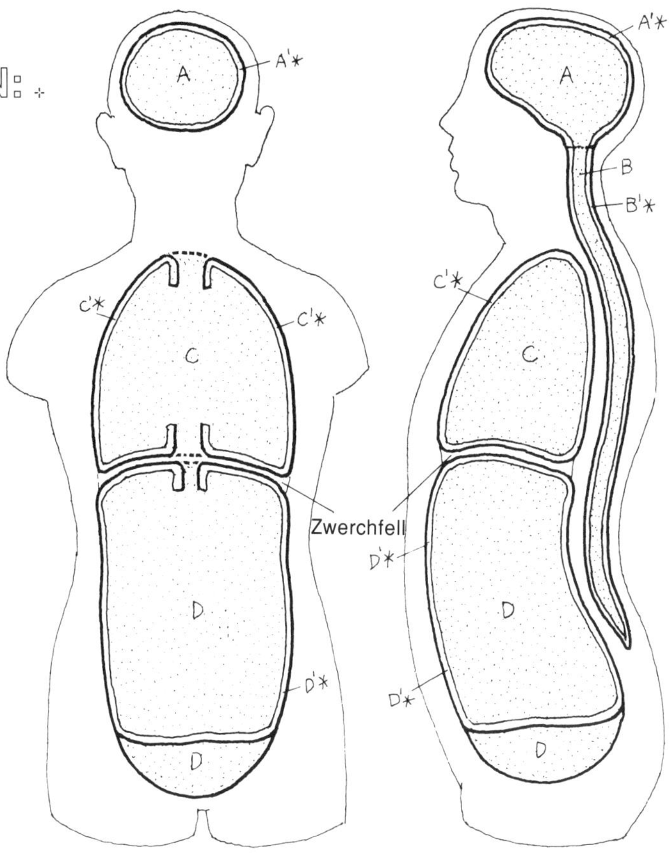

OFFENE EINGEWEIDEHÖHLEN: ∗

RESPIRATIONSTRAKT E
HARNTRAKT F
VERDAUUNGSTRAKT G
MUKOSA H

Offene Höhlen sind in geschlossene Höhlen eingelagert und haben eine Verbindung nach außen. Es sind grundsätzlich röhrenförmige Eingeweidehöhlen: Verdauungs-, Respirations-, Genital- und Harntrakt. Der Verdauungstrakt ist kranial am Mund und kaudal am Anus nach außen offen. Die Öffnungen des Respirationstraktes sind der Mund und die Nase. Der weibliche Genitaltrakt (nicht dargestellt) und Harntrakt münden beide am Damm (Perineum), der männliche Harn- und Genitaltrakt verläuft durch den Penisschaft nach außen. Die Hautdrüsen und Organe, deren Gänge an der Hautoberfläche münden, werden nicht in diese Kategorie gezählt.

Eine unterschiedlich dicke, mit Schleim (Mukus) bedeckte Membran (Schleimhaut oder Mukosa) kleidet die offenen Eingeweidehöhlen aus. An den Körperöffnungen geht sie in die Haut über. Die Mukosa ist die aktive Schicht der offenen Höhlen, die sich mit den Molekülen auf ihrer Außenseite (Nahrung, Gase, Flüssigkeiten usw.) auseinandersetzt; ihre Aufgaben sind dabei die Sekretion, Absorption und Protektion.

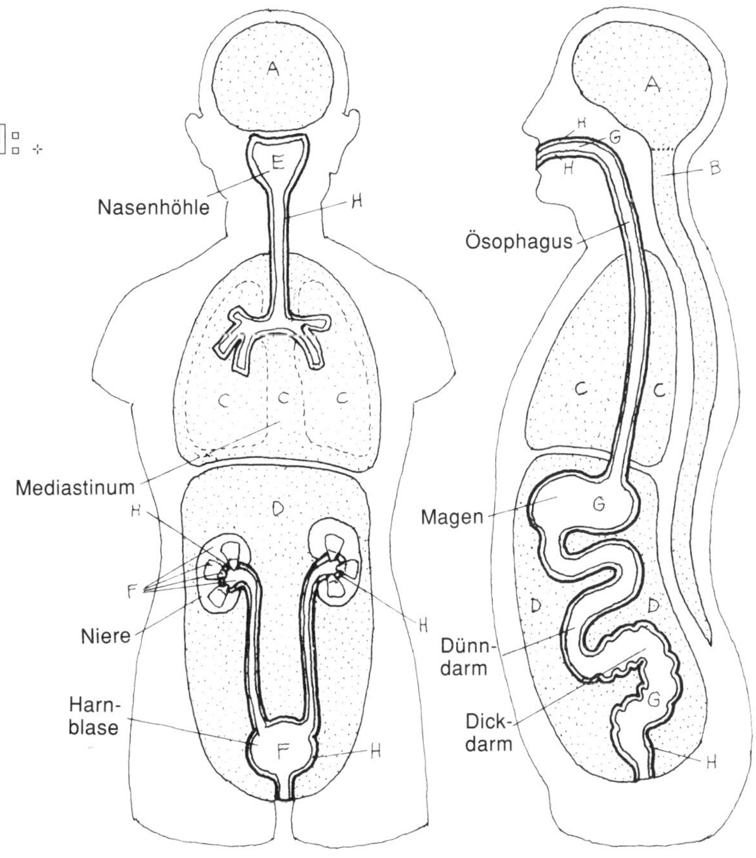

SKELETTSYSTEM
AUFBAU EINES KNOCHENS *

7 Farben
1. Malen Sie die verschiedenen Strukturen dieses Röhrenknochens (Humerus) aus.
2. Rot sollte sowohl für den spongiösen Knochen (e) als auch für die versorgende Arterie (h) verwendet werden.
3. Die Epiphyse (a) und die Diaphyse (b) werden schematisch ganz rechts dargestellt und auch nur dort angemalt.

Die *Knochen* bilden das tragende Gerüst (Skelett) des menschlichen Körpers. Knochengewebe, eine spezielle Art von Bindegewebe, ist die härteste lebende Gewebsform und besteht aus einem Netzwerk von Fasern und Knochenzellen (35% Gewichtsanteil), das mit Kalziumsalzen durchsetzt ist. Knochen sind über Gelenke miteinander verbunden und ermöglichen so Bewegungen. Sie liefern Ansatzpunkte für Skelettmuskeln und stellen eine Reservequelle an Kalziumionen für das Blut. Außerdem sind sie der Ort der Blutbildung. Knochen werden nach der Form in lange, kurze, flache und unregelmäßige Knochen eingeteilt. Lange Knochen oder Röhrenknochen sind verantwortlich für die Statur; sie spiegeln am eindrucksvollsten das Phänomen des Wachsens wider.

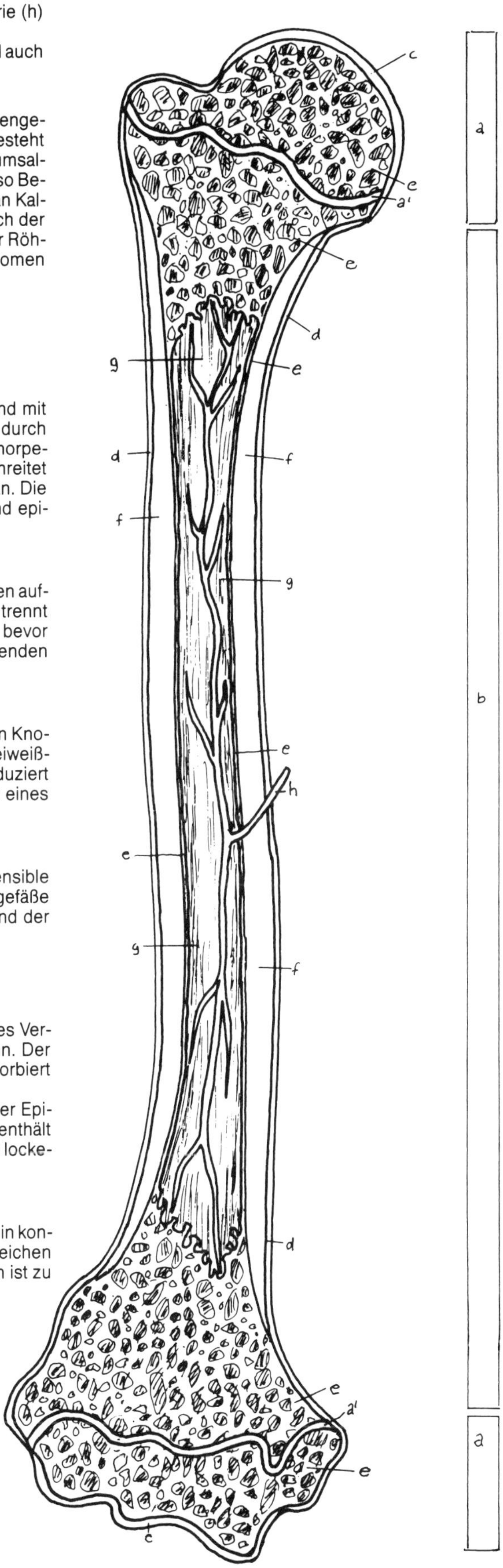

EPIPHYSEN a
EPIPHYSENFUGEN a_1

Epiphysen finden sich an den Enden langer Knochen. Sie sind größtenteils spongiös und mit Gelenkknorpel überzogen. In den ca. ersten 20 Lebensjahren sind sie von der Diaphyse durch eine unterschiedlich dicke Knorpelplatte getrennt. Die meisten Knochen werden zuerst knorpelig angelegt. Die Knochenbildung findet in der Epiphyse und in der Diaphyse statt und schreitet langsam von beiden Enden in Richtung auf die dazwischenliegende Knorpelscheibe voran. Die Knorpelscheibe wird zunehmend dünner und verschwindet schließlich; diaphyseale und epiphyseale Knochenanteile verwachsen (Ende des Knochenwachstums).

DIAPHYSE (KNOCHENSCHAFT) b

Die *Diaphyse* stellt den Schaft eines langen Knochens dar. Sie ist aus kompaktem Knochen aufgebaut, besitzt eine zentrale Markhöhle und widersteht Biegekräften. Die Epiphysenfuge trennt sie von der Epiphyse. Der kompakte Knochen der Diaphyse entwickelt sich unmittelbar, bevor der Knorpel im Inneren des Schaftes durch Knochen ersetzt wird. Er stützt den wachsenden Knochen während der Ausbildung der zentralen (Mark-)Höhle.

GELENKKNORPEL c

Den einzigen sichtbaren Beweis für die knorpelige Vergangenheit eines ausgewachsenen Knochens stellt der Gelenkknorpel dar, der weich, glatt und blutgefäßfrei ist. Er wird von einer eiweißartigen Flüssigkeit (Synovia), die von der synovialen Auskleidung der Gelenkhöhle produziert wird, feucht gehalten und ernährt. Mit ihren überknorpelten Enden stehen die Knochen eines synovialen Gelenkes in direktem Kontakt zueinander.

PERIOST d

Das *Periost* (Knochenhaut) ist eine bindegewebige, zellreiche, gut durchblutete, hochsensible und lebenserhaltende Knochenhülle. Sie führt den Knochenzellen die versorgenden Blutgefäße zu und bildet eine Reservequelle an Osteoblasten (knochenaufbauende Zellen) während der Wachstumsphase und nach Knochenbrüchen. Der Gelenkknorpel ist periostfrei.

SPONGIÖSER KNOCHEN e
ROTES KNOCHENMARK e

Spongiöser Knochen ist aus dünnen Knochenbälkchen aufgebaut, die ein gitterförmiges Verbundwerk bilden, das den jeweiligen Belastungen entsprechend umgebaut werden kann. Der spongiöse Knochen fängt den Druck von Körpergewicht und Lageänderungen ab und absorbiert die von Skelettmuskeln entwickelte Kraft.
Rotes Knochenmark füllt u.a. die Räume zwischen den Bälkchen bestimmter knöcherner Epiphysen. Dieses rote Knochenmark, das auch an einigen anderen Stellen vorkommt, enthält massenhaft weiße und rote Blutzellen, die sich im Reifungsprozeß befinden. Sie sind von lockeren Bindegewebsfasern umgeben.

KOMPAKTER KNOCHEN f

Die sogen. *Substantia compacta,* der feste Knochen der Diaphyse, besteht aus multiplen, in konzentrischen Lagen angeordneten Knochengewebssäulen. Versorgende Blutgefäße erreichen die Knochenzellen durch ein System von eingebauten Kanälchen. Spongiöser Knochen ist zu porös, um einen solchen regelmäßigen Aufbau erkennen zu lassen.

MARKRAUM g
GELBES MARK g

Aufgabe der Markhöhle in der Diaphyse der langen Knochen ist es, das Knochengewicht zu verringern und Raum für das Knochenmark zu schaffen. Nach der Kindheit wird die Blutzellproduktion im Mark der Röhrenknochen weitgehend eingestellt; die Zellen werden durch Fettgewebe, das die gelbe Färbung hervorruft, ersetzt.

ARTERIA NUTRITIA h

In den Schaft eines jeden langen Knochens führt ein in schräger Richtung verlaufender Kanal für den Durchtritt einer *Arteria nutritia* (Versorgungsarterie), die in den Markraum eindringt und sich zur Ernährung des Schaftbereiches in alle Richtungen aufzweigt. Die Arterien zur Versorgung der Epiphysen kommen im allgemeinen aus den Gefäßen der Gelenkkapseln.

SKELETTSYSTEM
ENCHONDRALE OSSIFIKATION

Benutzen Sie für die bereits bekannten Strukturen die gleichen Farben wie in den vorangegangenen Tafeln. Verwenden Sie rot für die Blutgefäße. Schließen Sie jedes Stadium ab, bevor Sie im Text weiterlesen. Das Periost, das ab Bild 3 anliegend an den perichondralen Knochen erscheint, soll nicht angemalt werden.

Knochen kann sich sowohl aus Bindegewebe (desmal) als auch aus Knorpel (chondral) entwickeln. In den hier gezeigten Längsschnitten eines wachsenden Röhrenknochens sind beide Formen der Knochenentwicklung (Ossifikation) dargestellt, mit einem Schwerpunkt auf das chondrale Knochenwachstum.

Die endochondrale Entwicklung beginnt etwa beim fünf Wochen alten Embryo mit der Bildung knorpeliger Knochenvorläufer aus dem embryonalen Bindegewebe. Nach und nach (in den folgenden 16 – 25 Jahren) wird dieser Knorpel weitgehend durch Knochen ersetzt. Das Ausmaß und die Dauer dieses Prozesses bestimmt die Körpergröße eines Menschen. Die desmale Ossifikation beginnt direkt im embryonalen Bindegewebe ohne die Ausbildung eines knorpeligen Vorläufers. Auf diese Art entwickeln sich die flachen Schädelknochen, das Schlüsselbein (Clavicula) und die Knochenmanschette, welche den Schaft eines knorpeligen Knochenvorläufers umgibt.

Die chondrale Ossifikation beginnt mit einem Modell aus *hyalinem Knorpel* (1). Im Verlauf des Wachstums dieser Knorpelstruktur trocknet ihr mittlerer Bereich aus. Hier degenerieren die Knorpelzellen: Sie vergrößern sich, sterben und verkalken (2). Gleichzeitig wandern zusammen mit *Blutgefäßen* auch knochenbildende Zellen in die zugrundegehenden Areale des Knorpels ein und bilden innerhalb des Perichondriums eine Knochenmanschette um den knorpeligen Schaft (perichondrale Ossifikation). Die bindegewebige, zell- und gefäßreiche Membran um die Knochenmanschette heißt von da an Periost. Die Knochenmanschette *(perichondraler Knochen)* entwickelt sich zu einer röhrenförmigen Stützstruktur des Knorpelmodells, in deren Zentrum der Knorpel degeneriert und verkalkt (3).

Vom bindegewebigen Periost aus wachsen Blutgefäße durch die Knochenmanschette hindurch in das Knorpelmodell (periostaler Sproß) und proliferieren, an ihnen entlang kommen auch periostale knochenbildende Zellen (Osteoblasten) in das Knorpelmodell (4). Etwa 8 Wochen nach der Befruchtung beginnend, begrenzen die Osteoblasten die Ausläufer von *verkalktem Knorpel* an den Enden des Knochenschafts *(Diaphyse)* und sezernieren neue Knochensubstanz (5). Das Wachstum verläuft dabei in Richtung der Knochenenden. Zur Bildung der Markhöhle werden später der verkalkte Knorpel und auch Teile des endochondralen Knochens im Schaftbereich absorbiert (5). Beim Feten füllt sich diese Höhle mit gelatinösem roten Mark. Bei der Geburt sind diese primären produktiven Zentren der Ossifikation gut ausgebildet.

In den ersten Jahren nach der Geburt entwickeln sich an den *Epiphysen*, den Enden der Röhrenknochen, sekundäre Ossifikationszentren, indem auch hier Blutgefäße den Knorpel penetrieren (6). Der gesunde Knorpel zwischen den Ossifikationszentren von Epiphyse und Diaphyse wird zur *Epiphysenfuge* (7). Das Wachstum dieses Knorpels ist verantwortlich für die Knochenverlängerung. Der stufenweise Ersatz dieses Knorpels durch Knochenzellen in der Metaphyse (7) verdünnt die Epiphysenfuge; schließlich kommt es zur Verschmelzung der beiden Ossifikationszentren (8) und somit zum Ende des Längenwachstums des Knochens (im Alter von 12 – 20 Jahren). Im Verschmelzungsbereich kann eine dichte Zone bis ins Erwachsenenalter bestehenbleiben *(Epiphysenlinie)*. Epiphysealer Knochen ist weniger strukturiert (unregelmäßige Balken) als der Knochen der Diaphyse (organisierte Säulen oder Osteone) und wird im ausgereiften Zustand als spongiöser Knochen bezeichnet.

Die desmale Ossifikation des Diaphysen-Schaftes ist verantwortlich für das Dickenwachstum des Knochens. Die Ossifikation wird durch Wachstumshormone (aus der Hypophyse) und durch Sexualhormone gesteuert.

HYALINER KNORPEL A
PERICHONDRALER KNOCHEN B
VERKALKTER KNORPEL C
BLUTGEFÄSS D
ENCHONDRALER KNOCHEN E

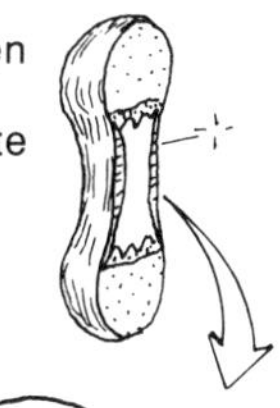

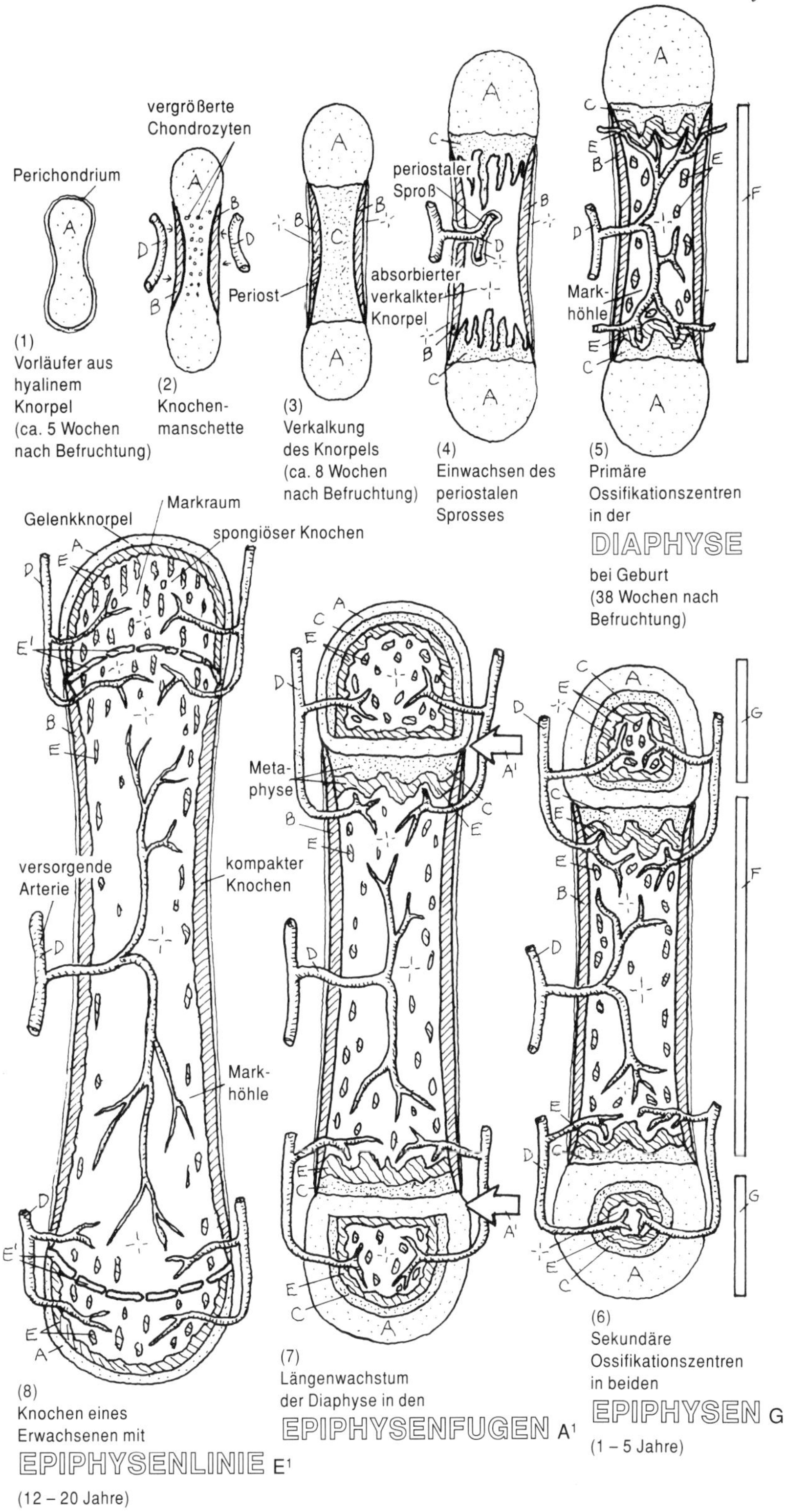

(Nachdruck mit Genehmigung aus Bloom and Fawcett,
A Textbook of Histology, 10th Ed. W.B. Saunders Co., Phila. PA 1975)

SKELETTSYSTEM / KLASSIFIKATION *
STAMMSKELETT a UND EXTREMITÄTEN b

2 Farben
1. Malen Sie das Stammskelett und die dazugehörige Überschrift aus. Sie können den ganzen Brustkorb über die Zwischenrippenräume hinweg anmalen.
2. Die zweite Farbe erhält das Extremitätenskelett und die entsprechende Überschrift.

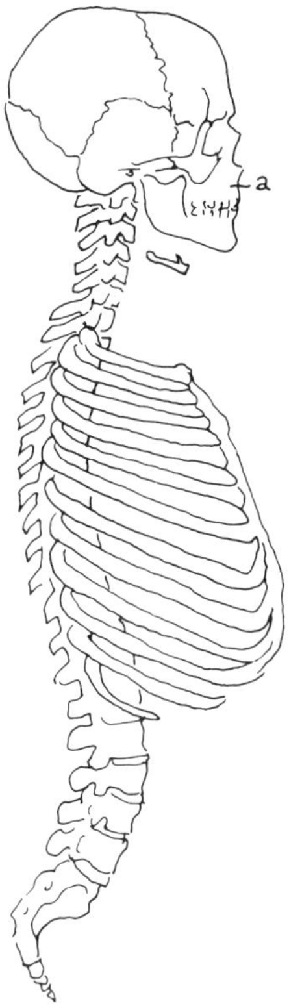

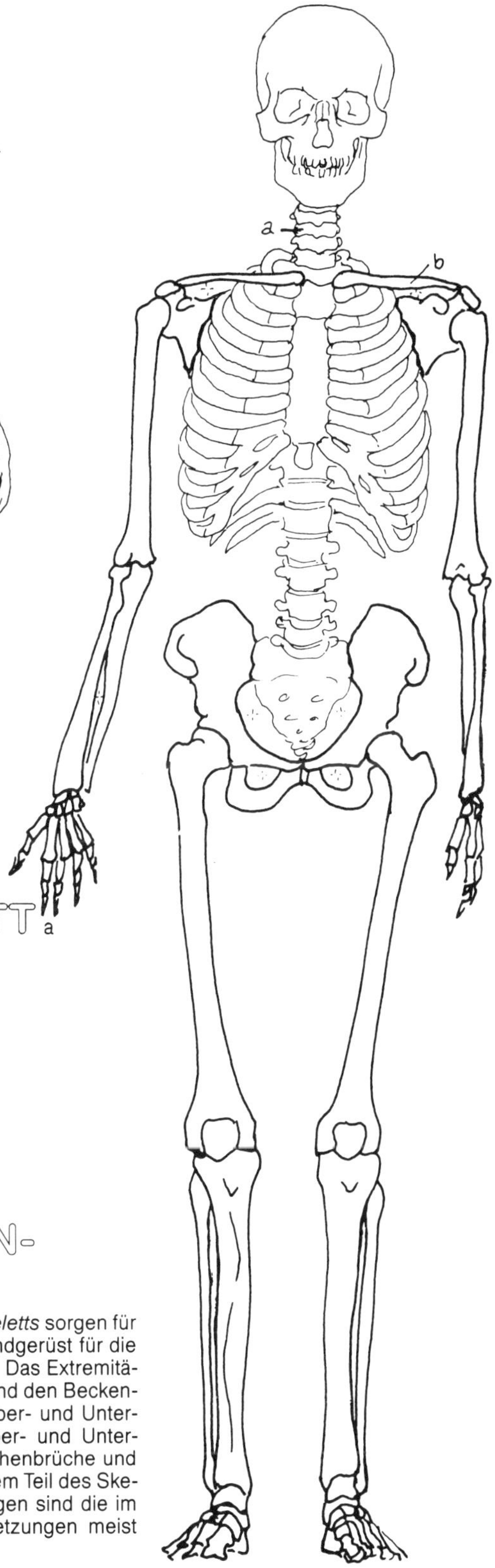

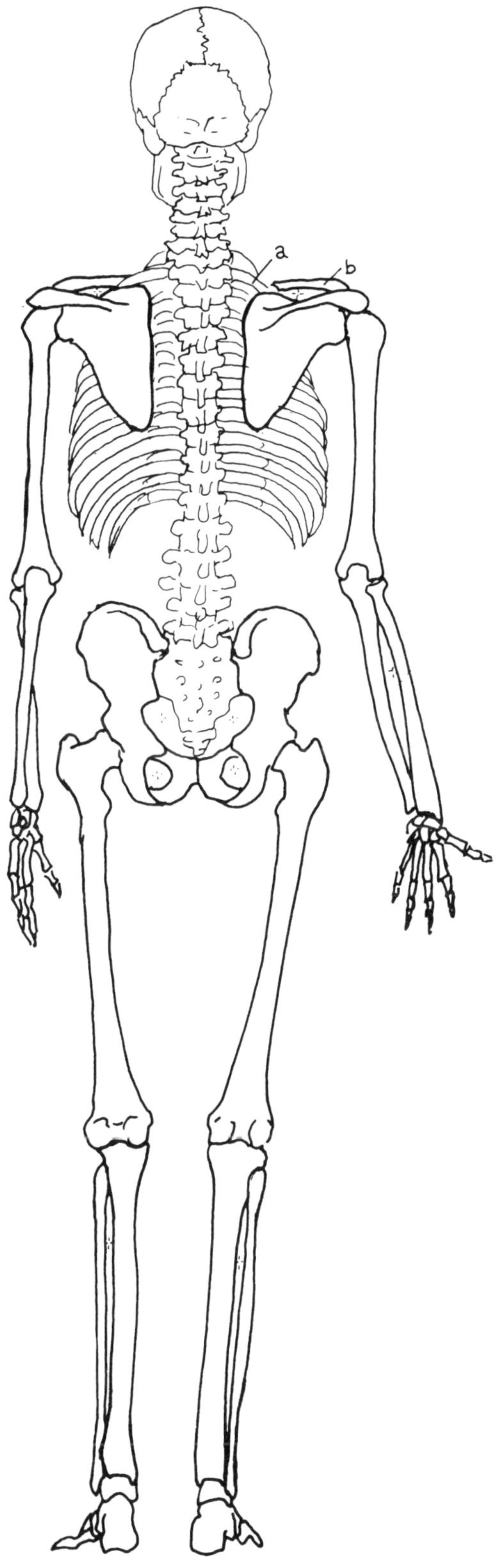

STAMMSKELETT a

Das *Stammskelett* ist das tragende Stützgerüst des menschlichen Körpers. Es ist entsprechend in der mittleren Längsachse angeordnet. Es umfaßt den Schädel, die Wirbel, das Brustbein, die Rippen und das Zungenbein. Dieser Teil des Skeletts ist beträchtlich steifer und unbeweglicher als das Extremitätenskelett.

EXTREMITÄTEN-SKELETT b

Die Knochen des *Extremitätenskeletts* sorgen für ein nahezu frei bewegliches Grundgerüst für die oberen und unteren Gliedmaßen. Das Extremitätenskelett umfaßt den Schulter- und den Beckengürtel sowie die Knochen von Ober- und Unterarm, Handwurzel und Hand, Ober- und Unterschenkel und Fußknochen. Knochenbrüche und Verstauchungen kommen in diesem Teil des Skeletts sehr viel häufiger vor, dagegen sind die im Achsenskelett auftretenden Verletzungen meist ernsterer Natur.

SKELETTSYSTEM / SCHÄDELKNOCHEN *

8 KNOCHEN DES GEHIRNSCHÄDELS: • 1 OS OCCIPITALE a, 2 OSSA PARIETALIA b, 1 OS FRONTALE c, 2 OSSA TEMPORALIA d, 1 OS ETHMOIDALE e, 1 OS SPHENOIDALE f

14 KNOCHEN DES GESICHTSSCHÄDELS: • 2 OSSA NASALIA g, 1 VOMER h, 2 OSSA LACRIMALIA i, 2 OSSA ZYGOMATICA j, 2 OSSA PALATINA k, 2 MAXILLAE L, 1 MANDIBULA m

2 UNTERE NASENMUSCHELN n

14 Farben

1. Bearbeiten Sie diese und die nächste Bildtafel gemeinsam.
2. Benutzen Sie die kräftigsten Farben für die kleinsten Knochen.
3. Wenn Sie einen Knochen bearbeiten, dann malen Sie gleich alle sieben der auf dieser und der nächsten Bildtafel gezeigten Ansichten an.

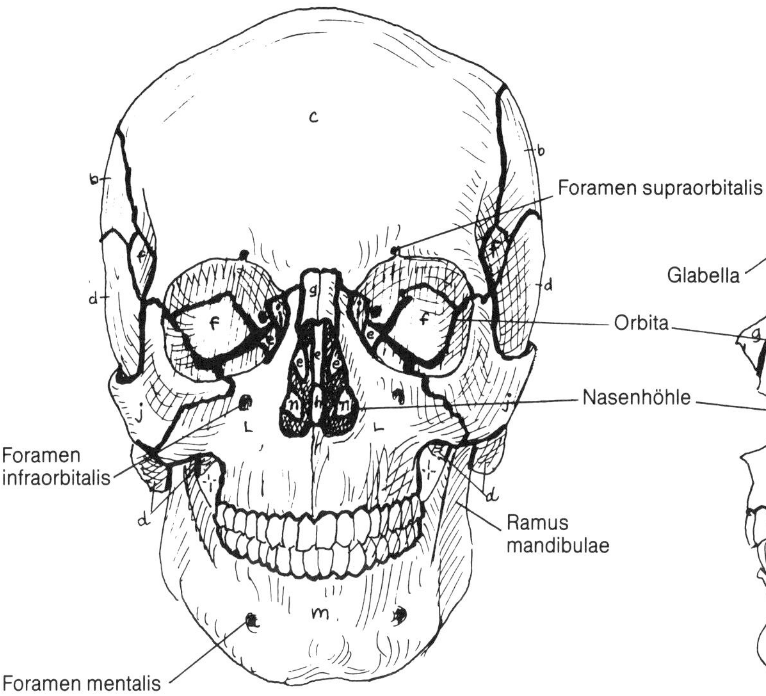

Ansicht von vorne

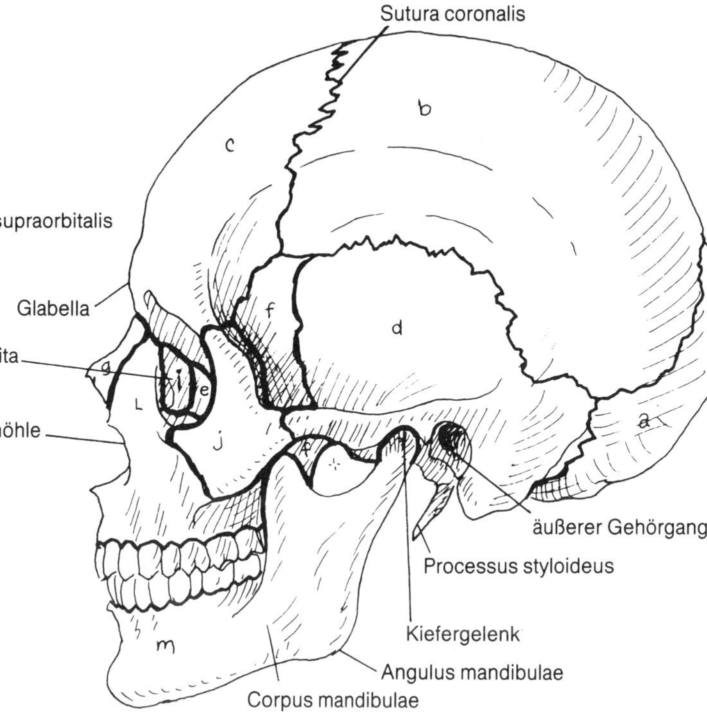

Seitansicht

Die *Knochen des Schädels* sind mit Schädelnähten fest miteinander verbunden. Eine Ausnahme ist das scharnierartige Temporomandibular-Gelenk (Kiefergelenk). Die *Knochen des Gehirnschädels* umfassen auch die flachen Knochen, die die Schädeldecke bilden. Die *Knochen des Gesichtsschädels,* unregelmäßige und verwinkelte Knochen, bilden die Rahmenkonstruktion des Gesichts. Beachten Sie, daß die Orbita (Augenhöhle) von sieben verschiedenen Knochen gebildet wird (der Anteil des Os palatinum ist nicht eingezeichnet). Das Grundgerüst für die Nase besteht zum größten Teil aus Knorpel.

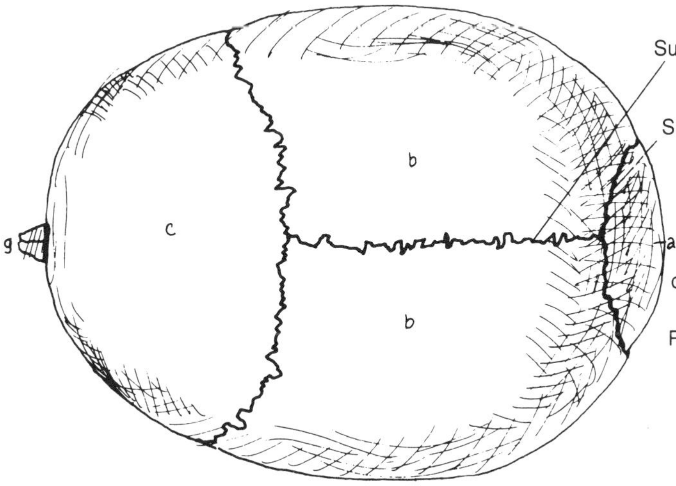

Ansicht von oben

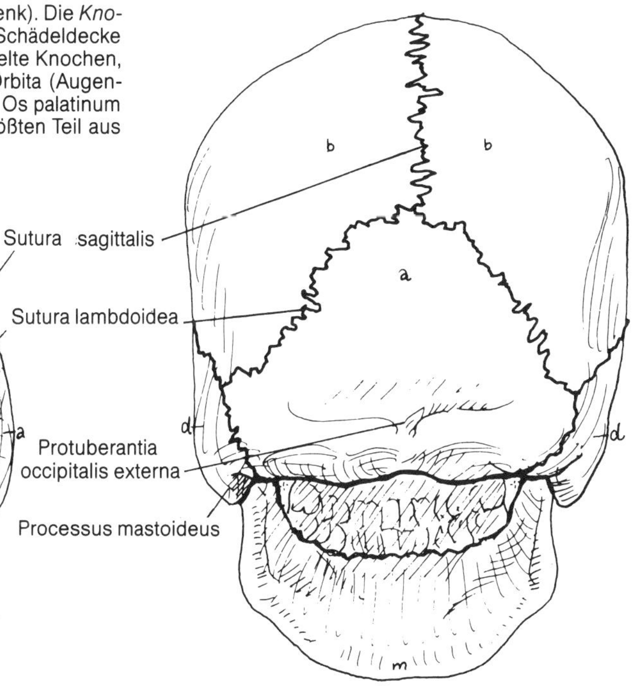

Ansicht von hinten

SKELETTSYSTEM / SCHÄDEL: ERGÄNZENDE DARSTELLUNGEN *

10 Farben

1. Die Bezeichnungen der Knochen finden Sie auf der vorhergehenden Seite. Benutzen Sie dieselben Farben.
2. Sparen Sie die mit (+) bezeichneten Öffnungen in den zwei unteren Darstellungen aus.

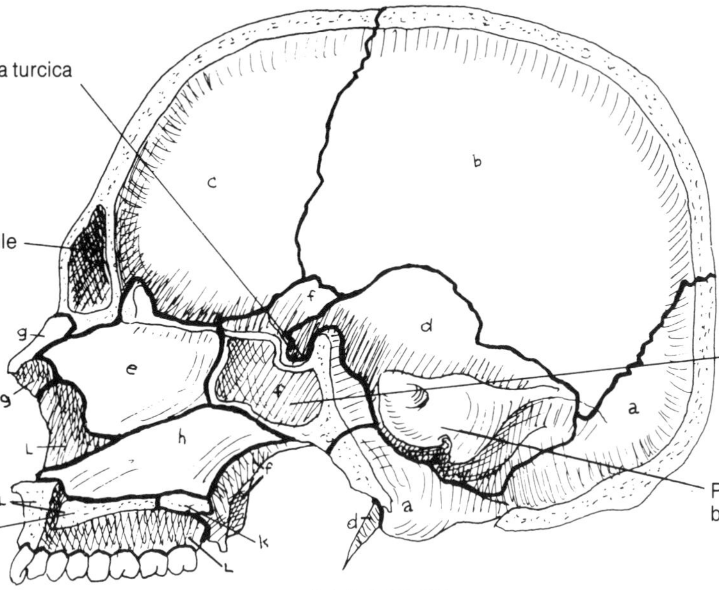

Medianschnitt

Diese Schnittebene zeigt die rechte Schädelhälfte in der Innenansicht. Sie werden nun die Knochen, die an der Bildung der Nasenhöhle, der Mundhöhle und der Hirnschale beteiligt sind, erkennen können. Das Septum, das die rechte und die linke Nasenhöhle trennt, ist eingezeichnet. Der knorpelige Teil des Septums wurde weggelassen, so daß Teile der rechten lateralen Nasenwand jenseits des Septums zur Darstellung kommen (g, L).

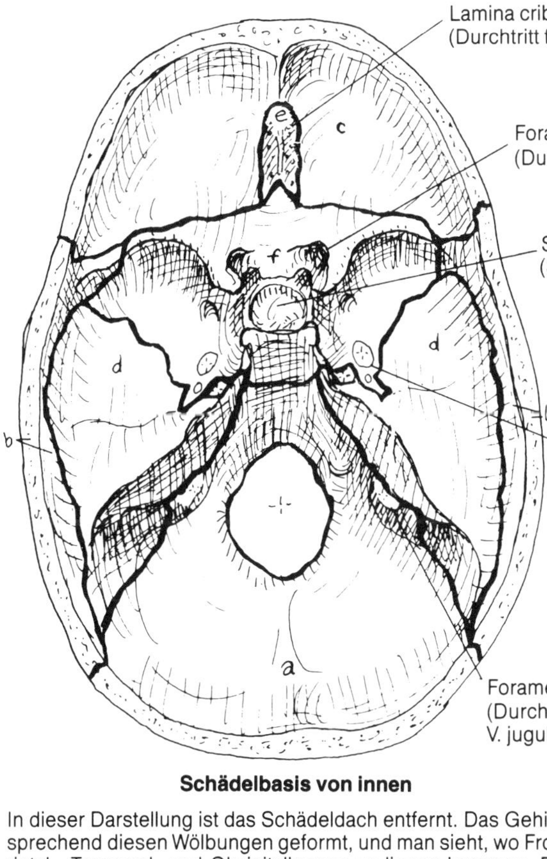

Schädelbasis von innen

In dieser Darstellung ist das Schädeldach entfernt. Das Gehirn ist entsprechend diesen Wölbungen geformt, und man sieht, wo Frontal-, Parietal-, Temporal- und Okzipitallappen zu liegen kommen. Die vielen Durchtrittsstellen (Foramina) führen Nerven und Gefäße in den Gehirnschädel bzw. aus ihm heraus.

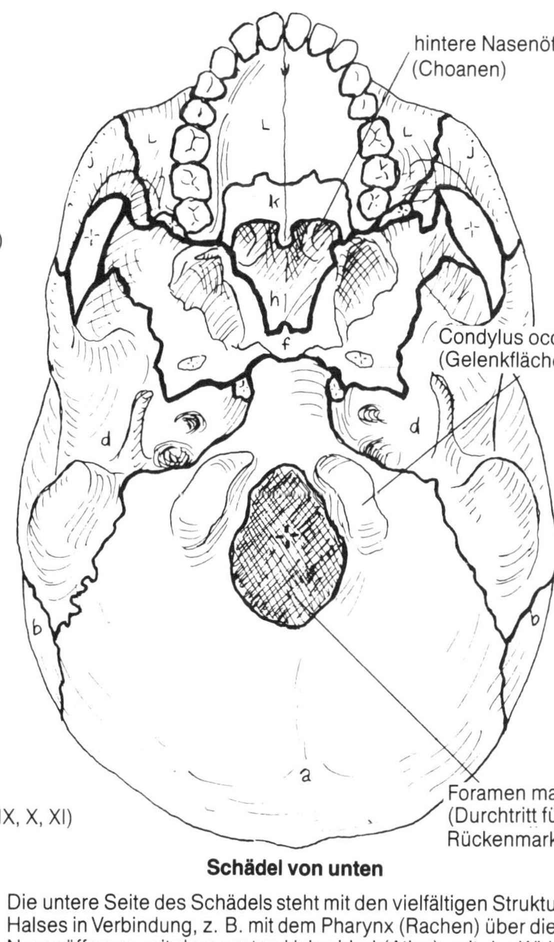

Schädel von unten

Die untere Seite des Schädels steht mit den vielfältigen Strukturen des Halses in Verbindung, z. B. mit dem Pharynx (Rachen) über die hintere Nasenöffnung, mit dem ersten Halswirbel (Atlas), mit der Wirbelsäule und mit vielen Gefäßen, Nerven und Muskeln.

SKELETTSYSTEM WIRBELSÄULE

Verwenden Sie Grau für Struktur D, Gelb für Struktur H, und helle Farben für den Rest, insbesondere für C, T, L, S, und CO.
1. Beginnen Sie mit den Regionen der Wirbelsäule und den drei Beispielen pathologischer Verkrümmungen unten links.
2. Dann malen Sie das bewegliche Segment und seine Funktion bei der Flexion und Extension aus.
3. Als nächstes bemalen Sie die Foramina und den Wirbelkanal.
4. Zum Schluß malen Sie das Beispiel eines Bandscheibenvorfalls an.

Tafel 20

(vgl. Tafel 21, 22)

REGIONEN: *

ZERVIKAL C
THORAKAL T
LUMBAL L
SAKRAL S
KOKZYGEAL CO

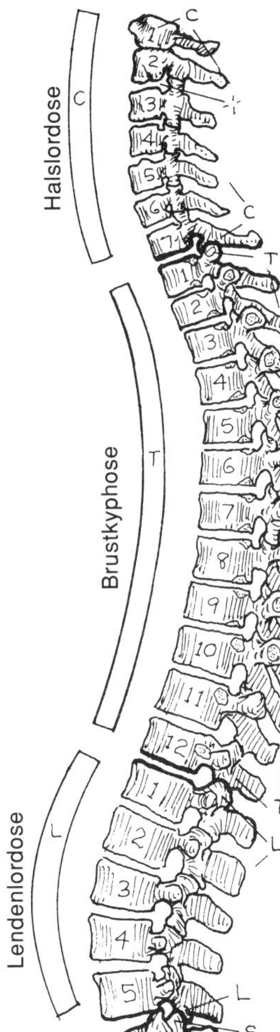

Wirbelsäulenverkrümmungen

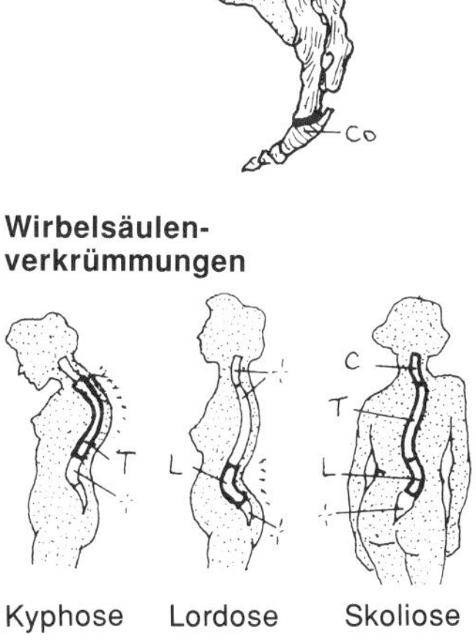

Die Wirbelsäule umfaßt 24 einzelne Wirbel, die in eine *zervikale, thorakale* und *lumbale* Region unterteilt werden; die *sakralen* und *kokzygealen* Wirbel sind zusammengewachsen (Kreuzbein/Steißbein). Die Anzahl der Wirbel in den einzelnen Regionen ist sehr konstant; nur S1 wächst gelegentlich nicht an das Kreuzbein an, oder es ist bereits L5 an das Kreuzbein angewachsen. Die 7 beweglichen Halswirbel (C1-7) stützen den Hals und tragen den 3 bis 4 kg schweren Kopf. Die Halswirbelsäule krümmt sich normalerweise erst sekundär nach der Entwicklung von Stellreflexen, etwa drei Monate nach der Geburt *(Halslordose)*. Die 12 Brustwirbel (Th1-12) stützen den Brustkorb, den Kopf und den Hals. Sie sind beidseitig mit jeweils 12 Rippen gelenkig verbunden. Die Brustwirbelsäule hat eine angeborene Krümmung *(Brustkyphose)*. Die 5 Lendenwirbel (L1-5) stützen den oberen Teil des Körpers, den Rumpf und den unteren Rücken. Dieser Teil der Wirbelsäule krümmt sich mit dem Laufenlernen im Alter von 1 bis 2 Jahren *(Lendenlordose)*. Das Kreuzbein ist die Basis eines gewichttragenden Bogens, zu dem auch die Hüftknochen gehören. Die Krümmung von Kreuz- und Steißbein ist angeboren. Die 1 bis 5 Steißbeinwirbel sind üblicherweise verwachsen, doch gelegentlich ist der erste dieser Wirbel frei beweglich.

Die Krümmungen der Wirbelsäule können durch Körperhaltung, Aktivität, Fettleibigkeit, Schwangerschaft und Traumen beeinträchtigt werden, was sich üblicherweise durch Überkrümmung äußert. Diese Überkrümmungen werden mit den gleichen Begriffen wie die anatomischen Krümmungen benannt (Kyphose = Krümmung nach dorsal, Lordose = Krümmung nach ventral). Bedingt durch die Dominanz einer Körperhälfte haben viele Menschen eine leichte Seitwärtskrümmung der Wirbelsäule; eine ausgeprägte, unter Umständen beeinträchtigende Seitwärtskrümmung *(Skoliose)* kann viele Ursachen haben.

BEWEGUNGSSEGMENT: *

WIRBEL L1
GELENKE: +
ZWISCHENWIRBELSCHEIBE A
ARTICULATIO INTERVERTEBRALIS B
LIGAMENT D *
WIRBEL L2
FORAMEN VERTEBRALE E
WIRBELKANAL E1
FORAMEN INTERVERTEBRALE F

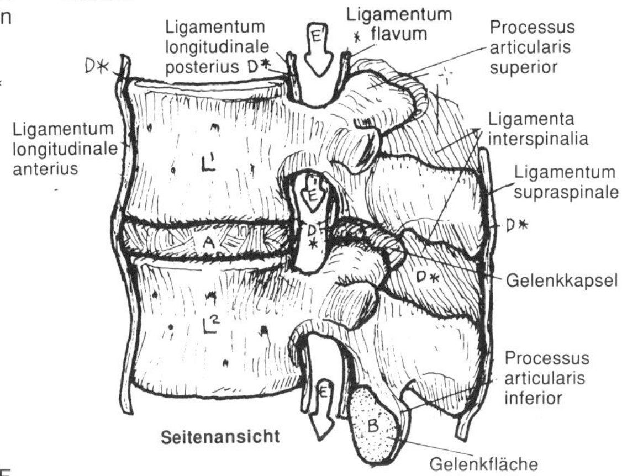

Jedes Paar der einzelnen, nicht zusammengewachsenen Wirbel bildet zusammen ein *Bewegungssegment* als Grundeinheit. Die koordinierte Bewegung der einzelnen Bewegungssegmente ermöglicht die Halsbewegungen sowie die Bewegungen des mittleren und unteren Rückens. Mit Ausnahme der beiden obersten Wirbel (C1-C2) ist jedes Wirbelpaar mit 3 Gelenken verbunden: anterior eine teilweise bewegliche *Zwischenwirbelscheibe* und posterior ein Paar von synovialen Gelenken *(Articulatio intervertebralis)*. *Ligamente* halten die Knochen zusammen und kapseln die Gelenke ein (Gelenkkapseln). Im *Wirbelkanal* (Canalis vertebralis), der Gesamtheit der *Foramina vertebralia*, verlaufen das Rückenmark mit seinen Hüllen, Gefäßen und Nervenwurzeln. Zwischen jedem Paar von Wirbelbögen sind Öffnungen, die *Foramina intervertebralia*. Sie leiten die Spinalnerven mit ihren Hüllen und Gefäßen zum Rückenmark.

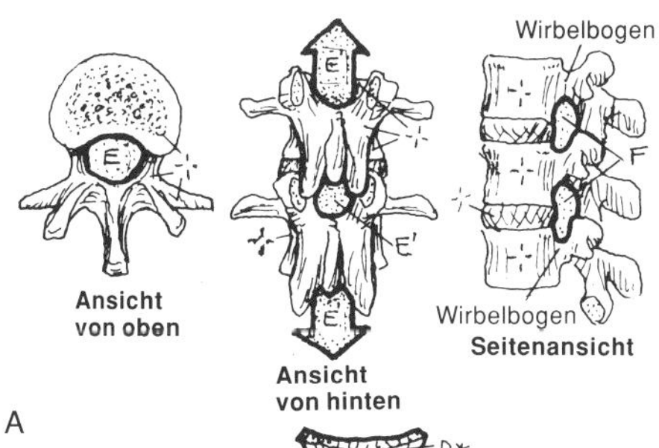

ZWISCHENWIRBELSCHEIBE A

ANNULUS FIBROSUS A1
NUCLEUS PULPOSUS G
SPINALNERV H

Die *Zwischenwirbelscheibe* besteht aus dem *Annulus fibrosus* (konzentrisch angeordnete, verflochtene Kollagenfasern mit eingelagerten Knorpelzellen), der jeweils mit den angrenzenden Wirbelkörpern verbunden ist, und einem zentralen *Nucleus pulposus* (gallertartige Masse aus abgebautem Kollagen, Proteoglykanen und Wasser). Diese Scheiben ermöglichen die Bewegung zwischen den Wirbelkörpern. Mit zunehmendem Alter dehydrieren und verdünnen sich diese Scheiben, was zur Verminderung der Körperhöhe führt. Insbesondere die zervikalen und lumbalen Zwischenwirbelscheiben können aus verschiedenen Gründen frühzeitig degenerieren. Degeneration und Verletzungen des Annulus können zu einer breiteren oder zur lokalisierten (fokalen) Vorwölbung der Zwischenwirbelscheibe führen; ein solcher Bandscheibenvorfall kann, wie in der Abbildung, eine Spinalnervenwurzel komprimieren.

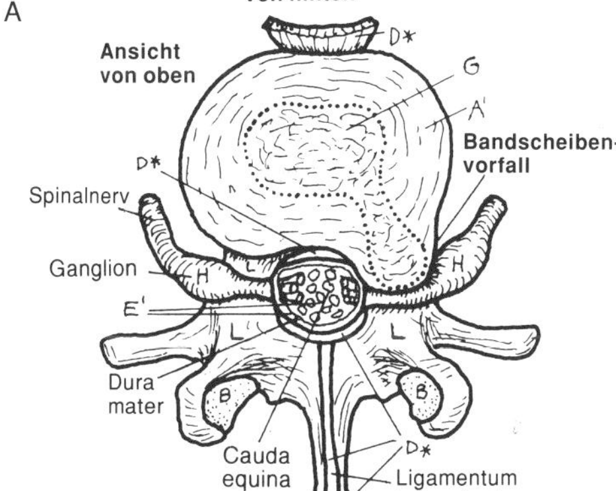

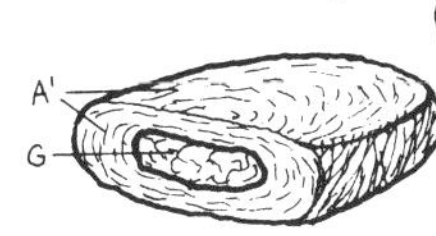

Schnitt durch eine Zwischenwirbelscheibe

SKELETTSYSTEM: HALS- UND BRUSTWIRBEL

Verwenden Sie Rot für Struktur M. Strukturen C und T sollen die gleichen Farben wie in der vorhergehenden Tafel erhalten. Verwenden sie dunkle Farben für N, O und P.

1. Beginnen Sie mit den Teilen des Halswirbels. Beim Ausmalen von Atlas und Axis achten Sie darauf, daß diese durch andere Farben von den übrigen Halswirbeln unterschieden werden sollen.
2. Bemalen Sie dann die Teile eines Brustwirbels und anschließend den thorakalen Teil der Wirbelsäule. Die drei unterschiedlichen Gelenkflächen sollen dabei verschiedene Farben erhalten.

HALSWIRBEL C
WIRBELKÖRPER C¹
PEDICULUS B
QUERFORTSATZ G
GELENKFORTSATZ H
GELENKFLÄCHE H¹
LAMINA I
DORNFORTSATZ J

ATLAS K
AXIS L

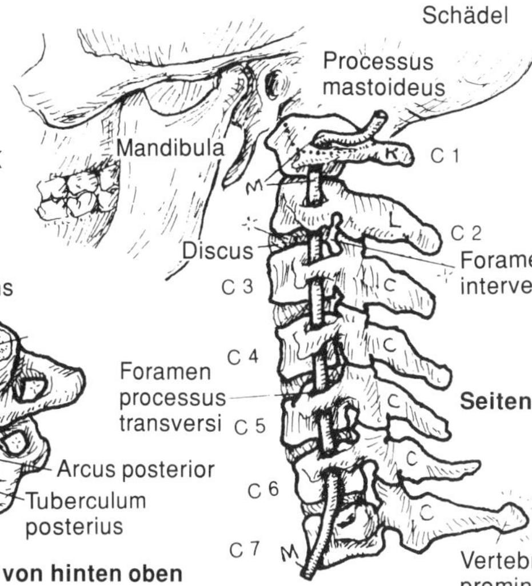

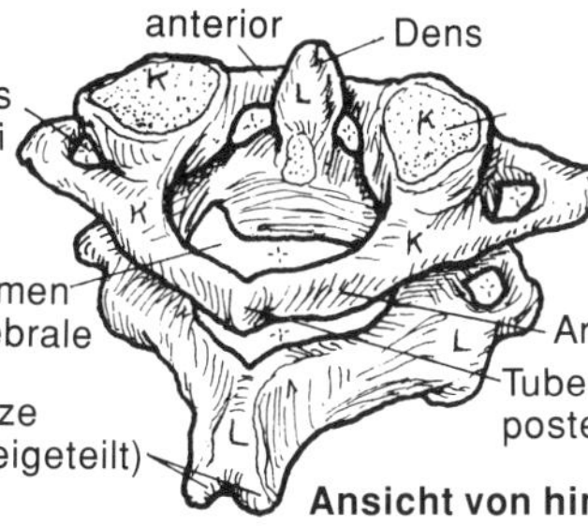

ARTERIA VERTEBRALIS M

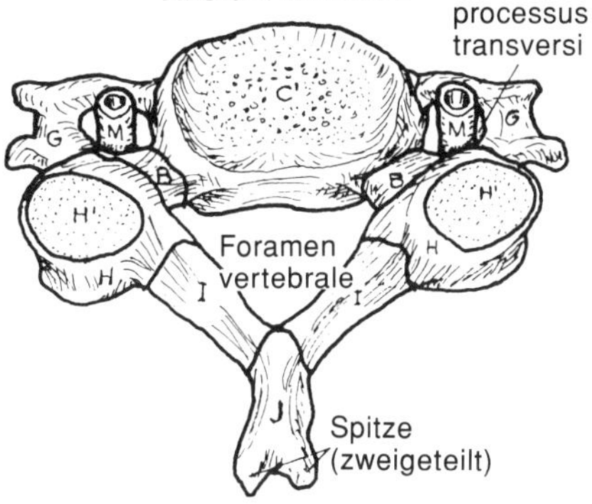

BEWEGUNG *
»NEIN« I
»JA« K

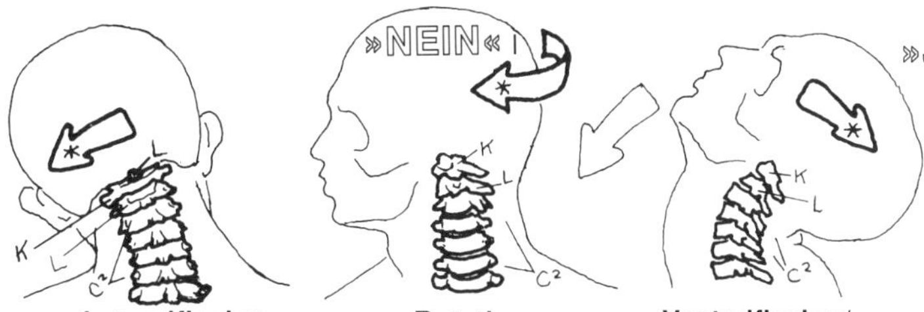

Die 7 kleinen *Halswirbel* stützen und bewegen den Kopf und den Hals, unterstützt von Ligamenten und bandförmigen Nacken- und Halsmuskeln. Der ringförmige *Atlas* (C1) hat keinen Wirbelkörper; daher befinden sich auch keine gewichttragenden Zwischenwirbelscheiben zwischen dem Hinterhaupt und C1 sowie zwischen C1 und C2 (dem *Axis*). Das Gewicht des Kopfes wird durch große *Gelenkfortsätze* und *Gelenkflächen* über C1 und C2 auf C3 übertragen. Die oberen Kopfgelenke erlauben zusammen mit den synovialen Gelenken von C3 bis C7 ausgeprägte Nickbewegungen nach vorne (Ventralflexion) und hinten (Dorsalflexion). Der Dens (lat. Zahn) von C2 ragt in den vorderen Bogen des C1-Rings und bildet mit diesem ein Drehgelenk, das eine Drehbewegung von Kopf und C1 um fast 90 Grad (Kopfschütteln, Rotation) ermöglicht. Begünstigt wird diese Rotationsmöglichkeit durch die relativ horizontale Anordnung der Halswirbelgelenke. C3 bis C6 sind sich untereinander sehr ähnlich; C7 fällt auf durch einen prominenten Dornfortsatz, der leicht getastet werden kann. Die ventrale Krümmung der Halswirbelsäule und die ausgeprägte Hals- und Nackenmuskulatur erschweren die Palpation der übrigen zervikalen Dornfortsätze. Die *Aa. vertebrales* verlaufen durch Öffnungen (Foramina) in den *Querfortsätzen* (Processus transversus) der 6 oberen Halswirbel und dann weiter zum Hirnstamm. Diese Gefäße können bei Überstreckung mit extremer Rotation des Halses verletzt werden. Der zervikale Wirbelkanal enthält den zervikalen Abschnitt des Rückenmarks mit seinen Hüllen (nicht dargestellt). Die Bewegungssegmente C4-5 und C5-6 sind die beweglichsten der zervikalen Region und daher besonders von einer Degeneration der Zwischenwirbelscheiben und -gelenke betroffen.

Die 12 *Brustwirbel* sind charakterisiert durch einen langen, schlanken Dornfortsatz (Proc. spinalis), einen herzförmigen *Wirbelkörper* und annähernd vertikal ausgerichtete *Gelenkflächen*; sie sind beidseitig mit *Rippen* gelenkig verbunden. Grundsätzlich bildet jede Rippe ein synoviales Gelenk mit zwei halben Gelenkflächen auf den beiden angrenzenden Wirbeln und einer einzelnen Gelenkfläche auf dem Querfortsatz des unteren Wirbels. Variationen in der Anordnung dieser Kostovertebralgelenke findet man auf Th1, Th11 und Th12.

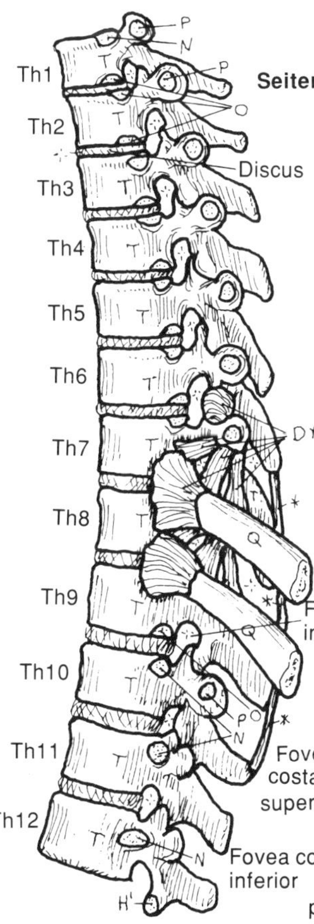

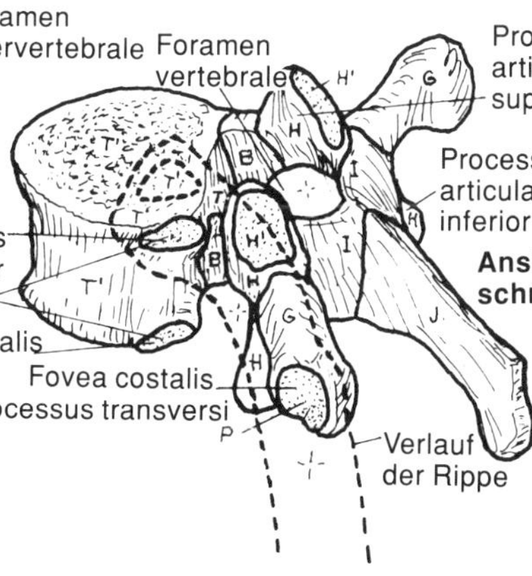

BRUSTWIRBEL T
WIRBELKÖRPER T¹
GELENKFLÄCHE N
HALBE GELENKFLÄCHE O
QUERFORTSATZ-GELENKFLÄCHE P
RIPPE Q
LIGAMENT D

SKELETTSYSTEM
LENDEN-, KREUZBEIN- UND STEISSBEINWIRBEL

Verwenden Sie für die Strukturen C, T, L, E, F, A, S und CO die gleichen Farben wie in den beiden vorhergehenden Tafeln.

1. Beginnen Sie mit den drei Ansichten der Lendenwirbel.
2. Malen Sie dann die verschiedenen Gelenkflächen aus.
3. Danach wenden Sie sich den vier Ansichten von Kreuz- und Steißbein zu. Beachten Sie, daß der mittlere Teil im Medianschnitt die Farbe des Wirbelkanals erhält (E^1).

Die fünf *Lendenwirbel* sind die kräftigsten der einzelnen Wirbel. Ihre dikken Fortsätze dienen als Anheftungsstellen für zahlreiche Ligamente und Muskeln/Sehnen. Die lumbalen und lumbosakralen Bewegungssegmente, insbesondere L4-L5 und L5-S1, ermöglichen sowohl eine ausgeprägte Flexion (Vorwärtsbeugung) als auch Extension (Rückwärtsbeugung). Etwa in Höhe von L1 endet das Rückenmark und beginnt die Cauda equina (Bündel von lumbalen, sakralen und kokzygealen Nervenwurzeln). Die lumbalen *Foramina intervertebralia* sind groß. Die durchtretenden Nervenwurzeln füllen mit ihren Hüllen nur etwa 50 % des Volumens dieser Foramina aus; eine Reduktion des Platzes für die Nervenwurzeln erhöht das Risiko einer Nervenwurzelirritation oder -kompression (Radikulitis/Wurzelsyndrom). Gelegentlich ist L5 teilweise oder völlig mit dem Kreuzbein verwachsen (Sakralisation). Die Verwachsung von S1 mit dem übrigen Kreuzbein kann ganz oder teilweise fehlen (Lumbalisation), was dann im Grunde genommen zu sechs Lumbalwirbeln führt.

LENDENWIRBEL L

FORAMEN VERTEBRALE E
WIRBELKANAL E^1
FORAMEN INTERVERTEBRALE F
ZWISCHENWIRBELSCHEIBE A

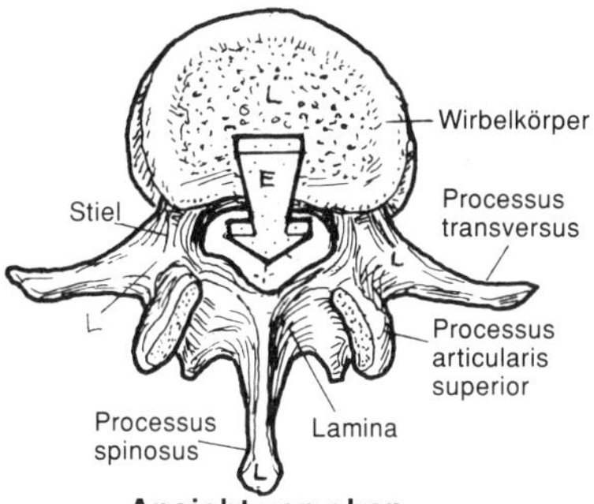

Ansicht von oben

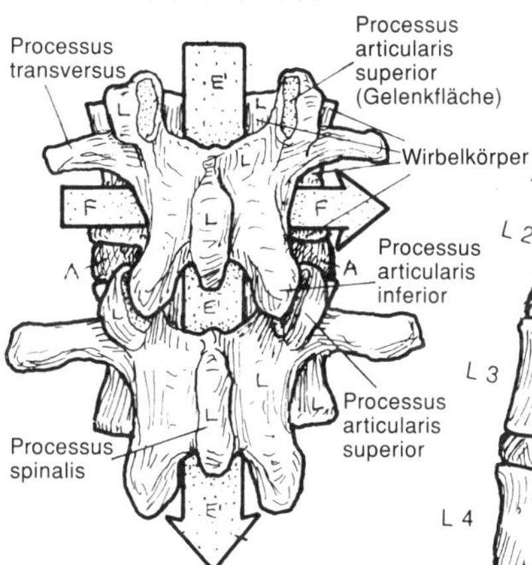

Ansicht von hinten

POSITION DER GELENKFLÄCHEN:

ZERVIKAL C
THORAKAL T
LUMBAL L

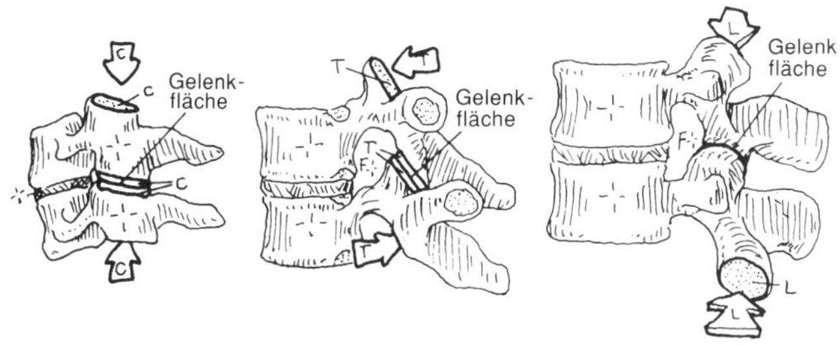

Die räumliche Ausrichtung der Gelenkflächen bestimmt die Richtung und das Ausmaß der Beweglichkeit eines Bewegungssegmentes. Die Position der *zervikalen Gelenkflächen* ist gegenüber der Horizontalebene um etwa 30 Grad abgewinkelt. Die Halswirbelsäule hat eine beträchtliche Beweglichkeit in allen Ebenen (sagittal, frontal, horizontal). Die *thorakalen Gelenkflächen* liegen etwas vertikaler in der Frontalebene und tragen praktisch kein Gewicht. Der Bewegungsgrad ist hier in allen Ebenen deutlich eingeschränkt, etwas weniger bezüglich der Rotation. Die *lumbalen Gelenkflächen* liegen großenteils sagittal, was einer Rotation der Lendenwirbelsäule entgegenwirkt, und richten sich bei L5-S1 etwas mehr in die Frontalebene aus. Die Gelenkflächen von L4-L5 erlauben innerhalb der Lendenwirbelsäule den größten Bewegungsgrad.

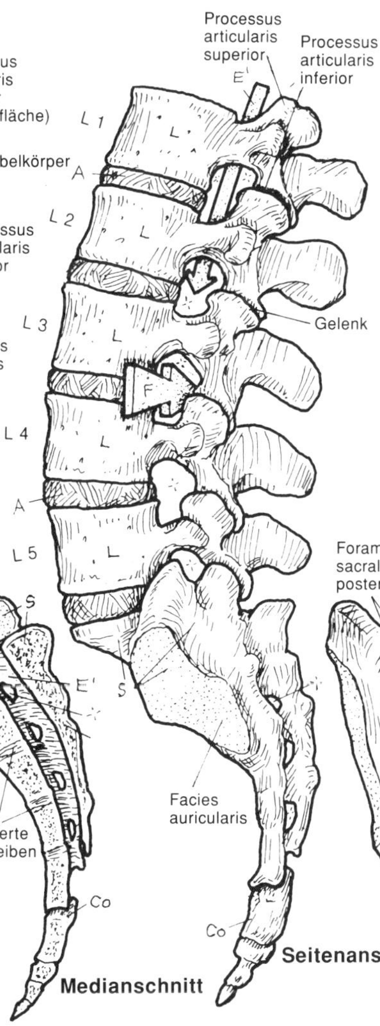

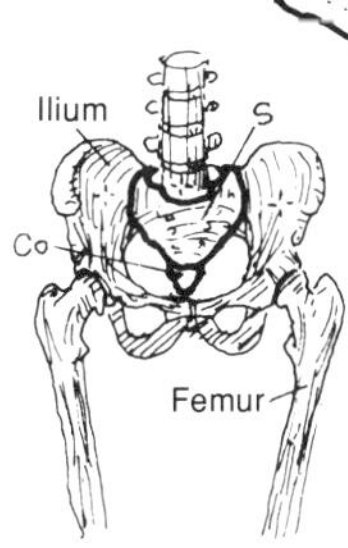

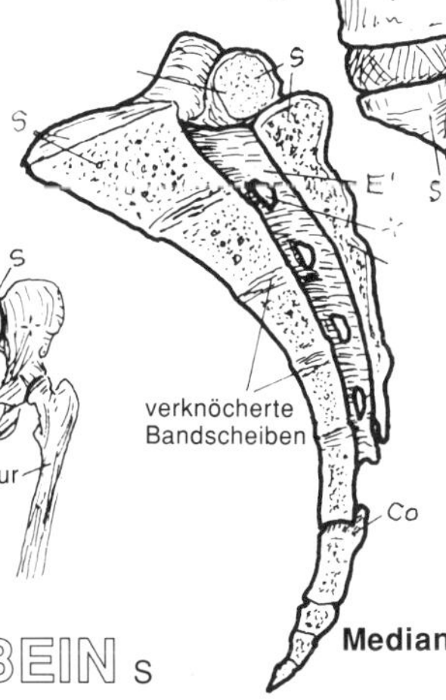

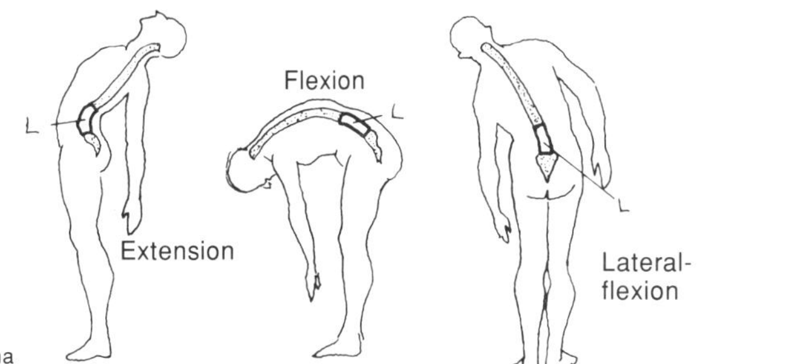

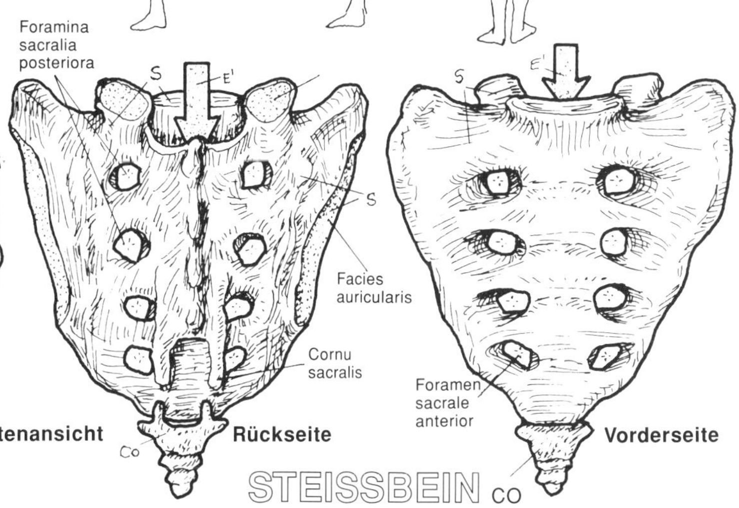

KREUZBEIN S

STEISSBEIN CO

Das *Kreuzbein* besteht aus fünf verschmolzenen Wirbeln; die Zwischenwirbelscheiben sind hier weitgehend durch Knochen ersetzt. Der Wirbelkanal enthält das bis S2 reichende kaudale Ende der Dura mater (Duralsack) und die sakralen Nervenwurzeln, die durch die Foramina sacralia verlaufen. Das Kreuzbein steht mit dem Darmbein (Ilium) des Hüftknochens über die Facies auricularis des Sakroiliakalgelenks in Verbindung.

Das Kreuzbein bildet zusammen mit den Darmbeinen einen Bogen, der die Gewichtskräfte auf die Femurköpfe überträgt und verteilt. Das Kreuzbein ist der zentrale Teil dieses kräftigen Bogens. Das *Steißbein* besteht aus 2 bis 4 winzigen, einzelnen oder teilweise verschmolzenen, rudimentären Wirbeln. Der erste Steißbeinwirbel ist noch am besten entwickelt.

SKELETTSYSTEM / BRUSTKORB •

STERNUM: *
MANUBRIUM a
KORPUS b
PROCESSUS XIPHOIDEUS c

12 RIPPEN: d
7 ECHTE d
5 FALSCHE d
(2 FREIE) d_1

12 RIPPENKNORPEL e
12 BRUSTWIRBEL f

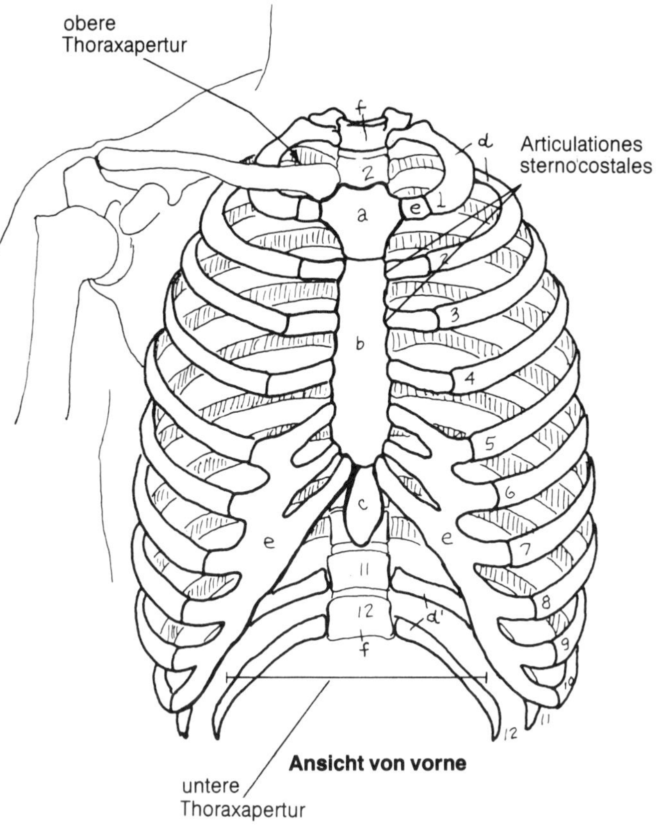

Ansicht von vorne

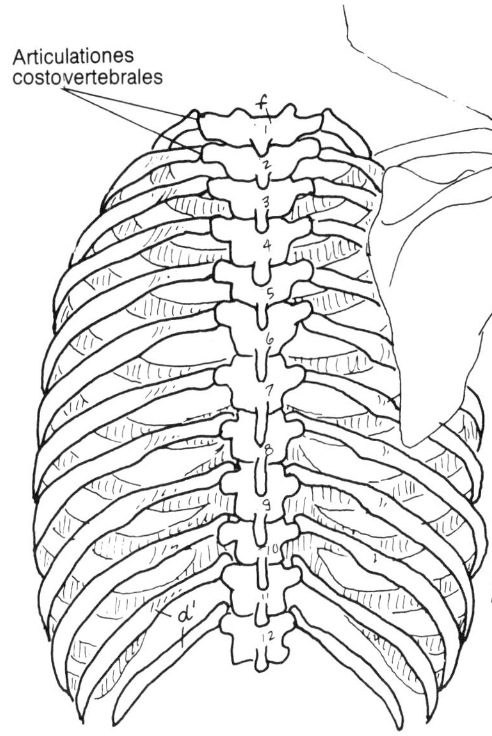

Ansicht von hinten

7 Farben
1. Malen Sie die drei Teile des Sternums in Frontal- und Seitansichten aus.
2. Verfahren Sie genauso bei den Rippenknorpeln. Malen Sie den Pfeil aus, der ihren Verlauf nach oben zeigt.
3. Malen Sie mit einer Farbe die Rippen in allen Abbildungen an, inkl. Pfeil, der ihren Verlauf nach unten/vorn verdeutlicht. Malen Sie auch die im Hintergrund liegenden, verschattet dargestellten Rippenanteile mit an.
4. Verwenden Sie für die 12 Brustwirbel in der Ansicht von hinten und von vorne dieselbe Farbe wie auf Tafel 21. In der Seitansicht werden sie nicht bemalt.
5. Malen Sie auch die zwei Ausschnittszeichnungen in der rechten unteren Ecke der Tafel aus.

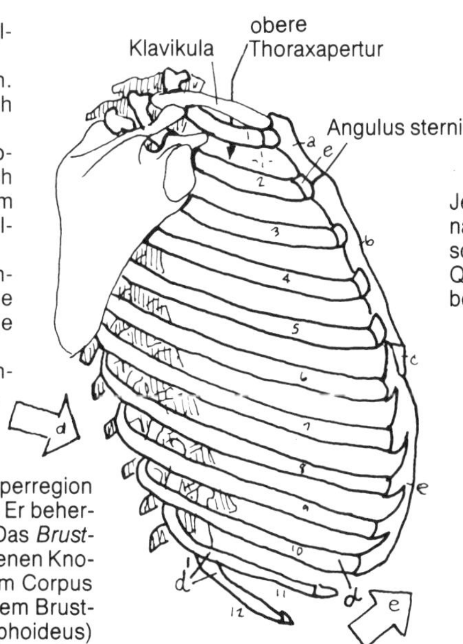

Seitansicht

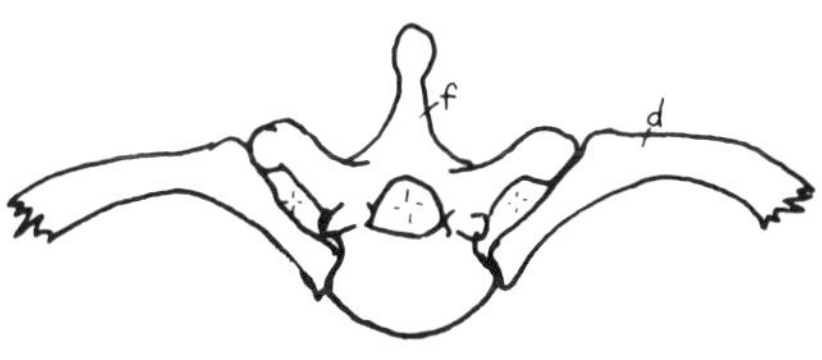

Jede Rippe bildet ein Scharniergelenk mit zwei benachbarten *Brustwirbeln* und ihrer Zwischenwirbelscheibe: In der Abb. sieht man den Körper und den Querfortsatz eines Wirbels, der darüberliegende Wirbelkörper ist nicht eingezeichnet.

Der *Brustkorb* (Thorax) ist eine recht bewegliche Körperregion mit grundlegender Bedeutung für die Atemfunktion. Er beherbergt empfindliche Organe wie Lungen und Herz. Das *Brustbein* (Sternum) besteht aus miteinander verschmolzenen Knochen. Nur zwischen dem Manubrium sterni und dem Corpus sterni (bilden den Angulus sterni) sowie zwischen dem Brustbeinkörper und dem Schwertfortsatz (Processus xiphoideus) bestehen noch faserknorpelige Gelenkverbindungen. Das Sternum besteht zum Großteil aus spongiösem Knochen mit einer dünnen Schicht aus kompaktem Knochen. Es enthält rotes Knochenmark und ist ein gut zugänglicher Ort, um blutzellproduzierendes Gewebe als Untersuchungsmaterial zu gewinnen. Die *Rippenknorpel,* die die meisten Rippen (Costae) mit dem Brustbein verbinden, bringen dem Brustkorb deutliche zusätzliche Elastizität. Die ersten sieben *(echten)* Rippen stehen direkt über ihre Rippenknorpel mit dem Sternum in Verbindung, von den nächsten fünf *(falschen)* sind drei mit dem Knorpel der siebten Rippe verbunden, und die letzten zwei (freien) Rippen enden in der Muskulatur der Bauchwand.

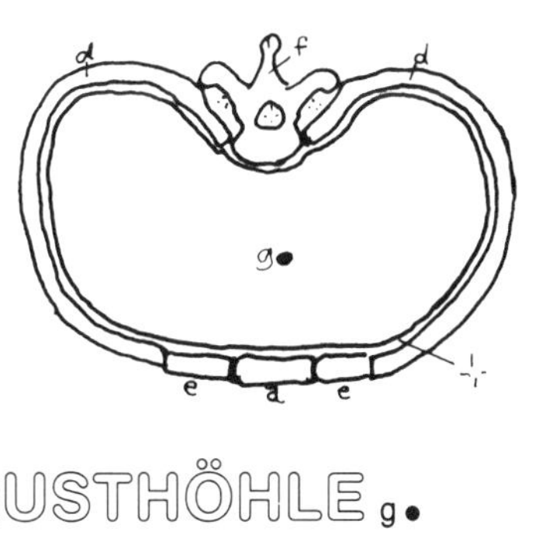

BRUSTHÖHLE g •

Die Brusthöhle ist größtenteils von einem zusammenhängenden Knochen-Knorpelgerüst umgeben. Die untere Grenze des Thoraxraumes bildet die Muskulatur des Zwerchfells, oben geht es in die Halsregion über.

SKELETTSYSTEM / OBERE EXTREMITÄT

Tafel 24
(vgl. Tafel 25, 27)

SCHULTERGÜRTEL: * KLAVIKULA a UND SKAPULA b
1 OBERARM: * HUMERUS c

3 Farben
1. Malen Sie die Klavikula in allen Darstellungen an.
2. Verfahren Sie mit der Skapula und dem Humerus ebenso.

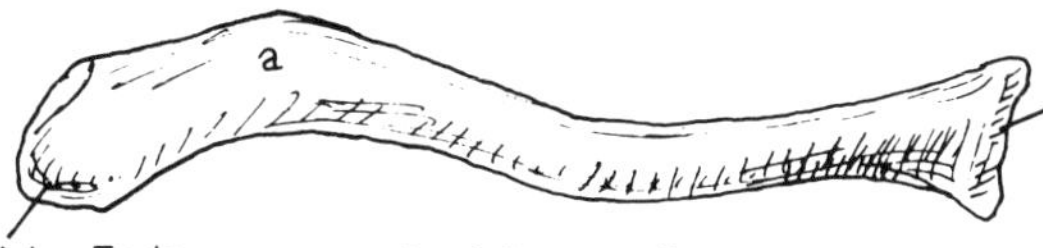

Ansicht von oben

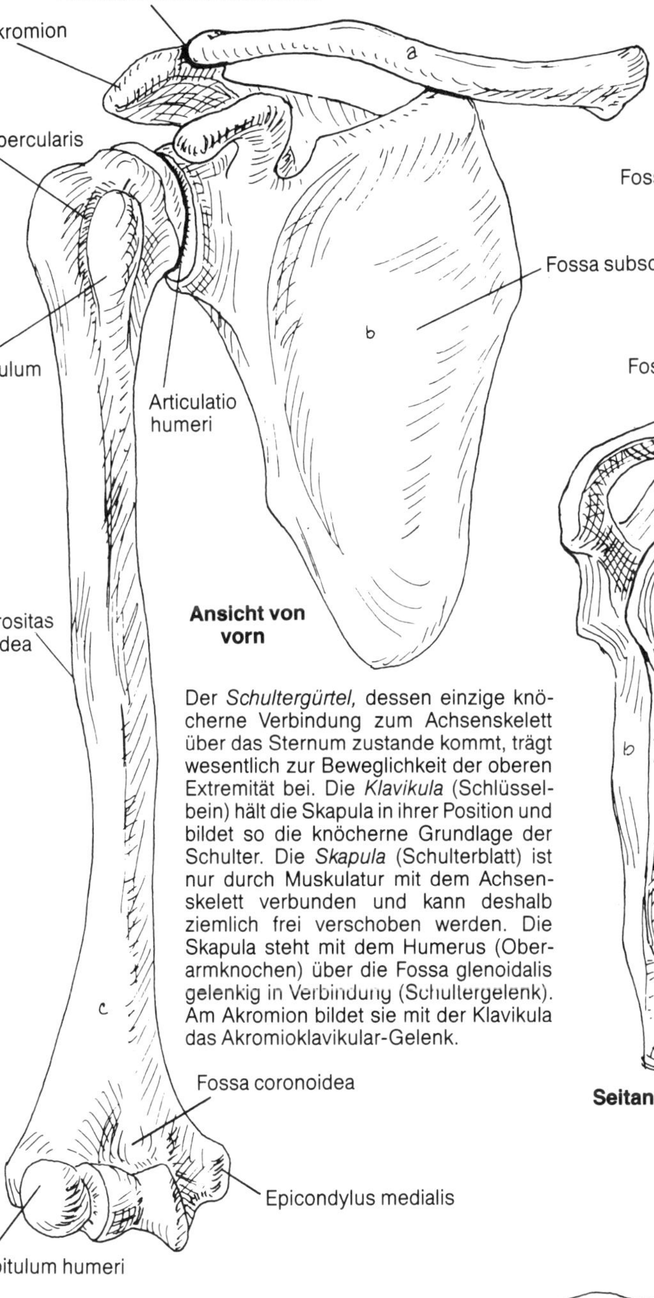

Ansicht von vorn

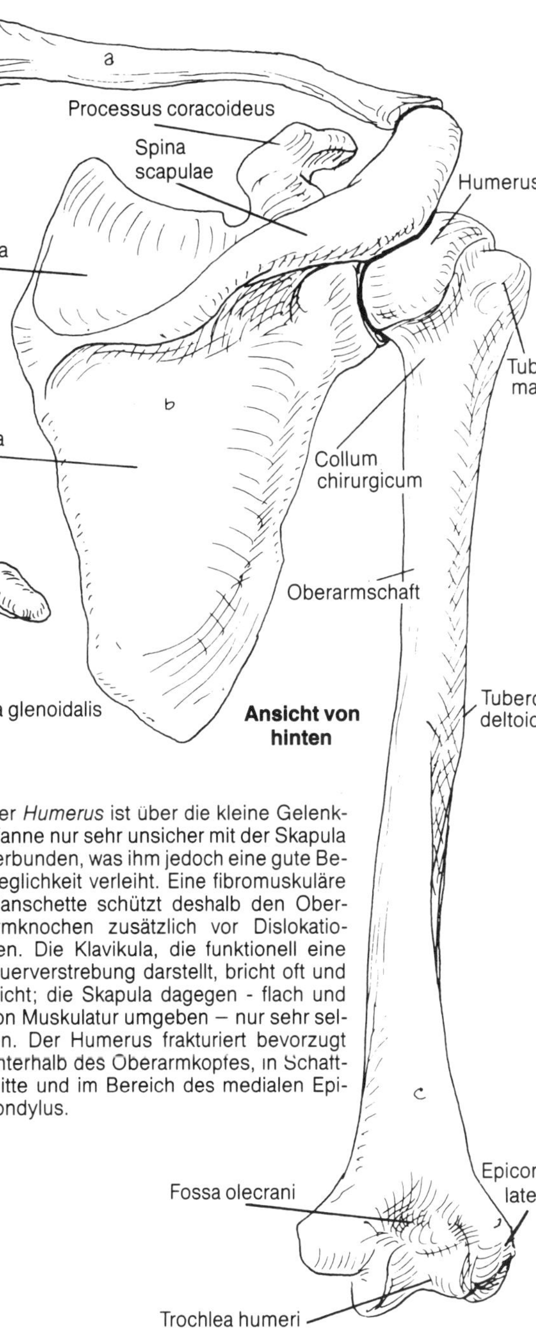

Ansicht von hinten

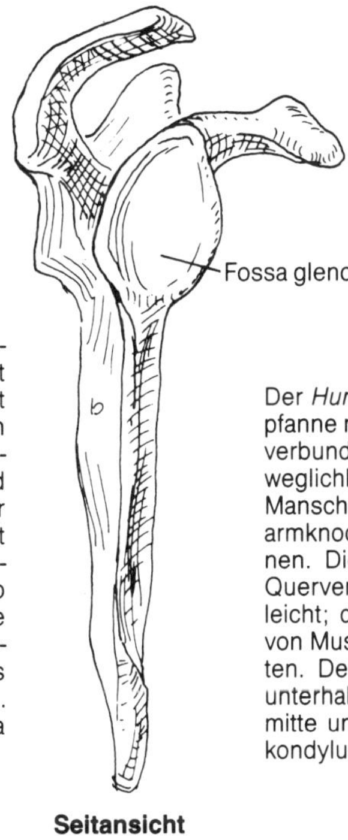

Seitansicht

Der *Schultergürtel,* dessen einzige knöcherne Verbindung zum Achsenskelett über das Sternum zustande kommt, trägt wesentlich zur Beweglichkeit der oberen Extremität bei. Die *Klavikula* (Schlüsselbein) hält die Skapula in ihrer Position und bildet so die knöcherne Grundlage der Schulter. Die *Skapula* (Schulterblatt) ist nur durch Muskulatur mit dem Achsenskelett verbunden und kann deshalb ziemlich frei verschoben werden. Die Skapula steht mit dem Humerus (Oberarmknochen) über die Fossa glenoidalis gelenkig in Verbindung (Schultergelenk). Am Akromion bildet sie mit der Klavikula das Akromioklavikular-Gelenk.

Der *Humerus* ist über die kleine Gelenkpfanne nur sehr unsicher mit der Skapula verbunden, was ihm jedoch eine gute Beweglichkeit verleiht. Eine fibromuskuläre Manschette schützt deshalb den Oberarmknochen zusätzlich vor Dislokationen. Die Klavikula, die funktionell eine Querverstrebung darstellt, bricht oft und leicht; die Skapula dagegen - flach und von Muskulatur umgeben – nur sehr selten. Der Humerus frakturiert bevorzugt unterhalb des Oberarmkopfes, in Schaftmitte und im Bereich des medialen Epikondylus.

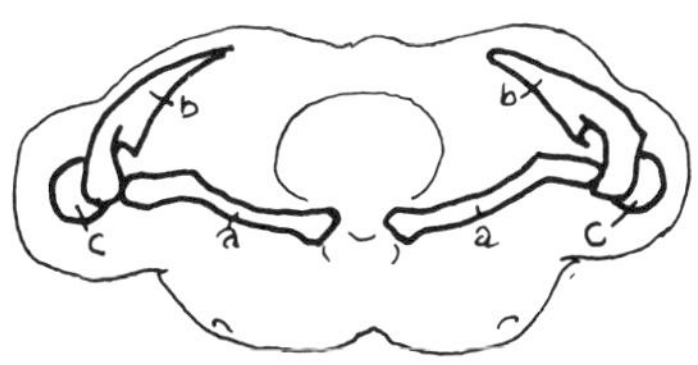

Ansicht von oben

SKELETTSYSTEM / OBERE EXTREMITÄT

UNTERARM:* ULNA a UND RADIUS b

2 Farben
1. Verwenden Sie bitte andere Farben als auf Tafel 24.
2. Malen Sie die Ulna in allen drei Darstellungen und im oberen Funktionsdiagramm an, inkl. Pfeil, der ihre Bewegungsrichtung verdeutlicht.
3. In gleicher Weise verfahren Sie mit dem Radius.
4. Malen Sie den Radius in den kleinen Funktionsdiagrammen mit den die Bewegungsmöglichkeiten demonstrierenden Pfeilen an.

Die Struktur und die Anordnung des Ellbogen- und des Handgelenks garantieren der Hand eine beträchtliche Beweglichkeit – wie jeder bei sich prüfen kann. Im Ellbogen bilden *Radius* (Speiche) und *Ulna* (Elle) ein Scharniergelenk mit dem Humerus. Wie man sehen kann, ist hier die Ulna der dickere Knochen (Oberarm), und ihre gelenkige Verbindung mit dem Humerus limitiert Flexion (Beugung) und Extension (Streckung). Im Handgelenk ist der Radius der dickere Knochen. Die Ulna hat keinen unmittelbaren Kontakt mit der Handwurzel (Carpus). Im Handgelenk sind alle Bewegungen außer Rotationsbewegungen möglich. Die Grundlage zur Drehung der Hand liegt im Zusammenspiel von Radius und Ulna.

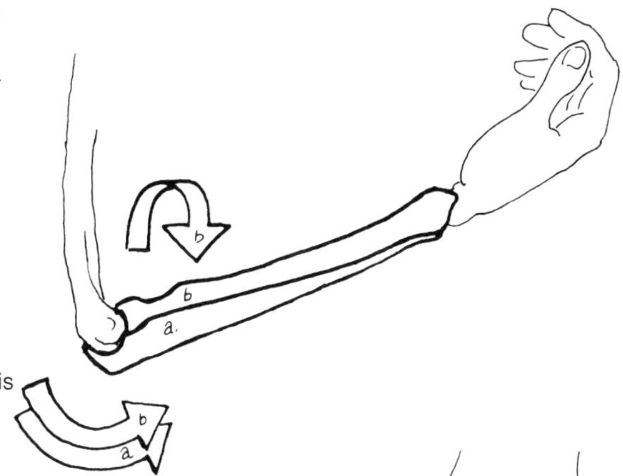

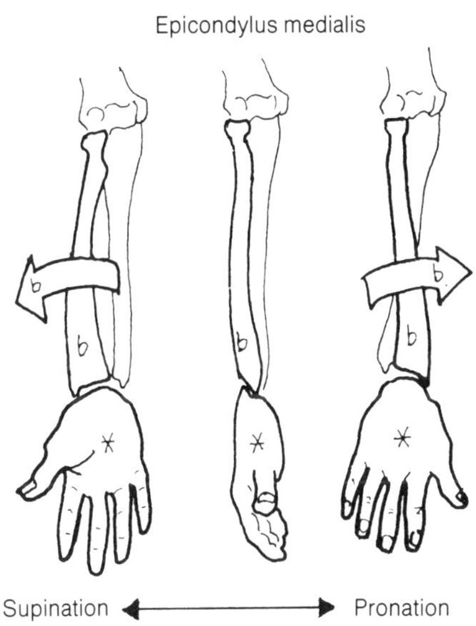

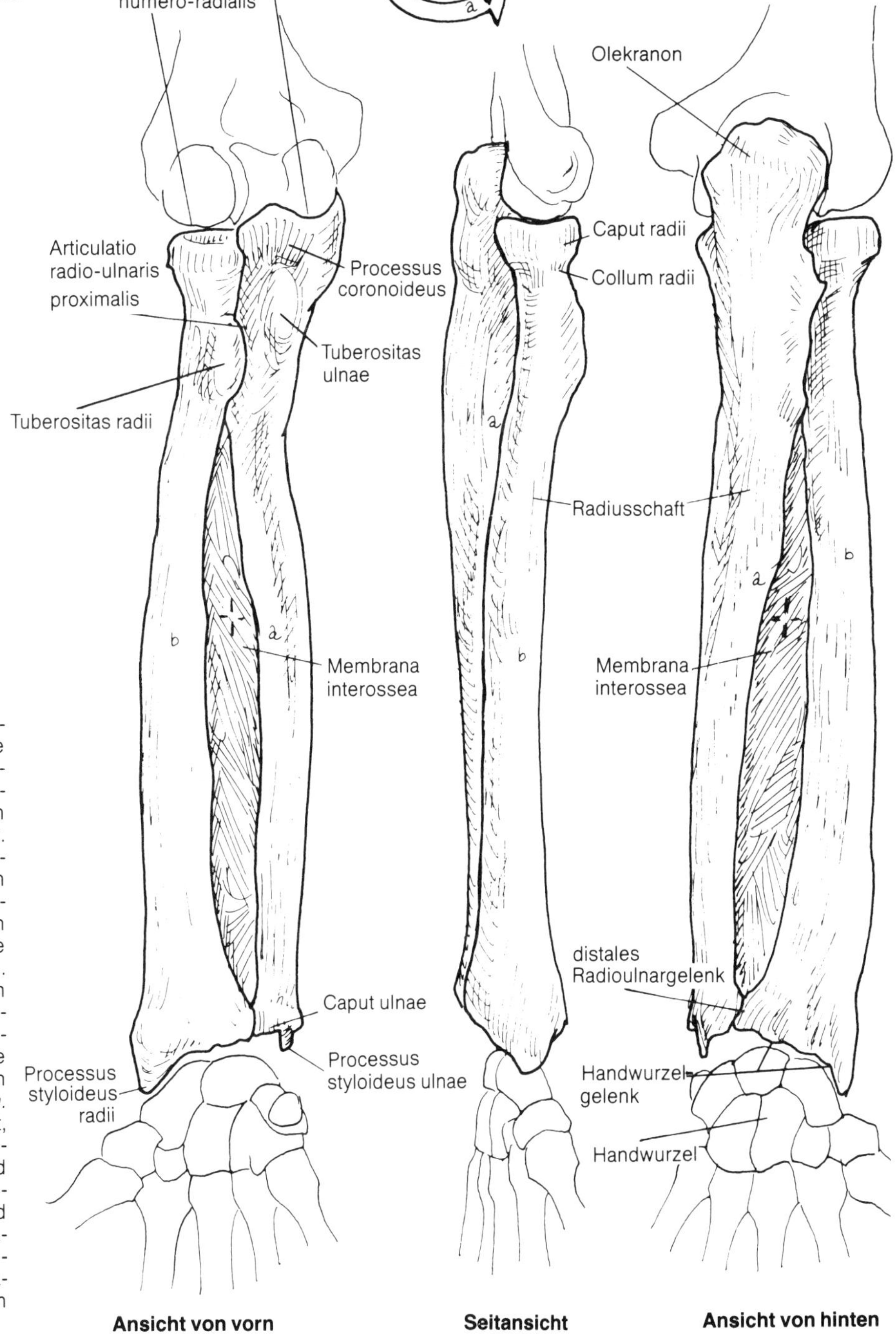

Der Radius steht mit der Ulna an zwei Stellen gelenkig in Verbindung; zusätzlich besteht eine feste Bandstruktur zwischen den beiden Knochenschäften. Der Radius kann sich um die Ulna drehen; die Hand bewegt sich dabei mit, da sie im Handgelenk (Articulatio radiocarpalis) fixiert ist. Die Ulna kann aufgrund der Struktur des humeroulnaren Gelenkes keinerlei Drehbewegungen ausführen. Da also nur der Radius in eine Richtung gedreht wird, überkreuzt er die Ulna. Legen Sie die Finger Ihrer linken Hand auf Ihre rechte Ulna im Bereich des Olekranons (Ellenbogens). Die Handinnenfläche der rechten Hand ist nach oben gerichtet. Nun drehen Sie die Handinnenfläche langsam nach unten – diese Rotationsbewegung wird *Pronation* genannt. Jetzt drehen Sie langsam die Handinnenfläche wieder nach oben – diese Drehbewegung nennt man *Supination.* Wie in den Funktionsdiagrammen zu sehen ist, bewegt sich der Daumen dem Radius entsprechend, da er auf der Daumenseite mit der Hand verbunden ist. Sicher haben Sie bei diesen Bewegungen bemerkt, daß sich das Olekranon und dementsprechend auch die Ulna nicht bewegt haben. Wiederholen Sie diese Rotationsbewegungen nach dem Ausmalen der Funktionsdiagramme, bis Sie den Ablauf vollständig begriffen haben.

SKELETTSYSTEM / OBERE EXTREMITÄT
KNOCHEN DER HAND *

Tafel 26
(vgl. Tafel 25, 27, 30)

10 Farben
1. Malen Sie die 5 Mittelhandknochen mit einer Farbe an, die Sie auf den beiden vorigen Tafeln noch nicht benutzt haben.
2. Verwenden Sie auch für die 14 Phalangen eine neue Farbe.
3. Im Bereich der Handwurzel nehmen Sie für jeden Handwurzelknochen eine andere Farbe. Müssen Sie Farben wiederholen, so verteilen Sie sie möglichst weiträumig.

8 HANDWURZELKNOCHEN: *
OS SCAPHOIDEUM a, OS LUNATUM b, OS TRIQUETRUM c, OS PISIFORME d, OS TRAPEZIUM e, OS TRAPEZOIDEUM f, OS CAPITATUM g, OS HAMATUM h

5 MITTELHANDKNOCHEN i
14 PHALANGEN j

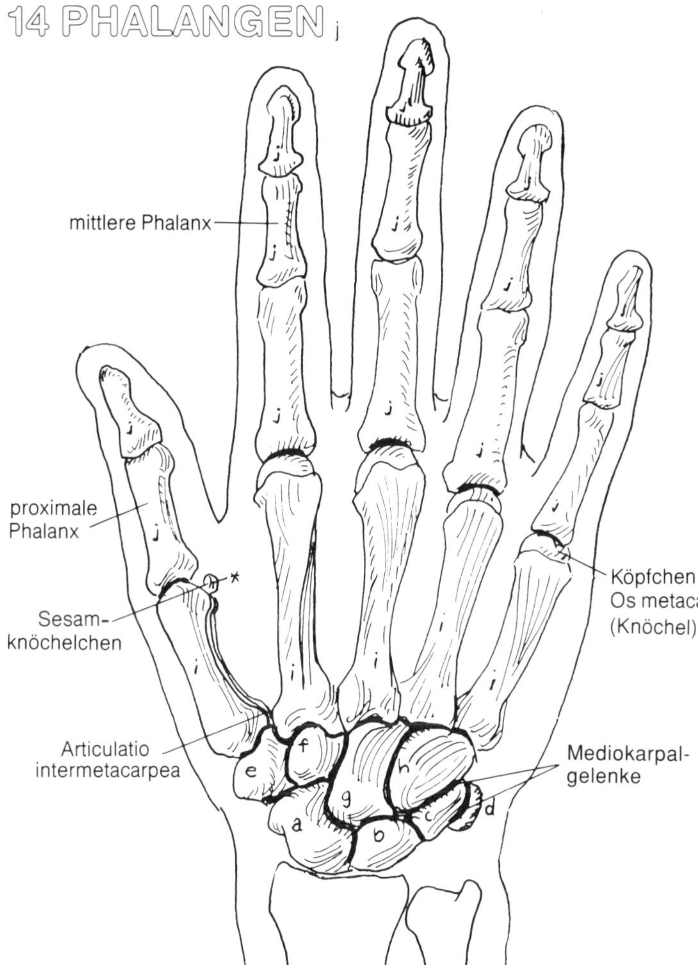

Handrücken (rechte Hand)

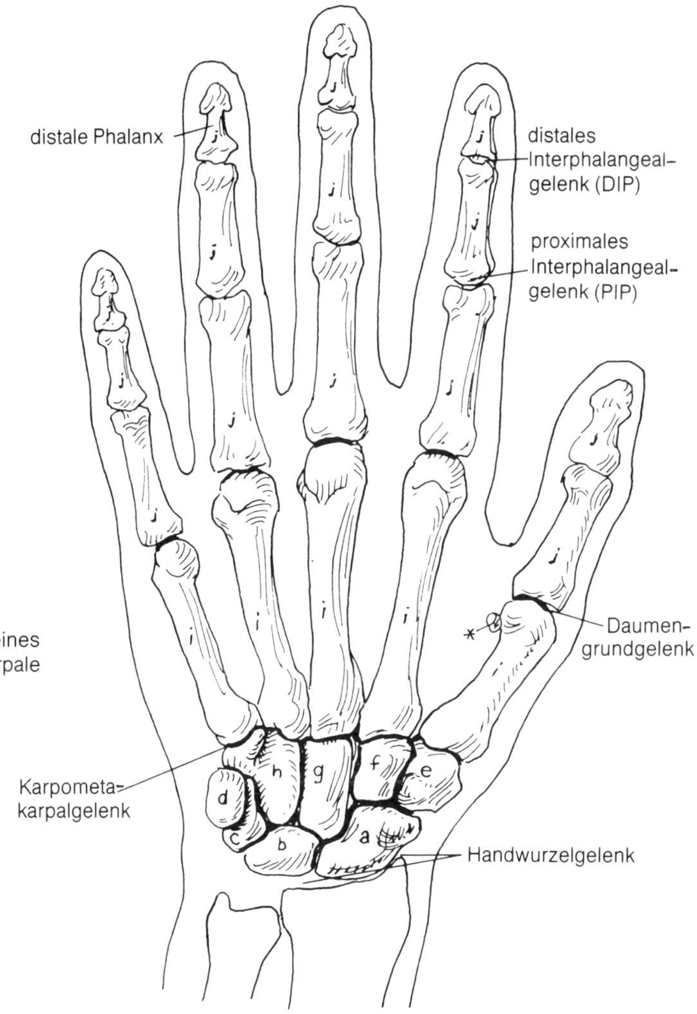

Handinnenfläche (rechte Hand)

Der Faustschluß wird durch Anordnung und Struktur der Gelenke im Handbereich ermöglicht und ist bei gestrecktem Handgelenk am wirkungsvollsten. Die Mediokarpalgelenke unterstützen das proximale Handwurzelgelenk (Articulatio radiocarpea) in seinen Bewegungen. Nur sehr gering sind die Bewegungsmöglichkeiten in den Karpometakarpalgelenken mit Ausnahme des 1. und des 5. Mittelhandknochens (Ossa metacarpalia). Diese können einander angenähert werden und erlauben so die Bildung einer Hohlhand und die Opposition von Daumenballen (Thenar) und Kleinfingerballen (Hypothenar). Bei dieser Bewegung wird der 1. Mittelhandknochen auf dem Os trapezium einwärts rotiert, so daß der Daumenballen dem Fingerballen gegenüber liegt. Dadurch wird das sichere und kraftvolle Ergreifen eines Gegenstandes möglich. Die Metakarpophalangealgelenke erlauben Adduktion und Abduktion der Finger ebenso wie Flexions- und Extensionsbewegungen – prüfen Sie es bei sich. Die Interphalangealgelenke sind Scharniergelenke und können nur Flexions- und Extensionsbewegungen ausführen.

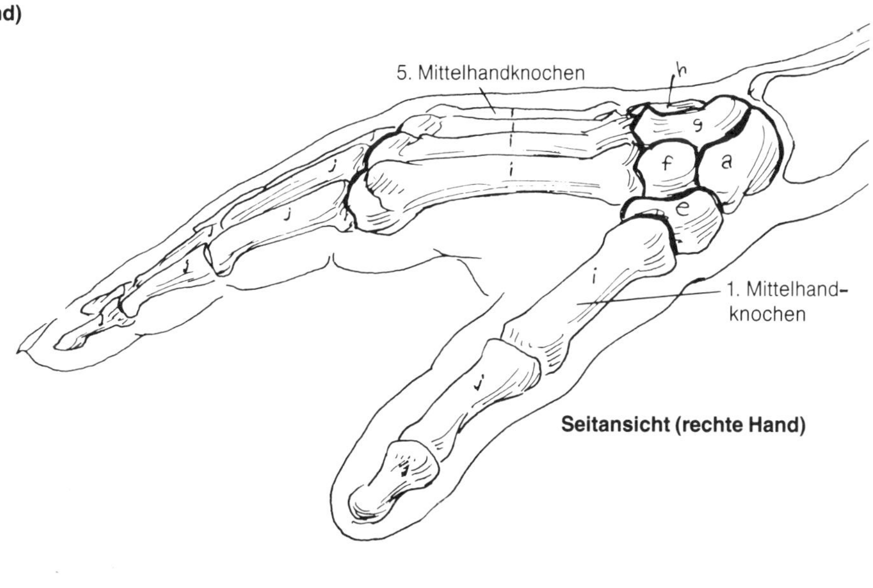

Seitansicht (rechte Hand)

SKELETTSYSTEM / KNOCHEN DER OBEREN EXTREMITÄT (ÜBERBLICK): *

Tafel 27
(vgl. Tafel 24, 25, 26, 31)

KLAVIKULA a, SKAPULA b, HUMERUS c, ULNA d, RADIUS e, OSSA CARPALIA f, OSSA METACARPALIA g, PHALANGEN h

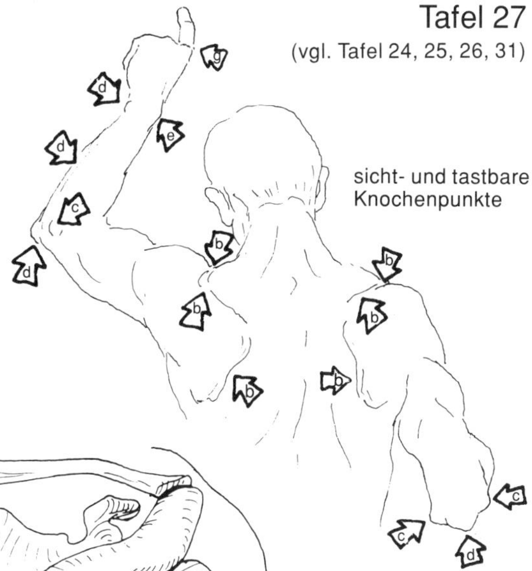

sicht- und tastbare Knochenpunkte

sicht- und tastbare Knochenpunkte

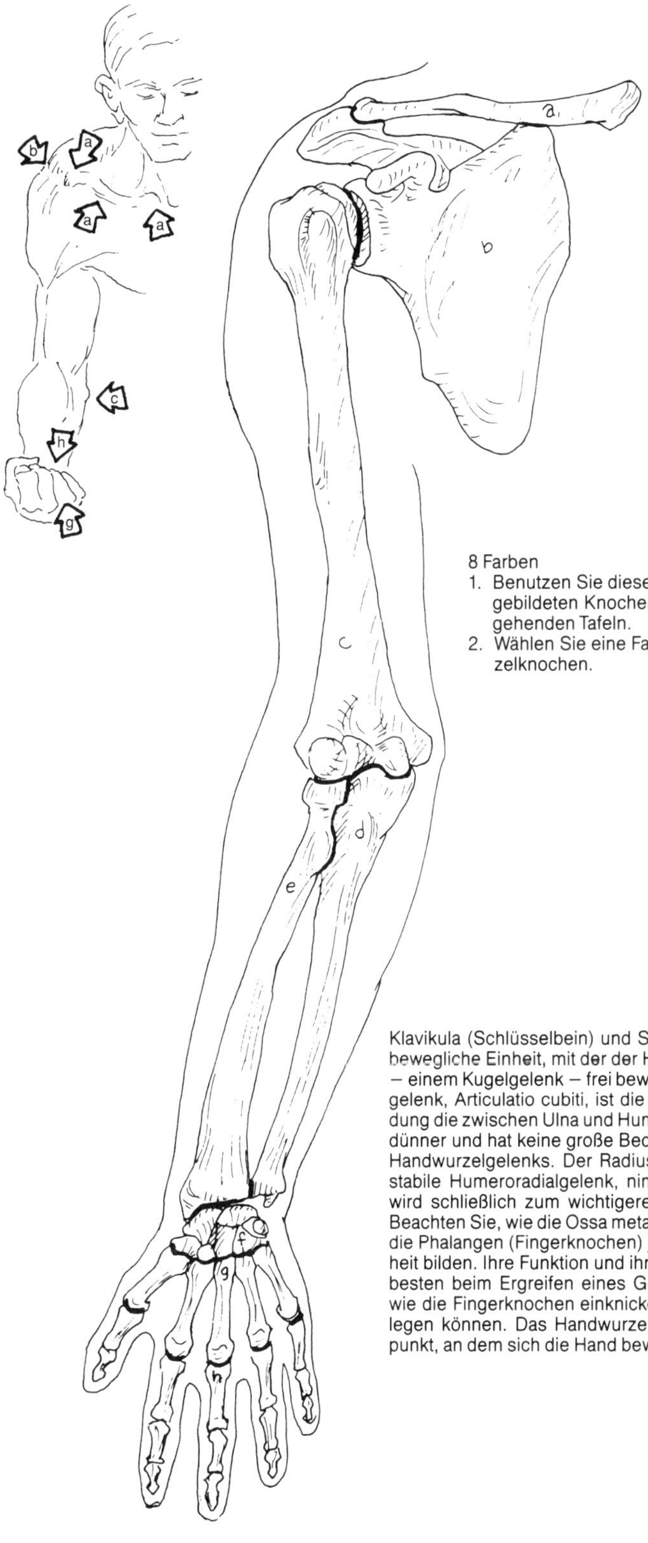

8 Farben
1. Benutzen Sie dieselben Farben für die abgebildeten Knochen wie auf den 3 vorhergehenden Tafeln.
2. Wählen Sie eine Farbe für alle 8 Handwurzelknochen.

Klavikula (Schlüsselbein) und Skapula (Schulterblatt) bilden eine bewegliche Einheit, mit der der Humerus über das Schultergelenk – einem Kugelgelenk – frei beweglich verbunden ist. Im Ellbogengelenk, Articulatio cubiti, ist die entscheidende gelenkige Verbindung die zwischen Ulna und Humerus. Nach distal zu wird die Ulna dünner und hat keine große Bedeutung mehr bei der Bildung des Handwurzelgelenks. Der Radius bildet im Ellbogen das weniger stabile Humeroradialgelenk, nimmt nach distal an Dicke zu und wird schließlich zum wichtigeren der beiden Unterarmknochen. Beachten Sie, wie die Ossa metacarpalia (Mittelhandknochen) und die Phalangen (Fingerknochen) jeweils für sich eine tragende Einheit bilden. Ihre Funktion und ihr Zusammenspiel erkennt man am besten beim Ergreifen eines Gegenstandes: Achten Sie darauf, wie die Fingerknochen einknicken und sich gegen die Mittelhand legen können. Das Handwurzelgelenk ist der Dreh- und Angelpunkt, an dem sich die Hand bewegt.

Ansicht von vorn

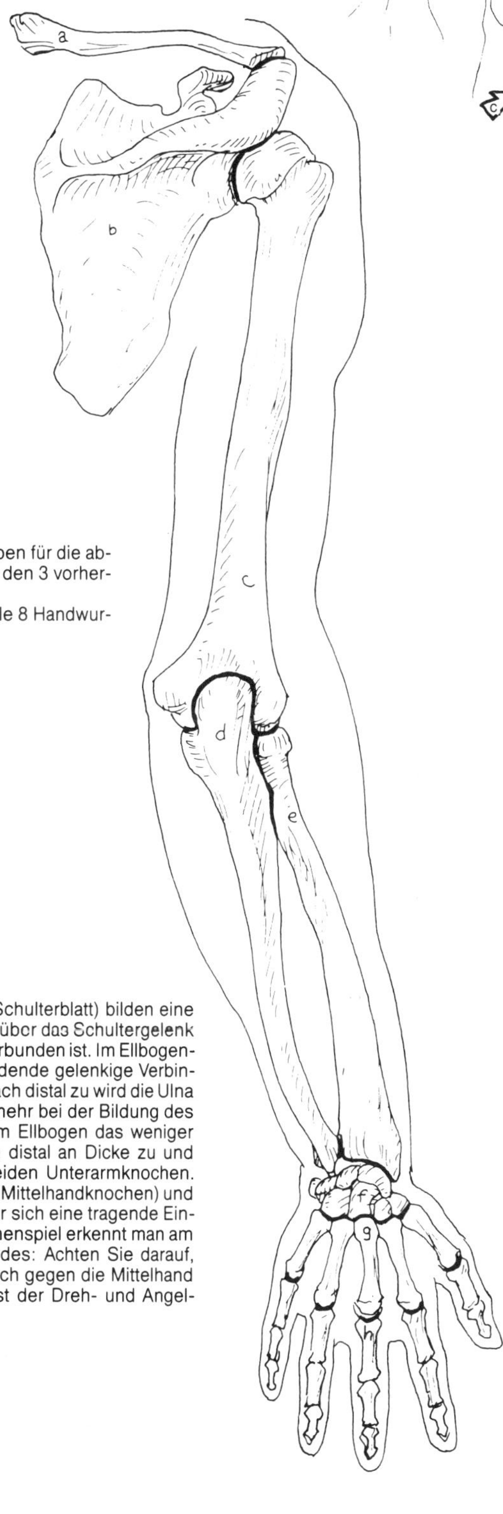

Ansicht von hinten

SKELETTSYSTEM / UNTERE EXTREMITÄT
BECKEN UND BECKENGÜRTEL *

Tafel 28
(vgl. Tafel 20, 24, 29)

2 DARMBEINE a, 2 SITZBEINE b, 2 SCHAMBEINE c, KREUZBEIN d UND STEISSBEIN e

6 Farben
1. Malen Sie die verschiedenen Knochen mit Ausnahme der mit (+) markierten Flächen an; benutzen Sie dabei dieselben Farben für Kreuz- und Steißbein wie auf Tafel 20.
2. Für das Schema in der rechten unteren Ecke wählen Sie eine andere Farbe und malen das männliche Becken, das mit dünneren Linien dargestellt ist, vorsichtig aus. Das weibliche Becken bleibt frei.

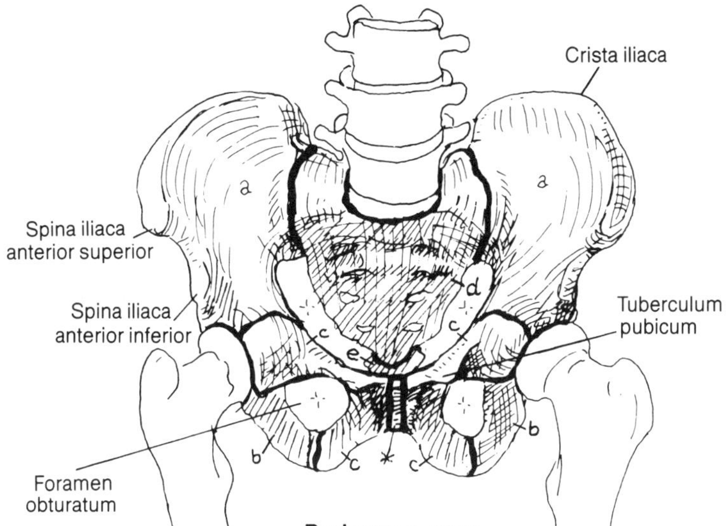

Becken von vorne

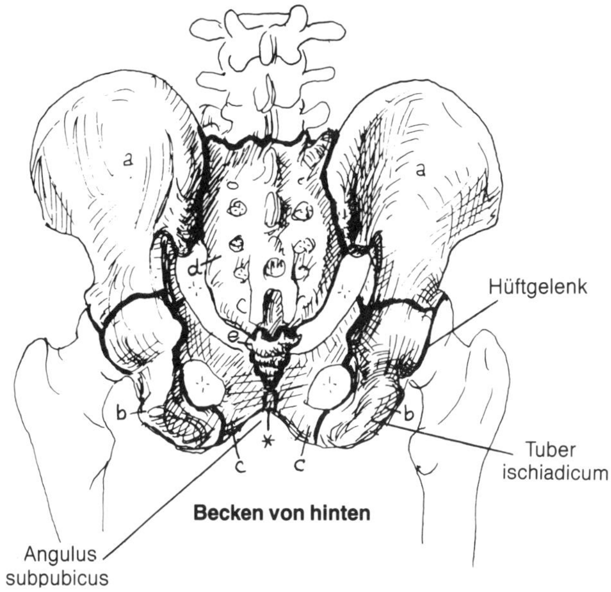

Becken von hinten

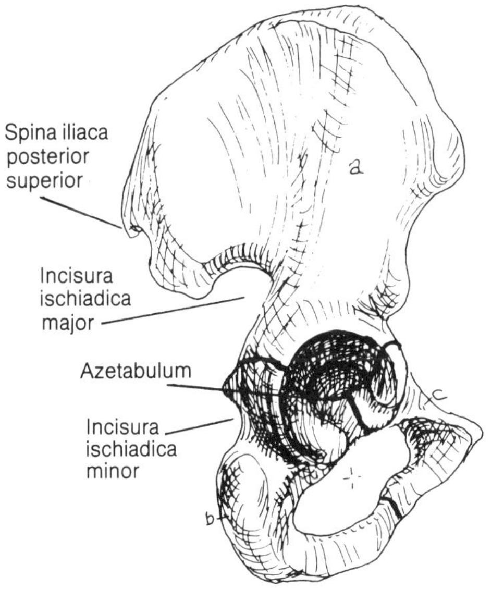

Hüftknochen (Seitansicht)

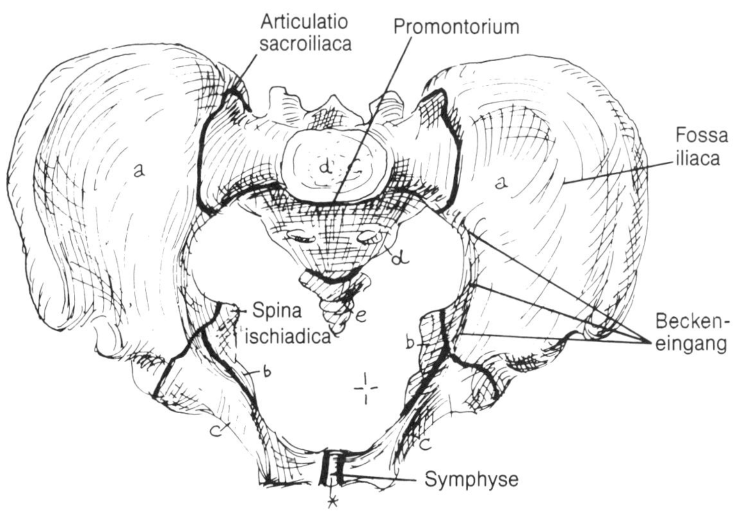

Becken von oben

Der *Beckengürtel* besteht aus zwei Hüftknochen (Ossa coxae), die im Bereich der Symphyse durch Faserknorpel miteinander verbunden sind. Die schüsselförmige Gestalt des Beckens wird von den beiden Hüftknochen Kreuz- und Steißbein gebildet. Oben befindet sich der breite Beckeneingang, unten der weitaus schmälere Beckenausgang. Die beiden Hüftknochen bilden zusammen mit dem Kreuzbein einen knöchernen Bogen, der das Körpergewicht (unter Berücksichtigung der Traglinie, die krümmungsfrei zwischen Sakroiliakalgelenk und Hüftgelenk verläuft) auf die Oberschenkelknochen verteilt. Im Gegensatz zum Humerus in seiner Verbindung zum Schultergürtel ist der Femur (Oberschenkelknochen) auf beiden Seiten fest in der Hüftpfanne (Acetabulum) verankert und hält so den Körper im Gleichgewicht.
In der Beckenhöhle, die sich nach oben in den Bauchraum fortsetzt, befinden sich die Beckeneingeweide. *Männliches* und *weibliches Bekken* weisen beträchtliche Unterschiede auf. Das Becken der Frau ist im allgemeinen in seinen Formen stärker abgerundet und weiter in allen Abmessungen. Das breiter ausladende Becken kann einen wachsenden Fetus aufnehmen und durch seinen weiteren Beckenausgang als Geburtskanal dienen.

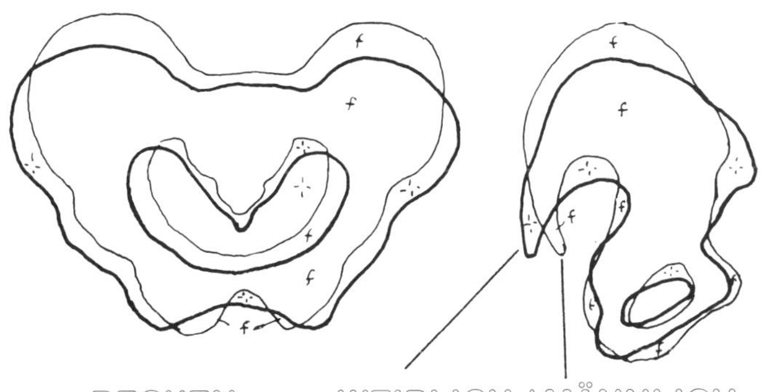

BECKEN f WEIBLICH / MÄNNLICH

SKELETTSYSTEM/UNTERE EXTREMITÄT OBERSCHENKEL- UND UNTERSCHENKELKNOCHEN

FEMUR A TIBIA B FIBULA C PATELLA D

Vermeiden Sie in dieser Tafel die Farbe, die Sie in der vorhergehenden Tafel für das Darmbein benutzt haben. Verwenden Sie helle Farben und eine leuchtende Farbe für Struktur F.

1. Bearbeiten Sie die beiden großen Abbildungen der unteren Extremität.
2. Dann malen Sie den Femur mit den sechs Bewegungsrichtungen des Hüftgelenks aus.
3. Wenden Sie sich nun den Abbildungen der Flexion und Extension des Kniegelenks zu.
4. Zuletzt bemalen Sie die beiden Abbildungen der wichtigsten Ligamente und der Menisken des Kniegelenks.

Ansicht von vorne
(rechtes Bein)

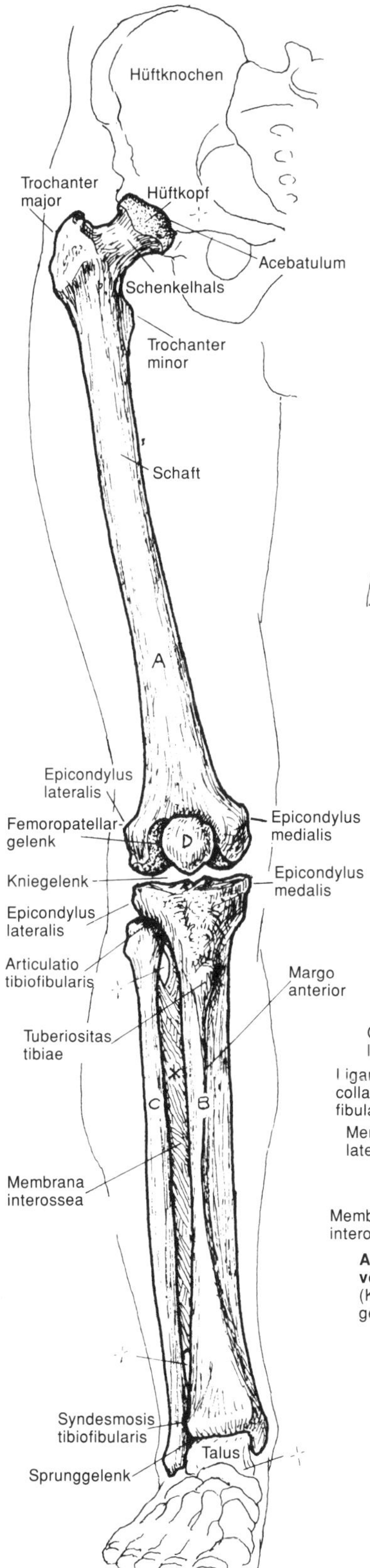

Ansicht von schräg hinten

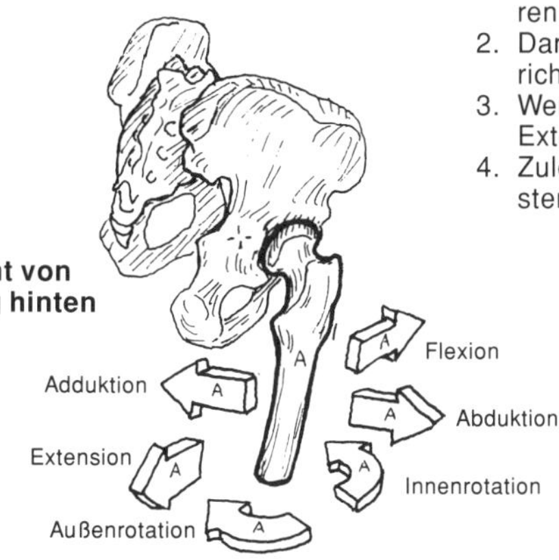

Das Hüftgelenk (Coxa, synoviales Kugelgelenk) muß erhebliche Gewichtskräfte übertragen. Besonders der Femurhals kann bei deutlichen Störungen der Blutversorgung von pathologischen Veränderungen bis hin zur Nekrose betroffen sein. Der Trochanter major dient als Anheftungsstelle für mehrere wichtige Muskeln, die über dem Hüftgelenk verlaufen.

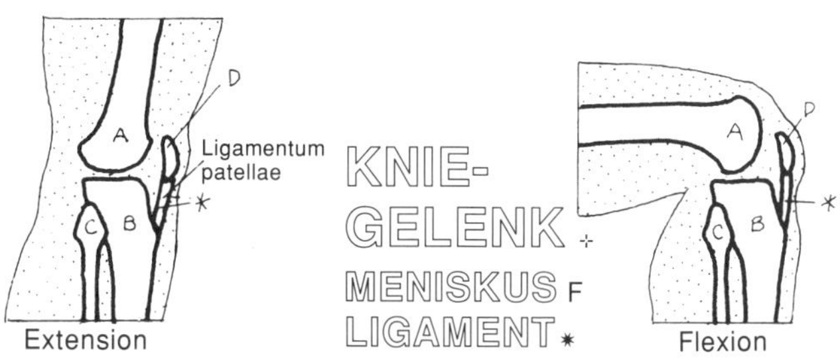

Das Kniegelenk (Genu) besteht aus zwei Scharniergelenken zwischen den Kondylen des Oberschenkelknochens *(Femur)* und den flachen Gelenkflächen über den Kondylen des Schienbeins *(Tibia)*. Die Hauptbewegungen dieses Gelenks sind die Flexion und Extension. Zum Kniegelenk gehört auch das Sattelgelenk zwischen der Kniescheibe *(Patella)* und dem Femur. Die Rückseite der Patella hat eine knorpelige Oberfläche mit einer medialen und einer lateralen Gelenkfläche (beachten Sie die patellare Oberfläche des Femur). Ein vorzeitiger Verschleiß des patellaren Knorpels ist häufig (Chondromalacia patellae). Die Patella ist ein sogenanntter Sesamknochen, der sich in der Sehne des Musculus quadriceps femoris entwickelt; als solcher fängt die Tibia die Belastung ab, die auf diese Sehne während der Kniebewegungen einwirkt.

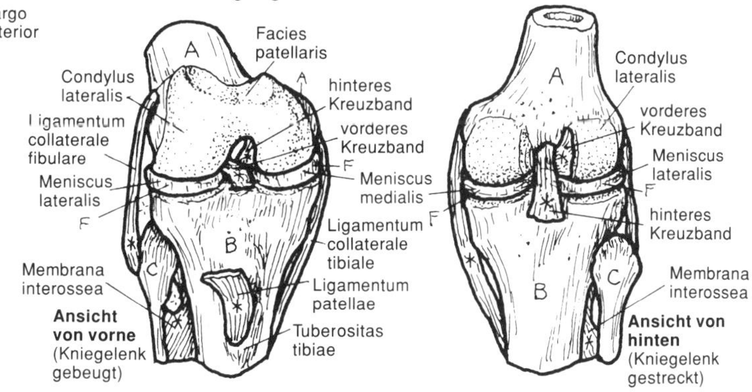

Die Stabilität des Kniegelenks ist auf die Ligamente und über dem Kniegelenk verlaufende Muskeln zurückzuführen. Die Ligamenta collateralia verhindern die Seitwärtsverschiebung und Rotation. Die Kreuzbänder (Ligamenta cruciata) verhindern eine Hyperextension (vorderes Kreuzband, Lig. cruciatum anterius) und eine Hyperflexion (hinteres Kreuzband, Lig. cruciatum posterius). Die C-förmigen Menisken (der mediale ist größer als der laterale) verbreitern die Gelenkflächen der Tibia-Kondylen. Bei Kniegelenkstraumen (Rotation, Adduktion oder Abduktion mit übermäßiger Krafteinwirkung) werden sie häufig beschädigt. Sie können heute durch arthroskopische Operationen repariert werden.

Ansicht von hinten
(rechtes Bein)

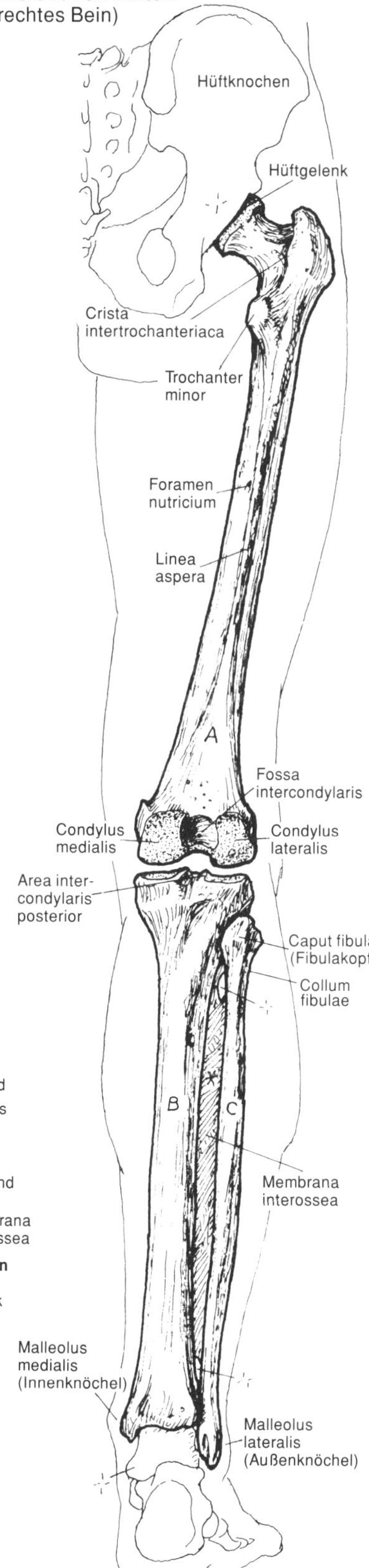

SKELETTSYSTEM / UNTERE EXTREMITÄT
KNOCHEN DES FUSSES *

14 PHALANGEN a, 5 MITTELFUSSKNOCHEN b, 3 OSSA CUNEIFORMIA c, OS NAVICULARE d, OS CUBOIDEUM e, TALUS f, CALCANEUS g

7 Farben
1. Malen Sie die vier Darstellungen des Fußes aus.
2. In den drei Skizzen in der Mitte und links und rechts unten werden nur die mit Buchstaben versehenen Knochen bemalt. Diese Knochen tragen zur Bildung des Fußgewölbes bei.

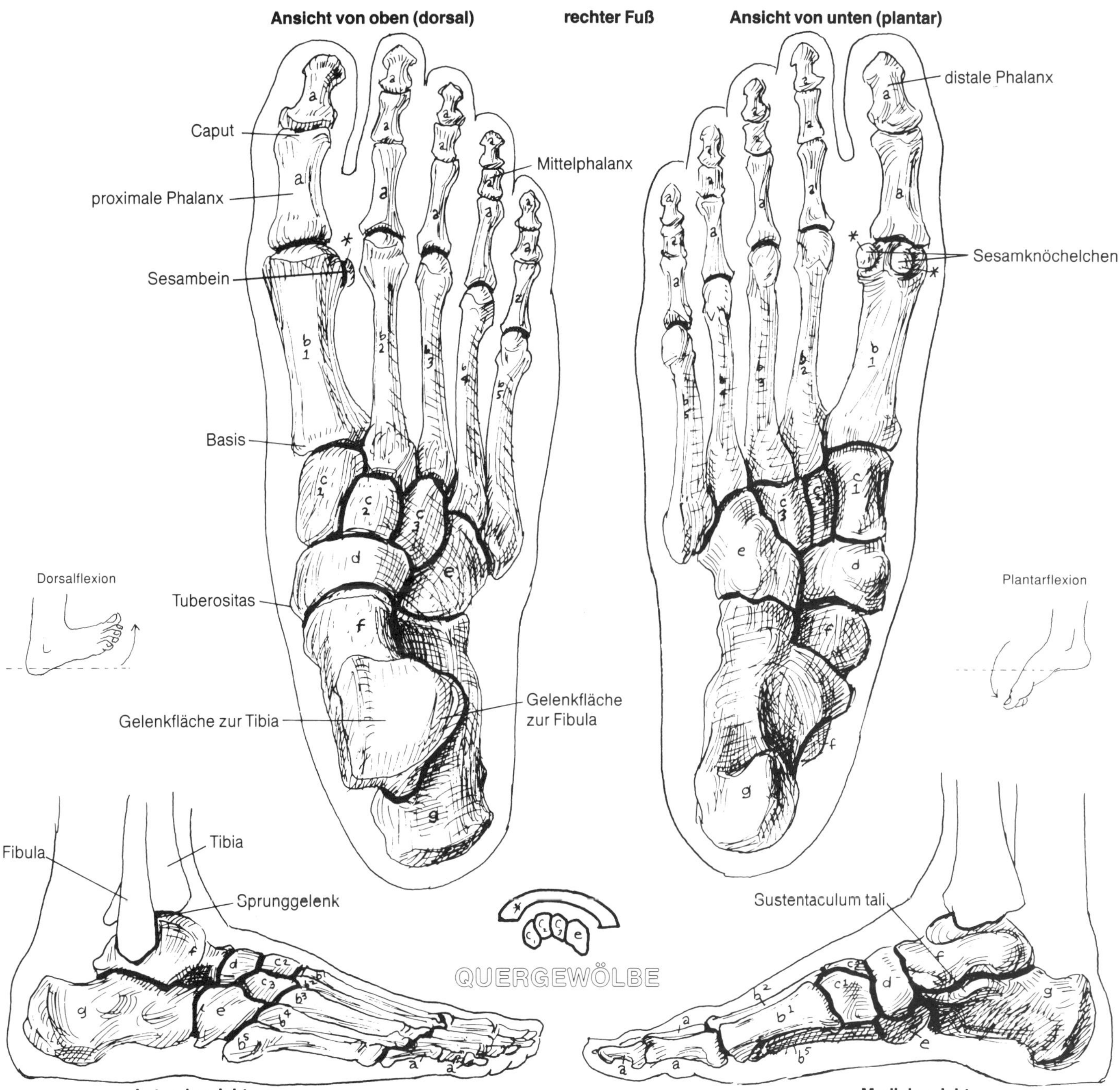

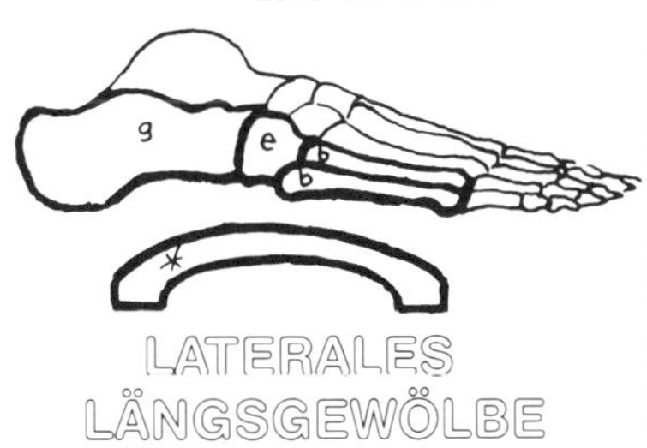

LATERALES LÄNGSGEWÖLBE

Der Fuß ist eine bewegliche und tragende Struktureinheit. Die breit angelegten Fußwurzelknochen und die kurzen Phalangen tragen diesen Funktionen Rechnung. Der knöcherne Aufbau, der durch Bänder verstärkt und außerdem von Muskelzügen beeinflußt wird, bildet *zwei Gewölbebögen* – ein *Längs*- und ein *Quergewölbe.* Diese sind wichtig in ihrer Funktion als Stoßdämpfer. Außerdem tragen sie dazu bei, den Körper im Gleichgewicht zu halten. Das (mediale) Längsgewölbe überträgt das Körpergewicht im Stehen auf den Boden und im Laufen auf die Großzehe; so schafft es einen Hebel, der dem Gang zusätzliche Kraft verleiht.

MEDIALES LÄNGSGEWÖLBE

SKELETTSYSTEM
KNOCHEN IM ÜBERBLICK*

Verwenden Sie für die dargestellten Knochen die gleichen Farben wie in den vorangegangenen Tafeln. Für den Hüftknochen verwenden Sie die Farbe wie in Tafel 28 für das Darmbein. Für die Fußwurzelknochen (F) verwenden Sie eine der Farben von C bis G aus Tafel 30.

1. Bemalen Sie die Knochen des Beins, ihre Orientierungspunkte an der Körperoberfläche und die korrespondierenden Knochen der hinteren Extremität des Vierbeiners.
2. Verfahren Sie genauso mit den Knochen des Armes. Die Klavikula ist in der Darstellung des Vierbeiners nicht zu sehen.

UNTERE EXTREMITÄT:*

HÜFTKNOCHEN A
FEMUR B
PATELLA C
TIBIA D
FIBULA E
FUSSWURZEL F
MITTELFUSS G
PHALANX H

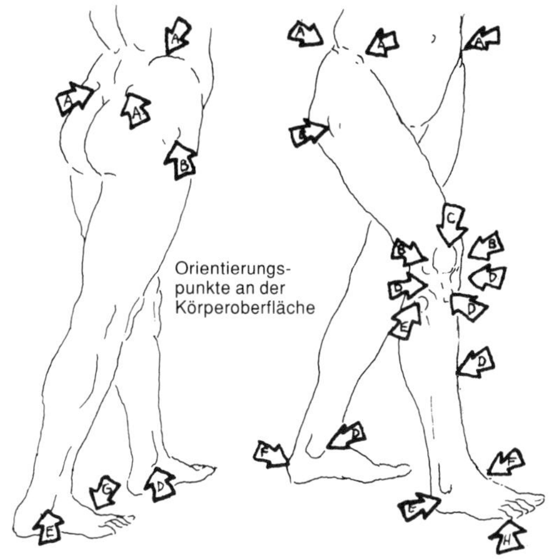

Die Strukturen eines Körperteils spiegeln seine Funktion wider. Dies wird deutlich im Vergleich der Knochen der oberen und unteren Extremität eines Zweibeiners (Mensch) und eines Vierbeiners (Hund). Der Schultergürtel bietet beim Menschen eine große Beweglichkeit. Dagegen dient der kräftigere Beckengürtel der Gewichtsstütze und der Stabilität bei der Fortbewegung. Die Knochen der unteren Extremität sind wegen ihrer Stützfunktion groß und kräftig; ihre Gelenke sind strukturell gesichert, mit Ausnahme des Kniegelenks, wo die Stabilität zugunsten der Flexibilität zurücktritt. Die Knochen der oberen Extremität sind leichter, die Gelenke sind flexibler und ermöglichen einen größeren Bewegungsgrad (vergleichen Sie Schulter und Hüfte, Ellbogen und Knie, Hand- und Sprunggelenk). Obwohl Unterarm und Unterschenkel jeweils zwei Knochen haben, findet sich kaum eine funktionelle Korrelation zwischen diesen beiden Knochenpaaren. Der Fuß ist klar an die Funktionen der Fortbewegung und Gewichtsstütze angepaßt, die Hand – besonders der Daumen – an Beweglichkeit und Geschicklichkeit.

Der Vierbeiner (hier am Beispiel des Hundes) benutzt sowohl die vorderen als auch die hinteren Extremitäten als Gewichtsstützen und zur Fortbewegung. Die Knochen des Schulter- und Beckengürtels sind an die Fortbewegung adaptiert, sie sind strukturell und funktionell nicht so unterschiedlich differenziert wie beim Menschen. Die Skapula des Hundes kann auf dem Brustkorb viel weniger bewegt werden als die menschliche; die Hüftknochen des Hundes tragen nicht, wie der menschliche Beckengürtel, ein überproportionales Gewicht. Der Vierbeiner trägt das Gewicht auf den Köpfen der Metacarpalia und Metatarsalia.

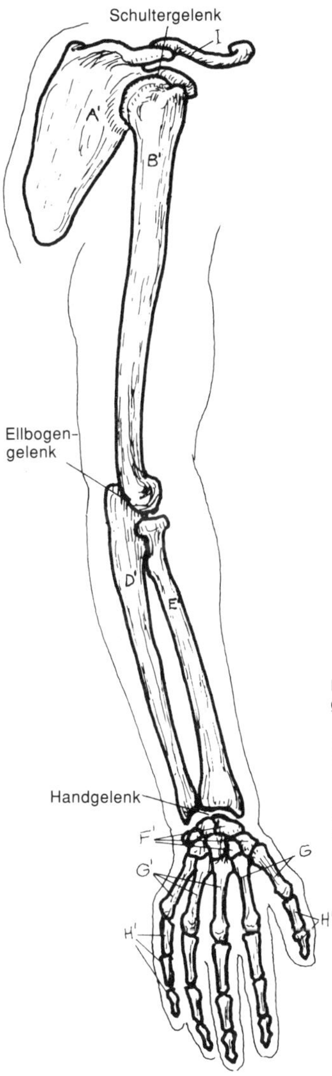

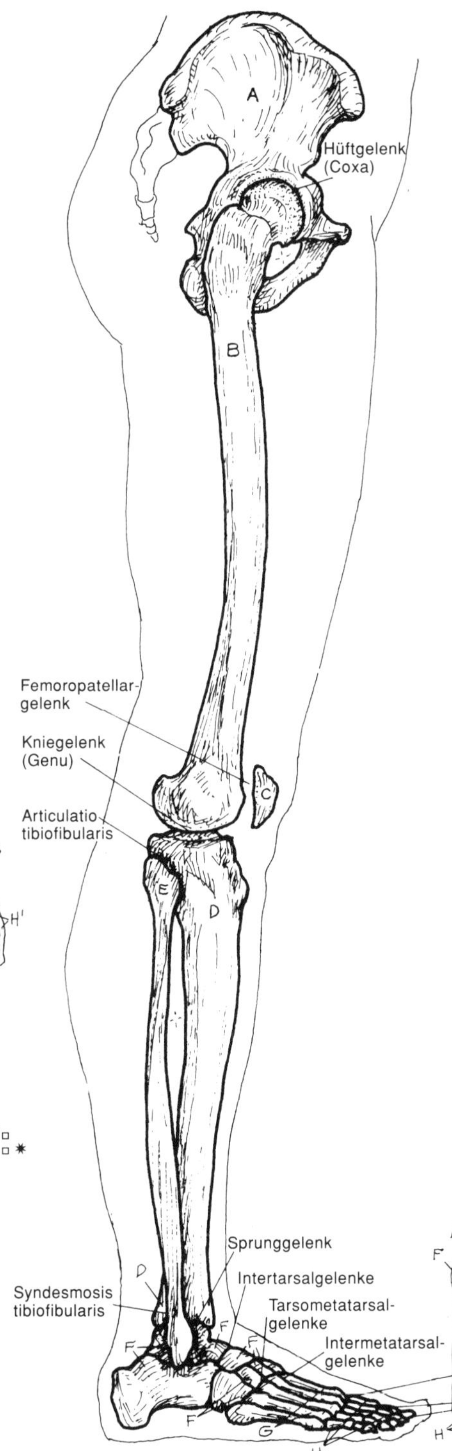

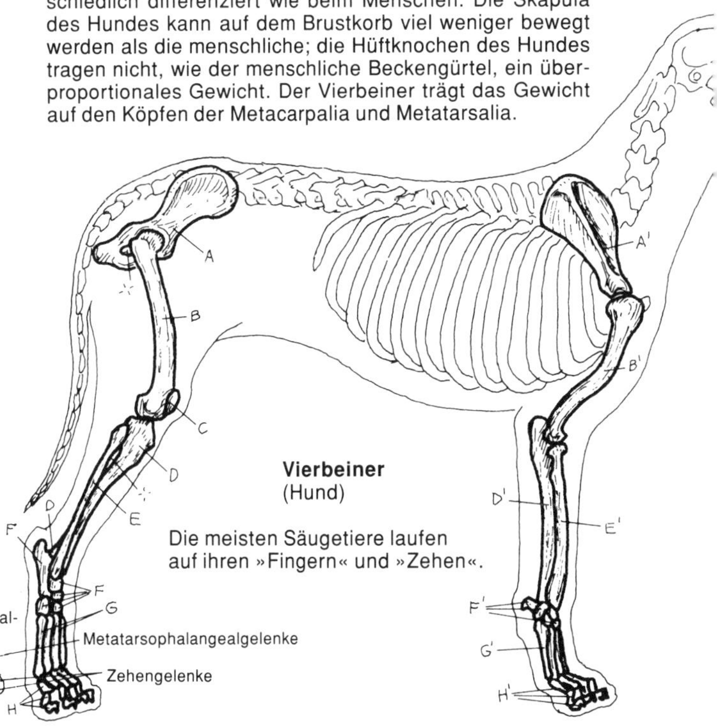

Vierbeiner
(Hund)

Die meisten Säugetiere laufen auf ihren »Fingern« und »Zehen«.

OBERE EXTREMITÄT:*

KLAVIKULA I
SKAPULA A^1
HUMERUS B^1
ULNA D^1
RADIUS E^1
HANDWURZEL F^1
MITTELHAND G^1
PHALANX H^1

GELENKSYSTEM
KLASSIFIKATION DER GELENKE *

13 Farben
1. Malen Sie alle mit Buchstaben bezeichneten Strukturen aus.
2. Verwenden Sie einen dunklen Farbton für den Gelenkraum (f).

Knochen sind durch Gelenke (Articulationes) miteinander verbunden. Die Bewegungsmöglichkeiten sind durch den Aufbau des Gelenkes festgelegt. Nach der Struktur unterscheidet man die *fibröse* Knochenverbindung (Syndesmose oder Bandhaft), die *cartilaginäre* Knochenverbindung (Synchondrose oder Knorpelhaft) und die *synoviale* Knochenverbindung (Diarthrose, typisches Gelenk).

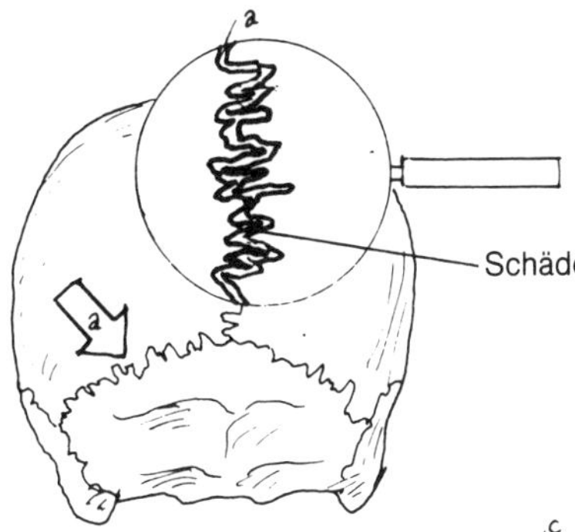

SYNDESMOSE a

Die Knochen sind fest durch fibröses Bindegewebe verbunden und besitzen keine oder nur sehr wenig Bewegungsmöglichkeit. Beispiele: Schädelnähte (Suturae) zwischen den flachen Knochen der Hirnschale (unbeweglich); fibröse Zwischenknochenmembranen (Membranae interossae) zwischen den Knochen des Unterschenkels oder des Unterarmes (z.T. beweglich).

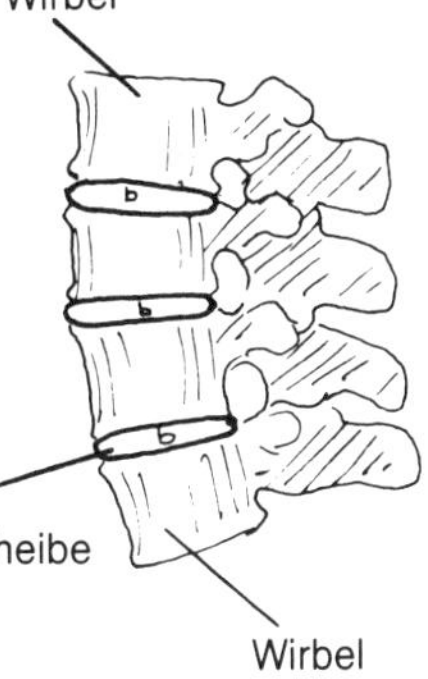

SYNCHONDROSE b

Die Knochen sind durch bindegewebig verstärktes Knorpelgewebe verbunden, das keine oder nur sehr geringe Bewegungen zuläßt. Beispiele: Zwischenwirbelscheiben aus Faserknorpel und kollagenem Bindegewebe (teilweise beweglich); Knorpel in der Epiphysenfuge des wachsenden Knochens (unbeweglich).

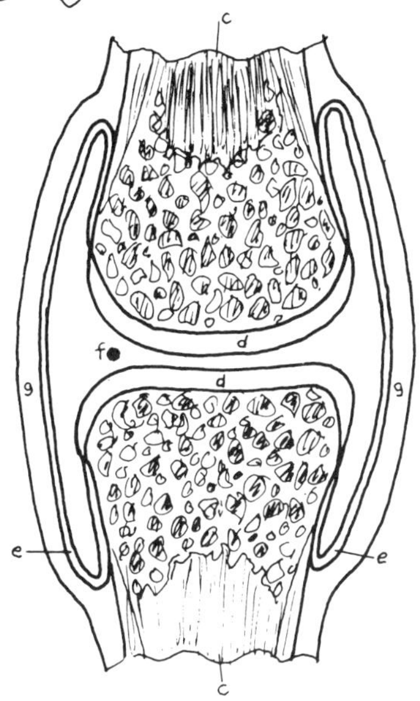

SYNOVIALES (TYPISCHES) GELENK *

ARTIKULIERENDE KNOCHEN c
GELENKKNORPEL d
SYNOVIALMEMBRAN e
GELENKRAUM (ENTHÄLT FLÜSSIGKEIT) f•
GELENKKAPSEL (BÄNDER) g

Die knorpelüberzogenen Knochenenden artikulieren in einem *Gelenkraum,* der von einer Membran, der *Synovialmembran* oder Gelenkhaut, ausgekleidet ist. Die Synovialmembran produziert eine visköse *Gelenkflüssigkeit,* die die während einer Bewegung durch Reibung entstehende Hitze absorbiert. Das Synovialgelenk ist von einer bindegewebigen *Gelenkkapsel* umgeben, in die Bandstrukturen und Sehnen einstrahlen.

EINTEILUNG DER SYNOVIALEN GELENKE *

KUGELGELENK h

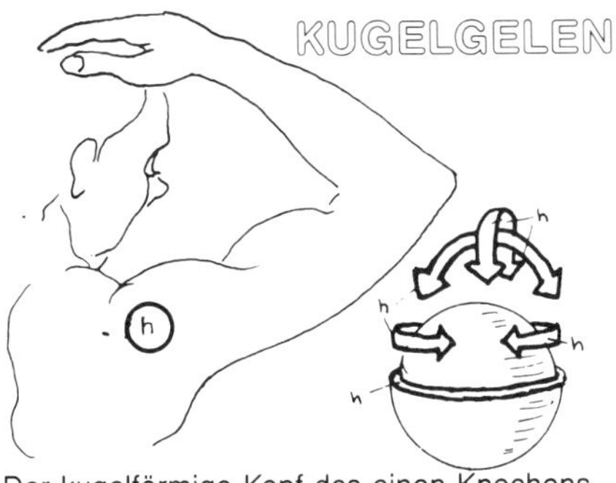

Der kugelförmige Kopf des einen Knochens paßt genau in die pfannenartige Vertiefung des anderen. Das Kugelgelenk gestattet Bewegungen in alle Richtungen (3 Freiheitsgrade). Beispiele: Schulter- und Hüftgelenk.

SCHARNIERGELENK i

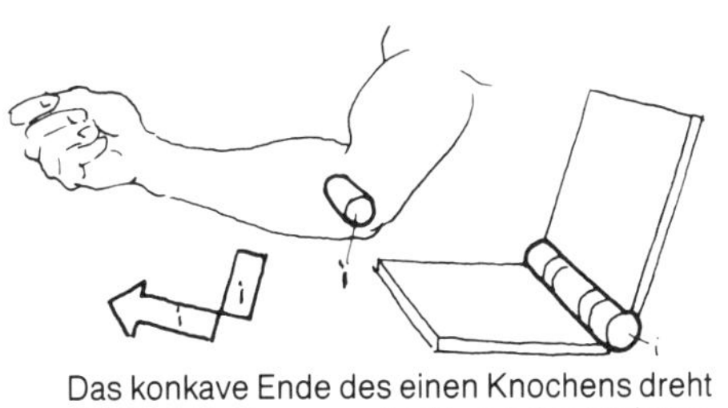

Das konkave Ende des einen Knochens dreht sich um die konvexe Endigung des anderen. Das Scharniergelenk besitzt nur einen Freiheitsgrad, d.h. Bewegungsmöglichkeiten sind z. B. auf Flexion und Extension beschränkt. Beispiele: Ellbogengelenk, Sprunggelenk, Interphalangealgelenke.

SATTELGELENK j

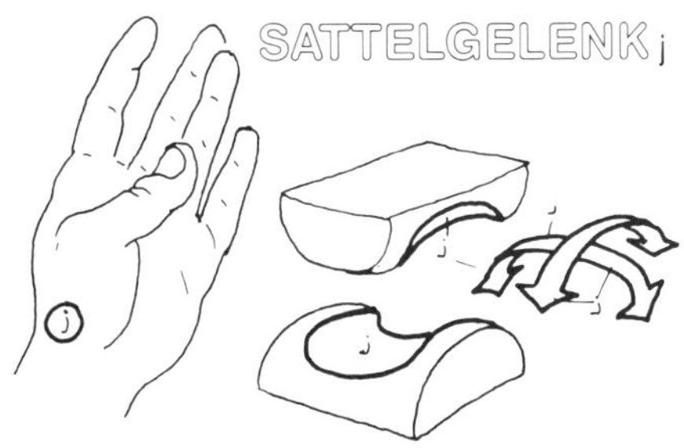

Die konkaven Flächen zweier Knochen artikulieren miteinander. Bewegungen in mehrere Richtungen sind möglich, die Rotation ist jedoch sehr eingeschränkt (2 Freiheitsgrade). Beispiel: Karpometakarpalgelenk des Daumens (Daumensattelgelenk).

EIGELENK k

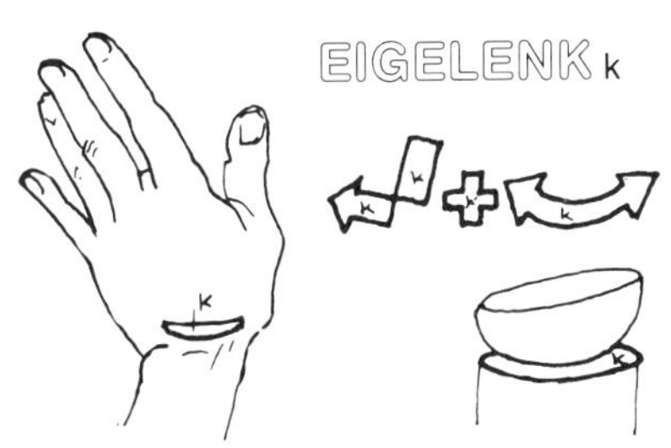

Ein auf zwei Freiheitsgrade beschränktes Kopf- und Pfannengelenk, die Rotation ist nicht möglich. Beispiel: Radiokarpalgelenk (Handwurzelgelenk).

DREHGELENK L

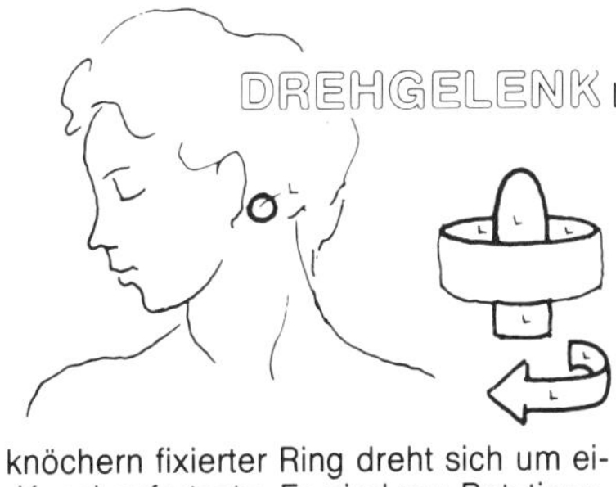

Ein knöchern fixierter Ring dreht sich um einen Knochenfortsatz. Es sind nur Rotationsbewegungen möglich. Beispiel: Der Atlas (1. Halswirbel) und mit ihm der Schädel drehen sich um den Dens axis, einen knöchernen Fortsatz des 2. Halswirbels.

GLEITGELENK m

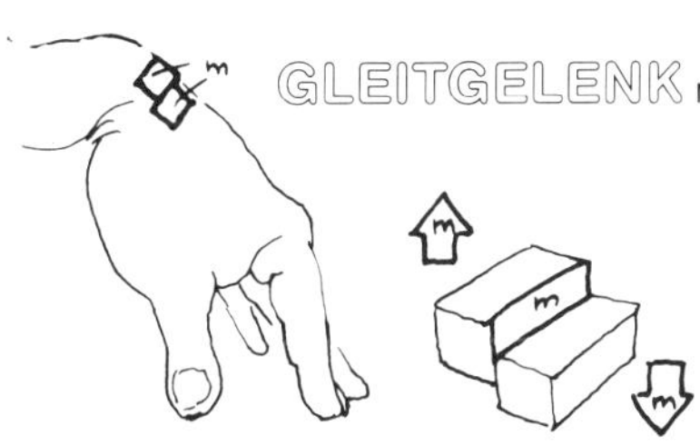

Zwei ebene Gelenkflächen können gegeneinander verschoben werden (2 Freiheitsgrade). Nur Gleitbewegungen sind möglich. Beispiel: Interkarpalgelenke.

GELENKSYSTEM BEWEGUNGEN*

Malen Sie die Pfeile an, die auf die Gelenke zeigen, welche die verschiedenen Bewegungen des Körpers ermöglichen. Beachten Sie, daß Inversion (K) und Eversion (L) nur am Fuß, nicht am Sprunggelenk stattfinden.

EXTENSION A
DORSALFLEXION B
FLEXION C
PLANTARFLEXION D
ADDUKTION E
ABDUKTION F
ZIRKUMDUKTION G
ROTATION H
SUPINATION I
PRONATION J
INVERSION K
EVERSION L

Die Bewegungen der Knochen finden an den Gelenken statt. Die Fachbegriffe für die Bewegungen gelten daher für die Gelenke, nicht für die Knochen (eine Flexion des Humerus würde bedeuten, ihn zu brechen!). Das Ausmaß der Bewegung wird begrenzt durch den knöchernen Aufbau eines Gelenks, seine Bänder und die das Gelenk überspannenden Muskeln. Ausgehend von der anatomischen Grundstellung können bestimmte Bewegungsrichtungen eindeutig beschrieben und das Ausmaß der Beweglichkeit gemessen werden.

Extension eines Gelenks ist prinzipiell eine Streckung. In anatomischer Grundstellung befinden sich die meisten Gelenke in einer entspannten Extension (Normalstellung). Ausgehend von der anatomischen Grundstellung sind die Bewegungen der Extension in der Sagittalebene ausgerichtet. Eine extreme, auch abnormale Extension nennt man Hyperextension. Am Hand- und Sprunggelenk wird die Extension als *Dorsalflexion* bezeichnet.

Flexion eines Gelenks ist die Beugung oder Verkleinerung des Winkels zwischen den Knochen dieses Gelenks. Auch die Flexion ist in der Sagittalebene ausgerichtet. Am Sprunggelenk wird die Flexion auch als *Plantarflexion* bezeichnet.

Adduktion eines Gelenks bewegt einen Knochen in Richtung Mittellinie des Körpers (oder bei Fingern und Zehen zur Mittellinie von Hand und Fuß). In anatomischer Grundstellung sind Adduktionen zur Mitte der Frontalebene hin gerichtet.

Abduktion eines Gelenks bewegt einen Knochen weg von der Mittellinie des Körpers (oder von Hand und Fuß). Sie ist in der Frontalebene zur Seite hin gerichtet.

Die *Zirkumduktion* ist eine kreisförmige Bewegung an Kugel- oder Sattelgelenken. Sie setzt sich zusammen aus nacheinander ausgeführter Flexion, Abduktion, Extension und Adduktion.

Rotation eines Gelenks ist die Drehung des bewegten Knochens um die eigene Achse. Zum Körper hin bezeichnet man sie als Innenrotation, vom Körper weg als Außenrotation.

Als *Supination* bezeichnet man die Außenrotation im Radioulnargelenk; am Fuß setzt sie sich zusammen aus Inversion, Adduktion und Plantarflexion.

Als *Pronation* bezeichnet man die Innenrotation im Radioulnargelenk; am Fuß ist es die Kombination aus Eversion, Abduktion und Dorsalflexion. An Supination und Pronation sind die Sprunggelenke und die Tarsalgelenke beteiligt.

Die *Inversion* wendet die Fußsohle nach innen, so daß die innere Fußkante angehoben wird.

Die *Eversion* wendet die Fußsohle nach außen, so daß die äußere Fußkante angehoben wird. Inversion und Eversion finden im unteren Sprunggelenk statt.

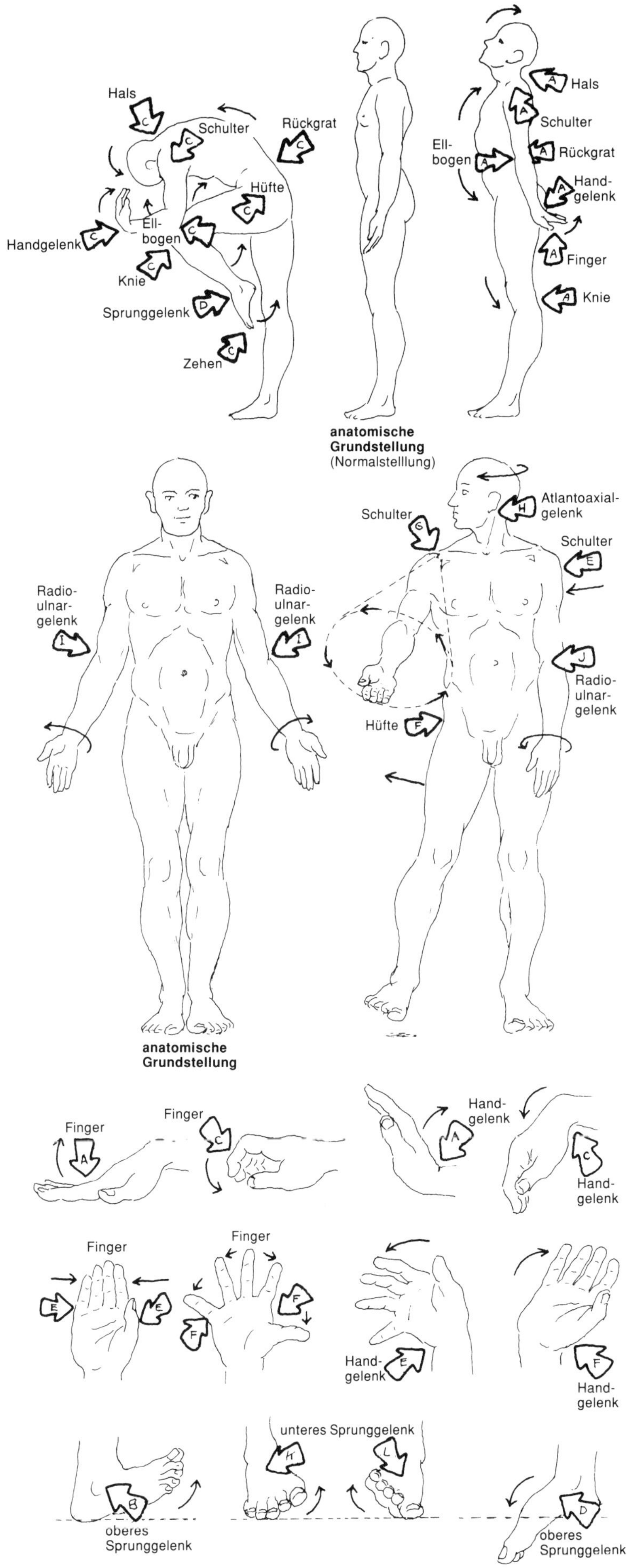

MUSKELSYSTEM / EINFÜHRUNG

14 Farben
1. Malen Sie zuerst die fünf Teile eines typischen Skelettmuskels aus.
2. Auch die 6 exemplarisch dargestellten Skelettmuskeltypen werden ausgemalt, wobei die Sehnen nur leicht schattiert werden sollten.
3. Kolorieren Sie dann die 3 schematisch dargestellten Kräftediagramme.

SKELETTMUSKEL*

MUSKELBAUCH a
SEHNE b
APONEUROSE
(SEHNENPLATTE) c
PERIOST d
KNOCHEN e

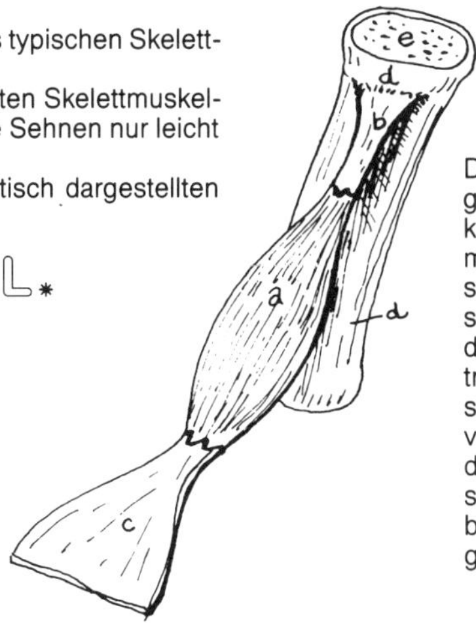

Die Körperform wird sehr von der *Skelettmuskulatur* beeinflußt, die im Gegensatz zur glatten Muskulatur dem Willen unterworfen ist. Die Skelettmuskulatur beansprucht zur Eigenversorgung große Sauerstoff- bzw. Energiemengen; bei unzureichender Energiezufuhr verkrampft sie. Jeder Muskel setzt sich aus tausenden mikroskopisch kleinen Muskelzellen (Fasern) zusammen, die alle jeweils von einer zarten bindegewebigen Hülle umscheidet sind. Am Übergang zur Muskelansatzstelle nimmt die Anzahl an kontraktilen Elementen ziemlich abrupt ab, während sich die Bindegewebsfasern als *Sehne* zum Ansatzpunkt hin fortsetzen. Die Sehnen besitzen eine verblüffende Widerstandskraft gegenüber Zugkräften. Flache Sehnen werden *Aponeurosen* genannt. Die kollagenen Fasern der Sehne verflechten sich mit denen des *Periost* und sogar mit denen des *Knochens* selbst und bilden so eine Konstruktionseinheit – eine widerstandsfähige Mischung gegenüber fast allen traumatischen Einwirkungen (Verletzungen).

MUSKELFORMEN*

SPINDELFÖRMIG f
EINFACH GEFIEDERT g
DOPPELT GEFIEDERT h
MEHRFACH GEFIEDERT i
ZWEIKÖPFIG j
DREIECKIG k

Die Kontraktionskraft ist teilweise von der baulichen Anordnung der Muskelfasern abhängig. Unterschiede im Wirkungsbereich und in der Muskelkraft stehen direkt mit der Anordnung und Struktur von Muskeln und Sehnen in Beziehung. Ein geringer Arbeitsumfang, aber große Kraft und hohe Widerstandsfähigkeit gegen Dehnung sind charakteristisch für *mehrfachgefiederte* Muskeln, da sich viele kurze Muskelfasern auf kleinem Raum zu Sehnenzügen verflechten. Bei *spindelförmigen* Muskeln ist das mögliche Bewegungsausmaß um so größer, je länger die Muskelfasern sind..

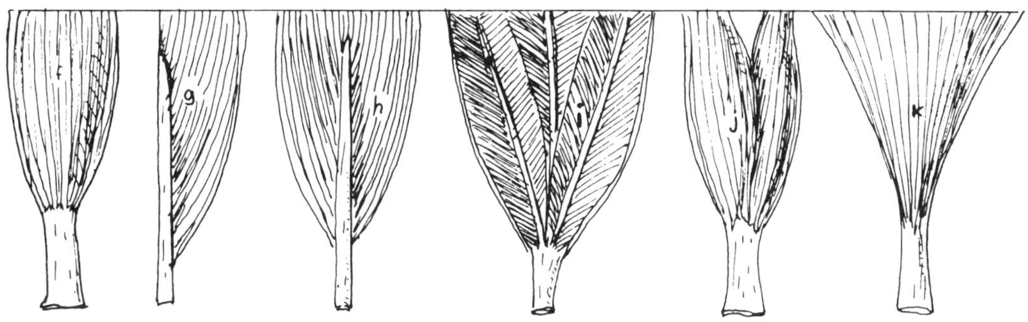

BEWEGUNGSMECHANIK*

DREHPUNKT L (GELENK) L
ERFOLGSORGAN m (MUSKEL) m
GEGENKRAFT n (GEWICHT) n

Die Muskeln arbeiten mit einfachen Mechanismen, z. B. nach dem Hebelprinzip, um den Wirkungsgrad ihrer Kontraktionsarbeit zu verbessern. Die zur Überwindung eines Widerstandes erforderliche Anstrengung ist abhängig von der Stärke der entgegenwirkenden Kraft (Gewicht), vom relativen Abstand zwischen Dreh- und Widerstandspunkt (L-n) und von der Distanz zwischen Drehpunkt zum Ansatzpunkt (L-m). Die Position des Drehpunktes (L), bezogen auf die Punkte (m) und (n), bestimmt dabei die Art des benutzten Hebelprinzips.

HEBEL ERSTER ORDNUNG*

Der Drehpunkt (Gelenk) liegt zwischen dem Muskelansatzpunkt und der Gegenkraft (Gewicht). Diese Anordnung eines Hebels ist am wirkungsvollsten. Bei konstanter Gewichtskraft wird mit zunehmendem Abstand L-m bei gleichzeitig kleiner werdendem Abstand L-n immer weniger Muskelkraft erforderlich.

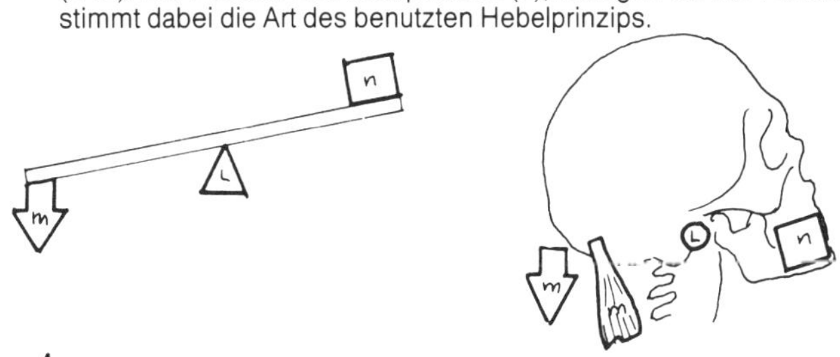

HEBEL ZWEITER ORDNUNG*

Die Gegenkraft liegt zwischen dem Drehpunkt (Gelenk) und Erfolgsorgan (Muskel), wie beim Schieben bzw. Anheben eines Schubkarrens. In diesem Fall bedeutet eine zunehmende L-m-Strecke bei gleichzeitig abnehmendem L-n-Abstand einen großen mechanischen Vorteil für den Muskel, der im dargestellten Beispiel das Körpergewicht auf die Metatarsalköpfchen überträgt.

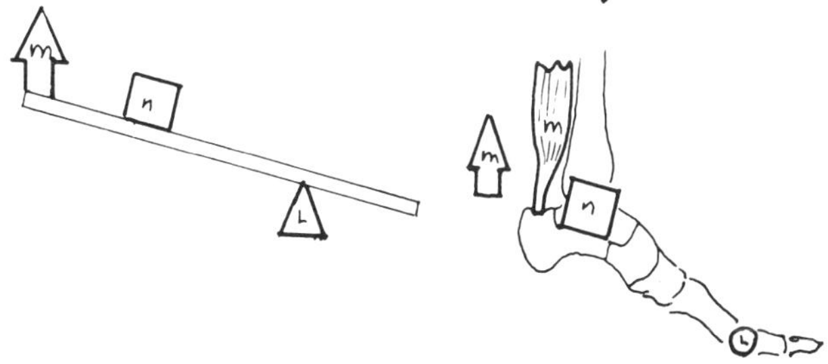

HEBEL DRITTER ORDNUNG*

Die Muskelansatzstelle liegt zwischen der Gewichtskraft und dem Gelenk. Dieses ist mechanisch gesehen die ungünstigste Anordnung. Zum Vergleich der Hebel dritter und zweiter Ordnung: das Anheben eines 50 Pfund schweren Gewichts mit den Armen nimmt deutlich mehr Kraft in Anspruch als das Anheben eines 150 Pfund schweren Körpers, wenn man sich dabei auf die Metatarsalköpfchen stellt.

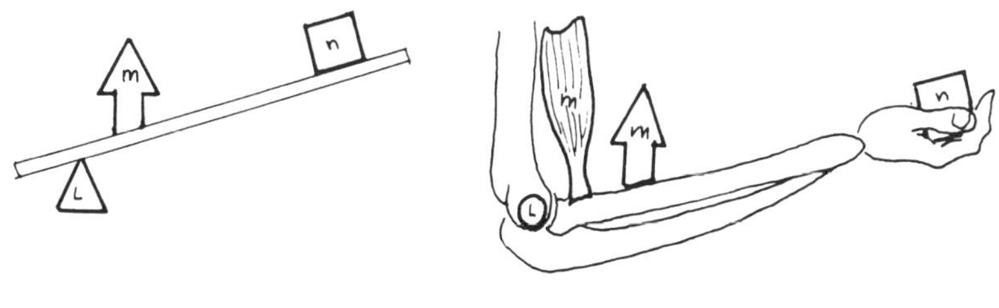

MUSKELSYSTEM / AUFBAU EINES SKELETTMUSKELS *

(vgl. Tafel 8)

12 Farben

1. Verwenden Sie für (b) und (c) dieselbe Farbe. Die Myofibrillen (f), die sowohl in voller Länge, als auch im Querschnitt im Muskelbauch zu sehen sind, sollten dieselbe Farbe wie die A-Bande im unteren Diagramm bekommen. Der große Pfeil unter den Myofibrillen deutet auf einen vergrößerten Ausschnitt, der die mikroskopische Struktur einer Myofibrille mit ihren verschiedenen Banden und Linien zeigt.
2. Malen Sie auch die Funktionsdiagramme unten an, die den Kontraktionsvorgang der Myofibrillen verdeutlichen. Achten Sie darauf, daß die H-Zone (h) in der Mitte der A-Bande liegt und eine andere Farbe erhält. Das gleiche gilt für den Z-Streifen (j), der in der Mitte der I-Bande zu finden ist.
3. Die Sarkomere (i) und die dazugehörigen Pfeile (*) sollten mit einem Grauton ausgemalt werden.

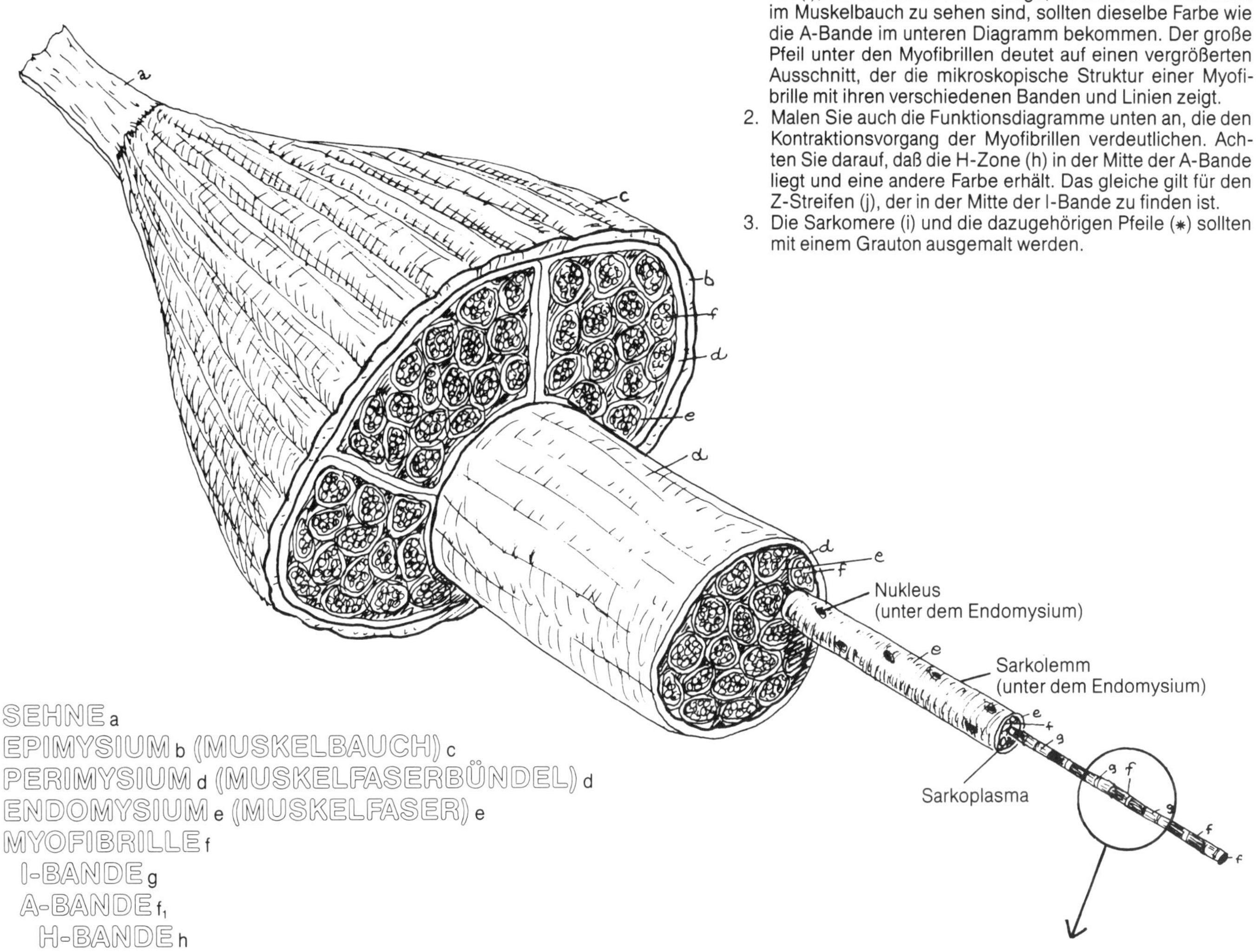

SEHNE a
EPIMYSIUM b (MUSKELBAUCH) c
PERIMYSIUM d (MUSKELFASERBÜNDEL) d
ENDOMYSIUM e (MUSKELFASER) e
MYOFIBRILLE f
I-BANDE g
A-BANDE f_1
H-BANDE h
SARKOMERE i *
Z-STREIFEN j
ACTIN k
MYOSIN L
QUERBRÜCKEN m

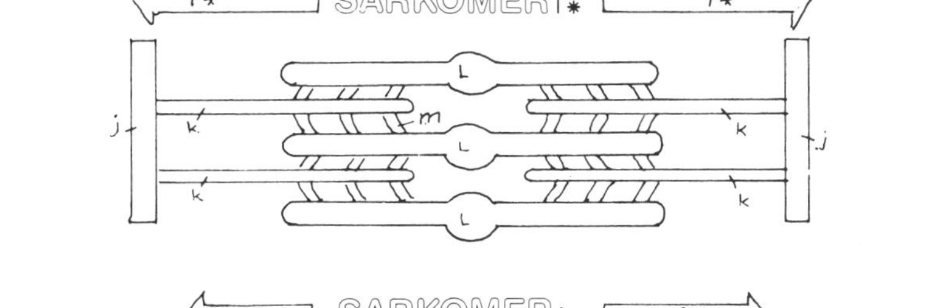

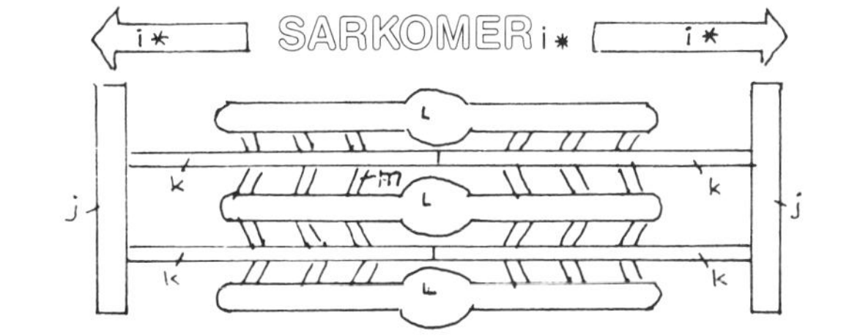

Ein *Skelettmuskel* besteht aus Bündeln (Faszikeln) einzelner Muskelfasern. Jede Baueinheit ist von Bindegewebe umhüllt (je nachdem *Epi-, Peri- oder Endomysium*). Am Übergang zur Muskelansatzstelle enden die Muskelfasern, und die bindegewebigen Hüllen setzen sich als *Sehne* fort. Eine Muskelzelle enthält mehrere Nuklei (Zellkerne) und im Zytoplasma (Sarkoplasma) eine große Menge an Myofibrillen, die von einer Zellmembran (Sarkolemm) umgeben sind. *Myofibrillen* bestehen aus einer Ansammlung von *Myofilamenten,* die nach einem bestimmten Muster angeordnet sind. Die grundlegende Baueinheit dieses Musters ist das *Sarkomer* (*). Innerhalb eines Sarkomers werden die dunkler und heller erscheinenden Abschnitte als *Banden* bezeichnet (I-, A-, H-Bande). Die unterschiedliche Färbung wird durch die wechselnde Anordnung der *Aktin-* (k) und *Myosin-Filamente* (L) hervorgerufen. Wenn sich eine Skelettmuskelfaser kontrahiert, nähern sich die Aktinfilamente in einem Sarkomer einander an, wobei sie an den Myosinfilamenten entlanggleiten und dabei *Querbrücken* aufbrechen und wiederherstellen. Die Myosinfilamente bewegen sich nicht. Erwartungsgemäß bleibt deshalb die A-Bande bei einer Muskelkontraktion gleich lang, während sich die I- und die H-Banden verkürzen. So rücken die Z-Streifen näher zusammen, und die gesamte Muskelfaserlänge verkürzt sich um ungefähr ein Drittel.

MUSKELSYSTEM
MUSKELFUNKTION*

Verwenden Sie eine kräftige Farbe für A und eine helle Farbe für E.

1. Bemalen Sie die kleinen Pfeile und die großen Buchstaben für Ursprung (Origo, »O«) und Ansatz (Insertio, »I«) an den Beispielen der kontrahierten und gestreckten Muskeln.
2. Bemalen Sie in der unteren Abbildung auch die Teile des M. pronator teres und M. pronator quadratus, die durch die gestrichelte Linie skizziert sind. Diese Teile werden in der dargestellten Seitenansicht vom Radius verdeckt.

Wenn sich ein Skelettmuskel verkürzt (kontrahiert), wird dadurch ein Gelenk bewegt und zwei Knochen rücken näher zusammen (Ausnahme: isometrische Kontraktion). Muskeln drücken nie, sondern ziehen immer. In jeder Bewegung zwischen zwei Knochen ist ein Knochen grundsätzlich fixiert und der andere bewegt sich. Die Anheftungsstelle an dem fixierten Knochen heißt *Ursprung* (Origo), am bewegten Knochen *Ansatz* (Insertio). Bei komplexen Bewegungen, wo der »fixierte« Knochen schwer auszumachen ist, wird die proximale Anheftungsstelle als Ursprung bezeichnet.

Wenn sich ein Muskel über einem Gelenk kontrahiert, werden auch andere Muskeln, die dieses Gelenk überspannen, beeinflußt – bei einer Gelenkbewegung handelt kein Muskel für sich allein. Bei einer Beugung im Ellbogengelenk als Beispiel *kontrahiert* sich der M. biceps brachii (und der M. brachialis, nicht dargestellt), während der M. triceps brachii *gestreckt* wird. Umgekehrt wird bei der Streckung des Ellbogens der M. triceps brachii kontrahiert und die Mm. biceps und brachialis gestreckt. In Normalstellung sind alle drei Muskeln *relaxiert* (in Ruhe). Gespannte (kontrahierte) Muskeln können häufig durch eine sanfte Streckung relaxiert werden.

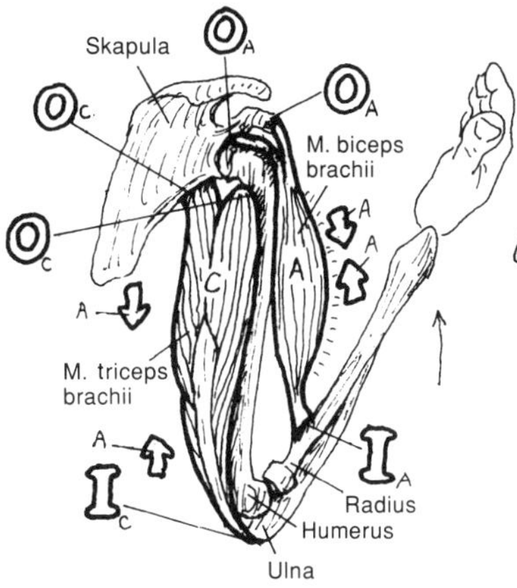

Ellbogen gebeugt

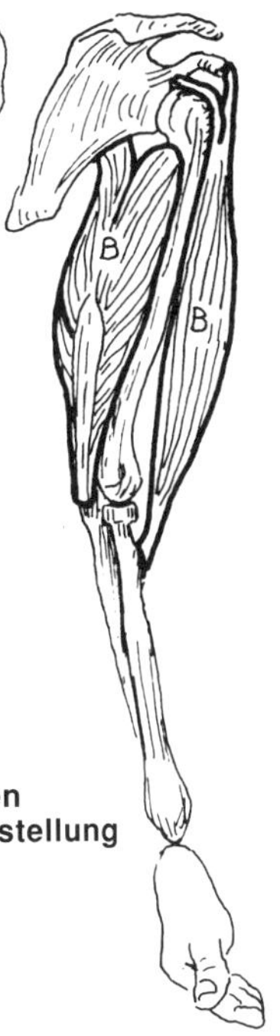

Ellbogen Normalstellung

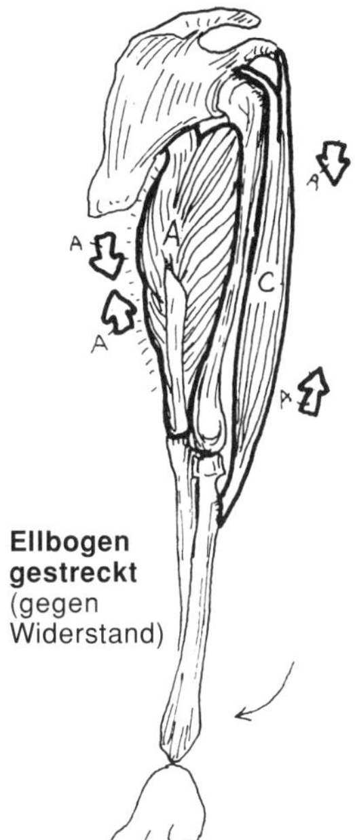

Ellbogen gestreckt (gegen Widerstand)

MUSKEL: *
KONTRAHIERT A
RELAXIERT B
GESTRECKT C

MUSKELAKTION BEI ELLBOGENBEUGUNG VERGLEICH: SUPINATION/PRONATION

Kein Muskel ist an einer Gelenkbewegung alleine beteiligt. In den Abbildungen auf der rechten Seite sind verschiedene Muskeln in die einfache Bewegung des Hebens eines Objekts funktionell integriert; in einem Beispiel ist der Unterarm supiniert, im anderen Fall proniert.

AGONIST A¹

Der Hauptmuskel, der eine gewünschte Gelenkbewegung ausführt, ist der *Agonist.* Es können auch mehrere Muskeln zusammenwirken (Synergisten). Bei der Beugung des Ellbogens mit supiniertem Unterarm sind der M. brachialis und M. biceps brachii die Agonisten. Der Bizeps trägt hier wesentlich zur Hebekraft bei und bewirkt auch die Supination des Radius während der Ellbogenbeugung. Wenn der Unterarm proniert ist und die Supination verhindert wird, verliert der Bizeps diese Supinationskraft, und der M. brachialis, den die Pronation nicht behindert, wird zum Agonisten.

ANTAGONIST C¹

Muskeln, die potentiell oder tatsächlich einer bestimmten Bewegung entgegenwirken, werden *Antagonisten* genannt. In unserem Beispiel ist der M. triceps der Antagonist der Ellenbeugung, auch wenn er im abgebildeten Fall gestreckt und nicht kontrahiert ist.

HALTEMUSKEL D

Haltemuskeln stabilisieren die proximaleren Gelenke während der Kraftanwendung an den weiter distalen Gelenken. Hier kontrahiert sich der M. trapezius, um die Skapula zu stabilisieren (immobilisieren). So schafft er die Grundlage für die kraftaufwendende Tätigkeit der entsprechenden Extremität.

NEUTRALISIERENDER MUSKEL E

Um eine erwünschte Bewegung gezielt vorzunehmen, werden unerwünschte Mitbewegungen von *neutralisierenden Muskeln* gehemmt. Bei der Beugung des Ellbogens mit proniertem Unterarm verhindern die Pronatoren (M. pronator quadratus, M. pronator teres) eine Supination und tragen so zur erwünschten Bewegung bei.

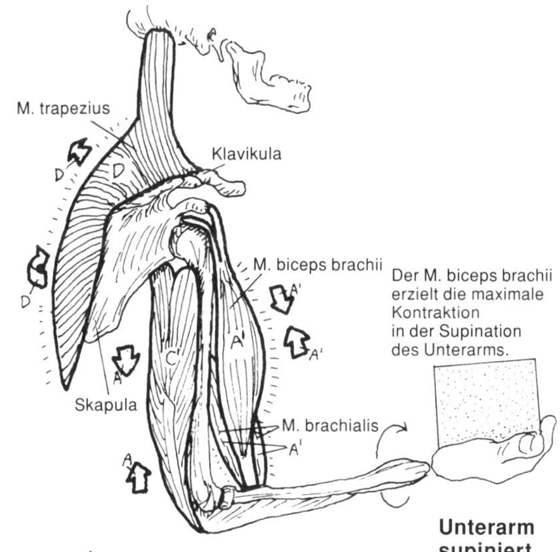

Der M. biceps brachii erzielt die maximale Kontraktion in der Supination des Unterarms.

Unterarm supiniert

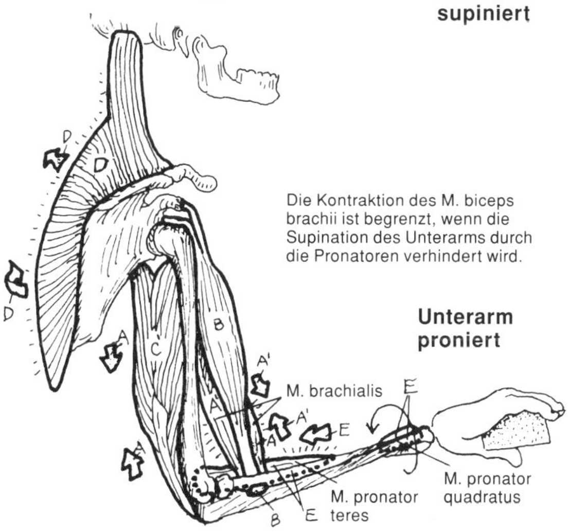

Die Kontraktion des M. biceps brachii ist begrenzt, wenn die Supination des Unterarms durch die Pronatoren verhindert wird.

Unterarm proniert

MUSKELSYSTEM / KOPF
MIMISCHE MUSKULATUR *

Tafel 37
(vgl. Tafel 8, 39)

14 Farben

1. Malen Sie auf der linken Seite die Muskeln aus, die einen freundlichen Gesichtsausdruck hervorrufen. Benutzen Sie dabei leuchtende, warme und angenehme Farben. Nur die mit Buchstaben versehenen Muskeln werden angemalt.
2. Verfahren Sie ebenso auf der rechten Seite; verwenden Sie hier aber dunkle, bläuliche Farben.
3. Die verbleibenden mimischen Muskeln (m, n, o) tragen nicht zu den dargestellten Gesichtsausdrükken bei und werden grau ausgemalt.
4. Verwenden Sie für die wichtigsten Kaumuskeln (p, q) auf beiden Seiten des Gesichts und in der Darstellung rechts unten eine neutrale Farbe (z. B. braun). Für die restlichen Kaumuskeln (r, s) in der linken unteren Abbildung setzen Sie zwei zusätzliche Farben ein.
5. In der Darstellung unten rechts wird die mimische Muskulatur grau ausgemalt (*).

Die *mimische Muskulatur* entspringt in der Regel an einem Knochen oder Knorpel und setzt an der oberflächlichen Faszie oder an einem der Sphinkteren (Schließer) der Orbita (b) oder des Mundes (m) an. Diese sehr dünnen und zarten Muskeln unterliegen einer sehr präzisen Kontrolle durch das Nervensystem (man denke an die vielen verschiedenen Möglichkeiten des Gesichtsausdrucks!). Der Mund ist die beweglichste Struktur des Gesichts, da die meisten mimischen Muskeln an seinem Sphinkter (m) ansetzen. Versuchen Sie, die einzelnen Muskeln, während Sie sie ausmalen, willkürlich vor einem Spiegel zu kontrahieren und ihre Wirkung zu differenzieren. Die mimische Muskulatur wird größtenteils vom Nervus facialis innerviert. Bei einer Schädigung dieses Nerven werden die Muskeln der betroffenen Seite kraftlos, und die Haut wird schlaff, besonders im Bereich von Auge und Mund (etwa wie auf der linken Gesichtshälfte dargestellt).

M. PROCERUS a
M. ORBICULARIS OCULI b
M. LEVATOR LABII SUP. c
M. LEVATOR ANGULI ORIS d
M. ZYGOMATICUS MAJOR e
M. RISORIUS f

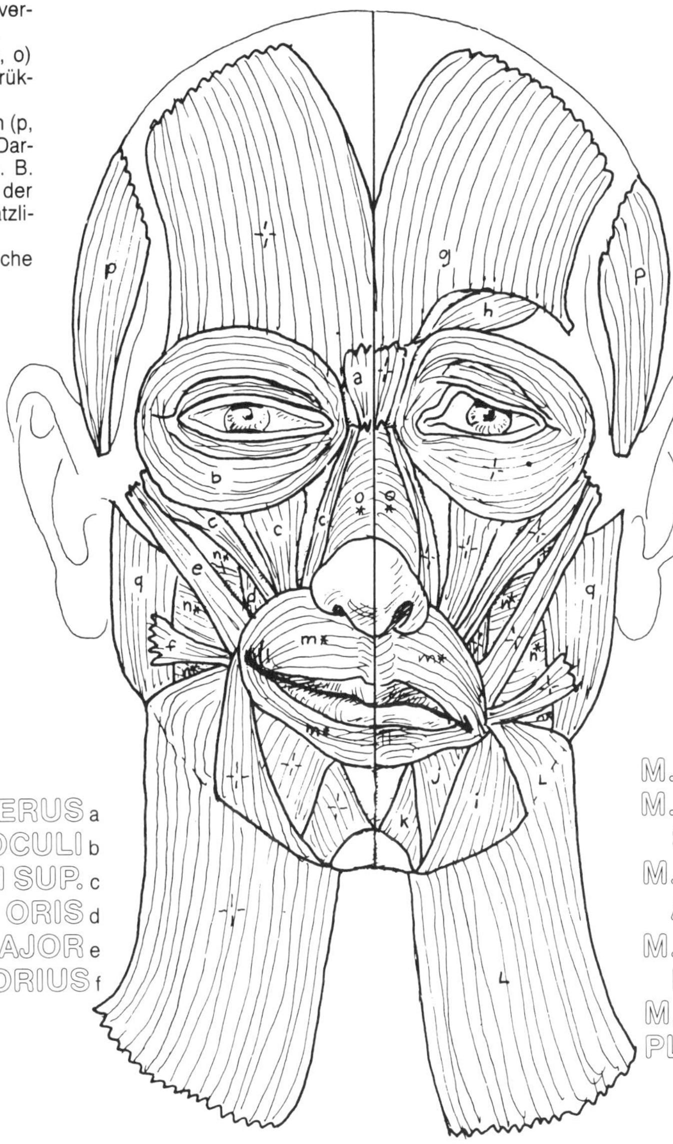

M. FRONTALIS g
M. CORRUGATOR SUPERCILII h
M. DEPRESSOR ANGULI ORIS i
M. DEPRESSOR LABII INF. j
M. MENTALIS k
PLATYSMA L

M. ORBICULARIS ORIS m *
M. BUCCINATOR n *
M. NASALIS o *

MIMISCHE MUSKULATUR *

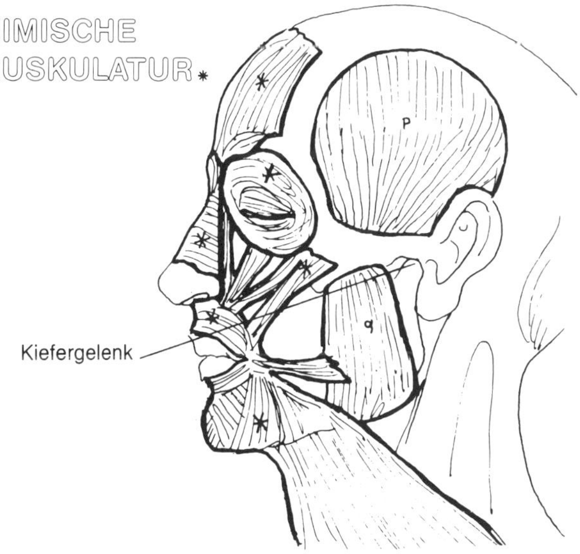

MUSKELSYSTEM/KOPF
KAUMUSKULATUR*

Verwenden Sie eine leuchtende, gelbliche Farbe für die Mandibula (E), die in allen Abbildungen vorkommt.
1. Beginnen Sie oben links und arbeiten Sie sich durch die verschiedenen Bewegungen der Mandibula.
2. Beachten Sie, daß der obere und untere Gelenkspalt (I, I¹) des Kiefergelenks schwarz ausgemalt werden.

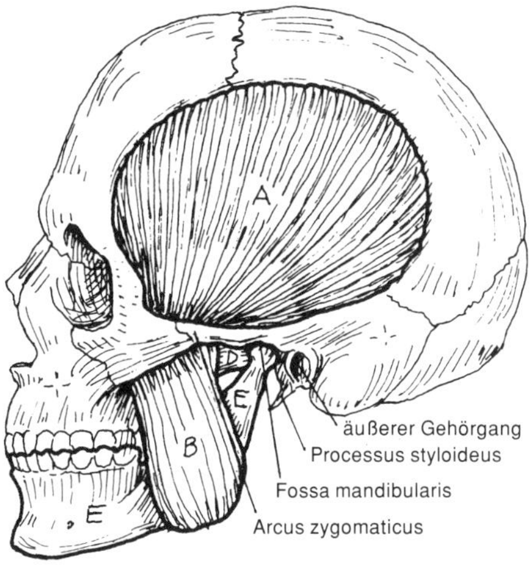

tiefere Anteile

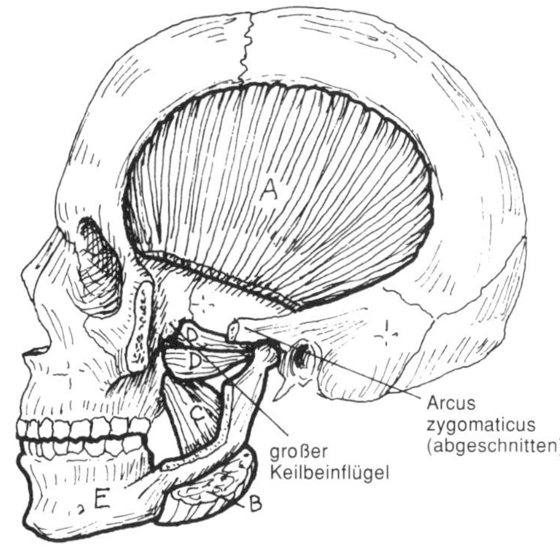

MUSKELN:*

M. TEMPORALIS A
M. MASSETER B
M. PTERYGOIDEUS MEDIALIS C
M. PTERYGOIDEUS LATERALIS D

Den Vorgang des Kauens bezeichnet man als Mastikation. Die *Kaumuskeln* bewegen das Kiefergelenk und sind weitgehend verantwortlich für das Heben, Senken, Vor- und Zurückschieben sowie die Seitwärtsbewegung der Mandibula. Diese Muskeln wirken beidseitig und bewirken so die Bewegung eines Knochens (der Mandibula) an zwei Gelenken.

Der *M. temporalis* und *M. masseter* werden häufig bei Streß unbewußt kontrahiert (Zähne zusammenbeißen), was schwere bitemporale und präaurikuläre Kopfschmerzen verursachen kann. In Kontraktion können diese Muskeln leicht getastet werden.

Der *M. pterygoideus medialis* und *M. pterygoideus lateralis* liegen in der Unterschläfengrube (Fossa infratemporalis) und können nicht getastet werden. Beachten Sie in dem untersten Bild auf der rechten Seite, wie die beiden Köpfe des M. pterygoideus lateralis im vorderen Teil des Discus articularis ansetzen. Während des Mundöffnens zieht dieser Muskel den Diskus nach vorne, während der Kopf der Mandibula nach vorne rotiert. Beim Mundschließen entspannt sich der Muskel und ermöglicht dem Diskus die Bewegung nach hinten. Bei einer schnellen, gewaltsamen Kieferbewegung kann der Discus articularis einreißen.

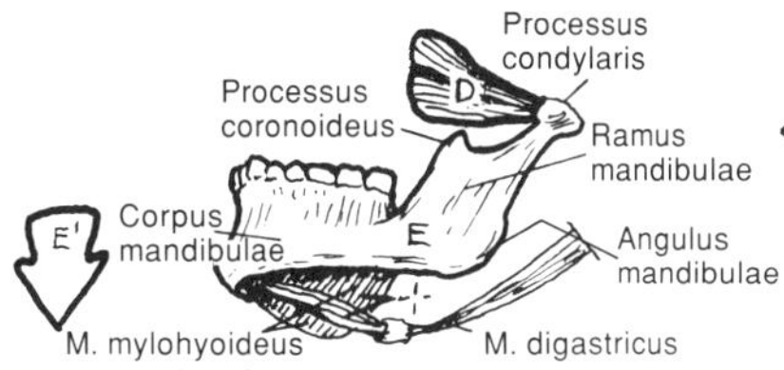

Senken
(Kieferöffnung)

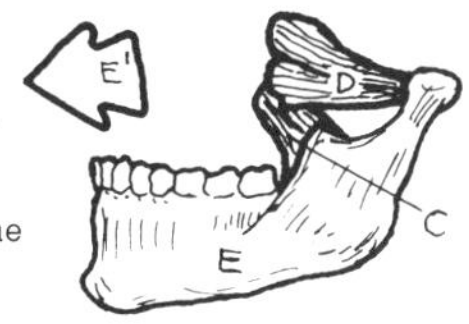

Vorschieben

MANDIBULA E
BEWEGUNG E¹

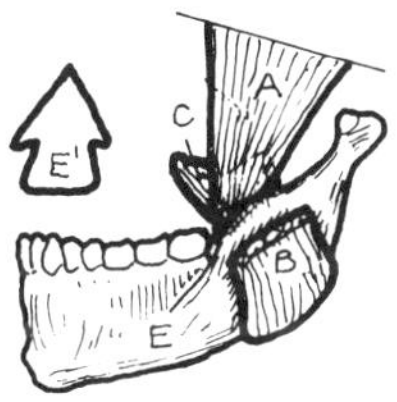

Heben
(Kieferschluß)

Ansicht von hinten

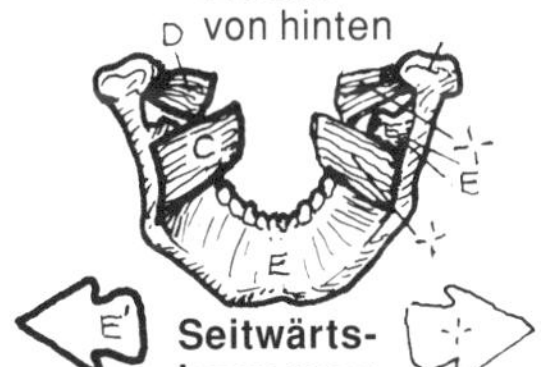

Seitwärtsbewegung

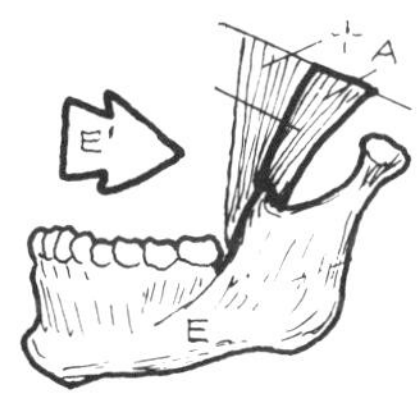

Zurückschieben

KIEFERGELENK*

(ARTICULATIO TEMPOROMANDIBULARIS)

GELENKKAPSEL F
DISCUS ARTICULARIS G
HINTERER ABSCHNITT H
OBERER GELENKSPALT I.
UNTERER GELENKSPALT I¹.

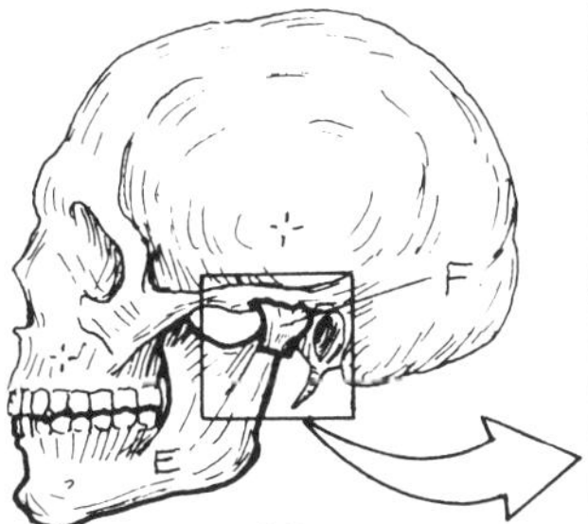

vergrößerte Darstellung des Kiefergelenks
(Sagittalschnitt)

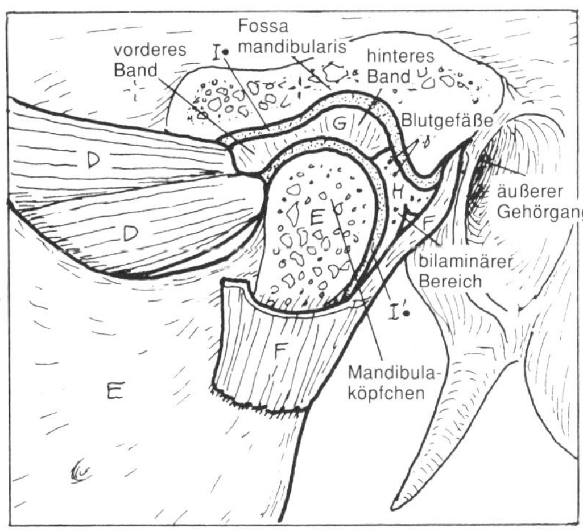

Die Mandibula hat zwei kondyläre Fortsätze (links und rechts), von denen jeder mit einer Fossa mandibularis des jeweiligen Schläfenbeins (Os temporale) gelenkig verbunden ist. Die *Kiefergelenke* sind durch einen Knochen verbunden und bilden daher eine funktionelle Einheit. Zwischen der Fossa mandibularis und dem Gelenkkopf liegt eine faserknorpelige, ovale Scheibe: der *Discus articularis*. Der Diskus enthält zwei fibröse Bänder (vorderes und hinteres Band), deren Längsachsen in der Frontalebene angeordnet sind. Diese beiden Bänder sind durch eine dazwischenliegende, dünnere Zone getrennt. Bei geschlossenem Mund liegt das Mandibulaköpfchen am hinteren Band; bei weit geöffnetem Mund (35 – 50 mm Abstand zwischen oberen und unteren Schneidezähnen) lehnt sich das Köpfchen gegen das vordere Band. Der *hintere Abschnitt* des Diskus ist bilaminär und besteht aus lockerem, gefäßführendem, sensitivem Bindegewebe, das den Diskus ernährt. Medial und lateral ist der Diskus mit dem Kondylus der Mandibula verbunden. Das Mandibulaköpfchen, der Diskus und die Fossa mandibularis sind von einer Gelenkkapsel umschlossen. Der Diskus teilt den Gelenkspalt in zwei Bereiche, einer über und einer unter dem Diskus. Der Diskus kann von Geburt an unvollständig angelegt sein, sogar perforiert. Häufig nutzt er sich mit dem Alter ab. Eine Verlagerung kann für Knacken und eingeschränkte Kieferbewegung verantwortlich sein.

MUSKELSYSTEM / HALS *

5 Farben
1. Bemalen Sie den M. sternocleidomastoideus (a) und die zugehörigen Pfeile im Funktionsdiagramm rechts und in der unteren Abbildung.
2. Wählen Sie eine Farbe für die suprahyoidale Muskulatur und eine hellere für das Zungenbein. Anschließend bemalen Sie die infrahyoidale Muskulatur in einer anderen Farbe und zuletzt die Muskeln des hinteren Halsdreiecks. Die zugehörigen Bezeichnungen werden immer mit ausgemalt.
3. Bemalen Sie die zwei Halsdreiecke im Funktionsdiagramm rechts (*1, *2) mitsamt den zugehörigen Überschriften grau.

Der *Hals* ist in jeder Hinsicht ein äußerst kompliziertes Gebiet und die Anordnung der Muskulatur macht hier keine Ausnahme. Auf dieser Bildtafel werden die mehr oberflächlich liegenden Muskeln des Halses dargestellt. Die Halsregion wird dabei in zwei dreieckige Gebiete unterteilt, deren markante Trennungslinie der M. sternocleidomastoideus ist. Nicht dargestellt sind die tiefen Muskeln, die von Schädel und Halswirbeln ihren Ursprung nehmen, sowie der Großteil der tiefen Rücken- und Nackenmuskeln und die Binnenmuskulatur des Larynx (Kehlkopf) und der Zunge.

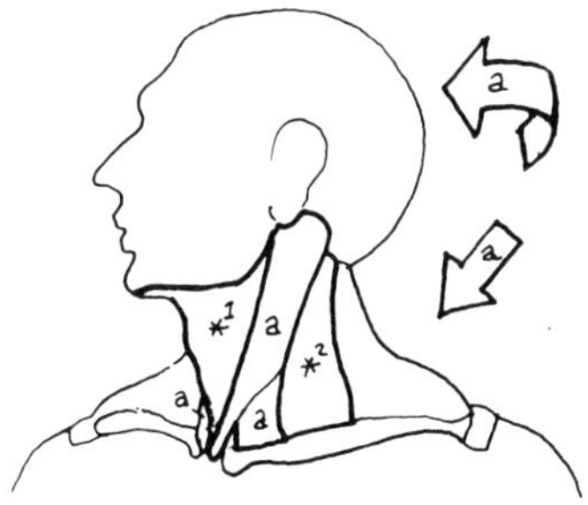

M. STERNOCLEIDO-MASTOIDEUS a

Der *M. sternocleidomastoideus* ist ein äußerst wichtiger Muskel für die Kopfhaltung: Bei einseitiger Innervation dreht er den Kopf zur anderen Seite (Rotation) und neigt ihn dabei auch dorthin (Flexion). Bei Kontraktion beider Muskeln wird der Kopf gehoben (Extension). Dieser Muskel ist eine anatomische Schlüsselstruktur, da er vorderes und hinteres Halsdreieck trennt. Unter dem M. sternocleidomastoideus und durch ihn geschützt verlaufen die empfindliche A. carotis, die V. jugularis interna und der N. vagus.

VORDERES HALSDREIECK $*_1$

Das *vordere Halsdreieck* ist nach oben hin durch die Mandibula begrenzt, nach lateral durch den M. sternocleidomastoideus und nach medial durch die Mittellinie des Halses. Eine zusätzliche Unterteilung in mehrere kleine Halsdreiecke ist möglich. Durch die vordere Halsregion verlaufen viele wichtige Nerven und Gefäße.

SUPRAHYOIDALE MUSKULATUR b

M. STYLOHYOIDEUS b_1
M. DIGASTRICUS b_2
M. MYLOHYOIDEUS b_3
M. HYOGLOSSUS b_4

Die *suprahyoidale Muskulatur* fixiert das Zungenbein (Os hyoideum) an den Zungenboden und den Unterkiefer. Die Muskeln haben Einfluß auf die Beweglichkeit der Zunge und des Zungenbeins während des Schluckvorgangs; in Verbindung mit der infrahyoidalen Muskulatur stabilisieren sie das Os hyoideum. Gefäße und Nerven zur Zunge und zur Glandula submandibularis (Unterkieferdrüse) verlaufen in diesem Bereich.

ZUNGENBEIN c

Das *Zungenbein* (Os hyoideum) ist unterhalb der Processus styloidei des Schädels durch die Ligamenta stylohyoidei frei aufgehängt und wird durch die supra- und die infrahyoidale Muskulatur stabilisiert. Es stellt eine bewegliche Ansatzstelle für auf Zunge und Larynx (Kehlkopf) wirkende Muskeln dar.

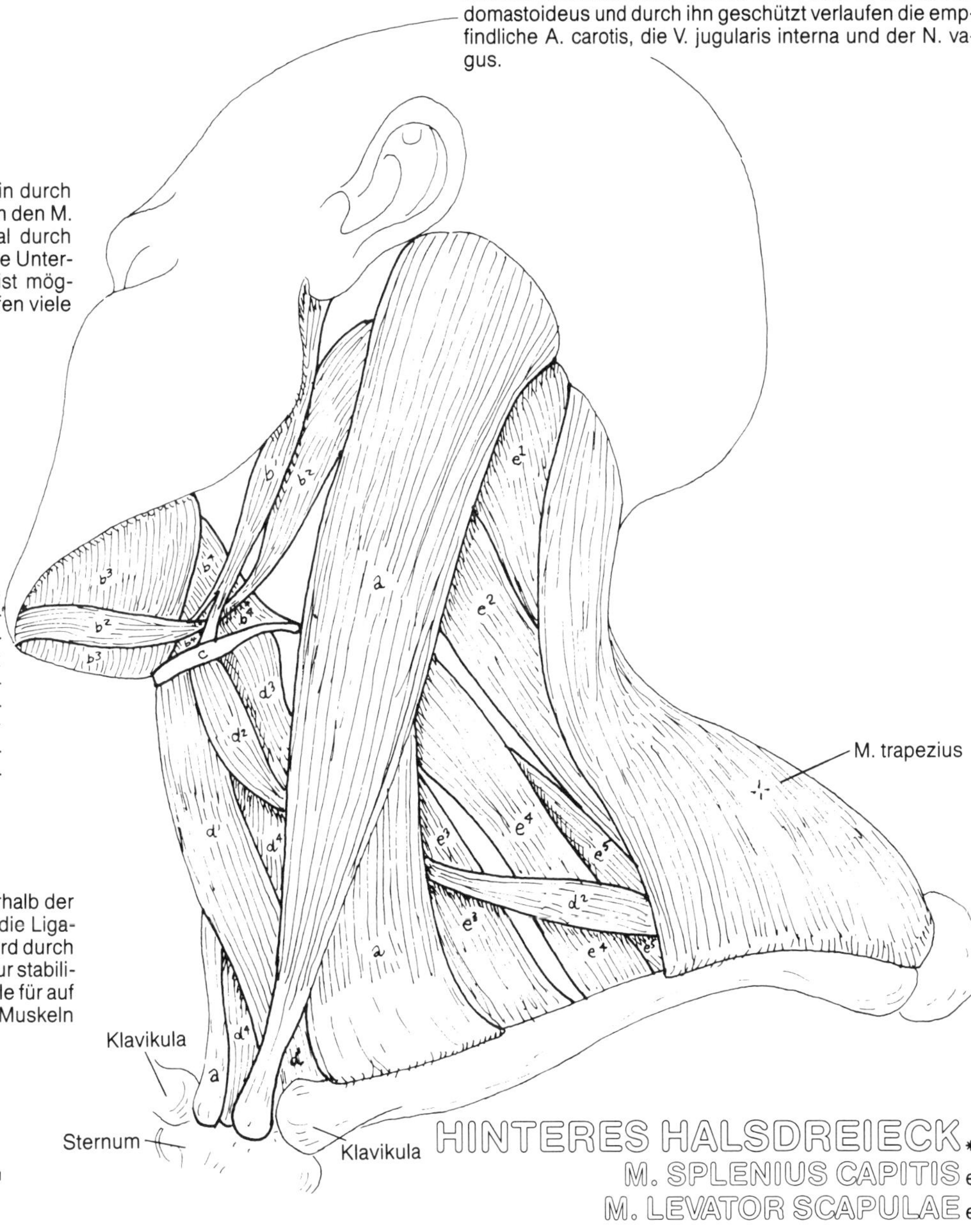

INFRAHYOIDALE MUSKULATUR d

M. STERNOHYOIDEUS d_1
M. OMOHYOIDEUS d_2
M. THYROHYOIDEUS d_3
M. STERNOTHYROIDEUS d_4

Die *infrahyoidalen Muskeln* haben ihren Ursprung am Sternum, am Schildknorpel des Larynx und an der Skapula (M. omohyoideus); ihr Ansatzpunkt ist das Zungenbein. Diese Muskeln wirken der Anhebung des Zungenbeins während des Schluckaktes entgegen und ziehen den Larynx beim Sprechen nach unten. Wichtige Nerven und Gefäße, u.a. auch zur Versorgung der Schilddrüse, laufen durch dieses Gebiet.

HINTERES HALSDREIECK $*_2$

M. SPLENIUS CAPITIS e_1
M. LEVATOR SCAPULAE e_2
MM. SCALENI: ANT. e_3, MED. e_4, POST. e_5

Das *hintere Halsdreieck* wird von wichtigen Gefäßen und Nerven zur oberen Extremität durchzogen. Seine hintere Grenze wird vom M. trapezius gebildet, die vordere vom M. sternocleidomastoideus. Die untere Begrenzung stellt die Klavikula (Schlüsselbein) dar. Die Muskeln dieser Region entspringen an der Unterseite des Schädels und von den Halswirbeln und führen zu den Rippen (Mm. scaleni), zum Schulterblatt (M. omohyoideus, M. levator scapulae) und zu den zervikalen und thorakalen Dornfortsätzen.

MUSKELSYSTEM / RUMPF

TIEFE RÜCKEN- UND HALSMUSKULATUR*

18 Farben
1. Bemalen Sie die verschiedenen unten aufgelisteten Muskeln. Die tiefsten Muskeln sind auf der linken Seite der Wirbelsäule dargestellt.
2. Malen Sie alle kurzen Nackenmuskeln im Bereich der hinteren Schädelbasis und die Pfeile im unteren Funktionsdiagramm aus.
3. Vergessen Sie nicht, auch die Mm. intercostales externi und ihre Bezeichnung am rechten Rand der Bildtafel auszumalen.

Die *tiefe Rückenmuskulatur* hat folgende Aufgaben: Sie stabilisiert die zahlreichen Knochen der Wirbelsäule (kurze Muskeln, die ein bis zwei Wirbelkörper überspannen); sie beeinflußt Haltung und Krümmung der Wirbelsäule, und sie streckt (lange Muskeln), beugt nach lateral (lange und kurze Muskeln bei einseitiger Innervation) und dreht (kurze Muskeln) die ganze Wirbelsäule oder Teile von ihr. Die zwischen den Rippenwinkeln und den Dornfortsätzen der Wirbelsäule entstehende knöcherne »Rinne« wird von der tiefen Rückenmuskulatur größtenteils ausgefüllt. Die nervale Versorgung findet direkt über segmentale Nerven, die Rami dorsales der Spinalnerven, statt, wobei keine weitere Umschaltung in einem Nervenplexus erfolgt. Die beschriebenen Muskeln liegen unter den vom Rücken entspringenden Muskeln der oberen Extremität.

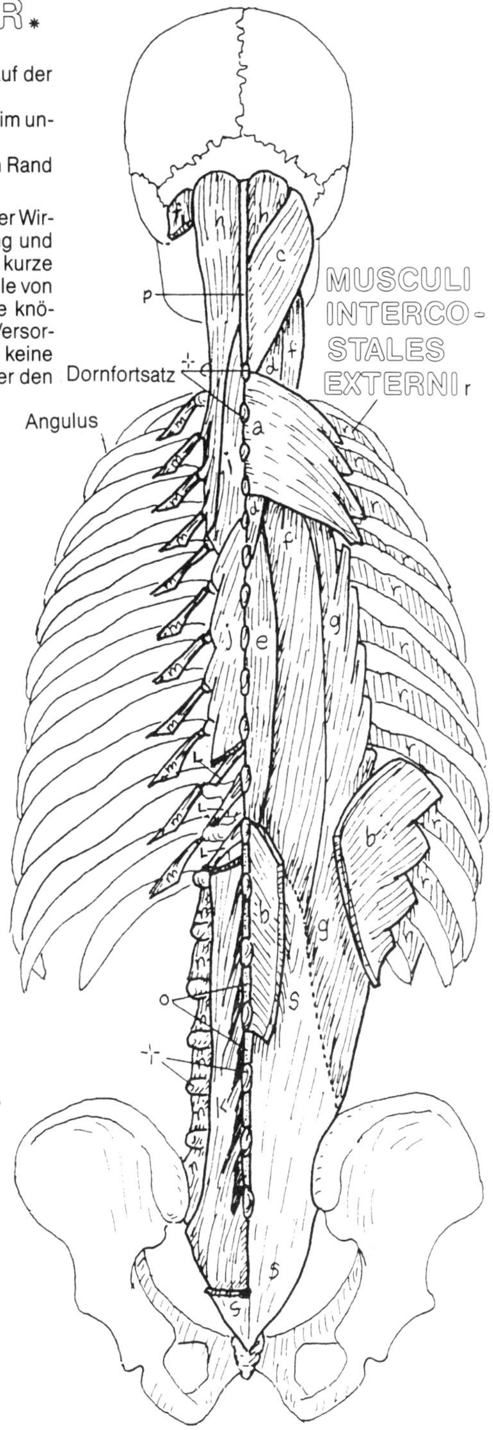

MUSCULI INTERCO-STALES EXTERNI r

M. SERRATUS POSTERIOR:*

SUPERIOR a, INFERIOR b

Die äußerst dünnen Muskeln sind bei Sektionen oft gar nicht vorhanden. Der obere hebt, der untere senkt die Rippen. Obwohl sie an den Rippen ansetzen, ist ihre Wirkung als Atemhilfsmuskulatur vernachlässigbar gering. Dies sind die oberflächlichsten der tiefen Rückenmuskeln.

M. SPLENIUS:*

CAPITIS c, CERVICIS d

Diese beiden Muskeln, vor allem der *M. splenius capitis,* üben eine Haltefunktion auf die tiefer gelegenen Nackenmuskeln aus. Außerdem sind sie zusammen mit den gegenüberliegenden Mm. sternocleidomastoidei wichtig für Bewegungen des Kopfes. Ihre beidseitige Innervation führt zur Kopfhebung, die einseitige Kontraktion zur Drehung zur gleichen Seite.

M. ERECTOR SPINAE: s

M. SPINALIS e, M. LONGISSIMUS f
M. ILIOCOSTALIS g

Sie sind die wichtigsten Muskeln zur Bewegung des Rückens und die häufigste Ursache von muskulären Verspannungen und Schmerzen im Bereich des unteren Rückens. Die dicken, flächenhaften Muskeln der Lumbalregion teilen sich in kräftige Muskelbündel (M. spinalis etc.) auf und ziehen in aufsteigendem Verlauf zu Rippen, oberen Wirbelkörpern, Hals und Schädel. Bei beidseitiger Innervation strecken sie die Wirbelsäule und dienen somit zur Aufrichtung des Körpers, bei einseitiger Kontraktion bewirken sie eine Beugung zur entsprechenden Seite.

TRANSVERSOSPINALE MUSKULATUR:•

M. SEMISPINALIS*:
CAPITIS h, CERVICIS i, THORACIS j
M. MULTIFIDUS k, MM. ROTATORES L
MM. LEVATORES m

Diese Muskeln sind hauptsächlich Rotatoren der Wirbelsäule, da sie im allgemeinen von den Querfortsätzen eines Wirbels zu den Dornfortsätzen der darüberliegenden verlaufen oder drei bis vier Wirbelkörper überspannen. Die *Mm. semispinales* sind die längsten aus dieser Gruppe und wirken bei beidseitiger Innervation auch als Strecker der Wirbelsäule.

MM. INTERTRANSVERSARII n
MM. INTERSPINALES o

Diese sehr kleinen und tief liegenden Muskeln funktionieren als Strecker (Mm. interspinales) und Seitwärtsbeuger der Wirbelsäule.

LIGAMENTUM NUCHAE p

Dieses ist ein in der Sagittalebene segelartig aufgespanntes Band, dessen »Mast« in der Medianlinie vom Os occipitale zu den Dornfortsätzen der Halswirbel verläuft. Es ist sagittal in die Krümmung des Halses nach vorne (Halslordose) eingestellt und dient dem Ansatz der hinteren Halsmuskeln. Das *Lig. nuchae* (Nackenband) spannt sich bei passiver Kopfbeugung.

KURZE NACKENMUSKELN q

Diese kurzen, paarigen Muskeln sitzen in der Tiefe des Nackens und drehen den Atlas (1. Halswirbel, C1) und mit ihm den Schädel auf dem Axis (C2). Bei beidseitiger Innervation neigen sie den Kopf auf dem Atlas nach hinten. Sie werden mehr der passiven Haltemuskulatur zugerechnet als der aktiven Bewegungsmuskulatur.

MUSKELSYSTEM / RUMPF
MUSKULATUR DER VORDEREN BAUCHWAND* UND LEISTENREGION*

8 Farben

1. Malen Sie die einzelnen Schichten der Bauchmuskulatur aus. Die medialen Anteile jedes Muskels in a, c und d sind Aponeurosen (Sehnenplatten), die in die Rektusscheide, die bindegewebige Umhüllung des M. rectus abdominis, einstrahlen und sie verstärken. Die Umhüllung/Aponeurose sollte mit derselben Farbe heller als die fleischigen, Muskelfasern enthaltenden Anteile der jeweiligen Muskeln angemalt werden. In der unteren Zeichnung sind alle 4 Muskeln und die Sehnenplatten, die die Rektusscheide bilden, dargestellt.
2. Die horizontalen Zwischensehnen des M. rectus abdominis sollten ebenfalls heller bemalt werden.
3. Die Linea alba (weiße Mittellinie) bleibt in allen Darstellungen frei.
4. Verwenden Sie für den M. cremaster in der unteren Zeichnung dieselbe Farbe wie für den M. obliquus internus, dessen Ausläufer er ist.
5. Versehen Sie auch die verbleibenden Strukturen der Leistenregion mit Farbe.

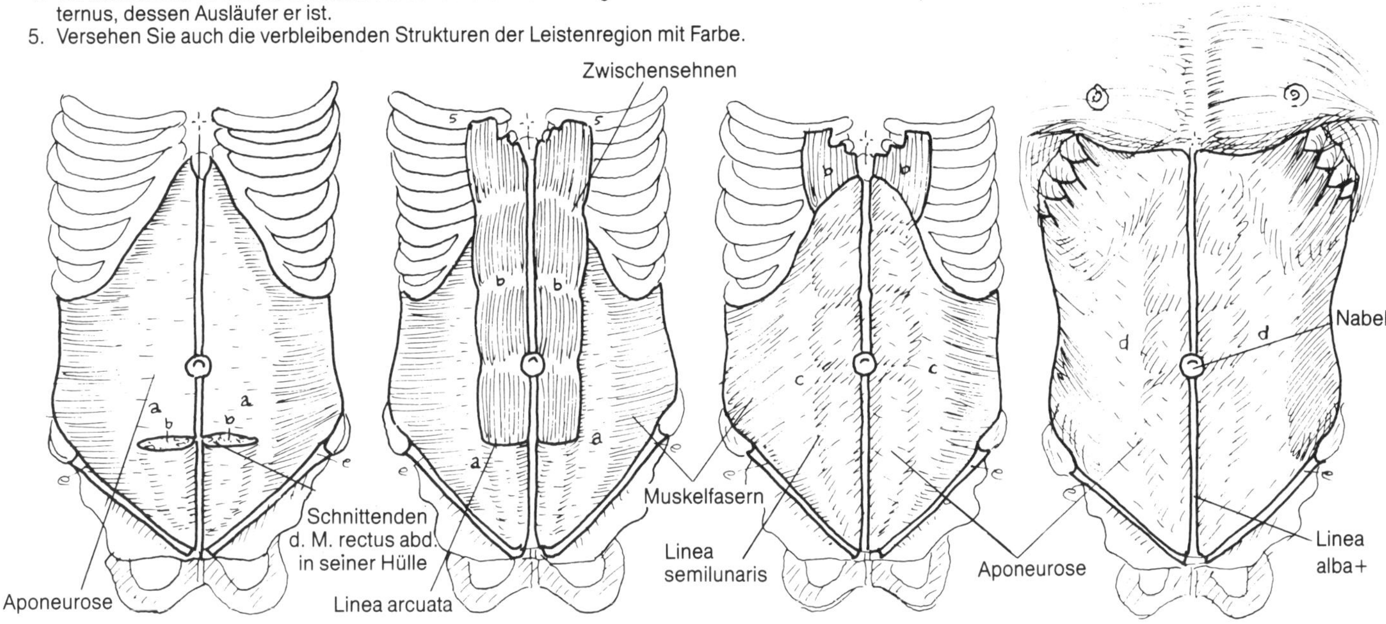

M. TRANSVERSUS ABDOMINIS a

M. RECTUS ABDOMINIS b

M. OBLIQUUS INTERNUS c

M. OBLIQUUS EXTERNUS

In der Regel ähneln die Muskeln der vorderen Bauchwand den Zwischenrippenmuskeln der Thoraxwand in ihrer Anordnung. Die tiefste Muskelschicht bildet der *M. transversus abdominis,* der der innersten, sehr dünnen Interkostalmuskelschicht entspricht. Der M. transversus umschließt die unteren Fasern des M. rectus abdominis, weiter oben verstärkt er nur die hintere Schicht (Lamina post.) der Rektusscheide. Der *R. rectus abdominis* besteht aus mehreren, durch flache Zwischensehnen verbundenen Segmenten und wird von einer bindegewebigen Hülle, der Rektusscheide, umschlossen, die von den Aponeurosen der anderen drei Bauchmuskeln verstärkt wird. Er ist ein wichtiger Flexor der Wirbelsäule (Vorbeugen des Rumpfes). Die Fasern der Mm. obliqui internus und externus sind rechtwinklig zueinander angeordnet und entsprechen jeweils den internen bzw. externen Mm. intercostales. Die wichtigste Funktion all dieser Muskeln besteht darin, die Bauchorgane in der Bauchhöhle zu halten. Sie werden vor allem beim Pressen sowie beim Aufstehen und Aufsitzen angespannt. Außerdem tragen sie zur Rumpfbeugung (bei beidseitiger Kontraktion) und zur Rumpfdrehung (bei einseitiger Kontraktion) bei.

LEISTENREGION*

LIG. INGUINALE e, M. CREMASTER c_1
ANULUS INGUINALIS SUPERFICIALIS f
SAMENSTRANG g
LIGAMENTUM FUNDIFORME DES PENIS h

Als *Leistenregion* bezeichnet man den unteren, mittleren Bereich der Bauchwand. Sie ist vor allem deshalb wichtig, weil der Samenstrang hier aus der Beckenhöhle kommend in schrägem Verlauf durch die Bauchwand zum Skrotum (Hodensack) zieht. Hier befindet sich eine anlagebedingte Schwachstelle der Bauchwand – der Canalis inguinalis (Leistenkanal). Bei erhöhtem intraabdominellen Druck, z. B. beim Pressen oder Heben, können Eingeweideschlingen oder Bauchfett durch den Anulus inguinalis profundus (innerer Leistenring) in den Leistenkanal gedrückt werden und so Beschwerden verursachen. Das ist eine sehr gefährliche Situation, denn eine Darmschlinge kann mit den versorgenden Blutgefäßen eingeklemmt werden und infarzieren. Beim Durchtritt durch die Bauchwand legen sich dem Samenstrang (Ductus deferens, Blutgefäße) mehrere Gewebsschichten an. Diese tragen zur Bildung der Samenstranghüllen bei. Der *M. cremaster,* eine der Hüllen, ist ein Ausläufer des M. obliquus internus und dient – im Kindesalter besonders deutlich zu sehen – zum Anheben (Heranziehen an den Körper) von Samenstrang und Hoden. Die Leistenregion der Frau ist ähnlich aufgebaut, nur zieht an Stelle von Gang und Gefäßen ein bindegewebiges Band (Lig. teres uteri) durch den Leistenkanal.

REKTUSSCHEIDE:*

APONEUROSEN DES*
M. TRANSVERSUS ABDOMINIS a
M. OBLIQUUS INTERNUS c
M. OBLIQUUS EXTERNUS d

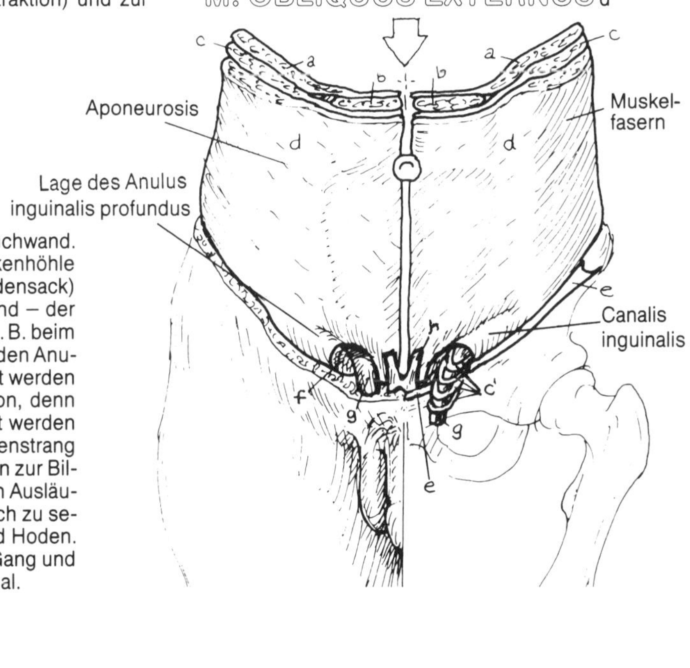

MUSKELSYSTEM / RUMPF

MUSKULATUR DER HINTEREN RUMPFWAND*
ZWERCHFELL UND INTERKOSTALMUSKULATUR*

12 Farben

1. Malen Sie die Muskeln der hinteren Rumpfwand in allen Darstellungen aus.
2. Versehen Sie die Interkostalmuskeln und das Zwerchfell mit Farbe. Um den Zwerchfellmuskel von der Sehne abzugrenzen, malen Sie das Gebiet der zentralen Sehne (h_1) heller an.
3. Auch die anderen mit Buchstaben versehenen Strukturen (i-L) werden ausgemalt, wobei für k und k_1 rot und für i und i_1 blau verwendet werden sollte.

M. ILIOPSOAS: d
M. PSOAS MAJOR a
M. PSOAS MINOR b
M. ILIACUS c
M. QUADRATUS LUMBORUM e
MM. INTERCOSTALES INTERNI f
MM. INTERCOSTALES EXTERNI g
ZWERCHFELL h
CENTRUM TENDINEUM h_1

Die *Mm. intercostales* verlaufen zwischen den Rippen und sind wichtige Muskeln für die Atmung. Sie beeinflussen die Ausdehnung (das Volumen) des Thoraxraumes und bewirken auch Druckänderungen. Der vordere Anteil der *Mm. intercostales externi* (g) ist membranös und transparent, so daß die darunterliegende Schicht der *Mm. intercostales interni* (f) durchscheint. Das *Zwerchfell* (Diaphragma) ist eine große Muskelplatte, die die untere Thoraxapertur verschließt. Es kontrahiert sich während der Inspiration und entspannt sich während der Exspirationsphase und ist somit der wichtigste Atemmuskel (vgl. Tafel 97, Atemtechnik). Das Zwerchfell nimmt seinen Ursprung vom Processus xiphoideus des Sternums, von den unteren 6 Rippen und von den Lendenwirbeln. Die einzelnen Anteile setzen von allen Seiten kommend an der gemeinsamen, zentral gelegenen Sehnenplatte, dem *Centrum tendineum,* an. Die Hauptschlagader vom Herzen zur unteren Körperhälfte *(Aorta)*, die größte Vene aus der unteren Körperhälfte zum Herzen *(Vena cava inf.)* und der *Ösophagus* (Speiseröhre) passieren das Zwerchfell durch die zugehörigen Durchtrittsstellen (Hiatus).

FORAMEN VENAE CAVAE i_2, VENA CAVA INF. i_1
HIATUS OESOPHAGEUS j_2, OESOPHAGUS j_1
HIATUS AORTICUS k_2, AORTA k_1
12. RIPPE L

Ansicht von vorn

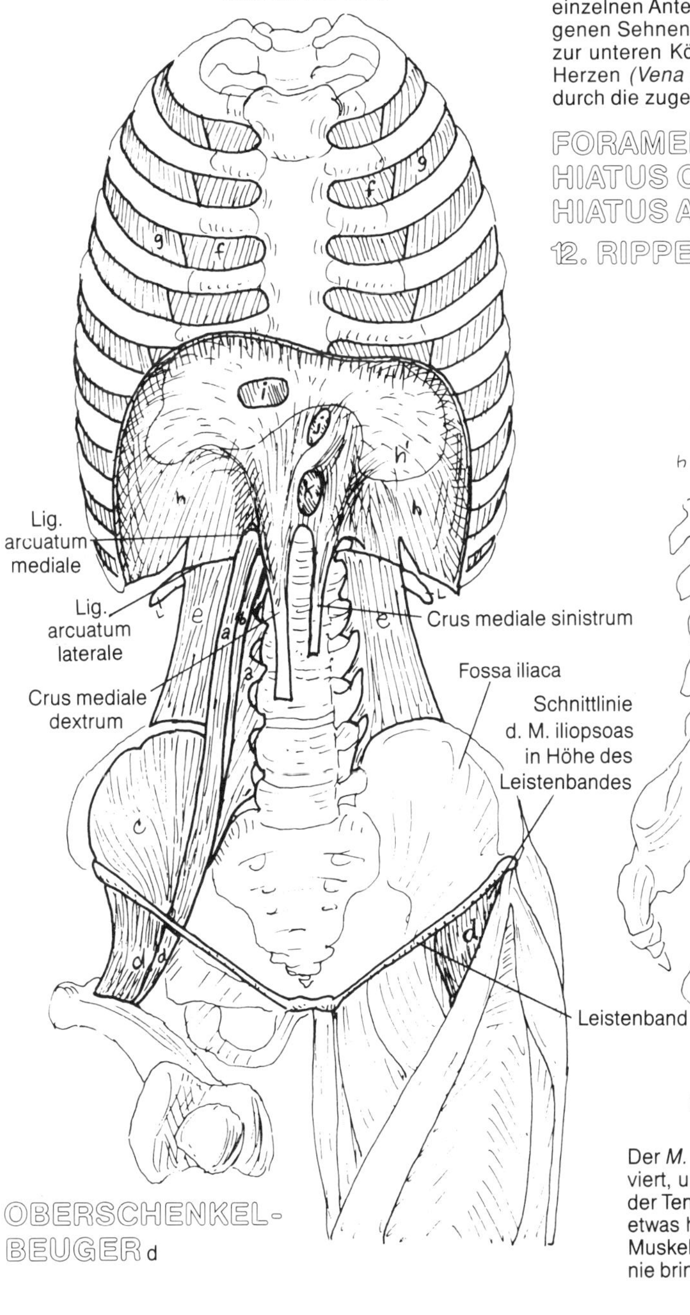

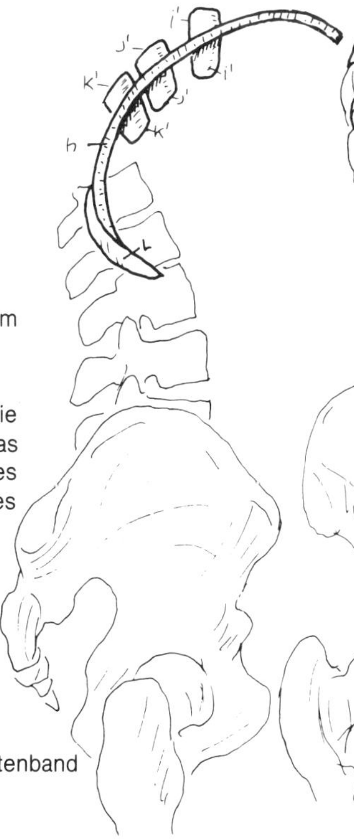

Seitansicht

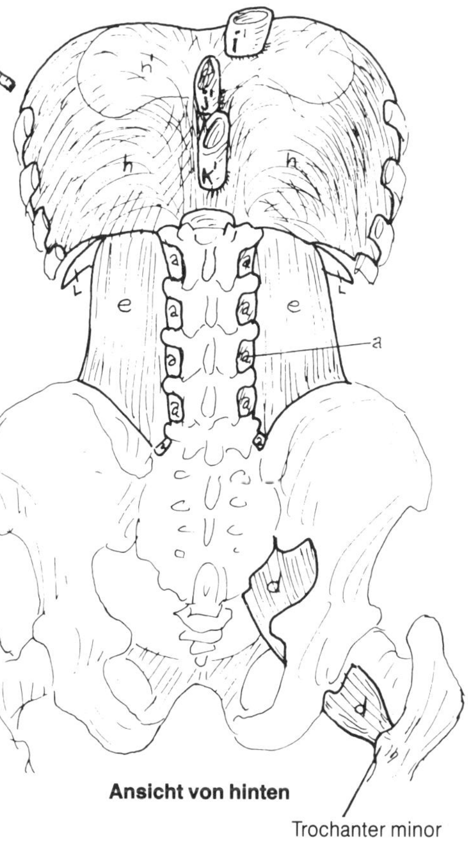

Ansicht von hinten

OBERSCHENKEL-BEUGER d

Der *M. iliopsoas* ist ein wichtiger Beuger im Hüftgelenk. Er wird auch im Sitzen aktiviert, um den Rumpf im Gleichgewicht zu halten. Im Stehen wirkt der M. iliopsoas der Tendenz des Rumpfes entgegen, (entsprechend der Traglinie des Körpers, die etwas hinter den Hüftgelenken verläuft) nach hinten zu kippen. Er ist ein wichtiger Muskel für die Körperhaltung, da er die untere Extremität mit dem Stamm in eine Linie bringt.

MUSKELSYSTEM/RUMPF
MUSKULATUR DES BECKENS*

DIAPHRAGMA PELVIS:*
M. LEVATOR ANI: ⁑
- M. LEVATOR PROSTATAE/VAGINAE A
- M. PUBORECTALIS B
- M. PUBOCOCCYGEUS C
- M. ILIOCOCCYGEUS D

M. COCCYGEUS E

BECKENWAND:*²
- M. OBTURATORIUS INTERNUS F
- M. PIRIFORMIS G
- LIG. SACROTUBERALE H*
- LIG. SACROSPINALE I*
- ARCUS TENDINEUS J

Verwenden Sie eine leuchtende Farbe für A und J sowie Grau für H und I.

1. Beginnen Sie mit der Darstellung des Diaphragma pelvis direkt unterhalb der großen Abbildung. Wenden Sie sich dann der großen Abbildung zu und malen Sie dort die entsprechenden Muskeln aus. Fahren Sie fort mit den übrigen Abbildungen, in denen diese Muskeln zu sehen sind.
2. Malen Sie die Muskeln und Bänder in der Darstellung der Beckenwand aus. Danach bemalen Sie diese Strukturen in der großen Abbildung und anschließend in den übrigen Abbildungen.

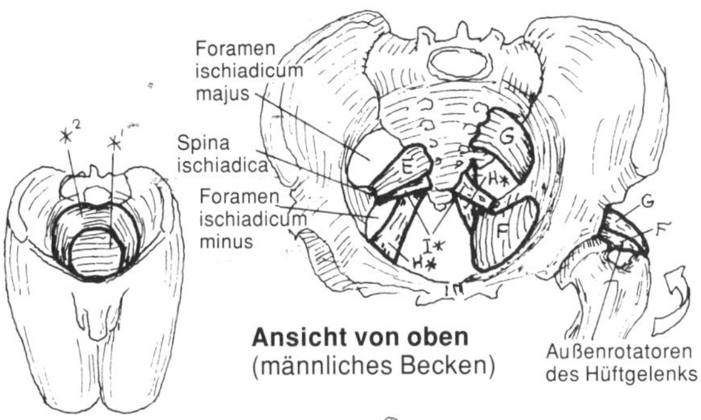

Ansicht von oben
(männliches Becken)

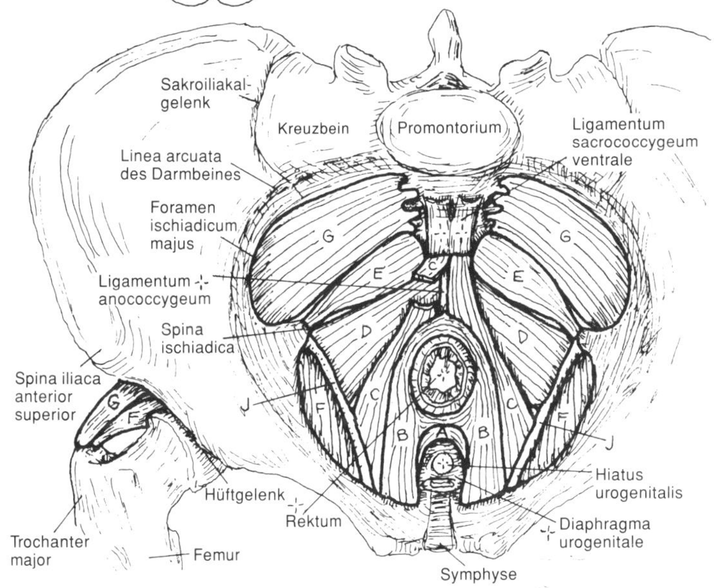

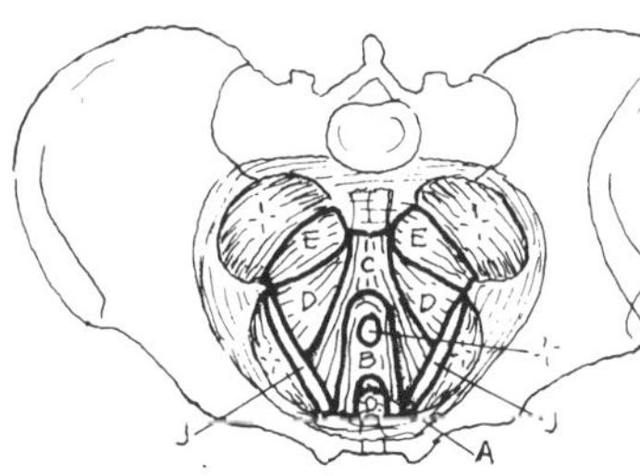

Diaphragma pelvis

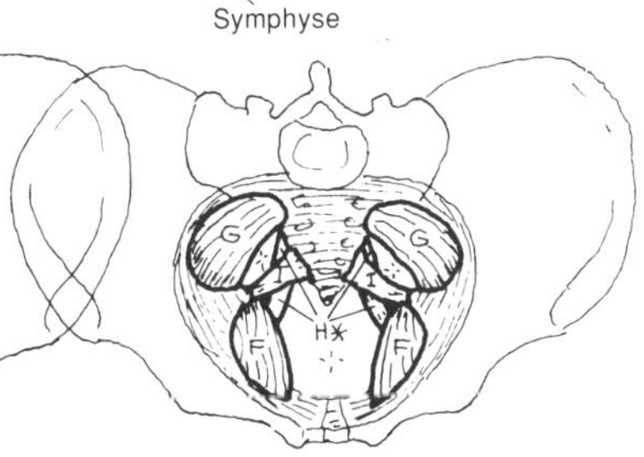

Beckenwand

Die Muskulatur des Beckens bildet den Beckenboden – bestehend aus *Diaphragma pelvis (M. levator ani und M. coccygeus)* und Diaphragma urogenitale (s. Tafel 44) – und die Beckenwand *(M. obturatorius internus und M. piriformis)*. Die von einer Faszie bedeckten Muskeln des Beckenbodens bilden eine Scheidewand, welche die Beckeneingeweide von den darunterliegenden perinealen Strukturen trennt. Zur Beckenwand gehören auch das *Lig. sacrotuberale* und das *Lig. sacrospinale*.

Der M. levator ani hat auf beiden Seiten seinen Ursprung am Schambein, an der Spina ischiadica und dem dazwischen verlaufenden *Arcus tendineus*, er verläuft zur Mittellinie hin nach unten zum gemeinsamen Ansatz der Levatoren beider Seiten am Ligamentum anococcygeum und am Steißbein. Dieser Muskel hat im wesentlichen vier Teile (A, B, C und D). Der M. coccygeus ist der hintere Muskel des Beckenbodens, er liegt in der gleichen Ebene wie der M. iliococcygeus, unmittelbar hinter diesem. Das Diaphragma pelvis wirkt dem abdominalen Druck entgegen und ist funktionell am Wasserlassen, am Stuhlgang (Defäkation) und am Geburtsvorgang beteiligt. Es dient als wichtiger Stützmechanismus für den Uterus und verhindert dessen Prolaps.

Der M. obturatorius internus, ein Außenrotator am Hüftgelenk, entspringt zum Teil den Rändern des Foramen obturatum des Beckens. Er zieht abwärts über das Foramen obturatum posterolateral hinweg zum Foramen ischiadicum minus, durch dieses hindurch und inseriert an der medialen Oberfläche des Trochanter major vom Femur. Seine umhüllende Faszie bildet den Arcus tendineus, an dem der M. levator ani teilweise seinen Ursprung hat. Der M. piriformis, auch ein Außenrotator am Hüftgelenk, hat einen ähnlichen Verlauf wie der M. obturatorius internus, er entspringt an der Innenseite des Kreuzbeins und inseriert an der Innenseite der Spitze des Trochanter major vom Femur.

Ansicht von vorne
(Frontalschnitt)

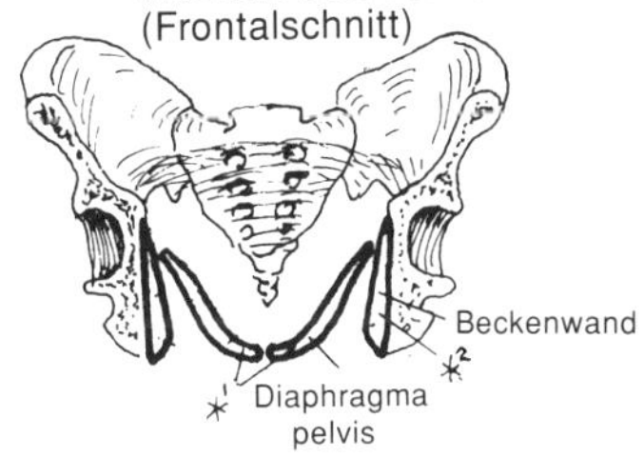

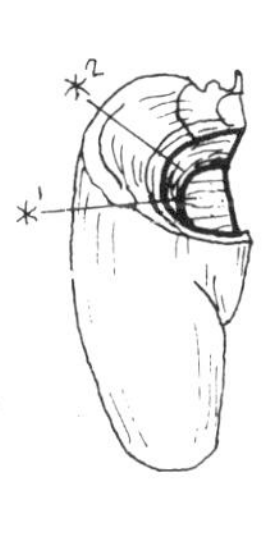

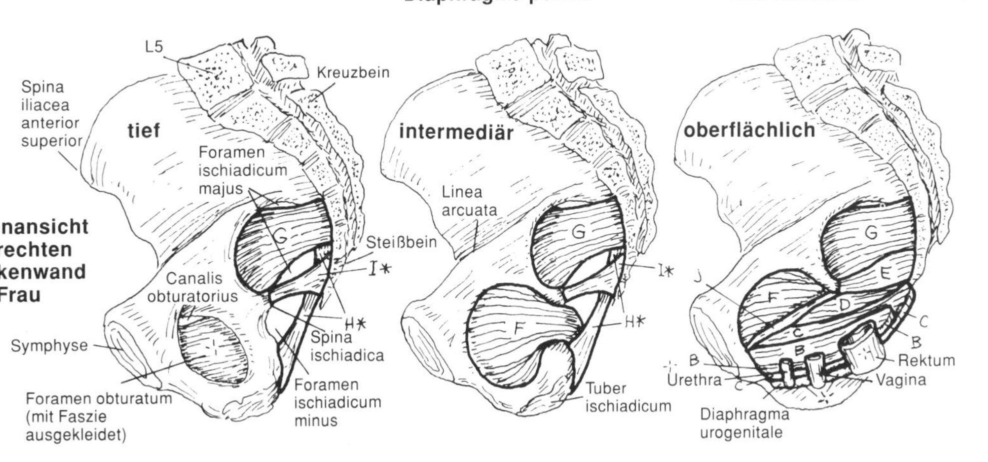

Innenansicht der rechten Beckenwand der Frau

MUSKELSYSTEM/RUMPF
MUSKULATUR DES PERINEUMS *

1. Malen Sie den Titel »Perineum« (*[1]) und die beiden dazugehörigen rhombenförmigen Bereiche im oberen Teil dieser Tafel grau aus. Bemalen Sie die Strukturen, welche die Begrenzungen des Perineums darstellen.
2. Malen Sie die Bezeichnungen »Urogenitaldreieck« und »Analdreieck« und die dazugehörigen Dreiecke grau an.
3. Bearbeiten Sie die beiden unteren Abbildungen zusammen.

PERINEUM: *[1] (GRENZEN) +

SYMPHYSE A
STEISSBEIN B
TUBER ISCHIADICUM C
LIGAMENTUM SACROTUBERALE D
RAMUS ISCHIOPUBICUS E

Die dreidimensionale Dammregion *(Perineum)* ist der Bereich unterhalb der Beckenhöhle am Beckenausgang. Das Perineum wird von den Strukturen a bis e begrenzt. Seine untere Begrenzung bilden Haut und Faszie, seine obere das Diaphragma pelvis. Das rhombenförmige Perineum wird zwischen den Tubera ischiadica in ein Urogenital- und ein Analdreieck geteilt.

UROGENITALDREIECK: *[2]

M. ISCHIOCAVERNOSUS F
M. BULBOSPONGIOSUS G
M. TRANSVERSUS PERINEI SUPERFICIALIS H
DIAPHRAGMA UROGENITALE I

Das *Urogenitaldreieck* enthält beim Mann den Penis, das Skrotum und assoziierte Strukturen, bei der Frau die Klitoris, die Mündungen von Urethra und Vagina sowie assoziierte Strukturen. Es schließt folgende Strukturen ein: (1) die vordere Ausbuchtung der Fossa ischiorectalis, (2) das *Diaphragma urogenitale*, bestehend aus dem M. transversus perinei profundus und dem M. sphincter urethrae, (3) das Spatium perinei superficiale, das den M. ischiocavernosus und den M. bulbospongiosus enthält. Diese Muskeln umscheiden die Wurzeln der Schwellkörper des Penis oder der Klitoris und unterstützen diese bei der Erektion. Der M. bulbospongiosus kontrahiert sich auch während der Ejakulation (Samenerguß) rhythmisch. Die *Mm. transversi perinei superficiales* stabilisieren das Centrum tendineum perinei, einen muskulös-bindegewebigen Knotenpunkt, an dem verschiedene perineale Strukturen verankert sind.

ANALDREIECK: *[3]

M. LEVATOR ANI J
M. SPHINCTER ANI EXTERNUS K
LIGAMENTUM ANOCOCCYGEUM L

Das *Analdreieck* enthält die mit Fettgewebe gefüllten Fossae ischiorectales, den Anus und den *M. sphincter ani externus*. Die unteren Fasern des *Ligamentum anococcygeum* sind mit dem M. sphincter ani verbunden.

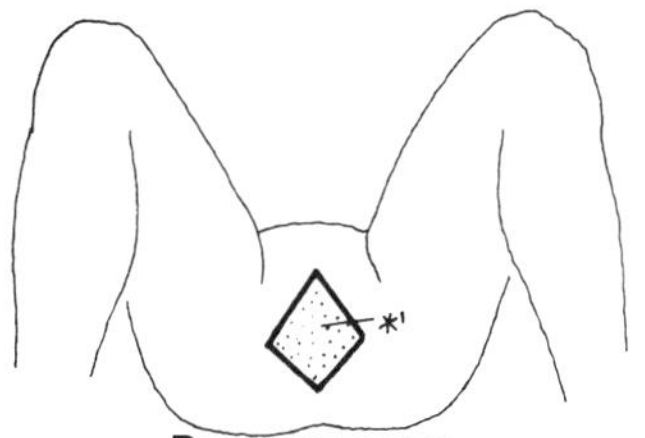

Begrenzungen des Perineums
(von unten)

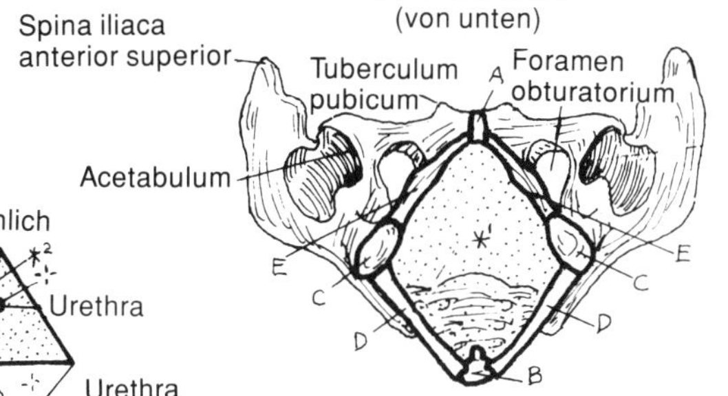

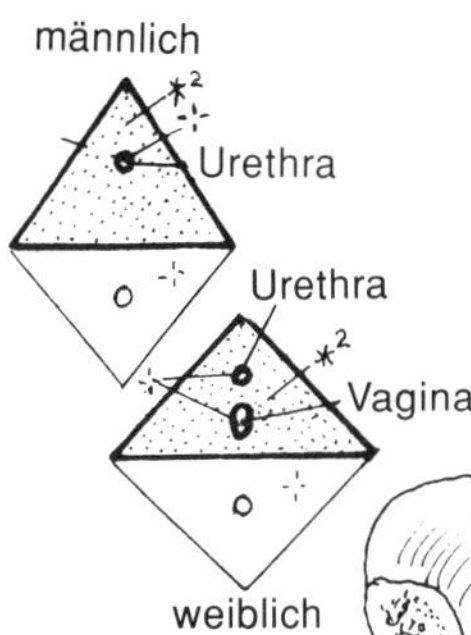

Urogenitaldreieck
(Frontalschnitt)

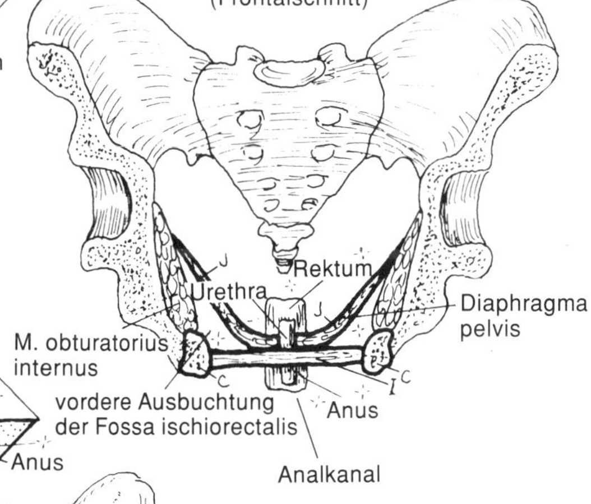

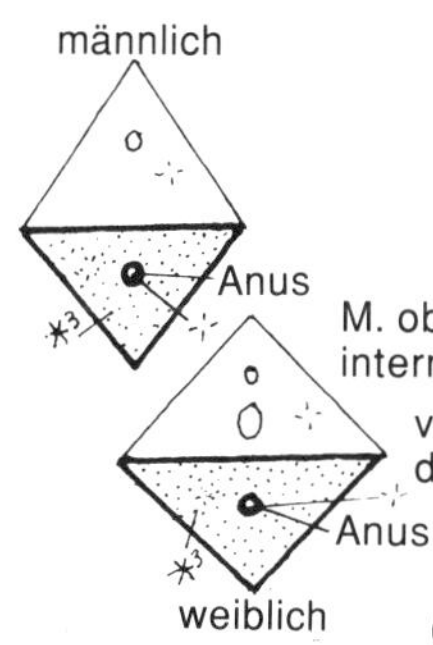

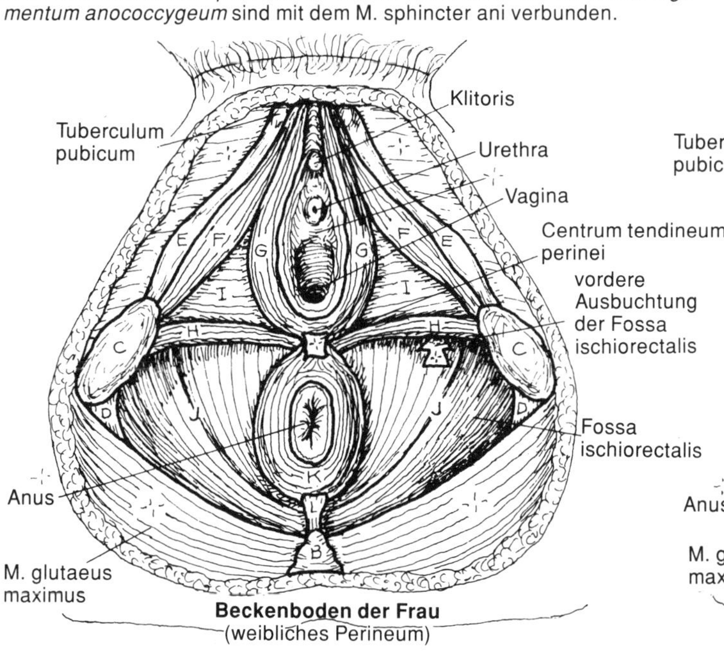

Beckenboden der Frau
(weibliches Perineum)

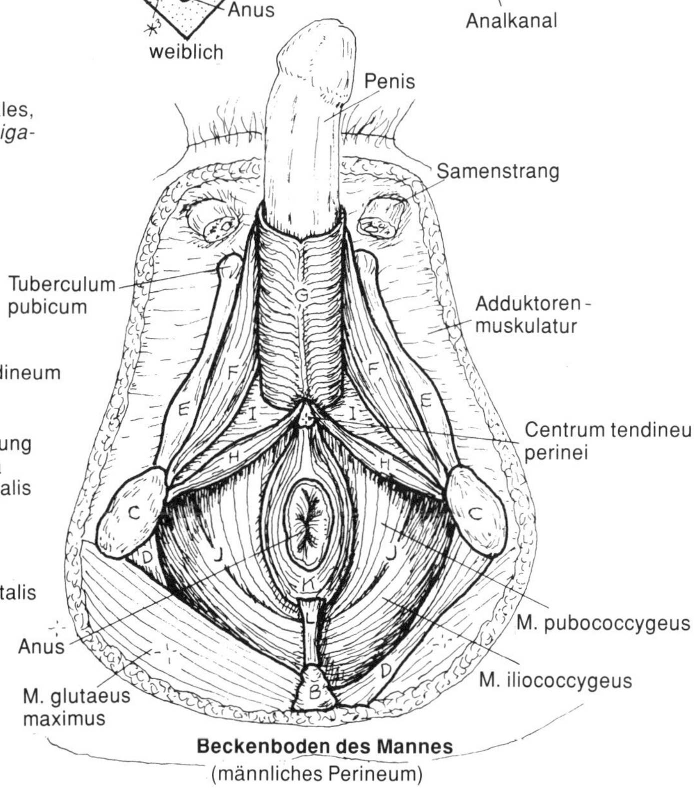

Beckenboden des Mannes
(männliches Perineum)

MUSKELSYSTEM / OBERE EXTREMITÄT
HALTEMUSKULATUR DES SCHULTERBLATTS*

M. TRAPEZIUS a,
MM. RHOMBOIDEI b,
M. LEVATOR SCAPULAE c
M. SERRATUS ANT. d,
M. PECTORALIS MINOR e

5 Farben

1. Diese Bildtafel und die nächsten beiden sollten gemeinsam betrachtet und mit verschiedenen Farben für jeden Muskel ausgemalt werden.
2. Bemalen Sie die 5 Muskeln inkl. der unterbrochenen Enden des M. serratus ant. Es soll verdeutlicht werden, daß er seinen Ursprung am hinteren Ende der Skapula auf der unteren oder der rippennahen Seite nimmt.
3. Malen Sie die Muskeln in den unteren Abbildungen aus. Die Skapulae und Klavikulae in allen Darstellungen mitsamt den Pfeilen und zugehörigen Bezeichnungen in den unteren Abbildungen werden grau ausgemalt.

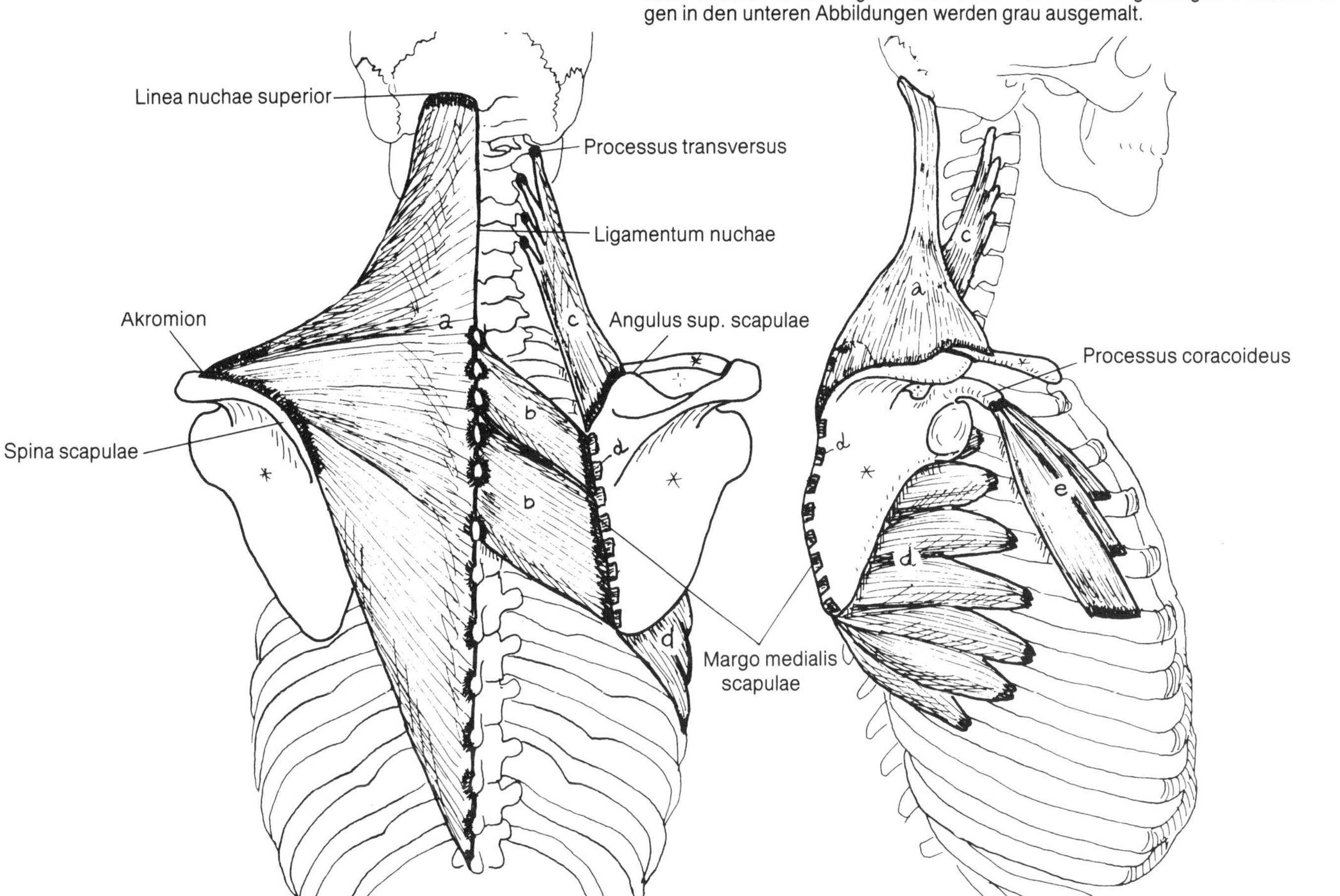

Ansicht von hinten **Seitansicht**

Die Muskeln, die Sie auf dieser Tafel ausmalen, halten die Skapula (Schulterblatt) und Klavikula (Schlüsselbein) in ihrer Position. Die einzige knöcherne Verbindung zum Achsenskelett kommt über das Sternoklavikulargelenk zustande, so daß diese Knochen zusätzlich muskulär fixiert werden müssen. Ein Vorteil dieser *muskulären Stabilisation* des Schultergürtels ist die Beweglichkeit der Skapula und dementsprechend der gesamten oberen Extremität. Einzelne Muskelgruppen können sich unabhängig vom Gesamtmuskel kontrahieren oder entspannen. So sind die mittleren Teile des M. trapezius – wie unten zu sehen – wirkungsvolle Retraktionsmuskeln, während die oberen Anteile die Skapula anheben und drehen helfen bzw. die unteren Muskelbündel das Schulterblatt nach unten ziehen. Der *M. pectoralis minor* stabilisiert die Skapula zusammen mit dem *M. serratus ant.*, wenn man z.B. gegen eine Wand drückt; ebenso hilft er beim Herabziehen der Schulter und bei der Rotation der Skapula nach innen.

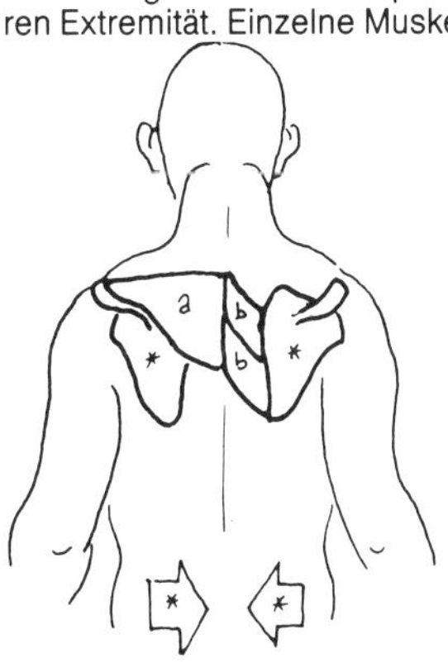

RETRAKTION*
z. B. bei militärischer Haltung (Schultern zurück).

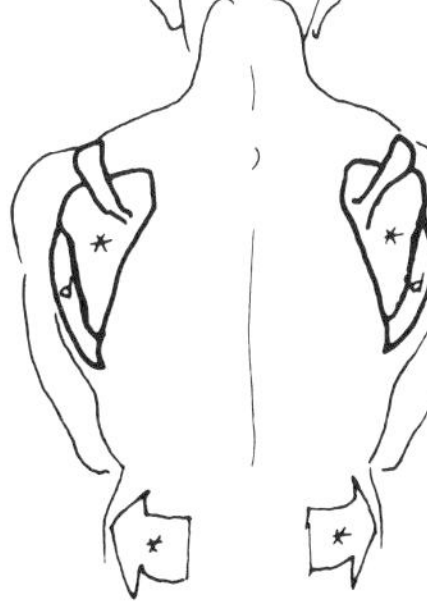

PROTRAKTION*
z. B. Schieben mit ausgestreckten Armen und Händen (Schultern nach vorne).

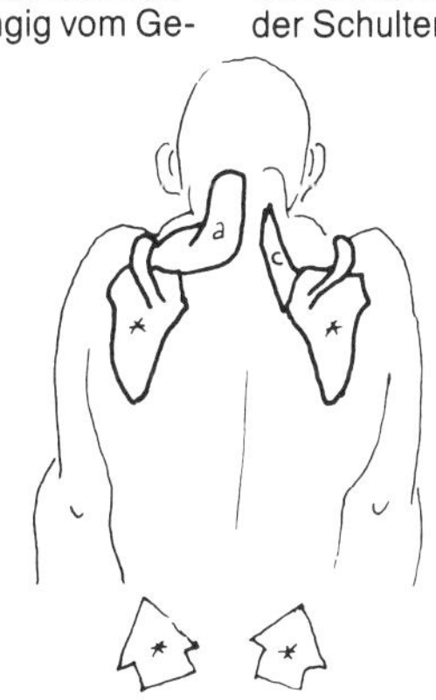

ELEVATION*
z. B. die Achseln zucken oder den Kopf einziehen (Schultern nach oben).

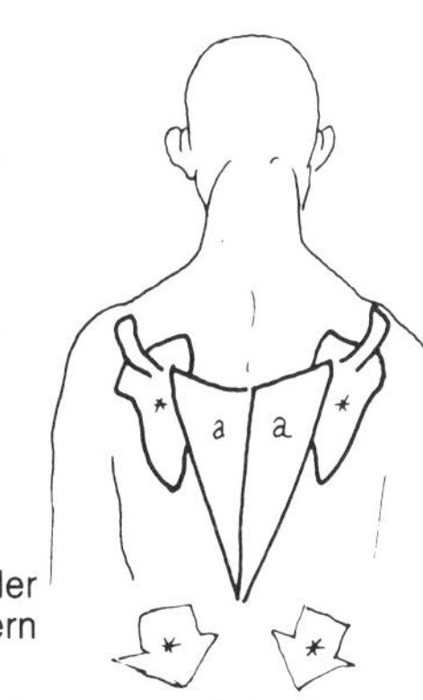

DEPRESSION*
z. B. gestreckte, parallel anliegende Arme beim Tragen (Schultern nach unten).

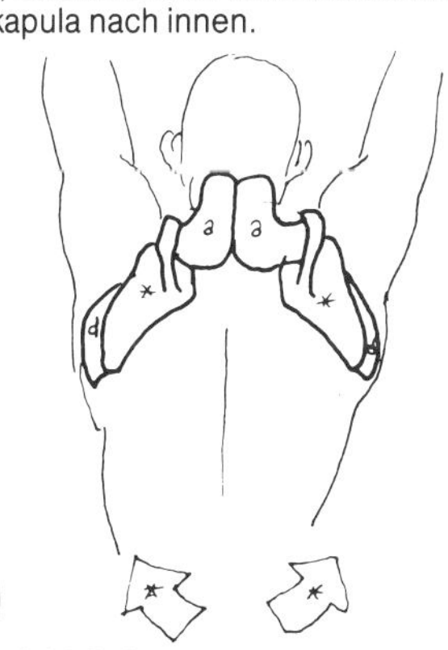

AUSSENROTATION*
z. B. beim Anheben der Arme über den Kopf (Schulterblätter nach außen und oben).

MUSKELSYSTEM / OBERE EXTREMITÄT MUSKELSEHNENMANSCHETTE DES SCHULTERGELENKS*

M. SUPRASPINATUS f
M. INFRASPINATUS g, M. TERES MINOR h
M. SUBSCAPULARIS i

4 Farben

1. Bitte malen Sie die 4 Muskeln, die Funktionsangaben und die dazugehörigen Pfeile aus. Um die Kontinuität mit den Bildtafeln 45 und 47 herzustellen, benutzen Sie am besten andere Farben als bei den dort dargestellten Muskeln.
2. Benutzen Sie für das unten rechts dargestellte Diagramm der Muskelsehnenmanschette dieselben Farben. Die Überschrift wird grau ausgemalt.
3. Malen Sie die Muskelansatzstellen und ihre Bezeichnungen möglichst in den Farben aus, die den jeweiligen Muskeln auf Tafel 45 und 47 entsprechen. Schauen Sie sich in Verbindung mit diesen anderen Tafeln die Muskeln und ihre Ansatzstellen genau an und versuchen Sie, sich ihre Funktion zu verdeutlichen. Die mit (p) und (q) bezeichneten Muskeln erscheinen auf Tafel 48; der mit (o) bezeichnete Muskel auf Tafel 39.

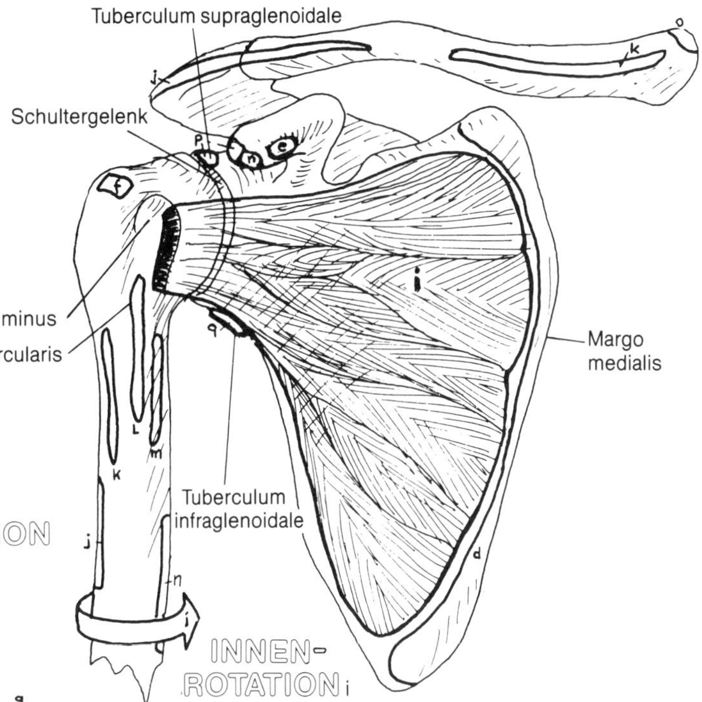

Ansicht von vorn

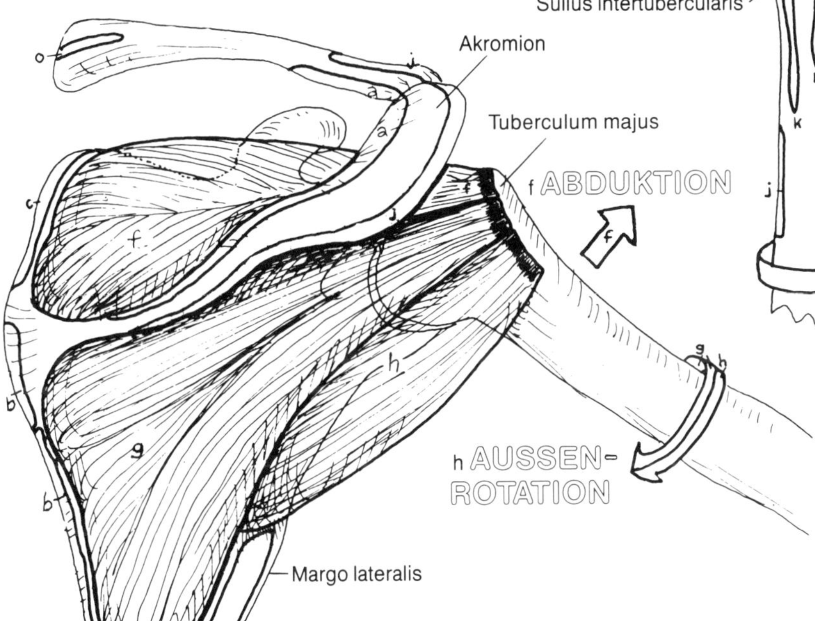

Ansicht von hinten

MUSKEL-SEHNEN-MANSCHETTE*

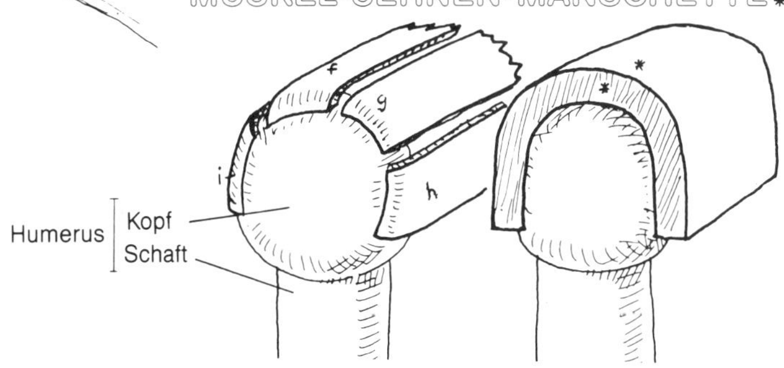

MUSKELANSATZSTELLEN:*

M. TRAPEZIUS a
MM. RHOMBOIDEI b
M. LEVATOR SCAPULAE c
M. SERRATUS ANT. d
M. PECTORALIS MINOR e
M. DELTOIDEUS j
M. PECTORALIS MAJOR k
M. LATISSIMUS DORSI L
M. TERES MAJOR m
M. CORACOBRACHIALIS n
M. STERNOCLEIDOMASTOIDEUS o
M. BICEPS BRACHII p
M. TRICEPS BRACHII q

Die Gelenkpfanne des Schultergelenkes (Articulatio glenohumeralis) ist zu flach, um dem Humeruskopf einen sicheren Halt zu bieten. Deshalb wird einerseits der Gelenkzusammenhalt durch Muskelzüge aktiv unterstützt, während andererseits gleichzeitig auch die große Bewegungsfreiheit erhalten bleibt. Die 4 Muskeln, die dies gewährleisten, haben ihren Ursprung am Schulterblatt und ziehen auf Gelenkhöhe über das Gelenk, um am Humerus im Bereich des Humeruskopfes anzusetzen. Das Schulterblatt ist durch 5 stabilisierende Muskeln gesichert und bietet somit eine feste Ursprungsfläche für diese 4 Muskeln. Wie Sie auf den Abbildungen sehen können, bilden die Muskeln und ihre Ansatzsehnen eine *Muskelsehnenmanschette* um den Humeruskopf. Zwei von ihnen (g, h) sind Außenrotatoren, einer (i) ist ein Innenrotator. Deshalb ist der Ausdruck Rotatorenmanschette eine gebräuchliche Bezeichnung für diese Muskelgruppe. (f) ist ein Abduktor im Schultergelenk. Da das Gelenk somit gegen Luxation gesichert ist, können die vielen bewegenden Kräfte am Arm für nahezu unbegrenzte Bewegungsmöglichkeiten sorgen. Die Ursprünge und Ansätze all dieser am Schultergelenk wirksamen Muskeln können Sie sich in Bezug auf die Rotatorenmanschette auf dieser Seite vor Augen führen. Die Zeichnung unten rechts ist eine schematische Darstellung, die die Funktion der 4 Sehnen als Manschette veranschaulicht (grau auszumalen*).

MUSKELSYSTEM / OBERE EXTREMITÄT MUSKULATUR MIT WIRKUNG AUF DAS SCHULTERGELENK*

M. DELTOIDEUS j, M. PECTORALIS MAJOR k M. LATISSIMUS DORSI L, M. TERES MAJOR m M. CORACOBRACHIALIS n

5 Farben

1. Malen Sie die 5 Muskeln und die Funktionsdiagramme dazu unten aus.
2. Die Skizze für die Außenrotation zeigt auch den M. infraspinatus (g) und den M. teres minor (h). Benutzen Sie dieselben Farben wie auf der vorhergehenden Seite.
3. Die Faszie/Aponeurose des M. latissimus dorsi (L_1) sollte etwas heller bemalt werden, um die sehnige Beschaffenheit zu verdeutlichen.

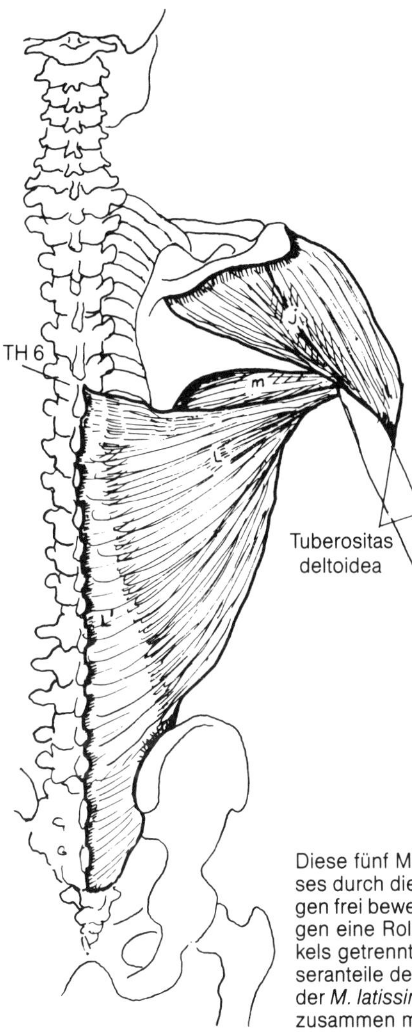

Ansicht von hinten

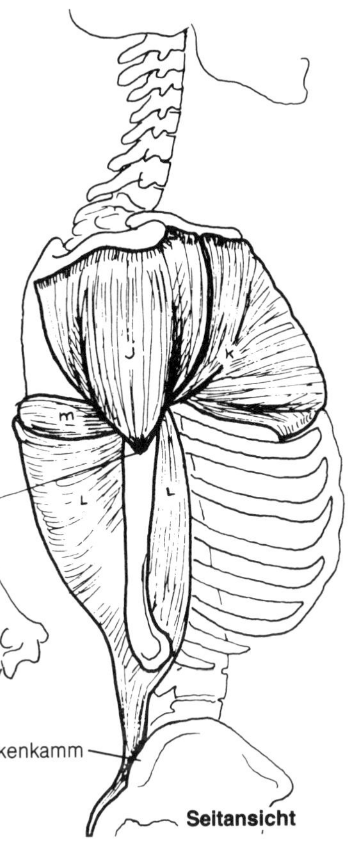

Seitansicht

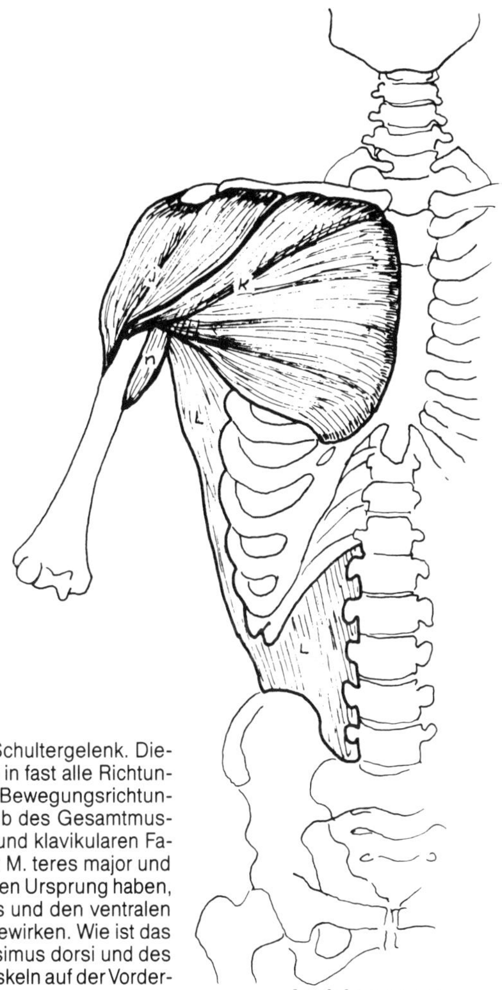

Ansicht von vorn

Diese fünf Muskeln sind die wichtigsten für Bewegungen im Schultergelenk. Dieses durch die Rotatorenmanschette verstärkte Kugelgelenk ist in fast alle Richtungen frei beweglich. Der *M. deltoideus* spielt bei verschiedenen Bewegungsrichtungen eine Rolle; hier können einzelne Muskelgruppen innerhalb des Gesamtmuskels getrennt aktiviert werden. Dasselbe gilt für die sternalen und klavikularen Faseranteile des *M. pectoralis major.* Bemerkenswert ist, daß der M. teres major und der *M. latissimus dorsi,* die ja an der Dorsalseite des Körpers ihren Ursprung haben, zusammen mit dem M. pectoralis major, dem M. subscapularis und den ventralen Fasern des M. deltoideus eine Innenrotation des Oberarmes bewirken. Wie ist das möglich? Überprüfen Sie die Muskelansatzstellen des M. latissimus dorsi und des M. teres major auf der vorigen Seite – Sie sehen, daß diese Muskeln auf der Vorderseite des Oberarmes ansetzen. Sie kreuzen genau unter der Achsel von der Rückseite auf die Vorderseite des Humerus, und zwar zwischen Oberarm und seitlicher Brustwand. Dies macht sie zu Innenrotatoren und nicht, wie man zunächst meint, zu Außenrotatoren. Auf den Skizzen unten sind der M. biceps brachii (schwacher Beuger im Schultergelenk) und der M. triceps brachii (schwacher Strecker im Schultergelenk) nicht dargestellt.

ADDUKTION* ABDUKTION* EXTENSION* FLEXION* INNENROTATION* AUSSENROTATION*

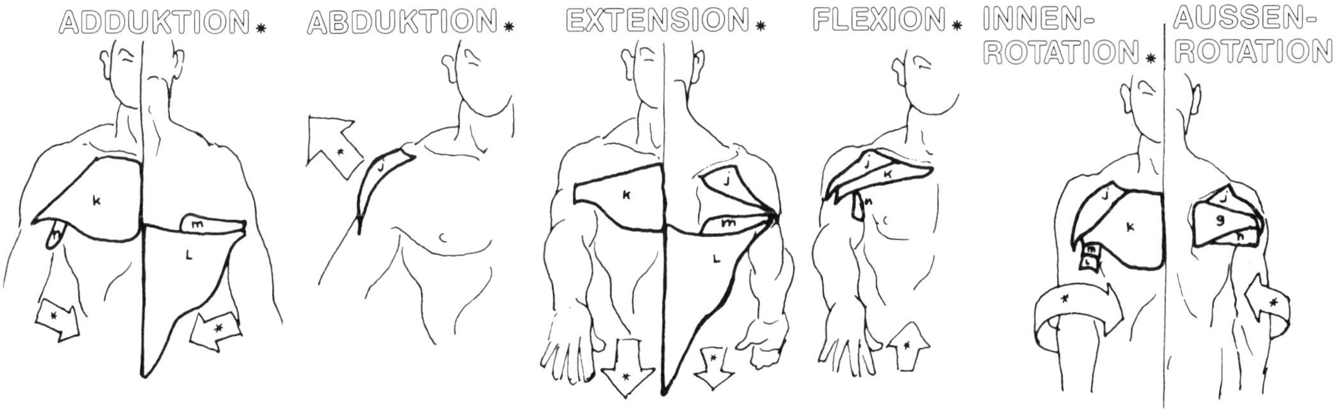

MUSKELSYSTEM / OBERE EXTREMITÄT
MUSKULATUR MIT WIRKUNG AUF DEN UNTERARM*

8 Farben
1. Malen Sie zuerst die 4 Beuger aus, dann ihre Ansatzstellen in der zugehörigen Skizze links.
2. Verfahren sie ebenso mit den Streckern, wobei die Sehne des M. triceps (e_1) heller werden sollte.
3. Malen Sie die 2 Supinatoren (Auswärtsdreher), die 2 Pronatoren (Einwärtsdreher) und die Richtungspfeile aus. Die Ansätze des M. supinator finden Sie auf der zu den Flexoren gehörigen Skizze.

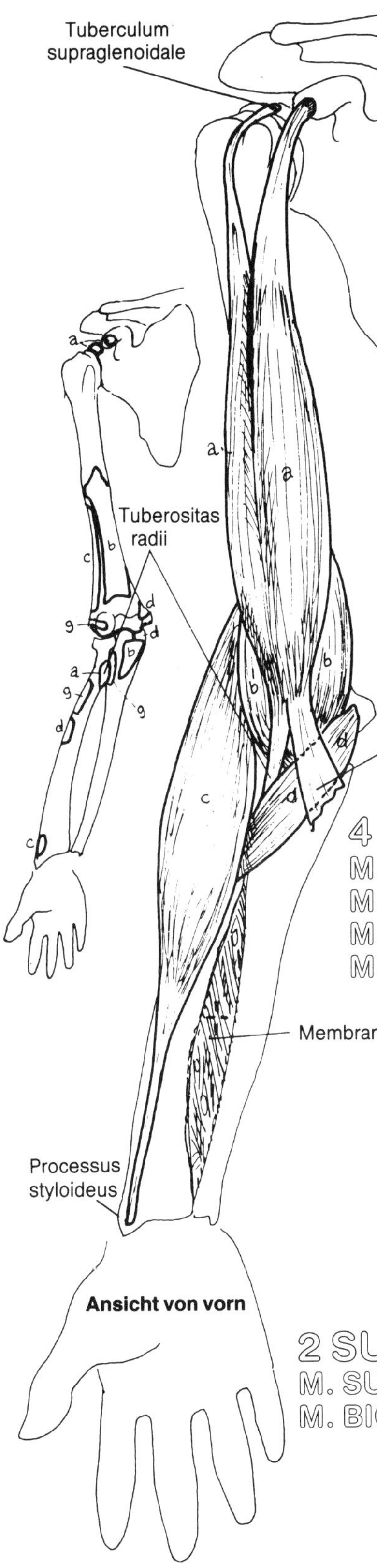

Die wichtigsten *Beuger* im Ellbogen sind der *M. brachialis* und der *M. biceps brachii*, wobei ersterer von der Gelenkmechanik her günstiger verläuft. Der M. biceps wirkt durch die Art und Weise, wie seine Sehne an der Tuberositas radii ansetzt, auch als Supinator am Unterarm. Beachten Sie, daß die Aponeurose (flächige Sehne) des M. biceps in die tiefe Faszie der Beugergruppe (n. d.) einstrahlt. Es ist nachgewiesen, daß der *M. brachioradialis* bei Beugung und auch schneller Streckung aktiv ist; er bremst die Zentrifugalkraft ab, die bei dieser Bewegung entsteht. Der *M. pronator teres* hilft bei der Beugung im Ellbogen, ist aber in erster Linie ein Pronationsmuskel.

Aponeurose des M. biceps

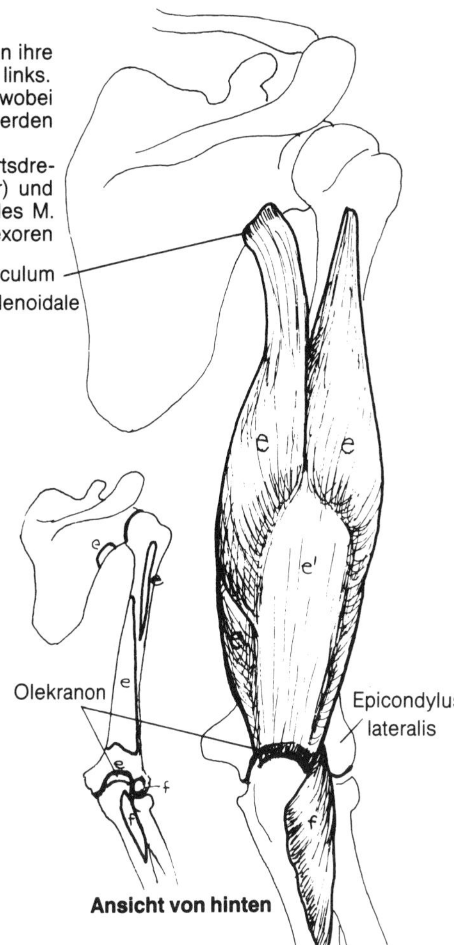

4 BEUGER:*
M. BICEPS BRACHII a
M. BRACHIALIS b
M. BRACHIORADIALIS c
M. PRONATOR TERES d

2 STRECKER:*
M. TRICEPS BRACHII e
M. ANCONEUS f

Der wichtigste Strecker des Unterarmes ist der dreiköpfige *M. triceps brachii.* Der kleinere *M. anconeus* unterstützt ihn in dieser Funktion. Ebenso wie den M. biceps können Sie den M. triceps leicht an sich selber tasten.

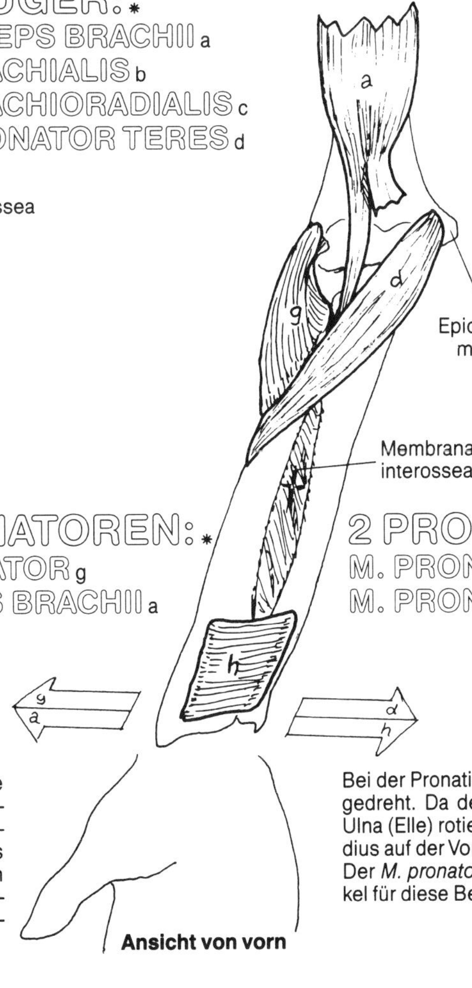

2 SUPINATOREN:*
M. SUPINATOR g
M. BICEPS BRACHII a

2 PRONATOREN:*
M. PRONATOR TERES d
M. PRONATOR QUADRATUS h

Die Supination ist eine kraftvolle Bewegung, die man braucht, um z. B. einen Deckel zuzuschrauben oder eine Schraube einzudrehen. Der *M. supinator* entspringt vom lateralen Epicondylus des Oberarmes und der Lateralfläche am proximalen Teil der Ulna (n. d.), schlingt sich um die Dorsal- und Lateralfläche des Radius und setzt an der Außenseite desselben an.

Bei der Pronation wird die Handfläche nach unten gedreht. Da der Radius (Speiche) dabei um die Ulna (Elle) rotiert, müssen die Pronatoren den Radius auf der Vorderseite des Unterarmes kreuzen. Der *M. pronator quadratus* ist der wichtigste Muskel für diese Bewegung.

MUSKELSYSTEM / OBERE EXTREMITÄT
MUSKULATUR MIT WIRKUNG AUF HANDGELENK, HAND UND FINGER*

14 Farben
1. Diese und die nächste Seite sollten als Einheit betrachtet und möglichst auch zusammen ausgemalt werden.
2. Malen Sie den Begriff M. flexor digitorum profundus (n) aus. Er ist nicht gezeichnet, da er zu tief liegt, aber die zugehörigen Sehnen können auf Tafel 50 ausgemalt werden.
3. Beachten Sie, daß der Begriff M. extensor carpi radialis brevis zu M. brevis gekürzt wurde und eine eigene Farbe bekommt.
4. Malen Sie die Muskeln aus, die auf den Daumen wirken, inkl. Pfeil (stellt den M. flexor pollicis longus dar, der auf der Abb. der Flexoren zu sehen ist).

FLEXOREN*

Die *Flexoren* (Beuger) von Hand und Fingern bilden den größten Anteil der ventralen Unterarmmuskulatur. Die Beugergruppe hat ihren Ursprung am medialen Epikondylus, dem proximalen Anteil der Unterarmknochen und der Membrana interossea. Nachdem sie das Handgelenk überquert haben, setzen die *Muskeln mit Wirkung auf die Handwurzel* an den distalen Karpalknochen und den Metakarpalknochen an. Die *zwei Fingerbeuger,* von denen der eine direkt unter dem anderen in derselben Sehnenscheide durch den Karpaltunnel verläuft, setzen an den mittleren und distalen Phalangen (Fingerendglieder) an. Der *M. palmaris longus,* der bei 10% der Bevölkerung fehlt, strahlt in die Palmaraponeurose ein. Die Fortsetzung der Fingerbeuger folgt auf der nächsten Seite.

M. FLEX. CARPI ULNARIS a
M. PALMARIS LONGUS b
M. FLEX. CARPI RADIALIS c
M. FLEX. DIGITORUM SUPERFICIALIS d
M. FLEX. DIGITORUM PROFUNDUS n

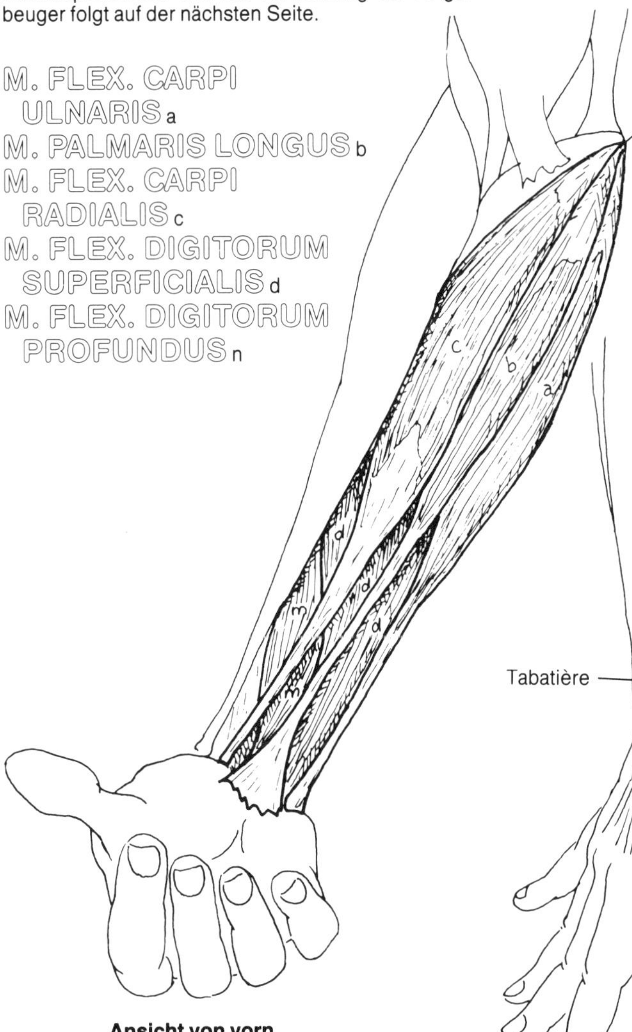

Ansicht von vorn

EXTENSOREN*

Die *Extensoren* (Strecker) entspringen vom lateralen Epikondylus, proximalen Anteilen der Unterarmknochen und der Ventralseite der Membrana interossea (Zwischenknochenmembran). Sie bilden die Extensorenloge. Wie Sie leicht an Ihrem eigenen Unterarm sehen können, ist die Muskelmasse hier geringer als auf der Beugerseite. Die *Muskeln mit Wirkung auf die Handwurzel* setzen an den distalen Karpalknochen oder den Mittelhandknochen an, während die *Fingerextensoren* eine Art Sehnengeflecht (Connexus intertendini) bis zu den distalen Phalangen (Fingerendglieder) bilden, in das die Sehnen der Handbinnenmuskulatur einstrahlen. Dies kann mit Tafel 50 sehr gut nachvollzogen werden. Die Muskeln, die zum Daumen ziehen, werden unten auf der Seite dargestellt.

M. EXT. CARPI ULNARIS e
M. EXT. DIGITI MINIMI f
M. EXT. DIGITORUM g
M. EXT. INDICIS h
M. EXT. CARPI RADIALIS LONGUS i
BREVIS i_1

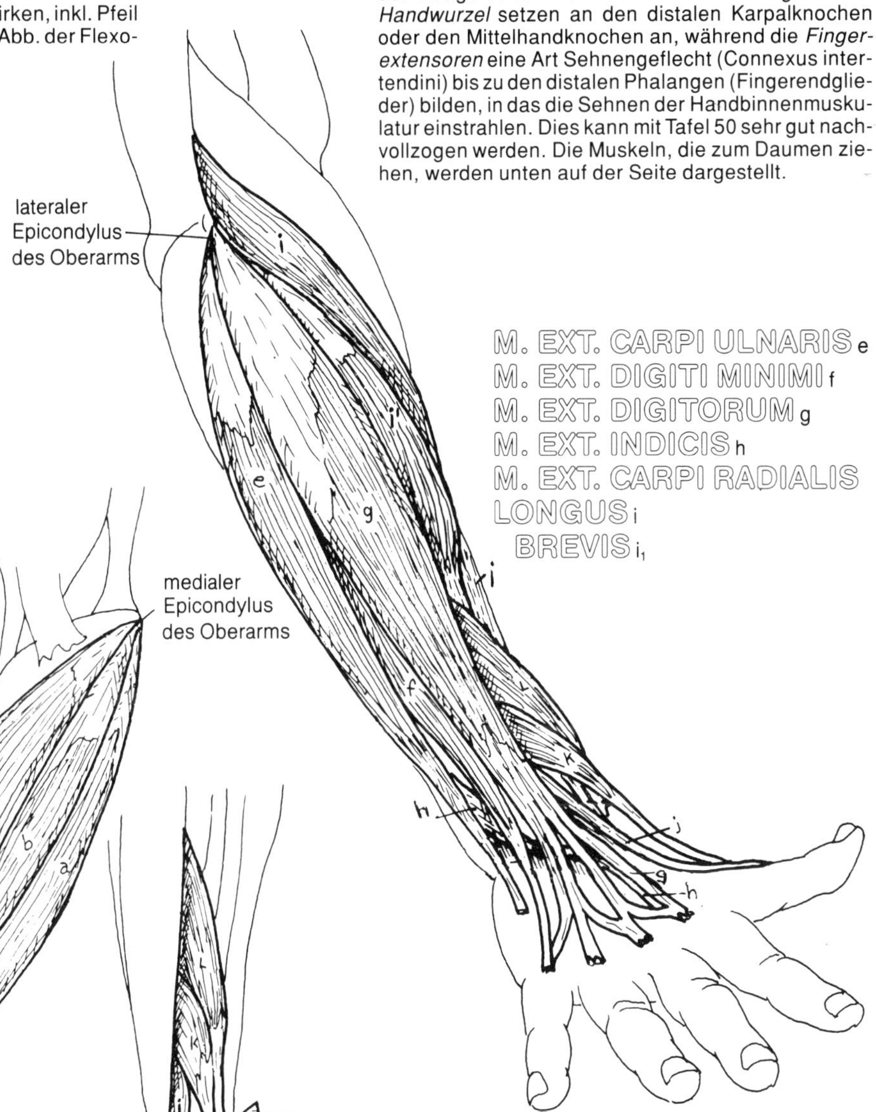

Ansicht von hinten

MUSKELN MIT WIRKUNG AUF DEN DAUMEN*

Gemeinsam mit kleineren Binnenmuskeln, die auf der nächsten Seite dargestellt sind, wirken diese 4 Muskeln auf den Daumen. Der *M. flex. pollicis longus* (lat. pollex = Daumen) gehört zur Flexorenloge und verläuft neben dem M. flexor digitorum profundus. Seine Sehne ist auf der folgenden Seite deutlich dargestellt. Die *2 Strecker* des Daumens bilden zusammen mit dem *Abduktor* eine kleine Senke in der Haut, auf Höhe der Basis des Daumens: die »Tabatière«.
Folgende Muskeln setzen, wie dargestellt, an der Basis des Os metacarpale und den beiden Phalangen an:

M. EXTENSOR POLLICIS LONGUS j
M. EXTENSOR POLLICIS BREVIS k
M. ABDUCTOR POLLICIS LONGUS L
M. FLEXOR POLLICIS LONGUS m

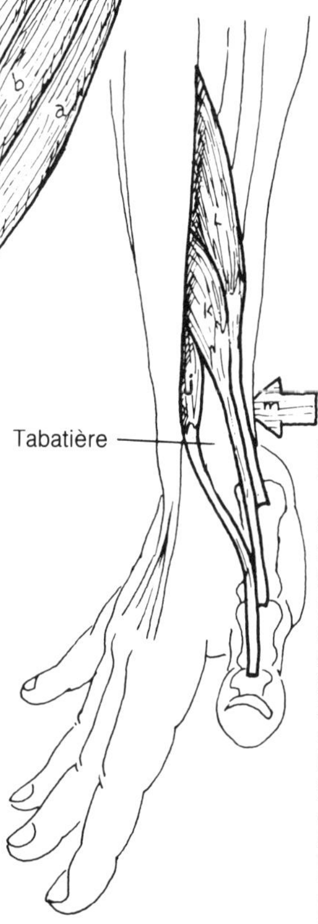

Seitansicht

MUSKELSYSTEM OBERE EXTREMITÄT HANDMUSKULATUR*

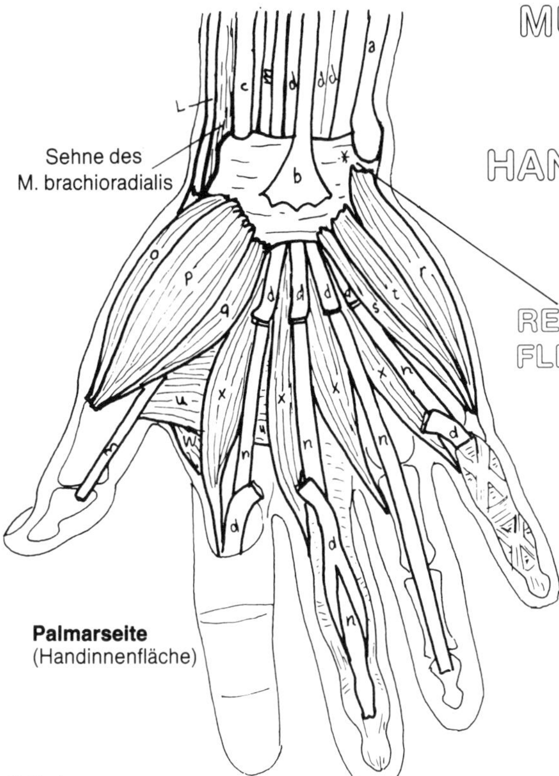

Palmarseite
(Handinnenfläche)

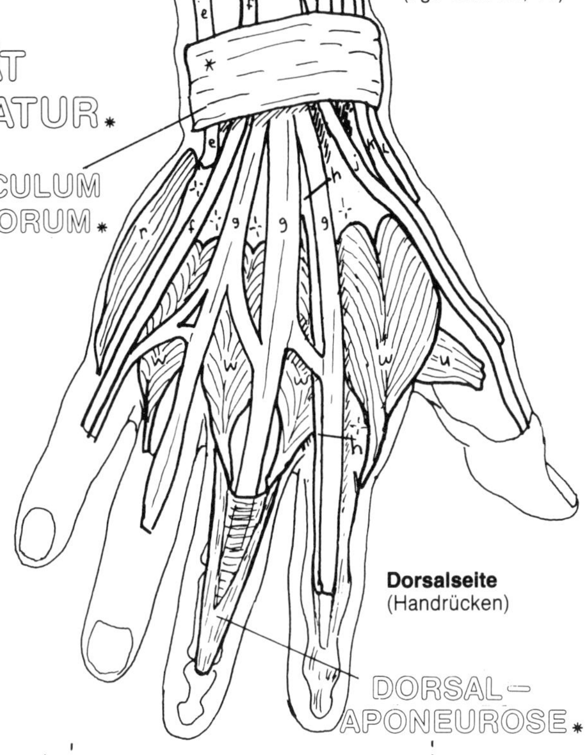

Dorsalseite
(Handrücken)

7 Farben

1. Besitzen Sie noch 7 weitere Farben, die Sie auf Tafel 49 noch nicht verwendet haben, dann malen Sie die Sehnen der Unterarmmuskeln auf der Seite an. Wenn nicht, lassen Sie sie weiß.
2. Kolorieren Sie die Bezeichnungen und Muskeln des Daumenballens (Thenar) und Kleinfingerballens (Hypothenar). Verwenden Sie nur 3 Farben für die 6 Muskeln, wobei Sie für einander entsprechende Thenar- und Hypothenarmuskeln dieselbe Farbe benutzen sollten (o und s, p und r, q und t).
3. Malen Sie die tiefen Handmuskeln aus. Die palmaren Mm. interossei (v) liegen zu tief, um hier dargestellt werden zu können.
4. Malen Sie die 6 Bewegungsdiagramme den Angaben entsprechend an. Achten Sie dabei auch darauf, Daumen und Daumenballen in den unteren 4 Zeichnungen grau auszumalen.

DAUMENBALLEN*

M. OPPONENS POLLICIS o
M. ABDUCTOR POLLICIS BREVIS p
M. FLEXOR POLLICIS BREVIS q

Das Bewegungsausmaß des Daumens ergibt sich aus dem Zusammenspiel dieser *Daumenballenmuskeln* und der Adduktoren, zusammen mit dem langen Flexor (M. flexor pollicis longus), dem Abduktor (M. abductor pollicis longus) und den zwei Extensoren des Daumens (M. extensor pollicis longus/brevis) (vgl. Tafel 49 unten). Die Muskeln des Daumenballens (Thenar) haben alle ihren Ursprung und Ansatz im selben Gebiet; die verschiedenen Funktionen ergeben sich aus den unterschiedlichen Verlaufsrichtungen.

KLEINFINGERBALLEN*

M. OPPONENS DIGITI MINIMI s
M. FLEXOR DIGITI MINIMI BREVIS t
M. ABDUCTOR DIGITI MINIMI r

Diese Muskeln sind in bezug auf Ansatzstellen und Funktion das Gegenstück zur Muskulatur des Thenar. Die Fähigkeit zur Opposition ist die Grundlage der meisten Greiffunktionen der Hand.

TIEFE MUSKELN*

M. ADDUCTOR POLLICIS u
MM. INTEROSSEI PALMARES v
MM. INTEROSSEI DORSALES w
MM. LUMBRICALES x

Der *M. adductor pollicis* arbeitet mit dem M. interosseus dorsalis I beim Fassen eines Gegenstandes zwischen Daumen und Zeigefinger zusammen. Die *Mm. interossei und lumbricales* strahlen in die Dorsalaponeurose ein und arbeiten in einem komplexen Mechanismus zur Beugung bzw. Streckung der Finger zusammen. Zusätzliche Funktionen der Mm. interossei sind rechts zu sehen.

FINGER*

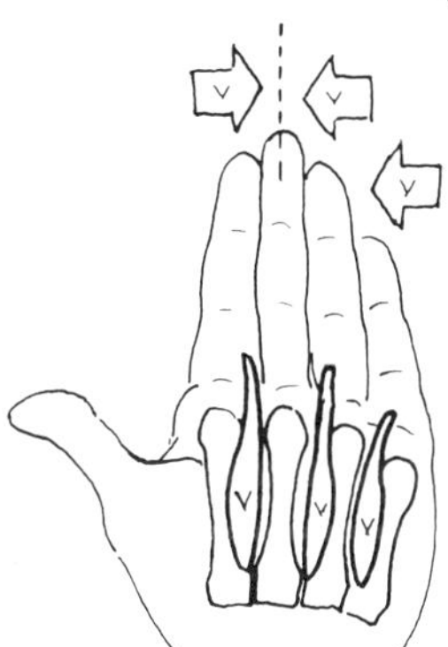

ADDUKTION v

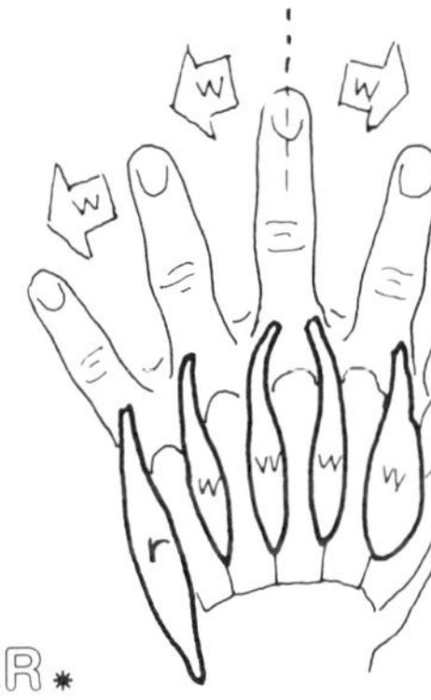

ABDUKTION w

DAUMEN*

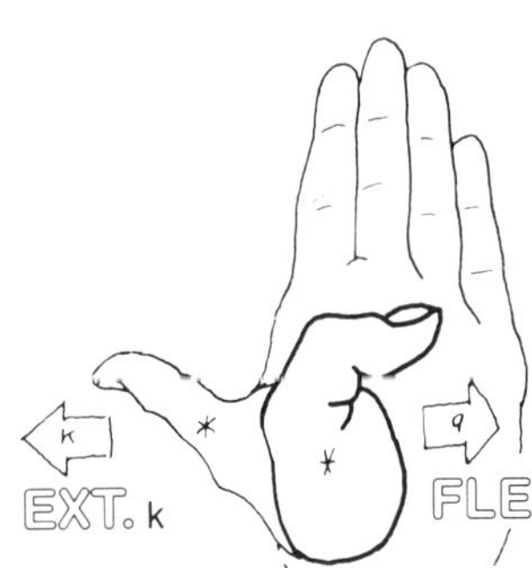

EXT. k
FLEX. q

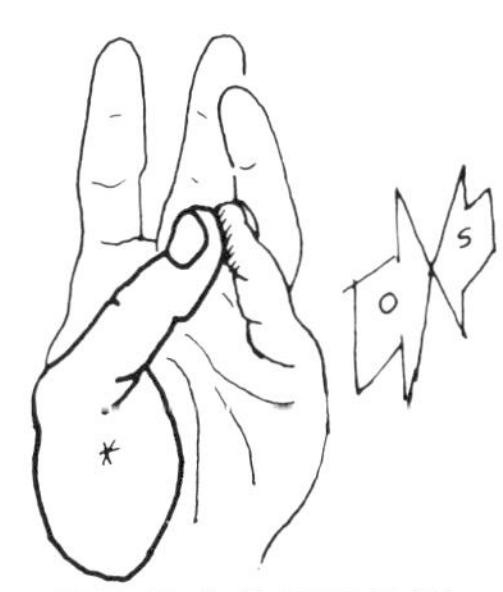

OPPOSITION*

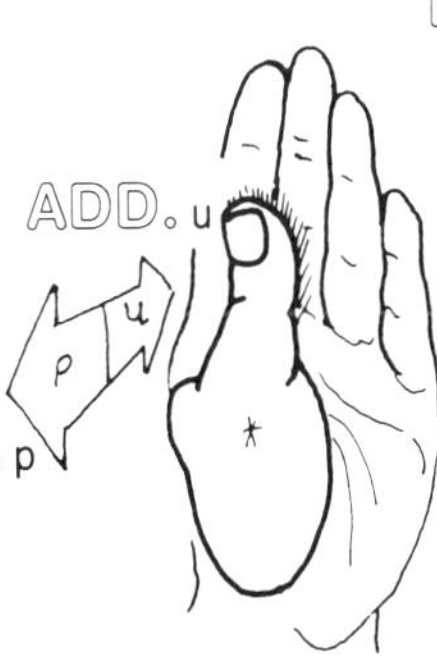

ADD. u
ABD. p

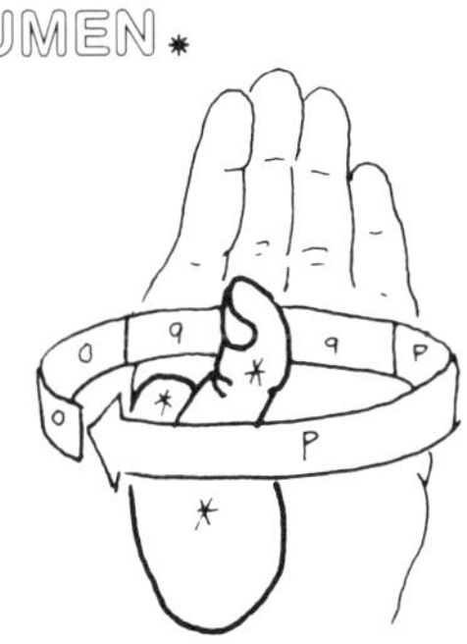

ZIRKUMDUKTION*

MUSKELSYSTEM / OBERE EXTREMITÄT
ZUSAMMENFASSUNG DER MUSKELGRUPPEN *

8 Farben

1. Malen Sie die Muskeln jeder funktionellen Einheit mit derselben Farbe aus. In den Abbildungen sind die oberflächlich liegenden Muskeln der oberen Extremität dargestellt, von denen Sie viele bei sich selbst tasten und sehen können. Die tiefer liegenden Muskeln sind nicht abgebildet.

MUSKELN MIT WIRKUNG AUF DIE SCAPULA a
MUSKELN MIT WIRKUNG AUF DAS SCHULTERGELENK b
FLEXOREN DES ELLBOGENGELENKS c
EXTENSOREN DES ELLBOGENGELENKS d
FLEXOREN DES HANDGELENKS, DER HAND UND DER FINGER e
EXTENSOREN DES HANDGELENKS, DER HAND UND DER FINGER f
UNTERARMMUSKELN MIT WIRKUNG AUF DEN DAUMEN g
MUSKELN DER HAND h

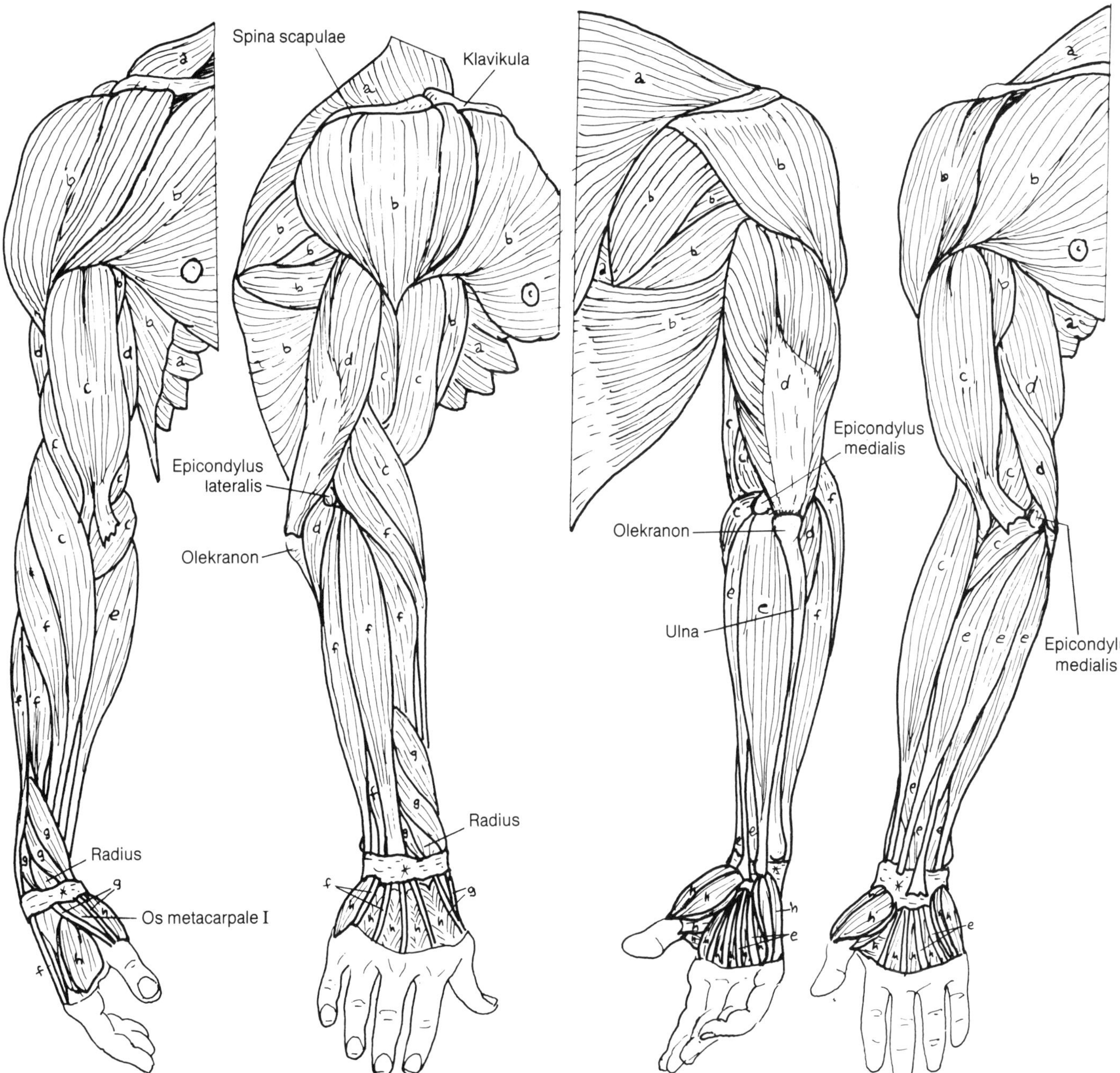

Ansicht von vorn
Unterarm und Hand innenrotiert

Seitansicht
Unterarm und Hand innenrotiert

Ansicht von hinten
Pronationsstellung

Ansicht von vorn
anatomische '0'-Stellung;
Supinationsstellung

MUSKELSYSTEM / UNTERE EXTREMITÄT
MUSKULATUR DER GLUTÄALREGION *

Tafel 52
(vgl. Tafel 28, 53, 54, 55)

5 Farben
1. Malen Sie diese und die nächsten 3 Seiten zusammen, aber mit verschiedenen Farben aus.
2. Malen Sie zunächst die ersten 4 Muskeln an und danach die Ansatzstellen und Richtungspfeile im Funktionsdiagramm unten rechts.
3. Die 6 tiefen Außenrotatoren inkl. Ansatzstellen und Pfeile erhalten am besten dieselbe Farbe.
4. Den Tractus iliotibialis malen Sie bitte grau aus.
5. Es ist empfehlenswert, die übrigen beschrifteten Oberschenkelmuskeln nicht anzumalen. Die Bezeichnungen beziehen sich auf die Darstellungen der folgenden Seiten.

M. GLUTAEUS MAXIMUS a
M. GLUTAEUS MEDIUS b
M. GLUTAEUS MINIMUS c
M. TENSOR FASCIAE LATAE d
6 TIEFE AUSSENROTATOREN: e
M. PIRIFORMIS e_1
M. OBTURATOR INT. e_2
M. OBTURATOR EXT. e_3
M. QUADRATUS FEMORIS e_4
M. GEMELLUS SUP. e_5
M. GEMELLUS INF. e_6

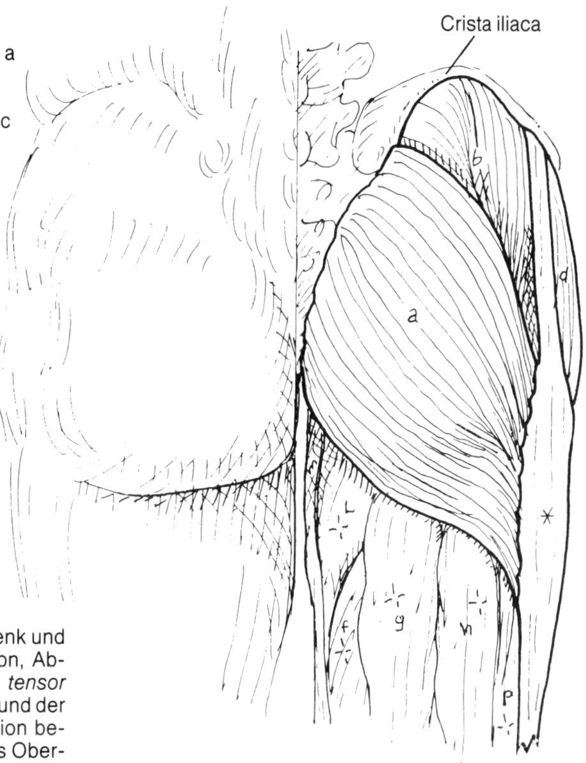

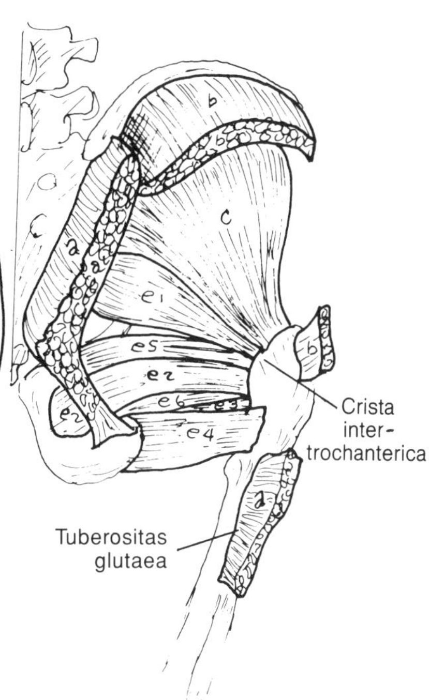

Ansicht von hinten

Die *Gesäßmuskeln* bewegen das Hüftgelenk und ermöglichen, wie dargestellt, die Extension, Abduktion und Rotation des Femur. Der *M. tensor fasciae latae* wird wegen seines Ansatzes und der Nervenversorgung als Teil der Glutäalregion betrachtet, obwohl er in der Flexorenloge des Oberschenkels liegt. Wenn Sie nach dem Ausmalen die Zeichnung unten rechts sorgfältig studieren, werden Sie die Funktion der Glutäalmuskulatur verstehen können. Der *M. glutaeus medius* ist ein wichtiger Stabilisator im Hüftgelenk und ein Haltungsmuskel, da er ein Absinken des Beckens beim Gehen oder Laufen verhindert. Der *M. glutaeus maximus,* der oft sehr kräftig ausgebildet ist, hat beim Laufen oder Klettern seine größte Bedeutung. In der darüberliegenden oberflächlichen Faszie ist eine jeweils unterschiedliche Menge an Fettgewebe eingelagert, die zusätzlich die Form des Gesäßes beeinflußt. Die *tiefen Außenrotatoren* entsprechen in mancher Hinsicht der Rotatorenmanschette an der Schulter.

TRACTUS ILIOTIBIALIS *

Der *Tractus iliotibialis* verläuft vom Os ilium (Darmbein) zur Tibia (Schienbein) und hilft bei der Stabilisierung des Kniegelenks. Der *M. tensor fasciae latae* (d) setzt an diesem fibrösen Band an und strafft es. Der Tractus ist eine Verdickung der tiefen Oberschenkelfaszie. Diese wurde in der Zeichnung auf der Höhe des Gesäßes entfernt, um die Muskulatur besser darstellen zu können.

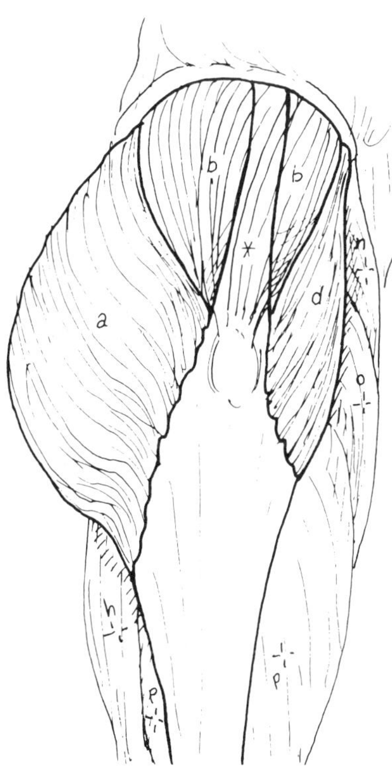

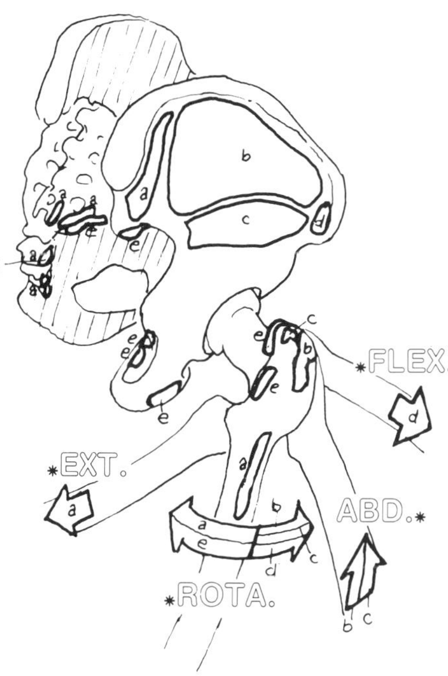

Seitansicht

MUSKELSYSTEM / UNTERE EXTREMITÄT

Tafel 53
(vgl. Tafel 29, 52, 54, 55)

MUSKULATUR DES HINTEREN OBERSCHENKELS*

M. SEMIMEMBRANOSUS f
M. SEMITENDINOSUS g
M. BICEPS FEMORIS h

3 Farben

1. Malen Sie die drei Muskeln sowie die Funktionsdiagramme unten links und rechts aus.
2. Die anderen Muskeln malen Sie bitte bei den kleinen Skizzen mit denselben Farben aus, die Sie auf den anderen Tafeln verwendet haben. Achten Sie bei der Flexorenskizze darauf, daß der M. gastrocnemius grau ausgemalt wird.
3. Malen Sie die anderen beschrifteten Muskeln nicht an, da sie auf dieser Seite nur dargestellt sind, um den Zusammenhang zu verdeutlichen. Die Bezeichnungen beziehen sich auf die Muskeln, die auf Tafel 52, 54 und 55 genauer beschrieben werden.

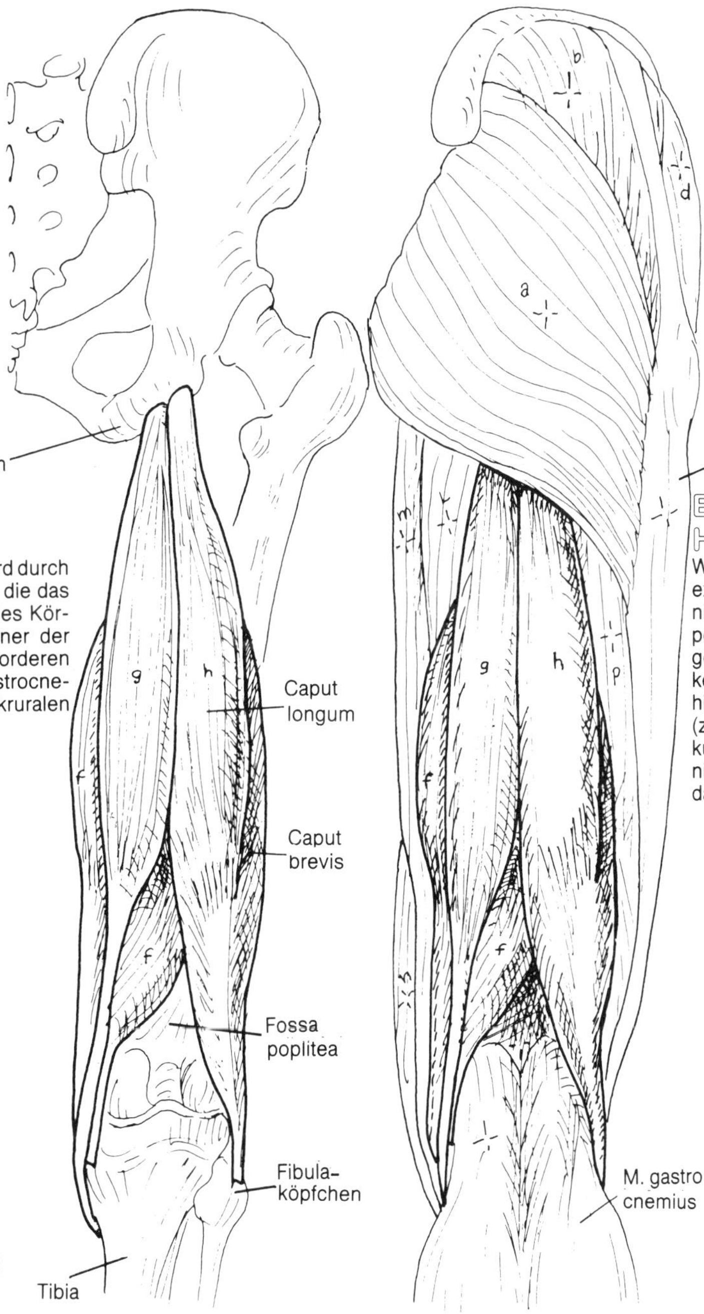

Ansicht von hinten

FLEXOREN IM KNIEGELENK*

Die Flexion (Beugung) im Knie wird durch eine Reihe von Muskeln bewirkt, die das Kniegelenk hinter der Traglinie des Körpers kreuzen. Dazu gehören einer der Adduktoren (m), ein Muskel des vorderen Oberschenkels (n), der M. gastrocnemius (*) und auch die ischiokruralen Muskeln.

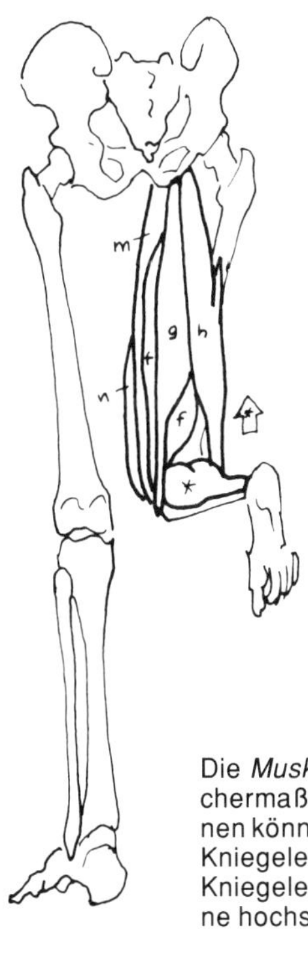

EXTENSOREN DES HÜFTGELENKS*

Wenn man entspannt steht, sind die Hüftextensoren (a, f, g und h) in der Regel nicht aktiviert. Beugt man den Oberkörper nach vorne, kommt es zu einer kräftigen Kontraktion der ischiokruralen Muskeln. Der M. glutaeus maximus kontrahiert sich nur gegen starken Widerstand (z.B. beim Steigen oder Klettern). Der kurze Kopf des M. biceps femoris verläuft nicht über das Hüftgelenk und hat folglich darauf auch keine Wirkung.

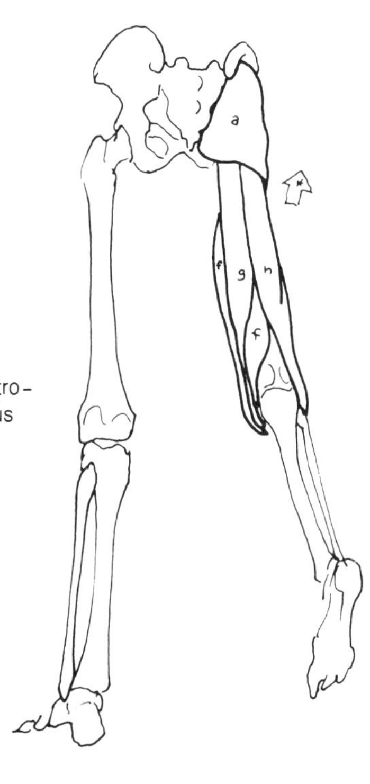

Die *Muskeln des hinteren Oberschenkels* (ischiokrurale Muskeln) wirken gleichermaßen auf Hüfte und Kniegelenk als Extensoren bzw. Flexoren. Ihre Sehnen können in der Kniekehle mühelos getastet und bestimmt werden, wenn das Kniegelenk leicht gebeugt ist. Diese Muskeln verhindern eine volle Streckung im Kniegelenk bei maximaler Hüftbeugung (z. B. wenn man das Bein weit nach vorne hochschwingt).

MUSKELSYSTEM / UNTERE EXTREMITÄT
MUSKULATUR DES INNEREN OBERSCHENKELS (ADDUKTOREN)*

M. PECTINEUS i
M. ADDUCTOR BREVIS j
M. ADDUCTOR LONGUS k
M. ADDUCTOR MAGNUS L
M. GRACILIS m

5 Farben
1. Malen Sie die 5 Muskeln aus.
2. Malen Sie die Adduktorengruppe in den Skizzen unten jeweils grau an. Diese Zeichnungen zeigen den Bezug der Muskelgruppe zur übrigen Oberschenkelmuskulatur. Der (grau auszumalende) Richtungspfeil in der Skizze unten rechts gibt die Wirkungsrichtung der Adduktoren an.

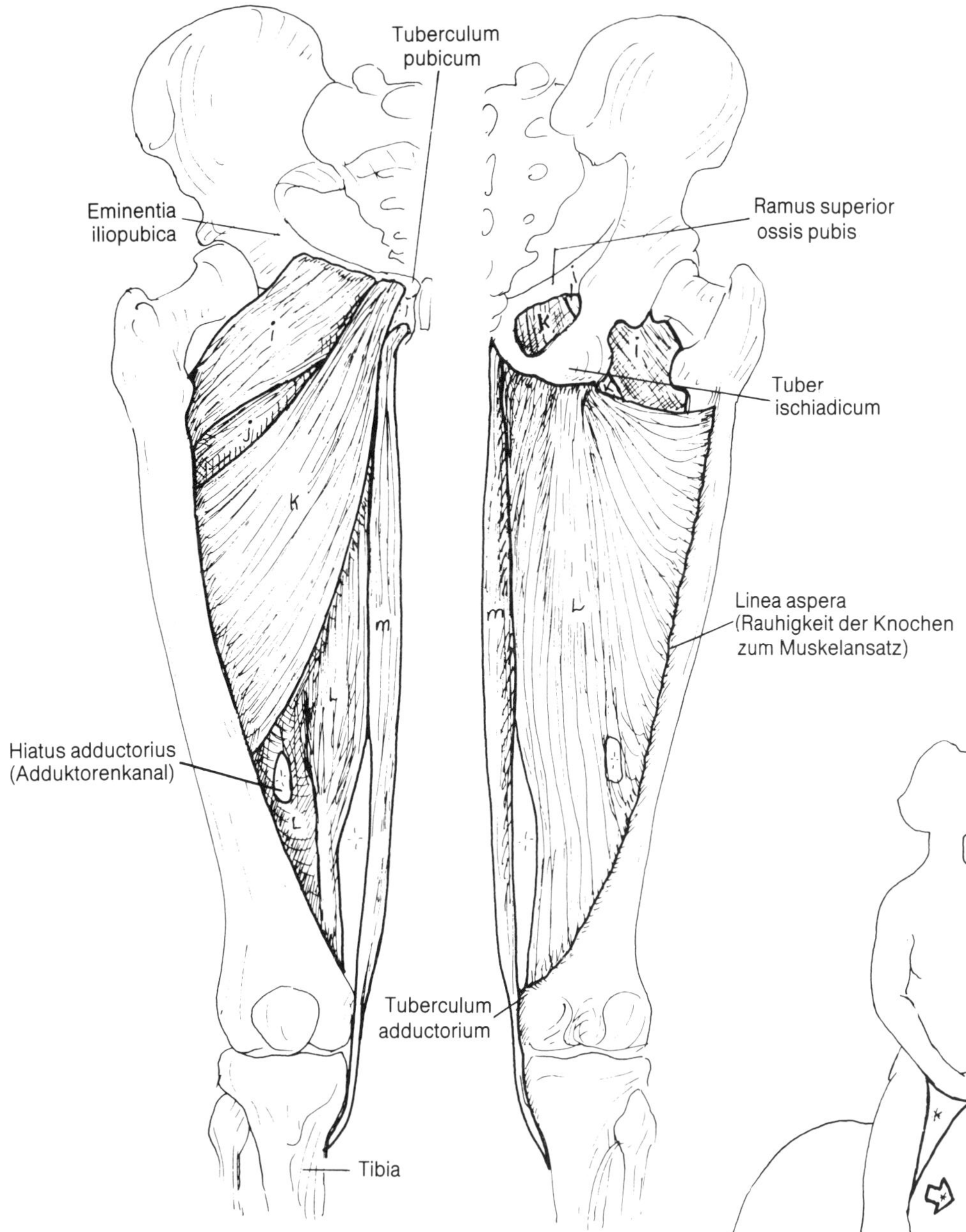

Ansicht von vorn **Ansicht von hinten**

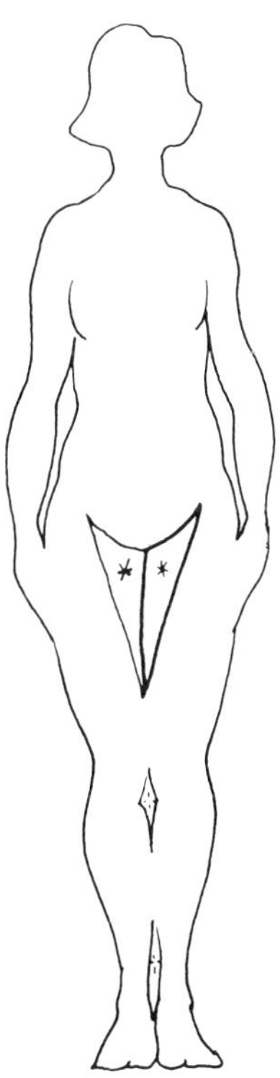

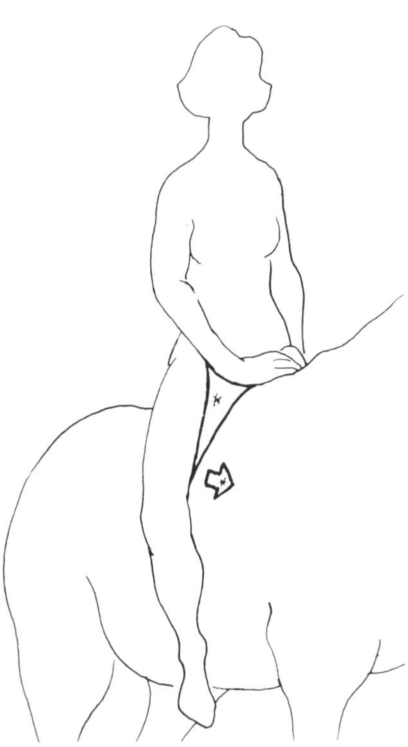

Die *Adduktoren* machen einen beachtlichen Teil der Muskelmasse des Oberschenkels aus. Als Muskelgruppe werden sie von einem gemeinsamen Nerven versorgt. Der *M. pectineus* arbeitet auch als Hüftbeuger. Achten Sie auf den Hiatus (Spalt) im *M. adductor magnus.* Durch ihn ziehen die Femoralarterien und -venen von der vorderen zur hinteren Loge des Oberschenkels.

MUSKELSYSTEM / UNTERE EXTREMITÄT
MUSKULATUR DES VORDEREN OBERSCHENKELS *

M. SARTORIUS n
M. QUADRICEPS FEMORIS: *
M. RECTUS FEMORIS o
M. VASTUS LATERALIS p
M. VASTUS INTERMEDIUS q
M. VASTUS MEDIALIS r

6 Farben
1. Malen Sie den M. sartorius und die 4 Muskelbäuche des M. quadriceps femoris sowohl in den großen Abbildungen als auch in den Funktionsdiagrammen unten links und unten rechts in verschiedenen Farben an.
2. Malen Sie den M. iliopsoas und seine Bezeichnung nur in der Zeichnung unten rechts aus.
3. Das Lig. patellae und die Patella werden grau koloriert.

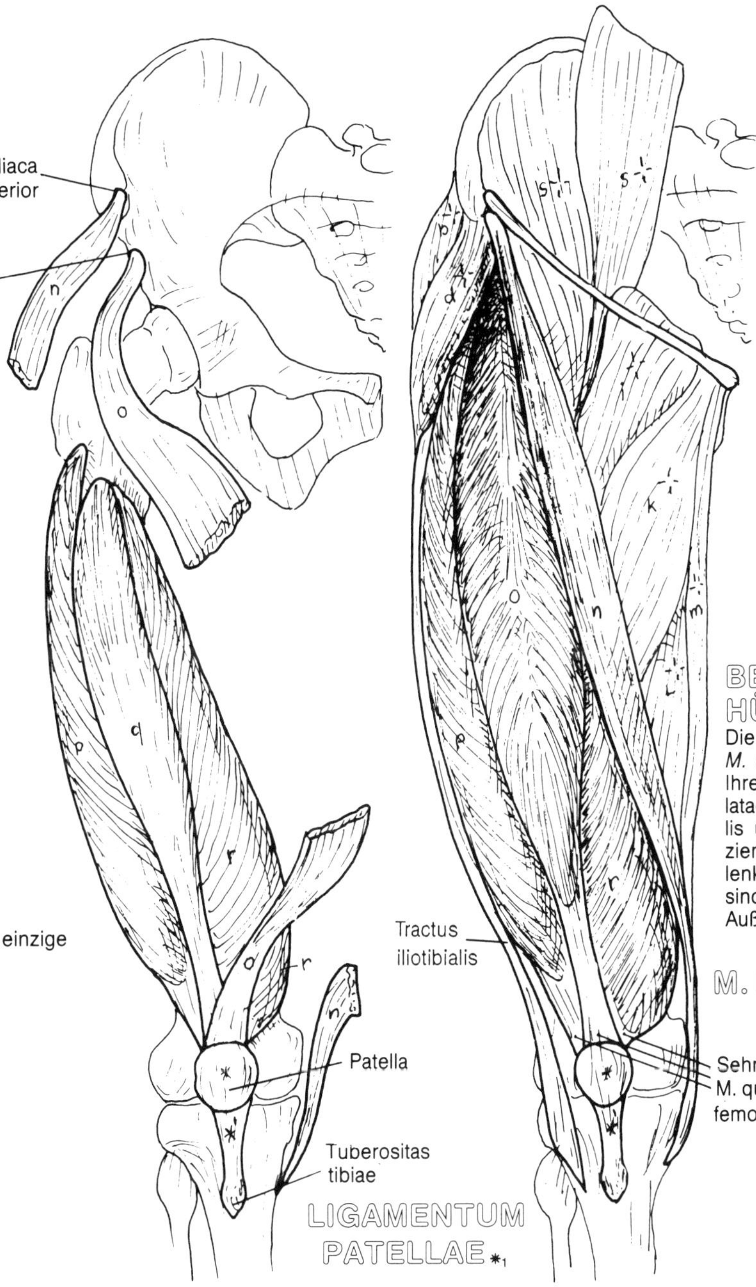

STRECKER IM KNIEGELENK *
Der M. quadriceps ist der einzige Strecker im Kniegelenk.

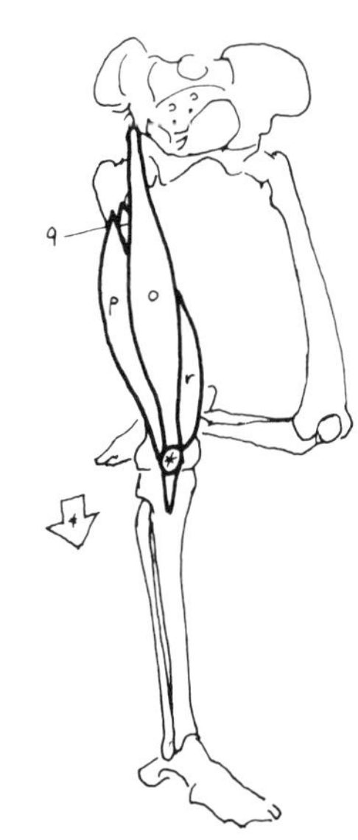

BEUGER IM HÜFTGELENK *
Die Hauptbeuger im Hüftgelenk sind der *M. iliopsoas* und der *M. rectus femoris.* Ihre Funktion wird vom M. tensor fasciae latae, vom M. pectineus und vom M. gracilis unterstützt. Der *M. sartorius* gilt als ziemlich schwacher Beuger im Hüftgelenk; seine hauptsächlichen Funktionen sind die Kniebeugung und Hilfe bei der Außenrotation in der Hüfte.

M. ILIOPSOAS s

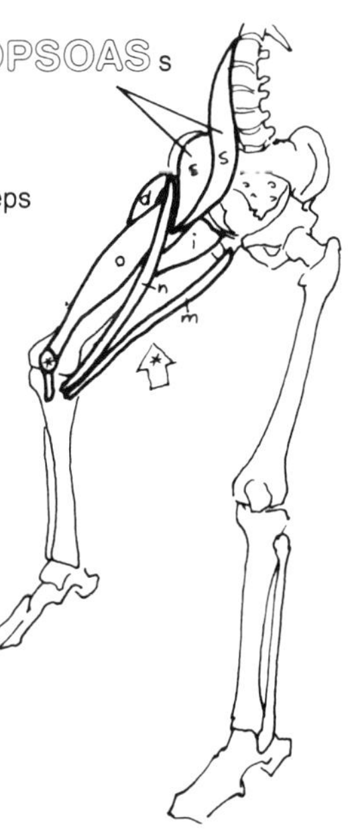

Der *M. quadriceps femoris* wird von 4 Köpfen gebildet: Der *M. rectus femoris* entspringt, wie dargestellt, von der Spina iliaca anterior sup., die *Mm. vastus medialis/lateralis* von der Linea aspera auf der Dorsalseite des Femur und der *M. vastus intermedius* von der Ventralseite des Femurschaftes. Alle vier vereinigen sich zu einer einzigen dicken Sehne, die an der Tuberositas tibiae (Rauhigkeit an der Vorderseite der Tibia) ansetzt. Die Patella (Kniescheibe) ist ein Sesambein, das in die Sehne eingebettet ist; genau genommen ist die Sehne zwischen Patella und Tibia ein Band (Lig. patellae).

MUSKELSYSTEM / UNTERE EXTREMITÄT
MUSKULATUR DES ÄUSSEREN UND VORDEREN UNTERSCHENKELS *

6 Farben
1. Malen Sie bitte die beiden Muskeln der Lateralseite des Unterschenkels in der großen Zeichnung links und in den zwei Skizzen, die die Ansatzstellen und die Bewegungsrichtung veranschaulichen, aus.
2. Danach malen Sie die vier Muskeln des vorderen Unterschenkels inkl. Ansatzstellen und Bewegungsrichtung an.

ÄUSSERER UNTERSCHENKEL *
M. PERONEUS LONGUS a
M. PERONEUS BREVIS b

Die *Mm. peronei* bewirken vor allem eine Pronation des Fußes (Hebung des lateralen Fußrandes), da ihre Sehnen zum äußeren Fußrand und zur Unterseite des Fußes ziehen. Der *M. peroneus tertius* ist eigentlich ein Anteil des M. extensor digitorum, dürfte aber bei der Pronation mithelfen. Diese Muskeln schützen auch vor einer übermäßigen Supinationsbewegung.

VORDERER UNTERSCHENKEL (DORSALFLEXOREN) *
M. TIBIALIS ANTERIOR c
M. EXTENSOR DIGITORUM LONGUS d
M. EXTENSOR HALLUCIS LONGUS e
M. PERONEUS TERTIUS f

Diese Muskeln finden Sie in der antero-lateralen Loge des Unterschenkels, wobei die antero-mediale Loge vom Tibiaschaft eingenommen wird. Sie überqueren mehrere Gelenke und sind daher sowohl Dorsalflexoren im Sprunggelenk als auch Zehenextensoren (lat. *hallux* =Großzehe). Der *M. tibialis anterior* zieht zum medialen Fußrand und ist somit ein wichtiger Muskel sowohl für die Supination des Fußes (Hebung des medialen Fußrandes) als auch für die Dorsalflexion im Sprunggelenk.

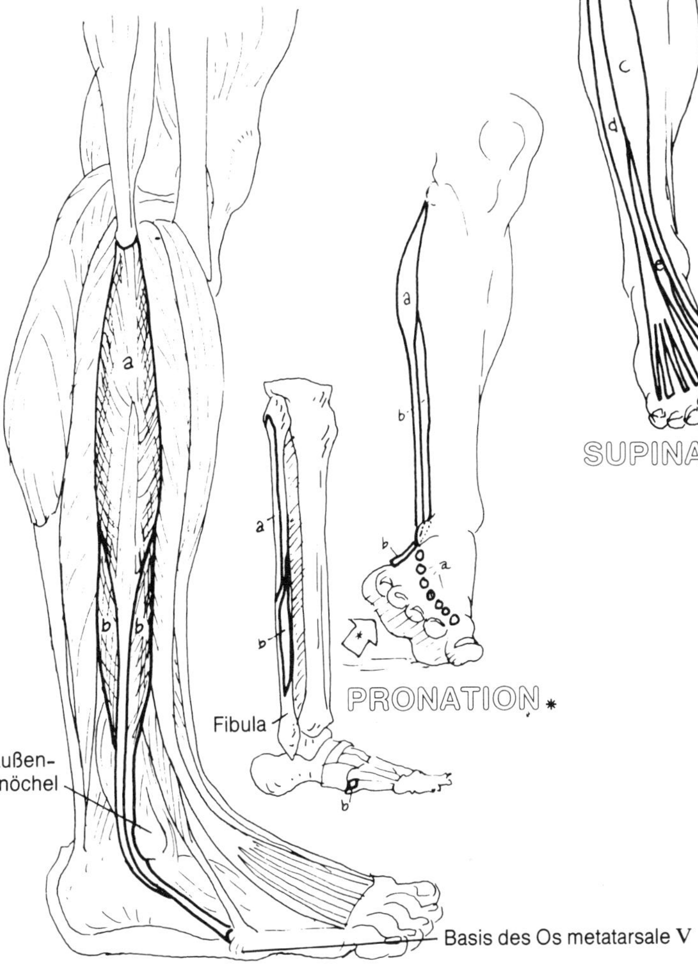

Seitansicht

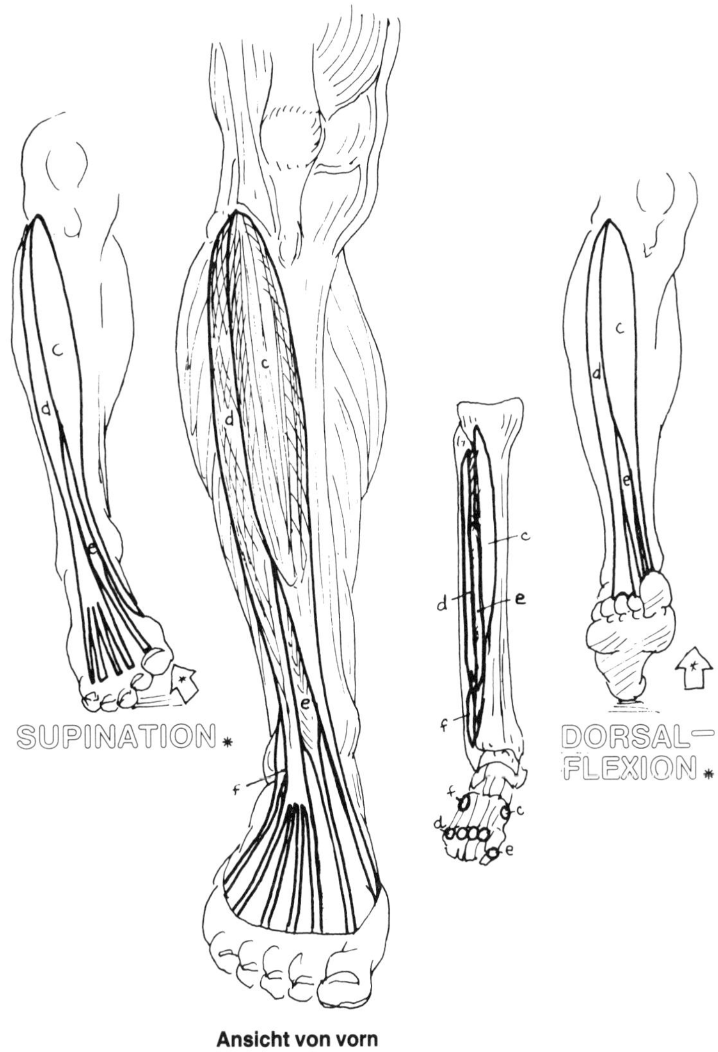

Ansicht von vorn

MUSKELSYSTEM / UNTERE EXTREMITÄT
MUSKULATUR DES HINTEREN UNTERSCHENKELS *

Tafel 57
(vgl. Tafel 29, 56)

M. TIBIALIS POST. g
M. FLEXOR DIGITORUM LONGUS h
M. FLEXOR HALLUCIS LONGUS i
M. POPLITEUS j
M. PLANTARIS k
M. SOLEUS L
M. GASTROCNEMIUS m

7 Farben
1. Benutzen Sie andere Farben als auf Tafel 56 und malen Sie jeden Muskel in allen vier schichtweise dargestellten Dorsalansichten des Unterschenkels aus. Kolorieren Sie auch die Ansätze der Muskeln, die weggelassen wurden, um die darunterliegenden tieferen Muskeln zu zeigen.
2. In diesen Zeichnungen ist der Fuß mit übermäßig plantar-flektiertem Sprunggelenk dargestellt, um die Sehnen auf der Fußsohle besser sichtbar zu machen.

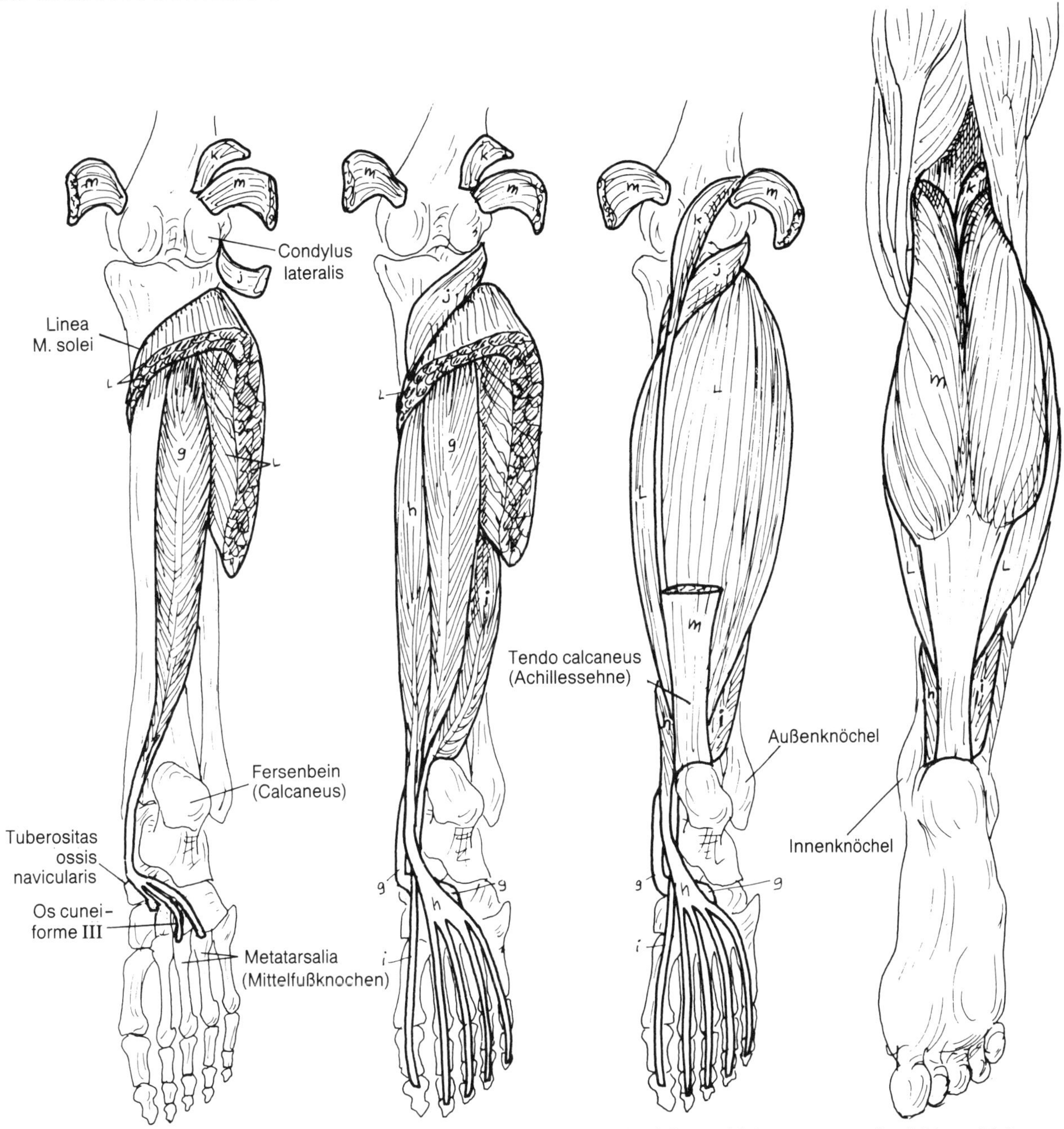

Ansicht von hinten tiefste Schicht

Ansicht von hinten 3. Schicht

Ansicht von hinten 2. Schicht

Ansicht von hinten oberflächliche Schicht

Der *M. gastrocnemius* (zwei Köpfe) und der *M. soleus* bilden zusammen einen dreiköpfigen Muskel, der am Calcaneus (Fersenbein) als Achillessehne ansetzt und den Körper auf die Metatarsalköpfchen (Plantarflexion). Die anderen Muskeln/Sehnen, die das Sprunggelenk hinter der Traglinie kreuzen, unterstützen diese Funktion. Die Muskeln/Sehnen, die zu den Zehen ziehen, beugen in den Zehengelenken und werden nach ihrer Funktion benannt. Die Zugrichtung der Ansatzsehnen des *M. tibialis post.* beeinflußt primär die Gelenke der Fußwurzelknochen; dadurch ist dieser Muskel sowohl ein wichtiger Supinations- (s. Tafel 56) als auch ein Plantarflexionsmuskel. Im allgemeinen werden für Bewegungen im Sprunggelenk die Begriffe Plantarflexion (Flexion) und Dorsalflexion (Extension) gebraucht.

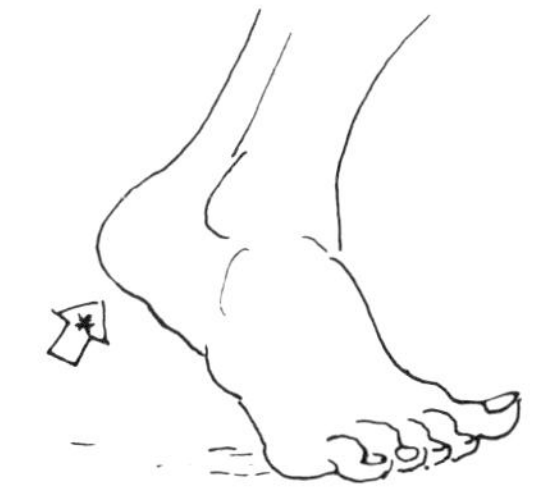

PLANTARFLEXION *

MUSKELSYSTEM / UNTERE EXTREMITÄT MUSKULATUR DES FUSSES*

12 Farben

1. Falls Sie ca. 21 Farben zur Verfügung haben, verwenden Sie die auf Tafel 56/57 benutzten Farben, um die Sehnen der Muskeln (a-i) auf dieser Seite auszumalen. Wenn Sie diese 3 Seiten über den Fuß und Unterschenkel im Zusammenhang betrachten, werden Sie – langsam, aber sicher! – die vielen strukturellen Verbindungen verstehen.
2. Falls Sie weniger als 21 Farben zur Verfügung haben, lassen Sie die Sehnen (a-i) weiß.
3. Malen Sie die 12 Fußmuskeln aus, wobei Sie mit der Dorsalseite (dem Fußrücken) beginnen, bevor Sie zur tiefen Schicht der plantaren Muskeln übergehen.

Die Muskeln der Hand und des Fußes haben im Grunde eine einander entsprechende Struktur. Allerdings ist der Fuß dazu gebaut, das Körpergewicht zu tragen und eine bewegliche, anpassungsfähige Fläche auf verschiedenem Untergrund zu bieten. Die Hand mit ihren langen Fingern und schwächeren Knochen hat eher Ähnlichkeit mit einem vielseitig verwendbaren Werkzeug für ausgefeiltere Funktionen. In der Zeichnung des Fußrückens wurden die langen Extensorensehnen der Zehen abgeschnitten, um die tieferen Strukturen sichtbar zu machen. Anders als bei der Hand gibt es hier kurze Binnenmuskeln als Strecker zu den Zehen.
Die Muskeln der Fußsohle sind in ungefähr 4 Schichten angelegt (3 Schichten sind hier abgebildet). Sie stehen in Verbindung mit Muskeln des Unterschenkels, deren Sehnen bis zum Fuß herunterziehen. Dadurch wird eine stabile Fläche mit dennoch beachtlicher Mobilität geschaffen. Die Binnenmuskulatur des Fußes stabilisiert hauptsächlich die Fußgelenke beim Stehen oder Gehen/Rennen auf jedem beliebigen Untergrund.

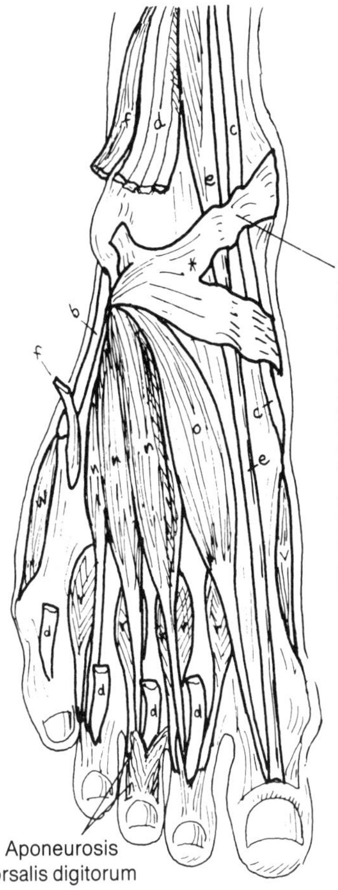

Fußrücken

RETINACULUM MM. EXTENSORUM INFERIUS*
M. EXTENSOR DIGITORUM BREVIS n
M. EXTENSOR HALLUCIS BREVIS o

M. ADDUCTOR HALLUCIS p
M. FLEX. HALLUCIS BREVIS q
M. INTEROSSEUS r
M. FLEX. DIGITI MINIMI BREV. s
M. OPPONENS DIGITI MINIMI t
M. QUADRATUS PLANTAE u

M. ABDUCTOR HALLUCIS v
M. ABD. DIGITI MINIMI w
MM. LUMBRICALES x

M. FLEX. DIGITORUM BREVIS y
PLANTARAPONEUROSE z

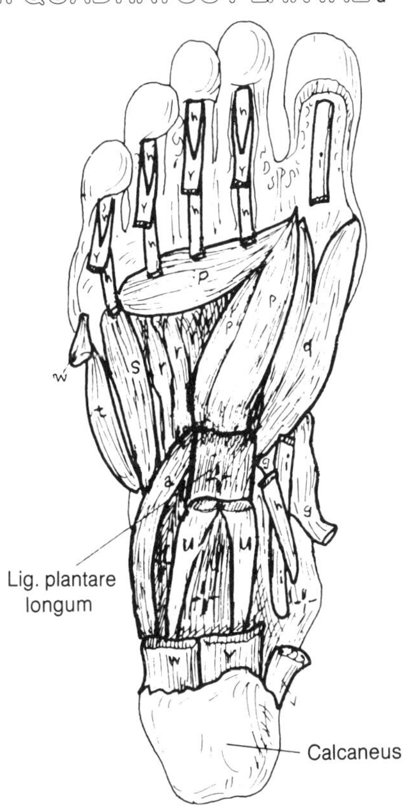

Fußsohle
tiefe Schicht

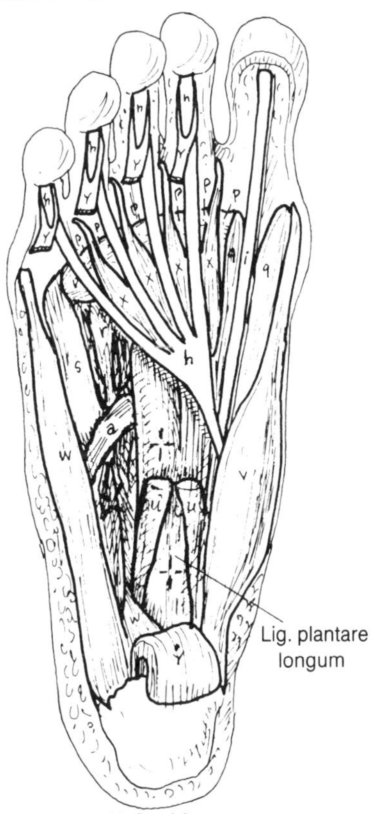

Fußsohle
mittlere Schicht

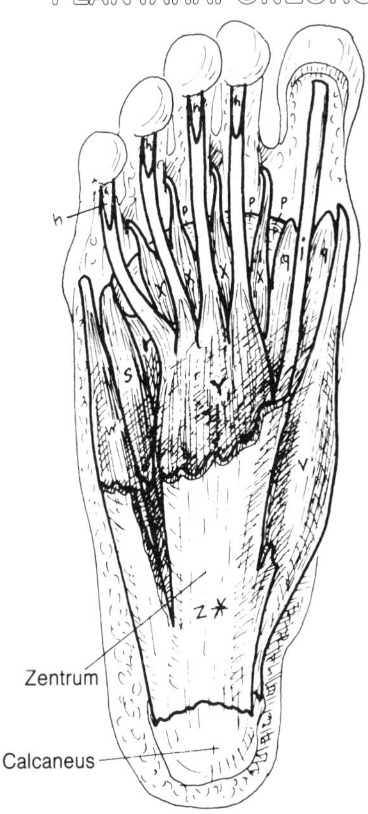

Fußsohle
oberflächliche Schicht

MUSKELSYSTEM / UNTERE EXTREMITÄT ZUSAMMENFASSUNG DER MUSKELGRUPPEN *

(vgl. Tafel 30, 52–58)

8 Farben
1. Wählen Sie eine Farbe für die gesamte Muskulatur jeder Region aus.
2. Versuchen Sie, die einzelnen Muskeln zu erkennen und zu benennen. Beachten Sie, daß bei der Ansicht von medial im Becken zwei Muskeln dargestellt werden, die zur Glutäalregion gehören (Außenrotatoren, a[1]).

MUSKULATUR DER GLUTÄALREGION a
MUSKULATUR DES VORDEREN OBERSCHENKELS b
MUSKULATUR DES HINTEREN OBERSCHENKELS c
MUSKULATUR DES MEDIALEN OBERSCHENKELS d
MUSKULATUR DES VORDEREN UNTERSCHENKELS e
MUSKULATUR DES LATERALEN UNTERSCHENKELS f
MUSKULATUR DES HINTEREN UNTERSCHENKELS g
MUSKULATUR DES FUSSES h

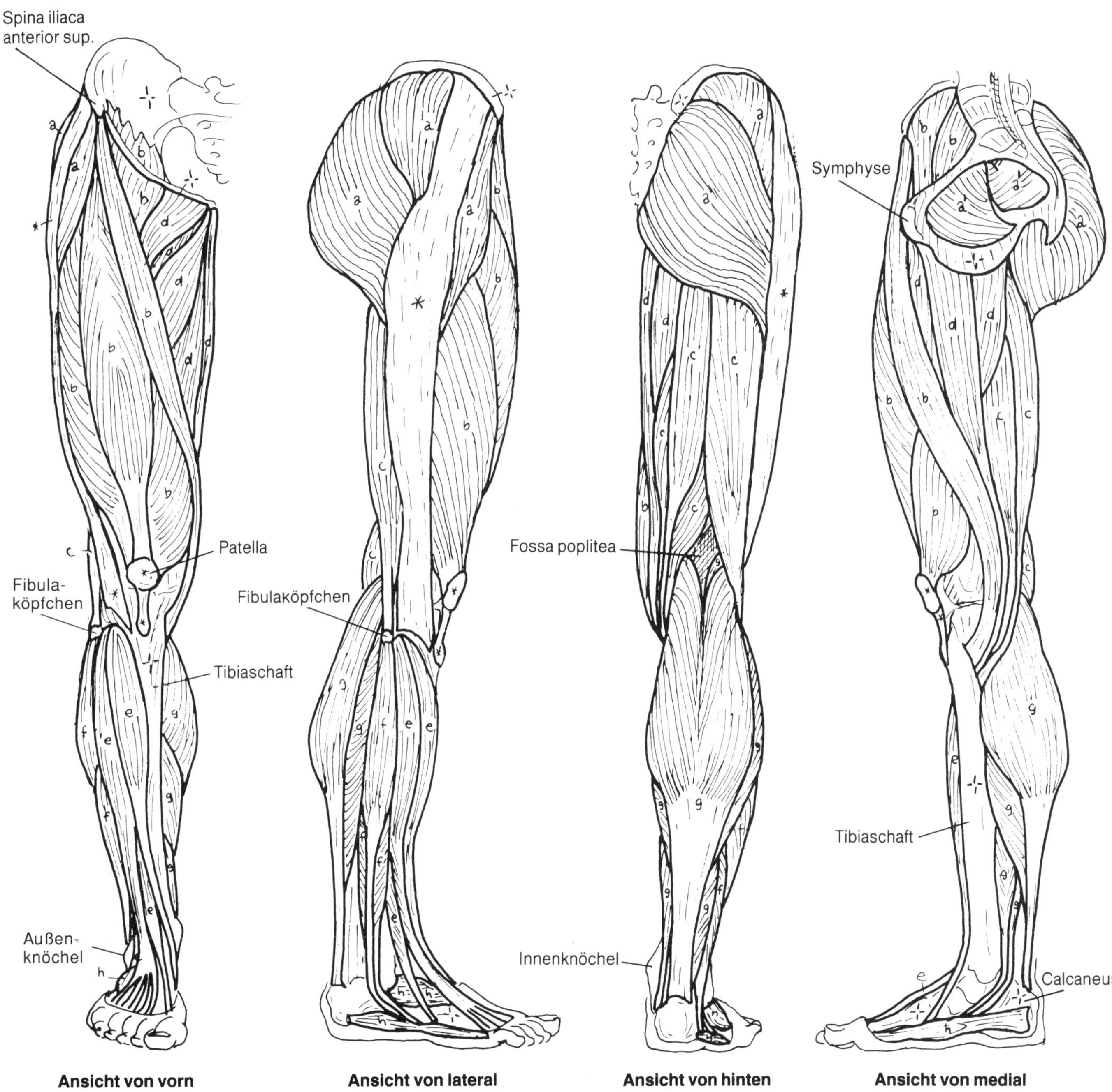

MUSKELSYSTEM / KÖRPERMUSKULATUR IM ÜBERBLICK FUNKTIONSGRUPPEN*

FLEXOREN a
EXTENSOREN b
ABDUKTOREN d
ADDUKTOREN d
ROTATOREN e
STABILISATOREN DER SKAPULA f

6 Farben

1. Malen Sie die den 6 Funktionsgruppen entsprechenden Gebiete der oberflächlich liegenden Muskeln des menschlichen Körpers an.

Die einzelnen Muskeln wurden – ihrer wichtigsten Funktion entsprechend – den einzelnen Gruppen zugeteilt. Auch wenn ein Muskel zwei oder noch mehr gleich wichtige Funktionen hat, haben wir in der Regel nur eine ausgewählt, wobei wir uns nach der Lokalisation in den Abbildungen und der (Haupt-)Wirkung auf die dargestellten großen Gelenke richteten. Nach dem Ausmalen werden diese Funktionsgruppen ein einprägsames Muster entsprechend ihrer jeweiligen Bewegungsrichtung, Anordnung und Gelenkwirkung bilden.

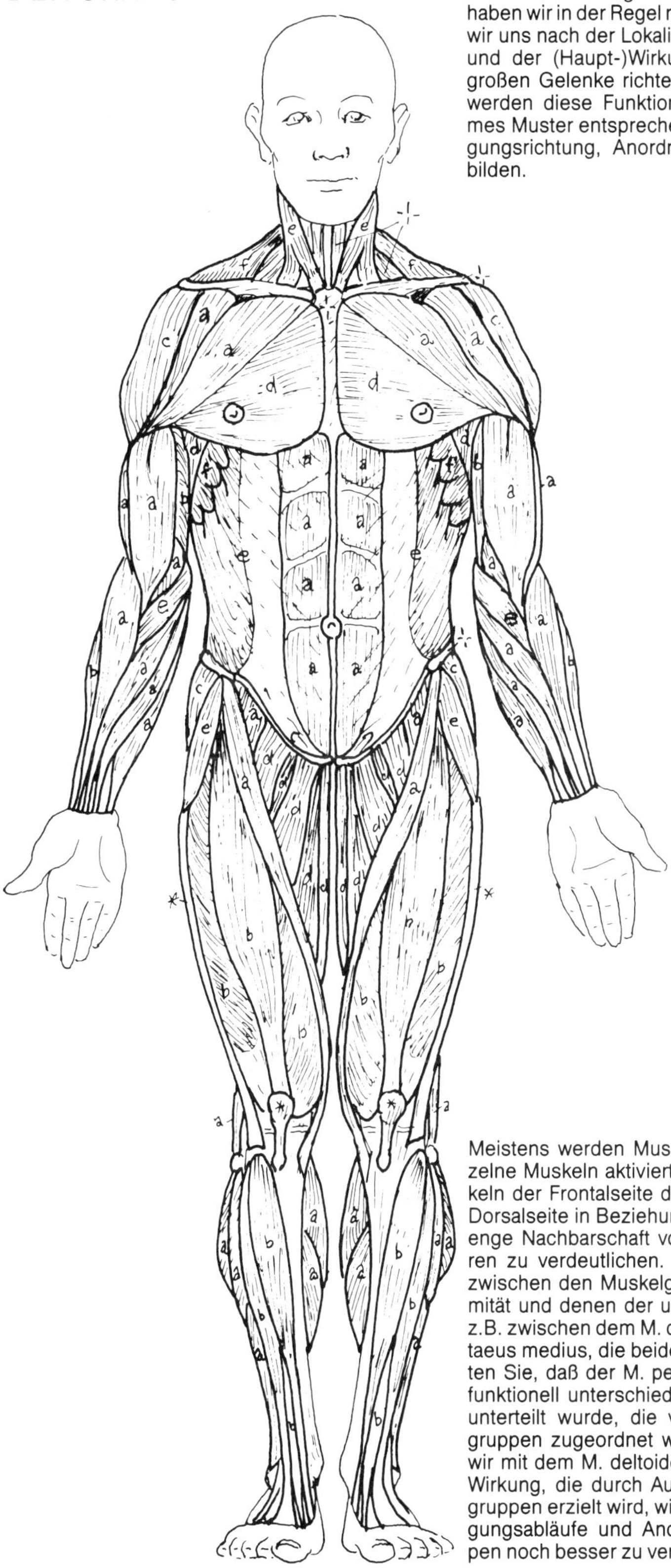

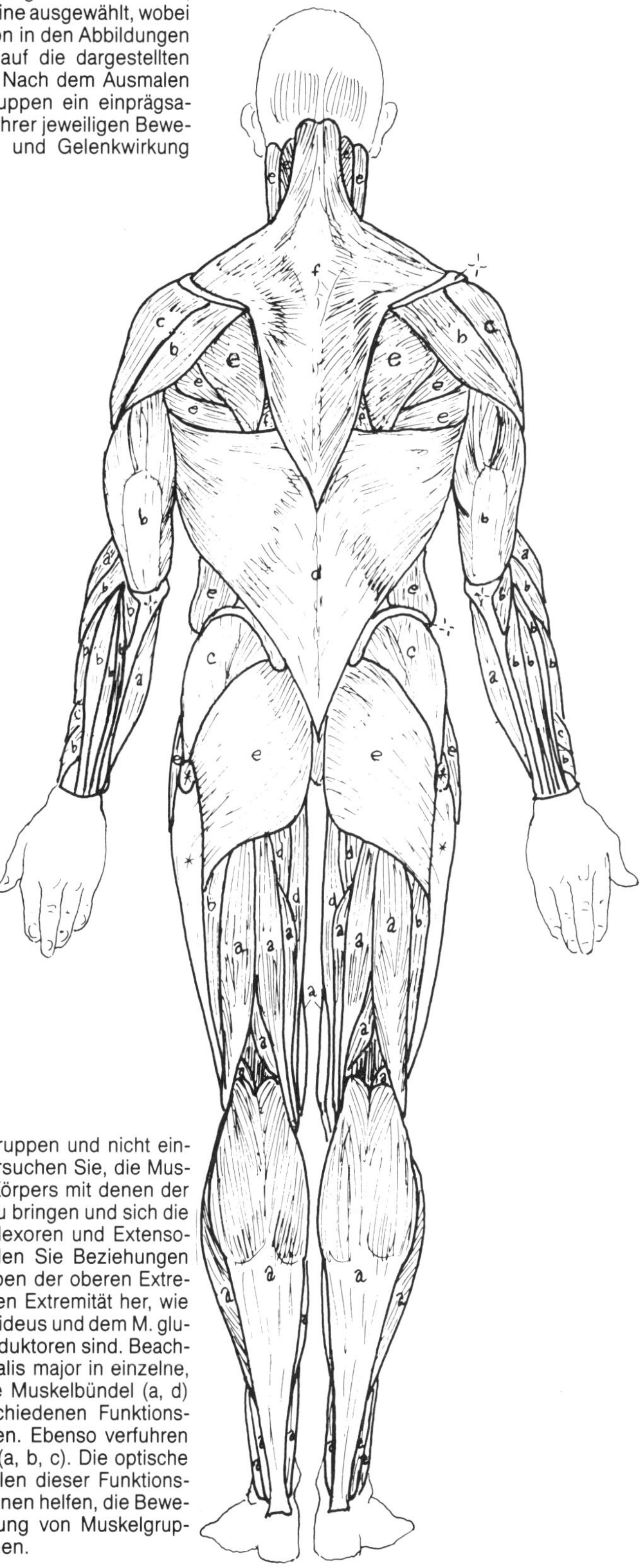

Meistens werden Muskelgruppen und nicht einzelne Muskeln aktiviert. Versuchen Sie, die Muskeln der Frontalseite des Körpers mit denen der Dorsalseite in Beziehung zu bringen und sich die enge Nachbarschaft von Flexoren und Extensoren zu verdeutlichen. Stellen Sie Beziehungen zwischen den Muskelgruppen der oberen Extremität und denen der unteren Extremität her, wie z.B. zwischen dem M. deltoideus und dem M. glutaeus medius, die beide Abduktoren sind. Beachten Sie, daß der M. pectoralis major in einzelne, funktionell unterschiedliche Muskelbündel (a, d) unterteilt wurde, die verschiedenen Funktionsgruppen zugeordnet wurden. Ebenso verfuhren wir mit dem M. deltoideus (a, b, c). Die optische Wirkung, die durch Ausmalen dieser Funktionsgruppen erzielt wird, wird Ihnen helfen, die Bewegungsabläufe und Anordnung von Muskelgruppen noch besser zu verstehen.

HERZKREISLAUFSYSTEM
BLUT UND BLUTBESTANDTEILE*

Bemalen Sie die Abbildungen auf dieser Seite entsprechend den Fußnoten: DB = Dunkelblau, HV = Hellviolett, O = Orange, V = Violett, HB = Hellblau, HO = Hellorange, R = Rot und G = Gelb. Diese Farben haben die Strukturen in den Färbungen, die üblicherweise zur Diagnostik eingesetzt werden.

1. Malen Sie das Reagenzglas aus (wählen Sie eine beliebige Farbe für B und C).
2. Beim eosinophilen und basophilen Granulozyten malen Sie zuerst das Zytoplasma aus und punktieren dann den Rest.

ERYTHROZYTEN R

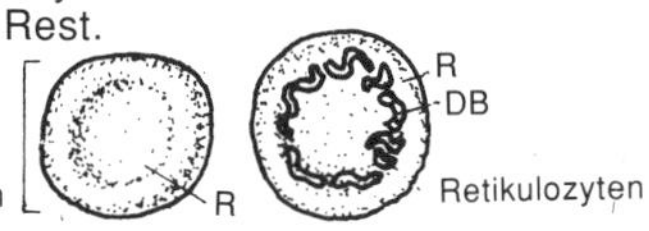

(rote Blutkörperchen)

Erythrozyten (ungefähr 4,5 – 6,2 Millionen pro ml Blut bei Männern, 4 – 5,5 Millionen/ml bei Frauen) werden im Knochenmark gebildet, wo sie vor ihrer Freisetzung ins periphere Blut ihren Zellkern und die meisten Zellorganellen verlieren. Kürzlich freigesetzte unreife Erythrozyten (Retikulozyten) haben noch Reste ribosomaler RNS in ihrem Zytoplasma; diese Granula erscheinen in der Färbung bläulich und netzartig. Während sie normalerweise etwa 1 % der Erythrozytenpopulation ausmachen, können sich die Retikulozyten in ihrem Anteil während eines akuten Sauerstoffmangels vermehren (Hämolyse, Blutverlust etc.). Der zirkulierende Erythrozyt (ohne Zellkern und Organellen ist er ein Korpuskel und keine Zelle) ist ein verformbarer, bikonkaver, membranbegrenzter Beutel, voll mit Hämoglobin, einem großen, eisenhaltigen Protein. Hämoglobin (12 – 16 g/dl Blut bei Frauen, 14 – 18 g/dl Blut bei Männern) hat eine starke Affinität zu Sauerstoff und ist der wichtigste Sauerstoffträger im Körper; ein weitaus schwächerer Sauerstoffträger ist das Plasma. Erythrozyten nehmen in der Lunge Sauerstoff auf und setzen ihn in den Kapillaren ins Gewebe/an die Zellen frei. Sie zirkulieren etwa 120 Tage im Blut, bevor sie zugrundegehen und von den Zellen der Milz aus dem Blut entfernt und abgebaut werden.

THROMBOZYTEN HV

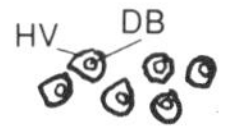

(Blutplättchen)

Thrombozyten (150.000 – 400.000/ml Blut; Durchmesser 2 – 5 Mikrometer) sind kleine Zytoplasmastückchen von Riesenzellen des Knochenmarks (den Megakaryozyten). Ihre Lebenszeit von etwa 10 Tagen hindurch zirkulieren sie im Blut. Sie heften sich an Endothelverletzungen an und spielen eine wichtige Rolle bei der Blutstillung (Plättchenaggregation, Blutgerinnung/Koagulation, Entfernung von Blutgerinnseln).

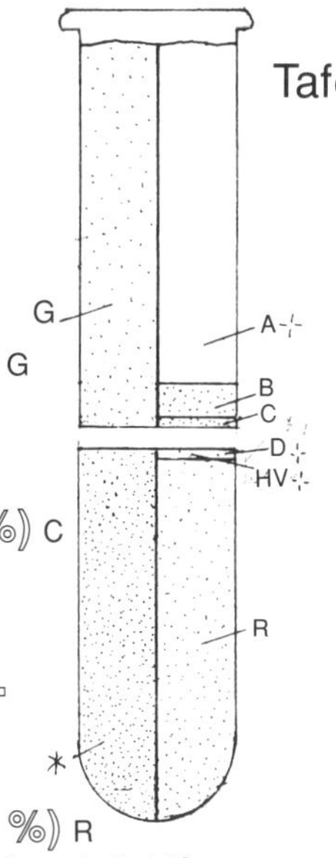

PLASMA (55 %) G

WASSER (90 %) A
PROTEINE (8 %) B
SÄUREN, SALZE (2 %) C

GEFORMTE BLUTBESTANDTEILE (45 %)*

ERYTHROZYTEN (99 %) R
THROMBOZYTEN (0,6 – 1,0 %) HV
LEUKOZYTEN (0,2 %) D

Alle Blutbestandteile, die als getrennte Strukturen mit einem Lichtmikroskop erkennbar sind, werden als *geformte Blutbestandteile* bezeichnet. Der Rest des Blutes ist eine proteinreiche Flüssigkeit, die *Plasma* genannt wird. Wenn man Blut gerinnen läßt, lösen sich die Zellen auf, und es entsteht eine trübe Flüssigkeit, das *Serum*. Serum ist Plasma ohne die Gerinnungsfaktoren. Wenn Vollblut in einem Teströhrchen zentrifugiert wird, setzen sich die Erythrozyten ganz unten ab, die *Leukozytenfraktion* bildet eine gelbliche Schicht darüber, und das Plasma, die leichteste Fraktion, nimmt die oberen 55 % des Gesamtvolumens ein. Der Anteil der Erythrozytenfraktion in diesem Reagenzglas bildet den *Hämatokrit* (40 – 52 % Volumenanteile bei Männern, 37 – 47 % bei Frauen). Der Unterschied in den Blutwerten zwischen Männern und Frauen ist vermutlich auf die Unterschiede in der Eisenspeicherung und im Metabolismus zurückzuführen (Männer speichern bis zu 50 % mehr Eisen als Frauen). Ein niedriger Hämatokrit deutet auf Anämie oder Blutung hin.

LEUKOZYTEN D

(weiße Blutkörperchen)

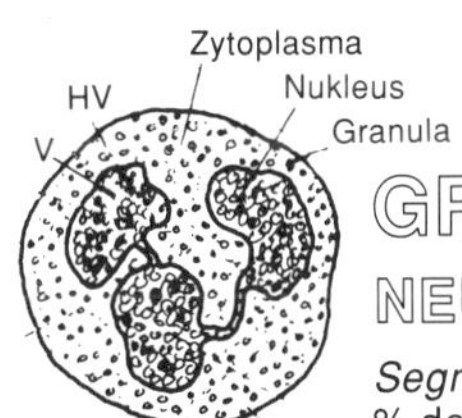

Segment (reif)

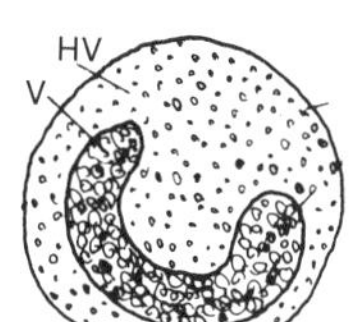

Ligament (unreif)

GRANULOZYTEN*

NEUTROPHILE

Segmentkernige neutrophile Granulozyten (55 – 75 % der Leukozytenpopulation) werden im Knochenmark gebildet und haben ein kurzes Leben in Blut und Bindegewebe (einige Stunden bis 4 Tage). Unreife Formen (*stabkernige neutrophile Granulozyten*, 1 – 5 %) kommen vereinzelt im Blut vor, ihr Anteil erhöht sich häufig bei akuten Infektionen. Neutrophile können mit Hilfe aggressiver Enzyme, die sie in ihren Granula und Lysosomen gespeichert haben, schnell Fremdkörper und Zellreste fressen (Phagozytose).

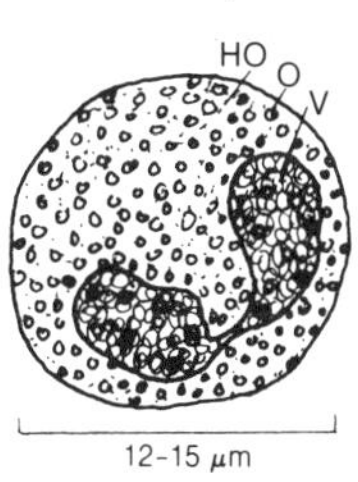

EOSINOPHILE

Eosinophile Granulozyten (1 – 3 % der Leukozytenfraktion) sind bei entsprechender Färbung an ihren rötlichen Granula erkennbar. Sie sind als Phagozyten an Immunreaktionen beteiligt. Bei der Spätphasenreaktion des Asthmas fördern sie vermutlich die Zellschädigung durch eine Steigerung der Membranpermeabilität der Bronchialschleimhaut für allergisierende Substanzen. Sie scheinen Histamin zu inaktivieren und damit die Entzündungsreaktion infolge der Degranulation von Mastzellen (Histaminfreisetzung) bei allergischen Reaktionen zu dämpfen.

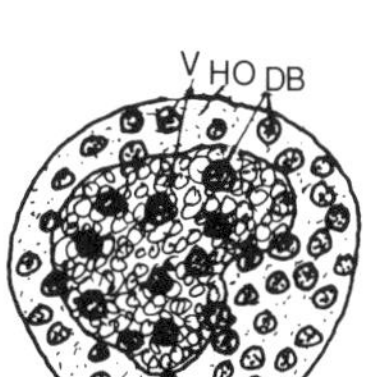

BASOPHILE

Basophile Granulozyten (0 – 1 % der Leukozytenfraktion) enthalten dunkelblau gefärbte Granula. Von Basophilen weiß man, daß sie bei allergischen Reaktionen degranulieren und so Histamin, Serotonin und Heparin freisetzen. Eine solche Degranulation (Freisetzung der Granula) induziert eine Kontraktion glatter Muskelzellen, erhöht die Durchlässigkeit (Permeabilität) von Blutgefäßen, was die Entzündungsreaktion fördert, und verlangsamt bei Entzündungen die Fortbewegung der Leukozyten.

MONONUKLEÄRE ZELLEN

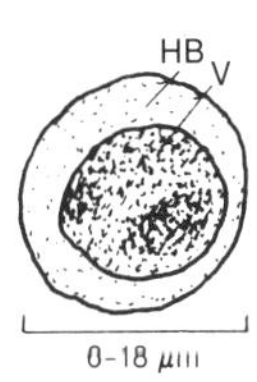

LYMPHOZYTEN

Lymphozyten (20 – 45 % der Leukozytenfraktion) werden im Knochenmark gebildet und werden im Blut wie auch in lymphatischen Organen (Lymphknoten, Thymus, Milz usw.) gefunden. Sie bestehen im allgemeinen aus 20 % B-Zellen (kurzlebige Zellen aus dem Knochenmark, können sich zu Plasmazellen umwandeln und als solche Antikörper sezernieren, sog. humorale Immunität) und 70 % T-Zellen (langlebige Zellen aus dem Thymus, die als zytotoxische Zellen, Helfer-Zellen oder Suppressor-Zellen die sog. zelluläre Immunität vermitteln). Lymphozyten, die weder B- noch T-Oberflächenmarker besitzen, werden natürliche Killerzellen genannt (weniger als 5 %).

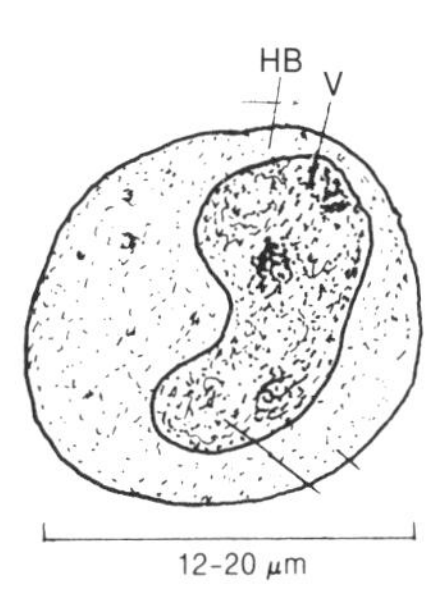

MONOZYTEN

Monozyten (2 – 8 % der Leukozytenfraktion) werden im Knochenmark gebildet, reifen im Blut (in etwa acht Stunden) aus und verlassen dann den Blutkreislauf, um im extrazellulären Raum als Makrophagen zu fungieren. Sie sind wesentlich an der Funktion des Immunsystems beteiligt, denn sie präsentieren die Antigene den übrigen Immunzellen, sezernieren Substanzen für Immunreaktionen und zerstören Antigene. Sie phagozytieren Zellreste und andere Abfallprodukte bei der Wundheilung, Knochenbildung und vielen anderen zellulären Aktivitäten, die mit Abbau verbunden sind.

HERZKREISLAUFSYSTEM

SCHEMA DES BLUTKREISLAUFS*

Verwenden Sie Blau für Struktur A, Violett für B und leuchtende Farben für D und E.

1. Bemalen Sie die Begriffe Körperkreislauf und Lungenkreislauf, die zwei Figuren und die Ränder der großen Abbildung. Mit Violett (das den Übergang zwischen sauerstoffreichem und -armem Blut darstellt) malen Sie die beiden Kapillaren aus, die den Unterschied in der Funktion der Kapillaren von Körper- und Lungenkreislauf zeigen.
2. Beginnen Sie im rechten Vorhof des Herzens und verfolgen Sie mit ihrer Farbe den Fluß des sauerstoffarmen Blutes (A) in die Lunge. Nach dem Bemalen des Kapillarnetzes der Lunge (B) fahren Sie fort mit dem sauerstoffreichen Blut (C), das zum Herzen zurückfließt und in den Körperkreislauf gepumpt wird. Verfahren Sie genauso mit dem Körperkreislauf.

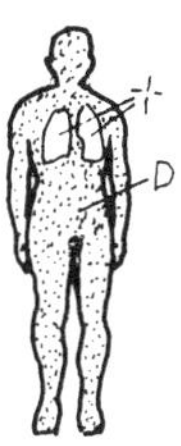

KÖRPERKREISLAUF D

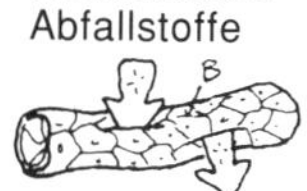

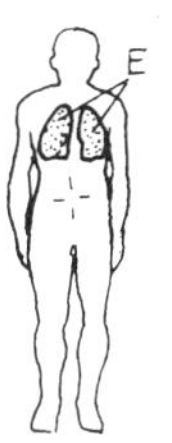

LUNGENKREISLAUF E

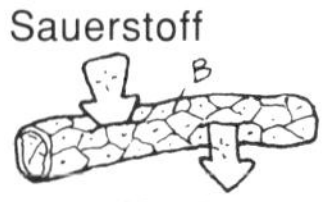

SAUERSTOFFARMES BLUT A
KAPILLARES BLUT B
SAUERSTOFFREICHES BLUT C

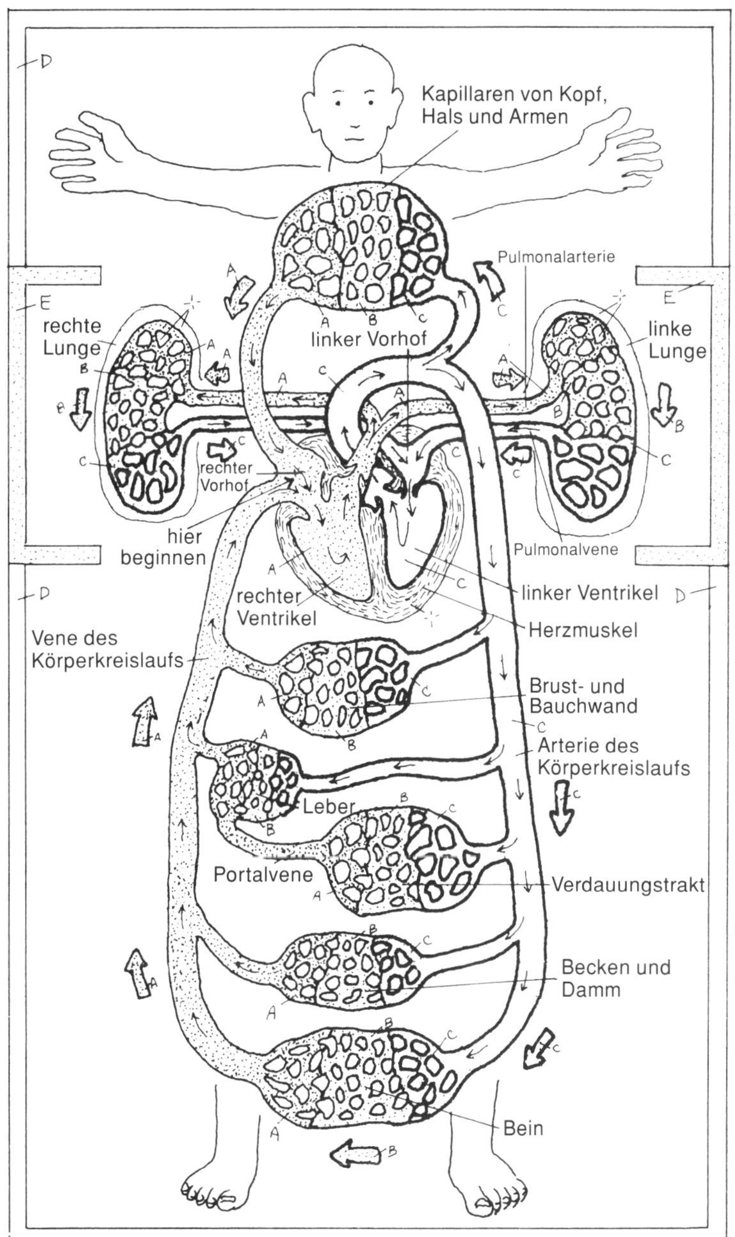

Der Blutkreislauf beginnt im Herzen, welches das Blut, das ihm aus den Venen zufließt, in die Arterien pumpt. *Arterien* leiten das Blut vom Herzen *weg*, und *Venen* leiten das Blut zum Herzen *hin* – unabhängig von seinem Sauerstoffgehalt (Oxygenation). *Kapillaren* sind kleinste, extrem dünnwandige Gefäße; sie bilden im ganzen Körper Netzwerke, die den Austausch von Gasen und Nährstoffen zwischen dem Innern des Gefäßes (Lumen) und dessen Umgebung (Extrazellulärraum) ermöglichen. Ihr Blut erhalten die Kapillaren von kleinen Arterien (Arteriolen) und leiten es weiter an kleine Venen (Venolen).

Es gibt zwei Blutkreisläufe: (1) den *Lungenkreislauf* (auch kleiner Kreislauf genannt), der *sauerstoffarmes Blut* von der rechten Herzhälfte zu den Lungen und frisch mit Sauerstoff beladenes, *sauerstoffreiches Blut* zurück zur linken Herzhälfte leitet; (2) den *Körperkreislauf* (auch großer Kreislauf genannt), der sauerstoffreiches Blut von der linken Herzhälfte zu den Körpergeweben hin und sauerstoffarmes Blut zurück zur rechten Herzhälfte leitet. Die Farbe Rot wird grundsätzlich für sauerstoffreiches Blut verwendet, die Farbe Blau für sauerstoffarmes Blut.

Daraus folgt, daß nicht jedes arterielle Blut sauerstoffreich und jedes venöse Blut sauerstoffarm ist, denn im Lungenkreislauf ist es umgekehrt.

Kapillares Blut ist gemischt; infolge der Freisetzung von Sauerstoff ins Gewebe und Aufnahme von Kohlendioxid aus dem Gewebe ist es überwiegend sauerstoffreich auf der arteriellen Seite des Kapillarnetzes und überwiegend sauerstoffarm auf der venösen Seite.

Ein Kapillarnetz besteht grundsätzlich zwischen einer Arterie und einer Vene; eine Ausnahme bildet der Portalkreislauf der Leber, der zwei nacheinandergeschaltete Kapillarnetze aufweist; die Vene zwischen den beiden Kapillarnetzen heißt Portalvene und verbindet das Kapillarsystem des Verdauungstraktes mit der Leber.

HERZKREISLAUFSYSTEM BLUTGEFÄSSE*

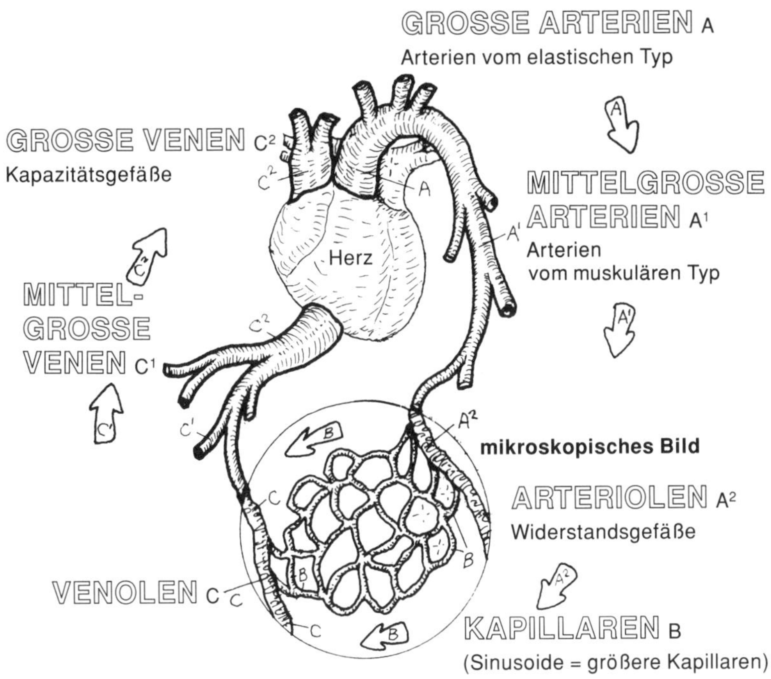

Verwenden Sie Rot für A, Violett für B, Blau für C und helle Farben für D, F und H.

1. Bemalen Sie vollständig die Abbildung links oben, beginnend mit den großen Arterien.
2. Bemalen Sie nun die einzelnen Gefäßtypen und ihre Bezeichnung. Beachten Sie, daß das Vas vasorum und der Nervus vasorum in der Bindegewebsschicht (H) nicht ausgemalt werden sollen.
3. In dem Diagramm der Venenklappenfunktion erhält das Blut sowohl in der Vene als auch in der Arterie die Farbe Grau.

Große Arterien (Arterien vom elastischen Typ), z. B. die Aorta oder die Arteria carotis communis, enthalten viele Schichten elastischen Bindegewebes. Sie sind ungefähr so dick wie ein Finger. *Mittelgroße Arterien* (Arterien vom muskulären Typ), die durchschnittlich so dick wie ein Bleistift sind, haben grundsätzlich einen eigenen Namen. Die kleineren Äste dieser Arterien nennt man *Arteriolen*, sie regulieren als Widerstandsgefäße den Blutfluß ins nachgeschaltete Kapillarnetz. *Kapillaren* sind einschichtige Endothelschläuche, die von etwas Bindegewebe gestützt werden. Ihre Größe liegt normalerweise im mikroskopischen Bereich, doch einige sind auch größer (Sinusoide) oder spezialisierter.

Venen werden im Verlauf zum Herzen hin immer größer. Sie haben Kollateralen (Gefäße mit der gleichen Strombahn, ermöglichen einen Umgehungskreislauf); mit Ausnahme des Portalkreislaufs haben sie aber keine Verzweigungen. *Venolen* (kleine Venen) werden durch den Zusammenfluß von Kapillaren gebildet und haben prinzipiell den gleichen Aufbau wie die Kapillaren. Sie vereinigen sich zu *mittelgroßen Venen* und diese wiederum zu den *großen Venen* (Kapazitätsgefäße). Bestimmte spezialisierte große Venen, zum Beispiel im Schädel, heißen Sinus. Die Wände dieser Venen sind dünner als die ihrer arteriellen Gegenstücke, ihr Lumen ist aber grundsätzlich größer. Große Venen können sich deutlich ausdehnen und so als Blutreservoirs dienen.

Alle Gefäße haben eine innere Auskleidung *(Intima)* aus einschichtigem Plattenepithel *(Endothel)*, umgeben von einer dünnen Bindegewebsschicht. In vielen mittelgroßen Venen des Halses und der Extremitäten sind in regelmäßigen Abständen kleine Intimataschen ausgebildet – die *Venenklappen*. Diese sind paarweise angelegt und wirken als Ventil, das den Durchfluß nur in Richtung zum Herzen hin erlaubt. Während sie in dieser Fließrichtung keinen Widerstand darstellen, schließen sie sich, wenn sich der Blutfluß umkehrt. So wirken sie besonders an den Beinen dem durch die Schwerkraft bedingten Absacken des Blutes entgegen. Der venöse Blutfluß wird an den Extremitäten gefördert durch die Kontraktion der Skelettmuskeln, deren Anschwellung das Blut in den Venen entgegen der Schwerkraft weiterpreßt (sog. Muskelpumpe). Die *Membrana elastica interna* kommt als eigenständige Schicht nur in mittelgroßen Arterien vor und wirkt unterstützend zur Aufrechterhaltung des Blutdrucks; in anderen Gefäßtypen ist sie etwas diffuser verteilt. Die *Media* besteht aus konzentrisch angeordneten glatten Muskelfasern. Sie ist gut ausgebildet in Arterien vom muskulären Typ und weniger gut in Venen. Die Arterien vom muskulären Typ nutzen diese Schicht, um das Blut weiterzupumpen. In Arteriolen, wo diese Schicht auf ein bis zwei Zellschichten begrenzt ist, kann die glatte Muskulatur den Blutfluß ins Kapillarbett völlig blockieren. Die *Membrana elastica externa* findet man als eigenständige Schicht nur in Arterien vom muskulären Typ. Die *Adventitia* besteht aus Bindegewebe, das an die Faszie angrenzt, in der sich das Gefäß befindet; innerhalb dieser Schicht findet man viel kleinere, das große Gefäß versorgende Gefäße (Vasa vasorum) und motorische Nerven (Nervi vasorum).

WANDSTRUKTUR:

INTIMA:*
- ENDOTHEL D
- MEMBRANA ELASTICA INTERNA E

MEDIA:*
- GLATTE MUSKULATUR F
- MEMBRANA ELASTICA EXTERNA G

ADVENTITIA:*
- BINDEGEWEBE H

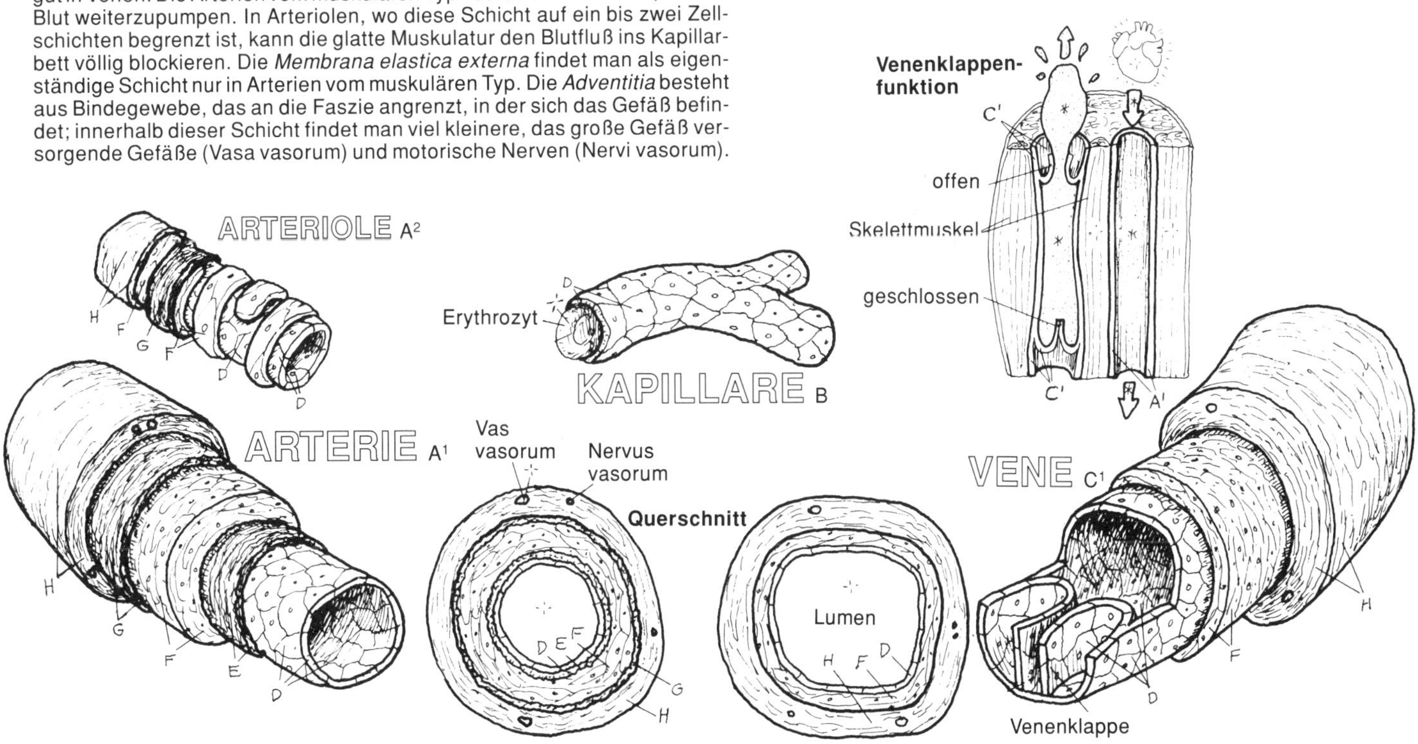

HERZKREISLAUFSYSTEM MEDIASTINUM

LUFTRÖHRE a, SPEISERÖHRE b
LUNGEN *, RECHTS *1/LINKS *2
ZWERCHFELL c, NERVUS PHRENICUS d
HERZBEUTEL e

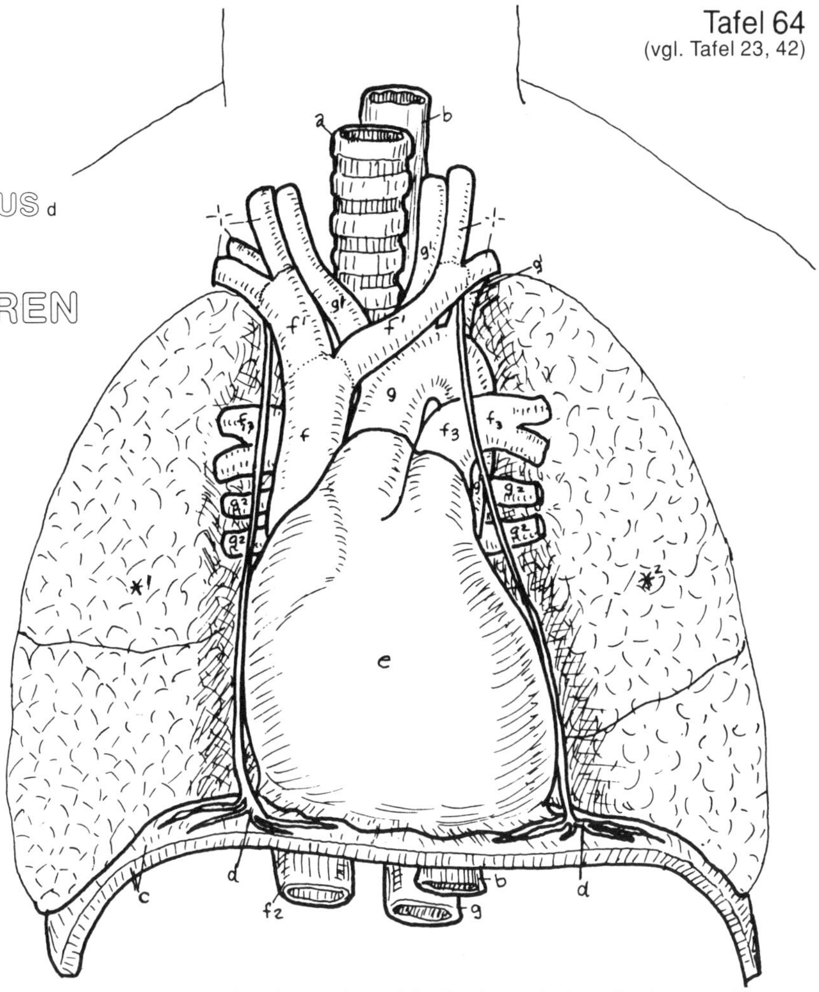

GROSSE GEFÄSSE MIT IHREN ÄSTEN UND ZUFLÜSSEN.

VENA CAVA SUPERIOR f
UND ZUFLÜSSE f¹
VENA CAVA INFERIOR f²
AORTA g MIT ÄSTEN g¹
PULMONALARTERIEN f³
PULMONALVENEN g²

MEDIASTINUM.

OBERES h, VORDERES i, MITTLERES e, HINTERES j MEDIASTINUM

14 Farben

1. Malen Sie die Gefäße rot an, die sauerstoffreiches Blut transportieren (g, g^1, g^2), und blau diejenigen, die sauerstoffarmes Blut transportieren (f, f^1, f^2, f^3).
2. Von den Arterien gehen Äste ab (g^1 zweigt von g ab). Venen bilden sich aus ihren Zuflüssen (f entsteht aus f^1).

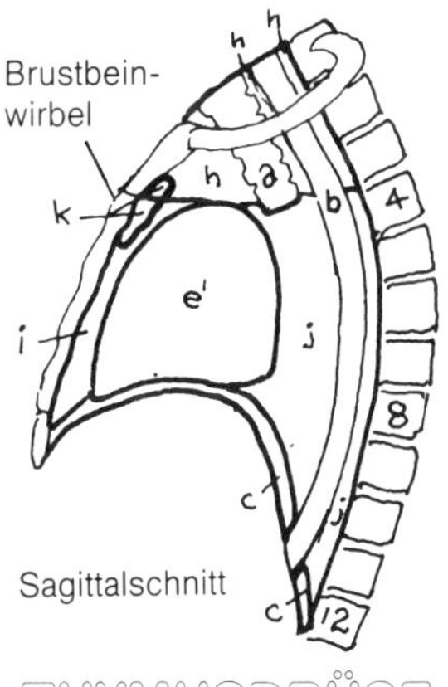

Sagittalschnitt

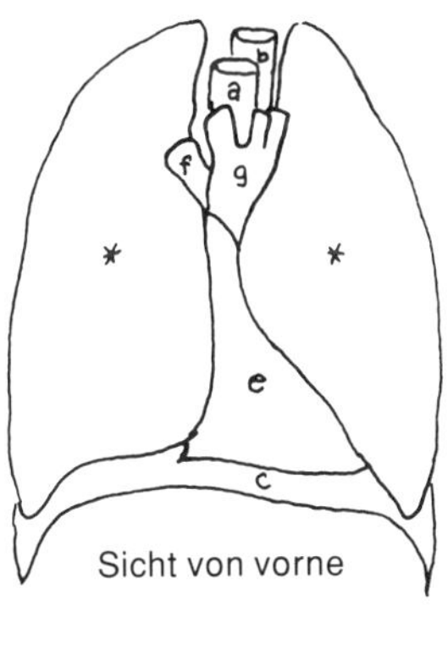

Sicht von vorne

Das Mediastinum ist eine strukturreiche Region zwischen den Lungen. Um es besser beschreiben zu können, wird es in verschiedene Unterregionen eingeteilt, die links gezeigt werden. Das obere Mediastinum wird oben von der ersten Rippe und unten von einer angenommenen Horizontalen begrenzt, die vom Brustbeinwinkel ([Angulus] sterni) zum vierten Brustwirbel verläuft. Hier finden sich die großen Herzgefäße (außer der Vena cava inferior), die Luftröhre (Trachea), Speiseröhre (Ösophagus), die Thymusdrüse und wichtige Nerven wie der Nervus phrenicus, der zum Zwerchfell (Diaphragma) führt. Im mittleren Mediastinum befinden sich das Herz und der Herzbeutel (Perikard). Das vordere Mediastinum ist strukturarm und enthält lediglich die Thymusdrüse, die bei Kindern aus dem oberen Mediastinum herabreichen kann. Die Thymusdrüse liegt auf der Zeichnung ganz links. Das hintere Mediastinum enthält Ösophagus, absteigende Aorta, Ductus thoracicus, Nervus vagus etc.
Zur Verdeutlichung: Der Boden des Mediastinums ist das Diaphragma. Das Herz ist teilweise von den Lungen bedeckt, oben wurden die Lungen zurückgeschlagen, um das Mediastinum darzustellen.

THYMUSDRÜSE k

HERZWÄNDE UND HERZBEUTEL*

PERICARDIUM FIBROSUM e
PERICARDIUM SEROSUM l
EPIKARD m HERZMUSKEL n ENDOKARD o

Das Herz ist mit einem dreilagigen Beutel, dem Herzbeutel (Perikard), eingehüllt. Den Herzmuskel überzieht als viszerales Serosa-Blatt das Epikard. Am Ursprung des Aortenbogens schlägt es nach außen um und wird zum serösen Perikard (Pericardium serosum). Diese beiden Perikardblätter sondern eine seröse Flüssigkeit ab, die dem Herz erlaubt, sich ohne jede Reibung in dem Beutel zu bewegen. Eine Perikardhöhle gibt es im Grunde nicht, da diese beiden Perikardblätter lediglich durch einen dünnen Flüssigkeitsfilm getrennt werden. Das fibröse Perikard (Pericardium fibrosum) bildet die äußere Lage: Es ist fibrös, fettreich und fest am Brustbein, den großen Gefäßen und dem Diaphragma befestigt. So hält es das rhythmisch schlagende Herz an seinem Platz. Das Herz selbst setzt sich aus einer inneren Auskleidung mit einschichtigem Plattenepithel, dem Endokard, und dem Herzmuskel (Myokard) zusammen.

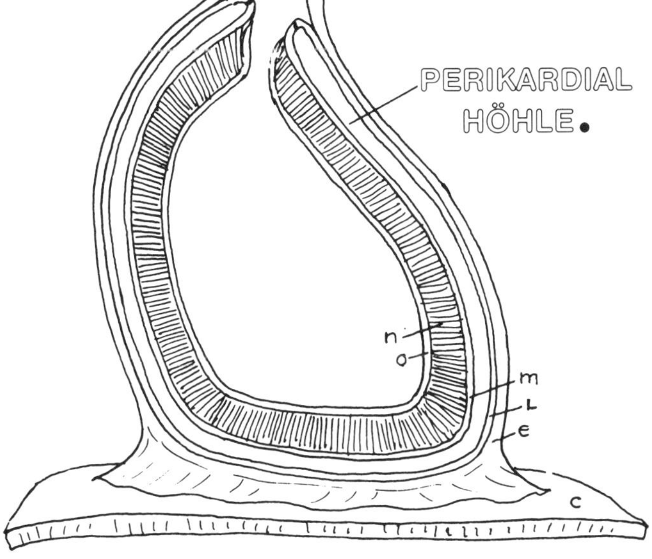

HERZKREISLAUFSYSTEM / AUFBAU DES HERZENS*

Tafel 65
(vgl. Tafel 62, 64)

17 Farben
1. Verwenden Sie in beiden Abbildungen die Farbe rot für die fettgedruckten Zahlen und Pfeile (sie veranschaulichen den Zustrom des oxygenierten Blutes aus den Lungen). Für die dünngedruckten Pfeile (desoxygeniertes Blut) und Zahlen nehmen Sie eine blaue Farbe. Fangen Sie bei der Vena cava sup. mit dem Ausmalen an und folgen Sie der Reihenfolge der Bezeichnungen (in Richtung des Blutflusses).
2. Verwenden Sie leuchtende oder kräftige Farben für die Strukturen f, h, i, j, k, L und p.
3. In der unteren Darstellung werden nur die Pfeile bemalt. Beginnen Sie in den Hohlvenen und im rechten Vorhof (1) mit blau und folgen Sie den Pfeilen, die den Blutstrom veranschaulichen.

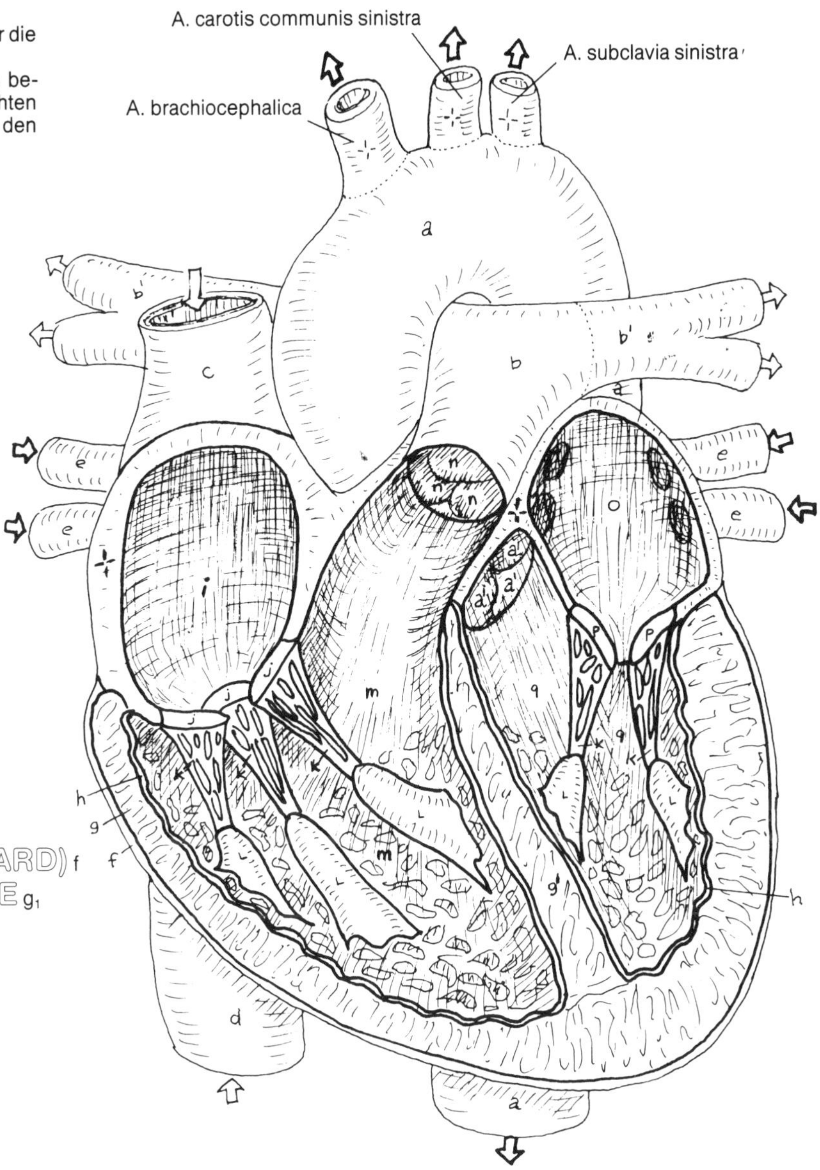

VENA CAVA SUP. c
VENA CAVA INF. d
RECHTER VORHOF (1) i
TRIKUSPIDALKLAPPE j
SEHNENFÄDEN k
PAPILLARMUSKEL L
RECHTER VENTRIKEL (2) m
ENDOKARD h
MYOKARD g
EPIKARD (VISZERALES PERIKARD) f
SEPTUM INTERVENTRICULARE g_1
PULMONALKLAPPE n
TRUNCUS PULMONALIS b /
AA. PULMONALES b'
VV. PULMONALES e
LINKER VORHOF (3) o
MITRALKLAPPE p
LINKER VENTRIKEL (4) q
AORTENKLAPPE a_1
AORTA a

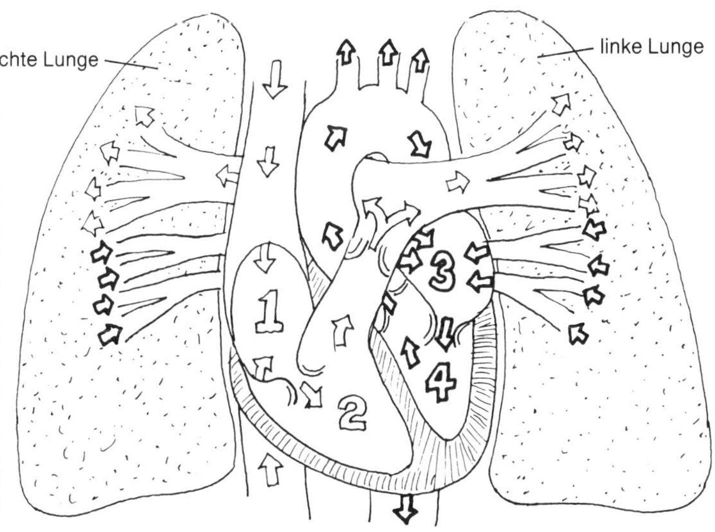

Das *Herz* ist die einzige muskuläre Pumpe, die das Kreislaufsystem in Gang hält. Es hat vier Kammern: 2 rechte, die das Blut in die Lungen pumpen (Lungenkreislauf), und 2 linke, die den übrigen Körper versorgen (systemischer oder Körperkreislauf). Desoxygeniertes (sauerstoffarmes) Blut erreicht über die Vv. cavae (Hohlvenen) den *rechten Herzvorhof* und wird vom *rechten Ventrikel* (Herzkammer) mit relativ niedrigem Druck in die Lungen gepumpt. Oxygeniertes (sauerstoffreiches) Blut kehrt aus den Lungen zurück, gelangt über den *linken Herzvorhof* in den *linken Ventrikel* und wird von dort unter ziemlich hohem Druck über die Aorta in den Körperkreislauf gepumpt. Die Druckverhältnisse spiegeln sich auch in der größeren Wanddicke des linken Ventrikels wider. Die *Trikuspidal- und die Mitralklappe* verhindern ein Zurückströmen des Blutes in die Vorhöfe während der Systole (Kontraktionsphase der Herzkammern). Die *Pulmonal- und die Aortenklappe* verhindern ein Zurückfließen von Blut in die Ventrikel während der Diastole (Füllungsphase der Herzkammern). Das *Endokard* ist eine Fortsetzung des Endothels, das alle Blutgefäße auskleidet: einschichtiges Plattenepithel. Das *Myokard* ist das Herzmuskelgewebe.

HERZKREISLAUFSYSTEM
REIZLEITUNGSSYSTEM DES HERZENS *

4 Farben
1. Malen Sie das Reizleitungssystem des Herzens an. Die Strukturen a und a_1 erhalten dabei dieselbe Farbe.
2. Auch das unten dargestellte Elektrokardiogramm wird einschließlich der verschiedenen Buchstaben ausgemalt.

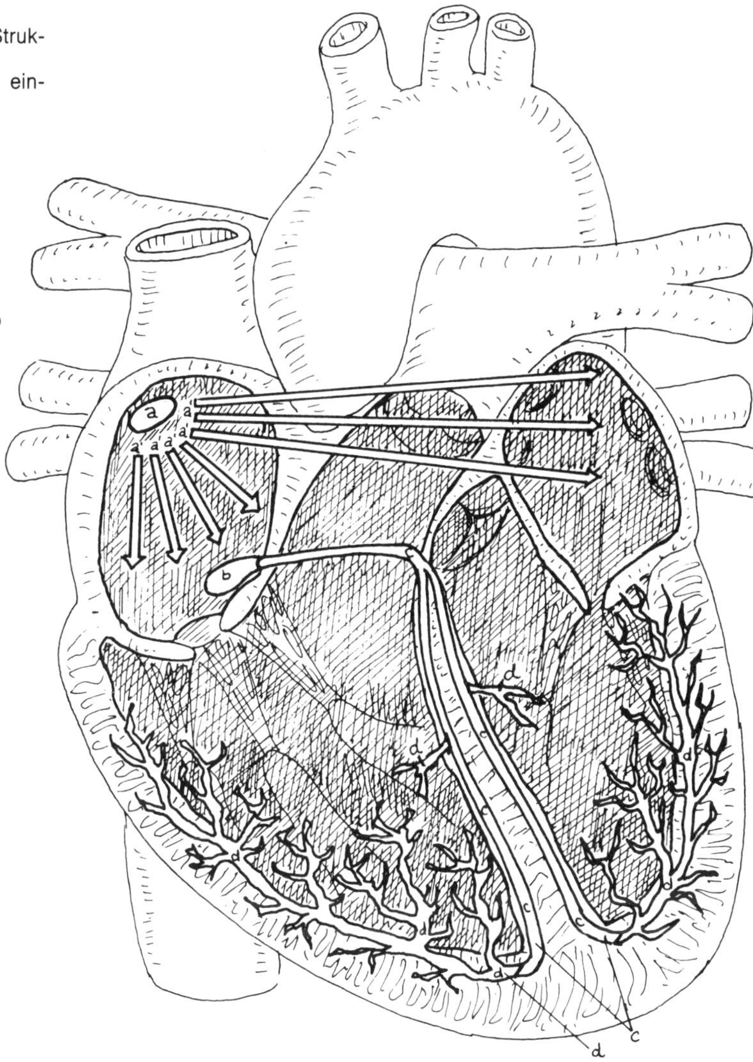

SINUSKNOTEN a
REIZLEITUNGSBÜNDEL a_1
AV- (ATRIOVENTRIKULAR) KNOTEN b
HIS-BÜNDEL c
PURKINJE-FASERN d

Herzmuskelzellen sind in der Lage, sich spontan, d. h. ohne Nervenimpuls, zu kontrahieren. Würde sich jede einzelne Herzmuskelzelle unabhängig von den anderen ohne Synchronisation kontrahieren, käme keine wirkungsvolle Pumpaktion zustande. Daher gibt es im Herzen ein Netzwerk von spezialisierten Muskelfasern, die eine bessere elektrophysiologische Leitfähigkeit als Kontraktionsfähigkeit besitzen. Die Zellen dieses *kardialen Reizleitungssystems* haben eine niedrigere spontane Erregungsschwelle als die übrigen Herzmuskelzellen, und daher kontrollieren und synchronisieren sie den Kontraktionsvorgang. Der *Sinusknoten* ist die Region des Reizleitungssystems mit der höchsten Eigenfrequenz und setzt somit die Impulse für jede Herzaktion (»Schrittmacher«). Die Nervenimpulse gelangen über die Vorhofmuskulatur oder über spezielle *Leitungsbündel* (deren Existenz noch nicht bewiesen ist) zum *AV-Knoten*. Von hier aus läuft die Erregung über die *His-Bündel* und die *Purkinje-Fasern* zu den Muskelzellen der Ventrikel. Nach einer kurzen Refraktärzeit löst der Sinusknoten den nächsten Impuls aus und der Vorgang wiederholt sich. Jeder Impuls löst eine Folge von Pumpvorgängen aus. Die Pumpaktionen von rechtem und linkem Ventrikel stellen einen Herzschlag dar.

Beim Ableiten eines *EKG's* mißt man die elektrochemische Aktivität des Herzens. Elektroden werden an verschiedenen Punkten des Körpers plaziert und zeichnen über die Haut die geringen Spannungs- und Stromstärkenschwankungen des Herzens auf. Die *P-Welle* wird durch die Erregungsausbreitung vom Sinusknoten über die Vorhöfe ausgelöst. Die Vorhofkontraktion findet unmittelbar darauf statt. Am Ende der P-Welle kommt es zu einer (physiologischen) Verzögerung der Überleitung im AV-Knoten (Vorhofkontraktion!). Der *QRS-Komplex* wird hervorgerufen durch Impulsausbreitung über die His-Bündel und die Purkinje-Fasern zur Ventrikelmuskulatur – wie Sie sehen, eine sehr schnelle Reizleitung. Die Ventrikelkontraktion findet unmittelbar darauf statt. Die *T-Welle* ist das Ergebnis elektrischer Repolarisationsvorgänge in den Ventrikeln. Hinter ihr folgt die nächste P-Welle.

ELEKTROKARDIOGRAMM (EKG) *

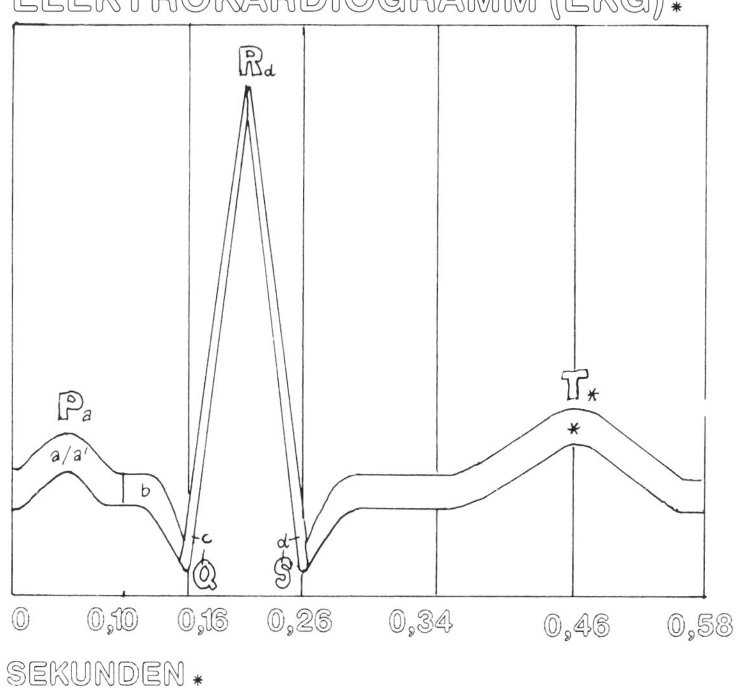

HERZKREISLAUFSYSTEM
KORONARKREISLAUF DES HERZENS*

16 Farben
1. Verwenden Sie leuchtende und kräftige Farben für Arterien und Venen (m-t).
2. Der rechte Herzvorhof und der linke Ventrikel sollten grau bemalt werden. Die beiden anderen Herzhöhlen bleiben weiß.
3. Die gestrichelten Linien bedeuten Gefäße, die auf der Rückseite des Herzens verlaufen; sie sollten auch angemalt werden.
4. Beachten Sie, daß die A. pulmonalis durchtrennt wurde, um den Ursprung der linken A. coronaria darzustellen.

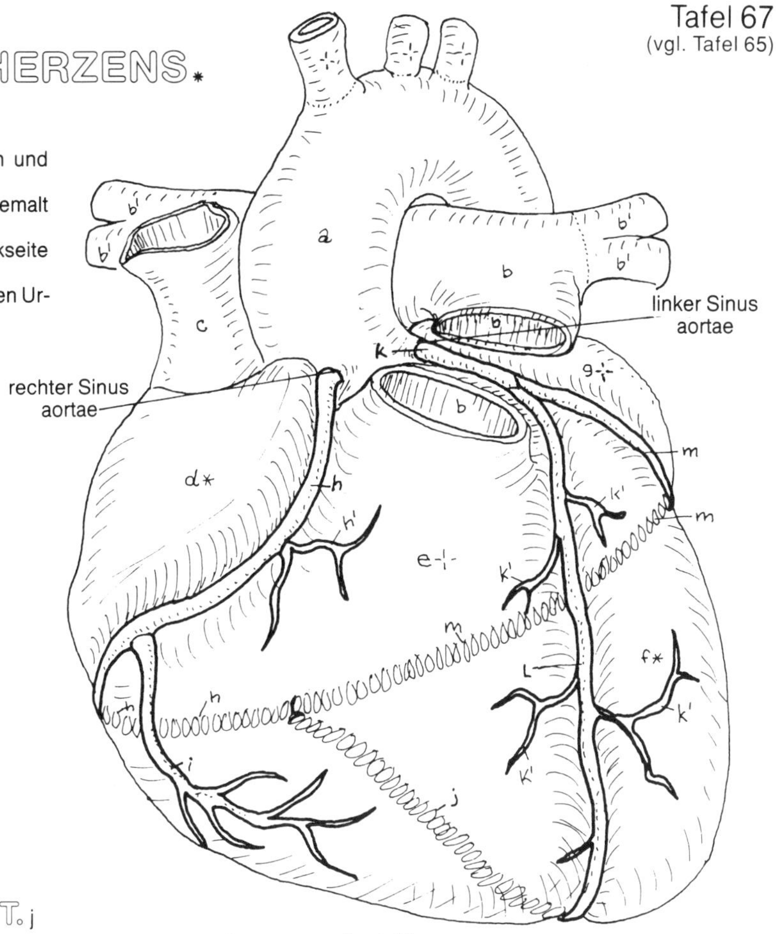

Ansicht von vorn

AORTA a
TRUNCUS PULMONALIS b /
A. PULMONALIS b_1
V. CAVA SUP. c
RECHTER VORHOF d*
RECHTER VENTRIKEL e -:-
LINKER VENTRIKEL f*
LINKER VORHOF g -:-

KORONARARTERIEN*
A. CORONARIA DEXTRA h
KLEINE MUSKELÄSTE h_1
RAMUS MARGINALIS i
RAMUS INTERVENTRICULARIS POST. j
A. CORONARIA SINISTRA k
KLEINE MUSKELÄSTE k_1
RAMUS INTERVENTRICULARIS ANT. L
RAMUS CIRCUMFLEXUS m

Die *Koronararterien* (Herzkranzgefäße) versorgen den Herzmuskel und bilden einen regelrechten »Kranz« (lat. corona) um das Herz. Die rechte und die linke A. coronaria entspringen aus der Aorta, direkt oberhalb der Aortenklappe (rechter und linker Sinus aortae). Die Verbindungen (Anastomosen) zwischen den beiden Koronararterien sind in der Regel unzureichend ausgebildet, so daß eine Arterie bei einem weitgehenden Verschluß der anderen nicht das ganze Herz versorgen kann. Deshalb kommt es bei Obstruktion (Einengung) der *rechten* bzw. *linken A. coronaria* zu verschiedenen Schweregraden gefäßbedingter Herzinsuffizienz.

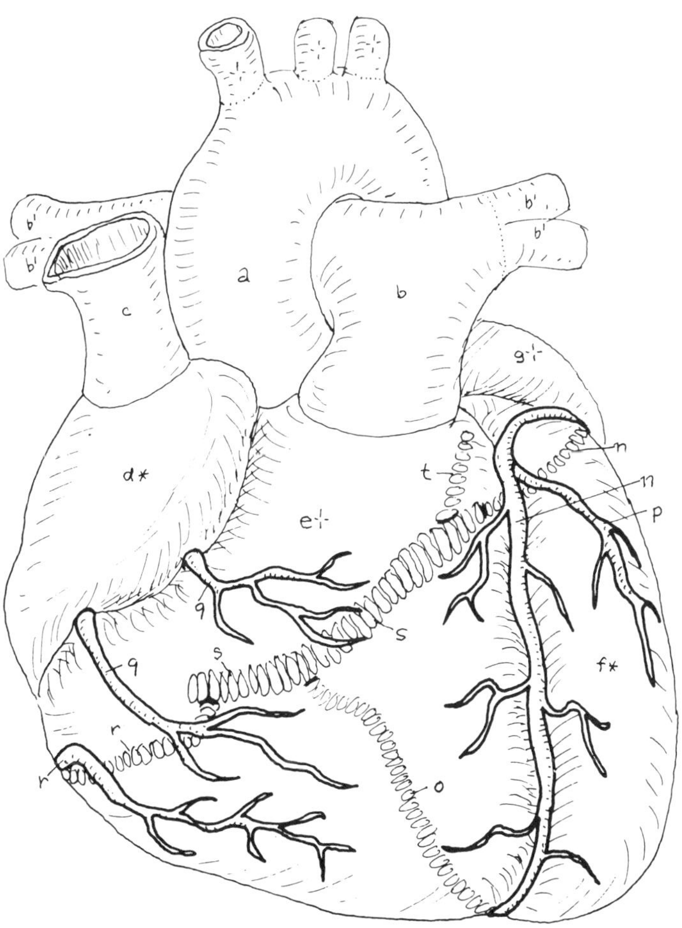

Ansicht von vorn

VENEN DES HERZENS*
V. CORDIS MAGNA n
V. CORDIS MEDIA o
V. MARGINALIS p
V. CORDIS ANT. q
V. CORDIS PARVA r
SINUS CORONARIUS s
V. OBLIQUA ATRII SINISTRI t

Die Herzvenen verlaufen in der Regel direkt neben den Koronararterien, bilden jedoch keinen vollständigen Kranz um das Herz. Sie leiten das Blut aus den Kapillargebieten des Myokards über den Sinus coronarius in den rechten Vorhof ab. Kleinere Venen können auch direkt in den rechten Vorhof münden.

HERZKREISLAUFSYSTEM
ARTERIEN VON KOPF UND HALS*

Verwenden Sie Rot für Struktur A und kräftige Farben für B und L.
1. Beginnen Sie mit dem Truncus brachiocephalicus (A) und der rechten A. subclavia mit ihren Ästen. Die gepunkteten Linien stellen tiefer liegende Gefäße dar.
2. Verfahren Sie genauso mit der rechten A. carotis communis (L) und ihren Ästen.
3. Malen Sie die vier Pulstastpunkte aus.

TRUNCUS BRACHIOCEPHALICUS A

RECHTE A. SUBCLAVIA B
A. THORACICA INTERNA C
A. VERTEBRALIS D
TRUNCUS THYROCERVICALIS E
A. THYROIDEA INFERIOR F
A. SUPRASCAPULARIS G
A. TRANSVERSA COLLI H
TRUNCUS COSTOCERVICALIS I
A. CERVICALIS PROFUNDA J
A. INTERCOSTALIS SUPREMA K

RECHTE A. CAROTIS COMMUNIS L
A. CAROTIS INTERNA M
A. OPHTHALMICA N
A. CAROTIS EXTERNA O
A. THYROIDEA SUPERIOR P
A. LINGUALIS Q
A. FACIALIS R
A. OCCIPITALIS S
A. MAXILLARIS T
AA. ALVEOLARES:
INF. u / SUP. U¹
A. MENINGEA MEDIA V
A. AURICULARIS POSTERIOR W
A. TEMPORALIS SUPERFICIALIS X
A. TRANSVERSA FACIEI Y

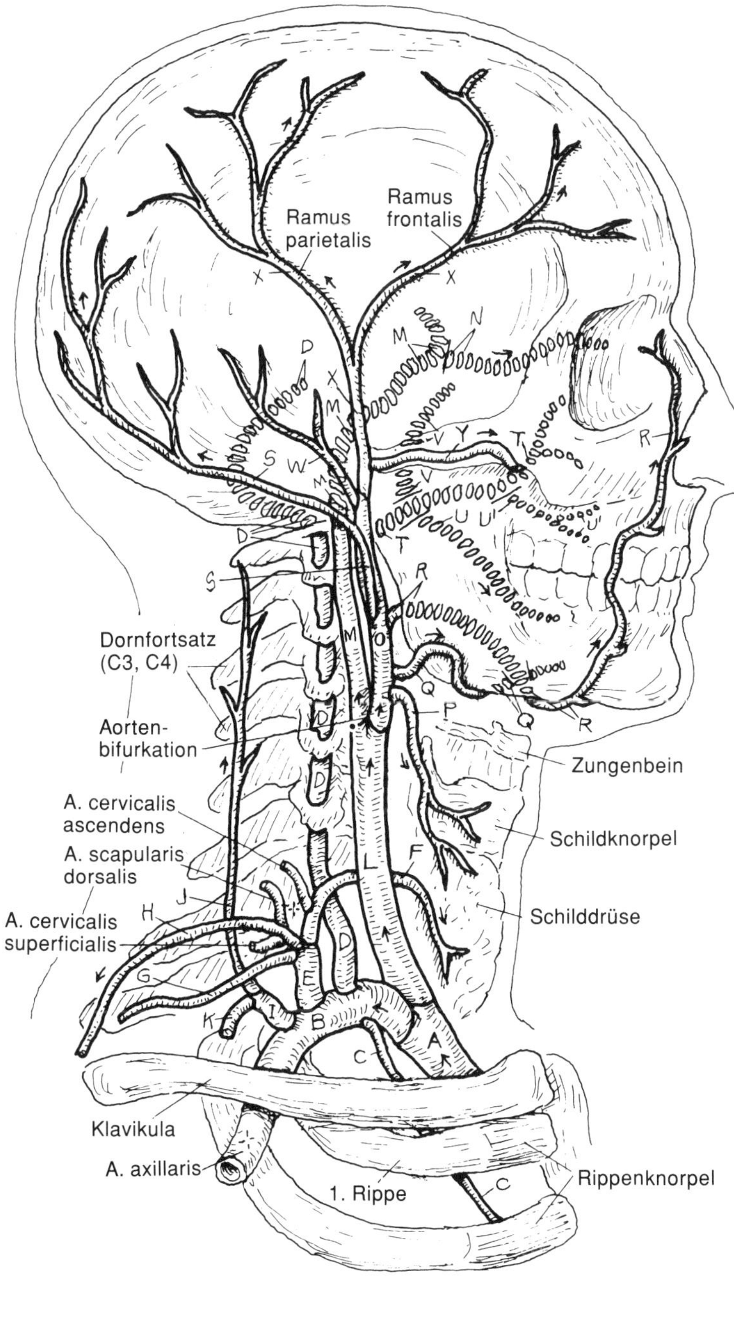

Die *Arteria subclavia* ist das größte blutversorgende Gefäß des Armes; von ihr zweigen zudem Gefäße zum seitlichen und hinteren Hals sowie zur Schulter ab. Auf der rechten Seite gehen sowohl die A. subclavia wie auch die A. carotis communis vom *Truncus brachiocephalicus* ab, auf der linken Seite direkt vom Aortenbogen (s. Tafel 72). Die *Arteria vertebralis* versinkt am Hals in die Tiefe zum Foramen processus transversi des 6. Halswirbels (s. Tafel 21). Sie gibt Äste ab zum Rückenmark, zum Hirnstamm und zum Kleinhirn. Der *Truncus thyrocervicalis* geht unmittelbar medial des Musculus scalenus anterior (s. Tafel 39) ab und zweigt sich schon sehr bald in seine Äste auf, die nach ihrem Versorgungsgebiet benannt sind. Die Arteria subclavia heißt ab dem seitlichen Rand der ersten Rippe Arteria axillaris.

Die *Arteria carotis communis* verläuft, zusammen mit der Vena jugularis interna und dem Nervus vagus eingehüllt (nicht dargestellt), im Hals nach oben. Auf der Höhe zwischen oberem Schildknorpel und Zungenbein teilt sie sich in die *Arteria carotis interna und externa*. Die Arteria carotis interna läuft in den Schädel hinein, gibt die *Arteria ophthalmica* ab, welche die Region der Augenhöhle versorgt, und mündet in den Circulus arteriosus, der das Gehirn versorgt (s. Tafel 69). Die Arteria carotis externa versorgt mit ihren Ästen alle Organe, Skelettmuskeln und Zahnstrukturen von Kopf und Hals mit Ausnahme von Gehirn und Augenhöhle. Sie teilt sich unter anderem auf in die *Arteria maxillaris* und die *Arteria temporalis superficialis*. Die Arteria maxillaris ist die wichtigste Arterie für die Blutversorgung der tieferliegenden Schädelhöhlen, der Augenhöhle, der Zähne, der Kaumuskulatur und der Dura mater *(Arteria meningea media)*. Die Arteria meningea media, die der Dura mater unmittelbar unter der Schädelkalotte aufliegt, kann bei einem harten Sturz auf die Kopfseite reißen (epidurales Hämatom).

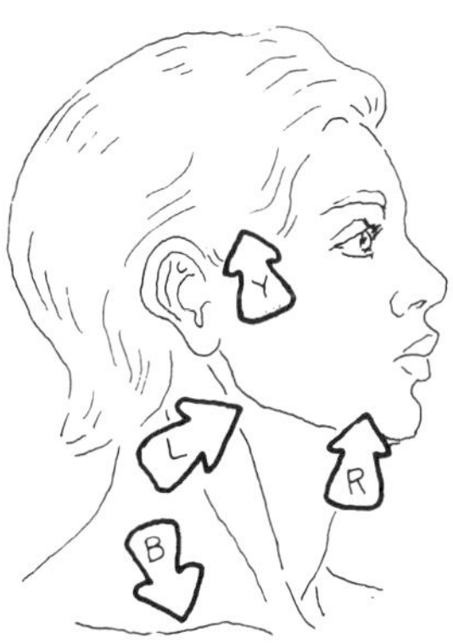

PULSTASTPUNKTE*

HERZKREISLAUFSYSTEM
ARTERIELLE VERSORGUNG DES GEHIRNS*

Tafel 69
(vgl. Tafel 68, 72)

9 Farben

1. Malen Sie die verschiedenen Arterien sowohl in der großen Abb. als auch in dem kleinen Diagramm ganz rechts aus. Die Pfeile sollten unbemalt bleiben.
2. Nur die Arterien (b), (d) und (f) werden in den unteren Abbildungen dargestellt.

CIRCULUS ARTERIOSUS CEREBRI*

A. CAROTIS INTERNA c
A. CEREBRI ANTERIOR b
A. COMMUNICANS ANTERIOR a
A. CEREBRI MEDIA d
A. COMMUNICANS POSTERIOR e

A. VERTEBRALIS n
A. SPINALIS ANTERIOR j

A. BASILARIS g
AA. CEREBELLI (3) i
A. CEREBRI POSTERIOR f

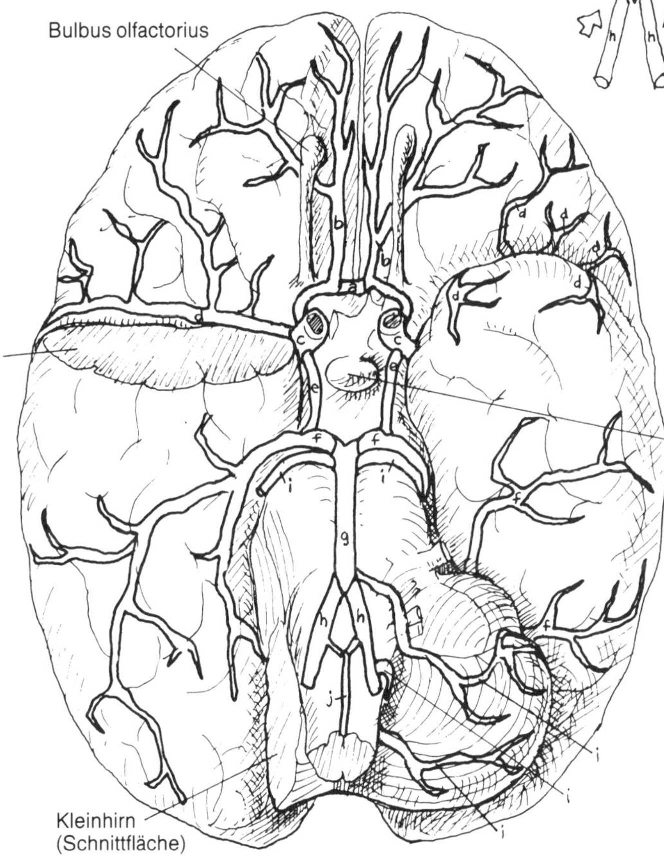

Ansicht von unten

Die rechte und die linke *A. carotis interna* und die beiden *Aa. vertebrales* versorgen das Gehirn mit sauerstoffreichem Blut. Auf der Unterseite des Gehirns bilden eine Reihe von Arterien rund um die Hypophyse (Hirnanhangsdrüse) einen Ring von anastomosierenden Gefäßen, den Circulus arteriosus cerebri (Willisii). Dieser Arterienring dient vor allem dazu, den Blutdruck in den kleineren Gefäßen zu reduzieren. Die kleineren Äste (n. d.), die aus der *A. cerebri media* nahe der A. carotis interna entspringen, sind die berühmt berüchtigten »Schlaganfallarterien«, da sie so häufig an Gefäßverschlüssen oder -rupturen (Hirnblutungen) beteiligt sind. Die Bedeutung des Circulus arteriosus als Kollateralkreislauf (Umgehungskreislauf) bei Durchblutungsstörungen ist nicht unerheblich, wenn auch der Verschluß einer der vier Hauptarterien des Gehirns schwerwiegende Symptome hervorrufen kann.

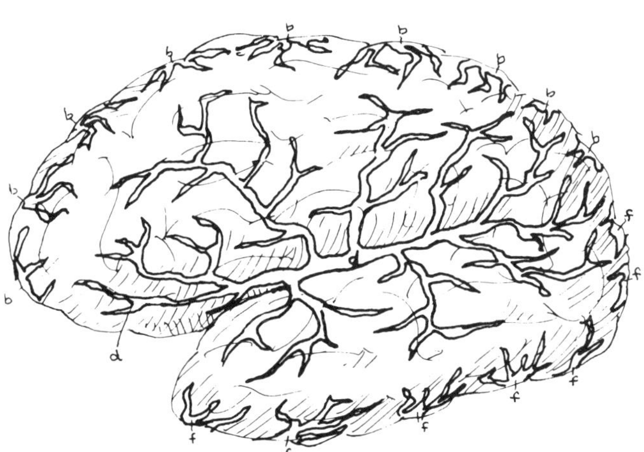

Seitansicht

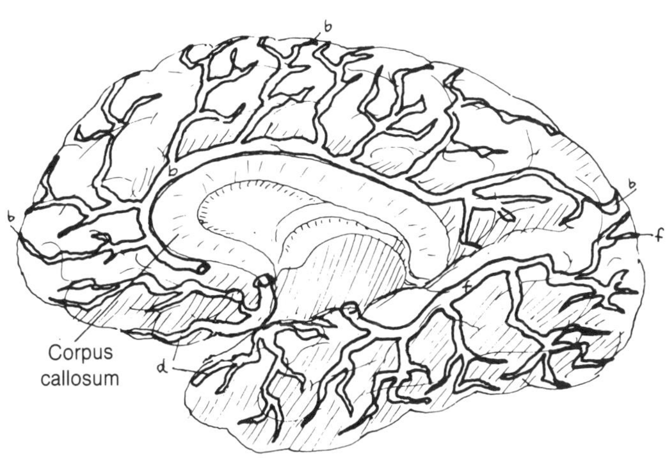

Ansicht von medial
rechte Hemisphäre

HERZKREISLAUFSYSTEM
OBERE EXTREMITÄT: ARTERIEN* U. VENEN*

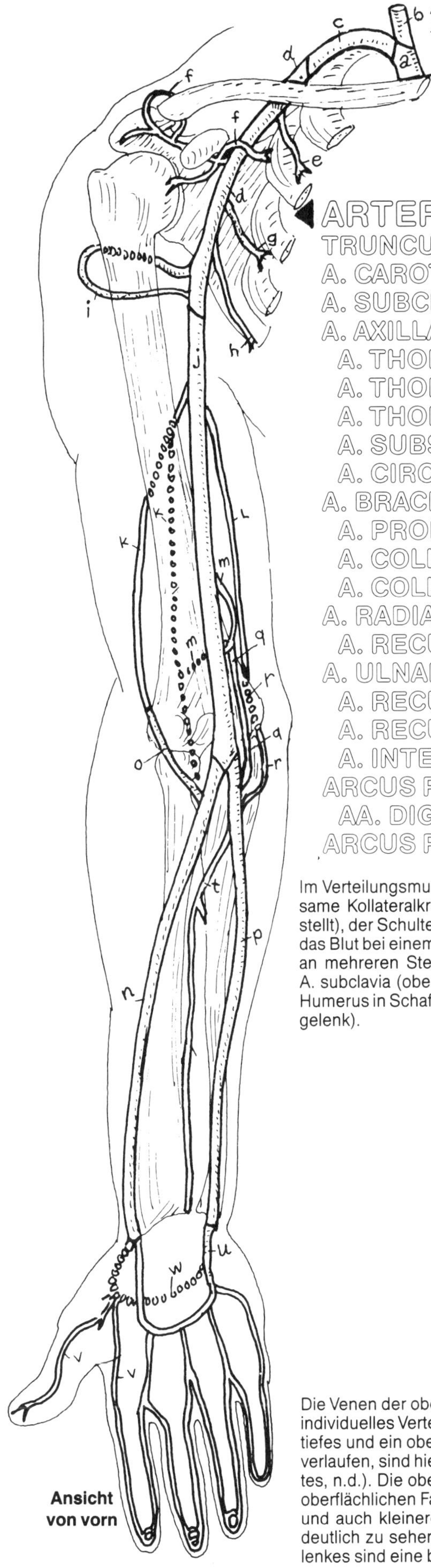

Ansicht von vorn

? Farben
1. Wenn Sie die Venen und die dazugehörigen Bezeichnungen ausmalen, sollten Sie an der Hand beginnen und sich dann bis zu den Halsvenen vorarbeiten. Benutzen Sie für die kleineren venösen Zuflüsse immer dieselbe Farbe. Die gepunkteten Linien stellen auf der anderen Seite oberflächlich liegende Venen dar.

ARTERIEN*

TRUNCUS BRACHIOCEPHALICUS a
A. CAROTIS COMMUNIS b
A. SUBCLAVIA c
A. AXILLARIS d
A. THORACICA SUP. e
A. THORACOACROMIALIS u. ÄSTE f
A. THORACICA LATERALIS g
A. SUBSCAPULARIS h
A. CIRCUMFLEXA HUMERI ANT./POST. i
A. BRACHIALIS j
A. PROFUNDA BRACHII u. ÄSTE k
A. COLLATERALIS ULNARIS SUP. L
A. COLLATERALIS ULNARIS INF. m
A. RADIALIS n
A. RECURRENS RADIALIS u
A. ULNARIS p
A. RECURRENS ULNARIS ANT. q
A. RECURRENS ULNARIS POST. r
A. INTEROSSEA COMMUNIS t
ARCUS PALMARIS SUPERFICIALIS u
AA. DIGITALES PALMARES COMMUNES v
ARCUS PALMARIS PROFUNDUS w

Im Verteilungsmuster der Arterien an der oberen Extremität gibt es einige bedeutsame Kollateralkreisläufe, wie z.B. im Bereich der Skapula (nur teilweise dargestellt), der Schulter, des Ellenbogens und der Hand. Können Sie sich vorstellen, wie das Blut bei einem Verschluß der *A. brachialis* zum Unterarm gelangt? Der Puls kann an mehreren Stellen an der oberen Extremität getastet werden, so z.B. an der A. subclavia (ober- und unterhalb der Klavikula) und der A. brachialis (gegen den Humerus in Schaftmitte auf der Medialseite) und an der A. radialis/ulnaris (am Handgelenk).

VENEN*

VV. DIGITALES PALMARES a /
VENÖSES NETZWERK a_1
V. BASILICA b
V. BASILICA ANTEBRACHII c
V. CEPHALICA d
V. MEDIANA CUBITI e
V. BRACHIALIS f
V. AXILLARIS g
V. SUBCLAVIA h
V. BRACHIOCEPHALICA i

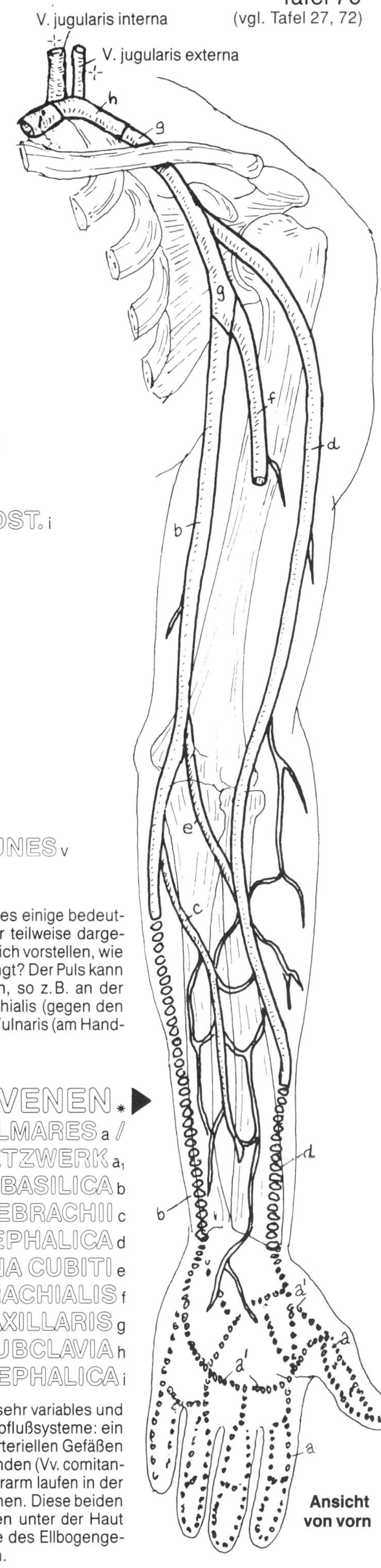

Ansicht von vorn

Die Venen der oberen Extremität zeigen – wie fast überall – ein sehr variables und individuelles Verteilungsmuster. Allgemein gibt es zwei venöse Abflußsysteme: ein tiefes und ein oberflächliches. Die tiefen Venen, die neben den arteriellen Gefäßen verlaufen, sind hier nicht dargestellt. Sie sind oft paarweise vorhanden (Vv. comitantes, n.d.). Die oberflächlich liegenden Venen von Hand und Unterarm laufen in der oberflächlichen Faszie zur V. basilica und zur V. cephalica zusammen. Diese beiden und auch kleinere, zufließende Venen sind bei vielen Menschen unter der Haut deutlich zu sehen. Die oberflächlichen Venen an der Vorderseite des Ellbogengelenkes sind eine beliebte Stelle für Blutabnahmen und Infusionen.

HERZKREISLAUFSYSTEM
ARTERIEN DER UNTEREN EXTREMITÄT *

? Farben
1. Bearbeiten Sie beide Abbildungen gemeinsam.
2. In der Darstellung rechts (Ansicht von hinten) ist der Fuß plantarflektiert, d. h. nach unten gebeugt, so daß die Fußsohle (Planta pedis) zu sehen ist.

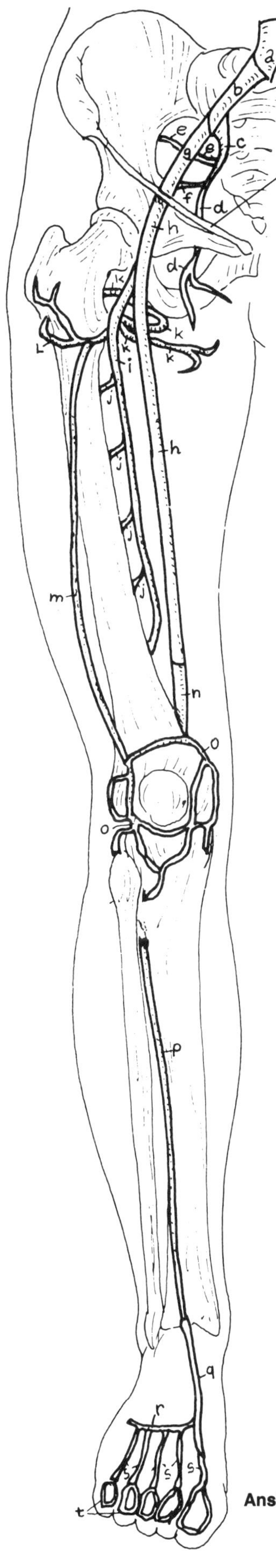

AORTA ABDOMINALIS a
A. ILIACA COMMUNIS b
A. ILIACA INTERNA c
A. OBTURATORIA d
A. GLUTAEA SUP. e
A. GLUTAEA INF. f
A. ILIACA EXTERNA g
A. FEMORALIS h
A. PROFUNDA FEMORIS i
AA. PERFORANTES j
A. CIRCUMFLEXA FEMORIS MEDIALIS k
A. CIRCUMFLEXA FEMORIS LATERALIS L
RAMUS DESCENDENS m
A. POPLITEA n
A. GENUS o
A. TIBIALIS ANT. p
A. DORSALIS PEDIS q
A. ARCUATA r
AA. METATARSEAE DORSALES s
AA. DIGITALES DORSALES t
A. TIBIALIS POST. u
A. PERONAEA v
A. PLANTARIS MEDIALIS w
A. PLANTARIS LATERALIS x
ARCUS PLANTARIS y
AA. METATARSEAE PLANTARES z
AA. DIGITALES PLANTARES 1.

Eine Fülle von Informationen erhalten Sie, wenn Sie die Arterien der unteren Extremitäten mit denen der oberen Extremitäten vergleichen. Am Bein existieren zwei wichtige Kollateralkreisläufe, zum einen im Bereich der Hüfte, zum anderen auf Höhe des Kniegelenkes. Hüftgelenksbeschwerden können jedoch eine ungenügende Versorgung in diesem Bereich mitverursachen. Auch bei einem akuten Verschluß der *A. poplitea* sind nach Ansicht vieler Untersucher die Kollateralgefäße *(Aa. genus)* meist nur ungenügend ausgebildet, um einen ausreichenden Umgehungskreislauf zu gewährleisten. Beachten Sie, daß die Gesäßregion weitgehend von *Rami glutaeales* aus der *A. iliaca interna* versorgt wird (s. hierzu Tafel 74: Arterien des Beckens). Folgende Pulswellen können an der unteren Extremität getastet werden: die *A. femoralis* direkt unter dem Leistenband (Lig. inguinale), die *A. dorsalis pedis* auf dem Fußrükken und die *A. tibialis post.* hinter dem Innenknöchel.

Ansicht von vorn

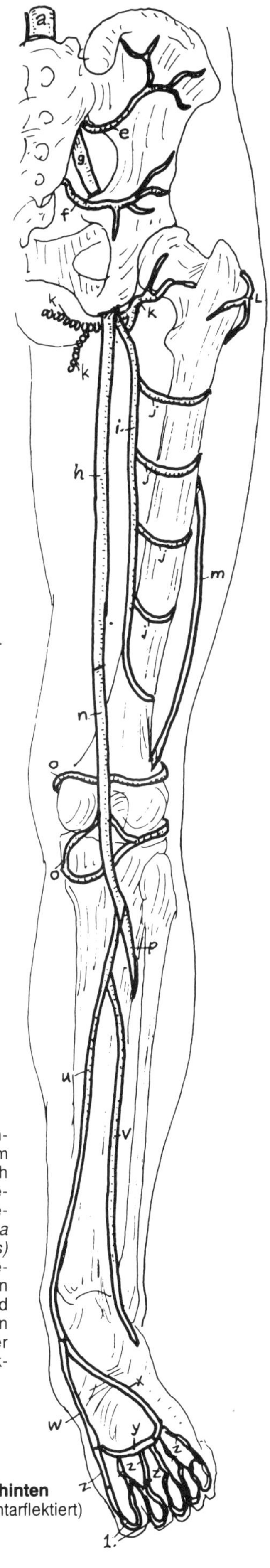

Ansicht von hinten
(Sprunggelenk plantarflektiert)

HERZKREISLAUFSYSTEM
AORTA *

? Farben
1. In dieser Abb. wird man einige Farben mehrmals einsetzen müssen.
2. Verwenden Sie hellrot für die Strukturen a, a_1, a_2 und a_3.
3. Die schwarz gepunktete V. cava inf. und ihre Zuflüsse werden grau ausgemalt.

AORTA ASCENDENS a
SINUS AORTAE b

ARCUS AORTAE a_1
TRUNCUS BRACHIOCEPHALICUS c
A. CAROTIS COMMUNIS d
A. SUBCLAVIA e
A. THORACICA INTERNA f
TRUNCUS COSTOCERVICALIS g
A. INTERCOSTALIS SUPREMA h

AORTA (DESCENDENS) THORACICA a_2
AA. BRONCHIALES i
AA. OESOPHAGEALES j
AA. INTERCOSTALES POST. k

AORTA ABDOMINALIS a_3
A. PHRENICA INF. L
A. SUPRARENALIS m
TRUNCUS COELIACUS n
A. GASTRICA SINISTRA o
A. LIENALIS p
A. HEPATICA COMMUNIS q
A. MESENTERICA SUP. r
A. RENALIS s
A. TESTICULARIS/OVARICA t
AA. LUMBALES u
A. MESENTERICA INF. v
A. SACRALIS MEDIANA w
A. ILIACA COMMUNIS x
A. ILIACA INTERNA y
A. ILIACA EXTERNA z

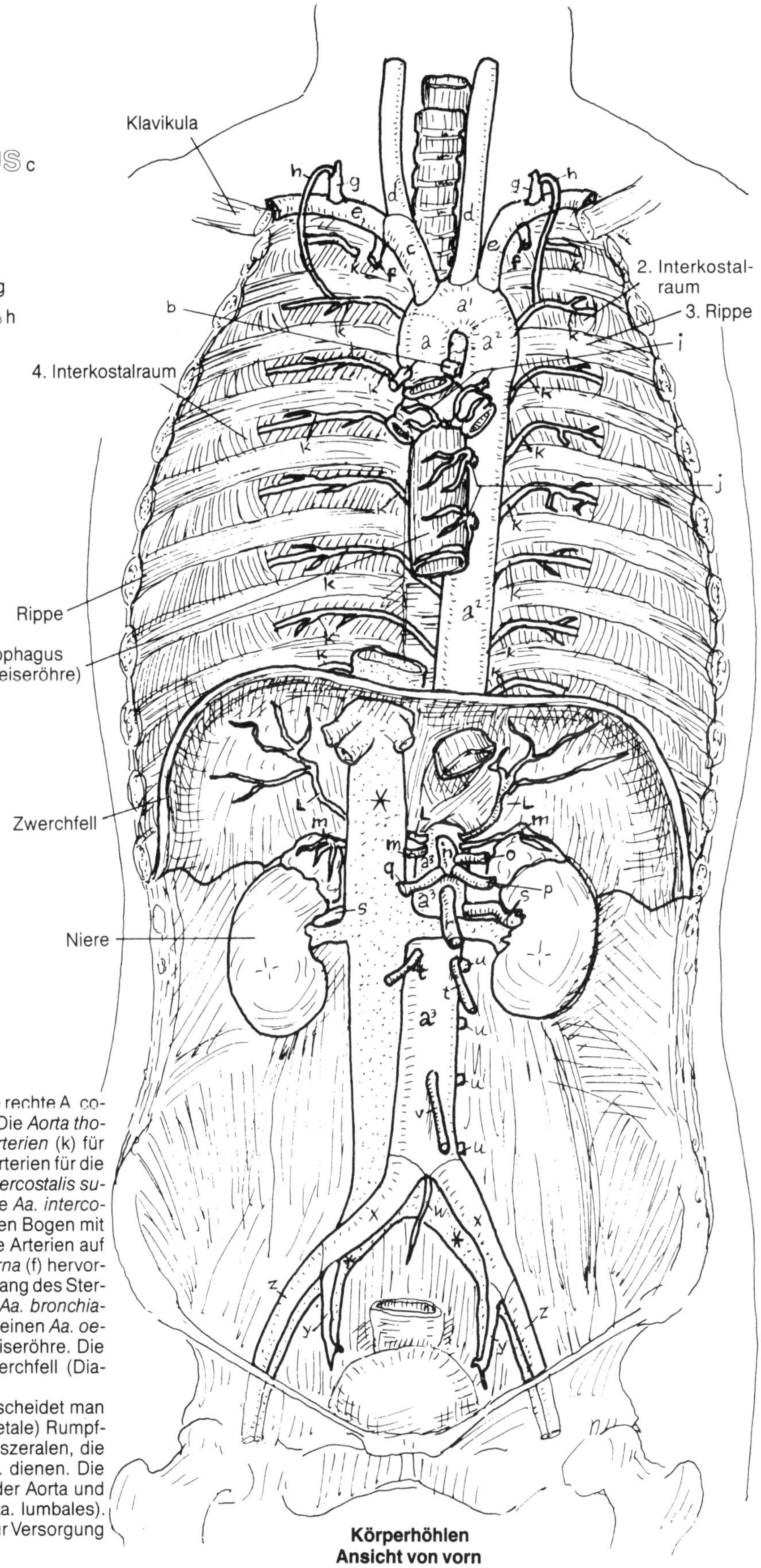

Körperhöhlen
Ansicht von vorn

Aus den beiden *Sinus aortae* entspringen die linke und die rechte A. coronaria (Herzkranzarterie) zur Versorgung des Herzens. Die *Aorta thoracica* (a_2: Brustaorta) versorgt die *hinteren Interkostalarterien* (k) für die Zwischenrippenräume 3–11. Die hinteren Interkostalarterien für die Zwischenrippenräume 1 und 2 entspringen aus der *A. intercostalis suprema* (h), einem Ast des *Truncus costocervicalis* (g). Die *Aa. intercostales post.* (hinteren Zwischenrippenarterien) bilden einen Bogen mit den vorderen Arterien (hier n. d., vgl. mit (o) bezeichnete Arterien auf Tafel 75), die aus der linken und rechten *A. thoracica interna* (f) hervorgehen. Die A. thoracica interna verläuft auf jeder Seite entlang des Sternums (Brustbein) nach unten. Beachten Sie die kleinen *Aa. bronchiales,* die die Hauptbronchien mit Blut versorgen, und die kleinen *Aa. oesophageales* zur abschnittweisen Durchblutung der Speiseröhre. Die *Aorta thoracica* zieht im Hiatus aorticus durch das Zwerchfell (Diaphragma).
Bei den Ästen der *Aorta abdominalis* (Bauchaorta) unterscheidet man üblicherweise (viszerale) Eingeweide-Arterien und (parietale) Rumpfwand-Arterien. Die größten Arterien sind natürlich die viszeralen, die zur Versorgung von Magen, Leber, Milz und Nieren etc. dienen. Die Rami parietales entspringen auf beiden Seiten entlang der Aorta und versorgen u.a. die Muskeln der hinteren Rumpfwand (Aa. lumbales). Beachten Sie die zwei eigenständigen kleinen Arterien zur Versorgung der Nebennieren (Glandulae suprarenales).

HERZKREISLAUFSYSTEM
ARTERIEN DER VERDAUUNGSORGANE *

18 Farben
1. Verwenden Sie drei leuchtende Farben für die mit a, k und p bezeichneten Strukturen.
2. Die Aorta und die beiden großen Arterien, in die sie sich aufteilt (mit einem * markiert), werden grau angemalt.

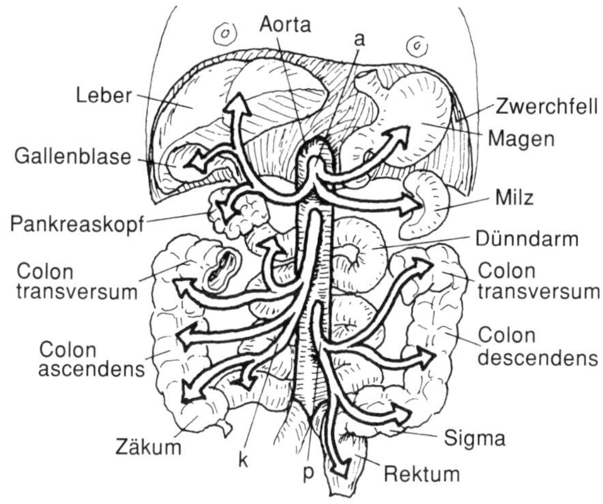

Die 3 Hauptäste der gastrointestinalen Blutversorgung.

TRUNCUS COELIACUS a
A. HEPATICA PROPRIA b
A. GASTRICA SINISTRA c
A. LIENALIS d
A. GASTRICA DEXTRA e
A. CYSTICA f
A. GASTRODUODENALIS g
A. PANCREATICODUODENALIS SUP. h
A. GASTROEPIPLOICA SINISTRA i
A. GASTROEPIPLOICA DEXTRA j

Der *Truncus coeliacus* ist ein sehr kurzes arterielles Gefäß, das sich gleich in drei Äste zu Leber, Milz und Magen aufteilt. Beachten Sie die interessante Anordnung und Aufzweigung der Magenarterien, von denen hier nur die vier Hauptäste dargestellt sind. Viele der Blutgefäße zur Versorgung des Pankreas (Bauchspeicheldrüse) entspringen auch aus der *A. lienalis.*

BAUCHAORTA MIT WICHTIGSTEN ÄSTEN *

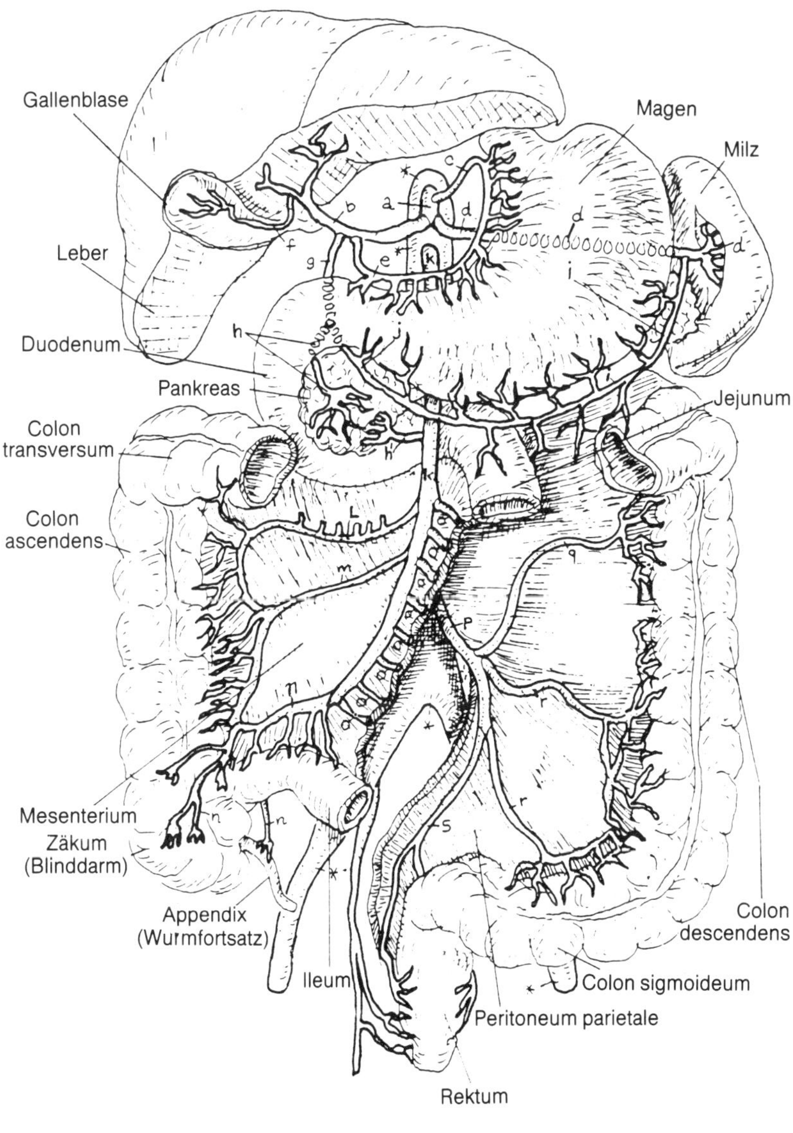

A. MESENTERICA SUP. k
A. PANCREATICODUODENALIS INF. h1
A. COLICA MEDIA L
A. COLICA DEXTRA m
A. ILEOCOLICA n
ÄSTE ZUM DÜNNDARM o

Die *A. mesenterica sup.* versorgt den größten Teil des Dünndarms, den Pankreaskopf, das Zäkum (Blinddarm) mit Wurmfortsatz, das Colon ascendens und einen Teil des Colon transversum. Achten Sie auf den möglichen Umgehungskreislauf zwischen dem Truncus coeliacus und der A. mesenterica sup. im Bereich des Duodenalknies (Windung des Zwölffingerdarms um den Bauchspeicheldrüsenkopf) über die beiden *Aa. pancreaticoduodenales.* Die A. mesenterica sup. und die A. mesenterica inf. stehen ebenfalls durch eine bogenförmige Anastomose im Bereich des Querkolons in Verbindung (hier n. d.). Die Arterien zur Versorgung von Jejunum und Ileum verlaufen im Mesenterium (Gekröse des Dünndarms); sie wurden in dieser Abb. weggelassen, um die darunterliegenden Gefäße darstellen zu können.

A. MESENTERICA INF. p
A. COLICA SINISTRA q
A. SIGMOIDEA r
A. RECTALIS SUP. s

Die *A. mesenterica inf.* versorgt den Dickdarm vom Colon transversum bis hinunter zum Rektum (Enddarm). Die abgehenden Äste liegen größtenteils hinter dem Peritoneum (Bauchfell), d. h. retroperitoneal. Die *A. rectalis sup.* steht in Verbindung mit Arterien des Enddarms, die aus der A. iliaca interna und A. pudenda interna (grau ausgemalt) zum Rektum verlaufen.

HERZKREISLAUFSYSTEM
ARTERIEN DES BECKENS*

Tafel 74
(vgl. Tafel 43, 44, 71, 72)

? Farben
1. Benutzen Sie für die A. iliaca interna (e) eine leuchtende Farbe. Wenn Farbwiederholungen notwendig sind, versuchen Sie trotzdem, für jeden Ast der A. iliaca interna eine andere Farbe zu verwenden.
2. Bearbeiten Sie beide Abbildungen zusammen. Nur die Blutgefäße, die zum Anastomosengebiet der Rektumarterien gehören, sind in der unteren Abb. dargestellt.

AORTA ABDOMINALIS a
A. SACRALIS MEDIANA b
A. ILIACA COMMUNIS c
A. ILIACA EXTERNA d

A. ILIACA INTERNA e
A. ILIOLUMBALIS f
A. SACRALIS LATERALIS g
A. GLUTAEA SUP. h
A. GLUTAEA INF. i
A. OBTURATORIA j
A. PUDENDA INTERNA k
A. RECTALIS INF. L
SKROTALARTERIE m
PENISARTERIE n
A. RECTALIS MEDIA o
A. VESICALIS INF. p
A. UMBILICALIS q
A. VESICALIS SUP. r

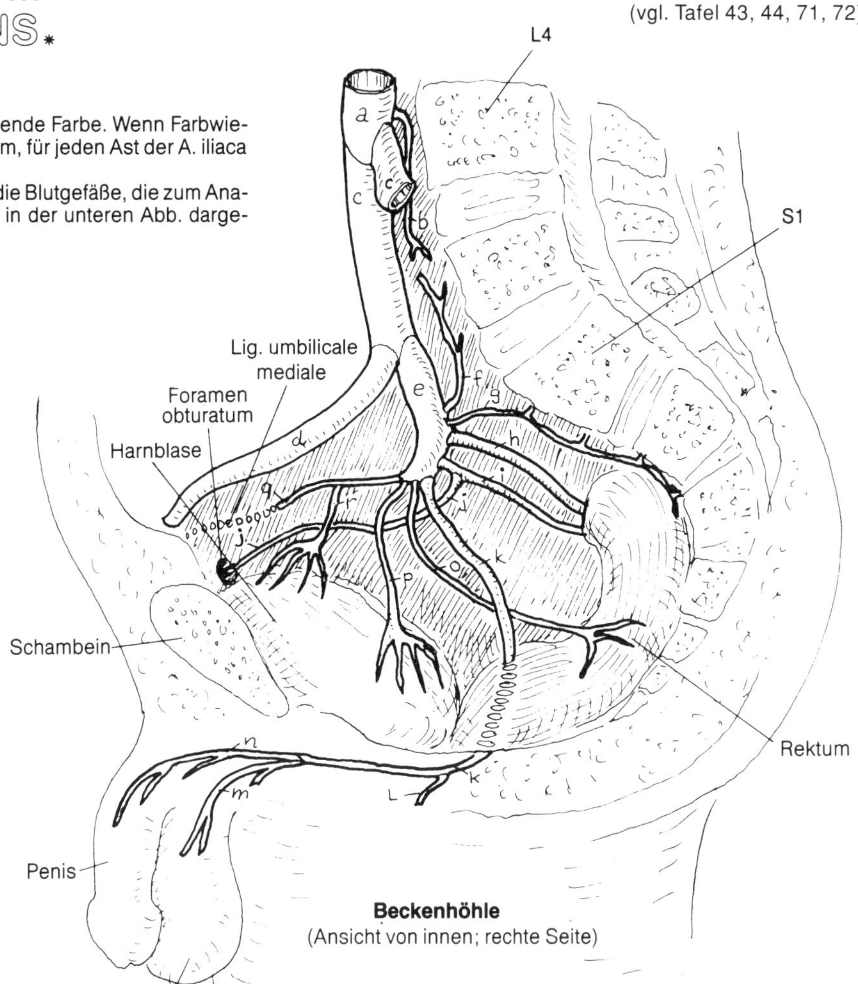

Beckenhöhle
(Ansicht von innen; rechte Seite)

Die *A. iliaca interna* ist zusammen mit einigen kleineren Ästen aus der A. mesenterica inf. und den Oberschenkelarterien das Hauptgefäß zur Versorgung von Becken und Damm. Die Äste der A. iliaca interna sind für gewöhnlich in parietale (zur Beckenwand) und viszerale (zu den Beckenorganen) aufgeteilt. Die tatsächliche Aufzweigung dieser Blutgefäße ist individuell ganz unterschiedlich; das hier dargestellte Schema wird als das häufigste angesehen. Bei der Frau entspringen die Arterien für Uterus und Vagina (n. d.) aus der A. iliaca interna. Beim Mann entspringen die Arterien für Prostata und Samenbläschen (n. d.) aus der *A. vesicalis inf.;* ein Ast für den Ductus deferens (Samenleiter, n. d.) entspringt aus der *A. vesicalis sup.* Die äußeren Geschlechtsorgane werden von den *Aa. pudendae internae* versorgt. Die *A. umbilicalis,* die über die Nabelschnur das fetale Blut zur Mutter leitet, verödet nach der Geburt und wird zum Lig. umbilicale mediale.

Sigma und Rektum
Ansicht von vorn
(umliegende Strukturen entfernt)
schematische Darstellung

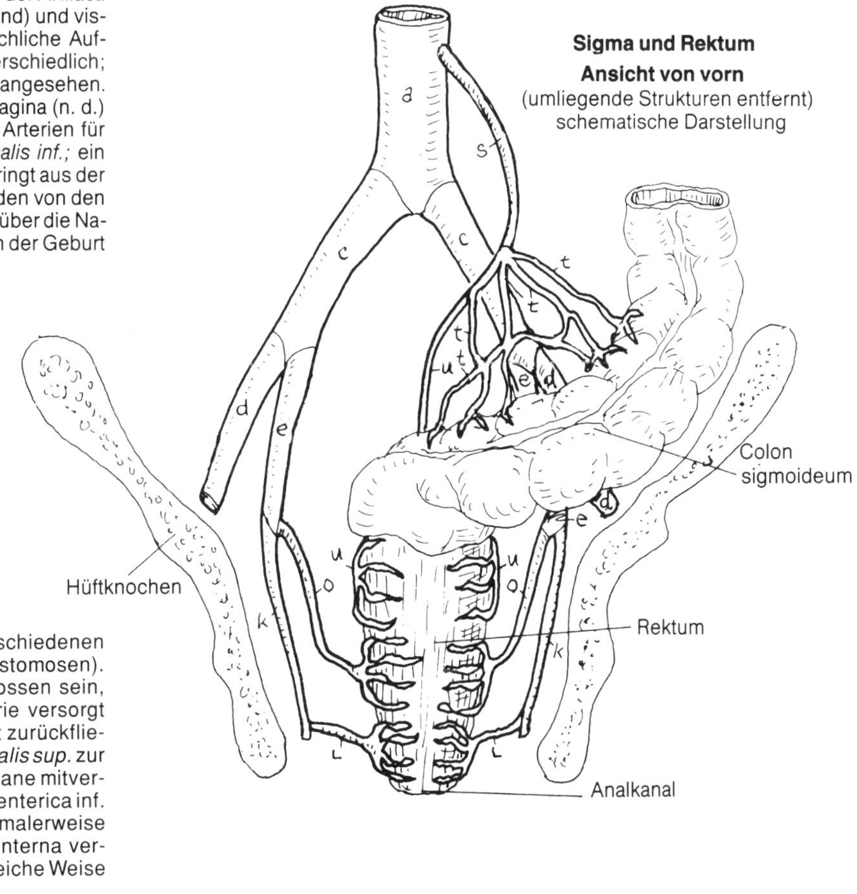

ANASTOMOSEN DER REKTUMARTERIEN*

A. MESENTERICA INF. s
A. SIGMOIDEA t
A. RECTALIS SUP. u
A. RECTALIS MEDIA o
A. RECTALIS INF. L

Im Rektum (Enddarm) stehen Arterien aus drei verschiedenen Herkunftsgebieten miteinander in Verbindung (Anastomosen). Sollten eine oder gar zwei dieser Arterien verschlossen sein, kann das Rektum immer noch über die dritte Arterie versorgt werden. Außerdem kann über die *Anastomosen* Blut zurückfließen (retrograder Blutfluß), und zwar durch die *A. rectalis sup.* zur *A. mesenterica inf.* und so bei Bedarf auch deren Organe mitversorgen. Dies ist z. B. bei einem Verschluß der A. mesenterica inf. an ihrem Abgang der Fall. Auch die Organe, die normalerweise von den Aa. pudendae internae oder der A. iliaca interna versorgt werden, können bei einem Verschluß auf die gleiche Weise mitversorgt werden.

HERZKREISLAUFSYSTEM WICHTIGE ARTERIEN IM ÜBERBLICK*

? Farben

1. Malen Sie jede Arterie einzeln aus und schreiben Sie ihren Namen mit derselben Farbe in die entsprechende Zeile. Bei Schwierigkeiten ziehen Sie die vorhergehenden Tafeln über das arterielle System zu Rate.
2. Auf der vorletzten Seite des Buches findet sich zur Überprüfung ein Antwortschlüssel zu dieser Tafel.

Nur die *großen Arterien* sind in dieser Abb. eingezeichnet. Die Arterien der Extremitäten sind auf jeder Seite dargestellt, im Gegensatz zu den Arterien des Stammes. Beachten Sie besonders: die A. thoracica interna (n) und die Interkostalarterien (o) sind nur auf der rechten Körperhälfte eingezeichnet, genauso wie die Äste des Truncus pulmonalis (10) links. Die A. thoracica interna, die in ihrem gesamten Verlauf auf keiner vorhergehenden Bildtafel zu sehen ist, gibt die vorderen Aa. intercostales (o) ab, die zwischen den Rippen verlaufen und mit den hinteren Interkostalarterien anastomosieren. Letztere entspringen aus der Brustaorta (Aorta thoracica, Abgänge hier n. d.). Die A. thoracica interna setzt sich in der vorderen Bauchwand (unter dem M. rectus abdominis verlaufend) als A. epigastrica sup. (p) fort und steht mit der A. epigastrica inf. (q), die aus der A. iliaca externa (y) entspringt, in Verbindung. Dieser Verlauf stellt einen wichtigen Kollateralkreislauf zur Brust- und Bauchaortaregion dar.

a+a ____________________
b ____________________
c ____________________
d ____________________
e ____________________
f ____________________
g ____________________
h ____________________
i ____________________
j ____________________
k ____________________
l ____________________
m ____________________
n ____________________
o ____________________
p ____________________
q ____________________
r ____________________
s ____________________
t ____________________
u ____________________
v ____________________
w ____________________
x ____________________
y ____________________
z ____________________
1. ____________________
2. ____________________
3. ____________________
4. ____________________
5. ____________________
6. ____________________
7. ____________________
8. ____________________
9. ____________________
10. ____________________

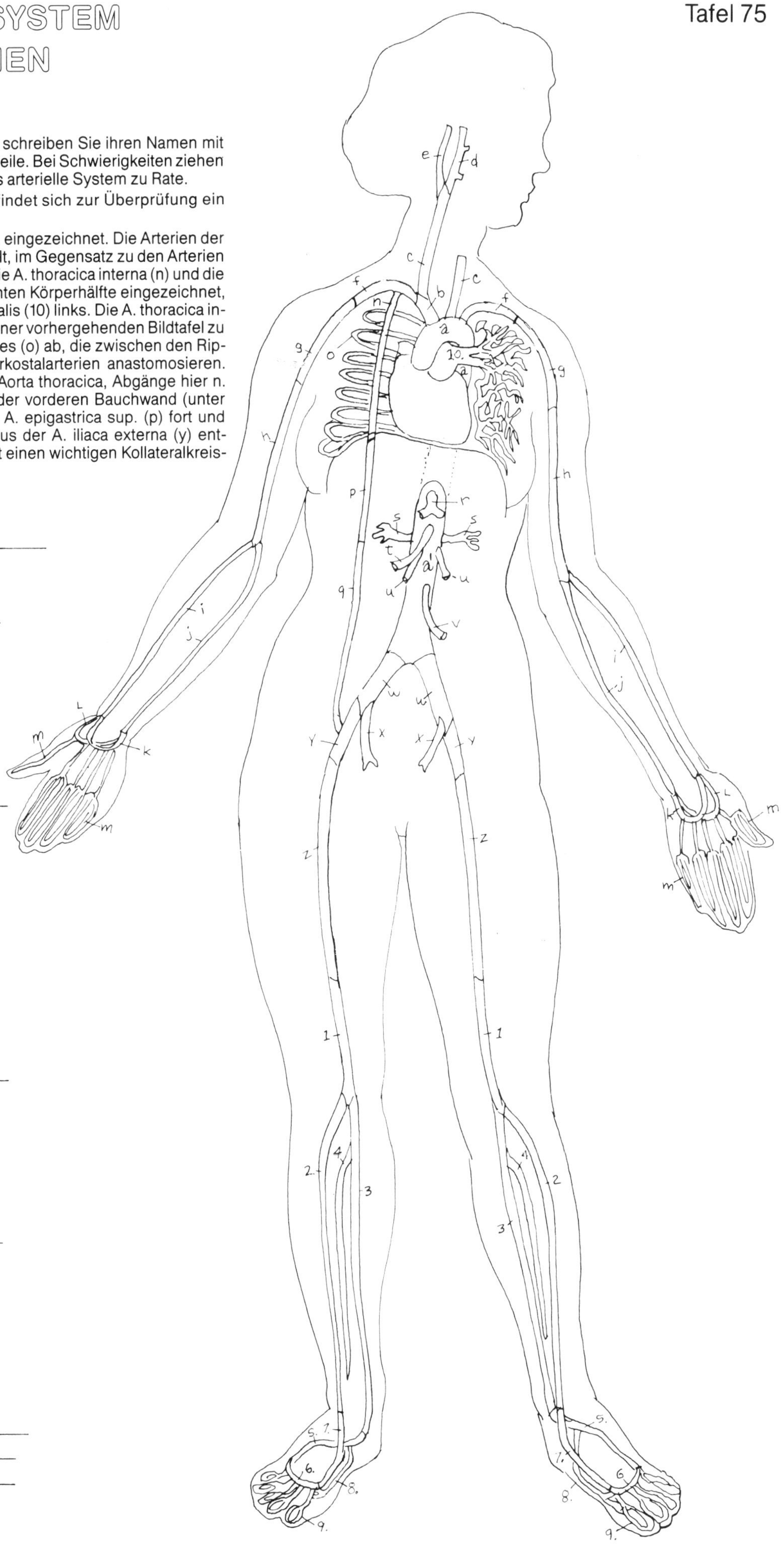

HERZKREISLAUFSYSTEM
KOPF- UND HALSVENEN *
VENÖSE SINUS DER HARTEN HIRNHAUT *

? Farben
1. Wenn Sie die venösen Gefäße in der seitlichen Darstellung des Kopfes ausmalen, verwenden Sie für die Sinus der harten Hirnhaut am besten dieselben Farben wie unten.
2. In der unteren Abb. sind die Sinus (mit einer Ausnahme, i) gepunktet eingezeichnet.

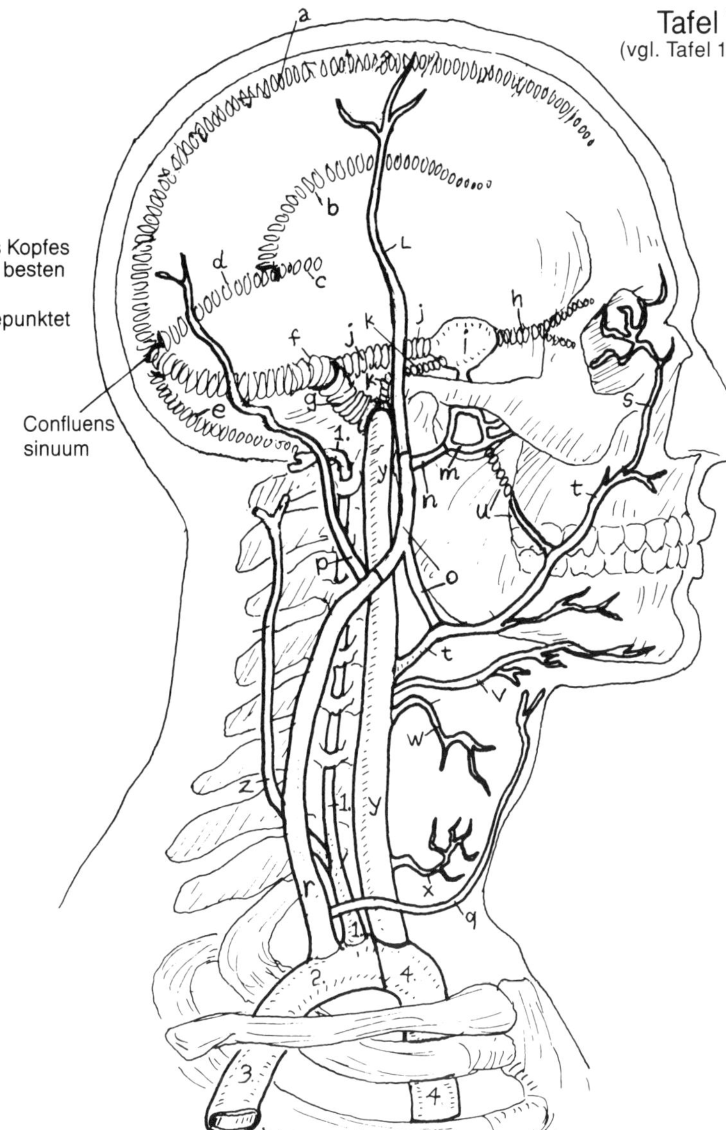

VENÖSE SINUS DER HARTEN HIRNHAUT *
SINUS SAGITTALIS SUP. a
SINUS SAGITTALIS INF. b
V. CEREBRI MAGNA c
SINUS RECTUS d
SINUS OCCIPITALIS e
SINUS TRANSVERSUS f
SINUS SIGMOIDEUS g
V. OPHTHALMICA SUP. h
SINUS CAVERNOSUS i
SINUS PETROSUS SUP. j
SINUS PETROSUS INF. k

KOPF- UND HALSVENEN *
V. TEMPORALIS SUPERFICIALIS L
PLEXUS PTERYGOIDEUS m
V. MAXILLARIS n
V. RETROMANDIBULARIS o
V. AURICULARIS POST. p
V. JUGULARIS ANT. q

V. JUGULARIS EXTERNA r
V. ANGULARIS s
V. FACIALIS t
V. FACIEI PROFUNDA u
V. LINGUALIS v
V. THYROIDEA SUP. w
V. THYROIDEA MEDIA x

V. JUGULARIS INTERNA y
V. CERVICALIS PROFUNDA z
V. VERTEBRALIS 1.
V. SUBCLAVIA 2.
V. AXILLARIS 3.
V. BRACHIOCEPHALICA 4.

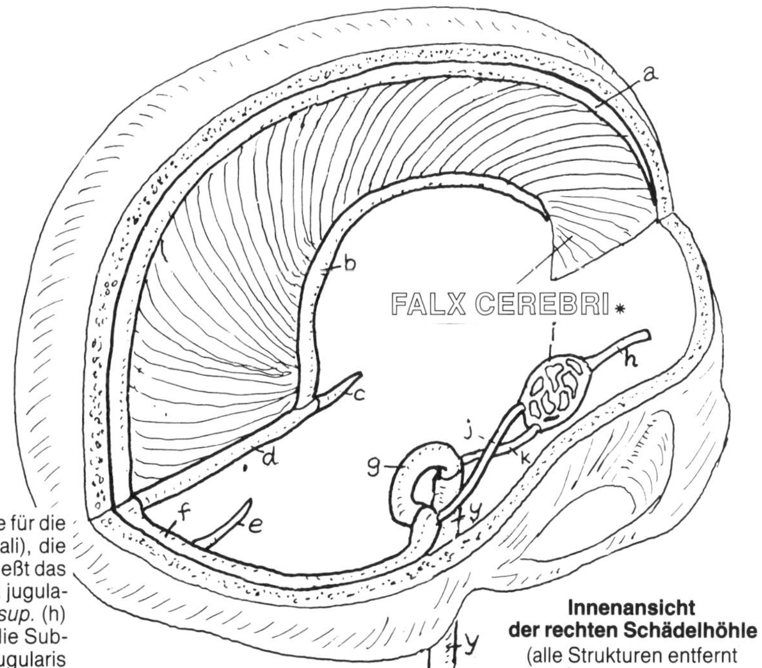

Innenansicht der rechten Schädelhöhle
(alle Strukturen entfernt bis auf die Falx cerebri und die venösen Sinus)

Die Venen, die das Blut aus dem Gehirn ableiten, sind Zuflußgebiete für die großen Venen (Sinus) in der harten Hirnhaut (Dura mater encephali), die eine kräftige Hülle um das Gehirn bildet. Über die venösen Sinus fließt das meiste Blut in die *Vv. jugulares internae.* Bei einem Verschluß der V. jugularis interna gibt es einen Kollateralkreislauf über die *V. ophthalmica sup.* (h) in die *V. angularis* (s), über den *Plexus pterygoideus* (m) und über die Subokzipitalvenen (Hinterhauptvenen, n. d.). Die Zuflußgebiete zur V. jugularis interna bzw. externa können individuell sehr variieren und stehen mehrfach miteinander in Verbindung. Während die V. jugularis interna in der Tiefe zusammen mit der A. carotis interna/communis verläuft, kann die *V. jugularis externa,* die in der oberflächlichen Faszie liegt, oft seitlich am Hals unter der Haut gesehen werden.

HERZKREISLAUFSYSTEM
VORDERE HALSVENEN*
V. AZYGOS u. ZUFLÜSSE*
V. CAVA INF. u. ZUFLÜSSE*

? Farben
1. Die Aorta und ihre Äste (schwarz gepunktet) sollen grau ausgemalt werden, ebenso das Zwerchfell (*).
2. Manche Venen am Hals und zwischen den Nieren sind individuell unterschiedliche kleinere Venenverbindungen und tragen keine eigene Bezeichnung. Sie brauchen auch nicht ausgemalt zu werden.

VORDERE HALSVENEN*

V. JUGULARIS INTERNA a
V. JUGULARIS EXTERNA b
V. JUGULARIS ANT. c
V. FACIALIS d
V. THYROIDEA MEDIA e_1
V. THYROIDEA SUP. e
V. THYROIDEA INF. f
ARCUS VENOSUS JUGULI g
V. SUBCLAVIA DEXTRA/SINISTRA h
V. BRACHIOCEPHALICA DEXTRA/SINISTRA i
V. THORACICA INTERNA j
V. CAVA SUP. k

ZUFLÜSSE ZUR V. AZYGOS*

V. INTERCOSTALIS SUP. L_1
V. INTERCOSTALIS POST. L
V. AZYGOS m
V. HEMIAZYGOS n
V. HEMIAZYGOS ACCESSORIA n_1
V. LUMBALIS ASCENDENS o
V. LUMBALIS o_1

ZUFLÜSSE ZUR V. CAVA*

V. CAVA INF. p
V. HEPATICA q
V. RENALIS r
V. SUPRARENALIS s
V. PHRENICA INF. t
V. TESTICULARIS/OVARICA u
RECHTE/LINKE V. ILIACA COMMUNIS v
V. SACRALIS MEDIANA w
V. ILIACA INTERNA x
V. ILIACA EXTERNA y

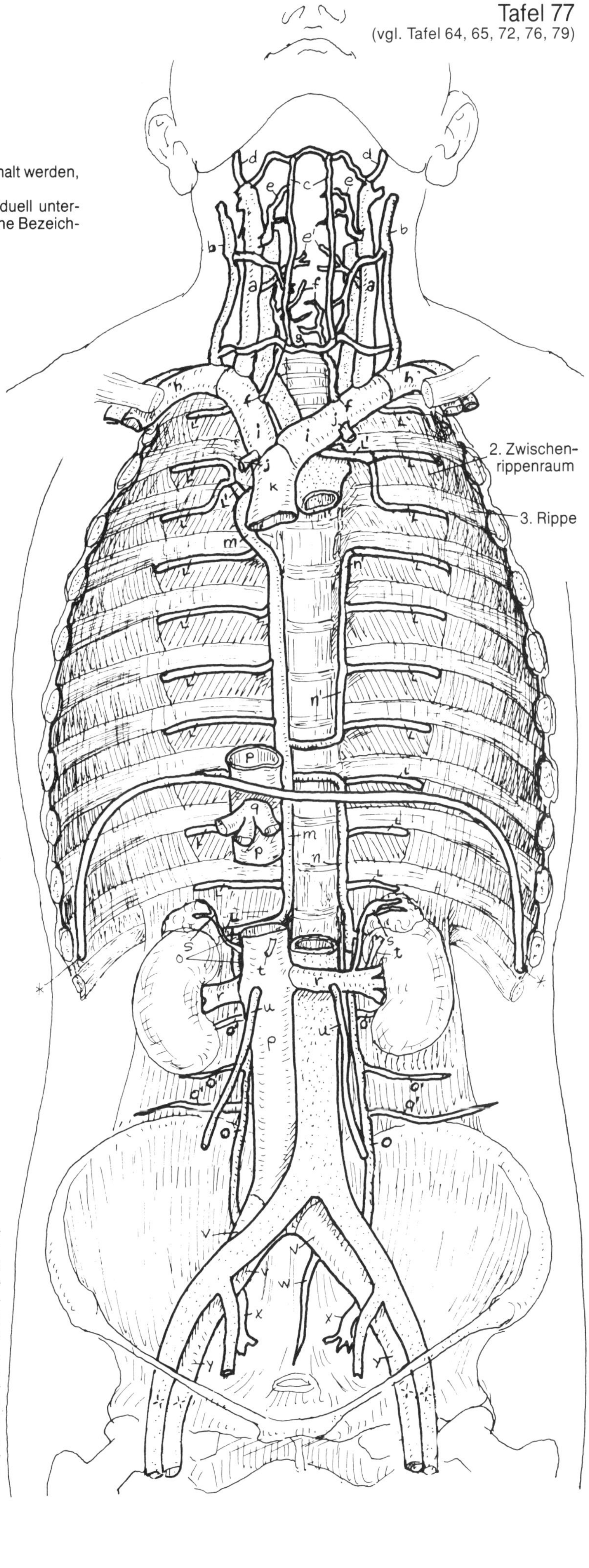

Vergleichen Sie die hier dargestellten Venen der vorderen Halsregion mit den auf Tafel 76 gezeigten Venen von Kopf und Hals. Der venöse Abfluß aus den Interkostalräumen und der Muskulatur des Brustkorbs ist individuell sehr unterschiedlich. Die oberen Zwischenrippenräume werden über die *Vv. intercostales post.* in die jeweilige *V. brachiocephalica* geleitet. Die Vv. intercostales ant. (n. d.) fließen in die rechte bzw. linke *V. thoracica interna*. Die *V. azygos* entsteht aus der Fortsetzung der rechten *V. lumbalis ascendens*, zusammen mit der V. subcostalis (unterste Interkostalvene; kaum sichtbar, nicht beschriftet). Die *V. hemiazygos* wird von den gleichnamigen Venen auf der linken Seite gebildet. Die V. azygos und ihre Zuflüsse bilden im Falle eines Verschlusses der *V. cava inf.* oder der V. portae (Pfortader) einen sehr wirkungsvollen Kollateralkreislauf, durch den das Blut über die V. cava sup. zurück zum Herzen geführt wird. Beachten Sie, daß die V. cava inf. *nicht* das Blut aus dem Verdauungstrakt ableitet (s. hierzu Tafel 79, Pfortadersystem).

HERZKREISLAUFSYSTEM
VENEN DER UNTEREN EXTREMITÄT *

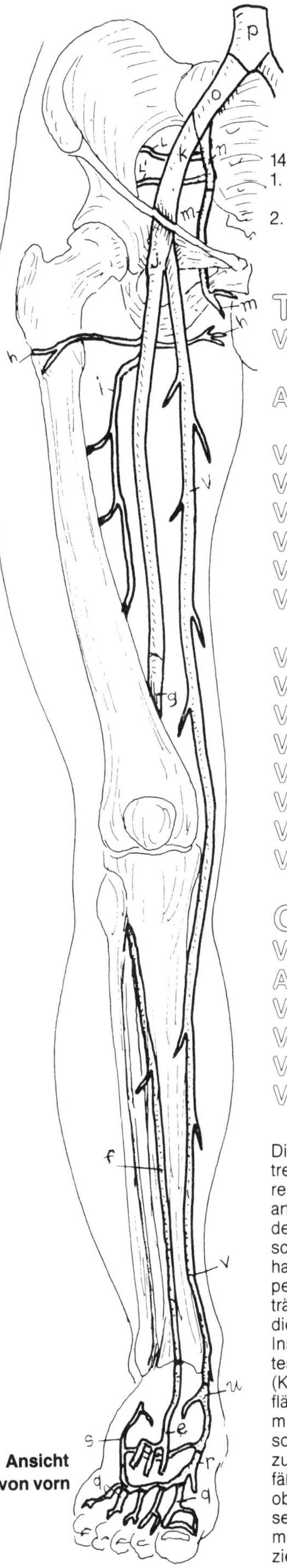

Ansicht von vorn

14 Farben
1. Malen Sie beide Abbildungen gemeinsam aus, da manche Venen in beiden Darstellungen zu sehen sind.
2. Alle Venen in der kleinen Zeichnung werden in der Farbe der V. saphena parva ausgemalt, mit Ausnahme der mit (v) bezeichneten Struktur im Kniebereich (gehört zum Gebiet der V. saphena magna).

TIEFE VENEN *

VV. DIGITALES/METATARSEAE PLANTARES a
ARCUS VENOSUS PLANTARIS PROFUNDUS b
V. PLANTARIS MEDIALIS/LATERALIS c
V. TIBIALIS POST. d
V. DORSALIS PEDIS e
V. TIBIALIS ANT. f
V. POPLITEA g
V. CIRCUMFLEXA FEMORIS MEDIALIS/LATERALIS h
V. PROFUNDA FEMORIS i
V. FEMORALIS j
V. ILIACA EXTERNA k
V. GLUTEA SUP. L / INF. L₁
V. OBTURATORIA m
V. ILIACA INTERNA n
V. ILIACA COMMUNIS o
V. CAVA INF. p

OBERFLÄCHLICHE VENEN *

VV. DIGITALES/METATARSEAE q
ARCUS VENOSUS DORSALIS PEDIS r
V. MARGINALIS LATERALIS s
V. SAPHENA PARVA t
V. MARGINALIS MEDIALIS u
V. SAPHENA MAGNA v

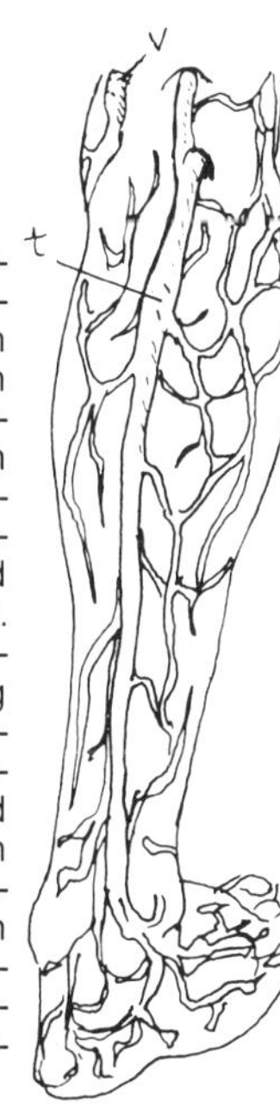

Die Anordnung und Ausbildung der Venen der unteren Extremität ist sehr unterschiedlich. Genauso wie bei der oberen Extremität verlaufen die tiefen Venen direkt neben den arteriellen Gefäßen. Die oberflächlichen Venen liegen in der Fascia superficialis, und viele von ihnen sind am Unterschenkel, am Knöchel und am Fuß sichtbar. Diese Venen haben genau wie im Bereich der oberen Extremität Klappen (Valvae). Da das Blut in diesen Venen über eine beträchtliche Distanz die Schwerkraft überwinden muß, sind die Venenklappen oft schweren Belastungen ausgesetzt. Insuffiziente Klappen führen zu einem Rückstau des Blutes in den unteren Teilen der Vene, zu ihrer Ausweitung (Krampfadern = Varizen) und zu Entzündungen. Die oberflächlichen Venen sind häufiger betroffen, da keine Skelettmuskeln um sie herum liegen, die sich kontrahieren und so helfen, das Blut (in einer Art von Kneteffekt) nach oben zu bringen. Jedoch gibt es eine gewisse Anzahl von Gefäßverbindungen (Vv. communicantes) zwischen den oberflächlichen und den tiefen Venen (n. d.), die den venösen Abfluß des Blutes aus den oberflächlichen Venen ermöglichen und so die negativen Auswirkungen von insuffizienten Klappen beträchtlich mildern.

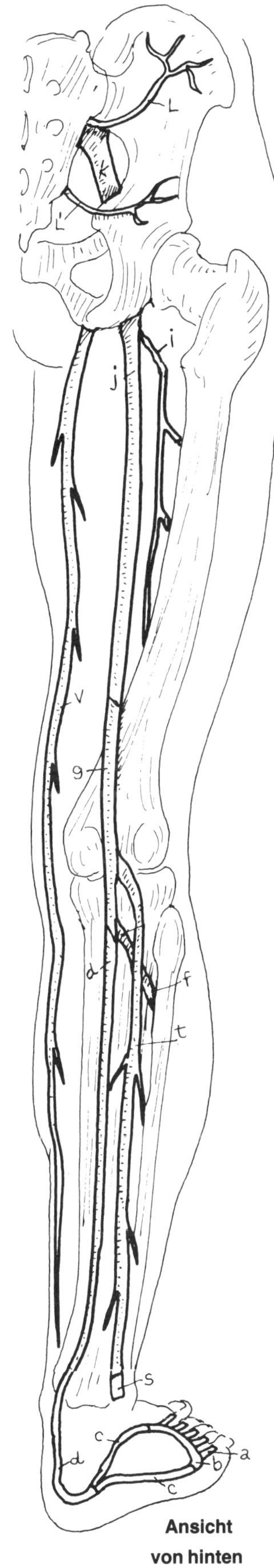

Ansicht von hinten

HERZKREISLAUFSYSTEM / PFORTADERSYSTEM +

Tafel 79
(vgl. Tafel 73, 77)

11 Farben
1. Achten Sie darauf, daß die Venen zur Pfortader jeweils dieselbe Farbe erhalten wie das Organ, aus dem sie das Blut ableiten (a, a_1 etc.). Malen Sie auch die fettgedruckten Richtungspfeile mit derselben Farbe aus wie die zugehörige Vene.
2. Für die Pfortader (h) sollten Sie einen hellen oder kräftigen Blauton verwenden.
3. Malen Sie die V. cava inf., ihre Zuflüsse und die dazugehörigen dünngedruckten Richtungspfeile grau aus. Beachten Sie, daß die V. cava inf. hinter der Leber nach oben zieht. Dort, wo sie durch die Leber verdeckt ist, wurde sie gepunktet dargestellt und sollte auch grau ausgemalt werden. Die Lebervenen (i) fließen in die untere Hohlvene und werden ebenfalls grau bemalt.

LEBER k
ZWERCHFELL L
HERZ m

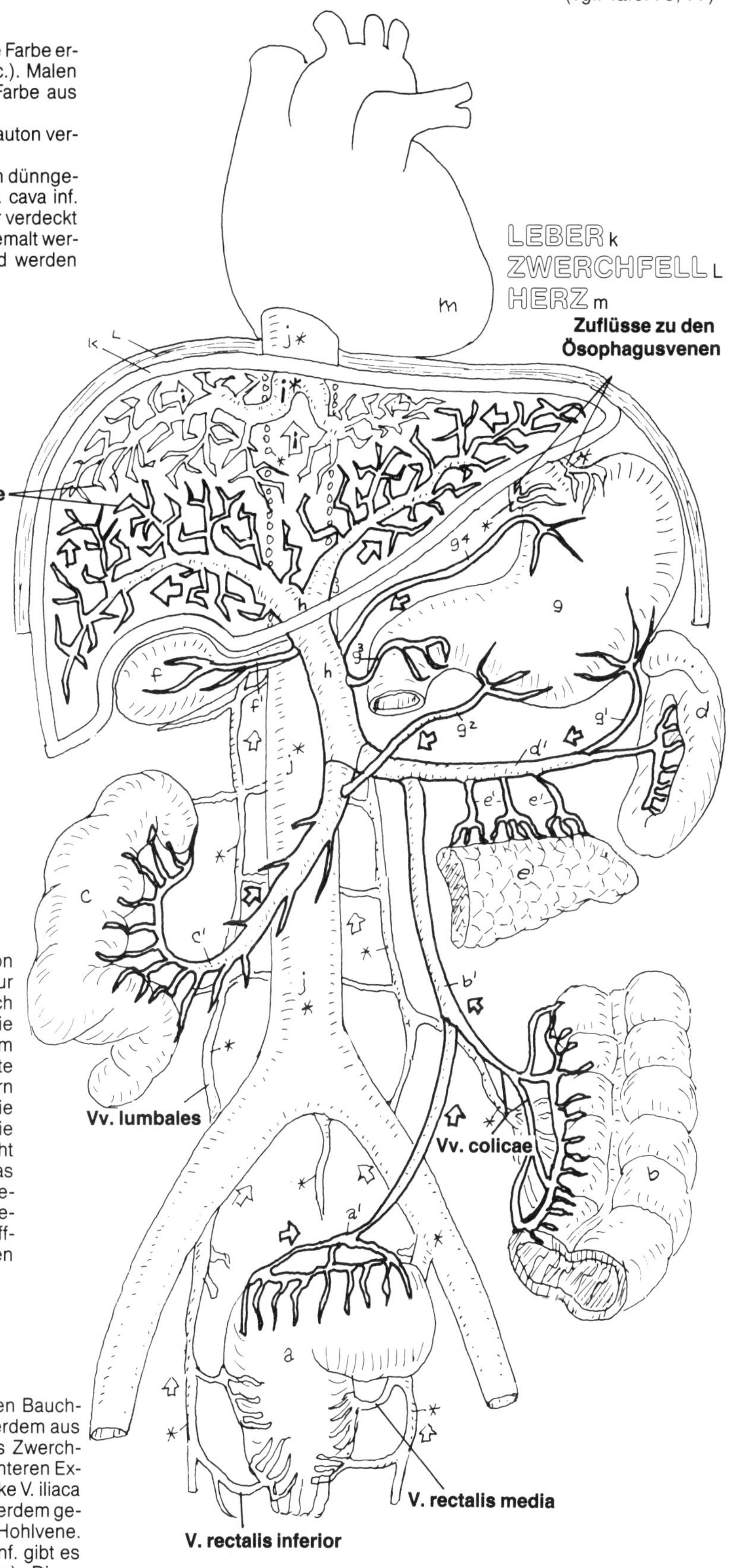

PFORTADERSYSTEM +

REKTUM a
V. RECTALIS SUP. a_1
DICKDARM b
V. MESENTERICA INF. b_1
DÜNNDARM c
V. MESENTERICA SUP. c_1
MILZ d
V. LIENALIS d_1
PANKREAS e
VV. PANCREATICAE e_1
GALLENBLASE f
V. CYSTICA f_1
MAGEN g
V. GASTROEPIPLOICA SINISTRA g_1
V. GASTROEPIPLOICA DEXTRA g_2
V. GASTRICA DEXTRA g_3
V. GASTRICA SINISTRA g_4
V. PORTAE UND ZUFLÜSSE h

Das Blut aus dem gesamten Verdauungstrakt, insbesondere von Gallenblase, Pankreas und Milz, wird von Venen abgeleitet, die zur *Pfortader* (V. portae) fließen. Von dieser Vene wird das Blut noch einmal in die kleinen Venen (Sinusoide) in der Leber verteilt, die von Leberzellen umgeben sind. Die Leberzellen entziehen dem Blut in den Sinusoiden den Großteil der Nährstoffe (verdaute Fette, Kohlenhydrate, Proteine, Vitamine, Eisen etc.), speichern sie, bauen sie um und/oder verteilen sie an die Körpergewebe. Die abgegebenen Nährstoffe gelangen in die kleinen Lebervenen, die zu größeren *Vv. hepaticae* (i) zusammenfließen. Ihr Blut erreicht über die untere Hohlvene auf kürzestem Wege das Herz, das das Blut zu den Geweben pumpt. Das Pfortadersystem wird so genannt, weil es nährstoffreiches, venöses Blut aus den Kapillargebieten des gesamten Verdauungstraktes zur »Pforte der Stoffwechselfabrik« Leber transportiert (und nicht direkt zum Herzen wie die meisten anderen Venen).

VV. HEPATICAE i*
V. CAVA INF. UND ZUFLÜSSE j*

Die *V. cava inf.* (untere Hohlvene) leitet das Blut aus der hinteren Bauchwand, aus den Nieren und aus den Eierstöcken/Hoden ab, außerdem aus den Nebennieren (Glandulae suprarenales) und aus Teilen des Zwerchfells. Über die beiden Vv. iliacae externae wird das Blut aus der unteren Extremität der V. cava inf. zugeführt, ebenso über die rechte und linke V. iliaca interna Blut aus dem Beckenraum und aus der Dammregion. Außerdem gelangt das Blut aus der Leber über die Vv. hepaticae zur unteren Hohlvene. Zwischen den Drainagegebieten der Pfortader und der V. cava inf. gibt es eine Reihe von Gefäßverbindungen (portokavale Anastomosen). Diese Anastomosen spielen eine lebenswichtige Rolle bei einem Verschluß der V. portae (z. B. bei fortgeschrittener Leberzirrhose). In einem solchen Fall würde sich der Blutfluß in den Anastomosengefäßen umkehren, so daß das Blut in Richtung V. cava inf. und V. azygos (vgl. Tafel 77) strömen könnte. Über die untere und obere Hohlvene würde das Pfortaderblut dann das Herz erreichen. Die wichtigsten portokavalen Anastomosen sind zwischen Ösophagus- und Magenvenen, zwischen Vv. lumbales und Vv. colicae, zwischen oberen, mittleren und unteren Vv. rectales und zwischen der V. portae und den paraumbilikalen Venen (n. d.).

HERZKREISLAUFSYSTEM
WICHTIGSTE VENEN IM ÜBERBLICK*

? Farben

1. Malen Sie bitte jede Vene aus und schreiben Sie ihre Bezeichnung in die zugehörige Spalte: Ziehen Sie dabei, wo nötig, die vorherigen Tafeln über das venöse System zu Rate. Sie können Farben auch wiederholen. Beachten Sie, daß sich der schematisch dargestellte Körper in der anatomischen Grundstellung befindet, d. h. mit den Handflächen nach vorn (anterior) gerichtet. So liegt die V. radialis wie auch die entsprechende Arterie immer auf der Daumenseite. Denken Sie daran, daß sowohl in der oberen als auch in der unteren Extremität das dorsale venöse Venengeflecht weitgehend über die oberflächlichen, das palmare/plantare Venengeflecht zum größten Teil über die tiefen Venen seinen Abfluß findet.
2. Ein Antwortschlüssel zu dieser Tafel befindet sich auf der vorletzten Seite des Buches.

a ____
b ____ b' ____
c ____
d ____
e ____
f ____
g ____
h ____
i ____
j ____
k ____
L ____
m ____
n ____
o ____
p ____
q ____
r ____
s ____
t ____
u ____
v ____ v' ____
w ____
x ____
y ____
z ____
1. ____
2. ____
3. ____
4. ____
5. ____
6. ____
7. ____
8. ____
9. ____
10. ____
11. ____
12. ____
13. ____

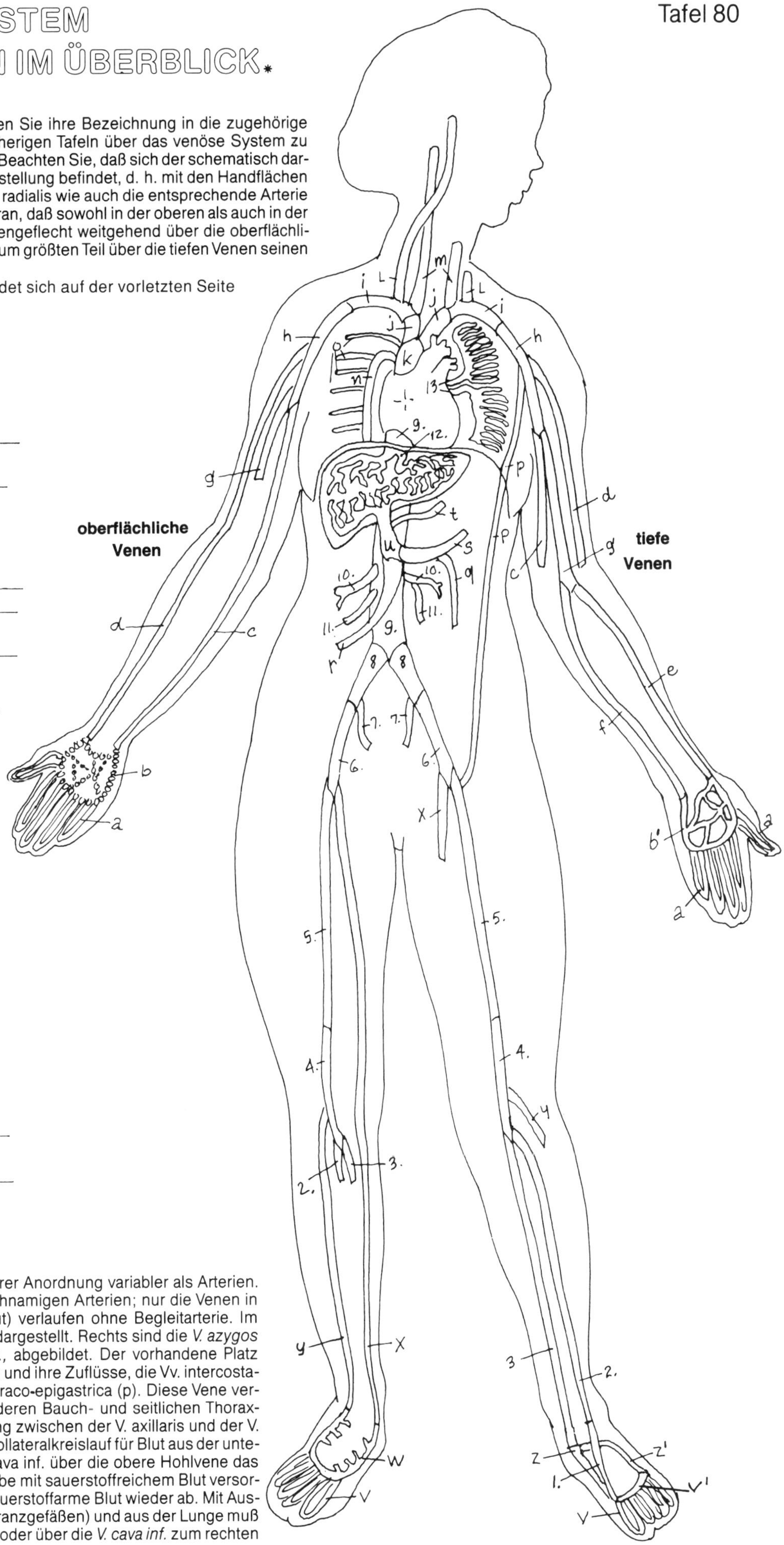

Venen sind in der Regel zahlreicher und in ihrer Anordnung variabler als Arterien. Gewöhnlich liegen sie direkt neben den gleichnamigen Arterien; nur die Venen in der Fascia superficialis (direkt unter der Haut) verlaufen ohne Begleitarterie. Im Brustkorb sind nur die linken *Vv. pulmonales* dargestellt. Rechts sind die *V. azygos* und ihre Zuflüsse, die *Vv. intercostales post.,* abgebildet. Der vorhandene Platz reicht nicht aus, um die Vv. thoracicae internae und ihre Zuflüsse, die Vv. intercostales ant., darzustellen. Beachten Sie die V. thoraco-epigastrica (p). Diese Vene verläuft in der oberflächlichen Faszie in der vorderen Bauch- und seitlichen Thoraxwand und stellt auf jeder Seite eine Verbindung zwischen der V. axillaris und der V. femoralis her. So besteht ein wirkungsvoller Kollateralkreislauf für Blut aus der unteren Extremität, das unter Umgehung der V. cava inf. über die obere Hohlvene das Herz erreicht. Während die Arterien die Gewebe mit sauerstoffreichem Blut versorgen, leiten die hier dargestellten Venen das sauerstoffarme Blut wieder ab. Mit Ausnahme des Blutes aus den Koronarien (Herzkranzgefäßen) und aus der Lunge muß das ganze Blut entweder über die *V. cava sup.* oder über die *V. cava inf.* zum rechten Vorhof des Herzens zurückfließen.

HERZKREISLAUFSYSTEM
FETALER BLUTKREISLAUF*

Tafel 81
(vgl. Tafel 62, 65)

13 Farben

1. Alle Gefäße und Pfeile, die gepunktet oder mit (a) beschriftet sind, werden rot ausgemalt (Fluß von sauerstoffreichem (oxygeniertem) Blut von der Plazenta zum Fetus). Beginnen Sie hier mit dem Ausmalen.
2. Die dünngedruckten Pfeile werden blau koloriert (Fluß des sauerstoffarmen (desoxygenierten) Blutes aus den fetalen Organen zur Plazenta).
3. Für alle Gefäße und Pfeile, die fett schwarz gedruckt oder mit (b) markiert sind, verwenden Sie bitte einen violetten Farbton (Durchmischung von sauerstoffreichem und -armem Blut). Die Aa. umbilicales (b) gehören zu dieser Gruppe.
4. Malen Sie die Bezeichnungen (f) und (g) aus und beachten Sie, daß es sich hier um Öffnungen handelt, die natürlich nicht ausgemalt werden können.
5. Malen Sie die mit a-c bezeichneten Strukturen in der unteren Abb. aus, um ihre Beziehung zum sich entwickelnden Fetus zu verdeutlichen.

PLAZENTA c
V. UMBILICALIS a
AA. UMBILICALES b
UMBILIKUS (NABEL) d
DUCTUS VENOSUS (ARANTII) e
FORAMEN OVALE f
DUCTUS ARTERIOSUS (BOTALLI) g

Der im Uterus (Gebärmutter) heranreifende Fetus kann nicht selbst atmen; seine Lungen sind nicht entfaltet. Er erhält den lebensnotwendigen Sauerstoff von der Mutter über die Plazenta (Mutterkuchen) und über die *V. umbilicalis* (Nabelvene). (Denken Sie daran: Venen leiten das Blut zum Herzen hin, ungeachtet der Qualität dieses Blutes!) Die in der Nabelschnur verlaufende V. umbilicalis gelangt durch den Umbilikus (Nabel) in den Fetus, erreicht die Leber, an die sie ein oder zwei kleinere Äste abgibt und bildet den *Ductus venosus* (Arantii), der in die V. cava inf. fließt. Dort vermischt sich das sauerstoffreiche Blut (rot) mit dem venösen, sauerstoffarmen Blut (blau) aus der Leber. Das Mischblut (violett) erreicht über die V. cava inf. den rechten Herzvorhof und wird dort zum zweiten Mal mit venösem Blut vermengt, das aus den Geweben des Fetus zum Herzen zurückkommt. Die Sauerstoffbindungs-Kapazität des fetalen Hämoglobins (roter Blutfarbstoff und Sauerstoffträger in den Erythrozyten) ist – wohlweislich von der Natur so eingerichtet – beträchtlich höher als beim Erwachsenen. Die Lungen sind zwar noch funktionslos, beanspruchen aber trotzdem wie alle Gewebe eine bestimmte Menge Blut zur Versorgung. Damit jedoch nicht das ganze Blut (wie nach der Geburt) die noch funktionslosen Lungen passieren muß, existieren im fetalen Herzen zwei Kurzschlußwege zur Umgehung des Lungenkreislaufs: zum einen das *Foramen ovale* (das den rechten und linken Herzvorhof verbindet), zum anderen der *Ductus arteriosus* (Botalli), der den Truncus pulmonalis mit der Aorta verbindet. Durch diese beiden Gefäßkurzschlüsse, die sich bald nach der Geburt verschließen, wird das fetale Blut direkt in den linken Ventrikel geleitet und auf kürzestem Wege zu den Körpergeweben gepumpt. Die beiden *Arteriae umbilicales* (Nabelschnurarterien) gehen auf jeder Seite von der Arteria iliaca interna ab und gelangen durch den Nabel und über die Nabelschnur zur Plazenta. Diese Arterien und ebenso die Umbilikalvene, der Ductus venosus und der Ductus arteriosus werden nach der Geburt mit der Zeit zu fibrösen, bandartigen Strukturen umgebaut. In der Plazenta wird das fetale Mischblut wieder mit Hilfe des oxygenierten mütterlichen Blutes mit Sauerstoff aufgesättigt und gelangt über die V. umbilicalis erneut zum Fetus. Bei der Geburt sollte man die Nabelschnur nicht durchtrennen, ehe nicht das Neugeborene durch Schreien deutlich demonstriert hat, daß seine Lungen inzwischen funktionstüchtig sind.

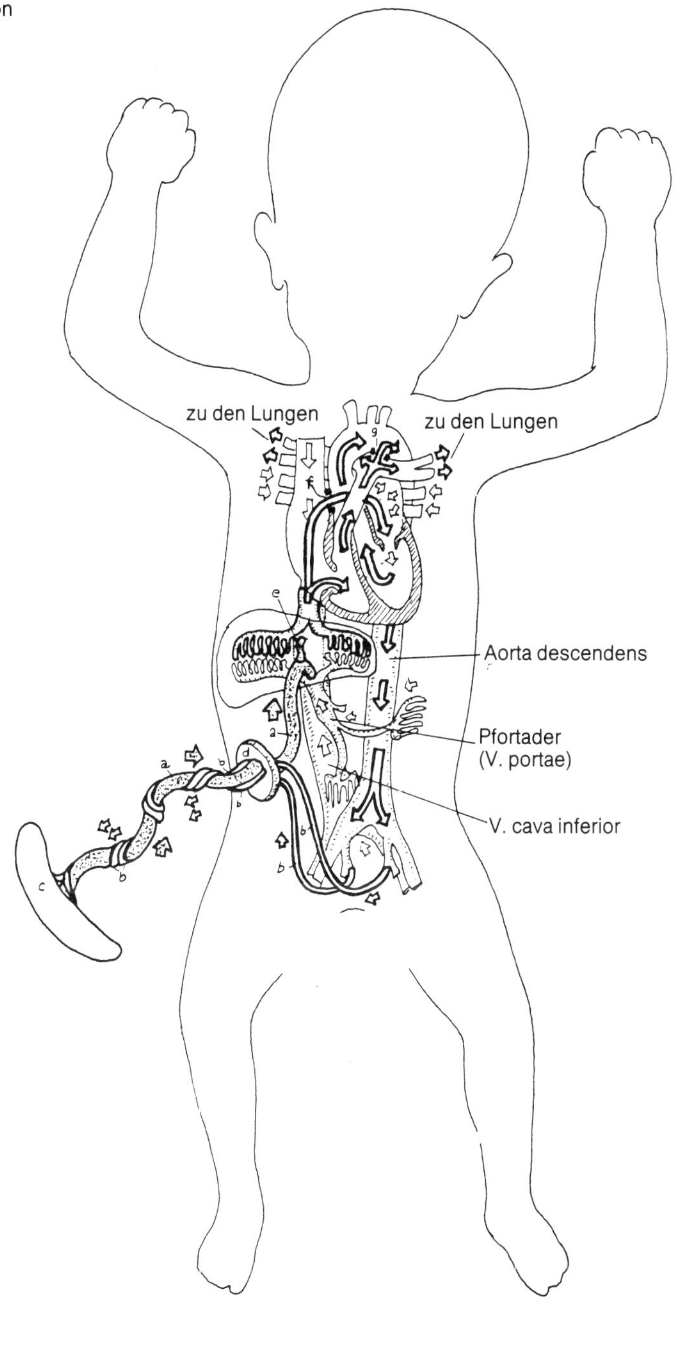

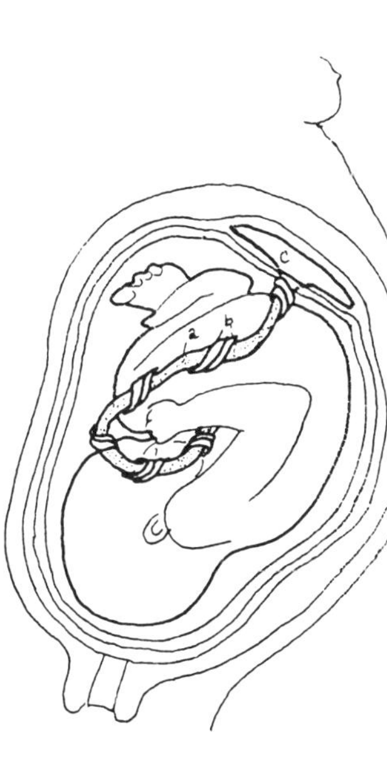

LYMPHSYSTEM LYMPHDRAINAGE UND LYMPHOZYTENZIRKULATION*

Verwenden Sie Blau für Struktur H, Rot für I, Violett für L und Grün für M.

1. Übermalen Sie die feinen Linien, die periphere (superfizielle) Lymphgefäße darstellen (A).
2. Malen Sie in dem mittleren Diagramm jede einzelne, einen Abschnitt repräsentierende Zahl mit der dazugehörigen Benennung an. In dem unteren Bild sollen die Lymphozyten nicht ausgemalt werden.

OBERFLÄCHLICHE DRAINAGE:*

OBERFLÄCHLICHE LYMPHGEFÄSSE A
HALSLYMPHKNOTEN B
ACHSELLYMPHKNOTEN B¹
LEISTENLYMPHKNOTEN B²

TIEFE DRAINAGE:*

TRUNCUS LYMPHATICUS C
CISTERNA CHYLI D
DUCTUS THORACICUS E
DUCTUS LYMPHATICUS DEXTER F

Der Körper besteht zu etwa 60 Volumenprozent aus Flüssigkeit, die Zellen, Gefäße und Zwischenräume füllt. Flüssigkeit braucht eine Zirkulation. Ein Teil der Flüssigkeit des Blutes tritt zusammen mit einigen Lymphozyten aus dem Kreislaufsystem in den Extrazellulärraum über. Zusammen mit Lipiden und Lymphozyten wird diese Flüssigkeit von dünnwandigen Gefäßen *(Lymphkapillaren)* in den Zwischenräumen des lockeren Bindegewebes wieder aufgenommen. Im Unterschied zum in sich geschlossenen Blutgefäßsystem beginnen diese Gefäße blind im Gewebe. Sie vereinigen sich zu immer größeren Lymphgefäßen, die schließlich in große Halsvenen münden. Diese Gefäße bilden das Lymphsystem. Manche Lymphgefäße durchlaufen lymphefilternde Stationen, die sogenannten *Lymphknoten*.

Im Bauchraum fließen große, ganze Regionen drainierende Lymphstämme *(Trunci lymphatici)* zusammen in einen größeren Lymphsack, die *Cisterna chyli*, die in der Tiefe zwischen der Aorta abdominalis und dem ersten Lendenwirbel liegt. An ihrem kranialen Ende beginnt der *Ductus thoracicus*, dieser verläuft an der Vorderseite der Wirbelsäule nach oben und mündet dort in die linke Vena subclavia, an deren Vereinigung mit der Vena jugularis interna. Der *Ductus lymphaticus dexter* mündet an der gleichen Stelle der rechten Seite. Er drainiert das gepunktete Gebiet.

LYMPHOZYTEN-ZIRKULATION:*

BILDUNGSORGAN G
VENÖSES BLUT H
ARTERIELLES BLUT I
LYMPHATISCHES GEWEBE J
PERIPHERES GEWEBE K
KAPILLARNETZ L
LYMPHGEFÄSSE M
LYMPHKNOTEN M¹

Lymphozyten gehören zu den wichtigsten Zellen des Immunsystems. Das Zirkulations-Schema zeigt den Hauptweg der Verteilung von Lymphozyten aus ihren *Bildungsorganen* (Knochenmark, Thymus) in die *lymphatischen Gewebe* und Organe, wie auch in alle anderen Gewebe und Organe *(periphere Gewebe)*. Diese Zirkulationsstruktur ermöglicht in hohem Maß einen Kontakt der Lymphozyten mit eingedrungenen Mikroorganismen und die entsprechenden Abwehrreaktionen des Körpers (Immunantwort).

Nach ihrer Bildung und Ausreifung in Knochenmark und Thymus (1) gelangen die Lymphozyten mit dem *venösen Blut* in den Kreislauf. Über das *arterielle Blut* erreichen sie die *Kapillarnetze* der lymphatischen Organe (3) und die übrigen peripheren Gewebe (4). Die Lymphozyten können entweder in diesen Geweben verweilen oder von Blutkapillaren und Lymphgefäßen aufgenommen werden. In den Lymphkapillaren fließen die Lymphozyten weiter zu den regionalen Lymphknoten (5). Hier können sie sich entweder einnisten oder den Lymphknoten wieder verlassen, um über größere Lymphgefäße (6) schließlich zurück in den Blutkreislauf zu gelangen.

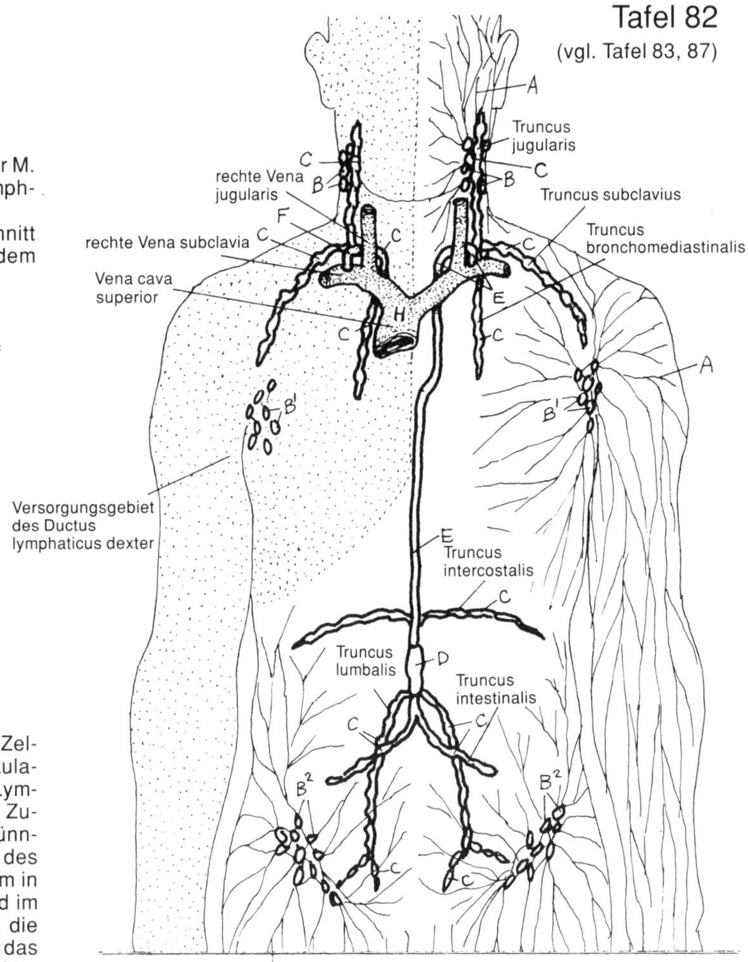

oberflächliche und tiefe Lymphdrainage

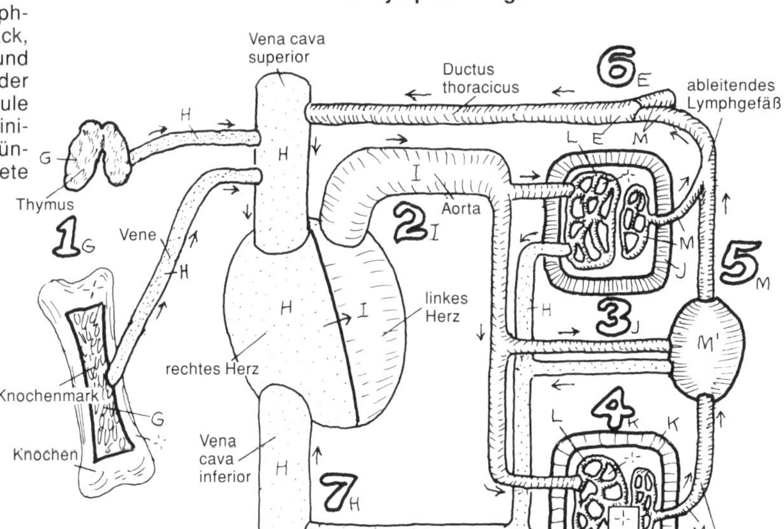

Schema der Lymphozyten-Zirkulation

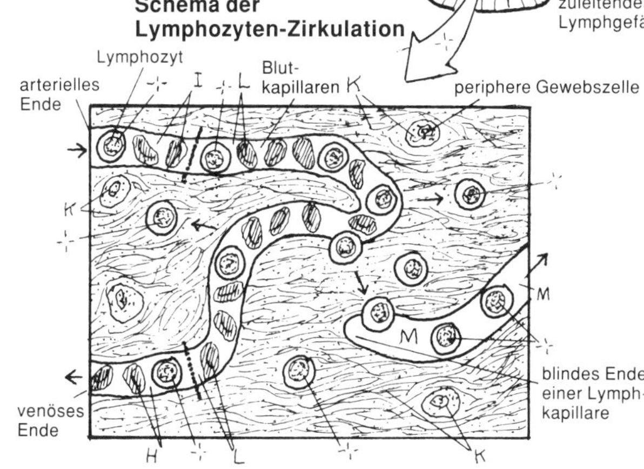

IMMUNSYSTEM
EINFÜHRUNG*

Verwenden Sie Grün für D und helle Farben für H – L.

1. Die Strukturen, die das lymphatische Gewebe der Mukosa (E) darstellen, sind stark vereinfacht; eine genauere Darstellung finden Sie in Tafel 88.
2. Die drei Arten von Lymphozyten haben in ihren Kernen große Identifikationsbuchstaben. Malen Sie in allen Fällen die ganze Zelle aus.

PRIMÄRE LYMPHATISCHE ORGANE:*

KNOCHENMARK A
THYMUS B

Das lymphatische System ist die anatomische Komponente des Immunsystems. Seine Aufgabe ist einerseits die Verteidigung gegenüber Mikroorganismen, die in den Körper eindringen, andererseits die Beseitigung von Zellen oder Zellteilen, die nicht mehr als körpereigene Zellen zu erkennen sind (abgestorbene Zellen, Krebszellen). Lymphatische Gewebe und Organe sind überwiegend Ansammlungen von Lymphozyten und assoziierten Zellen (siehe unten), häufig verstärkt durch ein Netzwerk von retikulären Fasern und Zellen.

Das rote Knochenmark und der Thymus sind primäre lymphatische Organe. Das *Knochenmark* enthält die Vorläuferzellen von allen Lymphozyten und gibt Lymphozyten an den Kreislauf ab. Es besteht zum Großteil aus sehr unterschiedlichen Blutzellen in verschiedenen Reifestadien, aus Makrophagen, retikulären Zellen und Fasern sowie aus Fettzellen. Einige der Lymphozyten reifen und durchwandern eine strukturelle und biochemische Änderung (Differenzierung) im Knochenmark und werden zu B-Lymphozyten. Andere nicht ausdifferenzierte Lymphozyten gelangen über den Blutkreislauf zum Thymus und differenzieren sich dort zu T-Lymphozyten aus, um als solche wieder in den Kreislauf abgegeben zu werden. Wieder andere werden zu großen Lymphozyten (sog. »Nullzellen«) und gelangen über den Kreislauf zu den sekundären lymphatischen Organen.

Der *Thymus* ist im oberen und vorderen (unteren) Mediastinum lokalisiert. Er erhält vom Knochenmark über den Kreislauf undifferenzierte Lymphozyten. Während der Embryonal- und Fetalperiode wie auch während der ersten Lebensdekade ist der Thymus intensiv an der Proliferation und Differenzierung von T-Lymphozyten beteiligt. Nach der Pubertät degeneriert das lymphatische Gewebe des Thymus zunehmend und wandelt sich in Fettgewebe um (Involution).

SEKUNDÄRE LYMPHATISCHE ORGANE:*

MILZ C
LYMPHKNOTEN D
LYMPHATISCHES GEWEBE DER MUKOSA E
MANDELN F
WURMFORTSATZ G

Sekundäre lymphatische Organe sind Strukturen, die überwiegend von Lymphozyten besiedelt sind, die dorthin aus den primären lymphatischen Organen ausgewandert sind. Der strukturelle Aufbau dieser Organe reicht von gekapselten, komplexen Strukturen, wie die *Milz* oder die *Lymphknoten*, bis zur diffusen Verteilung von Lymphozyten in einem lockeren Bindegewebe (z.B. *lymphatisches Gewebe der Mukosa*). Diese sekundären Organe sind ausgelagerte Stützpunkte der lymphozytären Aktivität. Die *Milz* ist für das durchströmende Blut zuständig. Ihre Lymphozyten und Makrophagen reagieren rasch auf die Anwesenheit von Mikroorganismen und älteren Erythrozyten. *Lymphknoten* filtern die einströmende Lymphe aus den zuleitenden Lymphgefäßen auf ähnliche Art wie die Milz das Blut. Diffuse und knötchenförmige (noduläre) Ansammlungen von lymphatischem Gewebe in der Schleimhaut von Körperhöhlen, die Verbindung nach außen haben, bilden das *lymphatische Gewebe der Mukosa.* Dazu gehören auch die *Mandeln* (Tonsillen), die unmittelbar unterhalb des Epithels an den Eintrittspforten bestimmter offener Höhlen (Nase, Mund, Rachen) lokalisiert sind. Sie »markieren« eintretende Mikroorganismen und leiten so deren weitere Zerstörung ein. Ungeordnete Ansammlungen von Lymphozyten und assoziierten Zellen kommen in unterschiedlicher Menge entlang der gesamten Schleimhaut vor (diffuses lymphatisches Gewebe). Der *Wurmfortsatz* (Appendix) des Blinddarms hat in seiner Mukosa viele Lymphfollikel. Die Dichte dieser Zellansammlungen verändert sich mit dem Ausmaß der erforderlichen Abwehrbereitschaft.

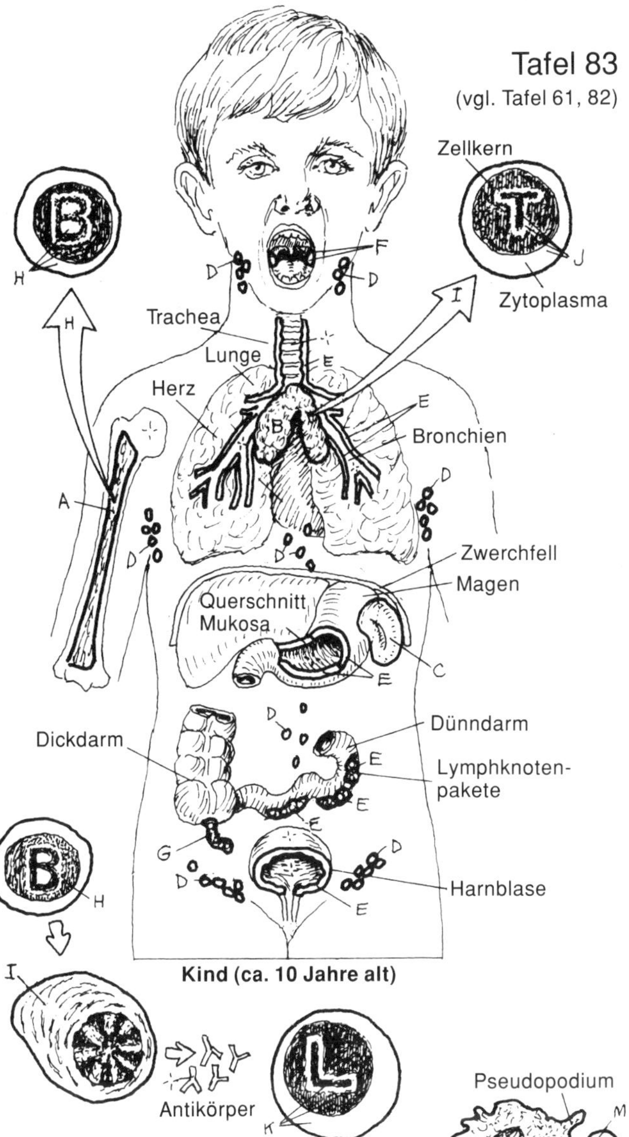

Kind (ca. 10 Jahre alt)

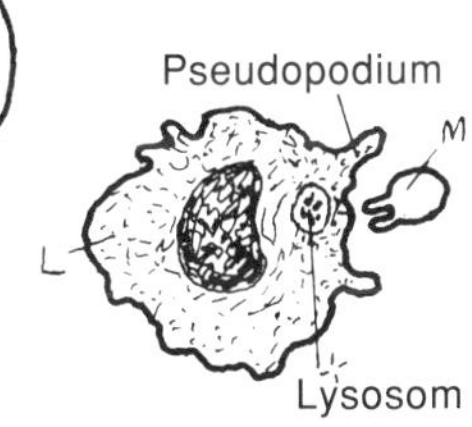

ZELLEN:*

B-LYMPHOZYT H
PLASMAZELLE I
T-LYMPHOZYT J
GROSSER LYMPHOZYT K
MAKROPHAGE L

Aktivierte *B-Lymphozyten* (von »Bone marrow«, engl.: Knochenmark) differenzieren sich in einer bestimmten Reihenfolge; deren letzter Schritt ist die Transformation in *Plasmazellen.* Sowohl B-Lymphozyten als auch Plasmazellen sezernieren bestimmte Eiweißmoleküle, die Antikörper, in die Gewebsflüssigkeiten. Antikörper reagieren mit den Molekülstrukturen *(Antigene)*, welche die Aktivierung und Synthese dieser bestimmten Antikörper induziert haben, und fördern ihre Zerstörung. Der Begriff »Antigen« ist auf die Strukturen (Moleküle, Zellen, Mikroorganismen) beschränkt, die eine Aktivierung von Lymphozyten induzieren (Immunreaktion). *T-Lymphozyten* (von »Thymus«) differenzieren sich nach der Stimulation durch ein Antigen in einen von mehreren möglichen Zelltypen. Einer dieser Zelltypen stimuliert und reguliert spezifische und unspezifische Abwehrreaktionen (T-Helferzelle, T_H).

Große, granuläre *Lymphozyten* (natürliche Killerzellen, NK-Zellen) vernichten Tumorzellen oder virusinfizierte Zellen. Sie können von T-Lymphozyten zur Lyse bestimmter Zielzellen aktiviert werden, zum Beispiel bei der Transplantatabstoßung. *Makrophagen* (Monozyten und Gewebsmakrophagen) sind Zellen, die durch Phagozytose sowohl Antigene als auch Teilchen, die keine Immunreaktion induzieren, vernichten können. Sie präsentieren den Lymphozyten die Antigene (antigenpräsentierende Zellen) zur Identifikation und Einleitung einer Immunreaktion.

IMMUNSYSTEM
UNSPEZIFISCHE UND SPEZIFISCHE ABWEHR*

Verwenden Sie Rosa für Struktur E und für die Zelltypen D, F[1], G und I[1] die gleichen Farben wie in der vorhergehenden Tafel. Strahlenförmige Linien um eine Zelle symbolisieren eine Aktivierung. Die dargestellten Strukturen sind stark vergrößert und vereinfacht.
Beginnen Sie mit dem Titel »Mikroorganismus« rechts oben.

MIKRO-ORGANISMUS A

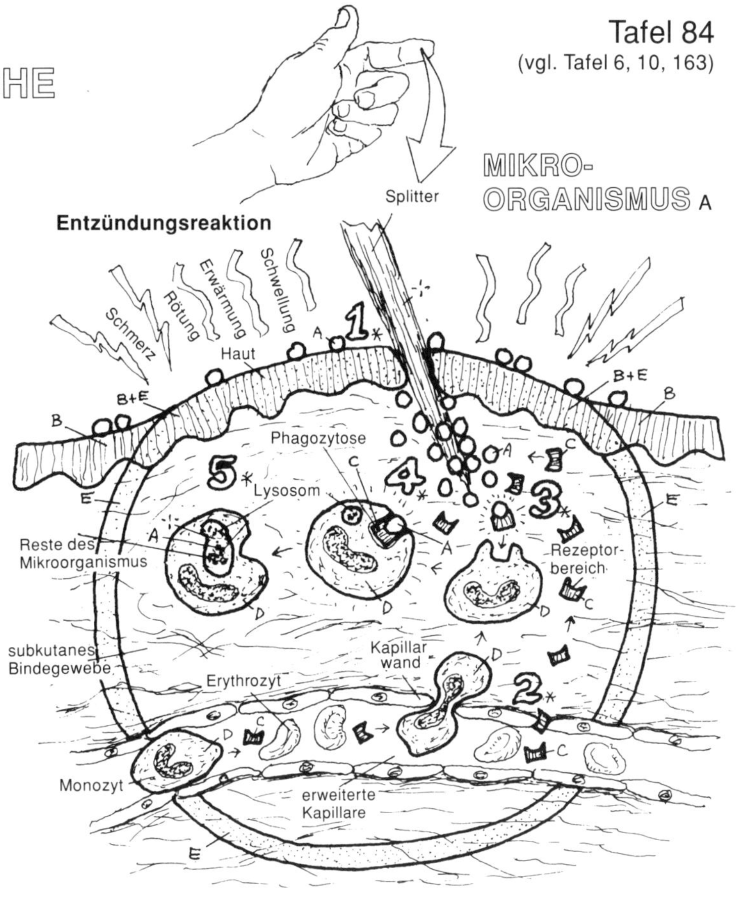

unspezifische (natürliche) Abwehrreaktion

MIKROORGANISMUS A

UNSPEZIFISCHE ABWEHR:*

ANATOMISCHE BARRIERE B
KOMPLEMENT C
FRESSZELLE D
ENTZÜNDUNGSREAKTION E

Immunität ist ein anatomischer und physiologischer Zustand des Schutzes vor Krankheit. Die *unspezifische* oder *natürliche Immunität* existiert unabhängig von einer spezifischen Interaktion zwischen Mikroorganismen und Lymphozyten. Kurz vor der Geburt und in der darauffolgenden Zeit *erwirbt* man zunehmend eine *spezifische Immunität* durch jeden Lymphozytenkontakt mit einem neuen Antigen und der resultierenden Aktivierung. Freßzellen sind sowohl an der unspezifischen als auch an der spezifischen Abwehr direkt beteiligt; Lymphozyten sind an der spezifischen Abwehr direkt beteiligt, fördern aber auch die unspezifische Abwehr.

Die unspezifische Abwehr verfährt mit Mikroorganismen genauso wie mit abgestorbenen Zellen und Zellteilen. *Anatomische Barrieren* (1), wie Haut und Schleimhaut, verhindern physikalisch die Einwanderung von Mikroorganismen. *Freßzellen* nähern sich ihrer Beute vom Blut (2) oder vom Bindegewebe (3) aus, verschlingen sie (4, Phagozytose) und zerstören sie mit lysosomalen Enzymen (5). Als *Komplement* bezeichnet man verschiedene lösliche Proteine, die in den Körperflüssigkeiten vorkommen; sie können sich bei einer Aktivierung an Mikroorganismen anheften und damit ihre Phagozytose steigern. Eine Gewebeschädigung, zum Beispiel die Verletzung mit einem Splitter, induziert eine Entzündungsreaktion, in die sowohl die unspezifische als auch die spezifische Abwehr involviert sind.

SPEZIFISCHE ABWEHR:*

Die spezifische oder erworbene Abwehr umfaßt verschiedene spezifische Lymphozytenreaktionen auf die Anwesenheit eines *Antigens*. Diese spezifische Reaktion auf Antigene (Immunreaktion) ist charakterisiert durch die Aktivierung und Vermehrung (Proliferation) von Lymphozyten und die nachfolgende Zerstörung der Antigene. Dabei werden, entsprechend den beteiligten Lymphozytentypen, zwei Formen der spezifischen Abwehr unterschieden: die *humorale Abwehr* und die *zelluläre Abwehr*. Beiden gemeinsam sind die Spezifität und die Mannigfaltigkeit der Reaktionen, die Aufrechterhaltung eines zellulären Gedächtnisses für das Antigen und die Fähigkeit, zwischen körpereigenen und fremden Proteinen zu unterscheiden.

HUMORALE ABWEHR: F

B-LYMPHOZYT F[1]
PLASMAZELLE G
ANTIKÖRPER H

ZELLULÄRE ABWEHR: I

T-LYMPHOZYT I[1]
HELFERZELLE (T_H) J
ZYTOTOXISCHE ZELLE (T_C) K

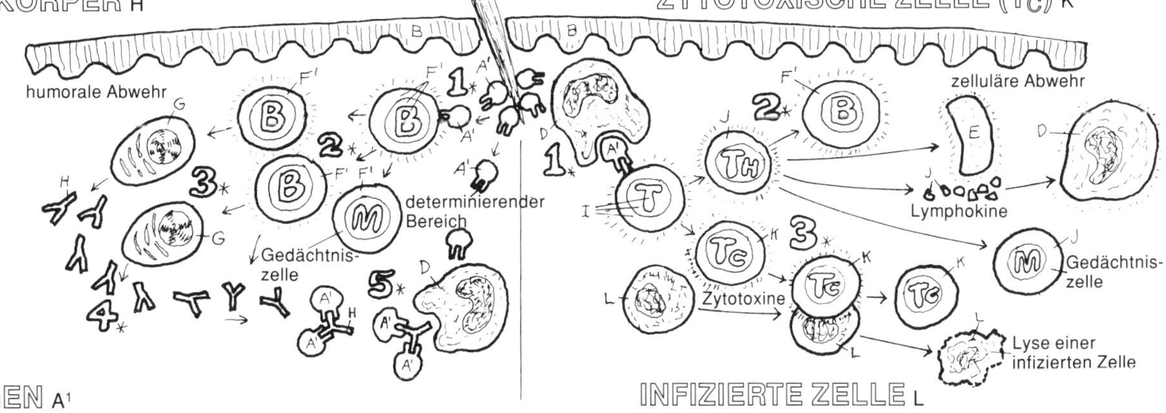

ANTIGEN A[1]

INFIZIERTE ZELLE L

Die *humorale Abwehr* ist charakterisiert durch *B-Lymphozyten*, die von Antigenen aktiviert werden (1), proliferieren, Gedächtniszellen (M für »memory«) ausbilden, Antikörper sezernieren (2) und sich zu *Plasmazellen* (3) umwandeln, die Antikörper in großen Mengen produzieren (4). Antikörper sind komplex aufgebaute Proteine. Sie passen an ihrer antigendeterminierenden Seite mit einem bestimmten Antigen zusammen und können sich mit diesem verbinden (5) und so dessen Phagozytose beschleunigen.

Die *zelluläre Abwehr* ist charakterisiert durch *T-Lymphozyten*, die von Antigenen auf antigenpräsentierenden Zellen (Makrophagen, 1) aktiviert werden. Die aktivierten T-Lymphozyten differenzieren sich zu *T-Helferzellen* (T_H) und *zytotoxischen T-Zellen* (T_C, CTL). T-Helferzellen (2) fördern die humorale Abwehr durch die Aktivierung von B-Zellen, steigern die Entzündungsreaktion, aktivieren Makrophagen mit stimulierenden Faktoren (Lymphokine) und bilden Gedächtniszellen (M) aus. Zytotoxische T-Lymphozyten (3) heften sich an infizierte Zellen und zerstören sie, sie bilden ebenfalls Gedächtniszellen aus. Gedächtniszellen erkennen spezifische, charakteristische Strukturen der Antigene, auf die sich ihr »Gedächtnis« bezieht, und erleichtern bei einem späteren Kontakt mit diesem Antigen eine rasche Immunreaktion.

IMMUNSYSTEM
THYMUS UND ROTES KNOCHENMARK*

Verwenden Sie Rot für Struktur H, Blau für I, Grün für J und die gleiche Farbe wie in den vorhergehenden Tafeln für reife Lymphozyten (G).

1. Malen Sie Bezeichnung »rotes Knochenmark« im unteren Teil dieser Tafel aus. Dann bemalen Sie das rote Knochenmark des Neugeborenen ganz oben. Danach bearbeiten Sie den Thymus-Querschnitt und das Schema der Lymphozytenreifung im Thymus. Beachten Sie, daß die Ränder dieses Schemas die Rinde und das Mark eines Thymusläppchens symbolisieren. Als nächstes wenden Sie sich dem schematischen Überblick der Thymusfunktion zu.
2. Zuletzt bearbeiten Sie die unterste Darstellung des roten Knochenmarks.

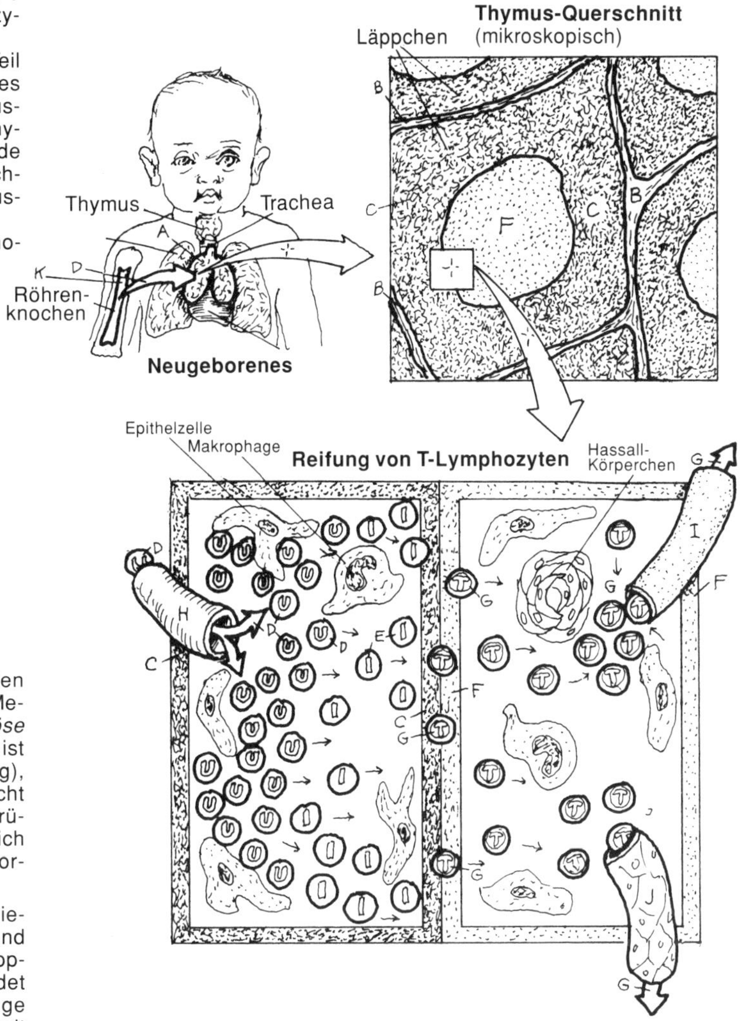

THYMUS A
FIBRÖSE SEPTEN B
RINDE C
UNDIFFERENZIERTER LYMPHOZYT D
UNREIFER T-LYMPHOZYT E
MARK F
REIFER T-LYMPHOZYT G
ARTERIELLES GEFÄSS H
VENÖSES GEFÄSS I
LYMPHGEFÄSS J

Der *Thymus* (Bries) versorgt den Körper mit T-Lymphozyten, den Hauptzellen der zellulären Abwehr. Er liegt im vorderen oberen Mediastinum und besteht aus zwei drüsigen Lappen, die durch *fibröse Septen* in viele kleinere Läppchen untergliedert sind. Der Thymus ist in der späten Fetalzeit und beim Neugeborenen relativ groß (15 g), wächst beim Kind weiter und erreicht beim Jugendlichen ein Gewicht von 30 – 40 g. Danach nimmt seine Größe und Funktion ab, das Drüsengewebe baut sich in Fettgewebe um (Involution), bis schließlich mit Erreichen des Erwachsenenalters nur noch ein Fettkörper vorhanden ist.

Die fibrösen Septen enthalten die Blutgefäße. Jedes Läppchen gliedert sich in eine *Rinde*, die dicht mit Lymphozyten besiedelt ist, und ein weitaus weniger besiedeltes *Mark*. Die *Epithelzellen* des Läppchens bilden ein stützendes, »retikuläres« Netzwerk. Im Mark findet man die für den Thymus charakteristischen, konzentrischen Ringe von verhornten Epithelzellen (Hassall-Körperchen); obwohl sie mit Zeichen der Degeneration assoziiert sind, wird auch eine Bedeutung für die Lymphozytendifferenzierung diskutiert. Über die *arteriellen Gefäße* gelangen undifferenzierte Lymphozyten in die Rinde. Von dort wandern sie weiter ins Mark und weisen dabei Zeichen einer Differenzierung zu T-Zellen auf. Die Zellen der inneren Rinde sind zum großen Teil *unreif*, aber bereits funktionell auf T-Zellen festgelegt. Das Mark enthält zum Großteil *reife T-Lymphozyten*. Diese Zellen verlassen den Thymus über Venolen *(venöse Gefäße)* und gelangen in den Körperkreislauf. Einige der T-Lymphozyten gelangen auch über die *Lymphgefäße* in die mediastinalen Lymphknoten und weiter. Der Thymus produziert auch eine Reihe von Hormonen, welche die Lymphozytendifferenzierung stimulieren.

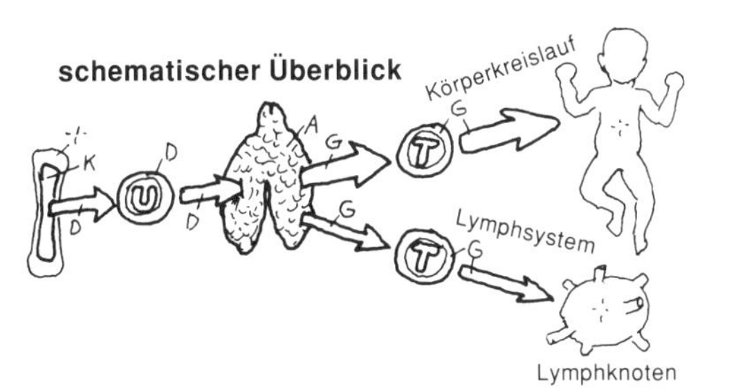

ROTES KNOCHENMARK K
LYMPHOZYTEN-VORLÄUFERZELLE L
WACHSTUMSFAKTOR M
LYMPHOZYT D¹
SINUSOID I¹

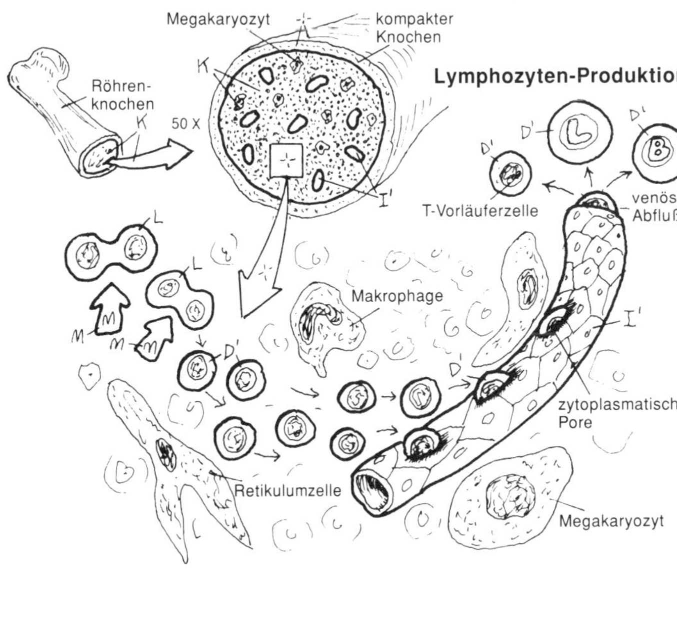

Rotes Knochenmark ist dicht besiedelt mit vielen verschiedenen Blutzellen in verschiedenen Reifungsstadien. Das Stützgerüst des Marks sind retikuläre Fasern und Zellen. Die von Arteriolen der Arteria nutricia ausgehenden Kapillaren erweitern sich zu *Sinusoiden*. Sie haben zytoplasmatische »Poren« für einen raschen Übertritt von Zellen aus dem Mark in den Kreislauf. Unter den Zellen sind auch *Lymphozyten-Vorläuferzellen*. Sie werden von bestimmten *Wachstumsfaktoren* zur Teilung angeregt. Die Nachkommen dieser Zellen sind großenteils kleine und vereinzelt große *Lymphozyten*. Es wird angenommen, daß die gesamte Reifung der B-Lymphozyten im Knochenmark stattfindet, während die T-Lymphozyten erst im Thymus ausreifen. Die verschiedenen Lymphozyten gelangen über die Sinusoide und deren venösen Abstrom in den Körperkreislauf.

IMMUNSYSTEM
MILZ*

Verwenden Sie Rot für Struktur E, Violett für F, Blau für G, die gleichen Farben wie in den vorhergehenden Tafeln für H, I, K und L sowie sehr helle Farben für C und D.
Wenn sie die schematische Darstellung der Milzstruktur ausmalen, dann beachten Sie, daß die unteren Balken jeweils die Strukturen innerhalb der weißen beziehungsweise der roten Pulpa markieren.

MILZ A

KAPSEL A¹
TRABEKEL B
WEISSE PULPA C
LYMPHFOLLIKEL C¹
ROTE PULPA D

BLUTGEFÄSSE:*

ARTERIE E
ARTERIOLE E¹
SINUS F
VENOLE G
VENE G¹

ZELLEN:*

T-LYMPHOZYT H
B-LYMPHOZYT I
LYMPHOZYT IN MITOSE J
MAKROPHAGE K
PLASMAZELLE L

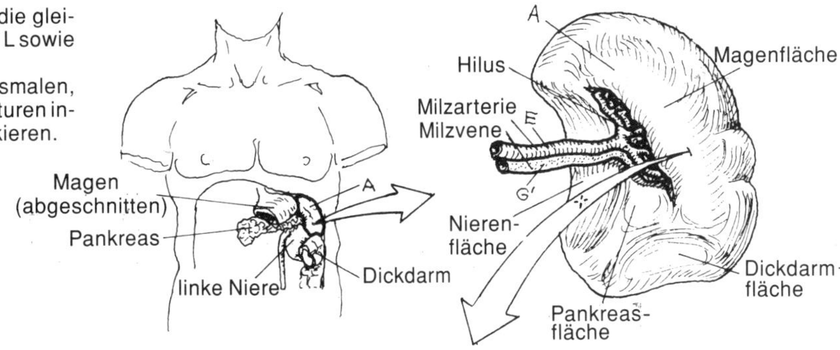

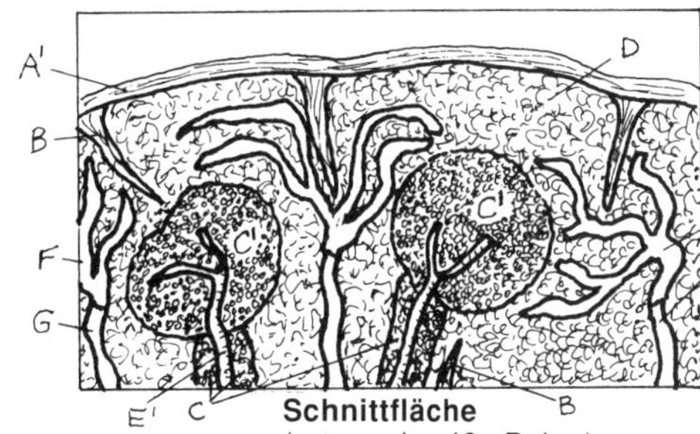

Schnittfläche
(rote und weiße Pulpa)

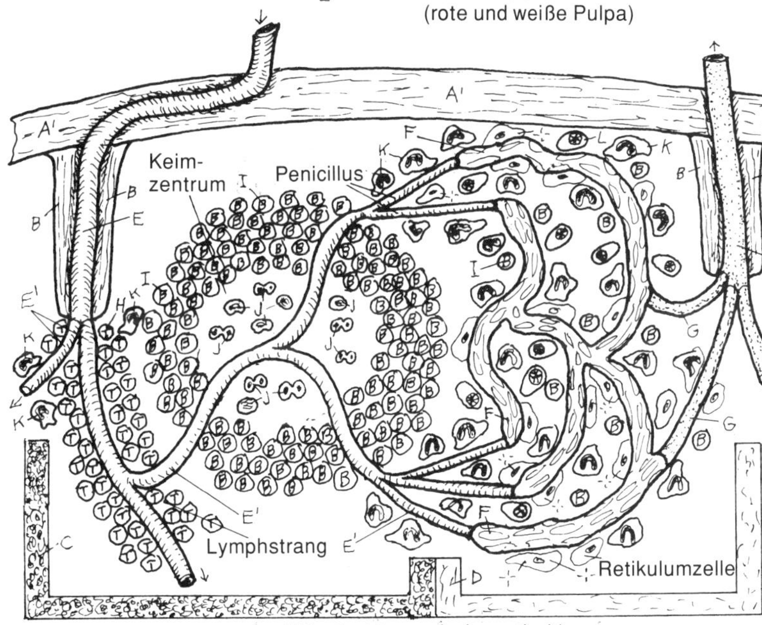

Milzstrukturen (schematisch)

Die weiche, blutgefüllte, dunkelrote *Milz* (Lien) liegt hinten im linken oberen Abdomen, unmittelbar oberhalb der linken Niere, auf der Höhe der 11. und 12. Rippe. Sie hat in etwa die Größe einer geschlossenen Faust. Ihre *Kapsel* bildet Ausläufer nach innen *(Trabekel)*, die das Organ stützen sowie Gefäße ein- und ausleiten. Das mikroskopische Bild der Milz ist geprägt von der endlosen Menge an Lymphozyten, Makrophagen und Erythrozyten.

Kleine Äste der *Milzarterie* (Arteria lienalis) verlaufen in den Trabekeln (sog. Balkenarterien) in das Organ und geben Äste in das Parenchym ab; diese sogenannten Zentralarterien sind von Lymphozyten eingehüllt und verzweigen sich schließlich zwischen den *Lymphfollikeln* zum sogenannten Endbäumchen (Penicillus). Diese Lymphfollikel bilden zusammen mit den Zentralarterien und ihren Lymphsträngen die *weiße Pulpa*. Bei einer Antigen-Stimulation vergrößern sich diese Follikel; im zentralen Teil der Lymphfollikel (Keimzentrum) findet man dann große Lymphozyten in verschiedenen Stadien der Zellteilung *(Mitose)*, diese bilden eine Zone, die weniger dicht mit Zellen bepackt ist als ihre Umgebung. Wenn die Arteriolen des Penicillus die weiße Pulpa verlassen, werden sie für eine kurze Strecke von Makrophagen dicht eingehüllt, anschließend erweitern sie sich in die *Sinus* (»geschlossene Theorie«, s. Abb.). (Eine alternative »offene Theorie« geht davon aus, daß die Gefäße in große Zwischenräume münden, die von den Sinus drainiert werden.) Zellen (Retikulumzellen, *Plasmazellen*, Makrophagen und einige B-Lymphozyten) bilden lange, unregelmäßige Zellstränge (Pulpastränge) zwischen den miteinander verbundenen Sinus; diese Bereiche nennt man die *rote Pulpa*. Der Abfluß aus den Sinusoiden erfolgt über *Venolen*, die das Blut den Balkenvenen zuführen; über die Milzvene (Vena lienalis) verläßt das Blut die Milz.

Wenn das Blut in die Arteriolen fließt, werden Antigene und alte Erythrozyten von den *Makrophagen* und unzähligen *T-Lymphozyten* empfangen; das führt zu zellulären Immunreaktionen in den Lymphsträngen. Dort wo sich die Gefäße in die Follikel der weißen Pulpa schlängeln, werden sie von *B-Lymphozyten* umgeben; die dort gebildeten Antikörper können an Antigene binden, die aus dem Kreislauf abgesondert und phagozytiert werden (humorale Immunität). In der roten Pulpa sind die Gefäßlumen durchsetzt von den begrenzenden Makrophagen; alte Erythrozyten werden hier aussortiert und phagozytiert; Antigene treffen auf Antikörper und werden ebenfalls phagozytiert.

Die Antikörperproduktion und die Phagozytose sind also die Hauptaufgaben der Milz. Wenn auch Antikörper und Komplement die Phagozytose von Erythrozyten in der Milz steigern, ist die Funktion der Milzmakrophagen von T-Zellen und Antikörpern unabhängig. Eine systemische Infektion erhöht deutlich die Bildung von Lymphozyten und kann zu einer tastbaren Milzvergrößerung führen (Splenomegalie). Die Milzentfernung (Splenektomie) ist kein harmloser Eingriff, denn die Abwehrfunktion des Körpers ist ohne Milz beeinträchtigt.

IMMUNSYSTEM
LYMPHKNOTEN*

LYMPHKNOTEN A
KAPSEL A[1]
TRABEKEL B
RETIKULÄRES NETZ C
RINDE D
LYMPHFOLLIKEL E
KEIMZENTRUM F
MARK G
T-REGION H

LYMPHGEFÄSSE:*
VAS AFFERENS I
LYMPHSINUS J
VAS EFFERENS K

BLUTGEFÄSSE:*
ARTERIE L
VENE M/VENOLE M[1]

ABWEHRZELLEN:*
MAKROPHAGE N
T-LYMPHOZYT O
B-LYMPHOZYT P
LYMPHOZYT IN MITOSE Q
PLASMAZELLE R

LYMPHE S
ANTIGEN T

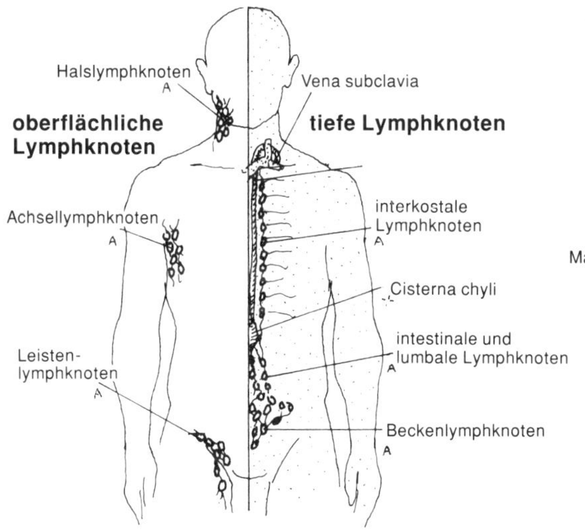

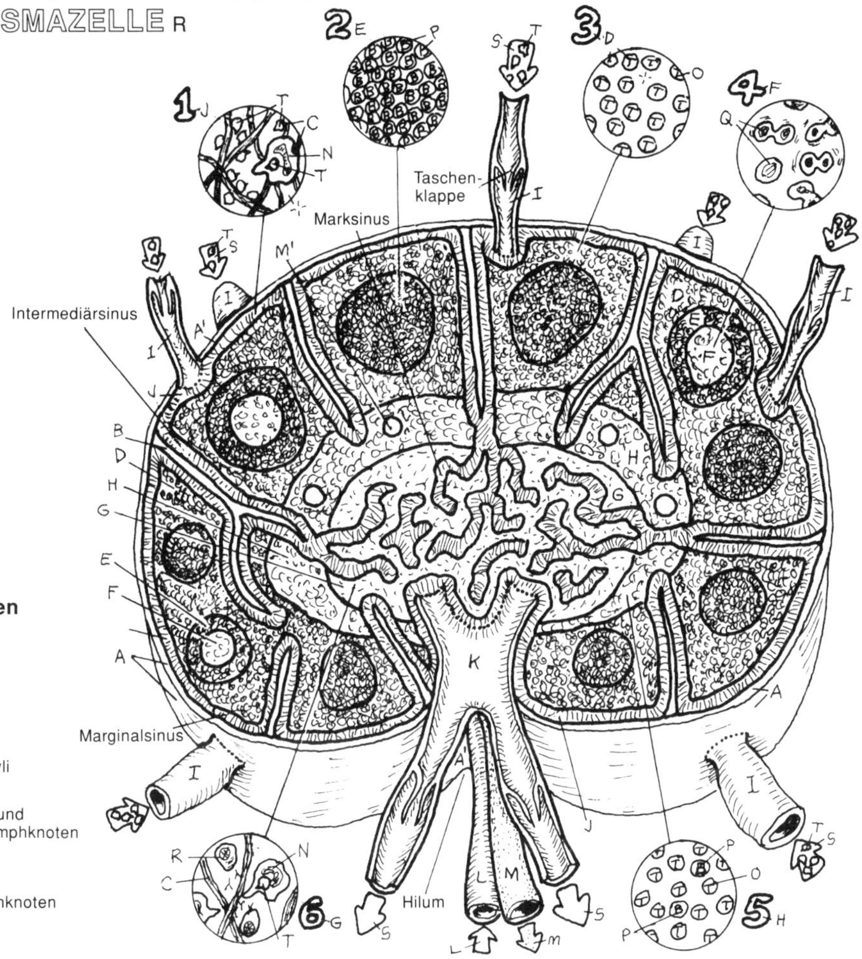

Querschnitt

Verwenden Sie Rot für L, Blau für M, Grün für S (wenn Sie noch weitere Grüntöne haben, dann nehmen Sie diese für I – K), die gleichen Farben wie in den vorhergehenden Tafeln für N – R und helle Farben für D – H.
Wenn Sie die verschiedenen Bereiche des Lymphknotens ausmalen, dann verwenden Sie die gleiche Farbe für die Ziffer neben der Ausschnittsvergrößerung dieses Abschnitts. Beachten Sie, daß die kleinen Kreise in der T-Region (H) Venolen (M[1]) darstellen.

Der *Lymphknoten* hat eine bindegewebige *Kapsel*, von der aus die *Trabekel* nach innen verlaufen und den Lymphknoten in einzelne Abschnitte unterteilen. Feine retikuläre Fasern und Zellen gehen von den Trabekeln ab und bilden im gesamten Lymphknoten ein dichtes Netz verflochtener Fasern *(retikuläres Netz)*. Dieses komplizierte Fasergeflecht bildet ein Stützgerüst für die dichten Lymphozytenpopulationen. Die Lymphe sickert durch die ebenfalls vom retikulären Netz gebildeten *Lymphsinus* (nur die Marginalsinus haben eine epithelähnliche Auskleidung). Die retikulären Fasern in diesen Sinus (1) bilden ein räumliches Gerüst, von dem aus die *Makrophagen* die mit der Lymphe eingespülten *Antigene* leicht fassen können.

Das Innere des Lymphknotens ist charakterisiert durch eine äußere *Rinde* und ein inneres *Mark*. Die Rinde (Cortex) zeigt mehrere besonders dichte Ansammlungen von *B-Lymphozyten* (2, *Lymphfollikel*) zwischen weniger dichten, überwiegend mit *T-Lymphozyten* besiedelten, interfollikulären Bereichen (3). Bei Anwesenheit von großen Mengen an Antigen bilden die Follikel *Keimzentren* aus, dort sieht man *Lymphozyten* in verschiedenen Stadien der *Mitose* (4). Im äußeren Bereich des Marks liegt die *T-Region* (oder Parakortex), hier findet man in diffuser Anordnung neben T-Lymphozyten auch Makrophagen und einzelne B-Lymphozyten (5). Die Endothelzellen der Venolen in der T-Region sind spezialisiert und bilden lymphozytenbindende Rezeptoren aus, welche die Lokalisation von T- und B-Zellen im Lymphknoten beeinflussen. Das Mark enthält eine dichte Anordnung miteinander verbundener Sinus mit einer großen Zahl an Makrophagen und *Plasmazellen* (6).

Die *Lymphe* fließt ein über die zuleitenden Lymphgefäße *(Vasa afferentia)*, die Taschenklappen zur Regelung der Fließrichtung besitzen. Während sich die Lymphe durch die dichten retikulären Netze der Sinus hindurchschlängelt, sammeln Makrophagen die Antigene auf und präsentieren sie den T-Zellen der interfollikulären Bereiche. Aktivierte B-Zellen der Lymphfollikel wandeln sich, unterstützt von T-Helferzellen (TH), in Plasmazellen und Gedächtniszellen um. Die Plasmazellen und B-Zellen sezernieren Antikörper, diese können an bestimmte Teile des Antigens (antigene Determinanten) binden. Die Bindung eines Antikörpers an ein Antigen erleichtert die Zerstörung dieses Antigens. Ein größerer Antigenreiz führt zur Bildung von Keimzentren. Weitere Immunreaktionen finden auch in der T-Region und im Mark statt. Die Lymphe verläßt den Lymphknoten über die ableitenden Lymphgefäße *(Vasa efferentia)*. Lymphozyten gelangen auch über kleine *Arterien* in den Lymphknoten; diese Zellen können dann von den Venolen aus in die Sinus einwandern, während das restliche Blut den Lymphknoten durch die *Venen* wieder verläßt.
Der Lymphknoten ist also ein Ort, an dem sowohl die humorale (B-Zellen) als auch die zelluläre (T-Zellen) Abwehrreaktion auf Antigene in der Lymphe erfolgt. Eine tastbare Vergrößerung der Halslymphknoten zum Beispiel ist ein Zeichen, daß solche Mechanismen gegen ein Eindringen von Mikroorganismen im Kopfbereich aktiv sind.

IMMUNSYSTEM
LYMPHATISCHES GEWEBE DER MUKOSA*

(vgl. Tafel 83, 99, 101, 104, 105)

Verwenden Sie Grün für C, die gleichen Farben wie in den vorhergehenden Tafeln für E – J sowie helle Farben für A und B.

1. Beginnen Sie mit den Darstellungen der normalen und entzündeten Mandeln in den Farben Rosa (normal) beziehungsweise Rot (entzündet). Bearbeiten Sie die Darstellungen einschließlich der Antigene (I), die den Follikel aktivieren, und der kreisförmigen Schemata der wichtigsten Zelltypen des Follikels und des Keimzentrums.
2. Bemalen Sie die untere Abbildung.

LYMPHFOLLIKEL A
KEIMZENTRUM B
ABLEITENDES LYMPHGEFÄSS C

ABWEHRZELLEN:*

LYMPHOZYT IN MITOSE D
MAKROPHAGE E
B-LYMPHOZYT F
T-LYMPHOZYT G
PLASMAZELLE H

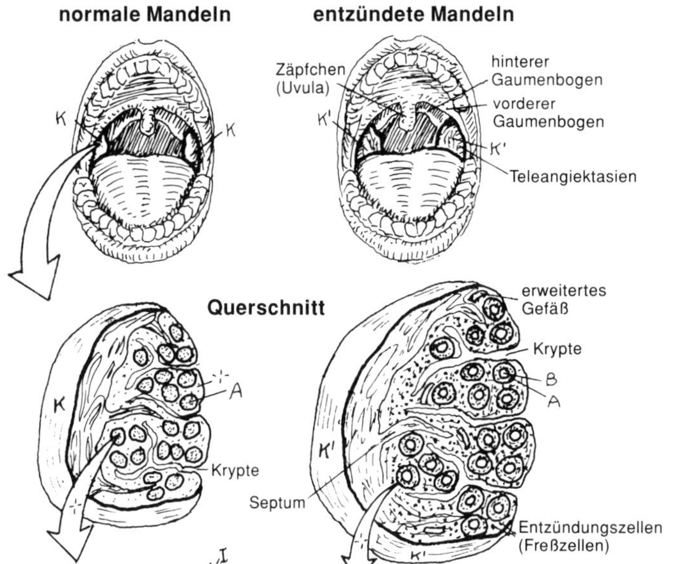

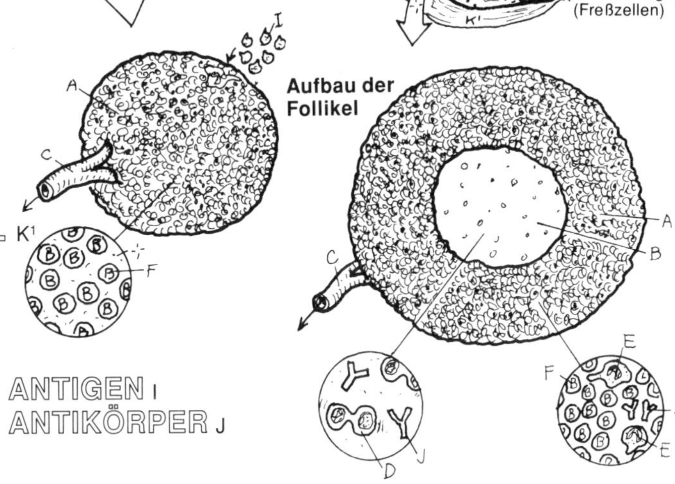

Das lymphatische Gewebe der Mukosa, bestehend aus Lymphozyten, Plasmazellen und Makrophagen (oft als »Entzündungszellen« bezeichnet), ist nicht von bindegewebigen Kapseln begrenzt, sondern verteilt sich in unterschiedlicher Dichte überall im lockeren Bindegewebe der Schleimhäute. Die Zellen dieses Gewebes sind mobil und können sich als Reaktion auf die Anwesenheit von Mikroorganismen vermehren. Häufig können sich im Bereich einer chronischen Antigenexposition gut organisierte Follikel ausbilden, ähnlich denen, wie man sie in Lymphknoten und Milz findet.

MANDEL K / ENTZÜNDETE MANDEL K'

ANTIGEN I
ANTIKÖRPER J

Ausstülpungen der Schleimhaut, die Ansammlungen von Primärfollikeln (= Lymphfollikel ohne Keimzentrum) umgeben, nennt man *Mandeln* (Tonsillen). Diese habe keine deutlichen Lymphsinus und keine zuleitenden Lymphgefäße wie die Lymphknoten; aber man findet Lymphkapillaren, die in *ableitende Lymphgefäße* drainieren. Bei einer antigenen Stimulation kommt es zur Mandelentzündung (Tonsillitis), einem häufigen Krankheitsbild. Eine entzündete Mandel ist schmerzhaft, geschwollen, gerötet (häufig mit Teleangiektasien: erweiterte Blutgefäße, die durch die Schleimhaut hindurch sichtbar sind). Infolge der Aktivierung bilden die Lymphfollikel Keimzentren aus (Sekundärfollikel), die Zahl an *B- und T-Lymphozyten* erhöht sich, Makrophagen und Plasmazellen tauchen auf und die Produktion von *Antikörpern* kommt in Gang. Die Mandeln ermöglichen damit eine rasche Reaktion auf die Anwesenheit von Mikroorganismen. Während in der Vergangenheit die Diagnose zur Mandelentfernung (Tonsillektomie) sehr großzügig gestellt wurde, wird diese heute nur noch bei entsprechendem Anlaß durchgeführt (Verengung der Luftwege, chronische Infektionen).

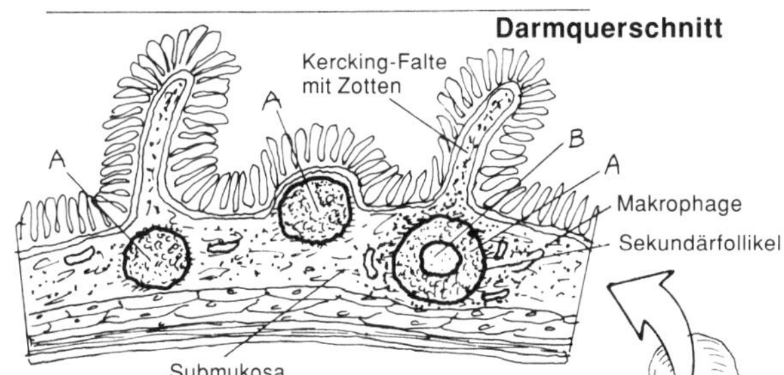

PEYERSCHE PLAQUES*

Ansammlungen von Lymphfollikeln in der Submukosa des distalen Ileums nennt man *Peyersche Plaques*. Während Lymphfollikel im übrigen Darm nur sporadisch zu finden sind, kommen sie in diesem Bereich in höherer Konzentration vor. Nach einer Antigenstimulation vergrößern sich diese Follikel in ähnlicher Weise wie die Mandeln.

WURMFORTSATZ L

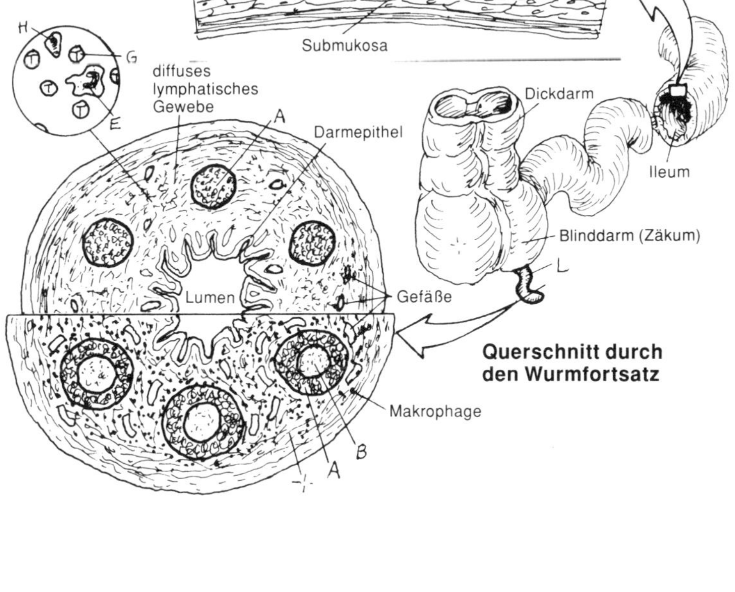

Der *Wurmfortsatz* (Appendix vermiformis) ist eine dünne, schlauchförmige Verlängerung des Blinddarms. Er ist von der Submukosa bis hin zur Epithelschicht der Schleimhaut voll von Lymphfollikeln. Die Schleimhaut des Wurmfortsatzes wird oft gereizt (Samenkörner von Tomaten/Paprika und Popcorn, verschluckte Fremdkörper) und Entzündungen sind recht häufig (Appendizitis). Der Fortsatz schwillt dann an, ist gerötet und häufig auch recht schmerzhaft. Es kommt zu den klassischen Immunreaktionen (Bildung von Keimzentren usw.). Wegen der dünnen Wand des Wurmfortsatzes kann es bei einer akuten Infektion auch zu einem Durchbruch in die Bauchhöhle kommen (Peritonitis). Die Entfernung des Wurmfortsatzes (Appendektomie) ist ein häufiger Eingriff. Es gibt keinen Hinweis, daß es nach einer Appendektomie zu einer verminderten Abwehrfunktion käme; die benachbarten lymphatischen Gewebe in der Darmschleimhaut können offenbar die durch die Appendektomie entstandene Abwehrlücke schließen.

IMMUNSYSTEM
ABWEHRSCHWÄCHE BEI HIV-INFEKTION*

Bearbeiten Sie diese Tafel erst, nachdem Sie die vorhergehenden Tafeln über das Immunsystem durchgearbeitet haben. Verwenden Sie für die Strukturen P, T, B, Pl, Ak, Ag und ER die gleichen Farben wie für die entsprechenden Strukturen (andere Fußnoten) in den vorhergehenden Tafeln.

1. Beginnen Sie mit der HIV-Infektion und arbeiten Sie sich durch bis zum Stadium der Reaktivierung.
2. Beachten Sie, daß die gestrichelten Linien die Zerstörung von T-Lymphozyten und somit das Ende oder die Verringerung ihrer Funktionen darstellen. Die nach unten gerichteten Pfeile spiegeln ebenfalls diesen negativen Einfluß wider; der einzige nach oben gerichtete Pfeil steht für die Zunahme der Antigene.

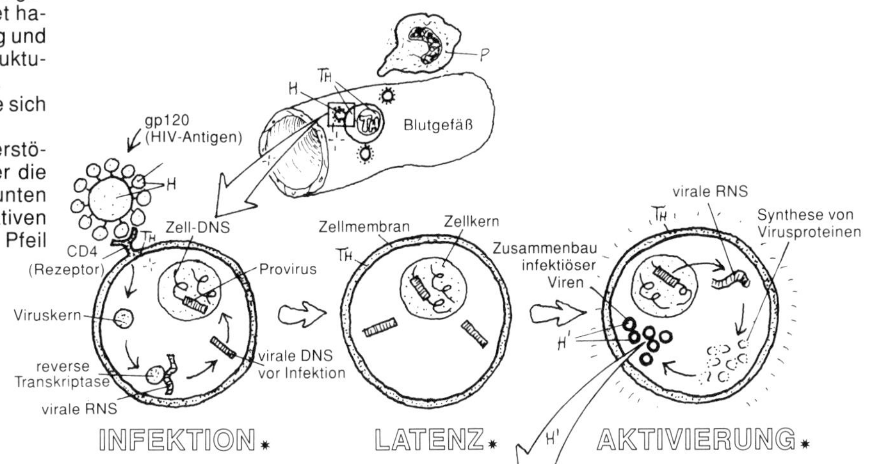

HIV-INFEKTION:*

T-HELFERZELLE Th
HIV-1 H
PROVIRUS H¹
MAKROPHAGE P

EINFLUSS DER HIV-INFEKTION AUF:*

T-LYMPHOZYTEN T
GEDÄCHTNISZELLEN T¹
PHAGOZYTOSE P¹
ENTZÜNDUNGSREAKTION ER
ANTIGENE Ag
NEUROTRANSMITTER N
B-LYMPHOZYTEN B
GEDÄCHTNISZELLEN B¹
PLASMAZELLEN PL
ANTIKÖRPER AK
GROSSE LYMPHOZYTEN L
MITOSE-REGULATION MR

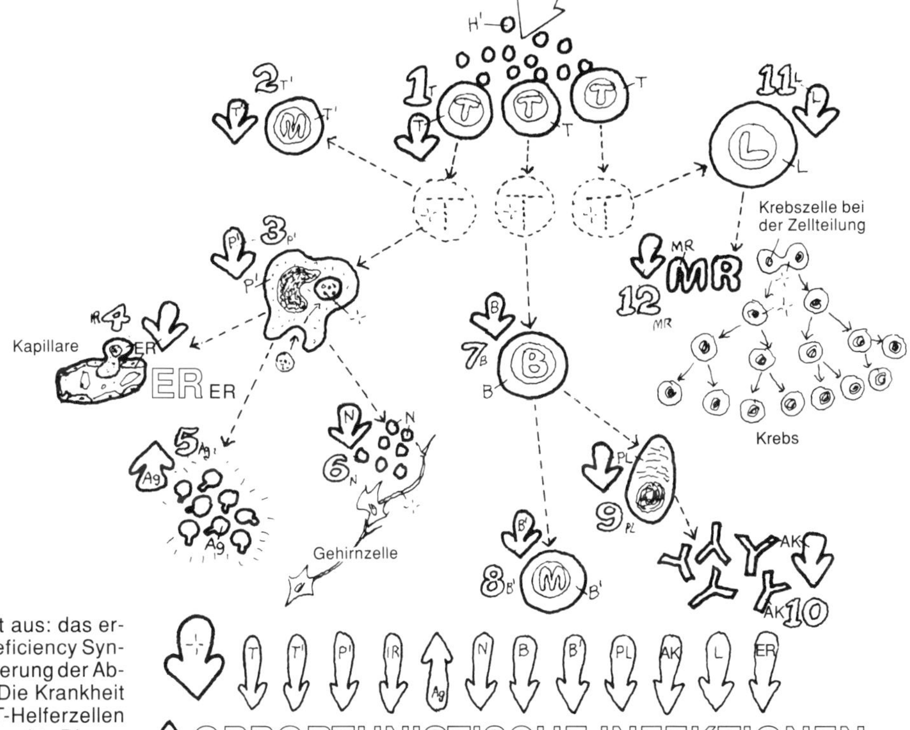

OPPORTUNISTISCHE INFEKTIONEN*

Weltweit breitet sich eine tödliche Infektionskrankheit aus: das erworbene Immunmangelsyndrom (Acquired Immune Deficiency Syndrome, AIDS), das durch eine deutliche Funktionsminderung der Abwehrzellen (Immunsuppression) gekennzeichnet ist. Die Krankheit wird durch die Infizierung von Makrophagen und T-Helferzellen durch das humane Immundefizienzvirus (HIV) verursacht. Dieses Virus wird über Körperflüssigkeiten, hauptsächlich über Blut und Sperma, von Mensch zu Mensch übertragen. Die Übertragung erfolgt durch Geschlechtsverkehr und die gemeinsame Benutzung von blutkontaminierten Nadeln bei intravenösem Drogenmißbrauch, aber auch durch heterosexuellen Geschlechtsverkehr, Bluttransfusionen, intravenöse Gabe von Blutprodukten bei Gerinnungsstörungen und von der infizierten Schwangeren auf ihr Kind.

In den Körperflüssigkeiten heften sich die Viren mit ihren Oberflächenproteinen (Glykoprotein gp120) an spezifische Rezeptoren (CD4) an der Oberfläche von *T-Helferzellen* und *Makrophagen*. Die darauf folgende Einschleusung des Virus in die Zelle (Endozytose) führt zu deren Infizierung. Ein vom Virus mitgebrachtes Enzym, die Reverse Transkriptase (RT), übersetzt die genetische Information des Virus, die als Ribonukleinsäure (RNS) gespeichert ist, auf Desoxyribonukleinsäure (DNS), die Bausubstanz der menschlichen Gene. Das neue DNS-Segment kann so in das genetische Material der Wirtszelle eingebaut werden, diese eingebaute Virus-DNS nennt man *Provirus*; sie kann die Wirtszelle zur Produktion von viraler RNS veranlassen, die wiederum als »Bauplan« für die Synthese der Virusproteine und den darauffolgenden Zusammenbau neuer infektiöser Viren dient. Nach der *Infektion* der Zelle erfolgt häufig erst eine lange Zeit *(Latenz)*, bis die Virusproduktion einsetzt *(Aktivierung)*, so daß die Erkrankung sehr langsam fortschreitet. Es können zwei bis über zehn Jahre vergehen, ohne daß es zu Zeichen der Immunsuppression kommt. Wenn die infizierten Zellen die Viren auf andere T-Helferzellen und Makrophagen übertragen, werden im Laufe der Zeit immer mehr dieser Zellen infiziert. Diese Zellsysteme können dann nicht mehr ausreichend auf Antigenreize reagieren, und der Immundefekt (AIDS) bricht aus.

Durch die Infektion (1) werden die *T-Lymphozyten* zerstört und dadurch die zelluläre Immunität geschwächt (2-12). Die Zahl der T-Gedächtniszellen nimmt ab, dadurch wird die rasche Reaktion auf ein Antigen erschwert (2). Die *Phagozytose*, die von T-Helferzellen gefördert wird, nimmt ab (3), dadurch wird die unspezifische *Entzündungsreaktion* ebenfalls beeinträchtigt (4); das alles begünstigt die Zunahme der *Antigene* und ihrer Aktivität (5). Die Phagozyten von Gehirn und Rückenmark (Mikroglia) sind besonders anfällig für eine HIV-Infektion, was zu einer mangelhaften *Neurotransmitter-Funktion*, zum Gedächtnisverlust und anderen neurologischen Defiziten führt (HIV-Enzephalopathie, 6). Die *B-Lymphozyten* können ohne die T-Helferzellen auf einen Antigenreiz nicht mehr ausreichend proliferieren (7), es kommt zur Abnahme der B-Lymphozyten, *B-Gedächtniszellen* (8), *Plasmazellen* (9) und *Antikörper* (10). *Große Lymphozyten* nehmen sowohl zahlenmäßig als auch in ihrer Aktivität ab (11), dadurch wird die *Mitose-Regulation* beeinträchtigt (12) und die Bildung von Krebsgeschwüren (Neoplasmen) begünstigt. Der Gesamteffekt der Immunsuppression ist der Befall des ungeschützten Körpers mit Mikroorganismen, insbesondere solchen, die gegen ein intaktes Immunsystem keine Chance hätten *(opportunistische Infektionen)*. In der Frühphase der HIV-Infektion findet man häufig eine rasche Reaktion der Lymphozyten auf solche Infektionen, mit Zunahme der Abwehrzellen und der Antikörperproduktion; doch leider sind viele dieser aktivierten Zellen selbst infiziert und produzieren bei einer solchen Aktivierung auch vermehrt HIV, das dann noch mehr Zellen befallen kann. Mit der Zeit sinkt die Zahl der T-Helferzellen und Makrophagen, was sich wiederum negativ auf die unspezifische und spezifische Abwehr auswirkt: Es kommt zum Vollbild von AIDS mit Infektionen, Tumoren, neurologischen Störungen und Gewichtsverlust.

RESPIRATIONSTRAKT ÜBERSICHT*

Verwenden Sie Rot für Struktur L und ansonsten helle Farben.
1. Beginnen Sie mit den Strukturen des Respirationssystems.
2. Bemalen Sie den Querschnitt durch die Trachea (D), einschließlich der respiratorischen Schleimhaut (I).
3. Malen Sie zuletzt die Vergrößerung der respiratorischen Schleimhaut ganz unten aus.

NASENHÖHLE A
PHARYNX B
LARYNX C
TRACHEA D
HAUPTBRONCHIEN E
BRONCHIALBAUM F
RE. LUNGE G, LI. LUNGE G'
ZWERCHFELL H

Der *Respirationstrakt* leitet die Außenluft in die Lungenalveolen, in denen der Gasaustausch mit dem Blut stattfindet, und entfernt die mit Kohlendioxid (CO_2, »Kohlensäure«) angereicherte Luft aus den Alveolen nach außen. Er erzeugt Geräusche und verfeinert sie in verständliche Laute; er hilft bei der Aufrechterhaltung des Säure-Basen-Haushaltes, indem er überschüssige Säure in Form von Kohlendioxid ausatmet. Nirgendwo im Körper hat die Außenwelt mit all ihren mikroskopisch kleinen Bestandteilen so leicht Zugang zu den geschützten inneren Körperhöhlen wie an den Luft-Blut-Austauschflächen der Lunge. Der Respirationstrakt besteht aus luftleitenden und respiratorischen (Gasaustausch-) Bereichen.

Der luftleitende Bereich teilt sich in die oberen *(Nasenhöhle, Pharynx, Larynx)* und die unteren Luftwege *(Trachea, Hauptbronchien und Bronchialbaum)*. Die oberen Luftwege sind mit respiratorischer Schleimhaut ausgekleidet – mit Ausnahme des unteren Pharynx, der eine Auskleidung aus mehrschichtigem Plattenepithel hat. Abgesehen von der Nase und dem Pharynx ist das Skelett des Respirationstraktes knorpelig, bis zu den kleinsten Bronchiolen, wo der Knorpel durch glatte Muskulatur ersetzt wird. Zu dem Bereich, in dem der Gasaustausch stattfindet, zählen die kleinsten Bronchiolen und die Alveolen; dieser Bereich macht einen Großteil des Lungenvolumens aus.

Das Zwerchfell (Diaphragma) ist ein Muskel, der einen Großteil der Kraft aufbringt, die für das Ein- und Ausatmen der Luft benötigt wird. Ein Viertel dieser Kraft leisten die Interkostalmuskeln, welche die Rippen bewegen.

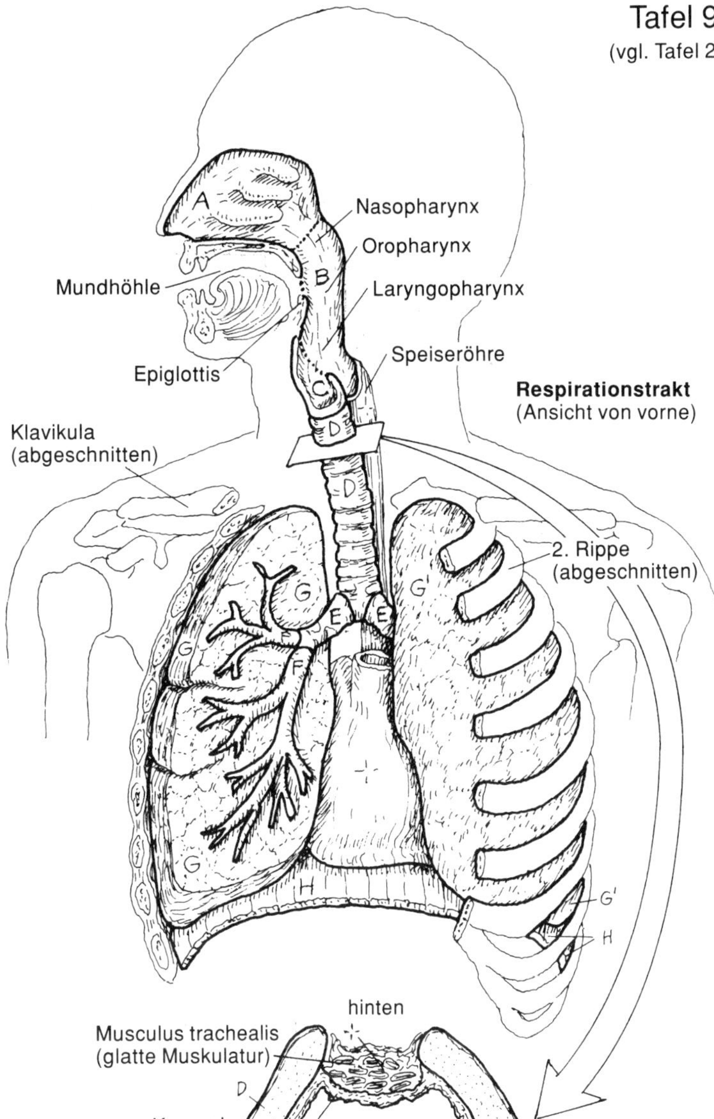

Respirationstrakt
(Ansicht von vorne)

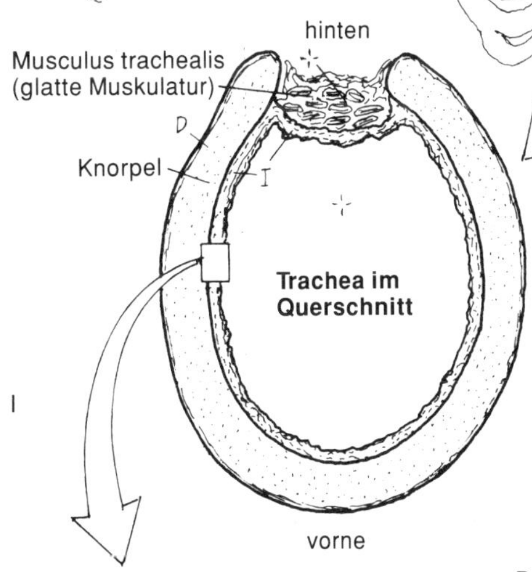

Trachea im Querschnitt

RESPIRATORISCHE SCHLEIMHAUT: I

RESPIRATORISCHES EPITHEL J
SCHLEIMHAUTBINDEGEWEBE K
BLUTGEFÄSS L
DRÜSE M

Die Schleimhaut des Respirationstraktes ist zum Großteil mit *respiratorischem Epithel* ausgekleidet – einem mehrreihigen Zylinderepithel mit schleimsezernierenden *Becherzellen* (einzellige Drüsen) und *Kinozilien*. Der sezernierte Schleim fängt Fremdpartikel, die eingeatmete Luft wird erwärmt und mit Wasserdampf angereichert, damit der Sauerstoff in Lösung gehen und so vom Blut aufgenommen werden kann. Das respiratorische Epithel wird verstärkt von einem lockeren *Schleimhautbindegewebe*, das Drüsen, Gefäße, Fibroblasten und Zellen des lymphatischen Systems enthält. Unter dieser Bindegewebsschicht befindet sich noch eine Stützschicht (Knochen in der Nasenhöhle, Muskulatur im Pharynx, hyaliner Knorpel in Larynx, Trachea und Bronchien, glatte Muskulatur in den Bronchiolen und dünne Fasern in den Alveolen).

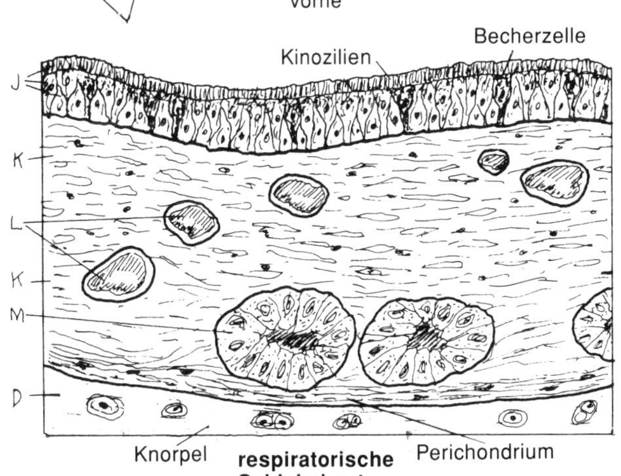

respiratorische Schleimhaut
(mikroskopischer Schnitt)

RESPIRATIONSTRAKT / NASE*
NASENSEPTUM*
NASENHÖHLE*

17 Farben

1. Malen Sie die verschiedenen Strukturen in den drei Abbildungen aus. In der unteren Darstellung sind einige der auszumalenden Bezirke mit einer gepunkteten Linie gekennzeichnet. Malen Sie die restlichen Bereiche um die gepunkteten Linien grau aus, um die Nasenhöhle zu vervollständigen (sie ist von einer dickeren Linie umrahmt).
2. Den Nasen-Rachenraum brauchen Sie nicht auszumalen.
3. In den unteren beiden Abbildungen malen Sie bitte alle Teile der Lamina cribrosa (j) an.

ÄUSSERE NASE*
NASENBEINE a
KNORPEL DES NASENSEPTUMS b
SEITLICHER NASENKNORPEL c
KNORPEL DER NASENSPITZE d
FETTREICHES BINDEGEWEBE e

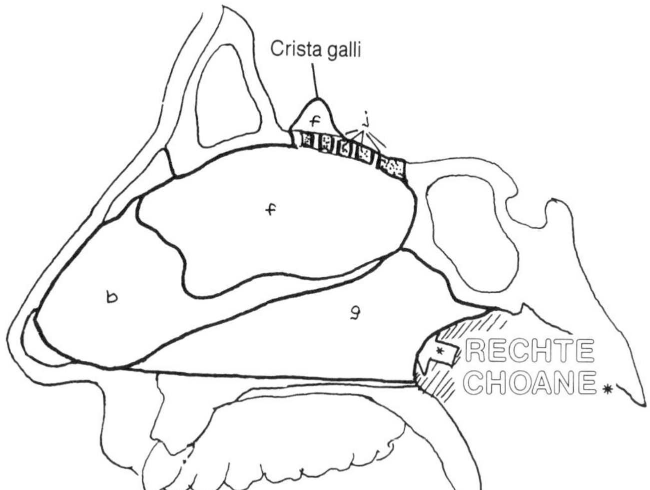

NASENSEPTUM*
KNORPEL DES NASENSEPTUMS b
LAMINA PERPENDICULARIS DES SIEBBEINES f
VOMER g

NASENHÖHLE*1
STIRNBEIN h / STIRNHÖHLE h_1
KEILBEIN i / KEILBEINHÖHLE i_1
LAMINA CRIBROSA DES SIEBBEINES j
NASENVORHOF k
OBERE MUSCHEL L / OBERER NASENGANG L_1
MITTLERE MUSCHEL m / MITTLERER NASENGANG m_1
UNTERE MUSCHEL n / UNTERER NASENGANG n_1
HARTER GAUMEN o
WEICHER GAUMEN p

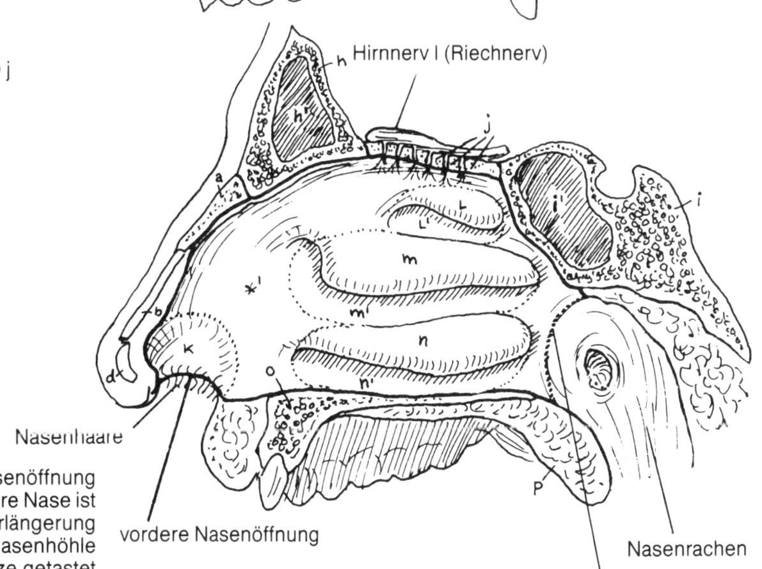

Die *Nasenhöhle* beginnt auf jeder Seite mit der vorderen Nasenöffnung und endet an der hinteren Nasenöffnung, der *Choane*. Die äußere Nase ist eine aus hyalinem Knorpel und Bindegewebe bestehende Verlängerung der Nasenhöhle und des Nasenseptums. Das *Septum* teilt die Nasenhöhle in eine rechte und eine linke Höhle. Es kann an der Nasenspitze getastet werden und endet an der hinteren Nasenöffnung. Der *Nasenvorhof* ist mit langen Häarchen (Nasenhaare = Vibrissae) ausgestattet, die die Einatmung von Fremdkörpern verhindern. Die Schleimhautauskleidung der Nasenhöhle (Mukosa) enthält bewimperte Epithelzellen (Flimmerepithel), die einen Schleim absondern und deren Zilien die Staubpartikel der Atemluft festhalten und in den Nasen-Rachenraum abtransportieren. Die mit Schleimhaut überzogenen *Nasenmuscheln* (Conchae nasales) vergrößern die Oberfläche der Nasenhöhle und sorgen dadurch für eine bessere Erwärmung und Anfeuchtung der vorbeiströmenden Luft. Spezielle Epithelzellen am Dach der Nasenhöhle (Riechepithel = Regio olfactoria) sind sensibel für die in Lösung gegangenen Riechstoffe in der Atemluft und reagieren darauf mit elektrochemischen Impulsen (Aktionspotentialen) über den 1. Hirnnerv (Riechnerv = Nervus olfactorius). Diese Sinneswahrnehmung wird im Gehirn als Geruch interpretiert. Beachten Sie, daß der Boden der Nasenhöhle der *Gaumen* (Palatum) ist, der zugleich auch das Dach der Mundhöhle bildet.

RESPIRATIONSTRAKT / NASENNEBENHÖHLEN*

Tafel 92
(vgl. Tafel 18, 98, 158)

? Farben
1. Sie werden einige Farben der vorigen Tafel für dieselben Strukturen auf dieser Seite wieder verwenden. Wenn Sie noch weitere Farben haben, nehmen Sie für die dazugekommenen Teile 6 neue Farben. Andernfalls benutzen Sie die Farben der Strukturen von Tafel 91, die hier nicht vorkommen.
2. Beachten Sie, daß nur die Stirnhöhlen (h_1) und die Keilbeinhöhlen (i_1) ausgemalt werden sollen und nicht der gesamte Knochen.
3. Malen Sie die Pfeile aus, die die Drainagewege der einzelnen Sinus zeigen. Die Nasenmuscheln wurden in der oberen Abb. weggelassen, um die Foramina (Mündungen der Drainagewege) freizulegen.
4. Die Siebbeinzellen (t) erhalten die Farbe j von Tafel 91.

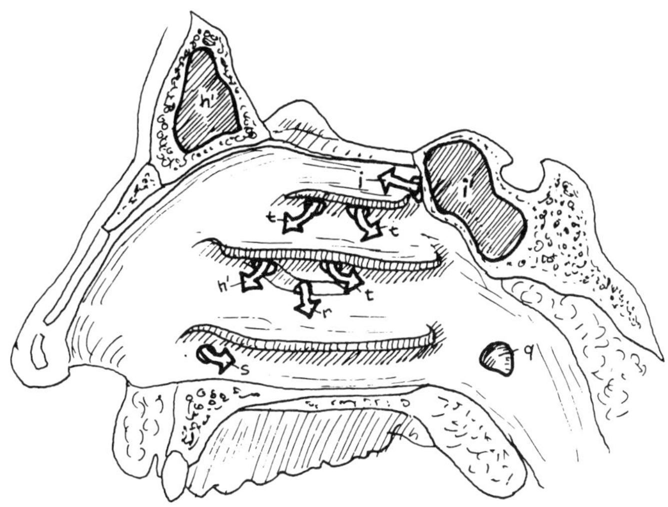

MÜNDUNG DER OHRTROMPETE q
KIEFERHÖHLE r
TRÄNENNASENGANG s
SIEBBEINHÖHLEN t
LUFTHALTIGE ZELLEN DES WARZENFORTSATZES u
NASENSEPTUM v
NASENHÖHLE w

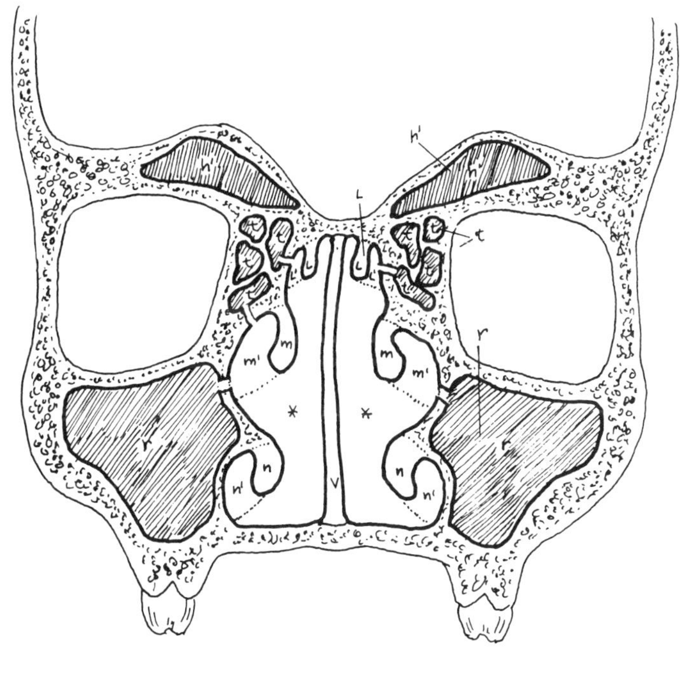

Der Schädel enthält eine ganze Anzahl von Höhlen. Einige von ihnen sind allgemein bekannt (Mundhöhle, Nasenhöhle, äußeres Ohr, Augenhöhlen), über andere weiß man meist weniger Bescheid. Die Stirnbein-, Keilbein-, Kiefer-, Siebbein- und Schläfenknochen haben individuell unterschiedlich große Hohlräume (Sinus), die alle direkt oder indirekt mit der Nasenhöhle in Verbindung stehen. Dieses sind die luftgefüllten *Nasennebenhöhlen,* die von den venösen Gefäßsinus der harten Hirnhaut (Dura mater) zu unterscheiden sind. Diese luftgefüllten Sinus (Höhlen) dienen dazu, den Schädel leichter zu machen und sie verleihen der Stimme ihren individuellen Klang. Sie sind mit Flimmerepithel ausgekleidet, das an den Mündungsstellen in das Flimmerepithel der Nasenhöhle übergeht. Der abgesonderte Schleim fließt durch die zugehörigen Gänge (münden direkt unter den Muscheln, Conchae) in die Nasenhöhle ab. Die spezifischen Drainagestellen sind durch Pfeile gekennzeichnet. Sind diese Abflußwege durch Entzündung und Schwellung blockiert, steigt der Druck in den Nebenhöhlen an, so daß heftige Schmerzen auftreten können (Sinusitis = Nasennebenhöhlenentzündung). Medikamente, die zur Kontraktion der Blutgefäße führen, helfen die Schwellung zu verringern und die Drainage wiederherzustellen. Die *lufthaltigen Zellen des Warzenfortsatzes* (im Warzenfortsatz des Schläfenbeines gelegen) haben Anschluß an die Höhle des Mittelohres (Cavum tympani = Paukenhöhle), die ihrerseits über die Ohrtrompete (Tuba auditiva, Eustachische Röhre) mit dem Nasenrachen (Nasopharynx) in Verbindung steht, der direkt an die Nasenhöhle angrenzt. Über den Tränen-Nasengang (Ductus nasolacrimalis) fließen Absonderungen von der Tränendrüse (Glandula lacrimalis) ab, deren Aufgabe vor allem darin besteht, die Bindehaut vor Austrocknung zu schützen. Die Tränenflüssigkeit versickert in Spalten im medialen Teil der Augenlider, die in den Tränensack münden, der sich auf jeder Seite zum Tränen-Nasengang verengt. Diese Gänge verlaufen in der seitlichen Wand der Nasenhöhle nach unten und münden auf jeder Seite in den unteren Nasengang unter der unteren Muschel – diese Tatsache erklärt, daß man sich die Nase putzt, wenn man geweint hat (in der unteren Abb.sind der Tränen-Nasengang und die Ausführungsgänge der Stirn- und Kieferhöhlen aus Gründen der Übersichtlichkeit jeweils nur auf einer Seite eingezeichnet).

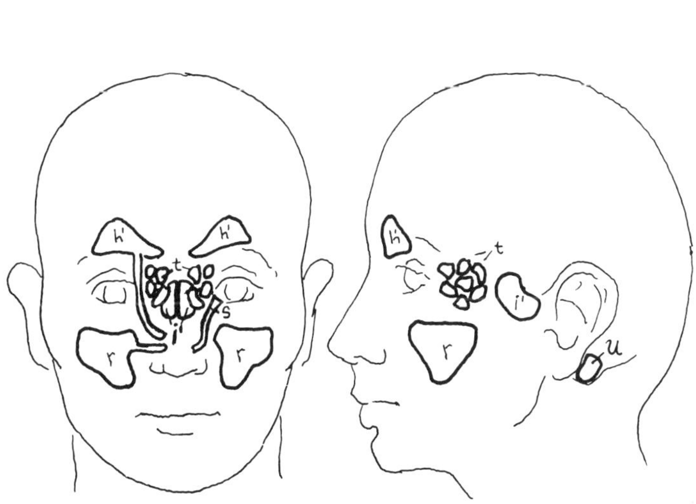

RESPIRATIONSTRAKT / PHARYNX UND LARYNX

15 Farben

1. Einige der genannten Körperregionen sind nur in den Abbildungen ganz unten dargestellt.
2. Versuchen Sie, beim Ausmalen die unteren Zeichnungen mit der oberen Abb. (Kehlkopf im Sagittalschnitt) in Beziehung zu setzen. Die 3 Zeichnungen ganz unten zeigen das knöcherne, bindegewebige und knorpelige Grundgerüst des Larynx. Die beiden Darstellungen des Kehlkopfeinganges zeigen die Schleimhautüberzüge (p, q, s, t).

NASENHÖHLE a*, MUNDHÖHLE b*

PHARYNX:

EPIPHARYNX c
RACHENMANDEL d
MESOPHARYNX e
GAUMENMANDEL f
HYPOPHARYNX g

LARYNX:

EPIGLOTTIS h, ZUNGENBEIN i
SCHILDKNORPEL j
LIG. THYROHYOIDEUM k
RINGKNORPEL L
LIG. CRICOTHYROIDEUM m
SPITZENKNORPELCHEN n
STELLKNORPEL o
TASCHENBAND p
STIMMBAND q / STIMMRITZE r•
ARYEPIGLOTTISCHE FALTE s
FALTE ZWISCHEN DEN STELLKNORPELN t

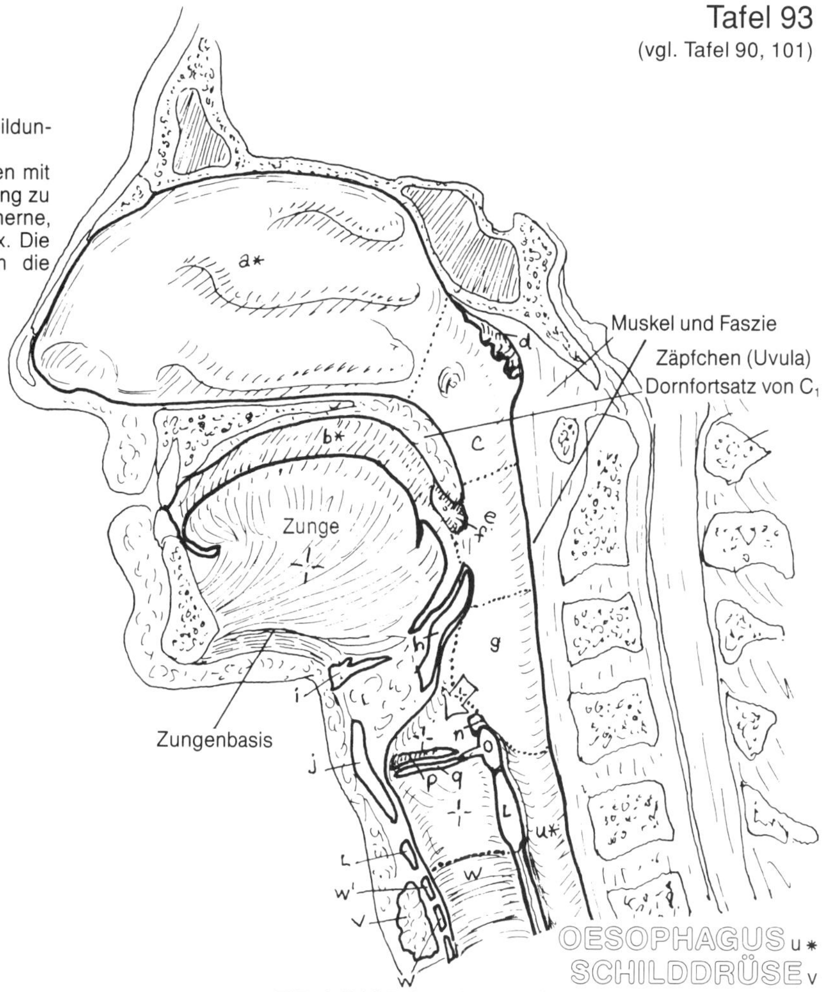

OESOPHAGUS u*
SCHILDDRÜSE v
TRACHEA w / TRACHEALKNORPEL w_1

Der *Pharynx* (Rachen) ist ein fibromuskulärer Schlauch, der von der hinteren Nasenöffnung (Choane) nach unten zieht. Er setzt sich nach oben in die *Nasenhöhle* fort und ist im mittleren Abschnitt nach vorne zur *Mundhöhle* hin offen. Nach hinten grenzt er direkt an die Faszie der Wirbelsäule und des Schädels (vom Os sphenoidale bis ungefähr auf Höhe des 4. Halswirbels C4). Nach unten setzt sich der Pharynx hinten als *Ösophagus* (Speiseröhre) und vorne als Larynx (Kehlkopf) fort. Im Mesopharynx kreuzen Luft- und Speiseweg. Gelangt Luft in die Speiseröhre, so kommt sie meist auf gleichem Wege wieder zurück (Rülpsen). Gelangt dagegen Nahrung in den Kehlkopf, werden reflektorische Mechanismen in Gang gesetzt, die zu Hustenanfällen führen. Die potentielle Gefährlichkeit wird durch den von vielen Nerven gesteuerten Schluckreflex gering gehalten. In den *Epipharynx* (Nasen-Rachenraum) mündet die Tuba auditiva (Ohrtrompete, Tuba eustachii); außerdem ist hier der Sitz der unpaaren Rachenmandeln (Tonsilla pharyngea oder Adenoide). Wenn man die Mundhöhle mit einem Spiegel inspiziert, verhindert der weit nach hinten reichende weiche Gaumen (und die Uvula, das Zäpfchen) die direkte Einsicht in den Nasen-Rachenraum (s. a. Tafel 99). Seine Auskleidung mit Flimmerepithel macht den Epipharynx sehr empfindlich für alles andere außer Luft. Der Mesopharynx (Oropharynx, Mundrachen) beherbergt die paarige *Gaumenmandel* (Tonsilla palatina) in seiner seitlichen Wand und ist mit dem Epithel der Mundhöhle ausgekleidet: mehrschichtiges Plattenepithel. Der *Hypopharynx* ist ebenfalls mit mehrschichtigem Plattenepithel überzogen und durch ein Paar Recessus (Schleimhauttaschen) auf jeder Seite des Kehlkopfeingangs gekennzeichnet (n. d.).

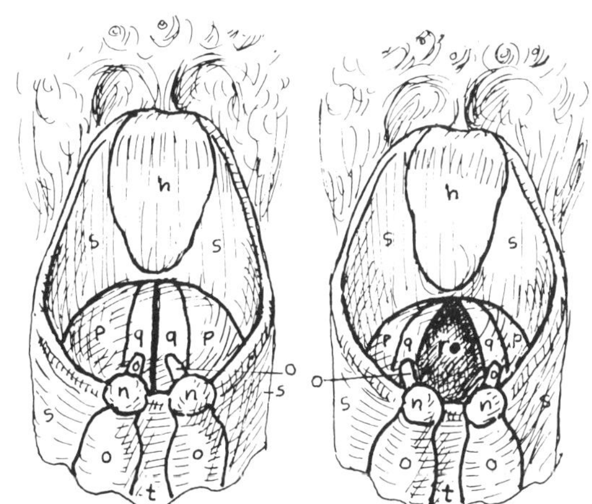

Blick von oben auf den Larynxeingang

Stimmbänder geschlossen — Stimmbänder geöffnet

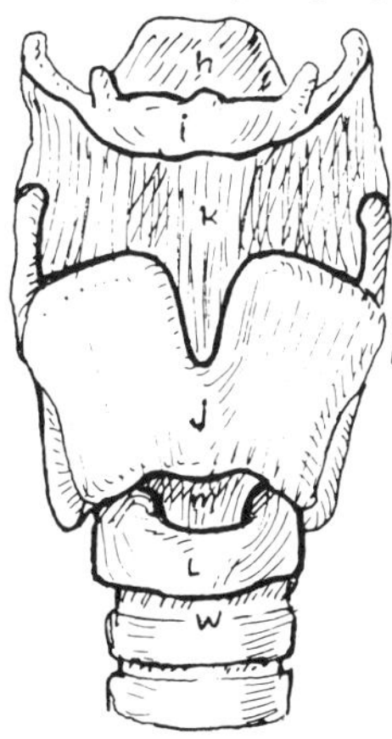

Ansicht von vorn

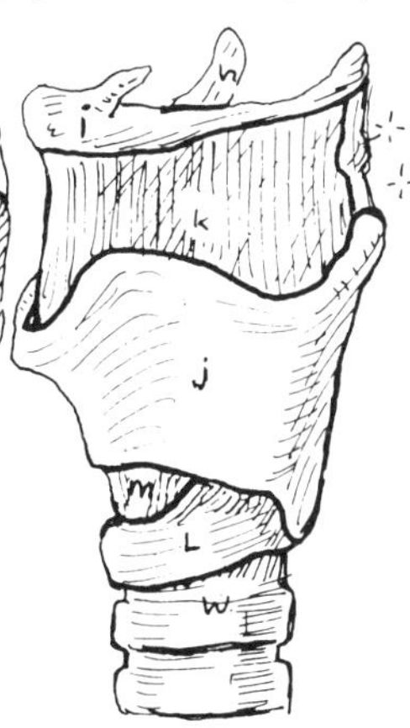

Seitansicht

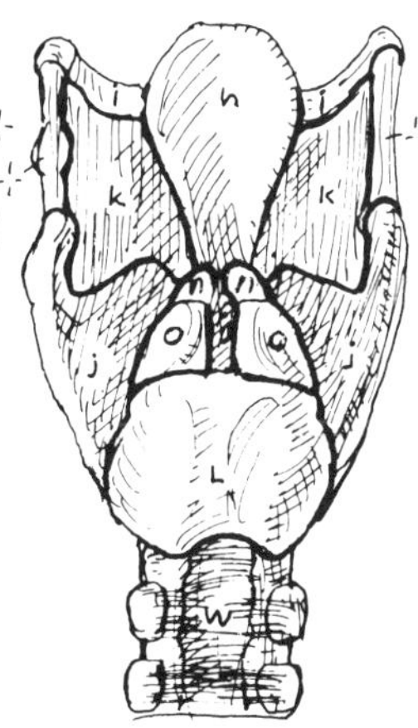

Ansicht von hinten

Der *Larynx* (Kehlkopf) besteht aus einem knorpeligen Grundgerüst. Das Zungenbein (Os hyoideum) zählt nicht dazu, auch wenn es nahe am Larynx liegt. Der *Schildknorpel* (Cartilago thyroidea) ist gelenkig mit dem *Ringknorpel* (Cartilago cricoidea) verbunden und steht auch mit dem Zungenbein über ein Band, das *Lig. thyrohyoideum,* in Verbindung. Der Ringknorpel des Kehlkopfes liegt genau oberhalb der Trachea (Luftröhre). Die *Stellknorpel* (Cartilagines arytaenoideae) sitzen, gelenkig mit ihm verbunden, auf dem Ringknorpel und sind in der Lage, sich zu drehen. Die *Stimmfalten* sind mit Schleimhaut überzogene Bänder, die vom Schildknorpel zu den Stellknorpeln reichen. Sie werden durch die Bewegung der Stellknorpel geschlossen bzw. geöffnet. Beim Atmen sind sie geöffnet, beim Husten (wenn im Brustkorb, in der Trachea und im unteren Anteil des Kehlkopfes ein Druck aufgebaut wird) sind sie geschlossen und öffnen sich ganz plötzlich, was das explosionsartige Husten erzeugt. Während des Sprechens ist meist nur ein kleiner Spalt zwischen den zusammengezogenen Stimmbändern vorhanden, der je nach Stimmumfang und Tonhöhe variiert. Die *Taschenbänder* (falsche Stimmbänder) bestehen aus Bindegewebe und werden nur passiv mitbewegt.

RESPIRATIONSTRAKT / BRONCHIALBAUM*

16 Farben

1. Wenn Sie die stark vergrößerte Darstellung einer respiratorischen Einheit unten auf der Seite ausmalen, benutzen Sie rot für die kleine Vene (n) (die das mit Sauerstoff angereicherte Blut von den Alveolen zum Herzen hin transportiert) und blau für die Arterie (o). Wenn Sie wollen, können Sie das kapilläre Netzwerk violett ausmalen (zwischen Vene und Arterie). Es umgibt den Alveolarsack, und das durchfließende Blut ist graduell mit Sauerstoff gesättigt. Malen Sie die Strukturen a-f in denselben Farben aus wie auf Tafel 93, auch wenn die Identifizierungsbuchstaben unterschiedlich sind.

ZUNGENBEIN a
MEMBRANA THYROHYOIDEA b
SCHILDKNORPEL c
MEMBRANA CRICOTHYROIDEA d
RINGKNORPEL e, TRACHEA f
RE. g_1 / LI. g_2 HAUPTBRONCHUS (PRIMÄR)
LAPPENBRONCHIEN (SEKUNDÄR) h
RECHTER OBERLAPPEN h_1
RECHTER MITTELLAPPEN h_2
RECHTER UNTERLAPPEN h_3
LINKER OBERLAPPEN h_4
LINKER UNTERLAPPEN h_5
SEGMENTBRONCHIEN (TERTIÄR) i
RECHTS OBEN: 3 SEGMENTE i_1
RECHTS MITTE: 2 SEGMENTE i_2
RECHTS UNTEN: 5 SEGMENTE i_3
LINKS OBEN: 5 SEGMENTE i_4
LINKS UNTEN: 5 SEGMENTE i_5
BRONCHIOLEN j
BRONCHIOLI RESPIRATORII k
DUCTUS ALVEOLARIS L
SACCUS ALVEOLARIS/ALVEOLEN m
KLEINE LUNGENVENE n
KLEINE LUNGENARTERIE o
LYMPHGEFÄSS p

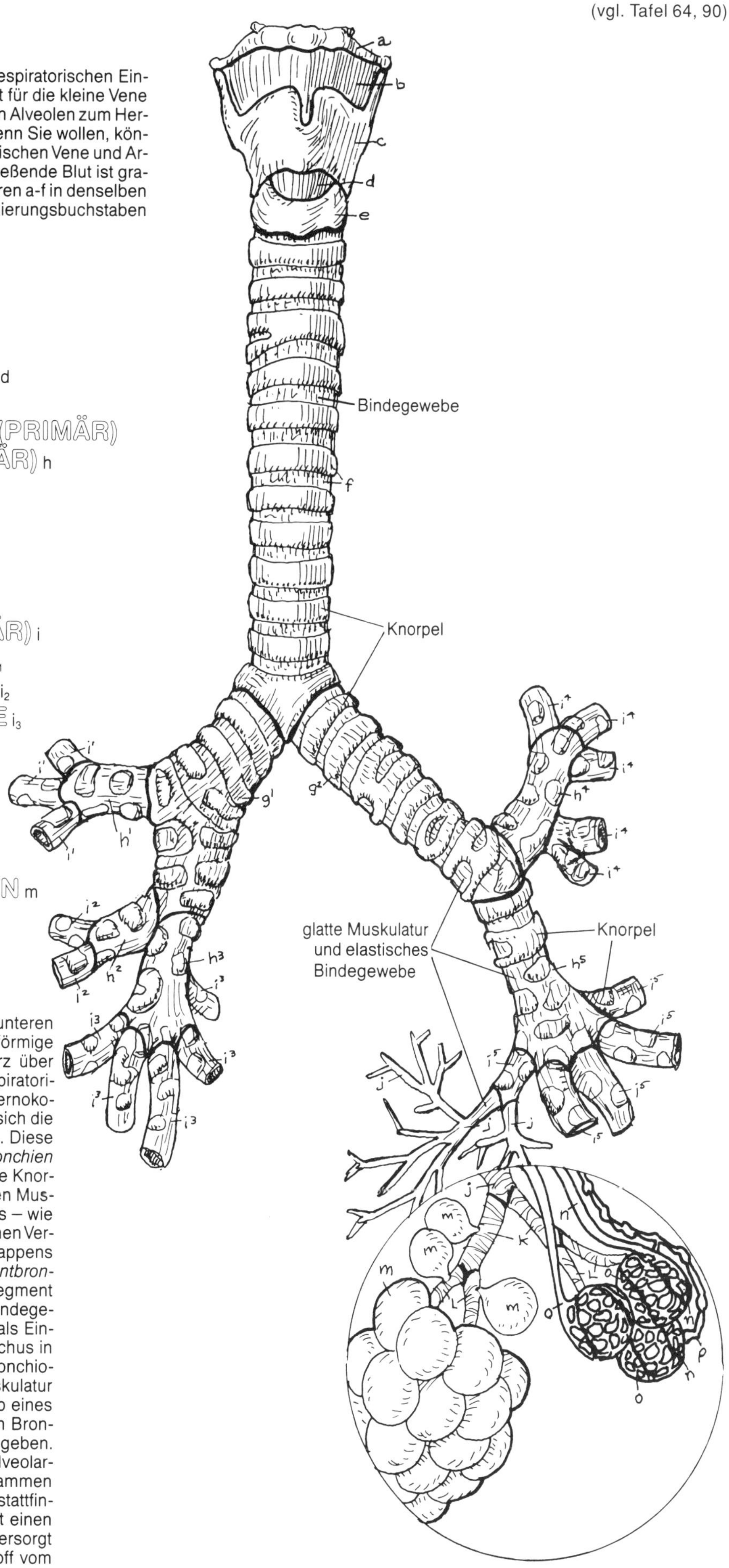

RESPIRATORISCHE EINHEIT*

Die *Trachea* (Luftröhre) und die Bronchien bilden den unteren Teil des Luftleitungssystem. Die Trachea, deren ringförmige Knorpelspangen im unteren Bereich des Halses kurz über dem Sternum zu tasten sind, ist mit typischem respiratorischen Flimmerepithel ausgekleidet. In Höhe des 2. Sternokostalgelenkes (oder auf Höhe des 4. Brustwirbels) teilt sich die Trachea in zwei Hauptbronchien, für jede Lunge einen. Diese *Hauptbronchien* teilen sich auf jeder Seite in *Lappenbronchien* auf, die je einen Lungenlappen versorgen. Hier sind die Knorpelplatten nur noch stückhaft vorhanden, und die glatten Muskelfasern in der Bronchialwand nehmen deutlich zu, was – wie jeder Asthmatiker bestätigen wird – häufig zu spastischen Verkrampfungen führen kann. Innerhalb jedes Lungenlappens teilt sich der Lappenbronchus weiter in kleinere *Segmentbronchien* auf, von denen jeder ein bronchoarterielles Segment versorgt. Innerhalb des Lungensegmentes, das von Bindegewebe begrenzt und umschlossen ist und chirurgisch als Einheit entfernt werden kann, teilt sich der Segmentbronchus in *Bronchiolen* auf, die in die Lungenläppchen führen. Bronchiolen enthalten keinen Knorpel, jedoch viel glatte Muskulatur und elastisches Bindegewebe in ihrer Wand. Innerhalb eines Lungenläppchens teilen sich die Bronchiolen weiter in Bronchioli terminales (n. d.), die die Bronchioli respiratorii abgeben. Die *Bronchioli respiratorii,* die Alveolargänge, die Alveolarsäcke und die Alveolen (Lungenbläschen) bilden zusammen eine *respiratorische Einheit,* in der der Gasaustausch stattfindet (eine Gruppe von Alveolen (Lungenbläschen) bildet einen Saccus alveolaris, der von einem Ductus alveolaris versorgt wird). In dieser respiratorischen Einheit wird Sauerstoff vom Blut aufgenommen und Kohlendioxid in die Alveolen aus dem Blut abgegeben. Blut und Blutgefäße machen zusammen drei Fünftel des Lungenvolumens aus.

RESPIRATIONSTRAKT / LUNGENLAPPEN UND PLEURARAUM*

LUNGENLAPPEN:* RECHTER OBERLAPPEN a, RECHTER MITTELLAPPEN b, RECHTER UNTERLAPPEN c, LINKER OBERLAPPEN d, LINKER UNTERLAPPEN e

PLEURAE:* PLEURA VISCERALIS f, PLEURA PARIETALIS g, PLEURASPALT h, LARYNX i, TRACHEA j, HAUPTBRONCHIEN k, LAPPENBRONCHIEN L, SEGMENTBRONCHIEN m, BRONCHIOLEN n, RECHTE LUNGE *1, LINKE LUNGE *2

13 Farben

1. Verwenden Sie die kräftigsten bzw. hellsten Farben für die Strukturen f und g. Schwarz ist für (h) vorgesehen. Beachten Sie besonders die 4 Punkte, wo (f) in (g) übergeht.
2. Der Kehlkopf sollte insgesamt mit einer Farbe ausgemalt werden.
3. Benutzen Sie für die Strukturen j-n dieselben Farben wie auf Tafel 94, auch wenn die Identifizierungsbuchstaben nicht übereinstimmen.
4. Die Bronchiolen brauchen nicht einzeln genau ausgemalt zu werden. Auf der Querschnittszeichnung rechts oben wurden sie aus Platzgründen weggelassen.

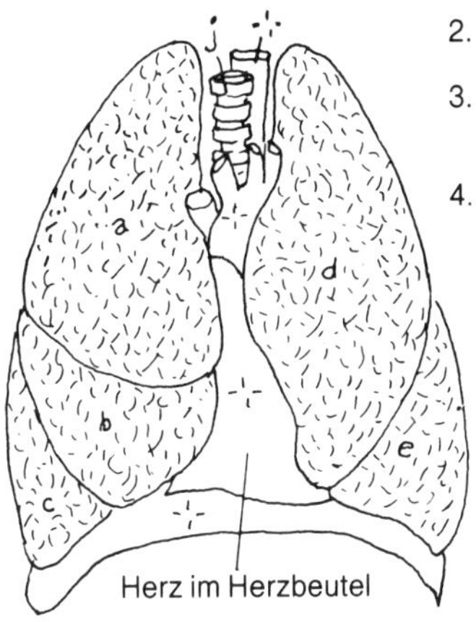

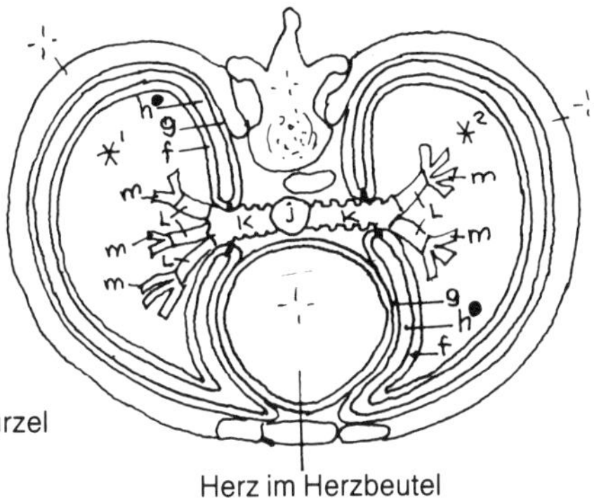

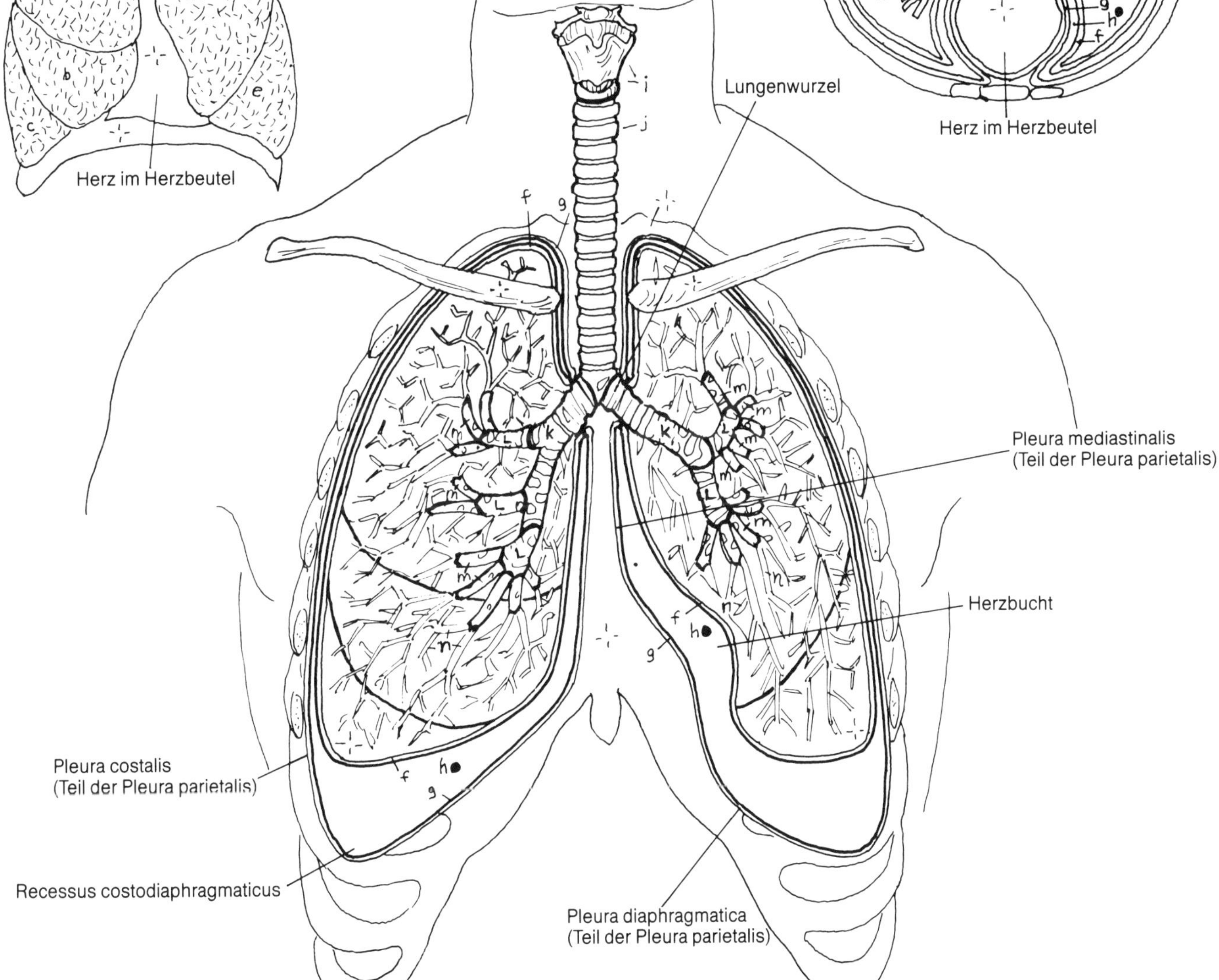

Die *Pleura* (Brustfell) stellt die Begrenzung der Lunge dar; sie entspricht dem Perikard des Herzens und dem Peritoneum der Bauchorgane. Die Schicht der Pleura, die die Lunge überzieht und fest mit ihr verwachsen ist, wird als *Pleura visceralis* (= PV) (Lungenfell) bezeichnet. An der Lungenwurzel schlägt die PV nach außen um und wird somit zur *Pleura parietalis* (= PP), die mit Brustkorb, Zwerchfell und Perikard fest verwachsen ist. Den Spalt zwischen diesen beiden Lagen nennt man *Pleuraspalt.* Bis auf einen dünnen Flüssigkeitsfilm, der die beiden Lagen des Brustfells voneinander trennt und die reibungslose Bewegung der Lungen in ihren Höhlen ermöglicht, ist die Pleurahöhle leer. Die Flüssigkeit wird von den Zellen der Pleura sezerniert. Wenn sich der Brustkorb bei der Inspiration (Einatmung) hebt, bewegt sich die Lunge mit und dehnt sich aus. Während der Exspirationsphase erschlafft das Zwerchfell und die Lunge verringert ihre Größe, wenn die Luft ausgeatmet wird. Dabei bildet das Zwerchfell eine regelrechte Kuppel über Leber, Magen und Milz, so daß Ecken oder Einbuchtungen in den Winkeln zwischen Pleura diaphragmatica (Teil der PP auf dem Zwerchfell) und Pleura costalis (Rippenfell, Teil der PP auf den Rippen) entstehen. Dasselbe geschieht zwischen Pleura mediastinalis (Teil der Pleura auf dem Mediastinum) und Pleura costalis. Im Bereich dieser Einbuchtungen (Recessus costodiaphragmaticus und Recessus costomediastinalis) geht das Brustfell ein Stück über das Lungengewebe hinaus. Sollte sich aufgrund einer Krankheit oder nach einer Verletzung Flüssigkeit in der Pleurahöhle ansammeln (Pleuraerguß), kann sie hier mit einer Nadel abpunktiert werden (Pleurapunktion).

RESPIRATIONSTRAKT / MEDIASTINALE FLÄCHEN DER LUNGE*

17 Farben

1. Malen Sie bitte auch die Pfeile aus, die auf die verschiedenen Abdrücke von den benachbarten Körperteilen auf der Lunge deuten.
2. Benutzen Sie am besten die Farbe rot für (c) und blau für (b).
3. Verwenden Sie für den mit (a) bezeichneten Bronchus dieselbe Farbe wie für die Hauptbronchien (k) auf Tafel 95.

BRONCHUS a
A. PULMONALIS b
V. PULMONALIS c
LUNGENSPITZE d
FISSURA OBLIQUA e
FISSURA HORIZONTALIS f
LIG. PULMONALE g

ABDRÜCKE VON:

V. BRACHIOCEPHALICA h
V. CAVA SUP. i
A. SUBCLAVIA j
V. AZYGOS k
AORTA L
HERZ (INCISURA CARDIACA) m
V. CAVA INF. n
TRACHEA o / OESOPHAGUS o₁
OBERFLÄCHE DES ZWERCHFELLS p
HERZBUCHT q

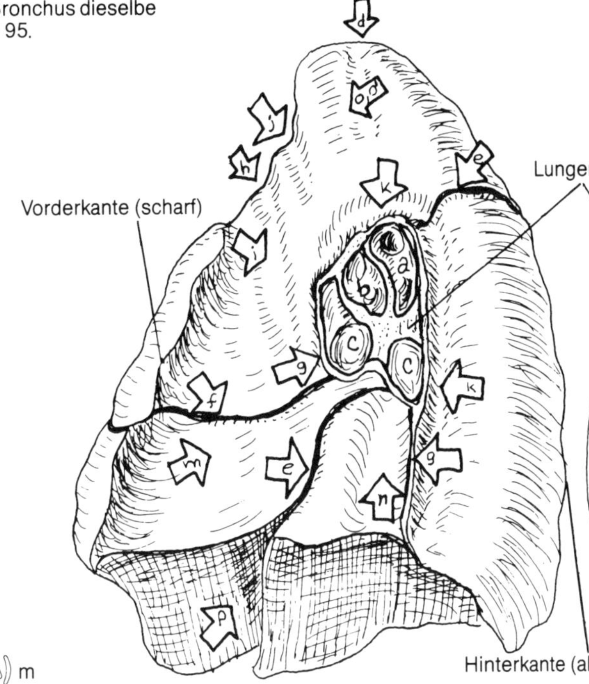

Rechte Lunge
Mediastinale Oberfläche

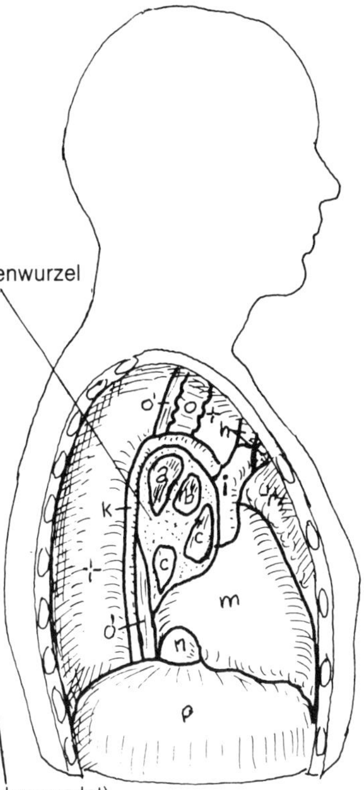
Blick auf das rechte Mediastinum

Die Lunge ist ein leichtes, schwammartiges Organ, das links und rechts neben dem Mediastinum liegt (s. Tafel 64). Die Lungen sind leicht eindrückbar; die Lungen von Leichen lassen z.B. verschiedene Furchen und Wölbungen von umgebenden mediastinalen Strukturen erkennen. Beachten Sie besonders den rechten und linken Lungenhilus, wo *Pulmonalgefäße und Bronchien* in die Lunge ein- bzw. aus ihr austreten, und vergleichen Sie die Darstellungen mit der Abbildung, die die Lateralansicht des Mediastinums zeigt. Das *Lig. pulmonale* entsteht durch die Pleuraduplikatur an der Stelle der Lungenhili, wo die PV in die PP umschlägt. In der oberen Abb. der rechten Lunge beachten Sie bitte die *V. azygos*, die in einem Bogen über den Lungenhilus zieht, die *V. cava inf.*, die von unten kommend den rechten Vorhof erreicht, und die große Ausbuchtung für das *Herz (m)*. An der linken Lunge (untere Abb.) vergleichen Sie den Aortenbogen mit der entsprechenden Vertiefung an der Lunge (L). Beachten Sie in beiden Darstellungen, wie die untere Fläche der Lungen auf dem Zwerchfell aufliegt und entsprechend konkav geformt ist. Wenn Sie sich all diese Abdrücke auf den mediastinalen Flächen der Lunge einprägen, werden Sie sich die engen Beziehungen der verschiedenen Strukturen in der Brusthöhle richtig vorstellen können.

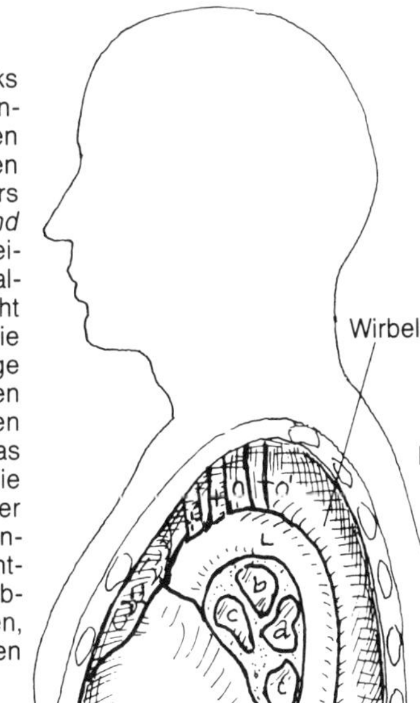

Blick auf das linke Mediastinum

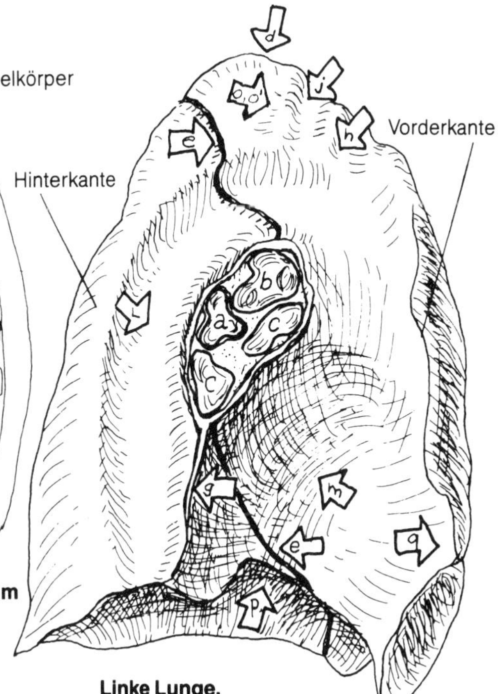

Linke Lunge,
Mediastinale Oberfläche

RESPIRATIONSTRAKT / MECHANIK DER ATMUNG*

5 Farben
1. Malen Sie zuerst die äußeren Zwischenrippenmuskeln mit den Pfeilen, die ihre Wirkungsrichtung verdeutlichen, an. Die Pfeile, die die Bewegungsrichtung des knöchernen Thorax zeigen, malen Sie am besten grau aus (*). Verfahren Sie bei den inneren Zwischenrippenmuskeln genauso.
2. Auch die untere Skizze sollte ausgemalt werden; sie veranschaulicht die Ausdehnung des Thorax während der Einatmungsphase.

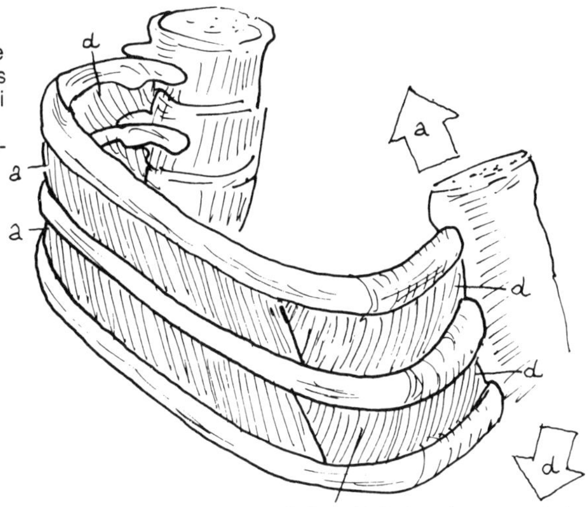

INSPIRATION:*
ÄUSSERE ZWISCHENRIPPENMUSKELN a
ZWERCHFELL: INSPIRATION b /
EXSPIRATION b₁, GEBLÄHTER THORAX c

EXSPIRATION:*
INNERE ZWISCHENRIPPENMUSKELN d
THORAX IN RUHE e

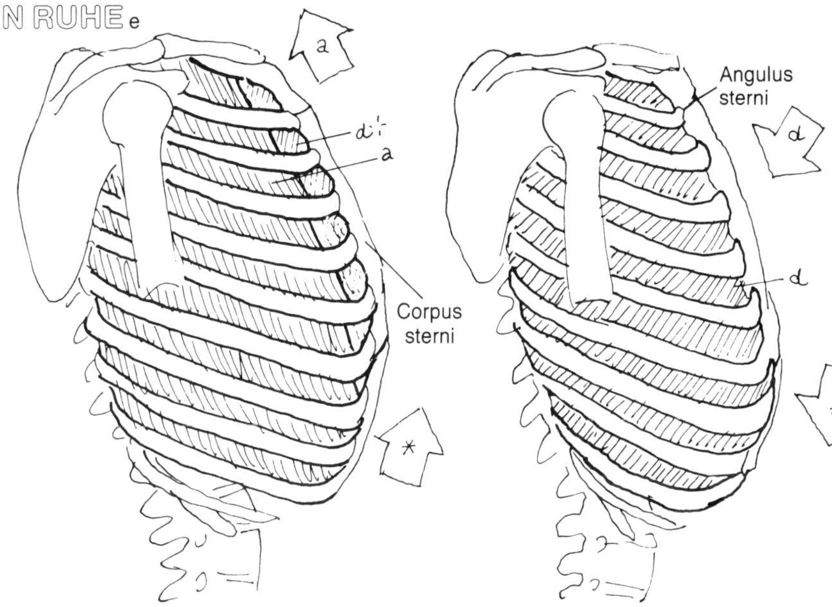

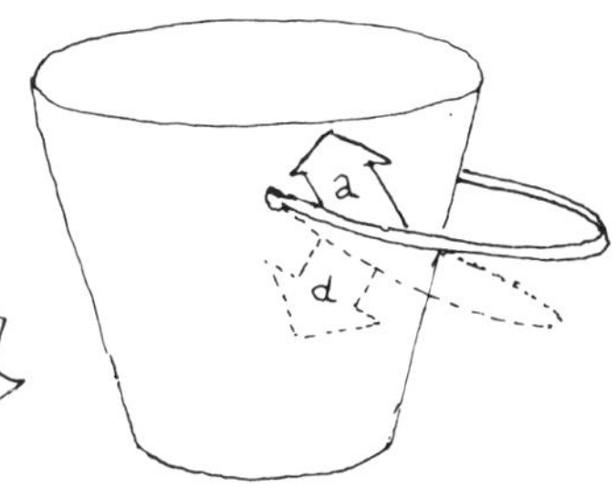

Die Respiration (Atmung) ist ein in gewisser Hinsicht passiver Vorgang, der auf dem Prinzip beruht, daß Volumen und Druck sich umgekehrt proportional zueinander verhalten; d.h. wenn sich der eine Parameter vergrößert, wird der andere gleichzeitig herabgesetzt. Im Falle des Thorax sinkt der Druck im Brustkorb mit zunehmendem Luftvolumen. Die Lungen liegen in der Thoraxhöhle, ihre Lufträume wirken nach demselben Prinzip. Diese Lufträume sind nach außen hin über die Bronchien, Trachea etc. offen. Wenn der Druck in der Lunge durch die Erweiterung des Thorax absinkt, fällt er relativ zum äußeren Luftdruck. So erhalten wir zwei Bereiche von ungleichem Druck, die durch ein Röhrensystem (Bronchien, Trachea etc.) miteinander in Verbindung stehen. Entsprechend wird sofort Luft aus dem Bereich, wo ein höherer Druck herrscht, in den Bereich mit geringerem Druck strömen; genauer gesagt, Luft von außen wird durch die Trachea und Bronchien in die Lufträume der Lunge gelangen. Diesen Vorgang nennt man *Inspiration* (Einatmung). Umgekehrt wird bei Volumenverminderung des Thorax der Druck in der Lunge vorübergehend im Vergleich mit der Außenluft ansteigen, und entsprechend wird durch die Atemwege Luft nach außen strömen. Diesen Vorgang nennt man *Exspiration* (Ausatmung).

Das *Zwerchfell* (Diaphragma) ist verantwortlich für 75% der Atemarbeit. Bei Kontraktion flacht es sich ab, wobei es die senkrechte Ausdehnung (Längsdurchmesser) des Thorax vergrößert. Wenn es erschlafft, wird es durch die unterhalb liegenden Bauchorgane kuppelförmig nach oben gedrückt, wobei die senkrechte Ausdehnung des Thorax verringert wird. Die *äußeren Zwischenrippenmuskeln* ziehen die unteren Rippen nach oben. Die erste Rippe ist unbeweglich. Da das knöcherne Thoraxskelett unten weiter ist als oben, kommt es beim Anheben des Thorax bei der Einatmung auch zur Zunahme des seitlichen Durchmessers. Wenn sich die Rippen anheben, bewegt sich das Sternum ab dem Angulus sterni nach vorne und der Sagittaldurchmesser des Thorax nimmt zu. Die Bewegung eines Eimerhenkels verdeutlicht, wie die scharnierartige Bewegung des Sternums im Angulus sterni den Sagittaldurchmesser des Thorax vergrößert. Der Henkel ist am weitesten vom Eimer entfernt, wenn er waagrecht steht; wenn der Henkel nach unten bewegt wird, nähert er sich dem Eimer. Genauso bewegt sich das Brustbein nach innen, wenn die Rippen nach unten wandern (Sagittaldurchmesser nimmt ab), und wenn sich der Thorax hebt, bewegt sich das Brustbein nach außen (Sagittaldurchmesser nimmt zu). Letztendlich dienen alle Dimensionsänderungen dazu, das Volumen des Thorax zu vergrößern und so den Druck im Thorax zu verringern (Inspiration). Die elastischen Rückstellkräfte der Lunge und die Wirkung von Anteilen der *inneren Zwischenrippenmuskeln* (ziehen die Rippen nach unten) führen zu einem verringerten Thoraxvolumen und so zu einem erhöhten intrathorakalen Druck (Exspiration).

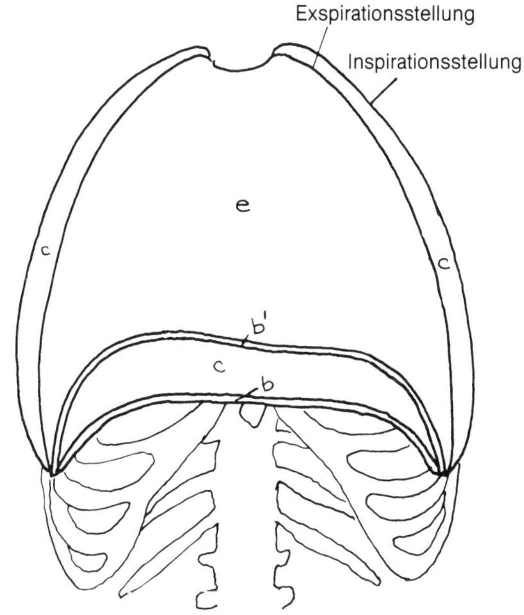

VERDAUUNGSTRAKT / ÜBERSICHT *

? Farben

1. Beginnen Sie mit dem Ausmalen der Mundhöhle. Malen Sie auch den Magen vollständig an (inkl. der Flächen t+d, d+w). Beachten Sie beim Ausmalen der Leber, daß sich manche Strukturen überlappen (t+d etc.). Für diese Areale sollten jeweils beide Farben verwendet werden.

VERDAUUNGSKANAL •

MUNDHÖHLE a
PHARYNX b
ÖSOPHAGUS c
MAGEN d
DÜNNDARM: *
  DUODENUM e
  JEJUNUM f
  ILEUM g
DICKDARM: *
  ZÄKUM h
    WURMFORTSATZ h_1
  COLON ASCENDENS i
  COLON TRANSVERSUM j
  COLON DESCENDENS k
  COLON SIGMOIDEUM L
  REKTUM m
  ANALKANAL n

ZUGEHÖRIGE ORGANE •

ZÄHNE o
ZUNGE p
SPEICHELDRÜSEN: *
  GLANDULA SUBLINGUALIS q
  GLANDULA SUBMANDIBULARIS r
  GLANDULA PAROTIDEA s
LEBER t
GALLENBLASE u/DUCTUS CYSTICUS u_1
DUCTUS CHOLEDOCHUS v/
DUCTUS HEPATICUS v_1
PANKREAS w
MILZ x

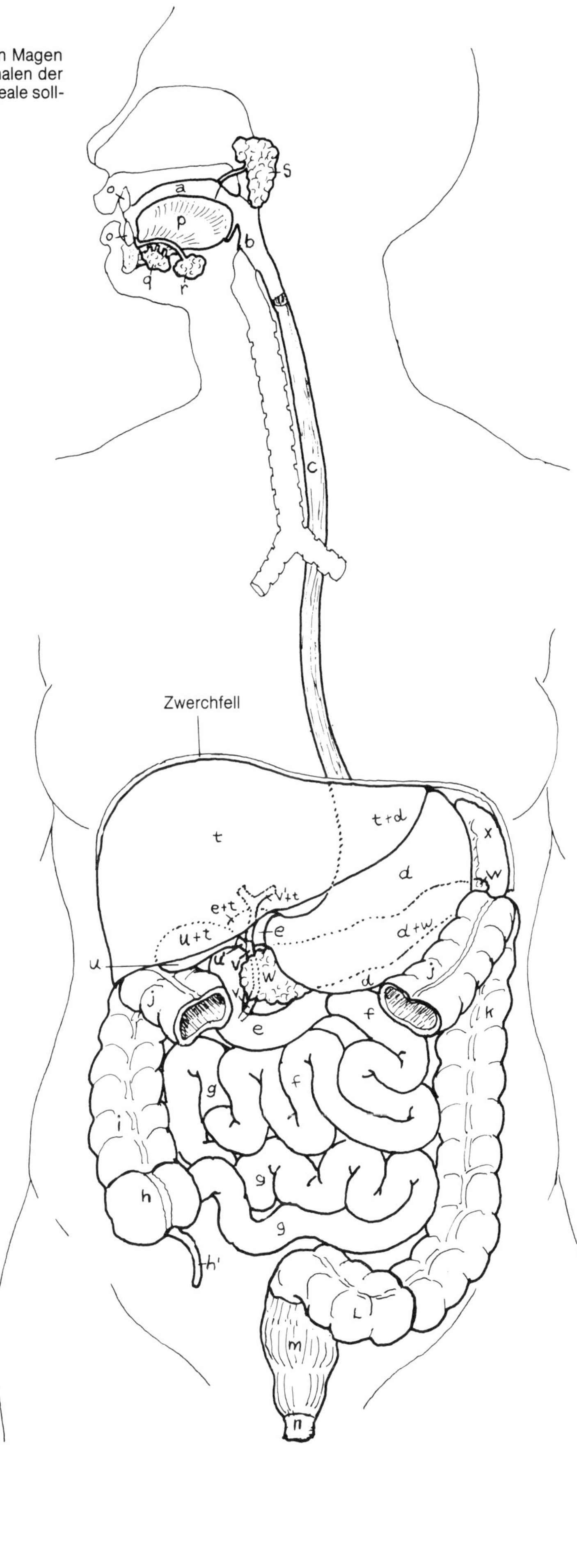

Der Verdauungstrakt besteht aus dem *Verdauungskanal* mit den zugehörigen Organen. Der Kanal beginnt mit der *Mundhöhle* und endet mit dem *Analkanal*. Die großen Verdauungsdrüsen *(Leber, Pankreas)* haben Ausführungsgänge, die in den Verdauungskanal münden. Die Hauptfunktion dieses Kanals und der angegliederten Organe ist die Aufarbeitung von Nahrung, um die Aufnahme durch die begrenzenden Zellen des Verdauungstraktes in die Blut- und Lymphkapillaren zu ermöglichen. Im Mund wird die Nahrung durch *Zähne* und *Zunge* zerkleinert, unter Mithilfe von Sekreten der *Speicheldrüsen* und tausenden winzigen Schleimdrüsen, die in die Schleimhaut der Mund- und Rachenhöhle eingebettet sind. Der nächste Schritt der chemischen und mechanischen Verdauung vollzieht sich im Magen und setzt sich im *Dünndarm* fort. Im *Dickdarm* werden nur Wasser, Mineralien und bestimmte Vitamine resorbiert. Danach werden die Nährstoffe über das Pfortadersystem zur Leber transportiert. Hier werden viele von ihnen umgebaut, gespeichert oder über die Lebervenen in den Körperkreislauf abgegeben. Durch den Kapillarfluß oder Diffusion gelangen sie dann in die Körperzellen. Beachten Sie, daß der Verdauungskanal – vom Mund bis zum Anus – ein schleimhautbegrenzter, durchgehender Schlauch ist und nicht eigentlich zum Körperinneren gehört, sondern im Mund- und Analbereich in die äußere Haut übergeht. Ein Teil des Colon transversum (j) wird hier nicht dargestellt.

Verdauungstrakt / Mundhöhle* und Zunge*

? Farben
1. Benutzen Sie für die Speicheldrüsen (a-c) unten dieselben Farben wie auf Tafel 98 (die Identifikationsbuchstaben haben sich geändert).
2. Es ist nicht nötig, alle Papillen von q und r auszumalen. Die Zähne bleiben weiß.

FRENULUM a
GINGIVA b
HARTER GAUMEN c
WEICHER GAUMEN d
UVULA e
VORDERER GAUMENBOGEN f
MESOPHARYNX g
HINTERER GAUMENBOGEN h
FOSSA TONSILLARIS i
TONSILLA PALATINA j
ZUNGE k
M. BUCCINATOR L
WANGENFETT m

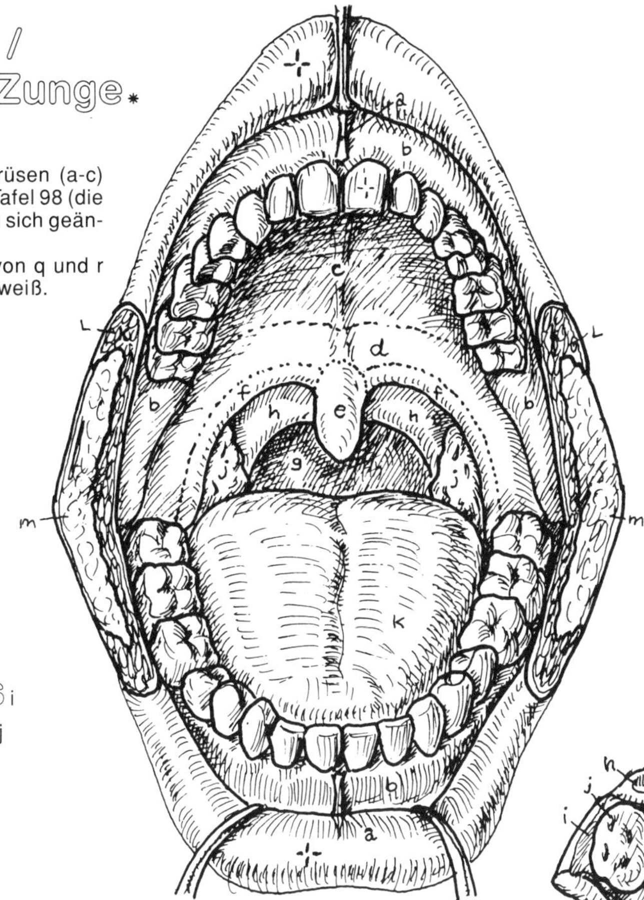

EPIGLOTTIS n
TONSILLA LINGUALIS o
PAPILLAE: *
PP. VALLATAE p
PP. FILIFORMES q
PP. FUNGIFORMES r
PP. FOLIATAE w
GESCHMACKS-QUALITÄTEN: *
BITTER s
SAUER t
SALZIG u
SÜSS v

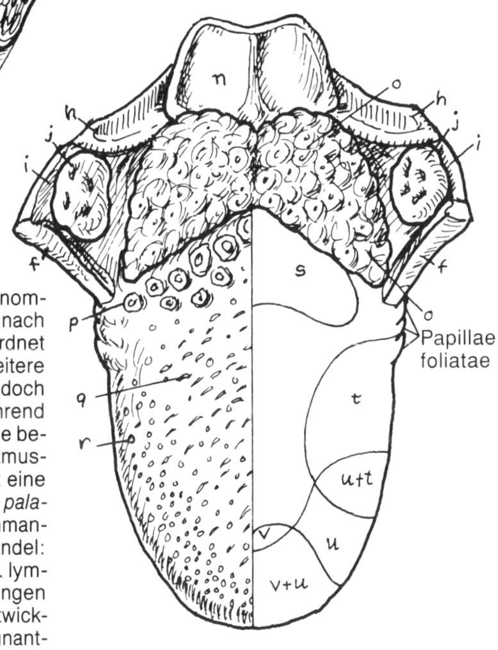

Die Verdauung beginnt in der Mundhöhle. Hier wird die Nahrung mit den Schneide- und Eckzähnen abgebissen und mit den Mahlzähnen zerkleinert. Die Kaumuskulatur ermöglicht die Kaubewegung der Mandibula (Unterkiefer). Tausende von Schleimdrüsen in der Mundschleimhaut und den *Speicheldrüsen,* deren Ausführungsgänge in der Mundhöhle enden (s.u.), sorgen für eine Einspeichelung der Nahrung. Die *Zunge,* ein schleimhautüberzogenes muskuläres Organ, wird von mehreren Muskeln bewegt, die teils außerhalb, teils in der Zunge selbst entspringen. Die *Papillen* auf der Zungenoberfläche bilden einen Reibeapparat für die erste Nahrungszerkleinerung. In den die Papille umgebenden Furchen liegen sensorische Geschmacksrezeptoren (Geschmacksknospen). Es handelt sich um chemische Rezeptoren, die Reize von gelösten Substanzen in Nervenimpulse übertragen. Die Rezeptoren der verschiedenen Geschmacksrichtungen, die vom Gehirn als *bitter, sauer, salzig* oder *süß* wahrgenommen werden, sind auf der Zungenoberfläche nach einem bestimmten Verteilungsmuster angeordnet (s. Abb.). Wahrscheinlich gibt es noch weitere Areale mit chemischer Sensibilität, die jedoch keine Geschmackspapillen besitzen. Während der *harte Gaumen* eine knöcherne Grundlage besitzt, wird der *weiche Gaumen* durch Skelettmuskulatur gestützt. Der weiche Gaumen spielt eine wichtige Rolle beim Schluckakt. Die *Tonsillae palatinae* (Gaumenmandeln), *linguales* (Zungenmandeln) und die *Tonsilla pharyngica* (Rachenmandel: n. d.) bilden im Pharynx-Eingang den sogen. lymphatischen Rachenring. Diese Ansammlungen von lymphatischem Gewebe sind an der Entwicklung von Körperabwehrreaktionen (Immunantwort) während der ersten 10-12 Lebensjahre wesentlich beteiligt. Bei wiederholter Infektion können sich die Gaumenmandeln so weit vergrößern, daß sie entfernt werden müssen (Tonsillektomie).

SPEICHELDRÜSEN*

GLANDULA SUBLINGUALIS a
GLANDULA SUBMANDIBULARIS b
GLANDULA PAROTIDEA c

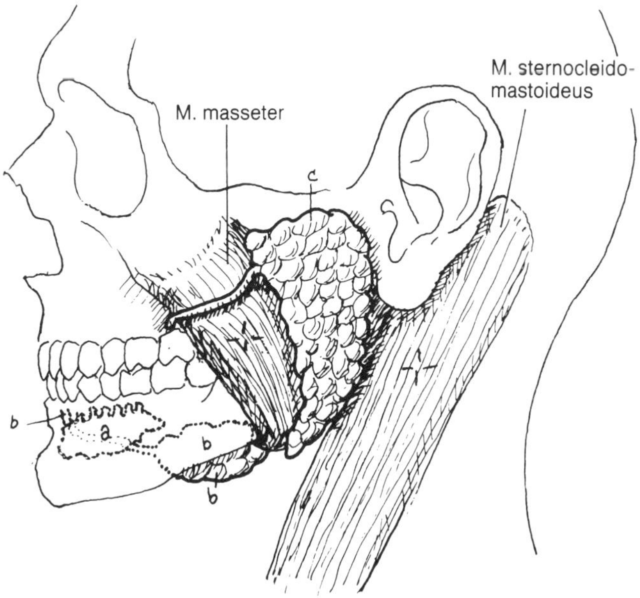

Die je beidseitig vorhandenen Speicheldrüsen liefern während des Essens Schleim und Speichel in die Mundhöhle und haben auch eine gewisse (enzymatische) Verdauungsfunktion. Alle Speicheldrüsen sind autonom innerviert. Die *Glandulae sublinguales* (Unterzungendrüsen) liegen unter dem Mundboden, in den ihre Ausführungsgänge münden. Die *Glandulae submandibulares* (Unterkieferdrüsen) liegen hinter der Mandibula (Unterkiefer) und können dort getastet werden. Ihre Ausführungsgänge münden an der Basis des Frenulums der Zunge (Zungenbändchen) in die Mundhöhle. Die *Glandulae parotideae* (Ohrspeicheldrüsen) liegen vor dem Ohr tief unter der Haut. Ihre Ausführungsgänge münden gegenüber dem zweiten oberen Backenzahn in die Mundhöhle – ihre Öffnungen können dort mit der Zungenspitze getastet werden. Die Virusinfektion einer oder beider Ohrspeicheldrüsen nennt man Mumps.

Verdauungstrakt / Zähne*

Tafel 100
(vgl. Tafel 18, 19, 99)

? Farben
1. Benutzen Sie die Farben gelb für den Nerv (f), rot für die Arterie (g) und blau für die Vene (h).
2. Beachten Sie die vertikalen Pfeile links von der oberen Zeichnung. Der als *Hals* bezeichnete Teil soll nicht ausgemalt werden. Die Länge des Zahnhalses, in dessen Bereich die Zahnwurzel (in den Kieferknochen verankert) in die Zahnkrone (frei) übergeht, kann nicht genau festgelegt werden.
3. Malen Sie alle Zähne des Ober- und Unterkiefers in den unteren Abbildungen an.
4. Verwenden Sie für die Strukturen j, u-y dieser Tafel dieselben Farben wie auf Tafel 99. Beachten Sie aber die Änderungen der Identifikationsbuchstaben.

ZAHNSCHMELZ a
DENTIN b
ZEMENT c
ZAHNHÖHLE d
PULPA e
NERV f, ARTERIE g, VENE h
WURZELKANAL i, GINGIVA j
DESMODONTIUM k
ALVEOLARKNOCHEN L

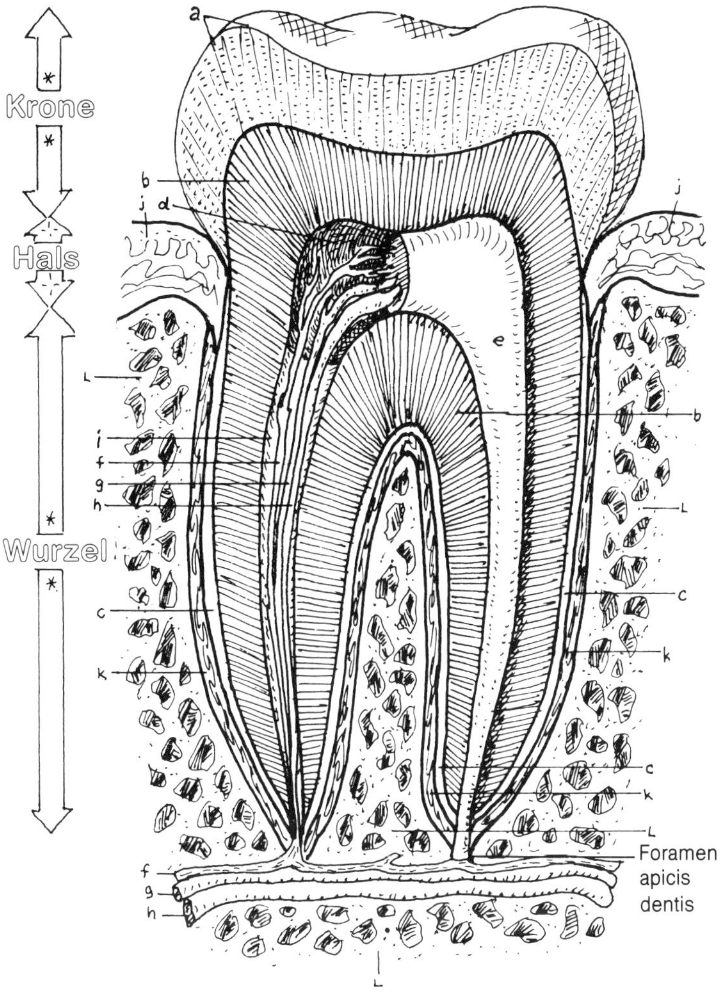

Ein *Zahn* ist ein *Pulpa*-gefüllter Hohlkörper aus sensiblem *Dentin* (Zahnbein), der an seiner freien Oberfläche oberhalb der *Gingiva* (Zahnfleisch) mit unempfindlichem *Zahnschmelz* überzogen ist. Er sitzt in einer knöchernen Fassung *(Alveole)* in der Mandibula/Maxilla und ist im mit *Desmodont* (Wurzelhaut) begrenzten Knochen durch eine Schicht aus *Zement* fixiert. Dentin ist ein knochenähnliches, gelbes Material, das gewichtsmäßig zu 70% aus Mineralien besteht. Es wird von Zellen produziert, die der Pulpahöhle anliegen und von denen aus radiäre Kanälchen verlaufen. Der Zahnschmelz, die härteste Substanz des Körpers, bedeckt die Krone des Zahnes und ist mit etwa 1,5 mm Durchmesser an der Kauoberfläche am stärksten ausgebildet. Der zu 99% aus Mineralien bestehende Zahnschmelz wird aus einseitig gewundenen Säulchen aufgebaut, die ähnlich wie bei Knochen durch Mineralkristalle versteift sind. Die Zellen, die den organischen Zahnschmelz (der erst später mineralisiert) produzieren, liegen ursprünglich an dessen Oberfläche und gehen während des weiteren Zahnwachstums (Dentition) verloren. Die *Pulpahöhle* ist mit einem lockeren Bindegewebe ausgefüllt, in dem die den Zahn versorgenden *Nerven* und *Gefäße* verlaufen. Am Foramen apicis dentis geht die Pulpa in das Desmodontium über, ein sehr straffes, dem Periost ähnliches Bindegewebe. Der Zement, der als Zwischenschicht zwischen Dentin und Desmodontium dient, ist eine Knochensubstanz mit einem hohen Faseranteil. Die Gingiva (Zahnfleisch) ist ein Teil der Mundschleimhaut. Sie ist fest mit dem Periost des darunterliegenden Alveolarknochens verwachsen.

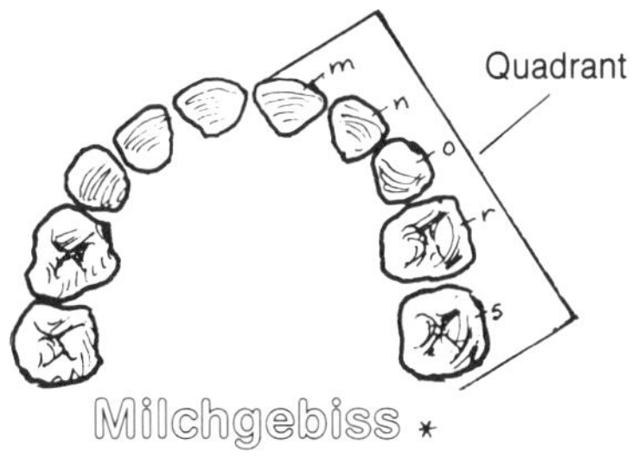

ZENTRALER SCHNEIDEZAHN m
LATERALER SCHNEIDEZAHN n
ECKZAHN o
ERSTER BACKENZAHN p
ZWEITER BACKENZAHN q
ERSTER MAHLZAHN r
ZWEITER MAHLZAHN s
DRITTER MAHLZAHN (WEISSHEITSZAHN) t
HARTER GAUMEN u
WEICHER GAUMEN v
UVULA w
VORDERER GAUMENBOGEN x
HINTERER GAUMENBOGEN y

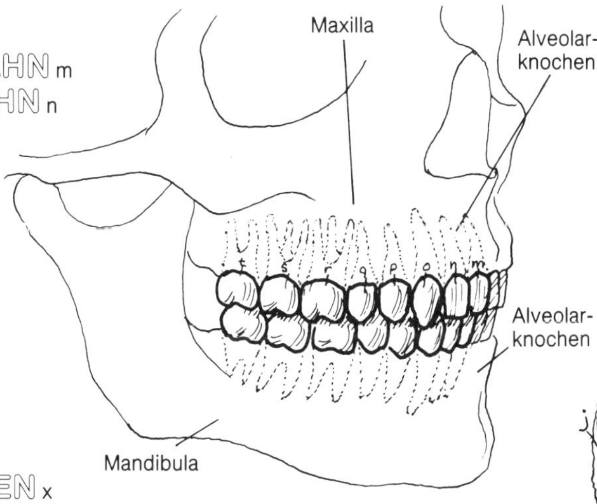

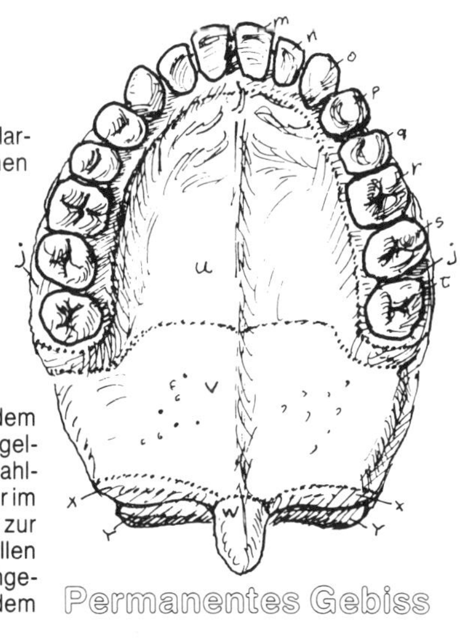

Der Mensch entwickelt im Leben zwei Gebisse. Das erste, das sogen. *Milchgebiß* bildet sich zwischen dem 6. und 36. Lebensmonat. Es besteht aus jeweils 10 Zähnen im Ober- und im Unterkiefer. Da das Gebiß spiegelbildlich aufgebaut ist, gibt es im Milchgebiß 5 verschiedene Zahnformen: 2 Schneidezähne, 1 Eckzahn, 2 Mahlzähne. Tief im Knochen entwickelt sich das *permanente Gebiß* mit 12 zusätzlichen Zähnen, die keine Vorläufer im Milchgebiß haben. Wenn die Zähne des permanenten Gebisses gegen die Oberfläche drücken, führt dies zur Auflösung der Zahnwurzeln der Milchzähne. Infolge der Dentinresorption lockern sich die Zahnkronen und fallen aus, meist schmerzlos und ohne Blutung. Beachten Sie, daß beim permanenten Gebiß gegenüber dem Milchgebiß die beiden Backenzähne und der dritte Mahlzahn hinzugekommen sind (insgesamt 32 Zähne, 8 in jedem Quadranten). Das permanente Gebiß entwickelt sich zwischen dem 6. und 21. Lebensjahr.

Verdauungstrakt / Pharynx und Ösophagus *

20 Farben
1. Malen Sie die drei unteren Abbildungen zusammen an.
2. Die Abschnitte des Pharynx (d, g und i) in der unteren mittleren Abb. sollten Sie anmalen, um ein klares Bild von der Beziehung dieses groben Schemas zu den jeweiligen muskulären Strukturen zu erhalten.
3. Verwenden Sie dunkelgrau für das Speisestück und lesen Sie zur Bearbeitung des Schluckaktes aufmerksam den unteren Text.

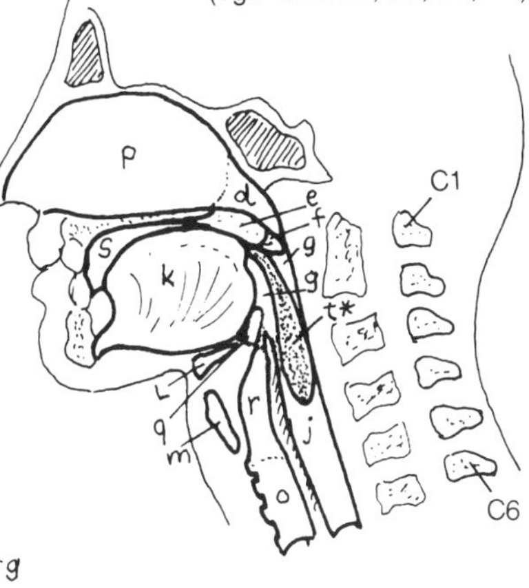

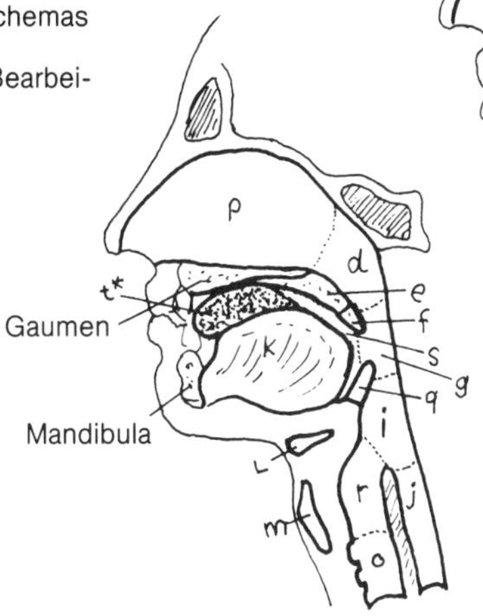

PHARYNXWAND *
M. CONSTRICTOR PHARYNGIS SUP. a
M. CONSTRICTOR PHARYNGIS MEDIUS b
M. CONSTRICTOR PHARYNGIS INF. c

INNENRAUM DES PHARYNX *
EPIPHARYNX d
WEICHER GAUMEN e, UVULA f
MESOPHARYNX g
TONSILLA PALLATINA h
HYPOPHARYNX i

ÖSOPHAGUS j

ZUGEHÖRIGE BESTANDTEILE *
ZUNGE k, ZUNGENBEIN L
SCHILDKNORPEL m
RINGKNORPEL n /
M. CRICOTHYROIDEUS n_1
TRACHEA o, NASENHÖHLE p
EPIGLOTTIS q, LARYNX r

SCHLUCKAKT *
MUNDHÖHLE s
SPEISESTÜCK t *

Der *Pharynx* ist ein komplex gebauter, schleimhautbegrenzter, fibromuskulärer Schlauch, der oben durch die Fascia pharyngobasilaris an der Schädelbasis und hinten an den oberen 6 Halswirbeln befestigt ist. Er ist oben zur Nasenhöhle, in der Mitte zur Mundhöhle und unten zum Larynx und Ösophagus offen. Da sich hier Speise- und Luftweg kreuzen, ist seine ordnungsgemäße Funktion für die Weiterleitung der Nahrung in den Ösophagus sehr wichtig. Ein in den Larynx gelangtes Speisestück führt zu heftigen Hustenattacken, die es aus dem Atemtrakt herausschleudern sollen. Der *Schluckakt* kann in drei rasch aufeinanderfolgende Phasen eingeteilt werden: 1. Transport des Speisestücks von der Mundhöhle in den *Mesopharynx,* 2. vom Mesopharynx am Larynxeingang vorbei und 3. in den *Ösophagus.* In der 1. Phase wird die Zunge gegen den Gaumen gedrückt, die Gaumenbögen heben sich, und das Speisestück wird nach hinten in den Mesopharynx geschoben. Fast gleichzeitig setzt die 2. Phase ein: Hebung des *weichen Gaumens* und Kontraktion des *M. constrictor pharyngis sup.* und somit Verschluß des Epipharynx, des Larynxeingangs durch Anheben des *Zungenbeins* (Os hyoideum), des *Schildknorpels* und Verschluß der lateralen Falten des oberen Pharynx. In der 3. Phase wird das Speisestück am *Larynx* vorbei nach unten gedrückt. Durch die Verkürzung des Pharynx und Kontraktion des *M. constrictor pharyngis inf.* gelangt es in den Ösophagus.

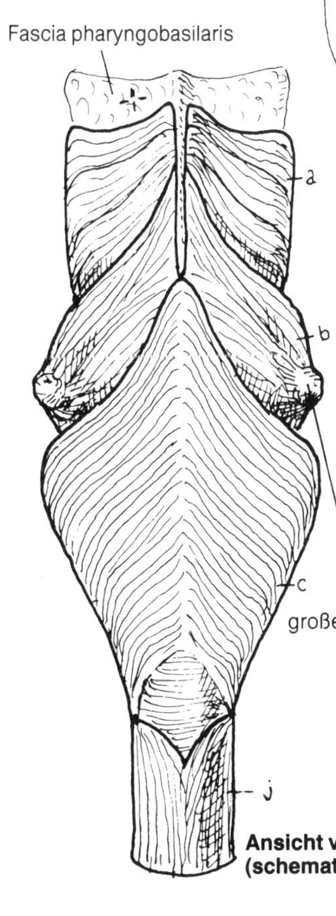

Ansicht von hinten (schematisch)

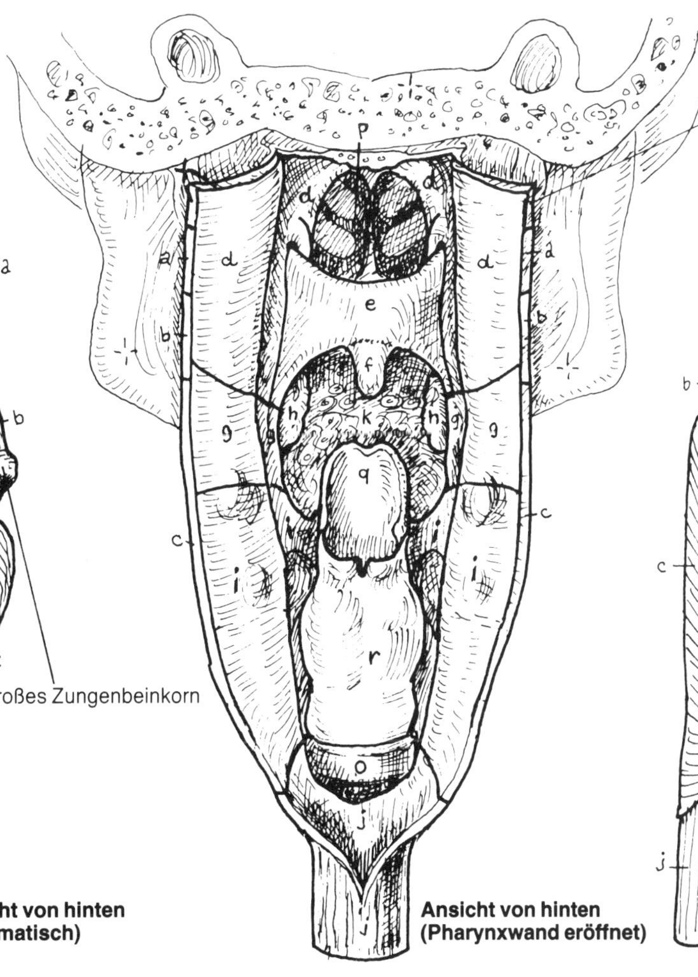

Ansicht von hinten (Pharynxwand eröffnet)

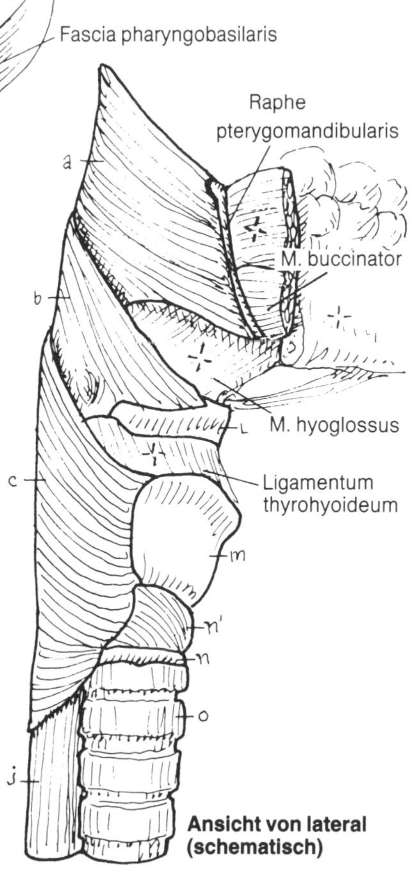

Ansicht von lateral (schematisch)

Verdauungstrakt / Peritoneum *

Tafel 102
(vgl. Tafel 64, 95, 98)

14 Farben

1. Bearbeiten Sie die Darstellungen der Reihe nach, beginnend von links. Beachten Sie, daß die Verdauungsorgane in den drei oberen Abbildungen nicht ausgemalt werden, obwohl sie in Wirklichkeit mit dem Peritoneum viscerale (= PV) überzogen sind. Für das Peritoneum parietale (= PP) (a) empfehlen wir eine helle Farbe.
2. In der rechten Abb. werden die gepunkteten Bereiche nicht ausgemalt.
3. In der unteren Abb. werden die Verdauungsorgane (d, e, f, i, j, l, t, w) mit derselben Farbe wie auf Tafel 98 ausgemalt (die Identifikationsbuchstaben sind unverändert). Die dünnen Schichten des PV, die diese Organe umhüllen, sollten dieselbe Farbe wie die Organe selbst erhalten. Beachten Sie, daß diese viszeralen Peritonealschichten kontinuierlich in das PP (a) oder das Mesenterium/Omentum übergehen.
4. Die Bursa omentalis (*₁) sollte in einem dunkleren Grau als der Rest der Pleurahöhle (*) ausgemalt werden und nicht über die gestrichelte Linie hinausgehen.
5. Malen Sie in der unteren Abb. die Aorta und das dargestellte Blutgefäß rot aus.

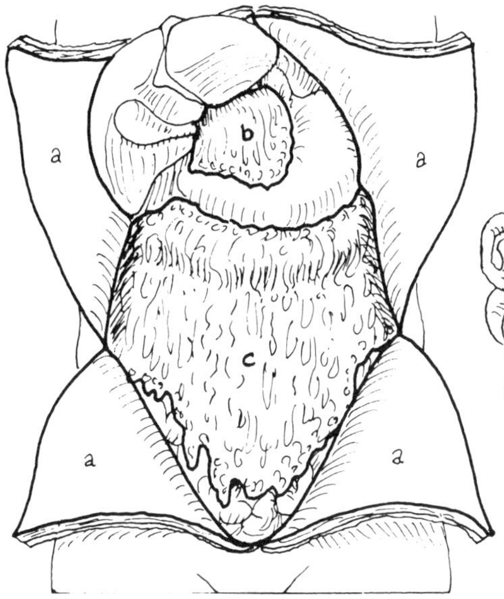

Der Magen ist am *Omentum minus* (kleines Netz) fixiert und hat dort eine beträchtliche Beweglichkeit. Das *Omentum majus* (großes Netz), das den Magen mit dem Colon transversum verbindet (und mit Milz und Zwerchfell; n. d.), liegt wie eine Schürze über den Bauchorganen.

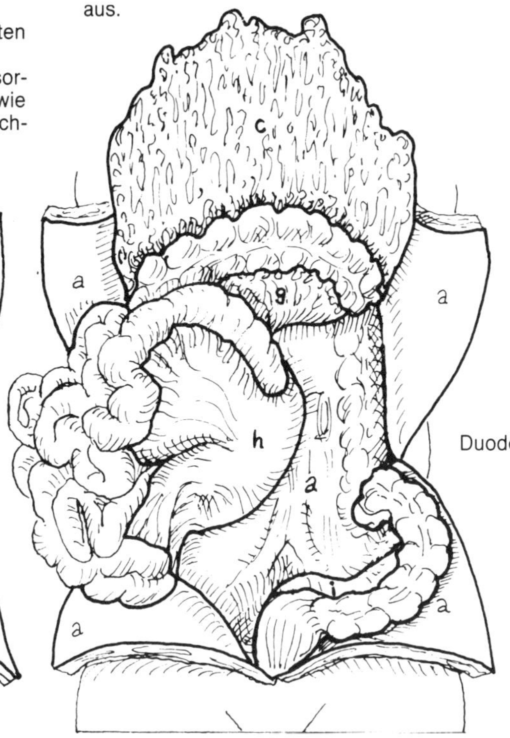

In dieser Darstellung wurden das Omentum majus mit dem Magen hochgeklappt, um folgende Strukturen darzustellen: *Mesocolon transversum* (versorgt das Colon transversum), *Mesenterium* (versorgt den Großteil des Dünndarms), *Mesocolon sigmoideum* (versorgt das Sigma). Der Rest des Dünn- und Dickdarmes liegt hinter dem *Peritoneum parietale (= PP).*

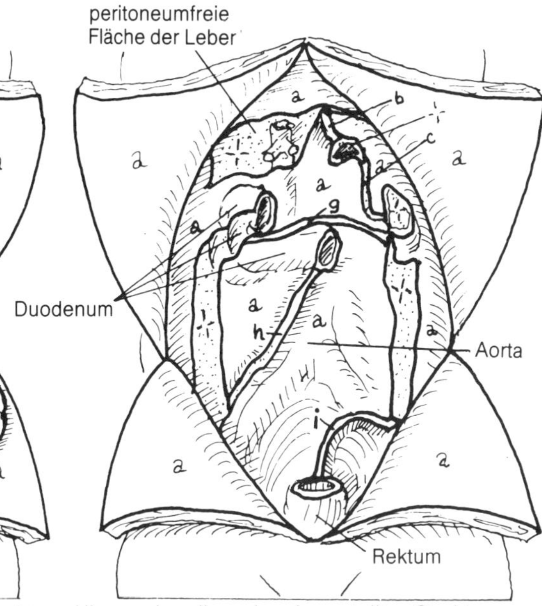

Hier wurden alle vorher dargestellten Strukturen weggelassen, um das PP zu zeigen, das das Duodenum, die Aorta abdominalis usw. bedeckt. Dieses Peritoneum bedeckt auch das Colon ascendens und descendens, die hier entfernt sind, um zu zeigen, daß sich dahinter (gepunktet) kein Peritoneum befindet. Die Wurzeln der abgeschnittenen Gekröse sind ebenfalls dargestellt (b, c, g, h, i).

PERITONEUM PARIETALE a
OMENTUM MINUS b / OMENTUM MAJUS c
MESOCOLON TRANSVERSUM g
MESENTERIUM h
MESOCOLON SIGMOIDEUM i

PERITONEALHÖHLE *
BURSA OMENTALIS *₁
NIERE k

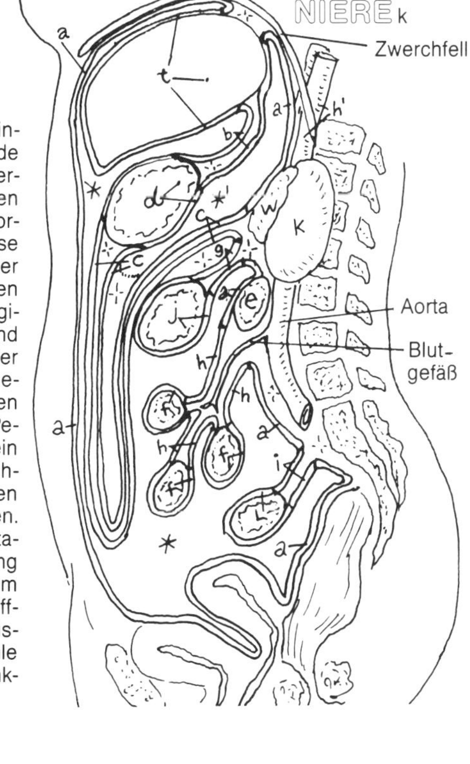

Ähnlich wie bei den serösen Hüllen von Herz und Lunge, die Sie evtl. schon bearbeitet haben, stellt das Peritoneum einen geschlossenen Beutel dar, der Bauchwand, Zwerchfell und Beckenorgane überzieht *(Peritoneum parietale).* An den Umschlagfalten geht das PP ins *Peritoneum viscerale* über und bedeckt die Organe der Bauchhöhle. Verschiedene Bauchorgane besitzen zu ihrer Versorgung von der Bauchwand her ein Gekröse (s, g und h). In einigen Fällen werden Organe durch Peritonealfalten (Omentum, Ligamentum) von anderen Organen aus versorgt (s, b und c). Ein Organ kann auch durch eine Schicht aus PP an die hintere Bauchwand fixiert sein (s, e und w in der unteren Abb.), diese Organe bezeichnet man als *retroperitoneal.* Eine Lage PP oder PV besteht aus einem sekretorischen, einreihigen, kubischen oder Plattenepithel, das durch eine dünne Bindegewebeschicht verstärkt wird. Gekröse und Omenta/Ligamenta bestehen daher aus mindestens zwei Peritoneumschichten. Beachten Sie in der unteren Abb., daß das Omentum majus aus vier verwachsenen peritonealen Lagen besteht.

Das Peritoneum (Bauchfell) ist eine seröse Membran, die eine Flüssigkeit sezerniert. Es ermöglicht den verschiedenen Organen der Bauchhöhle, bei ihren häufigen Bewegungen gegeneinander fast reibungslos zu gleiten. Die Eingeweide liegen in der Bauchhöhle eng zusammen. Verdrehte und eingeklemmte Organe verursachen natürlich infolge der Abschnürung der sie versorgenden Gefäße Komplikationen; glücklicherweise passiert so etwas selten, z. B. bei Geburten oder bei Patienten mit Adhäsionen (Verwachsungen zwischen verschiedenen Organen) nach chirurgischen Eingriffen im Abdomen. Die Gefäße und Nerven der Abdominalorgane entspringen an der hinteren Bauchwand und verlaufen durch die Gekröse und Omenta zu ihren Organen (zwischen beiden Peritonealagen, vgl. untere Abb.). Die Peritonealschichten dienen als Abgrenzung, ein Transport findet daher nur zwischen oder hinter ihnen statt. Beachten Sie in der unteren Abb. den großen Raum hinter dem Magen. Diese sogen. *Bursa omentalis* ist ein Beutel, der durch die Rotation des Magens während der fetalen Entwicklung entsteht. Er ist an der rechten Seite unter dem Omentum minus zur Bauchhöhle hin offen (Öffnung n. d.). Hier können sich bei Rückenlage Flüssigkeiten, die aus den Gefäßen in die Bauchhöhle diffundieren, ansammeln (bei bestimmten Krankheiten).

VERDAUUNGSTRAKT / MAGEN*

(vgl. Tafel 73, 79, 98, 102)

FUNDUS a
KORPUS b
PYLORUS c
M. SPHINKTER PYLORI d
KLEINE KURVATUR e
GROSSE KURVATUR f
FALTEN g

MAGENSCHLEIMHAUT•

EPITHELSCHICHT*
OBERFLÄCHLICHE g_1 /
SCHLEIMBILDENDE ZELLEN g_2
BELEGZELLEN h
HAUPTZELLEN i
MAGENGRÜBCHEN j•
LAMINA PROPRIA k
MUSCULARIS MUCOSAE L

SUBMUCOSA m
QUERMUSKULATUR n
RINGMUSKULATUR o
LÄNGSMUSKULATUR p
SEROSA q

A. r / V. s GASTROEPIPLOICA
A. r_1 / V. s_1 GASTRICA
ZWERCHFELL t
ÖSOPHAGUS u
DUODENUM v

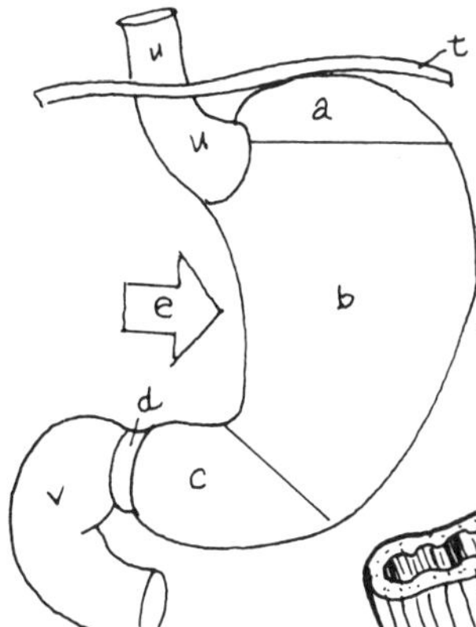

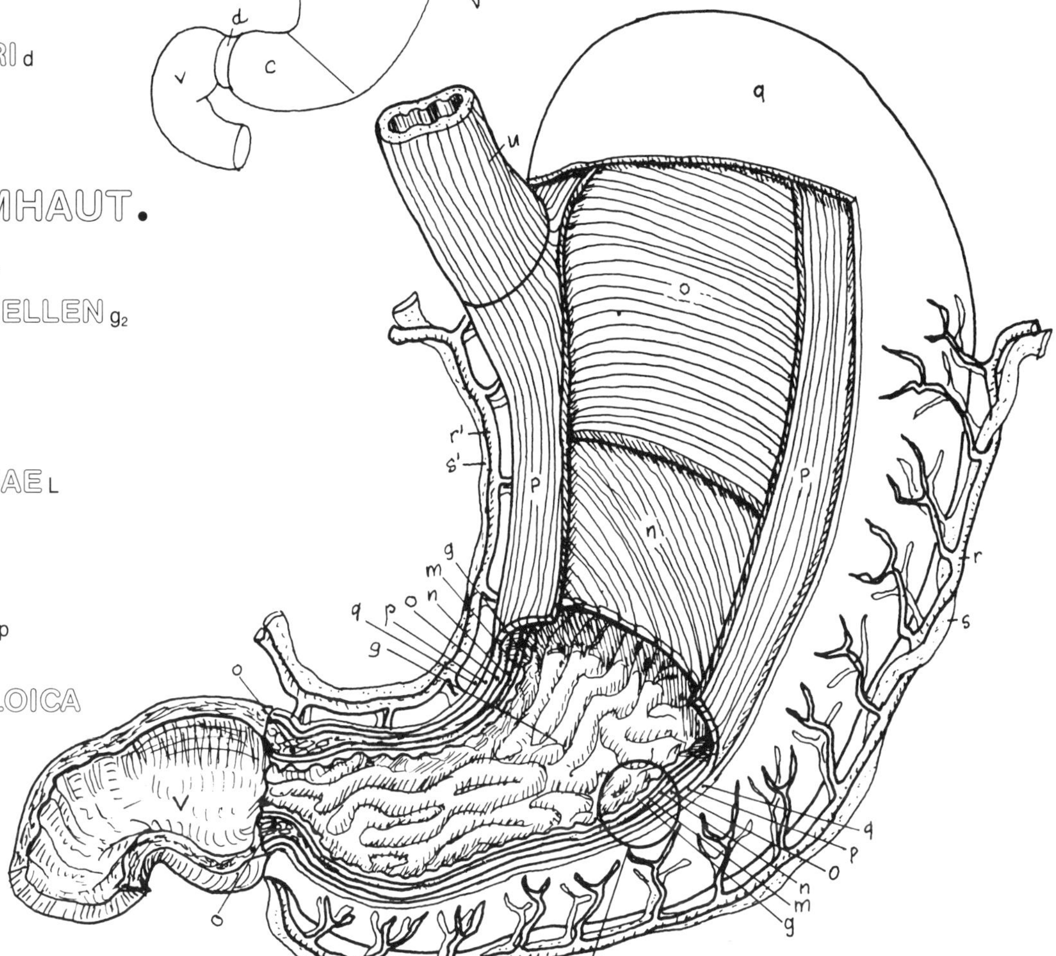

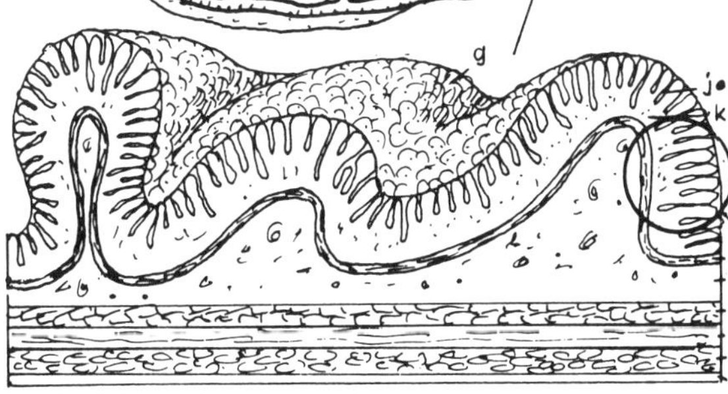

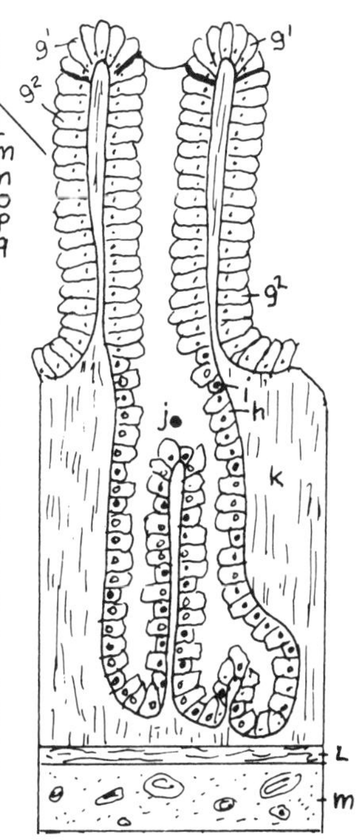

? Farben

1. Beginnen Sie mit dem kleinen Diagramm ganz oben.
2. Verwenden Sie rot für Arterien (r) und blau für Venen (s). Malen Sie die Serosa (q) mit derselben Farbe an wie den Magen (d) auf Tafel 98.
3. Unterscheiden Sie auf der großen Abb. sorgfältig zwischen den verschiedenen Schichten der Magenwand. Die innere Muskelschicht am Pylorus ist an beiden Seiten z. T. Quermuskulatur, die hier, wie abgebildet, endet. Die weiterführende innere Muskelschicht, die Ringmuskulatur, ist im M. sphincter pylori stark verdickt.
4. Malen Sie die beiden unteren Abbildungen hintereinander an. Die Falten (g) bekommen dieselbe Farbe wie die Epithelzellen (g^1), die ihre Oberfläche bedecken.

Der *Magen* (Gaster) ist der erste Teil des Gastrointestinaltrakts. Er ist an der Leber und dem Zwerchfell durch elastische Omenta (Netze) befestigt und kann nach einer üppigen Mahlzeit auf der Harnblase oder der Gebärmutter zu liegen kommen. Er dient als Reservoir für die aufgenommene Nahrung und bereitet sie für die Verarbeitung im Dünndarm vor. Wenn sich der *M. sphincter pylori* entspannt, wird Speisebrei ins *Duodenum* (Zwölffingerdarm) freigesetzt. Die Verdauung (Zerkleinerung der Nahrung) verläuft mechanisch und enzymatisch. Durch Kontraktionswellen in der glatten Muskulatur (Peristaltik) der *Muscularis mucosae* und in den äußeren Muskelschichten (wo die Muskelfasern in drei Richtungen angeordnet sind) kommt es zu einer Durchmischung des Mageninhaltes in den *Magengrübchen* und zwischen den *Falten.* Dadurch werden langkettige Moleküle in kleinere Komponenten aufgespalten. Protein wird durch das Enzym Pepsin, das von den *Hauptzellen* in Form des Pepsinogens sezerniert wird, in kleinere Einheiten gespalten. Durch Aktivierung von Salzsäure, die von den Belegzellen sezerniert wird, werden durch Pepsin und andere Enzyme die Magensäfte gebildet, die auch auf die Magenschleimhaut einen erosiven (reizenden, entzündlichen) Effekt haben. Dagegen besitzt der von den *oberflächlichen* und *schleimbildenden* Epithelzellen produzierte Schleim einen Schutzeffekt. Im Magen werden nur sehr geringe Nährstoffmengen resorbiert, und zwar ausschließlich die leicht löslichen, relativ kurzkettigen Bestandteile. Im Magen wird außerdem ein Glykoprotein, der »intrinsic factor«, sezerniert, der für die Vitamin-B_{12}-Resorption im Dünndarm verantwortlich ist. Vitamin-B_{12} wird u.a. für die Reifung der roten Blutkörperchen benötigt. Die Magenaktivität wird durch gastrointestinale Hormone und den N. vagus (10. Hirnnerv) beeinflußt.

Beachten Sie, daß es sich bei den Falten um gefältelte Schleimhautschichten handelt. Die Mukosa (Schleimhaut) ist die den Verdauungstrakt auskleidende, unmittelbar in den Verdauungsprozeß einbezogene Schicht. Sie besteht aus einer Epithelschicht, einer Bindegewebsschicht (Lamina propria) und einer dünnen Muskelschicht (Muscularis mucosae).

Verdauungstrakt / Dünndarm, Duodenum, Jejunum, Ileum*

Tafel 104
(vgl. Tafel 73, 79, 98, 102, 103)

13 Farben
1. Die Farben rot, blau und grün bitte für Arterien (L), Venen (m) und lymphatische Gefäße (k) verwenden.
2. Malen Sie die Begriffe Duodenum, Jejunum und Ileum, die relative Darstellung ihrer Längenverhältnisse (ganz rechts) sowie das Diagramm ihrer Strukturen unten rechts mit den entsprechenden Farben von Tafel 98 aus.
3. Die dargestellten Längenverhältnisse beziehen sich auf eine Gesamtlänge des Dünndarms von 2–9 m.
4. Malen Sie die Strukturen b-e mit denselben Farben wie auf Tafel 103 aus. Beachten Sie die geänderten Identifikationsbuchstaben. Malen Sie Struktur f mit derselben Farbe an, die Sie für das Jejunum verwendet haben.

DUODENUM
25 cm

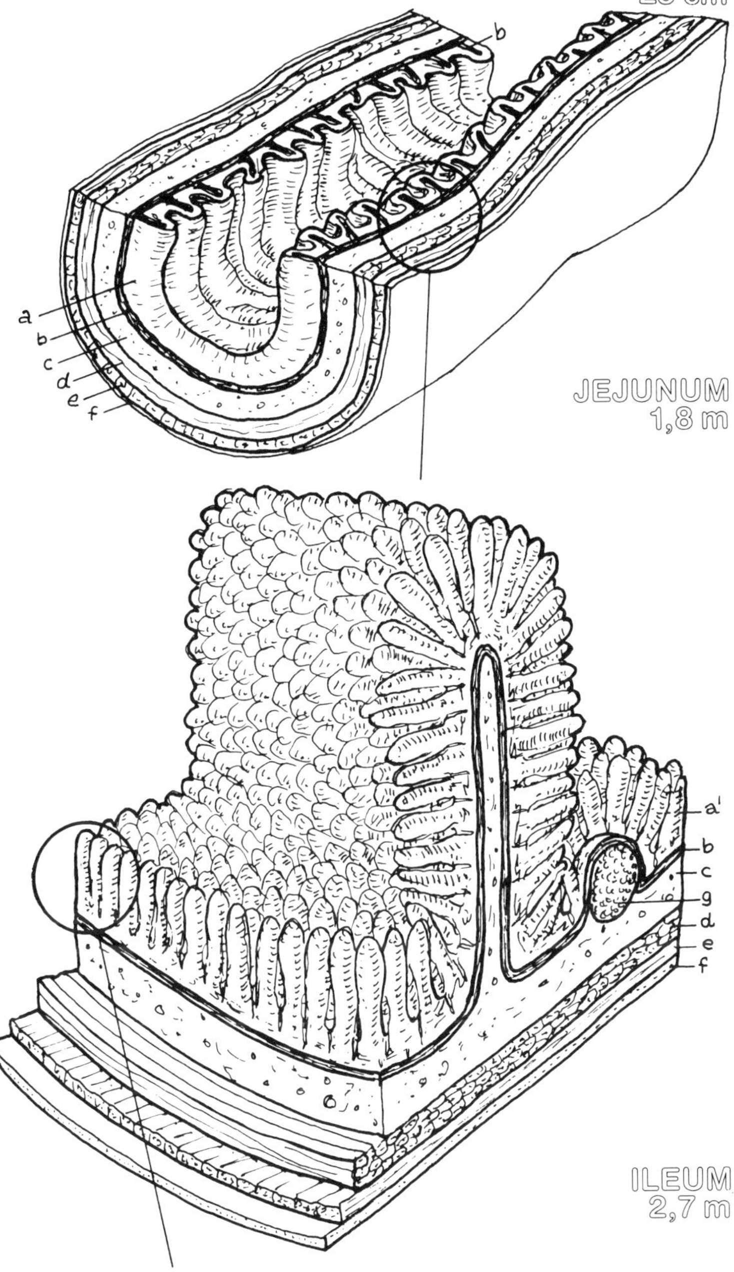

JEJUNUM
1,8 m

ILEUM
2,7 m

DARMWAND: *

KERCKRING-FALTEN a MIT ZOTTEN a¹
MUSCULARIS MUCOSAE b
SUBMUCOSA c
RINGMUSKULATUR d
LÄNGSMUSKULATUR e
SEROSA f
LYMPHFOLLIKEL g

MUKOSA (ZOTTEN) a_1

RESORBIERENDE ZELLEN a_2
BECHERZELLEN h
KRYPTEN (INTESTINALE DRÜSEN) i
LAMINA PROPRIA j
LYMPHGEFÄSS k
ARTERIE L, VENE m

Der stark gewundene *Dünndarm* beginnt hinter dem Pylorus und endet am Zäkum (Blinddarm) des Dickdarms (Kolon). Jejunum und Ileum sind an dem elastischen, gemeinsamen Mesenterium befestigt und füllen, vom Dickdarm eingerahmt, die Bauchhöhle aus. Das *Duodenum* ist der kürzeste, fest fixierte Abschnitt. Es verläuft unter der Leber und hinter dem Peritoneum (im Retroperitonealraum) in Form eines C und umfaßt mit seiner konkaven Seite den Pankreaskopf. Alle Teile des Dünndarms sind in ihren Grundzügen sehr ähnlich aufgebaut. Die Menge der *Zotten* nimmt im Ileum ab, im distalen Abschnitt des Dünndarms gibt es nur noch wenige. Der Dünndarm erhält vom Magen die angedaute Nahrung (Chymus) und spaltet sie durch mechanische und enzymatische Verdauung unter Einwirkung der Pankreassekrete und der Galle (Lebersekret) weiter auf. Die Verdauung der Nährstoffe einschließlich der Vitamine findet hauptsächlich im Dünndarm statt; die molekularen Grundbausteine der Nährstoffe werden resorbiert und gelangen über die *Lymphgefäße* und *Blutkapillaren* in und unterhalb der Zotten (einen Querschnitt zeigt die untere Abb.) zur Leber. Das geschieht entweder direkt (venös) über die Pfortaderzuflüsse oder indirekt (lymphatisch) über die Cysterna chyli, den Ductus thoracicus, das Venensystem und den großen Kreislauf. Die *Kerckring-Falten* und die Zotten dienen der Vergrößerung der Resorptionsfläche; während der Verdauung bewegen sie sich gleichmäßig. Diese Bewegung wird durch die *Muscularis mucosae,* die auch innerhalb der Zotten verläuft, sowie durch die tiefer in der Submucosa gelegenen breiteren Muskelschichten *(Tunica muscularis)* hervorgerufen. An verschiedenen Stellen im Dünndarm findet man *Lymphfollikel* – oft gruppiert oder flächenhaft, mit zunehmender Häufigkeit im distalen Ileum. Es handelt sich um organisierte, durch die *Lamina propria* der Mukosa durchscheinende Ansammlungen von retikulärem Gewebe mit Lymphozyten. Dies sind die Zentren für die Entwicklung von Antikörpern, die nach dem Eindringen von bestimmten Mikroorganismen (Infektion) gebildet werden müssen (Immunabwehr).

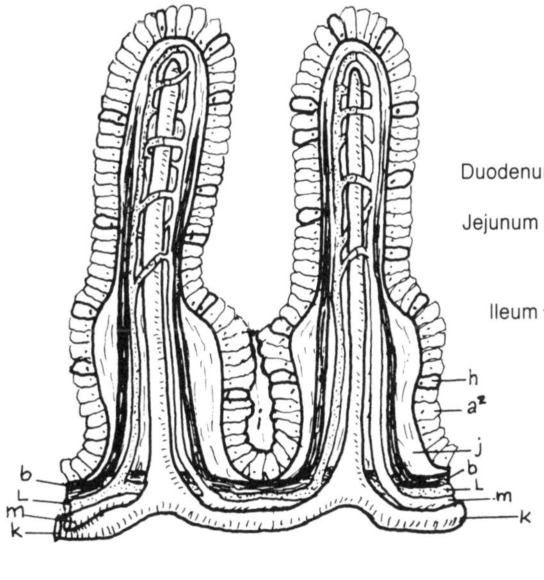

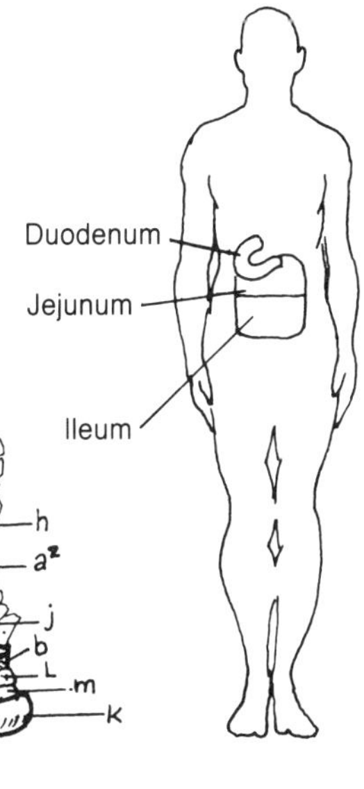

Verdauungstrakt / Dickdarm *

? Farben
1. Malen Sie die Strukturen der obersten Skizze (außer den Pfeilen e+g) in denselben Farben an wie auf Tafel 98 (Identifikationsbuchstaben geändert). Beachten Sie, daß die Strukturen b und c jeweils eine eigene Farbe erhalten.
2. Malen Sie die Abbildungen in der Reihenfolge von oben nach unten an.
3. Beachten Sie in der mittleren Abb., daß die Ileozäkalklappe im obersten Abschnitt des Zäkums in den Dickdarm mündet. Das angrenzende Haustrum (d_1) erhält dieselbe Farbe wie das Colon ascendens.
4. Malen Sie in der Detailzeichnung die Serosa (l) in derselben Farbe an wie das Colon descendens (h), aus dem der Ausschnitt stammt.
5. Malen Sie die Strukturen m-o in denselben Farben an wie auf Tafel104 (Identifikationsbuchstaben geändert).

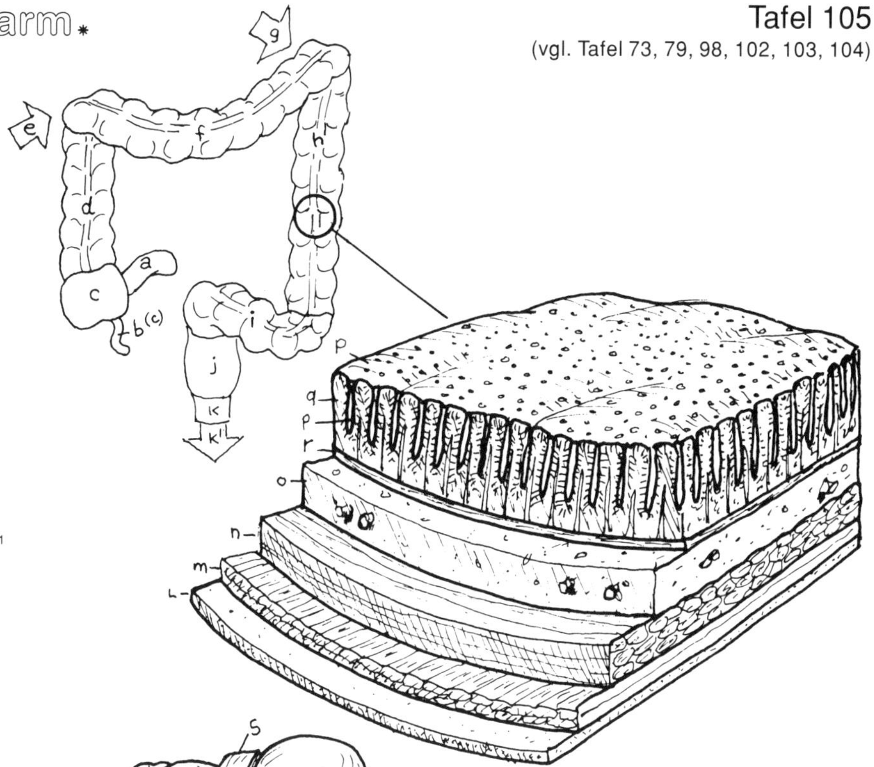

ILEUM a u. ILEOZÄKALKLAPPE a_1

DICKDARM: *
ZÄKUM c
APPENDIX VERMIFORMIS b (c)
COLON ASCENDENS d
RECHTE KOLONFLEXUR e
COLON TRANSVERSUM f
LINKE KOLONFLEXUR g
COLON DESCENDENS h
COLON SIGMOIDEUM i
REKTUM j_9 ANALKANAL k_9 ANUS k_1

DARMWAMD: *
SEROSA L (h)
LÄNGSMUSKULATUR m
RINGMUSKULATUR n
SUBMUKOSA o
MUKOSA *
EPITHEL MIT BECHERZELLEN p
LAMINA PROPRIA q
MUSCULARIS MUCOSAE r

WEITERE STRUKTUREN: *
TAENIA COLI s_9 HAUSTRUM d_1
APPENDICES EPIPLOICAE t
M. SPINCTER ANI INTERNUS u
M. SPINCTER ANI EXTERNUS v

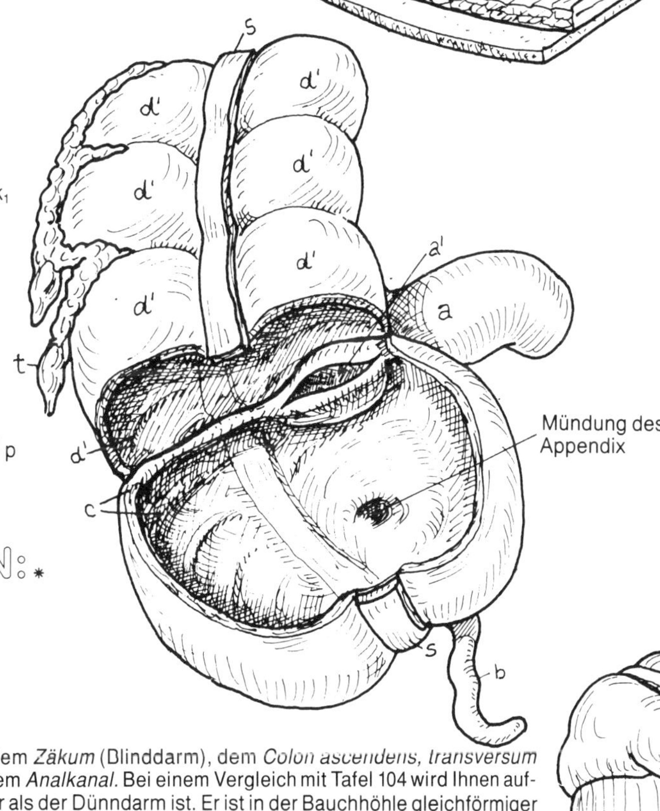

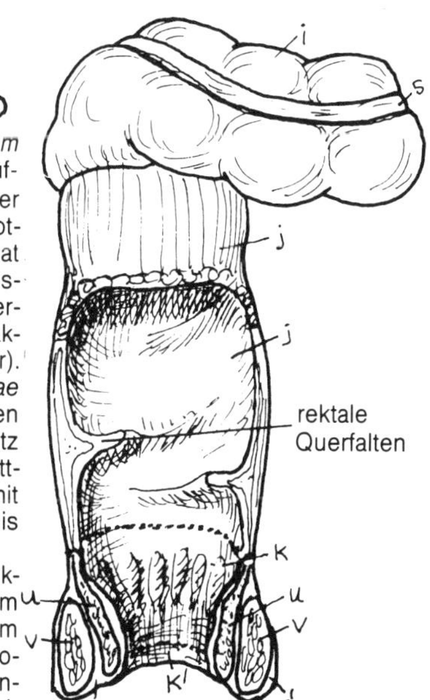

Der 1–2 m lange *Dickdarm* setzt sich zusammen aus dem *Zäkum* (Blinddarm), dem *Colon ascendens, transversum descendens* und *sigmoideum* sowie dem *Rektum* und dem *Analkanal*. Bei einem Vergleich mit Tafel 104 wird Ihnen auffallen, daß der Dickdarm meist breiter und immer kürzer als der Dünndarm ist. Er ist in der Bauchhöhle gleichförmiger angeordnet, denn nur das Colon transversum und sigmoideum besitzen Gekröse. Der Dickdarm besitzt weder Zotten noch Falten. Er produziert auch keine Verdauungsenzyme (die Becherzellen sezernieren nur Schleim) und hat daher keine Verdauungsfunktion. Aber er resorbiert Wasser, Vitamine und Mineralien. So formt er aus dem eher flüssigen Chymus, der aus der *Ileozäkalklappe* (Bauhin'sche Klappe) fließt, die halbfesten Fäzes. Resorbierte Stoffe werden über die Pfortader zur Leber transportiert. Die peristaltischen Bewegungen des Kolons entstehen durch Kontraktion der *Muscularis mucosae* und den beiden Muskelschichten der Tunica muscularis (Ring- und Längsmuskulatur). Die äußere *Längsmuskelschicht* bildet an der Außenseite des Kolons drei gut abgrenzbare Längsstreifen *(Taeniae coli)*, die am *Appendix vermiformis* (Wurmfortsatz) beginnen und am Colon sigmoideum enden. Entlang der Taenien bildet das Kolon viele regelmäßige Aussackungen, die *Haustra*, die gut im Röntgenbild erkennbar sind (im Gegensatz zum kontrastärmeren Erscheinungsbild des Dünndarms, das durch die Zotten und Falten entsteht). Kleine, mit Fettgewebe gefüllte Peritonealtaschen *(Appendices epiploicae)* sind ebenfalls typisch für das Kolon. Diese können mit der Schleimhaut des Kolons in Verbindung stehen und sich entzünden, ähnlich wie es beim Appendix vermiformis und dem Sigma der Fall ist (Appendizitis, Divertikulitis).

Das *Rektum* zeichnet sich durch mehrere Querfalten aus. Die mittlere dieser Falten hat vermutlich eine gewisse Funktion als Schutz vor einem vorzeitigen Abwandern der in der Ampulla recti angesammelten Fäzes in das untere Rektum und den Analkanal, die üblicherweise erst im Rahmen der Defäkation (Stuhlentleerung) gefüllt werden. Im Rektum und Analkanal findet keine wesentliche Resorption mehr statt. Die Speicherung der Fäzes kann bis ins Colon sigmoideum hinein erfolgen. Die Entspannung der *Mm. sphincter ani internus* und *externus* führt zusammen mit der Kolon-Peristaltik zur Defäkation. Im 4 cm langen Analkanal geht die epitheliale Auskleidung vom einschichtigen Zylinderepithel in das widerstandsfähigere mehrschichtige Plattenepithel über.

VERDAUUNGSTRAKT / LEBER *

(vgl. Tafel 73, 79, 81, 98, 102)

? Farben
1. Wählen Sie wieder rot für Arterien (L, L_1) blau für Venen (k-k_3, o, p) und grün für Lymphgefäße (m, m_1).
2. Am besten bearbeiten Sie beide Darstellungen der Leber zusammen. Die untere zeigt die Oberfläche der Leber von unten. Von oben ist die Leber mit Bändern am Zwerchfell befestigt.
3. Die Leberpforte in der mittleren Abb. (vom Omentum minus e_2 eingerahmt) sollte grau ausgemalt werden.
4. Die Pfeile in der unteren Abb. geben die Richtung des Blut- oder Gallenflusses an. Beachten Sie, daß die Galle entgegengesetzt zum Portalvenen- und Leberarterienblut fließt.

LEBERLAPPEN *
RECHTER LEBERLAPPEN a
LINKER LEBERLAPPEN b
LOBUS QUADRATUS c
LOBUS CAUDATUS d

LIGAMENTA *
LIG. CORONARIUM HEPATIS e
LIG. TRIANGULARE e_1
OMENTUM MINUS e_2
LIG. VENOSUM e_3
LIG. FALCIFORME e_4 /
LIG. TERES HEPATIS e_5

EINGEWEIDE-ABDRÜCKE *
IMPRESSIO RENALIS (RE. NIERE) f
IMPRESSIO COLICA
(COLON TRANSVERSUM) g
IMPRESSIO GASTRICA (MAGEN) h
IMPRESSIO OESOPHAGEA (ÖSOPHAGUS) i
IMPRESSIO DUODENALIS (DUODENUM) j

LEBERPFORTE *
PFORTADER k
A. HEPATICA PROPRIA L
DUCTUS HEPATICUS m

Die *Leber* (Hepar), die etwa 1,5 kg wiegt, füllt den rechten Oberbauch sowie Teile des linken Oberbauches aus. Sie ist oben abgerundet und läuft unten relativ spitz zu. An ihrem unteren Rand schaut die *Gallenblase* hervor. Die Unterseite oder auch Eingeweidefläche (Facies visceralis) verläuft schräg ansteigend von vorne unten nach hinten oben. Die Leber ist zum Großteil vom Peritoneum überzogen. Die Fläche ohne Peritonealüberzug bezeichnet man als *Area nuda* (a_1). Oben geht das *Lig. coronarium hepatis* in das Peritoneum parietale des Zwerchfells über. Vorne geht aus dem Lig. coronarium hepatis das *Lig. falciforme* hervor, das an seinem Unterrand das *Lig. teres hepatis* aufnimmt. In diesem verläuft die V. umbilicalis im Fetalkreislauf vom Nabel zur V. cava inf. An der Unterseite geht das Lig. coronarium hepatis in das *Omentum minus* über, das den Magen versorgt. Das Omentum minus umhüllt die Leberpforte und ihre Gefäße. Im hinteren Teil des Omentum minus verläuft das *Lig. venosum,* ein obliterierter Gefäßstrang, der im Fetalkreislauf als Ductus venosus das Blut der Pfortader direkt zur V. hepatica oder V. cava inf. transportiert. Als *Lig. triangularia* bezeichnet man die Ecken des Lig. coronarium. Ihrer großen Oberfläche entsprechend liegen der Leber mehrere Abdominalorgane an. Versuchen Sie, sich diese Eingeweideabdrücke auf der Leberoberfläche vorzustellen und beachten Sie dabei die Nachbarschaftsbeziehungen.
Feinbau der Leber: Von der äußeren Kapsel aus führen feine Bindegewebszüge in das Organinnere und unterteilen dieses in *Lobuli* (Leberläppchen), die funktionellen Untereinheiten. Das *Pfortadersystem* bringt nährstoffreiches Blut über die *Sinusoide* zu den Parenchymzellen der Lobuli, die die Nährstoffe herausfiltern. Über die Sinusoide gelangt das »filtrierte« Blut in die *Zentralvenen,* die in den *Lebervenen* zusammenfließen. Die Lebervenen münden unmittelbar unter dem Zwerchfell in die V. cava inf. Die Leberzellen geben ihre Produkte in die Sinusoide ab, mit Ausnahme der Galle, die in feine Gallekanälchen (Canaliculi biliferi) abgegeben wird. Diese vereinigen sich zu den *Gallengängen.*
Bei der obigen Einteilung in vier Leberlappen handelt es sich um eine reine Oberflächeneinteilung. Die *A. hepatica propria* teilt sich in einen rechten und einen linken Ast, der *Ductus hepaticus communis* besteht aus einem rechten und einem linken Zufluß. Die Leber ist daher morphologisch nur in zwei Lappen (rechter und linker) eingeteilt. Der Lobus quadratus und Lobus caudatus sind dabei dem rechten Leberlappen zuzuordnen.

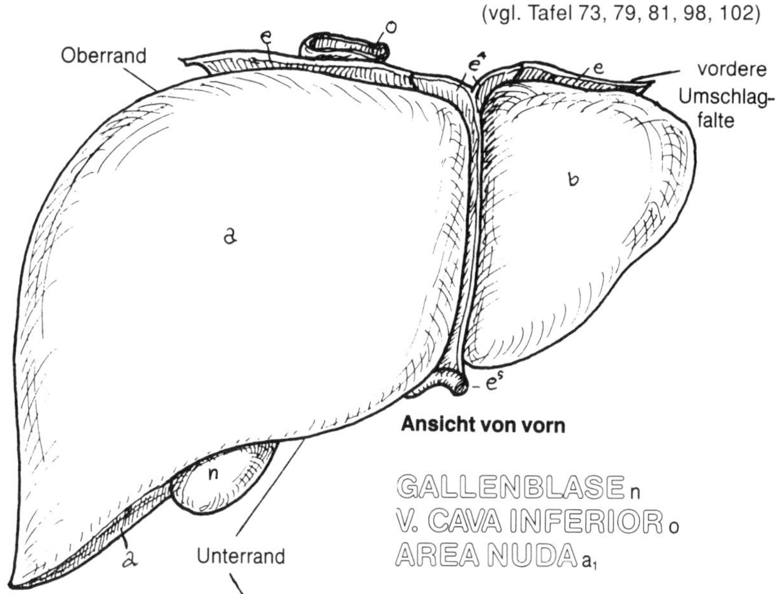

Ansicht von vorn

GALLENBLASE n
V. CAVA INFERIOR o
AREA NUDA a_1

Blick von unten auf die Eingeweidefläche

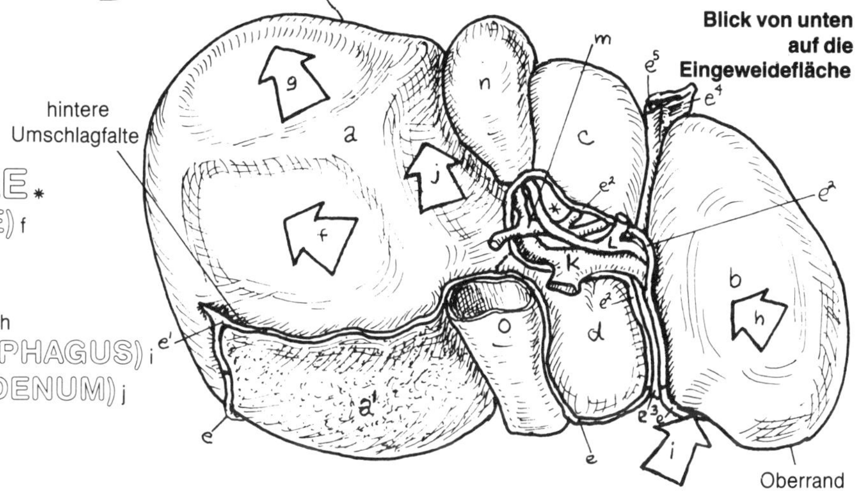

PORTALVENENAST k_1
LEBERARTERIENAST L_1
GALLENGANG m_1
} GLISSON-TRIAS *
SINUSOIDE p
ZENTRALVENE k_2
LEBERVENE k_3

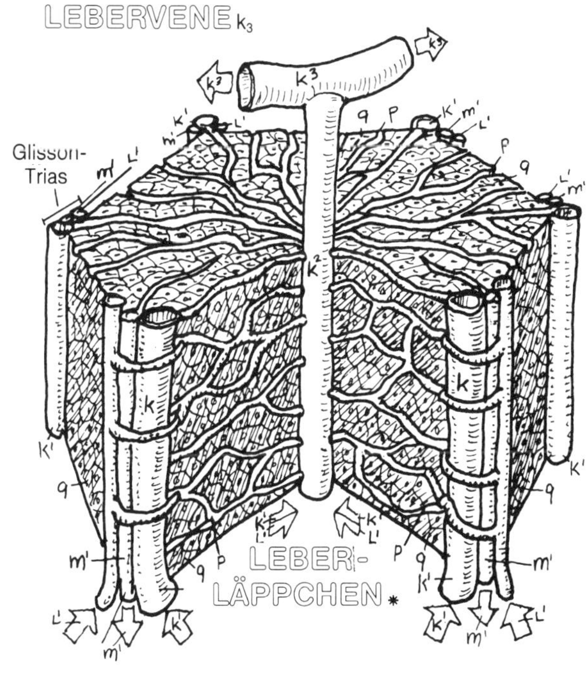

LEBER-LÄPPCHEN *

VERDAUUNGSTRAKT / GALLENBLASE a BAUCHSPEICHELDRÜSE b, MILZ c

Tafel 107
(vgl. Tafel 72, 73, 77, 79, 98, 106)

9 Farben

1. Verwenden Sie rot für die Arterien (j), blau für die Venen (k) und einen weiteren Blauton für die V. cava inf. (L). Für Gallenblase, Bauchspeicheldrüse und Milz nehmen Sie dieselben Farben wie auf Tafel 98 (andere Identifikationsbuchstaben!).
2. Lassen Sie das Duodenum frei.

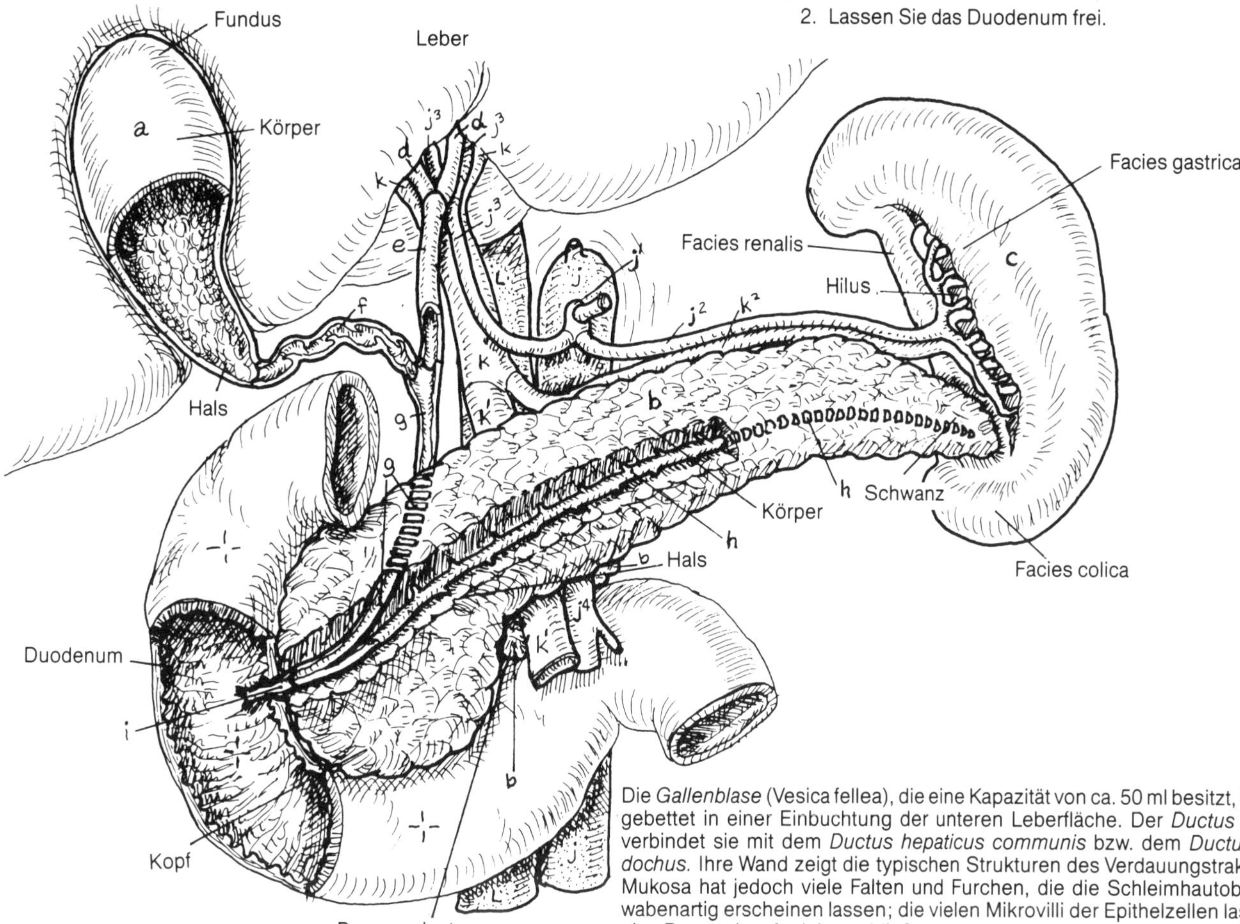

Die *Gallenblase* (Vesica fellea), die eine Kapazität von ca. 50 ml besitzt, liegt eingebettet in einer Einbuchtung der unteren Leberfläche. Der *Ductus cysticus* verbindet sie mit dem *Ductus hepaticus communis* bzw. dem *Ductus choledochus.* Ihre Wand zeigt die typischen Strukturen des Verdauungstraktes. Die Mukosa hat jedoch viele Falten und Furchen, die die Schleimhautoberfläche wabenartig erscheinen lassen; die vielen Mikrovilli der Epithelzellen lassen auf eine Resorptionsfunktion schließen.

Die Galle wird in der Leber produziert und direkt über den Ductus hepaticus communis und den Ductus choledochus in das Duodenum geleitet. Wenn der Schließmuskel (Sphinkter) an der *Papilla duodeni major* kontrahiert ist, wird die Galle über den Ductus cysticus in die Gallenblase zurückgedrückt, wo sie gespeichert, konzentriert und angesäuert wird (Lebergalle besteht zu 97% aus Wasser, 1% Gallepigmenten/Salzen, 2% Mineralsalzen und Fettsäuren; Blasengalle wird durch Wasserentzug um das 10fache konzentriert). Bei der Nahrungsaufnahme entspannt sich der Sphinkter, die Gallenblase kontrahiert sich (als Reaktion auf gastrointestinale Hormone und Vagusreizung), und die Galle fließt ins Duodenum ab. Die infolge der Gallepigmente gelbliche Galle macht die aufgenommenen Fette wasserlöslicher und damit den Verdauungsenzymen besser zugänglich. Die Gallensalze unterstützen den Effekt durch Teilung von großen Fettansammlungen in kleinere Tröpfchen (Emulsion), was zu einer Vergrößerung der Fettgesamtoberfläche führt. Die wasserlöslichen Lipasen (fettspaltende Enzyme) haben dann einen besseren Zugriff und können die Fette leichter in Untereinheiten spalten, die von den Epithelzellen des Dünndarms resorbiert werden.

Das *Pankreas* (Bauchspeicheldrüse) ist ein hinter dem Magen retroperitoneal gelegenes Organ. Es besteht aus einem Kopf, der in der Krümmung des Duodenums liegt, einem Körper und einem Schwanz, der bis zur Milz reicht. Im Pankreas kommen zwei Arten von Drüsen vor. Die Ausführungsgänge der exkretorischen Drüsenanteile vereinigen sich zum *Ductus pancreaticus,* der an der *Papilla duodeni major* zusammen mit dem *Ductus choledochus* in das Duodenum mündet. Diese Drüsenanteile sezernieren eine alkalische Enzymmischung, von der in 24 Stunden etwa 2000 ml in das Duodenum fließt. Diese Enzyme helfen bei der Verdauung (Spaltung) von Proteinen, Fetten und Kohlenhydraten und ermöglichen somit erst die Resorption dieser Stoffe durch das Epithel des Dünndarms. Die Pankreassekretion wird von Hormonen und vom Nervus vagus gesteuert. Der endokrine Anteil des Pankreas wird in Tafel 111 besprochen.

Die *Milz* ist ein purpurrotes, konkaves, weiches Organ, das im retroperitonealen Raum direkt unter dem Zwerchfell der zehnten Rippe anliegt. Als Teil des lymphatischen Systems besteht sie aus lymphatischem Gewebe, das mit vielen Blutsinusoiden und anderen Gefäßen durchzogen ist und eine feste bindegewebige Kapsel besitzt. Ihre Aufgabe ist die Blutfiltration. Die Milz dient als Bildungsstätte für Lymphozyten und Monozyten und trägt daher zur Immunabwehr bei. Ihre Makrophagen entfernen zugrunde gegangenes Zellmaterial aus dem Blut und eliminieren gezielt ältere Erythrozyten (rote Blutkörperchen). Das Häm aus Hämoglobin-Molekül wird hierbei über Zwischenschritte zu Bilirubin angebaut, das über die Pfortader zur Leber gelangt und dort über die Galle ausgeschieden wird. Bilirubin ist wesentlich für die Gelbfärbung der Galle verantwortlich. Die verstärkte Anreicherung von Bilirubin im Blut führt zu Ikterus (Gelbsucht), ein typisches Symptom für Erkrankungen der Leber, der Gallenblase bzw. der -wege und des Pankreas. Die Speicherung von Erythrozyten in der Milz wird als minimal angesehen.

DUCTUS HEPATICUS DEXTER / SINISTER d
DUCTUS HEPATICUS COMMUNIS e
DUCTUS CYSTICUS f
DUCTUS CHOLEDOCHUS g
DUCTUS PANCREATICUS h
PAPILLA DUODENI MAJOR i
AORTA ABDOMINALIS j
TRUNCUS COELIACUS j_1
A. LIENALIS j_2
A. HEPATICA COMMUNIS j_3
A. MESENTERICA SUP. j_4
PFORTADER k
V. MESENTERICA SUP. k_1
V. LIENALIS k_2
V. CAVA INF. L

HARNTRAKT / ÜBERSICHT*

(vgl. Tafel 109, 113, 116)

13 Farben
1. Bemalen Sie den Harntrakt zuerst in den unteren Abbildungen und erst dann in der mittleren Abb.
2. Die verschiedenen Berührungsflächen der Nachbarorgane an den Nieren in der oberen Abb. sollten auch angemalt werden.
3. Nur die männliche Urethra ist in 3 Untereinheiten gegliedert.

NIERE a
URETER b
HARNBLASE c
URETHRA d
PARS PROSTATICA d_1
PARS MEMBRANACEA d_2
PARS SPONGIOSA d_3

LAGEBEZIEHUNGEN DER NIERE*

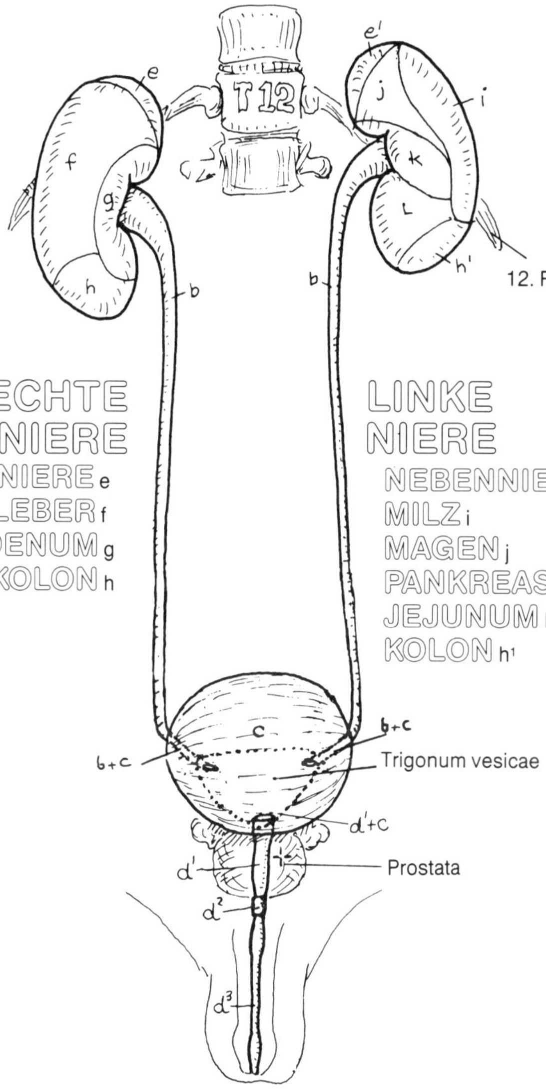

RECHTE NIERE
NEBENNIERE e
LEBER f
DUODENUM g
KOLON h

LINKE NIERE
NEBENNIERE e_1
MILZ i
MAGEN j
PANKREAS k
JEJUNUM L
KOLON h^1

Lagebeziehungen zu anderen Bauchorganen

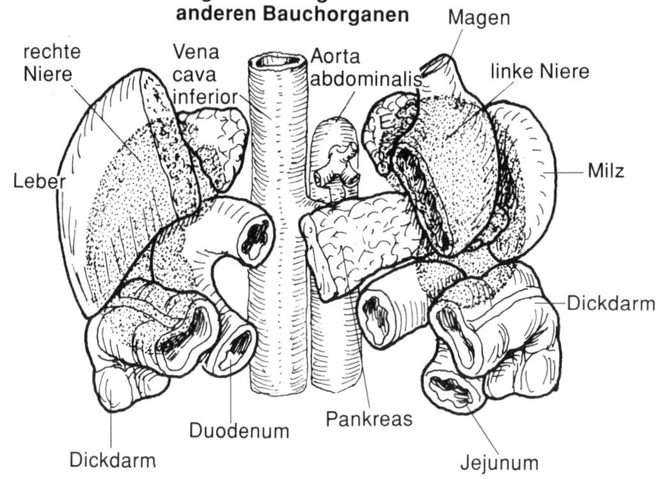

Der *Harntrakt* ist ein Ausscheidungsweg für wasserlösliche Nebenprodukte des Stoffwechsels und bestimmte chemische Stoffe. Von den Strukturen des Harntraktes sind die Nieren besonders interessant. Zur Aufrechterhaltung von Säure-Basengleichgewicht und geregeltem Wasserhaushalt filtert die Niere das Blutplasma in einem komplexen Vorgang, der aus dem Zusammenspiel von Filtrations- und Diffusionsvorgängen zwischen Plasma, Interstitium und Nierentubuli resultiert. Sie ist daher kein einfaches Exkretionsorgan, sondern eine für die Aufrechterhaltung des Elektrolyt-, Metabolit- und Wasserhaushaltes wichtige Regulationseinheit. Die Vorgänge in der Niere sind dynamisch: was in einem Moment als überflüssig ausgeschieden wird, kann im nächsten Moment als wertvoll zurückgehalten werden. Die *Ureteren* (Harnleiter) sind fibromuskuläre, mit Übergangsepithel ausgekleidete Schläuche, die den in den Nieren produzierten Urin zum Speicherbehälter, der *Harnblase,* weitertransportieren. Durch die *Urethra* (Harnröhre) wird der Harn abgeleitet. Die Urethra ist mit 20 cm beim männlichen Geschlecht beträchtlich länger als beim weiblichen Geschlecht mit 4 cm. Das Trigonum vesicae ist der dreieckige Bezirk des Harnblasenbodens, wo die beiden Ureteren und die Urethra in die Harnblase münden. Stellen Sie sich beim Ausmalen der Lagebeziehungen der Niere die verschiedenen Organe mit Kontakt zur Niere vor. Das verhilft Ihnen zum Verständnis der engen Nachbarschaftsbeziehungen der Bauchorgane. Beachten Sie, daß die rechte Niere infolge der räumlichen Ausdehnung der Leber oft tiefer liegt als die linke Niere.

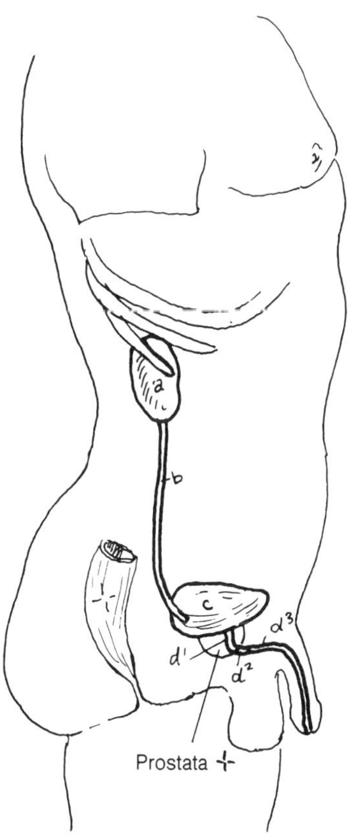

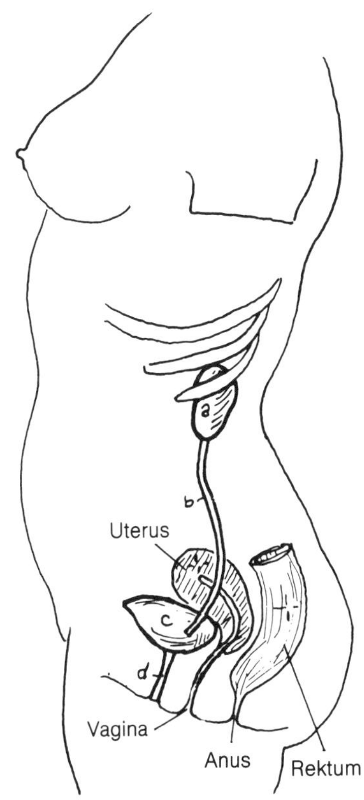

HARNTRAKT / NIEREN UND GEFÄSSE DER BAUCHHÖHLE*

21 Farben
1. Der gesamte Harntrakt (a-a_2) sollte eine einzige Farbe bekommen (eine kräftige oder leuchtende Farbe).
2. Verwenden Sie rot für L-L_2, blau für i-i_2.

NIERE a
URETER a_1, HARNBLASE a_2
ZWERCHFELL b
M. QUADRATUS LUMBORUM c
M. TRANSVERSUS ABDOMINIS d
M. ILIACUS e
M. PSOAS f
LEBERVENEN g
OESOPHAGUS h
V. CAVA INF. i
V. RENALIS j
V. SUPRARENALIS k
V. ILIACA COMMUNIS i_1
V. ILIACA INT./EXT. i_2
AORTA ABDOMINALIS L
A. ILIACA COMMUNIS L_1
A. ILIACA INT./EXT. L_2
NEBENNIERE m
A. SUPRARENALIS n
TRUNCUS COELIACUS o
A. MESENTERICA SUP. p
A. q / V. q_1 TESTICULARIS
A. MESENTERICA INF. r
A. RENALIS s
REKTUM t
DUCTUS DEFERENS u

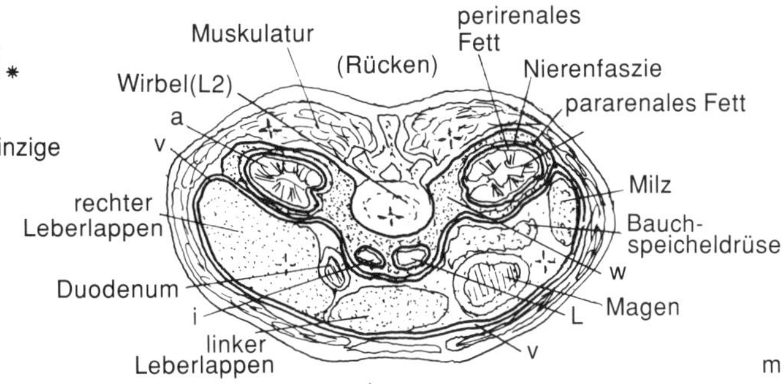

Querschnitt durch den Bauch (schematisch, Ansicht von oben)

PERITONEUM PARIETALE v
RETROPERITONEUM w

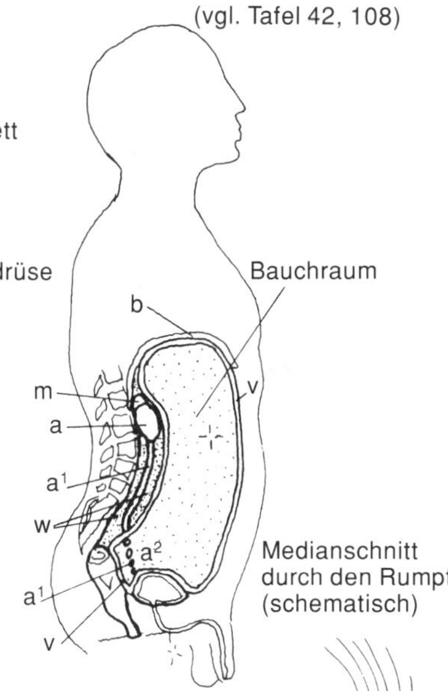

Medianschnitt durch den Rumpf (schematisch)

Die paarweise angelegten *Nieren* und *Ureteren* liegen hinter dem Peritoneum parietale an der hinteren Wand des Abdomens. An ihnen vorbei ziehen verschiedene Gefäße, die teilweise auch retroperitoneal liegen und teilweise über ihr Gekröse die Organe des Bauchraumes versorgen. Die Lagebeziehungen dieser Organe sind bei operativen Eingriffen im Retroperitonealraum besonders wichtig. Zur Vereinfachung der Darstellung wurden bereits mehrere Nerven, Ganglien, Lymphknoten, Gefäße, Gekröse, das Peritoneum und die Baucheingeweide weggelassen. Die Därme, ihr Gekröse sowie ihre Blutgefäße/Nerven/Lymphgefäße befinden sich alle vor den Nieren und Ureteren. Die Ureteren haben in ihrem Verlauf 3 physiologische Engstellen: gleich am Anfang, wo das Nierenbecken in den Ureter übergeht, an der Kreuzungsstelle des Ureters mit dem Beckenrand und den Iliakalgefäßen und an der Einmündungsstelle des Ureters in die *Harnblase* (Vesica urinaria). An diesen Engstellen bleiben Harnleitersteine bevorzugt stecken und verengen bzw. verschließen den Lumen. Beachten Sie, daß kurz oberhalb der Harnblase der Ductus deferens (beim Mann) auf dem Weg zum Inguinalkanal vorn die Ureteren überkreuzt.

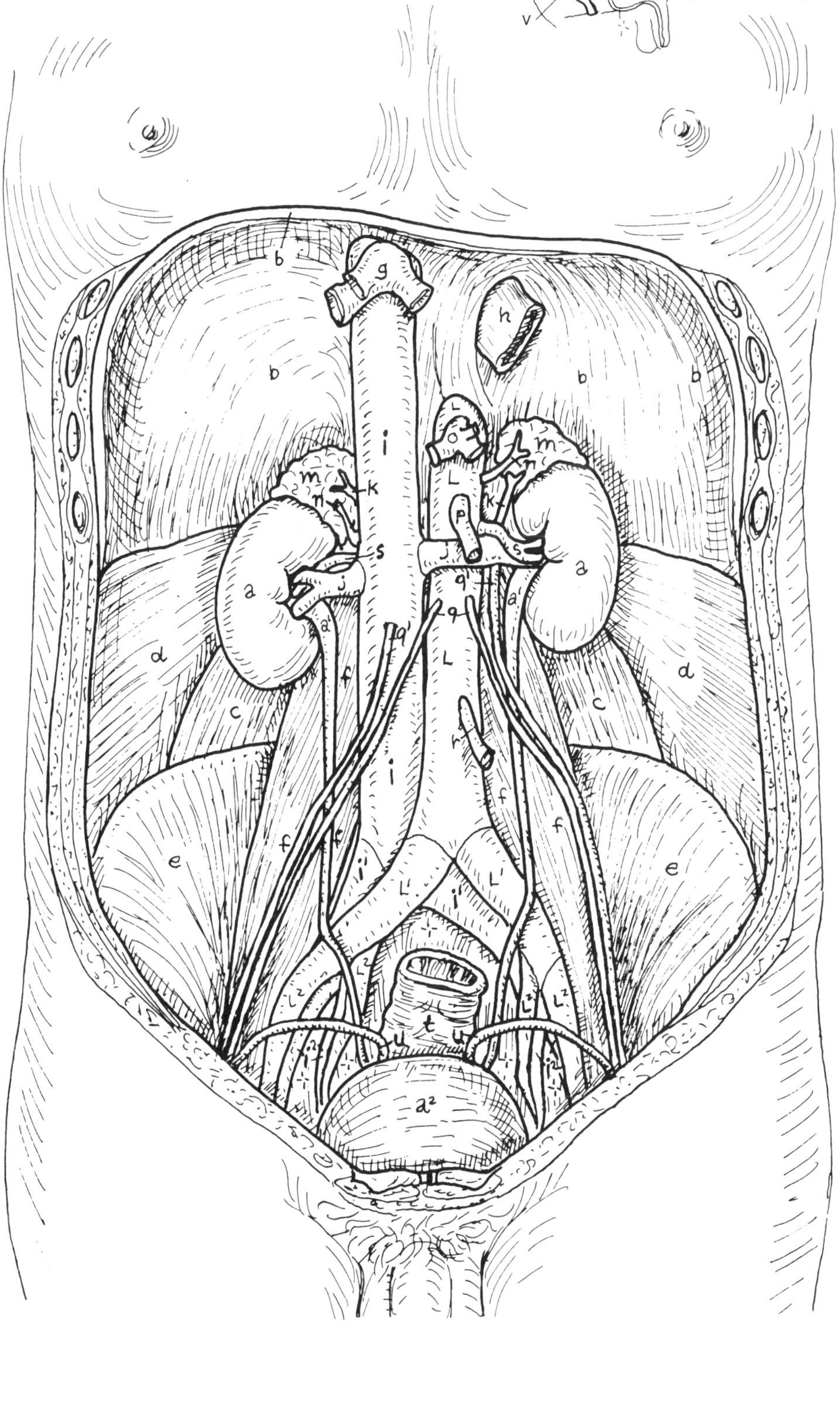

HARNTRAKT / AUFBAU DER NIEREN *

Tafel 110
(vgl. Tafel 108, 111)

11 Farben
1. Die Arterien (i) werden rot, die Venen blau (j).
2. Verwenden Sie für die Nierenkapsel (a) dieselbe Farbe wie für die Niere auf Tafel 108. Auch der Ureter soll wieder dieselbe Farbe wie dort erhalten.
3. Beachten Sie die Querschnitte der kleinen Kelche (e, teilweise außerhalb der Abbildungsebene), die in die größeren Kelche (f) münden.

NIERENKAPSEL a
RINDE b
PYRAMIDE (MARK) c
PAPILLE d
KLEINER KELCH e
GROSSER KELCH f
NIERENBECKEN g
URETER h
A. RENALIS i
V. RENALIS j
SINUS RENALIS k

arterieller Einstrom in beide Nieren:

1300 ml/min

venöser Ausstrom aus beiden Nieren:

1299 ml/min

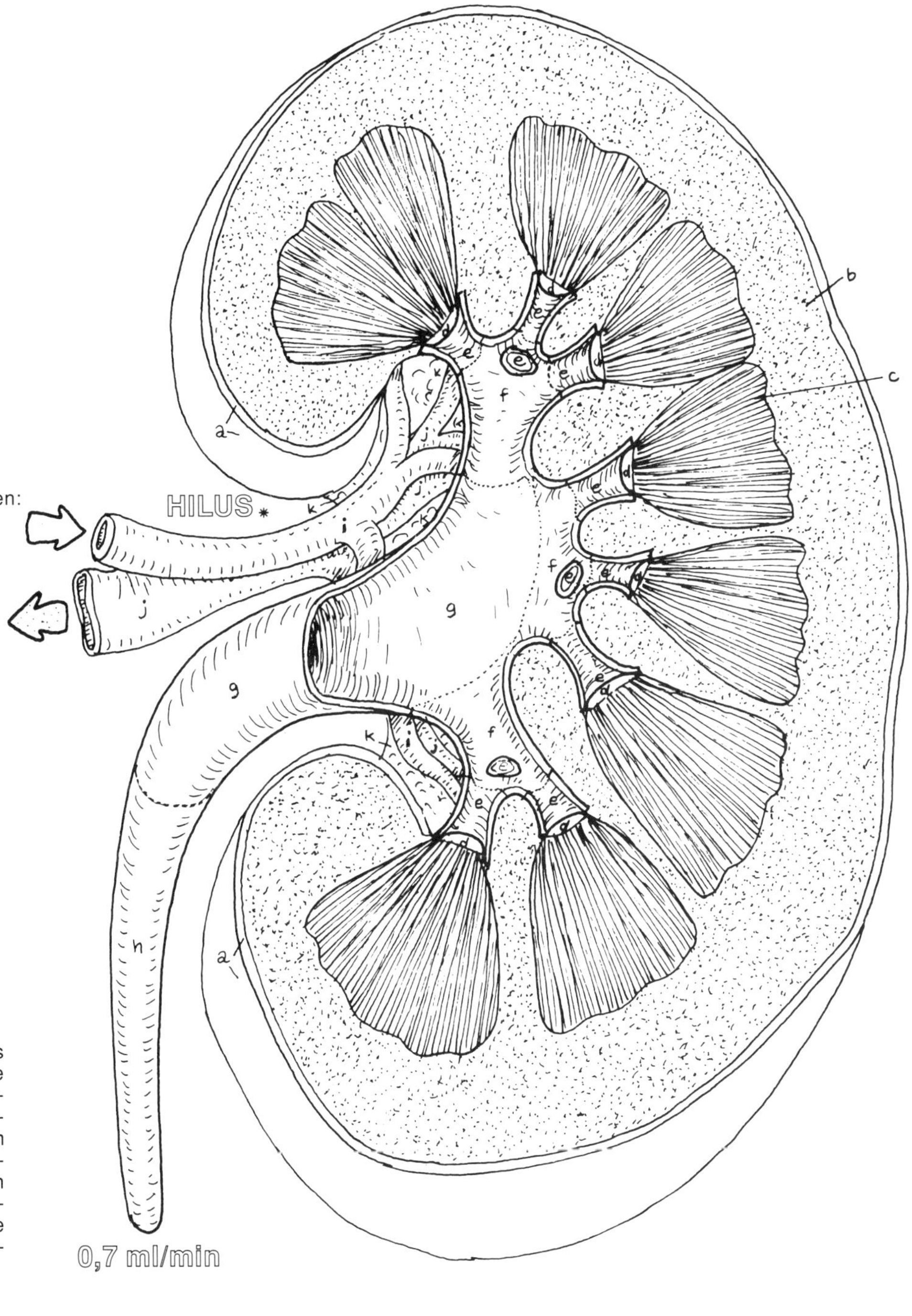

Der renale Blutfluß (= Blutvolumen, das durch die Nieren fließt) beträgt für beide Nieren zusammen etwa 1300 ml pro Minute. Davon werden 125–130 ml Plasma pro Minute in das tubuläre System der Niere gefiltert. Weniger als 1 Prozent dieses ursprünglich gefilterten Plasmas (ca. 0,7 ml) wird als Urin ausgeschieden. Hier wird deutlich, daß die Niere auch für den Wasserhaushalt zuständig ist.

Die Niere kann grob in einen zentralen und einen peripheren Abschnitt eingeteilt werden: Der periphere Abschnitt besteht aus der Rinde und den Markpyramiden; der zentrale Abschnitt besteht aus mehreren Röhren, die aus dem Ureter entspringen. Das *Mark* und die *Rinde* bestehen hauptsächlich aus den harnleitenden Kanälchen (den Nephronen und den Sammelrohren), von denen ein Teil das Blutplasma filtert und ein anderer Teil diesem Primärharn weitere Stoffe zuführt oder entzieht (Bildung des Endharnes). Über die Nierenkelche und das Nierenbecken fließt der Urin passiv in den Ureter ab. Die Rinde ist etwas dunkler als das Mark und besteht hauptsächlich aus den Nierenkörperchen und gekräulten Tubuli. Abhängig von der Schnittrichtung erscheint die Niere entweder streifig (mit vom Mark ausgehenden Streifen), gepunktet (massenhaft winzige Löcher) oder in einer Mischung aus beidem. Das Mark enthält die geraden Tubulusstücke (größtenteils Sammelrohre) und erscheint daher gestreift. Die Sammelrohre laufen zur jeweiligen Spitze der 8-18 Pyramiden zusammen und münden im Papillenbereich in die trichterförmigen *kleinen Kelche*. Die kleinen Kelche laufen zu ca. 3 *großen Kelchen* zusammen, die in das Nierenbecken münden. Das Nierenbecken liegt, von lockerem Bindegewebe umhüllt, zusammen mit seinem Kelchsystem und den *Nierengefäßen* im *Sinus renalis*. Am Hilus verschmälert sich das Nierenbecken und geht in den *Ureter* über. Die Niere besitzt eine dünne, aber feste Kapsel aus straffem Bindegewebe.

HARNTRAKT / HARNABLEITENDES SYSTEM DER NIERE *

16 Farben

1. Verwenden Sie beim Ausmalen des Nierenlängsschnittes dieselben Farben wie auf der vorigen Tafel, auf die sich auch die Identifikationsbuchstaben beziehen. Die äußeren Begrenzungen des keilförmigen Nierenausschnittes in der unteren Abb. erhalten dieselben Farben wie oben.
2. Beim Bemalen der Glomerulumkapsel im rechten Bild erhalten j_1, j_2 und j_3 dieselbe Farbe. Um dennoch den Hohlraum von den Zellschichten unterscheiden zu können, sollte j_3 etwas heller ausgemalt werden.
3. Die Richtungspfeile bekommen die Farbe der Strukturen, auf die sie sich beziehen.
4. Bemalen Sie die A. interlobularis (q) hellrot.

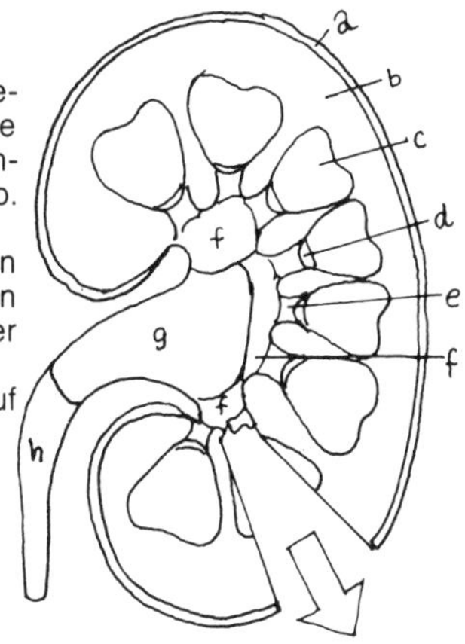

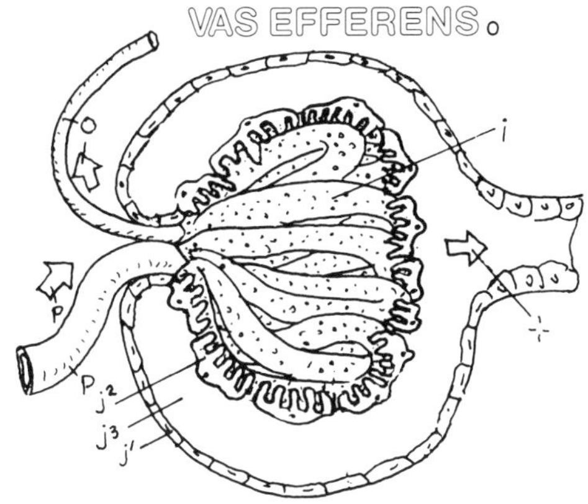

VAS EFFERENS o

VAS AFFERENS p

A. INTERLOBULARIS q

NEPHRON *

NIERENKÖRPERCHEN *

GLOMERULUS i

BOWMAN-KAPSEL j

ÄUSSERES BLATT j_1

INNERES BLATT j_2

(PODOZYTEN) j_2

KAPSELRAUM j_3

HAUPTSTÜCK k

PARS CONTORTA k_1

PARS RECTA k_2

HENLE-SCHLEIFE (ÜBERLEITUNGSSTÜCK) L

MITTELSTÜCK m

PARS RECTA m_1

PARS CONTORTA m_2

SAMMELROHR n

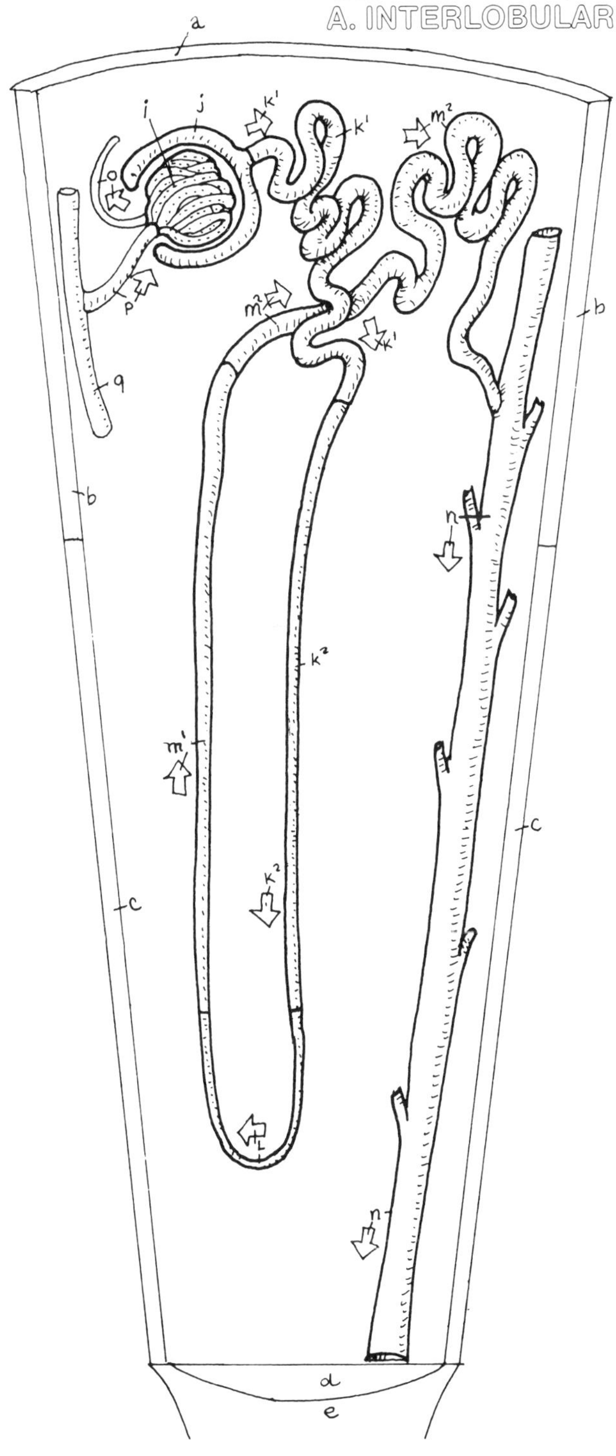

Die funktionelle Grundeinheit der Niere ist das *Nephron.* Jede Niere besitzt ca. eine Million Nephrone. Ein Nephron besteht jeweils aus dem *Nierenkörperchen* und dem zugehörigen *Tubulus.* Zusammen mit vielen Blutgefäßen bilden die Nephrone das Mark und die Rinde der Niere. Das Blutplasma wird im *Glomerulus* gefiltert, einem Knäuel aus porenreichen Kapillaren, die vom *inneren Blatt* der *Bowman-Kapsel* überzogen sind. Die Zellen dieses inneren Blattes, die man Podozyten nennt, haben zytoplasmatische Ausläufer, die die porenreichen Kapillaren unter Bildung eines schmalen Spaltraums wie ein feines Geflecht umgeben. Durch diese Poren und Spalten treten alle Blutbestandteile hindurch, mit Ausnahme der Zellen und größeren Moleküle (Proteine). Mit einer Rate von ca. 125 ml/min/Niere wird Plasma in den *Kapselraum* und das *Hauptstück* gefiltert. Die pyramidenförmigen Hauptstückzellen können bis zu 85% des Natriumchlorids und Wassers, die gesamte Glukose, kleine Proteine, Aminosäuren und bestimmte Vitamine rückresorbieren. In diesem Abschnitt findet nur eine relativ geringe Sekretion aus den Zellen in das Filtrat statt. Unbenötigte Stoffwechselprodukte verbleiben im Primärharn und setzen innerhalb des Tubuluslumens den Transport in die Niere fort.

Die *Henle-Schleife* (Überleitungsstück) besitzt einen Mechanismus zur Konzentrationserhöhung der Urinbestandteile, indem Wasser in das Gewebe zwischen den Tubuli abgezogen wird. Die Retention von Wasser ist eine der wichtigsten und schwierigsten Nierenfunktionen. Wenn das Filtrat das *Mittelstück* erreicht, sind etwa 80% der ursprünglichen Wassermenge von den Tubuluszellen resorbiert. In der *Pars contorta* des Mittelstücks und im Sammelrohr kommt es zu einer weiteren, hormonell gesteuerten Wasserresorption, so daß insgesamt 99% des ursprünglichen Filtrates in den Organismus rückresorbiert werden und nur 1% die kleinen Kelche erreicht. Die verschiedenen Ionen, die im Urin (jener Teil des Filtrats, der die Nierenkelche erreicht) gefunden werden, sind die Reste eines komplexen Ionenaustausches zwischen den Tubuluszellen, dem Tubuluslumen, den benachbarten Kapillaren und der umgebenden Extrazellulärflüssigkeit.

HARNTRAKT / BLUTGEFÄSSYSTEM DER NIERE*

8 Farben

1. Malen Sie zunächst die Arterien und Venen (gepunktet dargestellt) in der oberen Abb. mit rot bzw. blau an.
2. Verwenden Sie in beiden Darstellungen hellrot für die A. interlobularis (d), damit Sie die Beziehung zwischen den Darstellungen leichter erkennen können.
3. In dem unteren Ausschnitt empfehlen wir, die Bowman-Kapsel, das Tubulussystem und die Zwischenräume nicht auszumalen, damit das kapilläre Netzwerk des Nephrons deutlich zur Darstellung kommt.
4. Bemalen Sie d-g mit denselben Farben wie in Abb. 111 (geänderte Identifikationsbuchstaben).

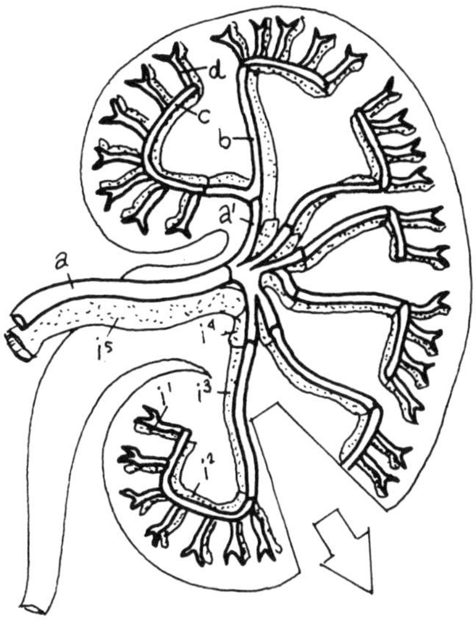

A. RENALIS a

A. SEGMENTALIS a_1

A. INTERLOBARIS b

A. ARCUATA c

A. INTERLOBULARIS d

VAS AFFERENS e

GLOMERULUS f

VAS EFFERENS g

ARTERIELLER ANTEIL DES KAPILLARNETZES h

VENÖSER ANTEIL DES KAPILLARNETZES i

V. INTERLOBULARIS i_1

V. ARCUATA i_2

V. INTERLOBARIS i_3

V. SEGMENTALIS i_4

V. RENALIS i_5

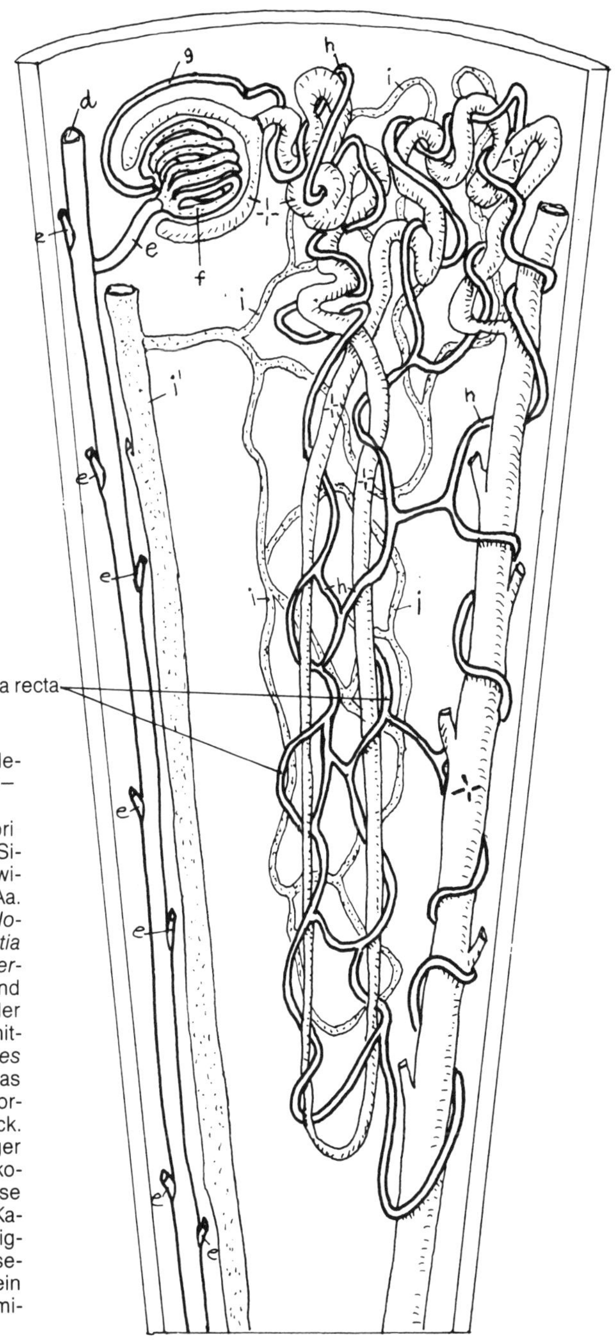

Die *A. renalis* teilt sich in fünf vordere und eine hintere Aa. segmentales auf, von denen jede eine Nierensegment versorgt (s.o.). Die kollaterale Zirkulation (über Anastomosen) reicht zur adäquaten Blutversorgung für eine normale Funktion nicht aus; der Verschluß einer solchen Arterie führt daher zum Untergang des zugehörigen Segmentes; ein rechtzeitiger chirurgischer Eingriff ist hier sehr wichtig. Im Sinus renalis verzweigen sich die Aa. segmentales in die *Aa. interlobares,* die zwischen (inter-) den Lappen oder Pyramiden verlaufen. Aus ihnen entspringen die Aa. arcuatae, die bogenförmig oberhalb der Markpyramiden verlaufen. Die *Aa. interlobulares* strahlen von den Aa. arcuatae in die Rinde aus und geben die *Vasa afferentia* ab, die die *Glomeruli* versorgen. Das Blut verläßt die Glomeruli über die *Vasa efferentia* (arteriell) und versorgt ein zweites *Kapillarnetz,* das die geschlängelten und geraden Tubulusanteile des harnableitenden Hohlsystems umgibt. Im Bereich der geraden Tubulusanteile der Markpyramiden bilden die Kapillaren Gruppen von miteinander verbundenen Schleifen (Vasa recta). Der *venöse Anteil des Kapillarnetzes* fließt über die *Vv. interlobulares* ab, analog zur Gefäßaufteilung der Arterien wird das venöse Blut zum Sinus zurückgeleitet. Ein Großteil des vom Tubulussystem resorbierten Filtrates diffundiert in die Kapillaren und kehrt so in den Blutkreislauf zurück. Die Verbindung zwischen den Vasa recta und den Henle-Schleifen ist ein wichtiger Faktor für die Wasserresorption. Z. B. ist beim unbehandelten Diabetiker der Glukosespiegel weit über dem Normalwert, weil die Zellen des Hauptstücks die Glukose aus dem Filtrat resorbieren und in die peritubulären Kapillaren sezernieren. Die Kapillaren können ihrerseits überflüssige Ionen in die umgebende Extrazellulärflüssigkeit abgeben, von wo sie die Tubuluszellen resorbieren und ins Tubuluslumen sezernieren. Die Blutzirkulation um die Nephrone und Sammelrohre ist somit ein wichtiger Vorgang für die Aufrechterhaltung des Wasserhaushaltes und des chemischen Gleichgewichts im Körper.

GESCHLECHTSORGANE
GESCHLECHTSORGANE DES MANNES *

(vgl. Tafel 108, 109, 44, 41, 74)

14 Farben

1. Malen Sie bitte die beiden unteren Darstellungen zusammen an. Beachten Sie bei der Ansicht von vorne, daß ein Teil des Ductus deferens (d) und der Samenbläschen (e) hinter der Blase lokalisiert sind. Diese Teile sollten, um das zu verdeutlichen, etwas heller werden.
2. Dann malen Sie auch die obere rechte Abb. an. Die Hüllen des Samenstrangs (eine Hülle ist der M. cremaster) und der Hoden bestehen aus mehreren Schichten. Verwenden Sie rot für (m), blau für (n) und (n_1).

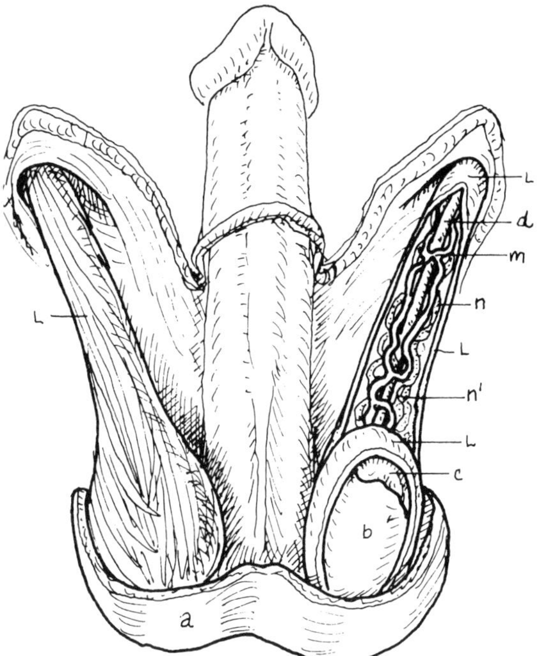

Vorderansicht
(aufgeschnitten, Penis angehoben)

SKROTUM a
HODEN b
NEBENHODEN c
SAMENLEITER d
SAMENBLÄSCHEN e
DUCTUS EJACULATORIUS f
URETHRA g
GLANDULA BULBOURETHRALIS h
PROSTATA i
PENIS j
DIAPHRAGMA UROGENITALE k

SAMENSTRANG •

HÜLLEN L
INHALT *
DUCTUS DEFERENS d
A. TESTICULARIS m
V. TESTICULARIS n
(PLEXUS PAMPINIFORMIS) n_1

Am Durchtritt des Ductus deferens durch die Bauchwand (Leistenkanal) treten von innen nach außen die *A. und V. testicularis,* einige Nerven und Lymphgefäße hinzu. Alle diese Strukturen zusammen bilden den *Inhalt* des *Samenstranges* (Funiculus spermaticus). Beim Durchtritt durch den Leistenkanal werden sie von den verschiedenen Strukturen der Bauchwand eingehüllt (mit Ausnahme des M. rectus); so entstehen die Hüllen von Samenstrang und Hoden. In der oberen Abb. sind die verschiedenen Hüllen zu einer Hülle zusammengefaßt. Auf der linken Seite sind die Hüllen zum Teil entfernt, um den Inhalt des Samenstrangs darzustellen. Bei einer Vasektomie (Sterilisationsverfahren) wird der Samenleiter im Samenstrang freipräpariert, durchgeschnitten und abgebunden, so daß keine durchgehende Verbindung mehr besteht.

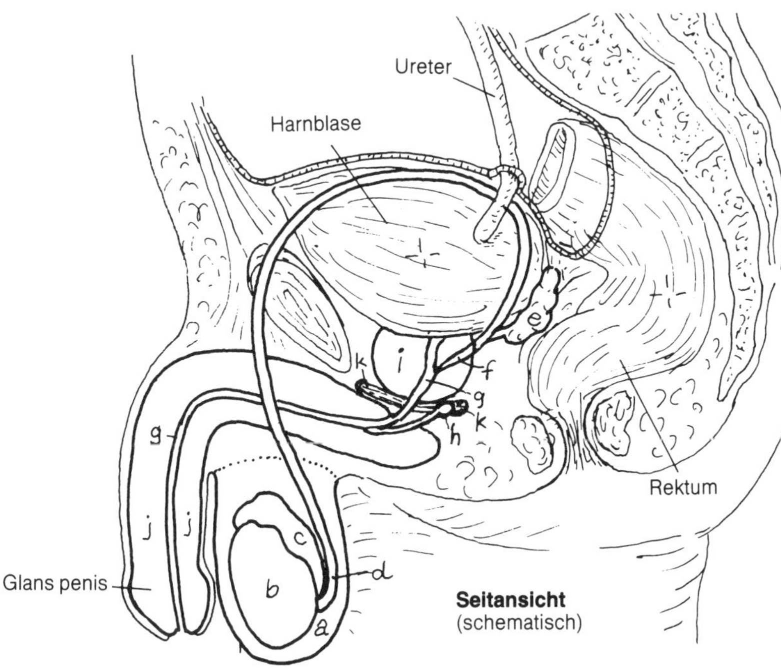

Seitansicht
(schematisch)

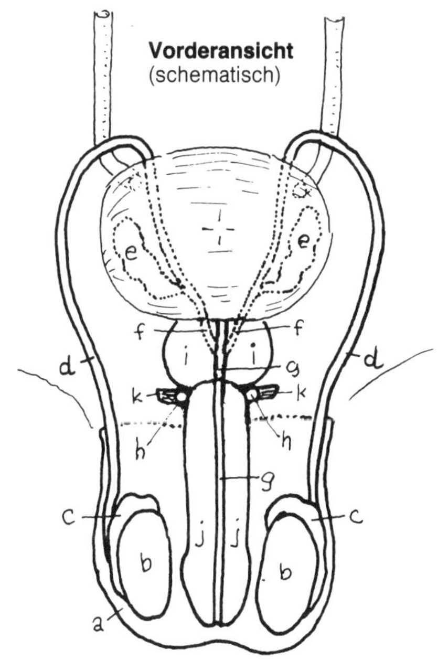

Vorderansicht
(schematisch)

Die *männlichen Geschlechtsorgane* bestehen aus den Hauptorganen, den *Hoden* (Testes), die in einem Hautsack, dem *Skrotum* (Hodensack), liegen, sowie verschiedenen Gängen und Drüsen. Die Entwicklung der männlichen Keimzellen (Spermien) in den Hoden bedarf einer Temperatur von ca. 35°C, die durch Lokalisation des Skrotums in einiger Entfernung von den wärmeren Körperhöhlen ermöglicht wird. Die Temperatur am Skrotum kann mit Hilfe der glatten Muskulatur in der Skrotumwand, die den Hoden durch Kontraktion (Anspannung) der Bauchwand näherbringen und durch Relaxation (Entspannung) senken kann, etwas reguliert werden. Nach einer Speicherung im *Nebenhoden* (Epididymis) wandern die Spermien im *Samenleiter* (Ductus deferens) durch die Bauchwand und das Becken und münden über dem dünnen *Ductus ejaculatorius* in die Pars prostatica der *Urethra.* Hier kommen zu der Spermienpopulation die nährstoffreichen Sekrete der *Prostata* (Vorsteherdrüse) und der *Samenbläschen* hinzu, so daß insgesamt Sperma entsteht. Vor der Spermafreisetzung (Ejakulation) machen die Sekrete der Glandulae bulbourethrales (Cowperdrüsen) die von vornherein schon mit Schleimdrüsen ausgestattete Urethralwand noch gleitfähiger. Die Urethra zieht durch drei unterschiedliche Strukturen: die Prostata, eine fibromuskuläre Schicht *(Diaphragma urogenitale),* die die Dammregion in zwei Bereiche teilt, und das Corpus spongiosum des Penis. Penis und Skrotum bilden zusammen die äußeren Geschlechtsorgane (lat. genitalis = zur Geburt gehörend).

GESCHLECHTSORGANE / HODEN *

? Farben

1. Beachten Sie beim Anmalen der Samenkanälchen (b) im oberen Sagittalschnitt, daß das Bindegewebe, das die Kanälchen umhüllt, frei bleibt.
2. Verfahren Sie genauso beim Ausmalen der Zellen der Spermiogenese und der Bindegewebszellen in der mittleren Abb.
3. Bemalen Sie (a) mit derselben Farbe wie das Skrotum auf Tafel 113, desweiteren die Strukturen (e) und (f) mit denselben Farben wie dort (geänderte Identifikationsbuchstaben!).
4. Von den Spermatozoen (k) der mittleren Abb. wurde ein Spermatozoon (Sing.) vergrößert, um dessen genauen Aufbau aufzuzeigen.

TUNICA ALBUGINEA a
  SEPTUM TESTIS a_1
SAMENKANÄLCHEN b
RETE TESTIS c
AUSFÜHRUNGSGÄNGE d
NEBENHODEN e
  KOPF e_1, KÖRPER e_2, SCHWANZ e_3
SAMENLEITER f

KEIMDRÜSENEPITHEL *
  SPERMATOGONIEN g
  PRIMÄRE h / SEKUNDÄRE i
    SPERMATOZYTEN
  SPERMATIDEN j, SPERMATOZOEN k
SERTOLI-ZELLEN (FUSSZELLEN) L
BASALMEMBRAN m
SPERMATOZOON k
  KOPF *
    AKROSOM n, NUKLEUS o
  SCHWANZ *
    HALS p
    MITTELSTÜCK q
      MITOCHONDRIEN r
    HAUPTSTÜCK s, ENDSTÜCK t
LEYDIGSCHE ZWISCHENZELLEN u
BLUTGEFÄSSE v

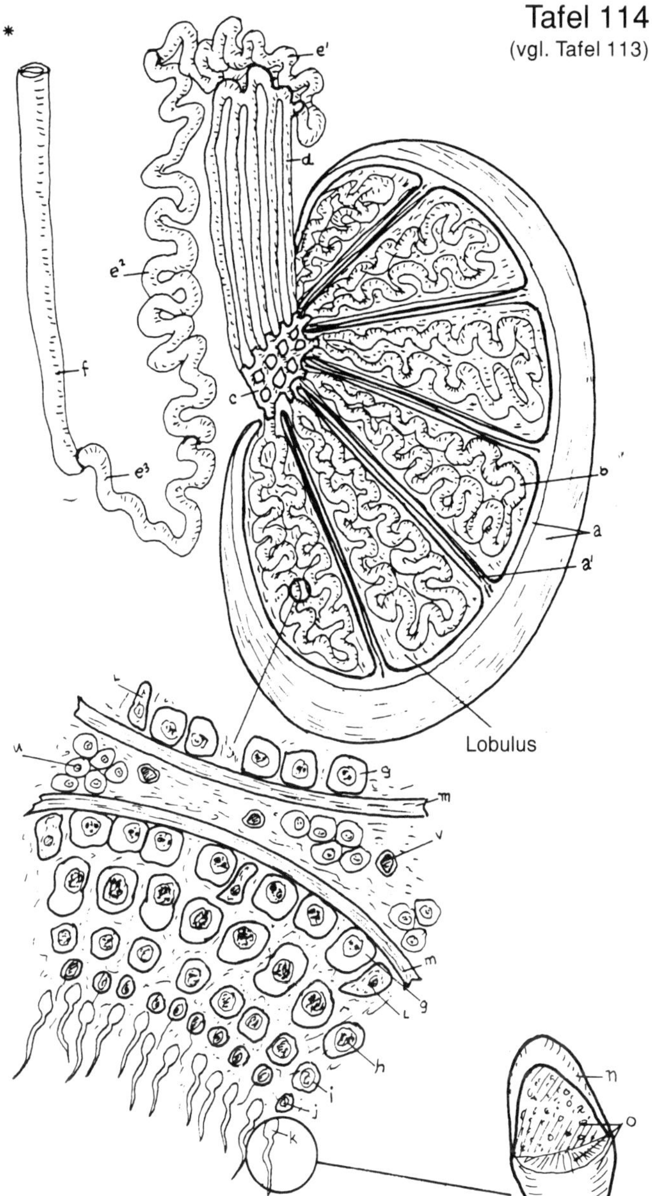

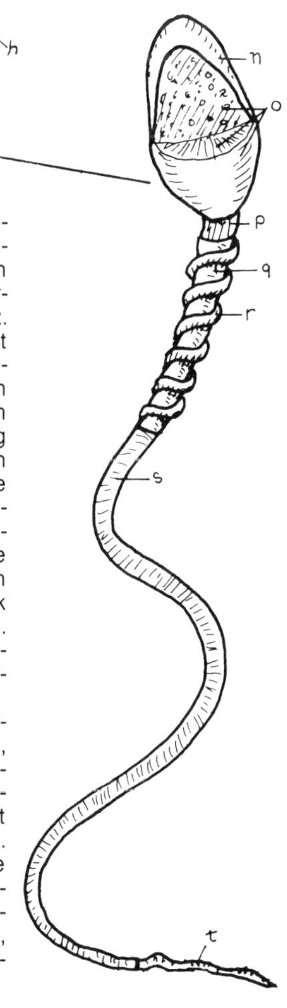

Die *Hoden* (Testes) sind die männlichen Keimdrüsen, die sich während der Fetalzeit im hinteren Bauchraum entwikkeln. Während des weiteren Körperwachstums scheinen diese Organe in Ausstülpungen der Bauchwand (Skrotum) hinabzuwandern (in Wirklichkeit wandern sie gar nicht). Diesen Vorgang bezeichnet man als Descensus testis (lat.: Hinabwandern des Hodens). Die Hoden haben zwei Funktionen: Entwicklung und Ausscheidung der männlichen Keimzellen (Spermatozoen) und die Produktion von Testosteron, dem männlichen Geschlechtshormon.

Die *Samenkanälchen* (Tubuli seminiferi) sind stark gewundene Gänge (Tubuli), in denen die Entwicklung der Spermatozoen stattfindet (seminiferi). Von lockerem Bindegewebe umhüllt, liegen sie in den Hodenläppchen (Lobuli); diese sind untereinander getrennt durch Septen aus straffem Bindegewebe, den *Septula testis,* die von der *Tunica albuginea* (Bindegewebskapsel des Hodens) in das Hodeninnere ausstrahlen. In den Samenkanälchen befinden sich das *Keimdrüsenepithel* und die stützenden *Sertoli-Zellen* (Fußzellen). Die Stammzellen der Keimzellenentwicklung sind die *Spermatogonien.* Sie teilen sich immer wieder, wobei jeweils eine Tochterzelle zur erneuten Teilung in der Spermatogonienschicht verbleibt, während die andere Tochterzelle weiter ins Lumen wandert, um zur Keimzelle auszureifen. Hierbei ändert sie ihre Beschaffenheit und wird zur *primären Spermatozyte,* der größten Zelle in der Keimzellenentwicklung. Durch Teilung werden aus diesen die *sekundären Spermatozyten,* bei denen der Chromosomensatz (durch Reduktionsteilung oder Meiose) von 46 auf 23 halbiert wurde. Jedes Paar von sekundären Spermatozyten teilt sich wiederum, so daß jeweils *4 Spermatiden* entstehen. Diese kleinen Zellen entwickeln Schwänze und verlieren einen Großteil ihres Zytoplasmas, ihre Zellkerne (Nuklei) verdichten sich und bekommen ein *Akrosom* (Kappe an der Spitze). So werden die Spermatiden zu *Spermatozoen.* Das ausgereifte Spermatozoon besteht aus einem Kopf und einem Schwanz. Der Kopf besteht fast ausschließlich aus dem Zellkern mit seinen 23 Chromosomen, dem das Akrosom aufsitzt. Dieses enthält Enzyme, die die Barrieren der weiblichen Keimzelle aufbrechen können. Im *Mittelstück* befinden sich viele, Mitochondrien, die die Energie zur Bewegung der Zelle liefern. Der restliche *Schwanz* sorgt mit seinen Schlägen für die Fortbewegung der Zelle. Ausgereifte Spermatozoen werden aus den Tubuli herausgeschwemmt und gelangen über das *Rete testis,* ein zwischengeschaltetes, verflochtenes Kanalsystem sowie die geraden *Ausführungsgänge* (Ductuli efferentes) in den *Nebenhoden* (Epididymis). Dieser besteht aus dem stark geschlängelten Nebenhodengang (Ductus epididymidis). Die auskleidenden Epithelzellen besitzen hier lange Mikrovilli (Stereozilien). Im Nebenhoden werden die Spermatozoen gespeichert.

Die zwischen den Hodenkanälchen befindlichen *Interstitium-Zellen* sind zum Teil normale Bindegewebszellen, zum Teil aber auch *Leydigsche Zwischenzellen,* die Testosteron produzieren und in benachbarte Kapillaren abgeben. Dieses männliche Geschlechtshormon stimuliert während der Pubertät (im allgemeinen zwischen dem 11. und 14. Lebensjahr) sowohl die Entwicklung der Gänge und Drüsen der Geschlechtsorgane als auch die Ausbildung der sekundären Geschlechtsmerkmale (Körperbehaarung, Stimmbruch infolge Wachstum des Kehlkopfes, gesteigertes Skelettwachstum etc.). Die Testosteronproduktion wird von Hormonen der Hypophyse beeinflußt.

GESCHLECHTSORGANE URETHRA, PENIS UND UROGENITALREGION *

17 Farben
1. Verwenden Sie in der unteren Querschnittdarstellung des Penis blau für die Vene (i), rot für die Arterie (j) und gelb für den Nerv (k).
2. Bemalen Sie die obere und die mittlere Abb. zusammen. Das Diaphragma urogenitale wurde in beiden Abbildungen vergrößert, um diese Struktur besser erfassen und ausmalen zu können.

URETHRA *

PARS PROSTATICA a
PARS MEMBRANACEA b
PARS SPONGIOSA c

PENIS *

CORPUS CAVERNOSUM d
CRUS PENIS d_1
BULBUS PENIS e
CORPUS SPONGIOSUM e_1
GLANS e_2
PRAEPUTIUM (VORHAUT) f

WEITERE STRUKTUREN *

OBERFLÄCHLICHE FASZIE g
TIEFE FASZIE h
VENE i
ARTERIE j
NERV k
LIG. SUSPENSORIUM PENIS L
M. LEVATOR ANI m
(DIAPHRAGMA PELVIS) m
DIAPHRAGMA UROGENITALE n
GLANDULA BULBOURETHRALIS o

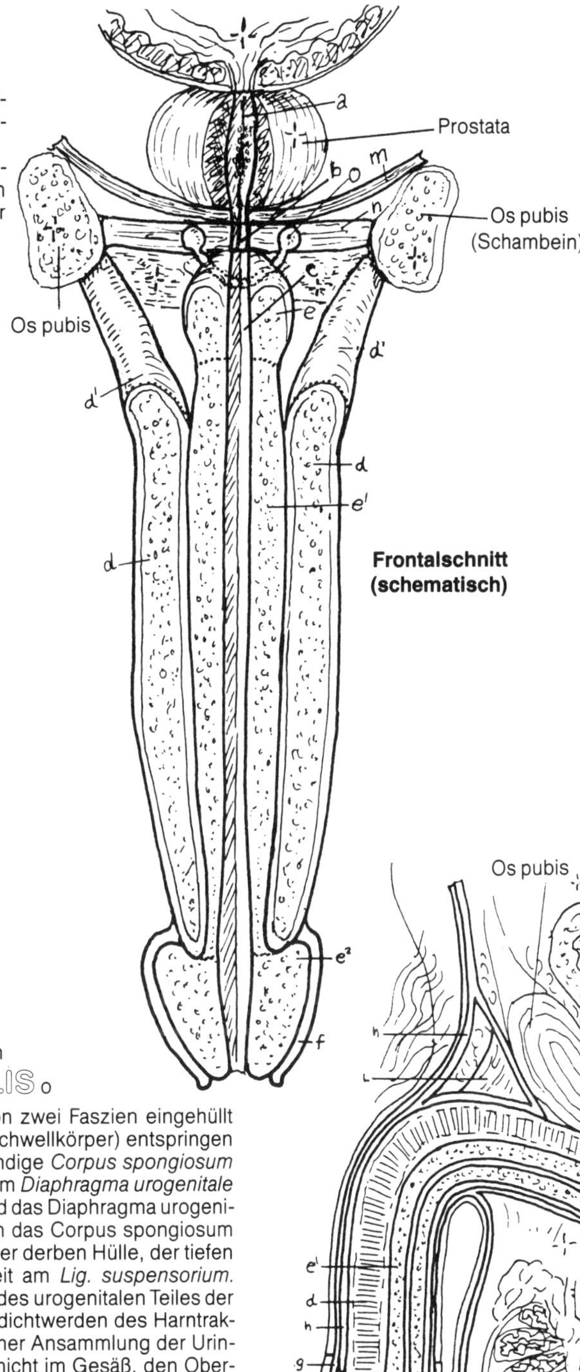

Frontalschnitt (schematisch)

Der *Penis* besteht aus drei Schwellkörpern, die von zwei Faszien eingehüllt sind. Die *Corpora cavernosa* (die beiden lateralen Schwellkörper) entspringen an den Unterseiten der Schambeine. Das mittelständige *Corpus spongiosum* entspringt mit einer Verdickung *(Bulbus penis),* die am *Diaphragma urogenitale* befestigt ist. Nach der Passage durch die Prostata und das Diaphragma urogenitale tritt die Urethra (Harnröhre) am Bulbus penis in das Corpus spongiosum ein. Die drei Schwellkörper sind gemeinsam von einer derben Hülle, der tiefen Penisfaszie, umgeben und hängen als eine Einheit am *Lig. suspensorium.* Diese Peniswurzeln sind die wichtigsten Strukturen des urogenitalen Teiles der Dammregion (Perineum, s. Tafel 44). Bei einem Undichtwerden des Harntraktes führt die Anordnung der Faszienschichten zu einer Ansammlung der Urinflüssigkeit in der vorderen Bauch- und Brustwand, nicht im Gesäß, den Oberschenkeln oder dem Skrotum. Das Schwellkörpergewebe besteht aus venösen Hohlräumen (kavernöse Sinus), die von elastischem Bindegewebe umgeben sind. Diese Sinus werden von kleinen Ästen der tiefen Penisarterien (Aa. profundae penis) versorgt. Bei sexueller Erregung erweitern sich diese Arterien, so daß das in die Sinus strömende Blutvolumen zunimmt. Dieser Vorgang führt zu einer Ausweitung der Sinus und Vergrößerung der Schwellkörper. Dadurch werden die *kleinen Venen,* die normalerweise für den Blutabfluß aus den Schwellkörpern sorgen, gegen die Schwellkörperkapseln gedrückt und so verschlossen. Der Penis vergrößert sich und wird steif (Erektion). Die Glans (Eichel) besitzt keine feste Kapsel, trotz gesteigertem arteriellen Zufluß bleibt der venöse Abfluß erhalten; die Glans wird also nicht steif. Ein steifer Penis ist in der Regel Voraussetzung für das Eindringen in die Vagina (Penetration); die Unfähigkeit zum Eindringen in die Vagina ist *eine* Form der Impotenz (Impotentia coeundi).

Die männliche *Urethra* (Harnröhre) hat drei Teile. Die Pars prostatica nimmt den Urin aus der Harnblase, das Sperma aus dem Ductus ejaculatorius und die Prostatasekrete über mehrere Ausführungsgänge auf. Ein komplexer neuromuskulärer Mechanismus verhindert einen Abgang von Urin während der Ejakulation. Ausgestattet mit schleimbildenden Drüsen verläuft die Urethra als *Pars membranacea* durch das Diaphragma pelvis und das Diaphragma urogenitale, ein fibromukulärer Sphinkter (Schließmuskel), der die bulbourethralen Drüsen (Glandulae bulbo urethrales, Cowper-Drüsen) enthält. Beim Verlassen des Diaphragmas tritt die Urethra am Bulbus penis in das Corpus spongiosum ein *(Pars spongiosa)* und erreicht an der Glans penis die Oberfläche.

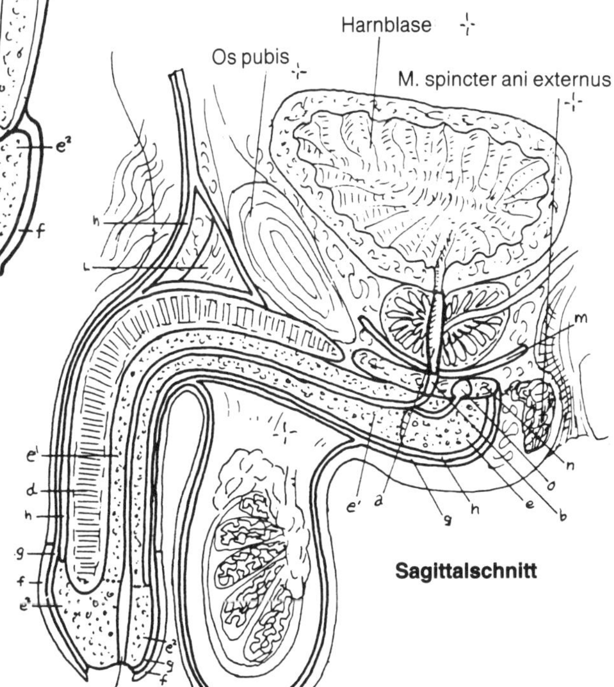

Sagittalschnitt

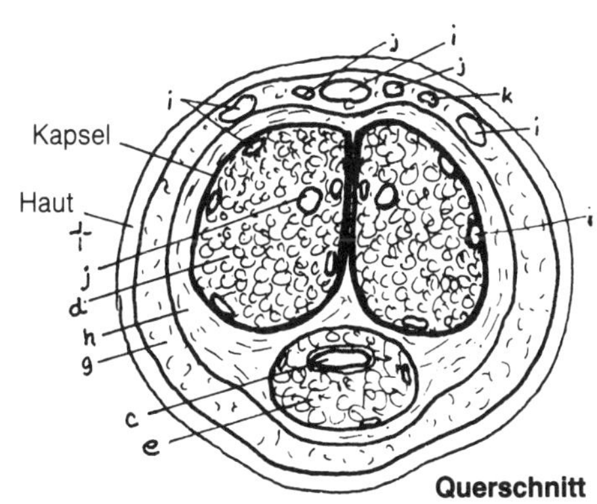

Querschnitt

GESCHLECHTSORGANE
GESCHLECHTSORGANE DER FRAU *

18 Farben
1. Malen Sie bitte die beiden (oberen) Abbildungen der inneren weiblichen Geschlechtsorgane zusammen an. Bemalen Sie die gestrichelte Fläche (*), das Peritoneum, grau.
2. Der Scheidenvorhof in der unteren Abb. soll grau werden, nachdem Sie die anderen Strukturen in diesem Bereich (l-p) ausgemalt haben.
3. Auch Vagina (d) und Scheideneingang (o) werden grau angemalt.
4. Beachten Sie, daß die Strukturen (f-h) in beiden großen Abbildungen dargestellt sind.

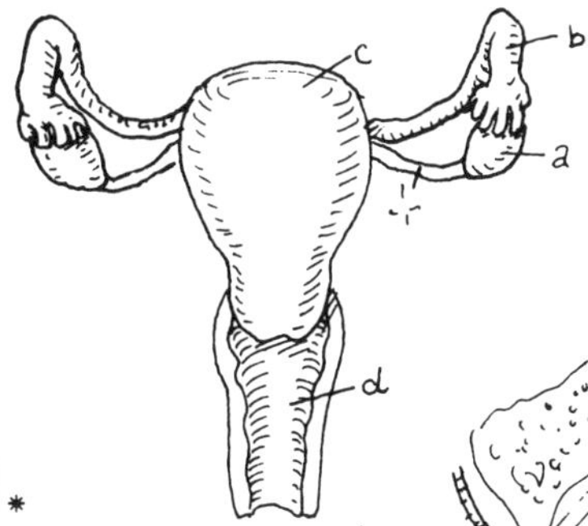

INNERE GESCHLECHTSORGANE *

EIERSTOCK a
EILEITER b
GEBÄRMUTTER c
VAGINA d

Die *weiblichen Geschlechtsorgane* bestehen aus den inneren und äußeren Anteilen. Ihr Hauptorgan ist der *Eierstock* (Ovar), der die weiblichen Keimzellen (Oozyten) sowie die Hormone Östrogen und Progesteron produziert. Östrogen ist das wichtigste weibliche Geschlechtshormon, es ist u. a. für die Entwicklung der sekundären weiblichen Geschlechtsmerkmale (Brustentwicklung, Verbreiterung der Hüften, Schambehaarung etc.) wie auch für die Entwicklung von Drüsen und Gängen des Geschlechtstraktes während der Pubertät verantwortlich. Der Eierstock entsteht wie der Hoden während der Fetalentwicklung im hinteren Bauchraum (den Nieren anliegend). Er wandert – ebenfalls wie der Hoden – nach unten, wird aber auf seinem Weg bald durch ein Bänderpaar gestoppt, das zu Eierstöcken und Gebärmutter führt, und verbleibt daher im Becken. Die *Eileiter* (Tubae uterinae) dienen dem Transport der frisch befruchteten oder unbefruchteten Oozyte zur Gebärmutter. Die *Gebärmutter* (Uterus) dient der Einnistung und der Ernährung des Embryos. Die *Vagina* (Scheide), ein fibromuskulärer Schlauch, ist die Eintrittspforte für den männlichen Samen und leitet ihn weiter zur Gebärmutter; ferner ist sie der Geburtskanal des Neugeborenen von der Gebärmutter ins Freie. Während die Eierstöcke und Hoden wie die äußeren Geschlechtsorgane einen gemeinsamen Ursprung haben, entwikkeln sich Gebärmutter, Eileiter und die oberen zwei Drittel der Vagina aus einem anderen Gangsystem als die übrigen männlichen inneren Geschlechtsorgane.

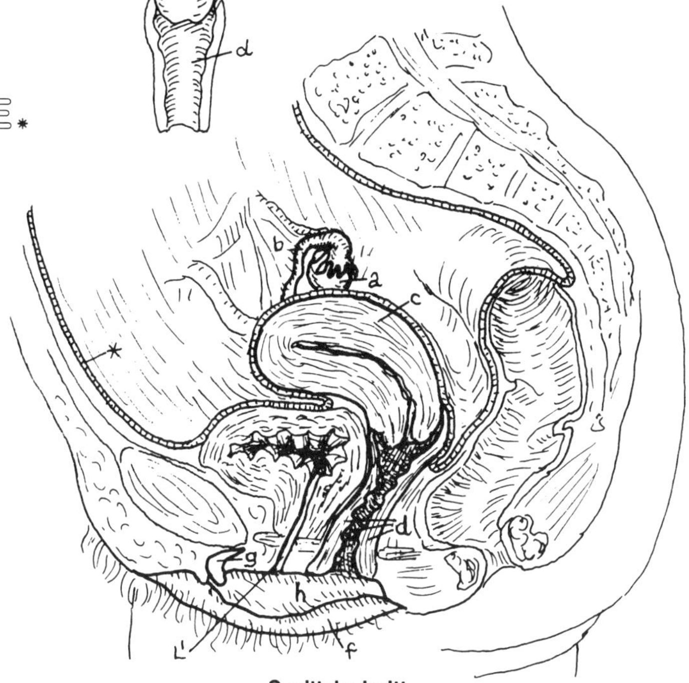

Sagittalschnitt

ÄUSSERE GESCHLECHTSORGANE *

SCHAMHÜGEL e
GROSSE SCHAMLIPPEN f
KLITORIS g
KLEINE SCHAMLIPPEN h
VORHAUT DER KLITORIS i
FRENULUM DER KLITORIS j
FRENULUM DER SCHAMLIPPEN k
SCHEIDENVORHOF *
MÜNDUNG DER URETHRA L / URETHRA L_1
PARAURETHRALE DRÜSEN m
HYMEN n
MÜNDUNG DER VAGINA o
GROSSE VORHOFSDRÜSEN (BARTHOLINI) p
DAMM q
ANUS r

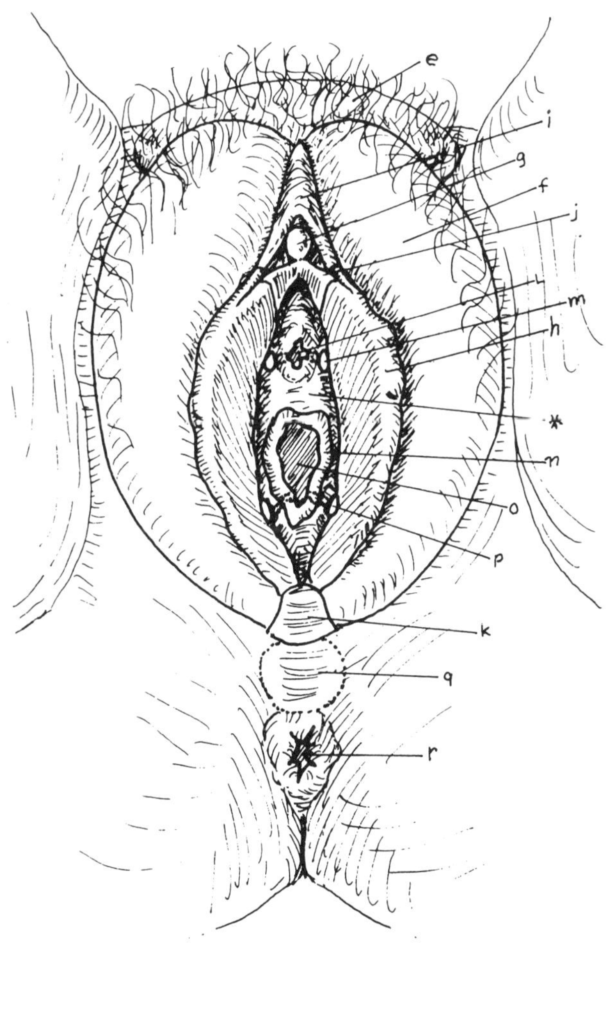

Der *Schamhügel* (Mons pubis) besteht wie auch die *grossen Schamlippen* (Labia majora) aus Binde- und Fettgewebe. Die kleineren und stärker pigmentierten *kleinen Schamlippen* (Labia minora) gehen vorne in die Klitorishöhle und hinten, zusammen mit den großen Schamlippen, in das *Frenulum* über. Die Spalte zwischen den kleinen Schamlippen ist der *Scheidenvorhof* (Vestibulum vaginae). Hier münden die *Urethra*, die *Vagina* (Scheide) und die kleinen Gänge der *4 Drüsen* (paraurethrale Drüsen und große Vorhofsdrüsen). Die normalerweise geschlossenen Mündungen von Urethra und Vagina sind hier geöffnet dargestellt. Das *Hymen* (Jungfernhäutchen) ist eine Schleimhautfalte, die vor dem ersten Geschlechtsverkehr die vaginale Mündung zum Teil oder völlig verschließt. Ihre Reste (wie gezeigt) bleiben bei der sexuell aktiven Frau oft erhalten. Die *Dammregion* besteht aus einer fibromuskulären Platte, die mehreren Muskeln des Dammes, die die dortigen Organe wie auch die Gebärmutter stützen und stabilisieren, als Sehnenansatz dient.

18 Farben

1. Verwenden Sie Rot für alle mit (c) gekennzeichneten Gefäße, Blau (p-p_1) für die Venen, Gelb für den Gelbkörper (n-n_1). Lassen Sie das Corpus albicans (L_2) frei. Bemalen Sie die Strukturen (a) und (s) dieser Tafel mit denselben Farben wie die Strukturen (a) und (b) von Tafel 116.
2. Die bindegewebige Oberfläche des Eierstocks sollte hellgrau angemalt werden.
3. Bemalen Sie alle Oozyten mit derselben Farbe, auch wenn die umgebenden Follikel jeweils verschiedene Farben erhalten. Beachten Sie den degenerierten (atretischen) Follikel (a), der sich nicht mehr in der Serie der sich fortentwickelnden Follikel befindet.
4. Das Innere des Corpus rubrum (m) soll rot ausgemalt werden, um das geronnene Blut darzustellen.
5. Das Lig. suspensorium des Eierstocks (o) soll quasi transparent dargestellt werden. Malen Sie es daher auch über den durchziehenden Gefäßen an.

EPITHEL a
TUNICA ALBUGINEA b
KAPILLAREN DES EIERSTOCKS c
BINDEGEWEBIGES STROMA d*
KEIMEPITHEL •
OOZYTE e
PRIMORDIALFOLLIKEL f
PRIMÄRFOLLIKEL g
SEKUNDÄRFOLLIKEL h
TERTIÄRFOLLIKEL i
SPRUNGREIFER (GRAAFSCHER) FOLLIKEL j
ATRETISCHER FOLLIKEL k
FOLLIKELSPRUNG L
FREIE OOZYTE L_1
CORPUS RUBRUM m/c_1
JUNGES CORPUS LUTEUM n
REIFES CORPUS LUTEUM n_1
CORPUS ALBICANS n_2+

WEITERE STRUKTUREN *
LIG. SUSPENSORIUM OVARII o
A. c_2 und V. p OVARICA
A. c_3 und V. p_1 UTERINA
LIG. OVARII PROPRIUM q
MESOVAR r
EILEITER s
FIMBRIEN t

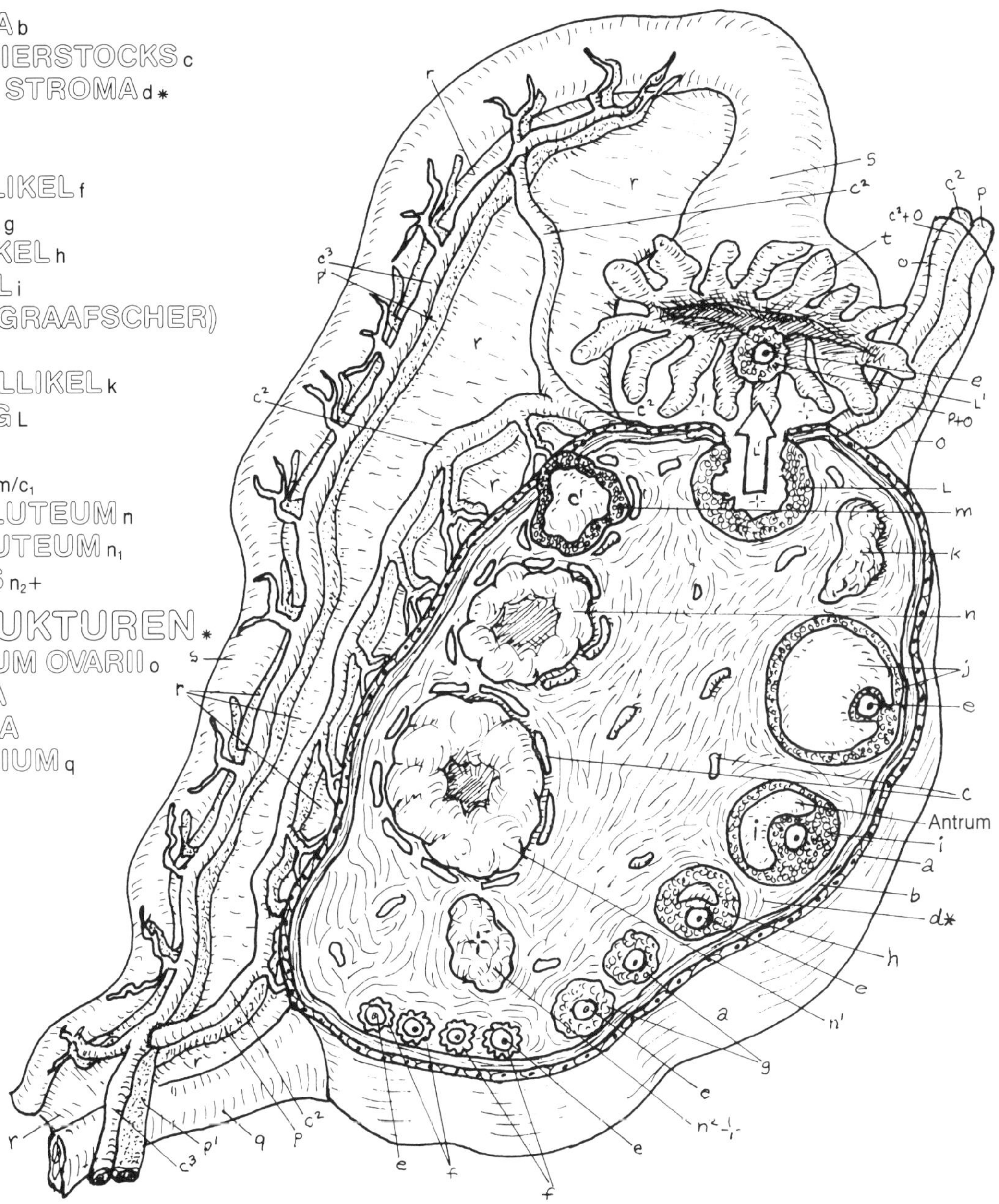

Die Entwicklung der weiblichen Keimzellen sowie die Produktion der Hormone Östrogen und Progesteron sind die Aufgaben des *Eierstocks* (Ovars). Seine Lokalisation und seine räumliche Beziehung zur Gebärmutter (Uterus) sind auf der nächsten Tafel dargestellt. Der Eierstock ist von der dünnen, aber festen, bindegewebigen *Tunica albuginea* eingehüllt, die auf ihrer Oberfläche von einem *Epithel* überzogen ist. Im Eierstock treten viele Eifollikel in verschiedenen Stadien der Entwicklung auf. Ein Follikel besteht aus einer unreifen epithelialen Keimzelle (Oozyte), die von einer oder mehreren epithelialen Zellschichten (Follikelzellen) umgeben ist. Die Keimzellen wanderten in frühen Entwicklungsstadien in den Eierstock ein – etwa 400 000 von ihnen. Von diesen werden nur etwa 500 im Laufe des Lebens ausreifen, der Rest beendet seine Entwicklung frühzeitig und geht mitsamt den jeweiligen Follikelzellen zugrunde *(atretische Follikel)*. Die Entwicklung zu einer reifen Eizelle beginnt mit dem *Primordialfollikel* – einer Oozyte, die mit einer Schicht von Follikelzellen umgeben ist. Während die Oozyte an Größe und Reife zunimmt, nehmen die Follikelzellen zahlenmäßig zu. Im Stadium des Sekundärfollikels bildet sich ein kleiner, flüssigkeitsgefüllter Hohlraum (Antrum). Das Antrum breitet sich immer mehr aus, zu Lasten der Follikelzellen, die – ausgenommen einer dünnen Zellage – vom Follikel weggedrängt werden *(Graafsche Follikel)*. Die Zellen in der äußersten Zelllage des Follikels produzieren während der proliferativen Phase des Ovulationszyklus Östrogen (s. Tafel 119). Etwa am 14. Zyklustag springt die reife Eizelle (Oozyte), von einem Glukoproteinmantel (Zona pellucida) und einigen Follikelzellen umgeben, aus dem Follikel in die Fangarm-ähnlichen Fortsätze *(Fimbrien)* des *Eileiters;* diesen Vorgang bezeichnet man als *Follikelsprung* (Ovulation). Die Wand des geplatzten Follikels faltet sich auf, in seinen Hohlraum dringt Blut ein und gerinnt, es entsteht das *Corpus rubrum.* Die Follikelzellen verändern sich, indem sie große Mengen Lipide einlagern. Das so entstehende Gebilde *(Corpus luteum,* Gelbkörper) produziert Östrogen und Progesteron während der Sekretionsphase des Ovulationszyklus. Im Falle einer Schwangerschaft hält diese Hormonproduktion für drei Monate an. Wenn es zu keiner Schwangerschaft kommt, bildet sich das Corpus luteum zurück und wird zum *Corpus albicans.* Innerhalb eines Ovars können Strukturen von 2 oder 3 verschiedenen Ovulationszyklen beobachtet werden (Primordialfollikel eines Zyklus, Corpus luteum des vorhergehenden Zyklus, Corpus albicans eines noch früheren Zyklus).

GESCHLECHTSORGANE / GEBÄRMUTTER UND EILEITER *

(vgl. Tafel 116, 117)

17 Farben

1. Die Gebärmutter, die Eileiter, die Eierstöcke und die mit diesen Organen in Verbindung stehenden Bänder sind mit einer Peritoneumschicht bedeckt, die man in ihrer Gesamtheit als Lig. latum (L) bezeichnet. Bemalen Sie jeden Teil des Uterus (a, b, c), seine Eileiter (f, g, h), den Eierstock und seine Bänder (o, k, L) sowie das Lig. teres uteri (j). Danach malen Sie auf der linken Seite des Uterus das Lig. latum mit einem hellen Grauton an; malen Sie dabei auch über die vorher bemalten Strukturen. Auf diese Weise können Sie die verschiedenen Strukturen unterscheiden und dabei ihren peritonealen Überzug sehen (a+i, b+i, c+i, f+i, g+i, h+i, j+i, k+i, L+i und o+i). Beachten Sie, daß die Peritoneum-Schnittfläche am Uterus nur die Farbe des Peritoneums erhält (i).
2. Achten Sie beim Bemalen von Fundus (a), Korpus (b) und Zervix (c) der Gebärmutter darauf, die jeweilige Farbe nur für die äußere Oberfläche dieser Strukturen zu verwenden. Im Inneren des Uterus bemalen Sie die Strukturen (c_1, d, e) in allen drei Abschnitten gleich.
3. Wenden Sie sich nun dem Diagramm rechts unten zu: Eierstock, Eizelle und ihre Richtungspfeile erhalten dieselbe Farbe wie der Eierstock in der mittleren Abb. Die Samenzelle und ihre Richtungspfeile erhalten dieselbe Farbe wie die Vagina, in die die Samenzelle über den Penis eingebracht wurde. Die Samenzelle ist in diesem Diagramm stark vergrößert dargestellt.
4. Verwenden Sie rot für die A. ovarica (m) und blau für die V. ovarica (n).

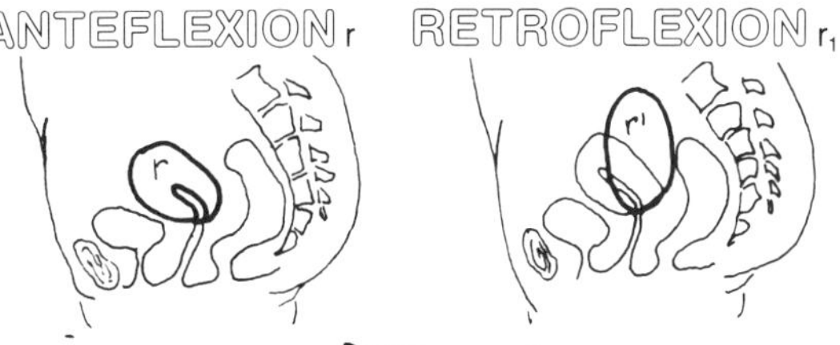

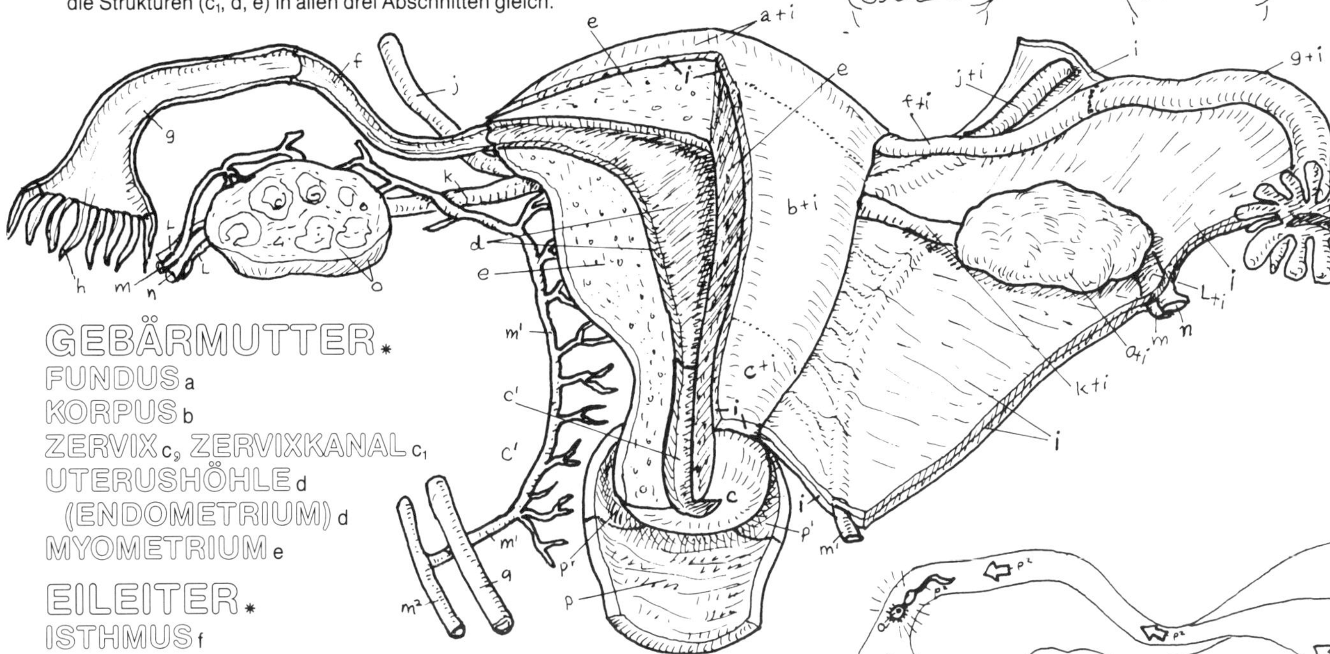

GEBÄRMUTTER *

FUNDUS a
KORPUS b
ZERVIX c, ZERVIXKANAL c_1
UTERUSHÖHLE d
(ENDOMETRIUM) d
MYOMETRIUM e

EILEITER *

ISTHMUS f
AMPULLA g
FIMBRIEN h

WEITERE STRUKTUREN *

LIG. LATUM (PERITONEUM) i
LIG. TERES UTERI j
LIG. OVARII PROPRIUM k
LIG. SUSPENSORIUM L
A. m und V. n OVARICA
EIERSTOCK (OVAR) o
VAGINA p, SCHEIDENGEWÖLBE p_1
A. UTERINA m_1
A. VESICALIS SUP. m_2
URETER q

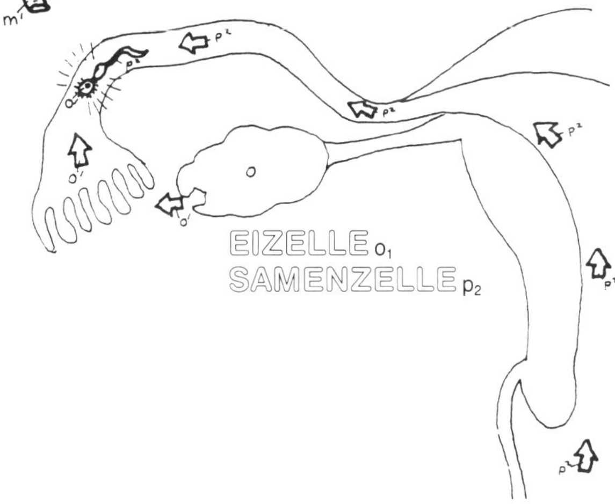

EIZELLE o_1
SAMENZELLE p_2

Die weiblichen inneren Geschlechtsorgane bestehen aus den Eierstöcken, den Eileitern, der Gebärmutter und der Vagina. Die Eierstöcke liegen in der hinteren seitlichen Beckenwand; dort werden sie vom *Lig. suspensorium ovarii* (das auch die versorgenden Gefäße zuführt), dem *Lig. ovarii proprium* und dem *Lig. latum* gehalten. In der oberen Darstellung wurden die Ovarien auf eine Ebene mit den übrigen Organen gebracht, um ihre Beziehung zu den Eileitern besser darstellen zu können. Die Eierstöcke wurden bereits auf Tafel 117 eingehend beschrieben. Die *Eileiter* (Tubae uterinae) sind seitliche Ausziehungen der Gebärmutter aus glatter Muskulatur und Bindegewebe, die mit zylindrischem Flimmerepithel ausgekleidet sind. Die rhythmischen Kontraktionen ihrer Muskulatur unterstützen die Eizelle auf ihrem Weg zur *Uterushöhle* (Cavum uteri), während die Epithelzellen für ihre Ernährung sorgen. Der Eileiter gliedert sich in drei unterschiedliche Abschnitte: die *Fimbrien,* die die Ovarien von vorne und hinten umgreifen, »fangen« die freigegebene Eizelle und leiten sie in das Innere des Eileiters. Das Innere des Eileiters besteht aus der *Ampulla,* dem breitesten Abschnitt des Eileiters und dem *Isthmus,* an dem sich das Lumen beim Durchtritt durch die Gebärmutterwand verdünnt und in die Uterushöhle mündet. Die *Gebärmutter* (Uterus) ist ein birnenförmiges Organ, dessen Hals *(Zervix)* sich in den oberen Teil der Vagina stülpt und dessen Körper *(Korpus)* nach vorne über die Harnblase gebogen (Anteflexion) und gekippt (Anteversion) ist. Die Biegung und Kippung der Gebärmutter nach hinten (Retroflexion/Retroversion) ist nicht selten und kommt besonders bei Frauen vor, die Geburten hinter sich haben. Die Retroversion kann bei voller Ausprägung verschiedene Beschwerden von Schmerzen bis hin zur Unfruchtbarkeit verursachen. Ferner kommt es hierbei leichter zu einem Hineinrutschen der Gebärmutter in die Vagina (Prolaps), da die Achsen von Gebärmutter und Vagina dann annähernd gleich verlaufen. Die Gebärmutterwand besteht zum Großteil aus glatter Muskulatur *(Myometrium),* die mit einer Drüsenschicht *(Endometrium)* von unterschiedlicher Dicke begrenzt wird. Das Endometrium reagiert sehr empfindlich auf hormonelle Stimulation mit Östrogen und Progesteron. Die Veränderungen des Endometriums sind auf Tafel 119 beschrieben. Die Mündung der Zervix in die Vagina ist von einer zirkulären Einbuchtung umgeben, dem *Scheidengewölbe* (Fornix). Dieser fibroelastische Teil dehnt sich während des Geschlechtsverkehrs beträchtlich aus. In unmittelbarer Nachbarschaft der Zervix/des Corpus uteri und der *A. uterina* zieht der Ureter auf seinem Weg zur Harnblase vorbei. (Dieser Sachverhalt ist in der gynäkologischen Chirurgie sehr wichtig). Die Gebärmutter besitzt wegen ihrer instabilen Lokalisation eine kreuzförmige Bandaufhängung. Das Lig. latum, das wie ein Tuch aus Peritoneum über der Gebärmutter, den Eileitern und den Eierstöcken liegt, spielt bei der Fixierung der Gebärmutter eine zentrale Rolle, zusammen mit weiteren Bandstrukturen, die hier nicht näher erläutert werden sollen.

GESCHLECHTSORGANE
OVULATIONSZYKLUS DER FRAU*

Verwenden Sie Gelb für Struktur B, Rot für G und eine sehr helle Farbe für A.

1. Bemalen Sie die Zeitachse des Menstruationszyklus im unteren Diagramm. Bemalen Sie die Pfeile C und D in der Darstellung der hormonellen Einflüsse oben rechts. Dann malen Sie die Hormonkurven von C und D in der großen Abbildung sowie die verschiedenen Follikelstadien (A, B) des Ovulationszyklus aus.
2. Bemalen Sie die Pfeile E und F sowie das Endometrium im oberen Diagramm. Malen Sie die Kurven E und F in der großen Abbildung aus und anschließend die Strukturen des Endometriums. Bemalen Sie nur die epitheliale Oberfläche, die Drüsen und die Gefäße des Endometriums.
3. Die Tagesangaben sind Erfahrungswerte. Die Hormonkurven zeigen relative Verhältnisse im Plasma und keine Absolutwerte.

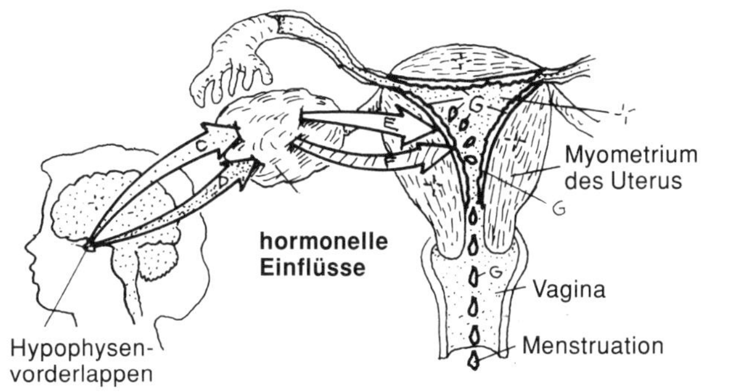

OVULATIONSZYKLUS:*

PRIMORDIALFOLLIKEL A
PRIMÄRFOLLIKEL A¹
SEKUNDÄRFOLLIKEL A²
TERTIÄRFOLLIKEL A³
EISPRUNG A⁴
CORPUS LUTEUM B,B¹
CORPUS ALBICANS B²+

HORMONZYKLUS:*

FSH C
LH D
ÖSTROGEN E
PROGESTERON F

MENSTRUATIONSZYKLUS:*

PHASEN: +
MENSTRUATION G
PROLIFERATIONSPHASE H
SEKRETIONSPHASE I
ENDOMETRIUM: +
EPITHEL J
DRÜSE I¹
SPIRALARTERIE G¹

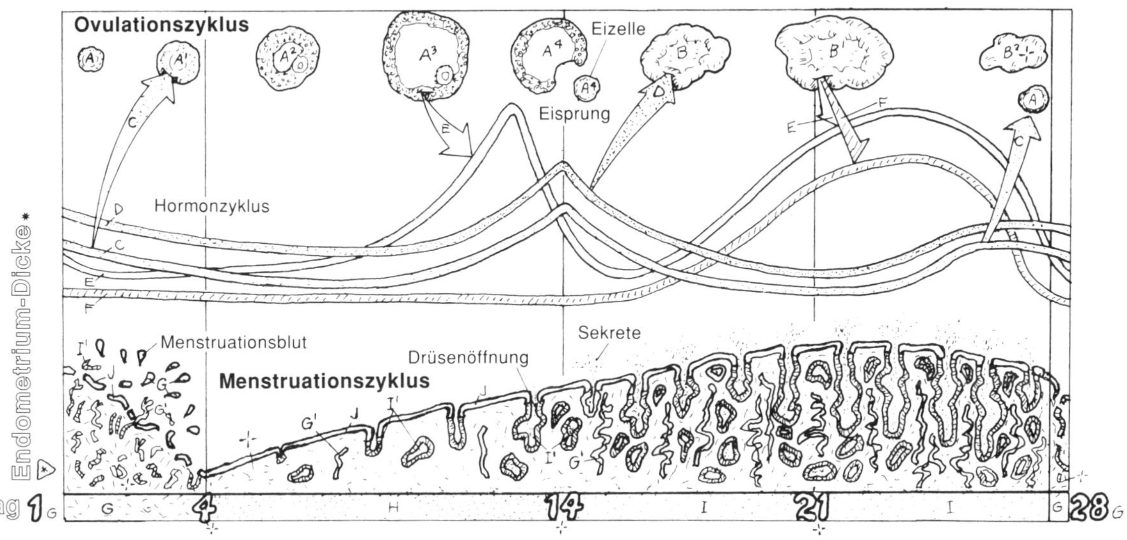

Der 28tägige weibliche Menstruationszyklus, der von Hormonen gesteuert wird, ist von deutlichen Änderungen an den Strukturen der ovariellen Follikel und des Endometriums (Innenwand des Uterus) gekennzeichnet. Charakteristisch ist eine Periode des Abbaus und der Abstoßung des Endometriums *(Menstruation)*; sie beginnt mit etwa 12 Jahren (Menarche) und endet mit etwa 45 Jahren (Menopause). Die Veränderungen, die sich in Ovar und Uterus während jedes Zyklus abspielen, dienen der Reifung und Freisetzung der weiblichen Keimzelle (Eizelle, Ovum) zur Befruchtung durch eine männliche Keimzelle (Samenzelle). Das Endometrium bereitet sich gleichzeitig auf die Einnistung einer befruchteten Eizelle vor.

Die Menstruation macht die ersten 5 Tage des Zyklus aus. Das erneute Wachstum des Endometriums beginnt etwa am 5. Tag des Menstruationszyklus und wird von Hormonen der ovariellen Follikel gefördert. Der Ovulationszyklus wird von Hormonen des Hypophysenvorderlappens, insbesondere dem follikelstimulierenden Hormon *(FSH)* und dem luteinisierenden Hormon *(LH)*, gesteuert. Während der letzten Tage des vorhergehenden und der ersten Tage des neuen Zyklus stimulieren diese Hormone die Follikelreifung. Wenn sich ein Follikel entwickelt, beginnt er etwa am 7. Tag, *Östrogen* zu produzieren. Das Östrogen gelangt über den Blutkreislauf zum Endometrium und fördert dessen Wachstum *(Proliferationsphase)*. Etwa am 14. Tag induzieren die Anstiege von FSH, LH und Östrogen zusammen den *Eisprung* (Ovulation): Platzen des reifen (Tertiär-) Follikels und Freisetzung der noch unreifen Eizelle in die Fimbrien der Eileiter. Nach dem Eisprung wandelt sich der geplatzte Follikel unter dem Einfluß von LH in den Gelbkörper *(Corpus luteum)* um. Etwa am 21. Tag produziert der Gelbkörper *Progesteron* wie auch Östrogen; diese beiden Hormone beeinflussen in Kombination deutlich das Drüsenwachstum im Endometrium *(Sekretionsphase)*. Typisch für diese Phase ist die Entwicklung vieler sekretorischen Zellen im *Epithel*, ein Bindegewebe, das durch die Sekrete der sich entwickelnden Drüsen aufgeschwemmt ist, und *Spiralarterien*, die einen gewundenen Verlauf zwischen den zahlreichen Drüsen nehmen; diese Verhältnisse sollen die Ernährung einer eingenisteten, befruchteten Eizelle ermöglichen. Wenn es zur Befruchtung kommt (etwa am 16. Tag), entwickelt sich der Gelbkörper zum Corpus luteum graviditatis, der Hauptproduktionsstätte der Hormone, welche die Entwicklung des Embryos fördern; dies bleibt er auch für die nächsten etwa 90 Tage und bildet sich dann zurück.

Wenn es zu keiner Befruchtung kommt, bildet sich der Gelbkörper etwa ab dem 26. Tag zurück und wird zum *Corpus albicans*, dadurch sinken die Östrogen- und Progesteronspiegel. Durch die ausbleibende hormonelle Stimulation kommt es zur Abnahme der Drüsensekretion im Endometrium bei fortlaufender Flüssigkeitsaufnahme durch die lokalen Venen, und das Gewebe kollabiert. Dadurch werden die Spiralarterien geknickt, reißen ein und bluten mit einem beträchtlichen hydraulischen Druck; Epithel, Drüsen und Bindegewebe reißen ab, und die strukturelle Einheit des Endometriums wird weitgehend zerstört. Die Gefäße ziehen sich zusammen, und die Blutung hört auf. Das abgelöste Gewebe (zum Großteil Drüsengewebe und dessen Sekrete), Blut und eine oder mehrere unbefruchtete Eizellen fließen über die Vagina ab. Nach 3 bis 5 Tagen der Menstruation ist nur noch ein 1 mm hohes Endometrium für die Regeneration übriggeblieben – hier setzen wieder die Hormone aus dem Eierstock an.

(vgl. Tafel 47, 82, 126)

GESCHLECHTSORGANE* / BRUST U. BRUSTDRÜSE*

16 Farben

1. Für die oberflächliche Faszie (e) empfehlen wir eine helle Farbe.
2. Der M. pectoralis major (c) soll in beiden Abbildungen ausgemalt werden. In der oberen Abb. überlappen sich die Farben der tiefen Faszie (d) und des M. pectoralis major (c).

RIPPE a_9, KLAVIKULA a_1
INTERKOSTALMUSKELN b
M. PECTORALIS MAJOR c
TIEFE FASZIE DES M. PECTORALIS MAJOR d
OBERFLÄCHLICHE FASZIE (FETT) e
LIG. SUSPENSORIUM MAMMARIUM f
DRÜSENLAPPEN g
MILCHGANG h
MILCHSÄCKCHEN i
BRUSTWARZE j
WARZENHOF k

LYMPHABFLUSS*

AXILLÄRE LYMPHKNOTEN L
AXILLÄRE/INFRAKLAVIKULÄRE LK. L_1
PARA-/RETROSTERNALE LK. L_2
ZUR GEGENÜBERLIEGENDEN BRUST L_3
ZUR REKTUMSCHEIDE L_4

Brustentwicklung

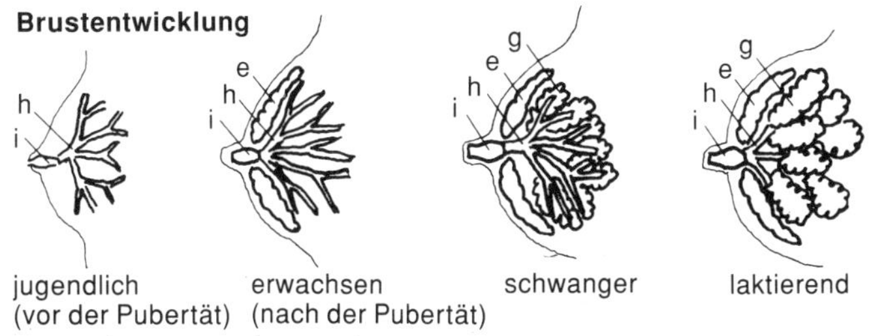

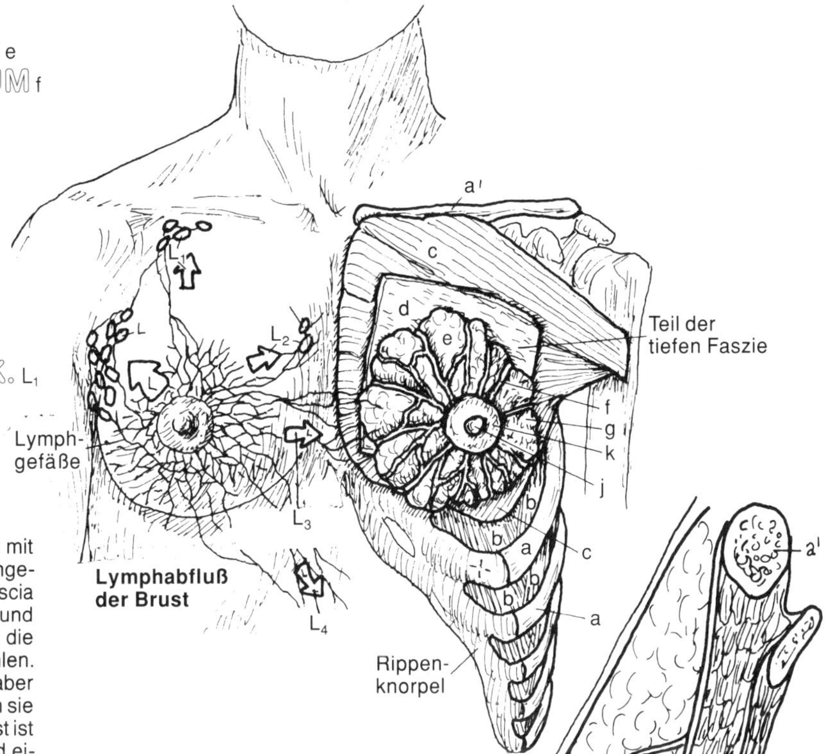

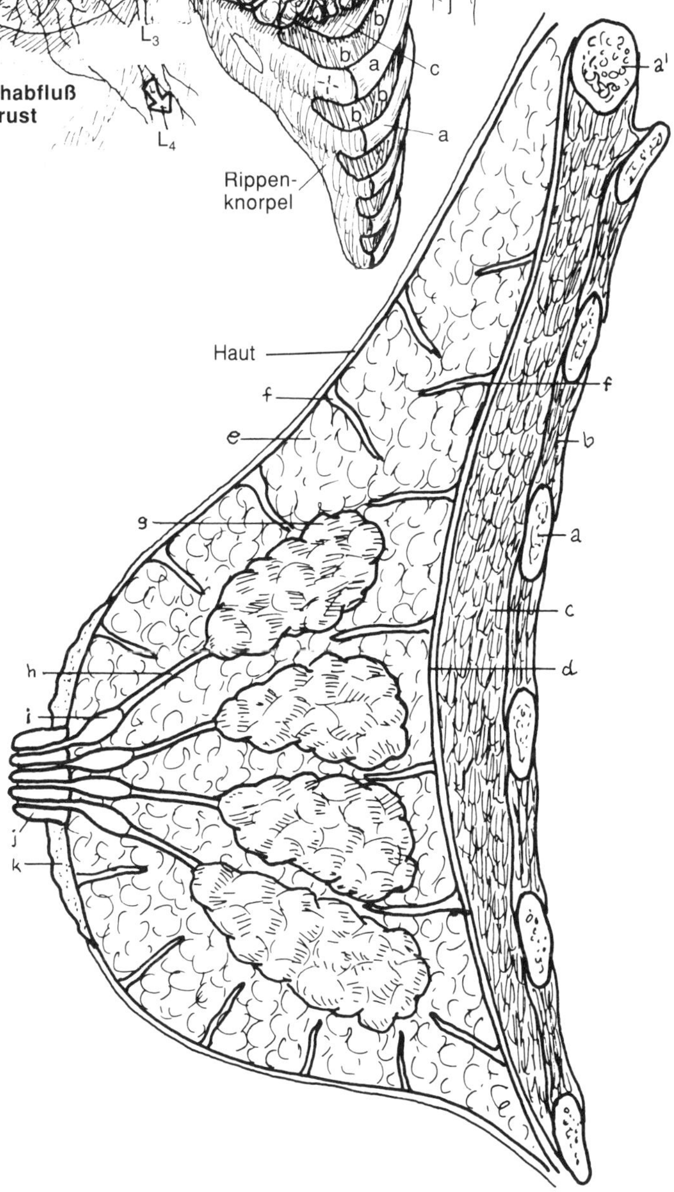

Die *Brust* besteht aus exokrinen, tubuloalveolären Drüsen mit ihren Gängen, die zusammen mit Nerven, Blut und Lymphgefäßen in der fettgewebsreichen *oberflächlichen Faszie* (Fascia superficialis) eingelagert sind. Sie ist mit Haut überzogen und besitzt zahlreiche stützende *Lig. suspensoria mammaria,* die von der *tiefen Faszie des M. pectoralis major* hier einstrahlen. Die Brustanlagen bestehen bei beiden Geschlechtern, aber nur bei der erwachsenen (postpubertären) Frau entwickeln sie sich zur reifen Brust. Die kleinste Funktionseinheit der Brust ist das Drüsenläppchen, das aus einem Drüsenendstück und einem Gang besteht. Mehrere Läppchen bilden einen *Drüsenlappen,* von denen es 15-20 in jeder Brust gibt. Den Ausführungsgang eines Drüsenlappens, der aus dem Zusammenfluß der Ausführungsgänge der Drüsenläppchen entsteht, nennt man *Milchgang* (Ductus lactiferus). Kurz vor der Brustwarze, in der die Milchgänge zusammenfließen, verbreitern sie sich und bilden die *Milchsäckchen* (Sinus lactiferi), die zur Milchspeicherung während der Stillzeit (Laktation) dienen. Die *Brustwarze* besteht aus stark pigmentierter Haut und mehreren, im Bindegewebe eingelagerten, glatten Muskelfasern (die Erektion der Brustwarze steigert den Milchfluß in den Gängen). Die kreisrunden *Warzenhöfe,* die ebenfalls stärker als die umgebende Haut pigmentiert sind, enthalten Talgdrüsen, die die Haut während des Saugaktes gleitfähiger machen.
Die *Lymphgefäße* sind ein wichtiger Bestandteil der Brust: sie leiten während der Stillzeit die Fettbestandteile der Milch ab (die Fettmoleküle sind zu groß, um in die Venen zu gelangen). Über die Lymphgefäße gelangen auch infektiöses Material oder neoplastische (Krebs-)Zellen von der Brust in andere Körperareale. Daher ist es wichtig, sich mit den Lymphknoten zu beschäftigen, die die Lymphe aus der Brust filtern (s. Pfeile). Die wichtigste Lymphknotengruppe sind hierbei die *axillären Lymphknoten,* denn sie erhalten den Großteil des Lymphabflusses. Diese Lymphknoten können sich bei Infektionen oder Einschwemmungen neoplastischer Zellen aus der Brust (oder aus der oberen Extremität) vergrößern, so daß sie dann leicht (in der Achselhöhle an der Brustwand) getastet werden können. Weitere Wege des Lymphabflusses und der Metastasierung (Ansiedelung neoplastischer Zellen außerhalb des Ursprungsareals) sind die *gegenüberliegende Brust,* der Hals (über die *infraklavikulären Lymphknoten*), der Thorax (über die *para- und retrosternalen Lymphknoten*) und der Bauchraum (über die *Rektusscheide* und die *Zwerchfellymphknoten*).
Die Milchproduktion, die nach einer Entbindung einsetzt, resultiert aus der Einwirkung mehrerer Hormone, die die Drüsenzellen beeinflussen. Durch das Saugen setzt das Baby einen hormonellen Reflex in Gang, der zur Milchfreisetzung führt.

GESCHLECHTSORGANE
EMBRYONALE ENTWICKLUNG* (TEIL 1)

Verwenden Sie für alle Strukturen helle Farben.
Verfolgen Sie die Vorgänge von der Befruchtung bis zur Einnistung. Die Angaben der Tage in dieser und den zwei folgenden Tafeln beziehen sich auf Tage nach der Befruchtung; die Befruchtung findet etwa am 15. Tag des Menstruationszyklus statt; das vom Arzt datierte Fetalalter bezieht sich auf die Zeitspanne seit der letzten Menstruation. Das wahre Alter (nach Befruchtung) beträgt daher 2 Wochen weniger als das Fetalalter.

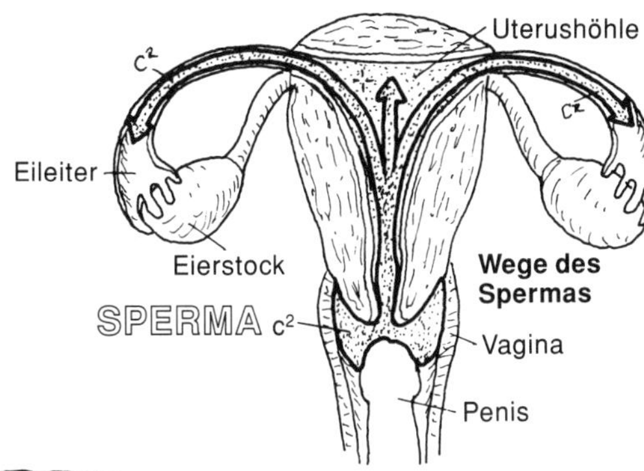

ZONA PELLUCIDA A

BEFRUCHTUNG:*

WEIBLICHER VORKERN B
SPERMIUMKOPF C
MÄNNLICHER VORKERN C^1

FURCHUNG:*

2-ZELLEN-STADIUM D
4-ZELLEN-STADIUM E
MORULA F

BLASTOZYSTE:*

TROPHOBLAST G
EMBRYOBLAST H
BLASTOZYSTENHÖHLE I

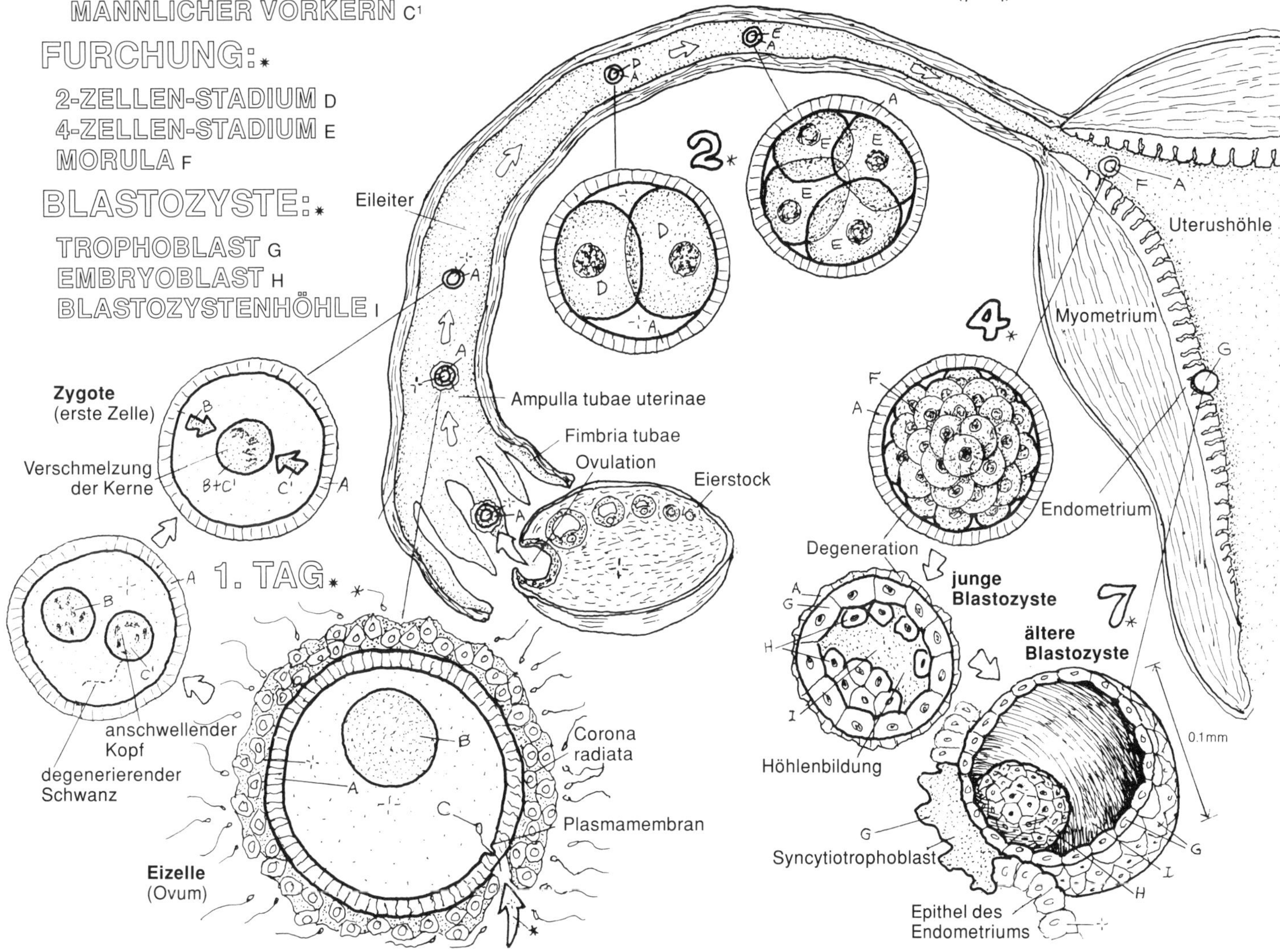

BEFRUCHTUNG*

Nach dem Eisprung (Ovulation) wandert die Eizelle durch den Eileiter (Tuba uterina) in Richtung Gebärmutter (Uterus). Nach etwa 30 Minuten erreicht sie die Ampulla des Eileiters. Wenn in den vorangegangenen Minuten bis 24 Stunden Sperma in das Scheidengewölbe der Vagina gelangt ist, dann erreichen mehrere Hundert der ursprünglich 50 Millionen oder mehr Spermien die Ampulla. Für die Dauer von mehreren Stunden sind die Spermien aktiviert, und mit Hilfe der von den Spermien produzierten Enzyme durchdringt eines der Spermien die Corona radiata (der Eizelle anhaftende Follikelzellen) und die *Zona pellucida* der Eizelle; die Zellmembranen der beiden Keimzellen verschmelzen miteinander und das Spermium gelangt ins Zytoplasma der Eizelle. Diesen Vorgang nennt man *Befruchtung*. Während der Schwanz des Spermiums abbricht und verschwindet, schwillt der *Spermiumkopf* an und bildet den *männlichen Vorkern*. Der Zellkern der Eizelle ist der *weibliche Vorkern*. Die beiden Vorkerne nähern sich, ihre Kernmembranen verschmelzen, und sie bilden einen einzelnen Zellkern. Die Chromosomen der beiden Vorkerne vereinigen sich in der Metaphase der ersten mitotischen Teilung der befruchteten Eizelle. Ab dieser ersten Zelle wird das neue Individuum als Zygote bezeichnet.

EINNISTUNG*

Während der Furchung teilt sich die Zygote weiter und bildet zwei Blastomeren (Zygote im 2-Zellen-Stadium). Innerhalb der nächsten etwa 2 Tage nach Befruchtung teilen sich die Zellen innerhalb der Zona pellucida weiter, die Zygote durchläuft das 4-Zellen-Stadium und so weiter, bis sich ein Zellhaufen, die *Morula*, gebildet hat. Nach etwa 5 Tagen weichen die Zellen innerhalb der Morula auseinander, und es bildet sich eine schnell wachsende, flüssigkeitsgefüllte Höhle; die Zygote wird dadurch zur *Blastozyste*. Einige Zellen werden auseinandergedrängt und bilden einen peripheren Zellsaum (äußere Zellschicht, *Trophoblast*), der die *Blastozystenhöhle* einschließt. Andere Zellen bilden eine innere Zellmasse *(Embryoblast)*, die in die Blastozystenhöhle hineinragt. Die Blastozyste erreicht etwa am 7. Tag nach der Befruchtung den Uterus und nistet sich im Endometrium ein.

GESCHLECHTSORGANE / EMBRYONALE ENTWICKLUNG *
(TEIL 2)

4 Farben

1. In Abb. A brauchen die Zellen des embryonalen Ektoderms und Entoderms (Keimscheibe, n) nicht angemalt zu werden.
2. Malen Sie das Mesoderm (h_1) und den Haftstiel (h_2) mit derselben Farbe wie den Trophoblast (h) an. In den Abbildungen C und D bilden der Trophoblast (h) und das darunterliegende extraembryonale Mesoderm (h_1) zusammen das Chorion (h_3 und die Chorionzotten (h_4). Diese Strukturen sollen ebenfalls alle dieselbe Farbe erhalten. In Abb. D ist oberhalb des entodermalen Teils (p) des Embryos ein kleiner Teil des Dottersacks abgrenzbar. Dieser Teil wird nicht ausgemalt. Beachten Sie in Abb. D, daß das extraembryonale Mesoderm von Amnion und Dottersack kontinuierlich mit dem embryonalen Mesoderm des sich entwickelnden Herzens verbunden ist.
3. Der Dottersack (m) und die Allantois (m_1) erhalten dieselbe Farbe.
4. Der Begriff Nabelschnur (s), der eine Gruppe von Strukturen bezeichnet, die zusammen die Nabelschnur bilden, sollte eine eigene Farbe erhalten, die dann für die Nabelschnur in der folgenden Tafel benutzt wird.

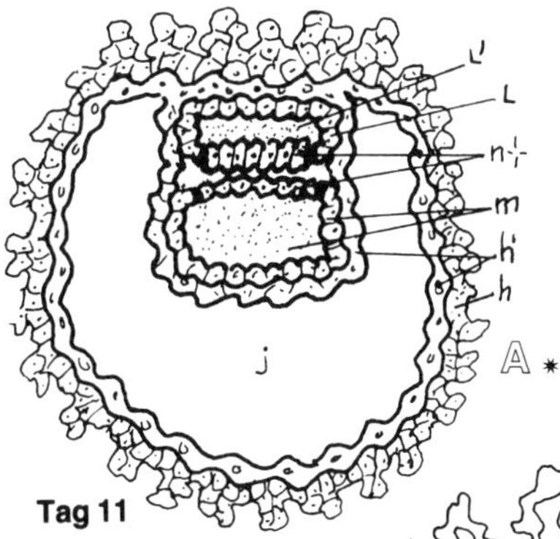

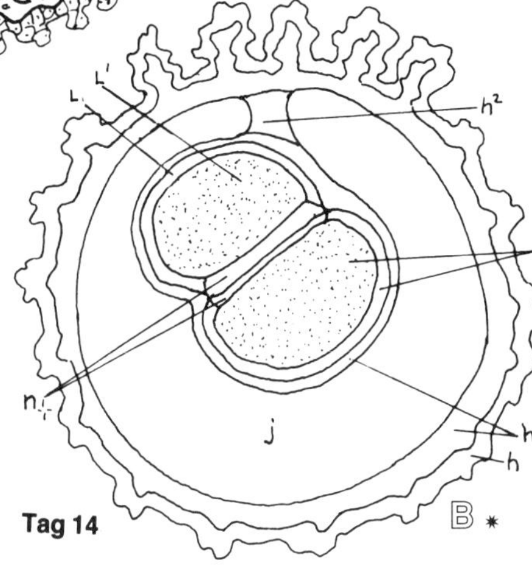

BLASTOZYSTE (A, B) *

TROPHOBLAST h
MESODERM h_1 / HAFTSTIEL h_2
BLASTOZYSTENHÖHLE j
AMNION L / AMNIONHÖHLE L_1
DOTTERSACK m
KEIMSCHEIBE n+

EMBRYO (C, D) *

EKTODERM o+
MESODERM p+
ENTODERM q+

CHORION h_3, CHORIONZOTTEN h_4
ALLANTOIS m_1

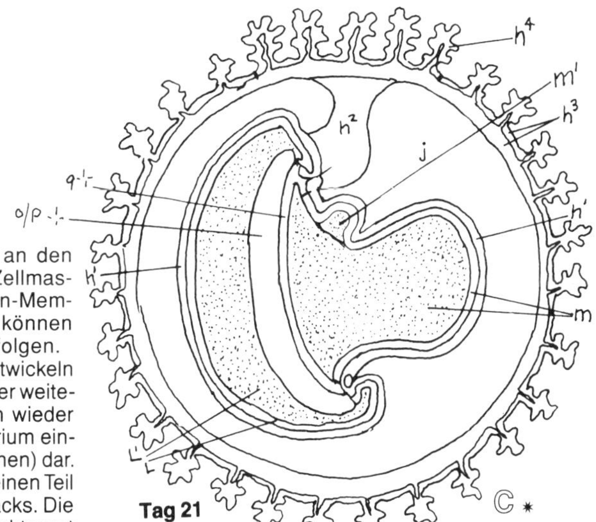

In dieser Tafel sehen Sie die Beteiligung des Trophoblasten an den Schichten, die den Embryo umhüllen. Sie lernen, wie die innere Zellmasse (die auf Tafel 121 dargestellt war) den Embryo, seine Amnion-Membran und seinen Dottersack bildet. Mit Hilfe dieser Erläuterung können Sie die Entwicklung der verschiedenen Strukturen von A-D verfolgen.
Der *Trophoblast* (h) und das darunterliegende *Mesoderm* (h_1) entwickeln sich zum *Chorion* (h_3) und zu den *Chorionzotten* (h_4). Im Rahmen der weiteren embryonalen Entwicklung werden die meisten dieser Zotten wieder verschwinden, mit Ausnahme derer, die als erste in das Endometrium einwachsen; dieser Teil stellt den fetalen Teil der Plazenta (Mutterkuchen) dar. Beachten Sie, daß das extraembryonale Mesoderm (h_1) nicht nur einen Teil des Chorions bildet, sondern auch Teile des Amnions und Dottersacks. Die *Amnionhöhle* (L_1) bildet sich innerhalb der inneren Zellmasse und trennt den zukünftigen Embryo vom *Amnion.* Die Amnionhöhle drängt ihre Ausdehnung, die Blastozystenhöhle, immer mehr zurück. Die weitere Ausbreitung des Amnion und das Embryowachstum führen dazu, daß sich zwischen ihnen eine verbindende Struktur *(Nabelschnur,* s. Abb. D), die aus Anteilen des Dottersackes, der Allantois und des Haftstiels besteht, ausbildet. Etwa am 14. Tag entwickelt sich der primäre *Dottersack* zurück und wird durch einen sekundären Dottersack ersetzt (Vorgang nicht dargestellt). Sein Entoderm produziert die künftigen Keimzellen der Eierstöcke/Hoden. Für die Ernährung ist der Dottersack unbedeutend und wird schließlich vom Embryo und vom Amnion völlig verdrängt. Der verengte Teil (Dottergang) wird in die Nabelschnur integriert, während die Aussackung bis zur Geburt erhalten bleiben kann. Das Dach des Dottersackes trägt zur Bildung des embryonalen Entoderms bei. Die *Allantois* (m_1, Abb. C, D) ist eine Ausbuchtung des Dottersackes. Während die Allantois selbst beim Menschen keine bedeutende Funktion hat, bildet ihr umgebendes Bindegewebe die Nabelgefäße aus, die sauerstoff- und nährstoffreiches fetales Blut von der Plazenta zum Feten und nach Durchlaufen des fetalen Kreislaufs zurück zur Plazenta leiten.
Der *Embryo* entwickelt sich aus der *inneren Zellmasse* als zweiblättrige Keimscheibe. Die beiden Keimblätter sind das *Ektoderm* (aus dem sich später noch das embryonale Mesoderm entwickelt) und das *Entoderm* (s. Abb. A). Zwischen dem 14. und 21. Tag wandern einige der primär ektodermalen Zellen zwischen den beiden Keimscheiben aus (Vorgang nicht dargestellt) und bilden das embryonale *Mesoderm.* Der Embryo besteht nun aus *drei primären Keimscheiben:* aus diesen drei Keimscheiben entwickeln sich alle Strukturen des menschlichen Körpers. In den Abbildungen der Tafeln 121 und 122 ist die Entwicklung des dreischichtigen Embryos, seiner Nabelschnur und seiner wichtigsten Hüllen, Chorion und Amnion, dargestellt.

NABEL-SCHNUR s

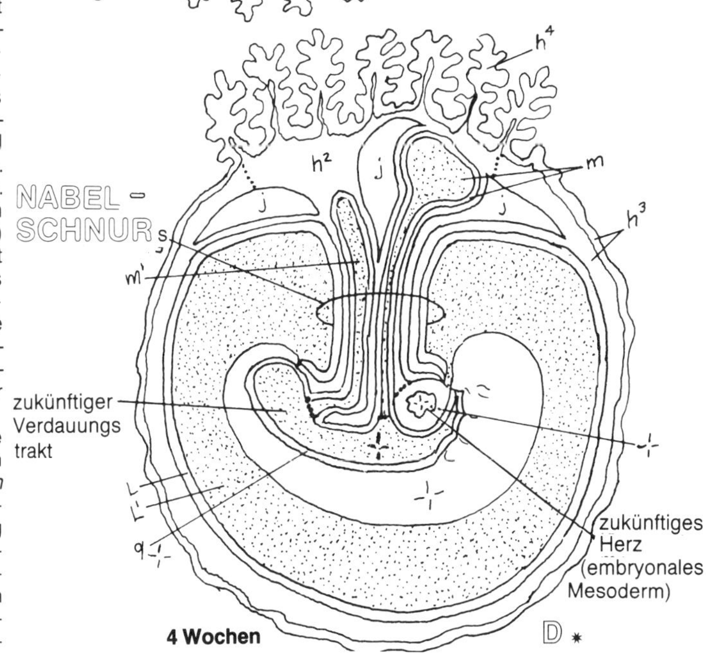

GESCHLECHTSORGANE / EMBRYO/FETUS* FETALE / MÜTTERLICHE HÜLLEN* PLAZENTA*

(vgl. Tafel 117–119, 121, 122, 102, 81)

11 Farben

1. In der unteren Abb. füllt das Fruchtwasser die Räume um die Nabelschnur. Beachten Sie auch, daß aus Platzgründen die Decidua parietalis und das Myometrium zusammen als eine Schicht (Uteruswand) dargestellt sind.
2. Im Kontrast zur schwarz auszumalenden Uterushöhle (y ●) sollen für (t) und (v) helle Farben verwendet werden.

EMBRYO r+, FETUS r_1+
NABELSCHNUR s
AMNION + -HÖHLE L
DOTTERSACK m
CHORION h_3 / ZOTTEN h_4
DECIDUA: *
D. CAPSULARIS t
D. BASALIS u
D. PARIETALIS v
MYOMETRIUM w+
SCHLEIMPFROPF x
UTERUSHÖHLE y ●
ZERVIX z

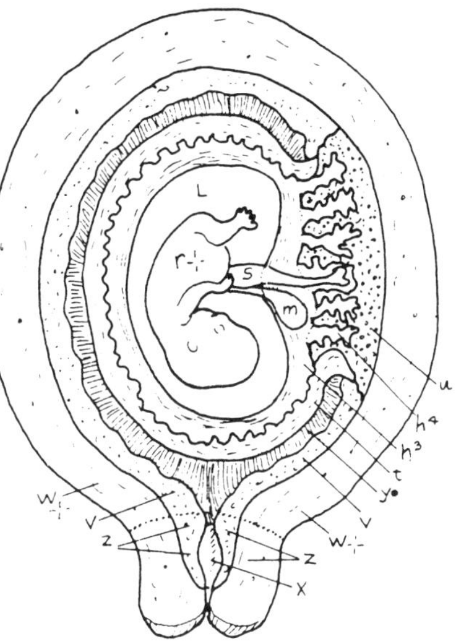

8 Wochen alter Embryo

PLAZENTA*

CHORIONZOTTEN h_4
DECIDUA BASALIS u

UTERUSWAND 1.
VAGINA 2.

Die strukturelle Organisation des *Embryo/Fetus* leitet sich von den drei ursprünglichen Keimblättern ab: Ektoderm, Mesoderm und Entoderm. Aus dem *embryonalen Ektoderm* bilden sich die Epidermis der Haut sowie die Hautanhangsgebilde (Haare, Drüsen, Tastrezeptoren etc.), das Nervensystem, bestimmte epitheliale Auskleidungen und Drüsen. Aus dem *embryonalen Entoderm* entwickeln sich die epithelialen Auskleidungen des Verdauungs- und Atmungstraktes sowie bestimmte epitheliale Auskleidungen und Drüsen. Aus dem *embryonalen Mesoderm* (im Unterschied zum extraembryonalen Mesoderm von Chorion, Amnion und Nabelschnur) entwickelt sich die Muskulatur des Körpers (einschließlich der Herzmuskulatur), Blutgefäße, lymphatische Gefäße und -Organe, ein Großteil des Harntraktes und alle anderen Gewebe, die nicht vom Ektoderm oder Entoderm abstammen.

Der wachsende Embryo (der nach 8 Wochen der Entwicklung als Fetus bezeichnet wird) ist von tragenden, ernährenden und schützenden Hüllen umgeben. Diese Hüllen sind teils mütterlichen, teils fetalen (Blastozyste) Ursprungs. Aus der Blastozyste (fetaler Ursprung) entstehen das *Amnion*, das *Chorion*, die *Nabelschnur*, der *Dottersack* und die *Allantois*. Bei den Hüllen mütterlichen Ursprungs handelt es sich um verdichtete, deutlich abgrenzbare Schichten des Endometriums, in das sich die Blastozyste eingenistet hat. Diese als *Decidua* bezeichneten Schichten werden zusammen mit den fetalen Membranen nach der Geburt des Kindes abgestoßen.

Die tiefste Schicht der Decidua ist die *Decidua parietalis*, die dem *Myometrium* anliegt. Nur der unterste Teil dieser Schicht bleibt bei der Abstoßung der »Nachgeburt« zurück und wird später das neue Endometrium aufbauen. Die *Decidua basalis* ist diejenige Region des Endometriums, in die die ersten Chorionzotten des Trophoblasten vorwachsen. Sie besteht aus Drüsengewebe und Gefäßsprossen und bildet den mütterlichen Teil der Plazenta, der die Chorionzotten, den fetalen Teil der Plazenta, umgibt. In der *Plazenta* (Mutterkuchen) münden mütterliche Gefäße in Spalträume zwischen den mit fetalem Blut durchflossenen Zotten. Hier werden Sauerstoff, Nährstoffe und fetale Abfallprodukte zwischen den beiden Kreislaufsystemen ausgetauscht. Die Gefäße der Zotten fließen in der Nabelschnur zusammen und bilden die Nabelgefäße (n. d.). Die oberflächlichste Decidua-Schicht, die *Decidua capsularis*, liegt direkt dem Chorion an; sie ist die einzige mütterliche Schicht, die den Fetus mit Amnion und Chorion umhüllt. Während der Fetus mit dem Amnion wächst und die *Uterushöhle* immer mehr ausfüllt, wird die *Decidua parietalis* zunehmend gegen die Uteruswand gedrückt. Dadurch geht sie zugrunde und wird resorbiert.

Von den fetalen Membranen umhüllen nur Chorion und Amnion den Embryo/Fetus. In der späteren Entwicklung verliert das Chorion den Großteil seiner Hüllen, mit Ausnahme der Seite, an der die Zotten einen Teil der Plazenta bilden. Der Fetus entwickelt sich innerhalb der Flüssigkeits-gefüllten Amnionhöhle, von Amnion umgeben. Bereits 4 Wochen nach der Befruchtung drückt das Amnion infolge seines Wachstums gegen das Chorion. Die plasmaähnliche Amnionflüssigkeit *(Fruchtwasser)* ermöglicht es dem darin schwimmenden Embryo, seine Körperform ohne mechanischen Druck zu entwickeln. Das Fruchtwasser dient ferner als Wasserpolster, das Stöße absorbiert. Kurz vor der Geburt (Partus) reißen die Chorion- und Amnionhülle, ca. ½ l oder mehr Fruchtwasser fließt über die Vagina aus, wobei es den Schleimpropf in der Zervix hinausspült (Blasensprung). Zur Geburt kommt es durchschnittlich 280 Tage nach der Befruchtung. Beachten Sie in der unteren Abb., daß die Abdominalorgane, die Harnblase und das Rektum in späteren Stadien der Schwangerschaft komprimiert werden. Ferner kommt es in der Regel zu einer Bewegungseinschränkung des Zwerchfells, so daß die Interkostalmuskulatur verstärkt zur Atemarbeit herangezogen werden muß.

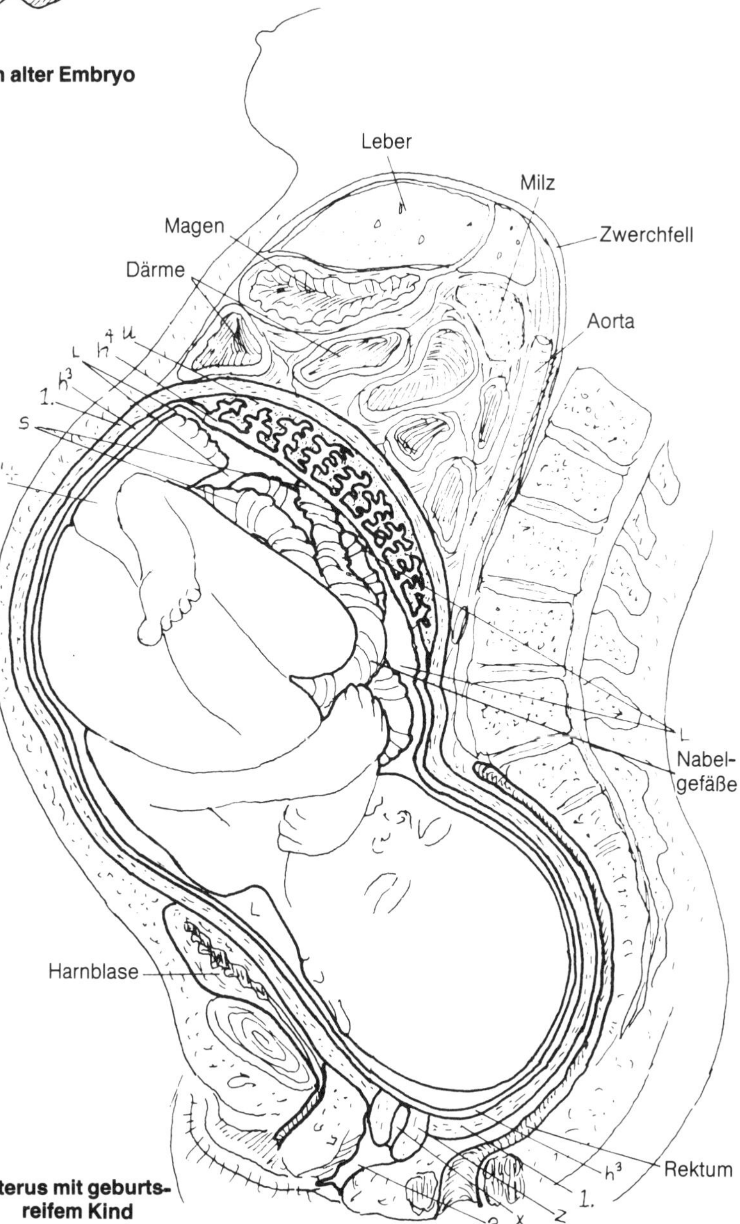

Uterus mit geburtsreifem Kind (40 Wochen)

ENDOKRINES SYSTEM
EINLEITUNG*

Verwenden Sie eine sehr helle Farbe für Struktur C und eine dunklere für Strukturen D (die sich eigentlich auf der hinteren Oberfläche der Schilddrüse befinden).
Nach dem Ausmalen der endokrinen Drüsen und Gewebe bearbeiten Sie das Schema unten links.

ENDOKRINE DRÜSEN:*

HYPOPHYSE A
ZIRBELDRÜSE B
SCHILDDRÜSE C
EPITHELKÖRPERCHEN (4) D
THYMUS E
NEBENNIEREN (2) F
PANKREAS G
EIERSTÖCKE (2) H
HODEN (2) I

ENDOKRINE GEWEBE:*

HYPOTHALAMUS J
HERZ K
NIEREN (2) L
VERDAUUNGSTRAKT M
PLAZENTA N

Endokrine Drüsen und Gewebe sind Ansammlungen von sekretorischen Zellen und deren Stützgewebe, das viele Kapillaren enthält, in welche die sezernierten Hormone abgegeben werden. Diese Drüsen haben keine Ausführungsgänge. Manche sekretorischen Zellen des endokrinen Systems findet man auch in nichtendokrinen Organen; sie können dort diffus verteilt sein (z.B. im *Verdauungstrakt* oder als Leydigsche Zwischenzellen im *Hoden*), in Form von endokrinen »Inseln« angeordnet (z.B. *Pankreas*-Inseln) oder als Gruppe von sekretorischen Neuronen im Gehirn *(Hypothalamus)*. Andere bilden eigenständige Organe, deren Hauptaufgabe die Hormonsekretion ist (z.B. *Schilddrüse, Hypophyse* usw.). Hormone sind biochemisch aktive Stoffe, die in Zellen der Zielorgane, die sich weit entfernt vom Ort der Sekretion befinden können, bestimmte Reaktionen auslösen. In Zusammenarbeit mit dem Nervensystem regeln die endokrinen Drüsen und Gewebe die Funktionen von verschiedenen, manchmal scheinbar unabhängigen Organen durch positive und negative Kontrollmechanismen. Sie steuern das Wachstum, die Reproduktion und mit ihr zusammenhängende Funktionen sowie die Stabilität des Stoffwechsels (diesen inneren Gleichgewichtszustand nennt man Homöostase).

Weniger bekannt ist die hormonelle Aktivität von *Herz* (es sezerniert das atriale natriuretische Peptid oder *ANP*, das die Natriumausscheidung erhöht und die Kontraktion der glatten Muskelzellen hemmt), *Nieren* (sezernieren das Renin, das an der Bildung von Substanzen, die zur Gefäßverengung und Blutdruckerhöhung führen, beteiligt ist, sowie das Erythropoetin, das die Bildung der Erythrozyten stimuliert), *Verdauungstrakt* (bildet viele Polypeptidhormone zur Regulation der gastrointestinalen Motilität und Enzymsekretion) und *Plazenta* (sezerniert das humane Choriongonadotropin oder HCG zur Förderung des embryonalen Wachstums während der ersten 90 Tage nach der Befruchtung, aber auch Östrogen, Progesteron sowie HCS, ein Hormon zur Förderung des Wachstums und der Milchbildung in der Brust).

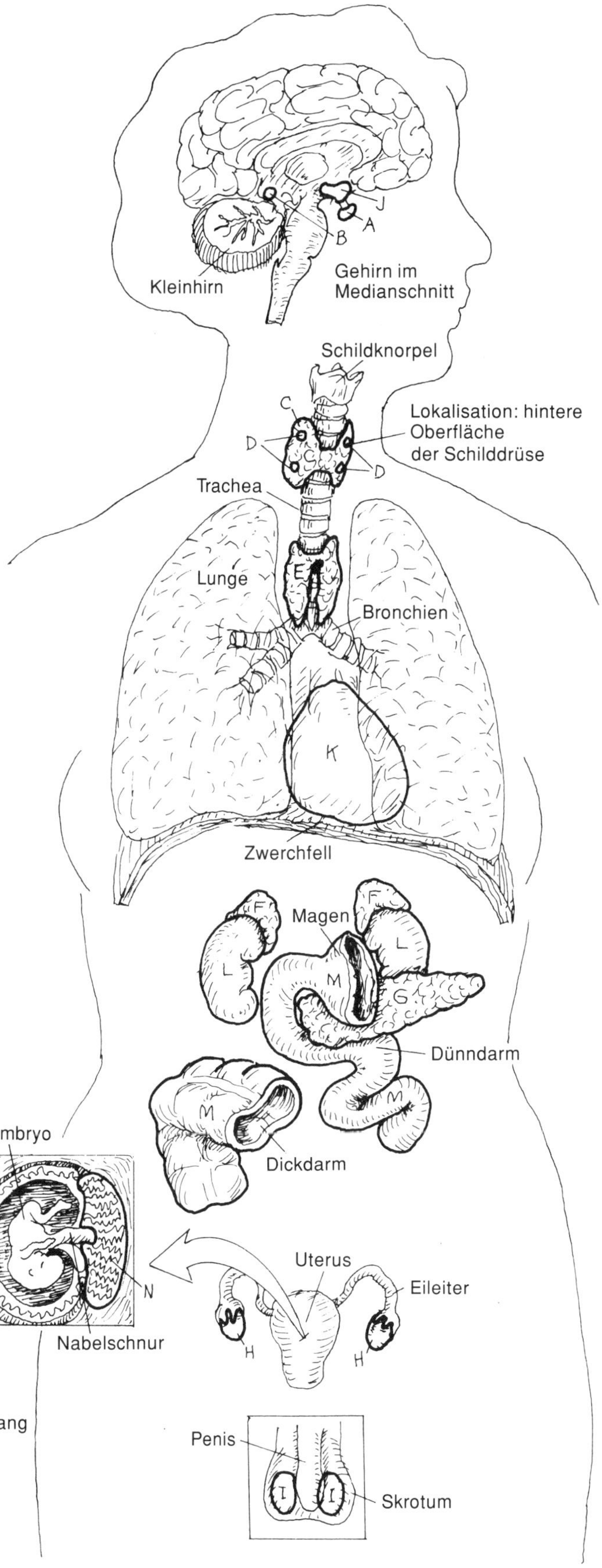

endokrine Funktion

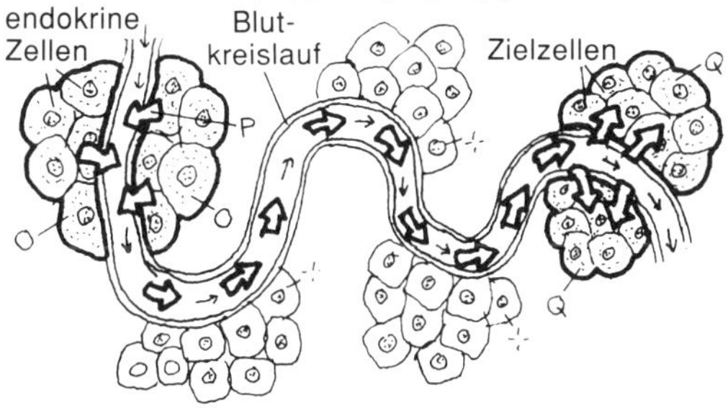

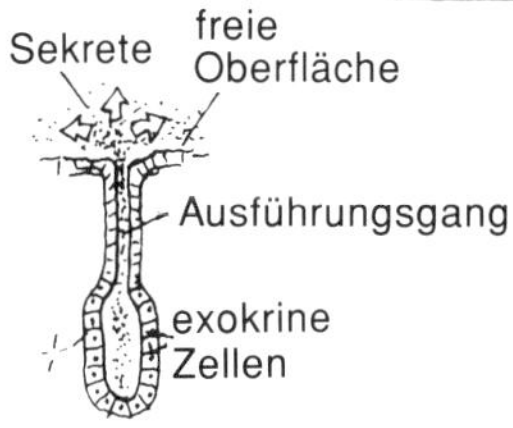

exokrine Drüse
(zum Vergleich)

ENDOKRINE DRÜSE O
HORMONSEKRETION P
ZIELORGAN Q

ENDOKRINES SYSTEM
HYPOPHYSE und HYPOTHALAMUS*

Verwenden Sie Rot für Struktur H, Blau für K, Violett für I und eine leuchtende Farbe für J.
Beginnen Sie mit der vergrößerten Darstellung von Hypophyse und Hypothalamus.

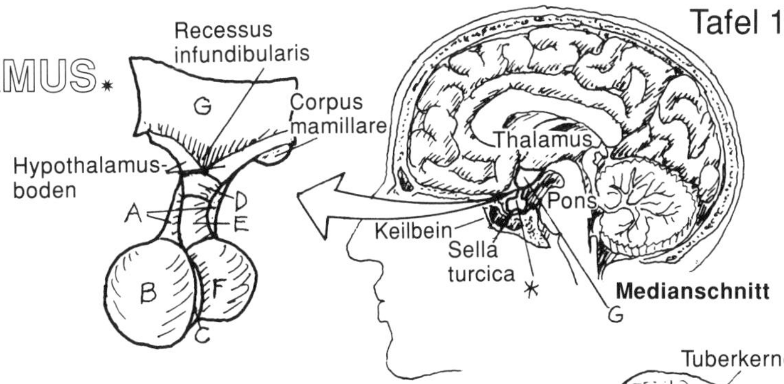

HYPOPHYSE (HIRNANHANGSDRÜSE):*
ADENOHYPOPHYSE: +

PARS INFUNDIBULARIS A
VORDERLAPPEN B
PARS INTERMEDIA C

NEUROHYPOPHYSE: +

EMINENTIA MEDIANA D
INFUNDIBULUM E
HINTERLAPPEN F

HYPOTHALAMUS G

Die Hypophyse (Hirnanhangsdrüse) ist über den Hypophysenstiel *(Infundibulum)* mit dem *Hypothalamus* des Gehirns verbunden. Sie liegt in einer knöchernen Einbuchtung, der Sella turcica des Keilbeins und hat etwa die Größe von vier Erbsen. Der drüsige Teil (Adenohypophyse) ist aus einer Ausstülpung in der Entwicklung des Kopfdarmdaches nach oben hervorgegangen, der neurale Teil (Neurohypophyse) aus einer Ausstülpung des Hypothalamus nach unten. Die mit dem Hypothalamus strukturell verbundene Neurohypophyse besteht – von oben nach unten – aus der *Eminentia mediana*, dem Infundibulum und dem *Hinterlappen*. Die Adenohypophyse besteht aus der *Pars infundibularis*, die das Infundibulum umhüllt, dem *Vorderlappen* und der *Pars intermedia*, die rudimentär angelegt ist und offenbar keine bedeutende Hormonproduktion mehr hat.

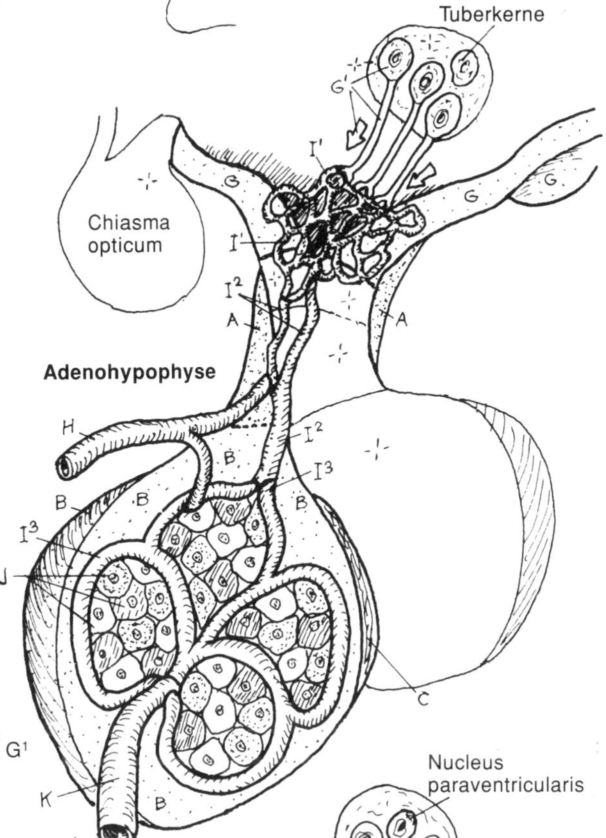

ADENOHYPOPHYSE: +

NEUROSEKRETORISCHE NERVENZELLEN/HORMONE G¹
A. HYPOPHYSIALIS SUPERIOR H
PORTALSYSTEM DER HYPOPHYSE: I
KAPILLAREN I¹/PORTALVENE I²/SINUSOIDE I³
SEKRETORISCHE ZELLEN J/HORMONE J¹
HYPOPHYSENVENE K

Der Hypophysenvorderlappen enthält Zellen, die verschiedene Hormone sezernieren (s. Tafel 126). Diese Zellen werden dazu von *Hormonen* aus den *neurosekretorischen Nervenzellen* des Hypothalamus stimuliert. Diese übergeordneten Steuerhormone (Releasing- und Inhibiting-Hormone) werden in die *Kapillaren* der Eminentia mediana sezerniert und gelangen über *Portalvenen* in die *Sinusoide* des Vorderlappens, die um die sekretorischen Zellen verlaufen. Die im Vorderlappen sezernierten Hormone gelangen dann über die *Hypophysenvene* und den Körperkreislauf zu ihren Zielorganen.

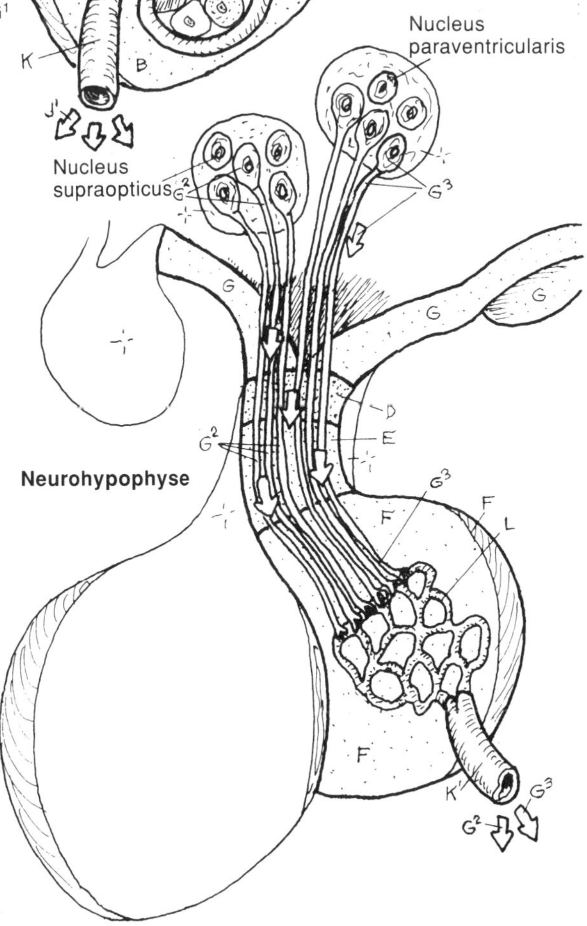

NEUROHYPOPHYSE: +

NEUROSEKRETORISCHE NEURONE VON:
NUCLEUS SUPRAOPTICUS/HORMONE G²
NUCLEUS PARAVENTRICULARIS/HORMONE G³
KAPILLARNETZ L
HYPOPHYSENVENE K¹

Der Hypophysenhinterlappen enthält keine sekretorischen Zellen. Die Axone von neurosekretorischen Nervenzellen der *Nuclei supraopticus* und des *paraventricularis* des Hypothalamus verlaufen durch das Infundibulum hinab zum *Kapillarnetz* des Hinterlappens. Dort setzen die kolbenförmig erweiterten Axonendigungen die Hormone Oxytozin und ADH (antidiuretisches Hormon) in den Blutkreislauf frei (s. Tafel 126).

ENDOKRINES SYSTEM
HYPOPHYSE UND IHRE ZIELORGANE*

Verwenden Sie eine sehr helle Farbe für Struktur J und die gleiche Farbe wie in der vorhergehenden Tafel für die Hypothalamushormone (A).

1. Beginnen Sie mit den Pfeilen und Kreisen, die diese Hormone darstellen, einschließlich der Penetration in die Zellen des Hypophysenvorderlappens.
2. Malen Sie die Hypophysenhormone aus.
3. Bemalen Sie dann die Pfeile, welche die Hormone der Zielorgane darstellen, einschließlich deren Feedback-Funktion.

HYPOPHYSENHORMONE:*

FOLLIKELSTIMULIERENDES HORMON (FSH) B
LUTEINISIERENDES HORMON (LH) C
THYROTROPIN (TSH) D
ADRENOCORTICOTROPES HORMON (ACTH) E
WACHSTUMSHORMON (STH) F
PROLAKTIN G
OXYTOZIN H
ANTIDIURETISCHES HORMON (ADH) I

HORMONE DER ZIELORGANE: J

ÖSTROGEN K
PROGESTERON L
TESTOSTERON M
THYROXIN N
NEBENNIERENRINDENHORMONE O

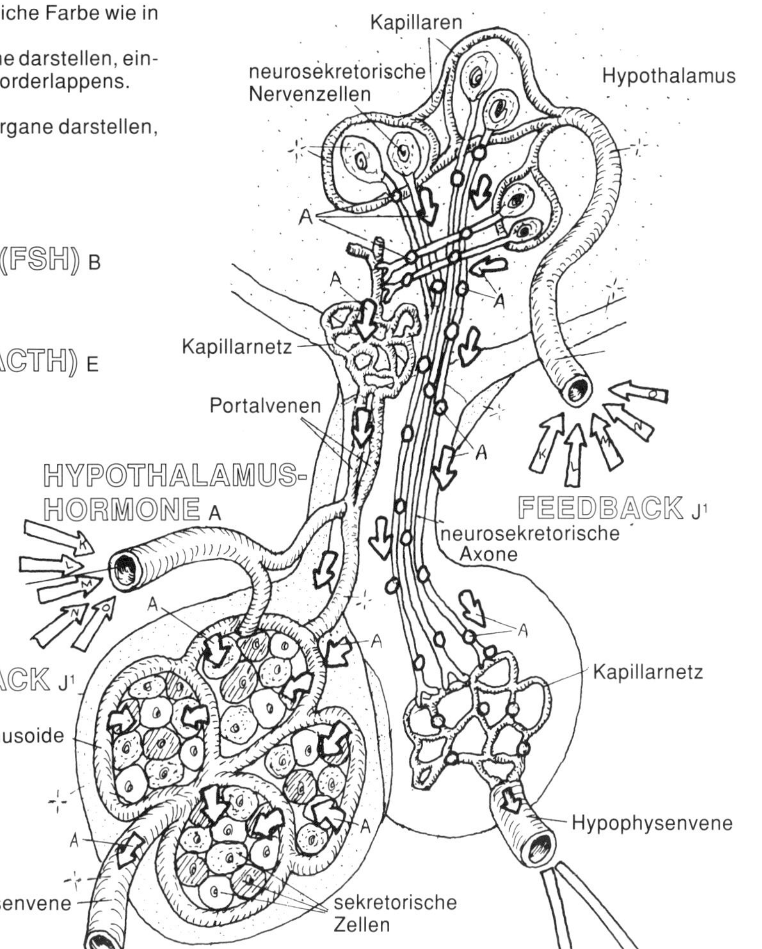

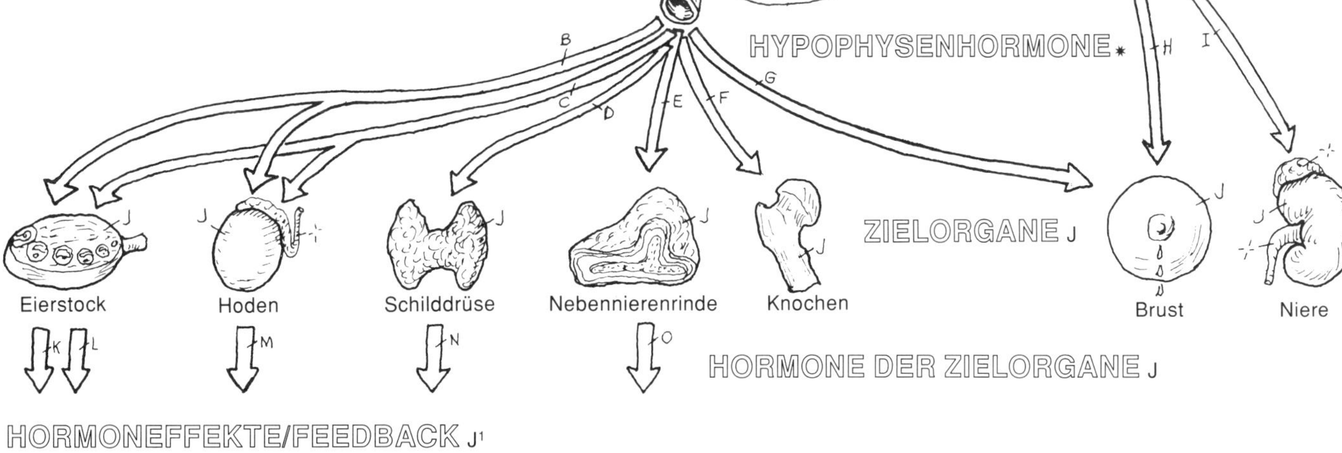

In der vorhergehenden Tafel wurde gezeigt, daß der Hypothalamus durch Blutgefäße und sekretorische Axone eng mit der Hypophyse verbunden ist. In dieser Tafel betrachten wir die *Hypothalamushormone* (Releasing- und Inhibiting-Hormone), die Hypophysenhormone, deren *Zielorgane* und die Hormone dieser Zielorgane. Durch Hypothalamushormone, die im Bereich des Infundibulums die sekretorischen Axone in das hypophysäre Portalsystem freisetzen, werden die sekretorischen (Drüsen-) Zellen des Hypophysenvorderlappens stimuliert. Diese Zellen sezernieren dann Adenohypophysenhormone, die in den Kreislauf abgegeben werden und die Funktionen verschiedener Zielorgane steuern. *FSH* steuert das ovarielle Follikelwachstum, die Sekretion von *Östrogen* und die Spermatogenese in den Hoden. *LH* stimuliert die *Testosteron*-Sekretion, die Ovulation, die Bildung des Gelbkörpers sowie die Sekretion von Östrogen und Progesteron. *TSH* stimuliert die Sekretion des Schilddrüsenhormons *Thyroxin*. Das *adrenocorticotrope Hormon (ACTH*, Kortikotropin) stimuliert die Sekretion der *Nebennierenrindenhormone*; ACTH hat aber auch melanozytenstimulierende Eigenschaften (Verteilung von Pigment in der Haut). *STH* stimuliert das Körperwachstum, besonders das der Knochen. *Prolaktin* vermittelt die Milchsekretion. *Oxytozin* und *antidiuretisches Hormon (ADH*, Vasopressin) werden in den neurosekretorischen Zellen der Nuclei supraopticus und paraventricularis des Hypothalamus gebildet. Über die langen Axone dieser Neurone werden sie in den Hypophysenhinterlappen transportiert und an die dortigen Kapillaren abgegeben. Oxytozin induziert den Milchfluß und stimuliert die Uteruskontraktionen. Vasopressin bewirkt in den Nieren die Retention des Körperwassers (Antidiurese); es verengt die Gefäße und steigert so den Blutdruck, dazu wird es auch therapeutisch eingesetzt.

Die Steuerung der Hypothalamus- und Hypophysensekretion erfolgt über Rückkopplungsmechanismen (Feedback). Ein Beispiel für ein negatives Feedback ist das Verhältnis von Östrogen zu FSH: Wenn die Östrogen-Konzentration im Plasma ansteigt, vermindert sich dadurch die Produktion von FSH. Ein positives Feedback zwischen Hormonen ist dagegen seltener.

ENDOKRINES SYSTEM
SCHILDDRÜSE UND EPITHELKÖRPERCHEN*

Verwenden Sie Rot für Struktur H, Blau für I sowie helle Farben für E, F, G. Strukturen A und D sollen die gleichen Farben wie die entsprechenden Strukturen in Tafel 124 erhalten.

1. Bemalen Sie die drei oberen Abbildungen gleichzeitig und beachten Sie dabei die Arterien und Venen, die in die Schilddrüse eindringen.
2. Bearbeiten Sie die mikroskopischen Schnitte der Follikel in Über- und Unterfunktion; das normale Bild liegt etwa zwischen diesen beiden Extremen.
3. Malen Sie das Funktions-Schema von Schilddrüse und Epithelkörperchen aus.

SCHILDDRÜSE A

SCHILDDRÜSENFOLLIKEL: +
FOLLIKELZELLE B
KOLLOID C
THYROXIN A'

EPITHELKÖRPERCHEN (4) D

PARATHORMON D'

ASSOZIIERTE STRUKTUREN: *

TRACHEA E
PHARYNX F
ÖSOPHAGUS G
ARTERIEN H
VENEN I

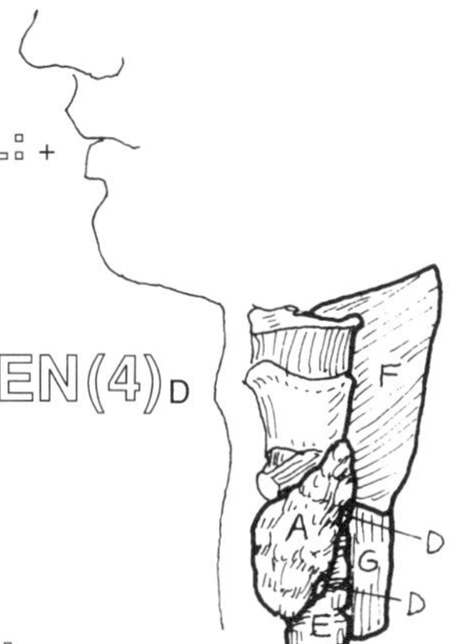

Seitenansicht

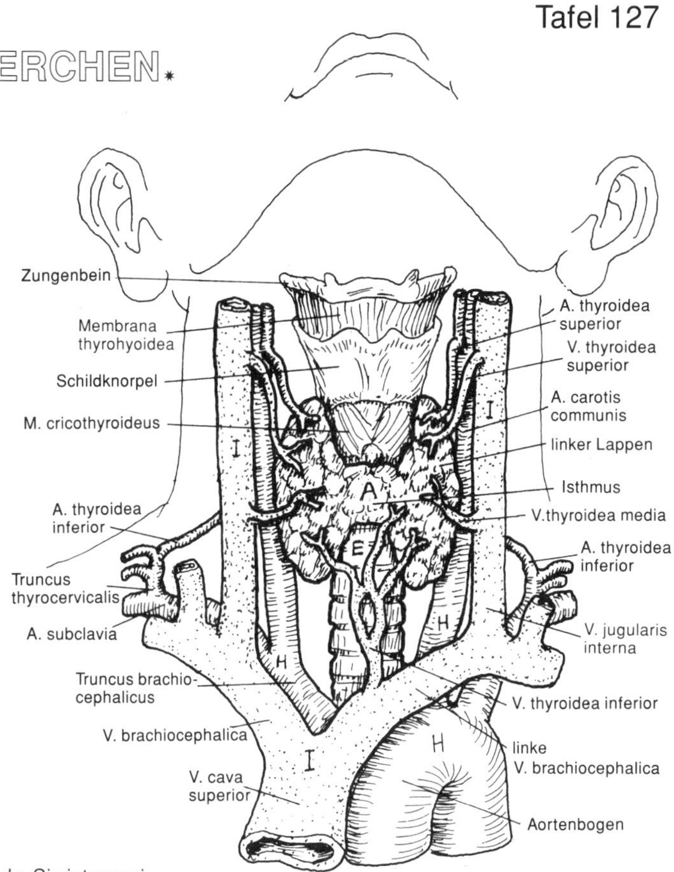

Ansicht von vorne

Die *Schilddrüse* bedeckt die vordere Oberfläche des 2. bis 4. Trachealknorpels. Sie ist von einer bindegewebigen Kapsel eingehüllt, die auf der Rückseite 4 *Epithelkörperchen* enthält. Die Schilddrüse besteht aus einem rechten und einem linken Lappen, die durch den Isthmus verbunden sind. Im Feinbau findet man beerenförmig angeordnete Nester von *Follikeln*, die von einem lockeren, gefäßreichen Bindegewebe gestützt werden. Der mikroskopische Schnitt durch einen Follikel zeigt ein einschichtiges kubisches Epithel, das die Follikelwand bildet. Die Follikel enthalten *Kolloid*, ein von den *Follikelzellen* produziertes Glykoprotein (Thyroglobulin). Die Zellen nehmen das Thyroglobulin auf und bauen aus dessen Bestandteilen eine Reihe von Hormonen, vor allem *Thyroxin* (T4, Tetrajodthyronin). Anschließend wird Thyroxin in die umliegenden Kapillaren sezerniert. Schilddrüsenhormone enthalten Jodid, das die Follikelzellen aus dem Blut aufnehmen. Bildung und Sekretion von Thyroxin wird gefördert durch Thyrotropin (TSH) aus der Hypophyse. Das Verhältnis der Hormone regelt sich über einen negativen Feedback-Mechanismus: Die vermehrte Sekretion von Thyroxin hemmt die weitere Sekretion von TSH. In fast allen Geweben erhöht Thyroxin den Sauerstoffverbrauch und fördert so den Stoffwechsel. Es ist vielfältig an Wachstum und Entwicklung beteiligt. Eine exzessive Sekretion von Thyroxin (Schilddrüsenüberfunktion, Hyperthyreose) führt im allgemeinen zu Gewichtsverlust, starker Nervosität und einem erhöhten Grundumsatz. Eine angeborene Schilddrüseninsuffizienz (Schilddrüsenunterfunktion, Hypothyreose) manifestiert sich in Minderwuchs und geistiger Retardierung (Krankheitsbild: Kretinismus); wird die Unterfunktion erst später erworben, dann ist die geistige Leistungsfähigkeit vermindert, die Stimme ändert sich, und die Einlagerung von Schleim in Haut und Faszien führt zu einem aufgedunsenen Erscheinungsbild (Krankheitsbild: Kretinismus).

Die *Epithelkörperchen* (Glandulae parathyroideae) sind linsenförmige Ansammlungen eines gefäßreichen Gewebes, das zwei Zelltypen enthält, von denen der eine *Parathormon* sezerniert. Parathormon sorgt für eine ausreichende Kalzium-Konzentration im Plasma, und zwar durch Förderung der Osteoklasten-Aktivität (Knochenabbau), die zur Freisetzung von Kalziumionen (Ca^{++}) führt. Die normale Muskelaktivität sowie die Blutgerinnung hängen von normalen Kalziumspiegeln im Plasma ab. Eine verminderte Funktion der Epithelkörperchen führt zu einer Absenkung des Kalziumspiegels, was ab bestimmten Schwellenwerten zu Muskelsteifheit, Zuckungen und Krämpfen (Tetanie) führen kann.

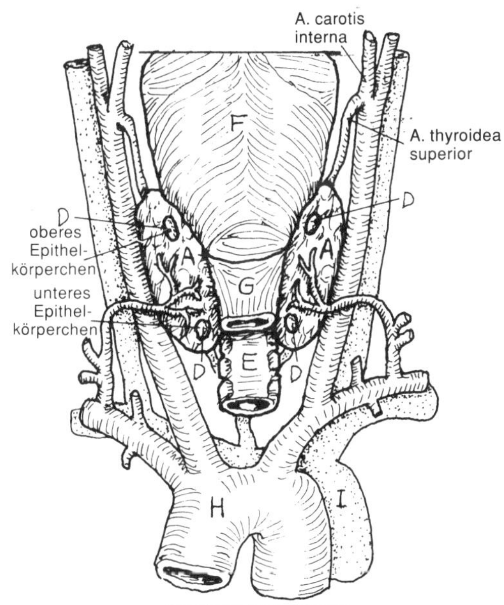

Ansicht von hinten

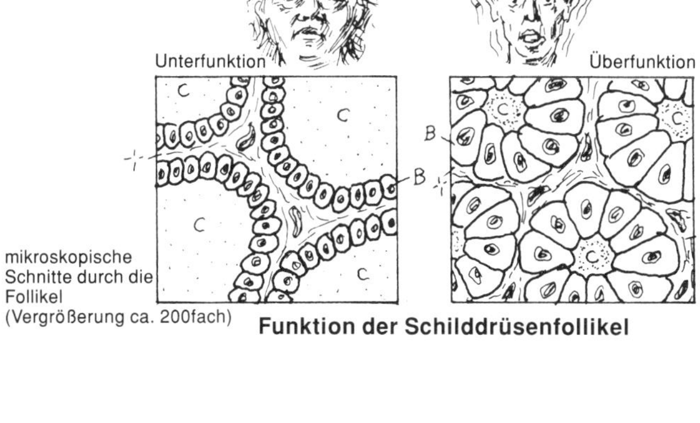

Funktion der Schilddrüsenfollikel

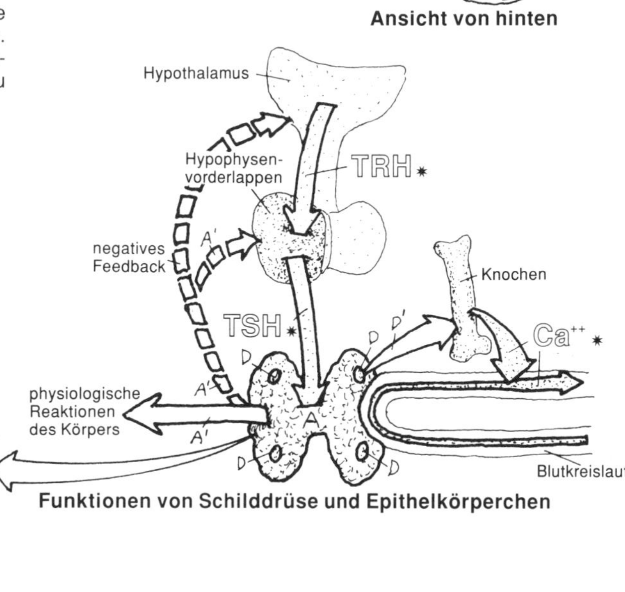

Funktionen von Schilddrüse und Epithelkörperchen

ENDOKRINES SYSTEM
NEBENNIEREN*

Verwenden Sie Rot für Struktur F, Blau für G, Gelb für H und eine sehr helle Farbe für E.

1. In der oberen Abbildung sollen nur die Gefäße, die mit Buchstaben gekennzeichnet sind, ausgemalt werden.
2. Bemalen Sie den Querschnitt durch die Nebenniere und die Pfeile für die sezernierten Hormone.
3. Malen Sie die verschiedenen Organe aus, die an der »Angriff oder Flucht«-Reaktion beteiligt sind. Beachten Sie auch die ausgelösten Effekte.

NEBENNIERE A

KAPSEL A1
RINDE: +
ZONA GLOMERULOSA B
ZONA FASCICULATA C
ZONA RETICULARIS D
MARK E

ARTERIEN: F

A. SUPRARENALIS SUPERIOR F1
A. SUPRARENALIS INFERIOR F3

VENEN: G

RECHTE G1 / LINKE G2 V. SUPRARENALIS

PLEXUS SUPRARENALIS: H

NERVUS SPLANCHNICUS MAJOR H1
GANGLIA COELIACA H2
PLEXUS H3

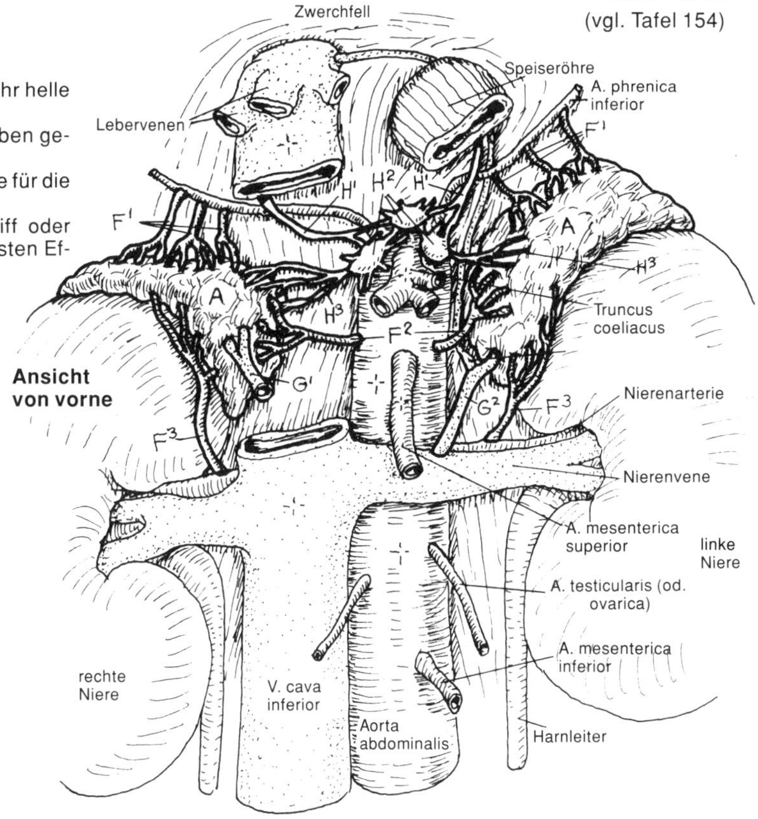

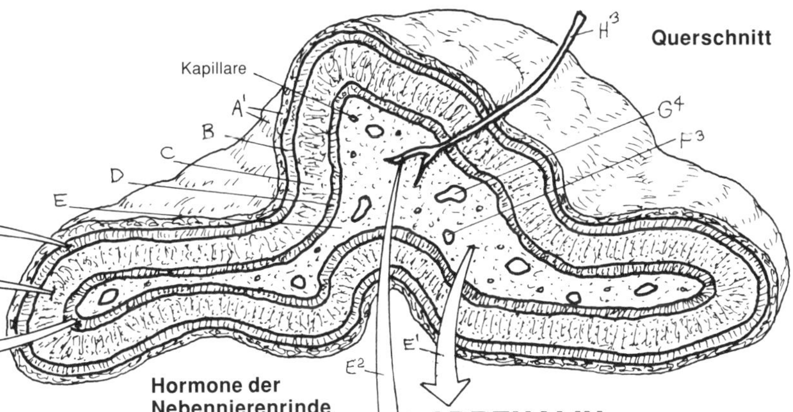

ALDOSTERON B
KORTISOL C
SEXUALHORMONE D

ADRENALIN E1
NORADRENALIN E2

Die *Nebennieren* (Glandulae suprarenales; supra = oberhalb, ren = Niere) liegen den Nieren oben medial auf, innerhalb eines die Nieren umgebenden Fasziensackes im Retroperitonealraum (in Höhe der Wirbel TH11-12). Wie auch andere endokrine Drüsen sind die Nebennieren sehr gefäßreich. Sie bestehen aus zwei völlig unterschiedlichen Organteilen: der *Rinde* (Cortex) und dem *Mark* (Medulla).

Die Nebennierenrinde wird in drei Regionen eingeteilt: die äußere *Zona glomerulosa* (sezerniert Hormone, die den Wasser- und Elektrolythaushalt regulieren, wie *Aldosteron* und andere Mineralokortikoide); die *Zona fasciculata* und die *Zona reticularis* (sezernieren Hormone, die den Kohlenhydrat-Stoffwechsel regulieren, wie *Kortisol* und andere Glukokortikoide, sowie geringe Mengen an *Sexualhormonen*). ACTH aus der Hypophyse stimuliert die Sekretion der Glukokortikoide. Aldosteron wird als Reaktion auf bestimmte Enzyme im Blut sezerniert (Renin-Angiotensin-Aldosteron-System). All diese Hormone sind in den Protein-, Kohlenhydrat-, Elektrolyt- und Flüssigkeitsmetabolismus involviert; daher ist die Nebennierenrinde ein lebenswichtiges Organ.

Das Nebennierenmark besteht aus Strängen von sekretorischen Zellen, die von retikulären Fasern verstärkt werden, und aus einer Vielzahl von Kapillaren. Fasern des *Nervus splanchnicus major* (ein großer präganglionärer Nerv des Sympathikus; aus den Rückenmarkssegmenten Th5-10 stammend) verlaufen durch die *Ganglia coeliaca*, ohne dort Synapsen auszubilden, und erreichen die Nebenniere. Diese Fasern enden an den sekretorischen Zellen und stimulieren diese. 80 Prozent dieser Zellen produzieren *Adrenalin*, die übrigen *Noradrenalin*. Bei diesen sekretorischen Zellen handelt es sich eigentlich um modifizierte postganglionäre Nervenzellen. Ihre Sekrete, deren Ausschüttung sich in Alarmsituationen beträchtlich erhöhen kann, führen zur »Angriff oder Flucht«-Reaktion, wie im rechten Diagramm dargestellt.

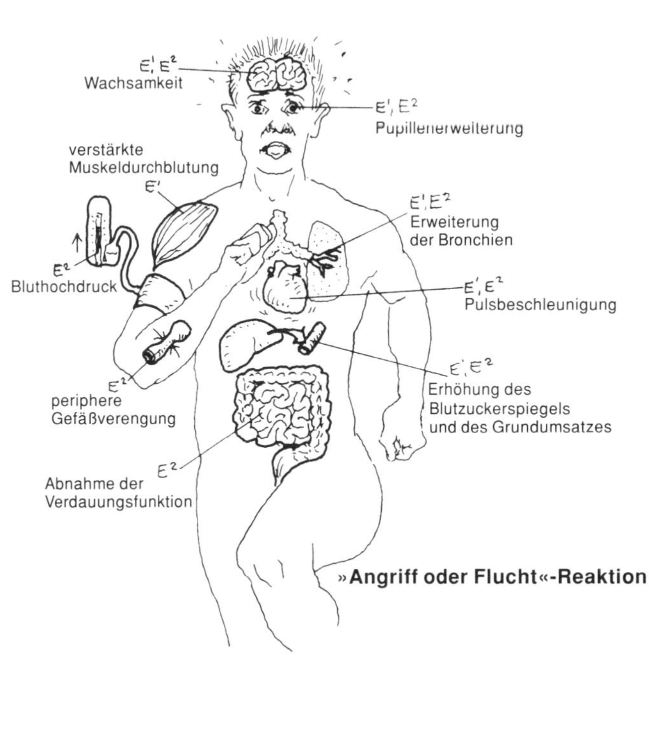

»Angriff oder Flucht«-Reaktion

ENDOKRINES SYSTEM
PANKREASINSELN.*

Verwenden Sie Violett für Struktur M und helle Farben für K und L.

1. In der oberen Abbildung sollen auch die gestrichelten Linien ausgemalt werden, sie repräsentieren Arterien, die innerhalb oder auf der Rückseite des Pankreas verlaufen.
2. Bemalen Sie den mikroskopischen Schnitt des Pankreas und die noch weiter vergrößerte Abbildung einer Pankreasinsel. Malen Sie dann die Pfeile und das Diagramm aus, das die Rolle von Glykogen- und Insulinrezeptoren im Glukose- und Glykogen-Stoffwechsel in den Leberzellen zeigt.

ARTERIEN DES PANKREAS:*

A. GASTRODUODENALIS und ÄSTE A
A. PANCREATICODUODENALIS SUP. ANTERIOR B
A. PANCREATICODUODENALIS SUP. POSTERIOR C
A. LIENALIS UND ÄSTE D
A. PANCREATICA DORSALIS E
A. CAUDAE PANCREATIS F
A. PANCREATICA MAGNA G
A. MESENTERICA SUPERIOR H
A. PANCREATICODUODENALIS INF. I

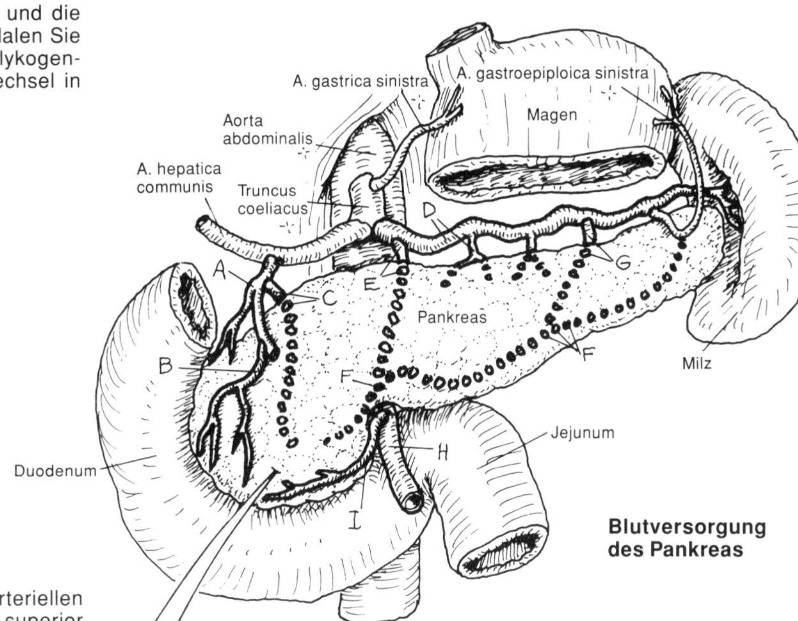

Blutversorgung des Pankreas

Die Bauchspeicheldrüse *(Pankreas)* wird von zahlreichen arteriellen Ästen aus dem Truncus coeliacus und der Arteria mesenterica superior versorgt. Die ausgedehnten Kapillarnetze des Pankreas werden von Ästen der Pfortader (Vena portae) drainiert, welche die sezernierten Hormone aus den Pankreasinseln zur Leber und weiter in den Körperkreislauf leiten.

PANKREASINSEL: J

A-ZELLE K
GLUKAGON K¹/REZEPTOR K²
B-ZELLE L
INSULIN L¹/REZEPTOR L²
BLUTKAPILLARE M
GLYKOGEN N
GLUKOSE N¹

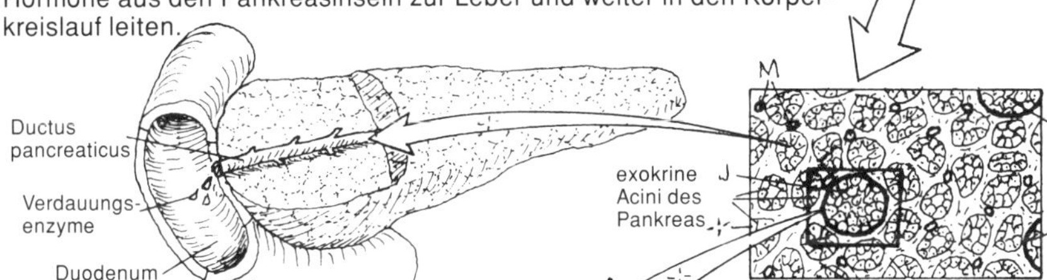

mikroskopischer Schnitt

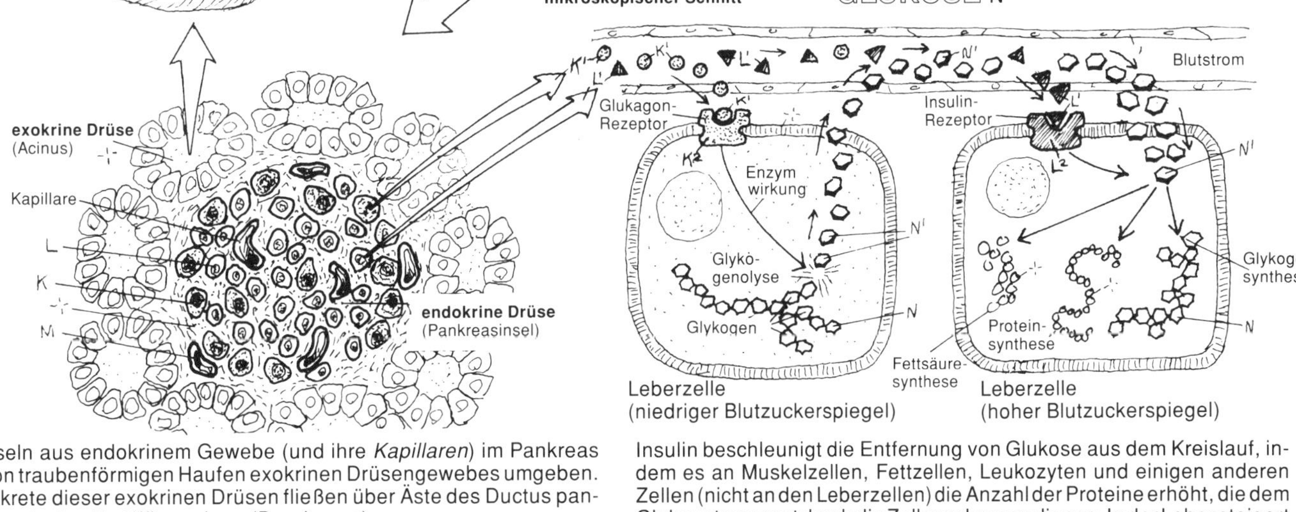

Die Inseln aus endokrinem Gewebe (und ihre *Kapillaren*) im Pankreas sind von traubenförmigen Haufen exokrinen Drüsengewebes umgeben. Die Sekrete dieser exokrinen Drüsen fließen über Äste des Ductus pancreaticus in den Zwölffingerdarm (Duodenum).

Die Inseln sind durch drei bis vier verschiedene Zelltypen charakterisiert. *A-Zellen* (etwa 20 % der Inselzellpopulation) sind im allgemeinen in der Inselperipherie lokalisiert und sezernieren *Glukagon*, ein Polypeptidhormon, das sich an *Glukagon-Rezeptoren* auf den Leberzellmembranen bindet. Glukagon induziert die Glykogenolyse, das ist der enzymatische Abbau von Glykogen zu Glukose, und fördert in der Leber die Glukoneogenese, das ist die Bildung von Glukose aus Aminosäuren. Beide Vorgänge führen zu einer Erhöhung des Glukosespiegels (»Blutzucker«).

B-Zellen, die 70 % der Inselzellpopulation ausmachen, besetzen die zentralen Anteile der Inseln und sezernieren das Polypeptidhormon *Insulin*, vor allem als Reaktion auf erhöhte *Glukose*spiegel. Das meiste Insulin wird von der Leber und den Nieren aufgenommen, doch können fast alle Zellen Insulin verwerten.

Insulin beschleunigt die Entfernung von Glukose aus dem Kreislauf, indem es an Muskelzellen, Fettzellen, Leukozyten und einigen anderen Zellen (nicht an den Leberzellen) die Anzahl der Proteine erhöht, die dem Glukosetransport durch die Zellmembranen dienen. In der Leber steigert Insulin die Synthese von *Glykogen* aus Glukose. Die Aufnahme von Insulin wird durch *Insulin-Rezeptoren* (Proteine) auf den äußeren und inneren Oberflächen von vielen – aber nicht allen – Zellmembranen erleichtert. Eine herabgesetzte Insulinsekretion, oder aber die Erniedrigung der Menge oder Funktion von Insulinrezeptoren, führt zur Glukoseintoleranz und/oder zur Zuckerkrankheit (Diabetes mellitus). Die Effekte der Insulinaktivität sind weitreichend: die Vermittlung des Elektrolyttransportes und die Speicherung von Nährstoffen (Kohlenhydrate, Proteine, Fette), die Förderung des Zellwachstums und die Anregung des Stoffwechsels der Leber, der Muskulatur und des Fettgewebes. Die Pankreasinseln haben noch zwei weitere Zelltypen – die D- und die F-Zellen (nicht dargestellt). Diese Zellen sind in der Peripherie der Inseln und machen etwa 5 – 10 % der Inselzellpopulation aus.

NERVENSYSTEM STRUKTURELLE EINTEILUNG DER NERVENZELLEN* MARKSCHEIDEN*

12 Farben
1. Bemalen Sie zuerst alle Strukturen eines Neurons, bevor Sie zum nächsten übergehen.
2. In der Darstellung des multipolaren Neurons ist die Umhüllung des Axons mit Markscheiden dargestellt. Rechts davon ist eine vergrößerte Darstellung dieser Hüllen wiedergegeben.

NEURON

ZELLEIB*
NUKLEUS a
NUKLEOLUS b
ZYTOPLASMA c
NISSL-SCHOLLEN d

FORTSÄTZE*
PERIPHERER FORTSATZ e
ZENTRALER FORTSATZ f
DENDRIT g
AXON h

UNIPOLAR*

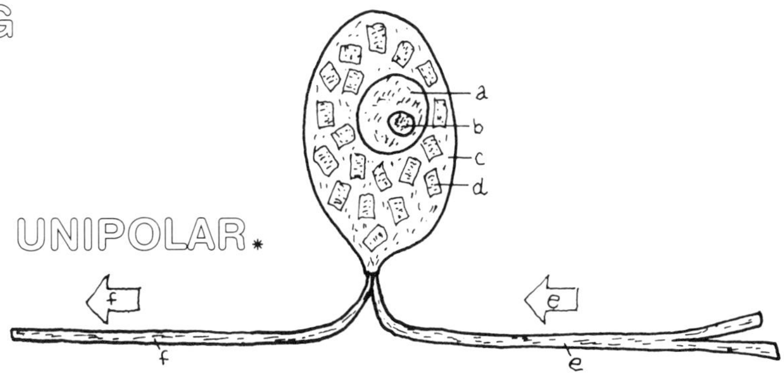

BIPOLAR*

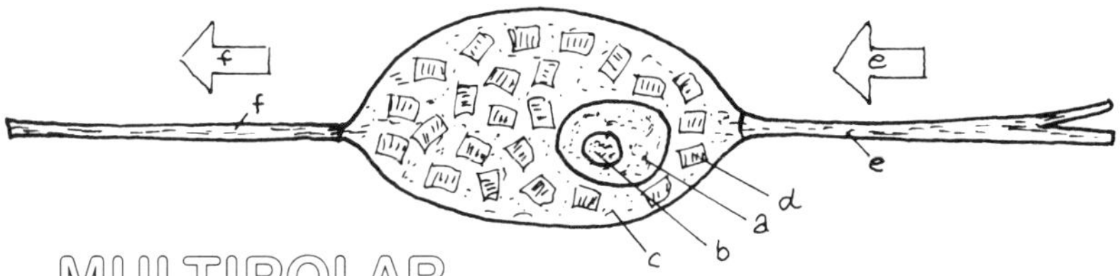

MULTIPOLAR*

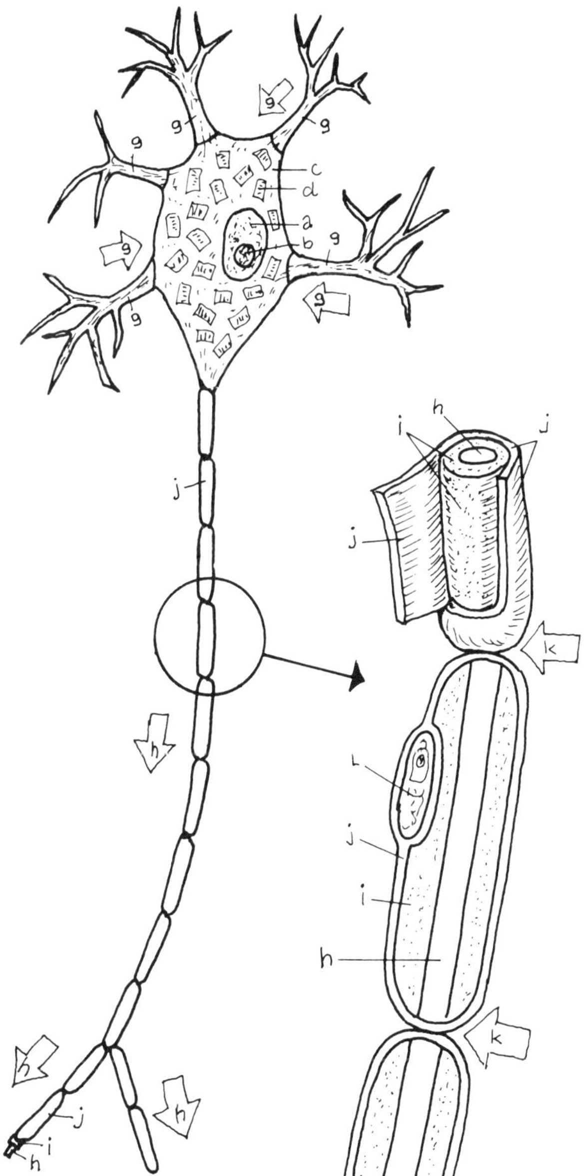

Die funktionelle Grundeinheit des Nervensystems ist die Nervenzelle, das *Neuron.* Nervenzellen sind charakterisiert durch ihre Fähigkeit, elektrochemische Energie als sogen. Nervenimpuls zu erzeugen und weiterzuleiten. Nervenimpulse sind keine Elektronen, dennoch sind sie elektrisch, denn es ist die Diffusion von elektrisch geladenen Atomen (Ionen) durch die Nervenzellmembran, die den Impuls weiterleitet. Eine Nervenzelle (Neuron) besteht aus einem *Zellleib* und einem oder mehreren Fortsätzen. Der Zelleib besteht aus dem *Nukleus* (Zellkern) und dem umgebenden *Zytoplasma.* In den meisten Nerven-Zelleibern werden relativ große Klumpen von rauhem endoplasmatischen Retikulum (sogenannte *Nissl-Schollen*) gefunden. Die Fortsätze sind lange zytoplasmatische Ausläufer des Zellkörpers und somit lebende Strukturen. Unter günstigen Voraussetzungen können bestimmte Ausläufer in peripheren Nerven nach ihrer Durchtrennung regenerieren.
Neurone können nach Art und Anzahl ihrer Fortsätze in verschiedene Gruppen eingeteilt werden: *unipolar* (ein Fortsatz), *bipolar* (zwei Fortsätze) und *multipolar* (viele Fortsätze). Die drei dargestellten Grundformen fassen die vielen verschiedenen Formen der Neurone zusammen. *Dendriten* sind kurze, stark verzweigte, baumartige Fortsätze ohne Markscheiden. Häufig sind sie mit Synapsen (Verbindungen mit anderen Neuronen) besetzt und leiten die Impulse anderer Zellen zum Zelleib. Dies ist typisch für multipolare Neurone; in unipolaren und bipolaren Neuronen zeigen die Dendriten jedoch den gleichen Aufbau wie Axone und sind nur insofern als Dendriten definiert, als sie Impulse zum Zelleib hinleiten. *Axone* sind sehr lange, dünne Fortsätze, die sich meist in Bündeln zu Nerven-Bahnen zusammenschließen. Eine Nervenzelle besitzt nur ein Axon. Axone sind in der Regel von komplex aufgebauten Hüllen umgeben und verzweigen sich meist erst an ihren Enden. Sie leiten die Nervenimpulse vom Zellleib weg. Die Fortsätze von unipolaren/bipolaren Neuronen werden auch zentrale bzw. periphere genannt. Im Zusammenhang mit Neuronenbahnen bezeichnet man sie generell als Axone.

MARKSCHEIDEN*

MYELIN i
NEUROLEMM j
RANVIERSCHER KNOTEN k
NUKLEUS EINER SCHWANNSCHEN ZELLE L

Die meisten Axone sind von einer oder zwei Hüllstrukturen umgeben, Myelin und/oder Neurolemm. Das *Neurolemm* ist die Zellmembran der *Schwannschen Zellen,* die sich um größere Axone des peripheren Nervensystems wickelt und dadurch mehrschichtige Markscheiden (Myelin) bildet. Die Markscheiden von Axonen des zentralen Nervensystems werden hingegen von bestimmten Gliazellen gebildet. *Myelin,* ein Phospholipid, isoliert die Axone und erhöht ihre Impulsleitungsgeschwindigkeit. Es spielt auch eine wichtige Rolle bei der Regeneration von peripheren Nerven. Die periodischen Einkerbungen im Verlauf eines myelinisierten Nerven *(Ranviersche Knoten)* stellen die Übergangsstellen zwischen benachbarten Schwannschen Zellen dar; sie erhöhen ebenfalls die Impulsleitungsgeschwindigkeit (der Impuls springt von Knoten zu Knoten). Axone, die Markscheiden besitzen, bezeichnet man als myelinisiert.

NERVENSYSTEM / AUFBAU EINER SYNAPSE*

9 Farben
1. Bemalen Sie bitte den Zelleib (c) mit einer einzigen Farbe; die Fortsätze erhalten eine andere Farbe.
2. Für die Strukturen (g) und (j) verwenden Sie am besten dunkle Farben.

PRÄSYNAPTISCHES AXON a
BOUTON TERMINAL b
ZELLEIB c
DENDRIT d
POSTSYNAPTISCHES AXON e

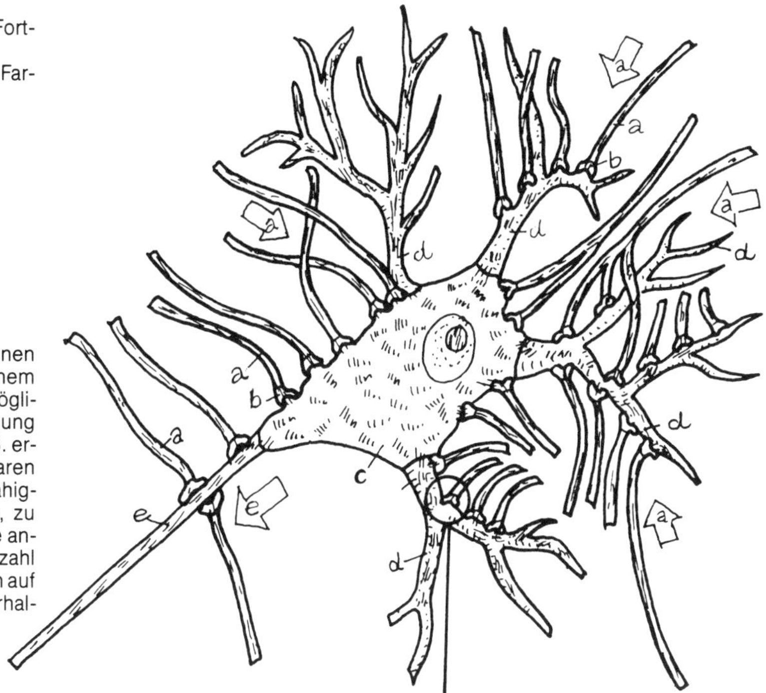

Die Verbindungen zwischen Neuronen nennt man *Synapsen.* An ihnen werden erregende (oder hemmende) elektrische Impulse von einem Neuron auf ein anderes übertragen. Eine oder zwei Synapsen ermöglichen den Aufbau von Reflexbögen zwischen sensorischer Erregung und motorischer Reaktion. Viele Synapsen (in der oberen Abb. z.B. erhält ein Neuron viele präsynaptische Axone) erhöhen die verfügbaren Reaktionsmöglichkeiten des Nervensystems beträchtlich. Die Fähigkeit, sensorische Reize und frühere Erfahrungen zu integrieren, zu koordinieren, zu assoziieren und zu ändern und entsprechend die angestrebte (motorische) Reaktion zu zeigen, hängt direkt von der Anzahl der Synapsen im Gehirn und Rückenmark ab. Ihre Zahl schätzt man auf weit über 10,000,000,000,000 (10 Billionen). Manche Neurone erhalten Impulse über mehr als 5000 Synapsen.

SYNAPSE*

PRÄSYNAPTISCHES AXON a
BOUTON TERMINAL b
MITOCHONDRIUM f
SYNAPTISCHE VESIKEL g
PRÄSYNAPTISCHE MEMBRAN h
SYNAPTISCHER SPALT i
NEUROTRANSMITTER j
POSTSYNAPTISCHE MEMBRAN k
POSTSYNAPTISCHES AXON e

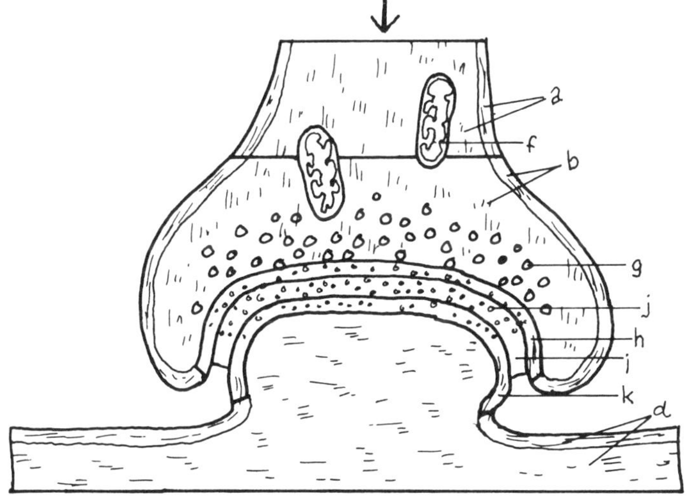

SYNAPSENTYPEN*

AXO b-AXONAL e
AXO b-SOMATISCH c
AXO b-DENDRITISCH g

Eine typische Synapse kann zwischen Axon und Axon, Axon und Zellleib (Soma) oder Axon und Dendrit bestehen. Elektronenmikroskopisch stellt sich die Wirkung der Synapse wie folgt dar: Ein elektrochemischer Impuls leitet sich über die Zellmembran des *präsynaptischen Axons* fort. Wenn dieser Impuls den *Bouton terminal* erreicht, wandern *synaptische Vesikel,* die *Neurotransmitter* enthalten, zur *präsynaptischen Membran,* verschmelzen mit dieser und setzen dadurch die Transmitter in den *synaptischen Spalt* frei. Die *Mitochondrien* liefern die Energie für die rasche Transmitterneubildung. Die beiden an der Synapse beteiligten Neurone haben, wie Sie sehen, keinen unmittelbaren Kontakt. Der Transmitter bindet sich an eine spezifische Molekül-Konformation (Rezeptor) in der *postsynaptischen Membran* des Empfängerneurons. Im postsynaptischen Neuron kommt es hierauf zu einer der folgenden Reaktionen: Wenn die chemische Erregung, entweder infolge wiederholter Synapsenstimulation oder aufgrund des Zusammenwirkens vieler Synapsen, die elektrochemische Erregungsschwelle überschreitet, kommt es zur Weiterleitung des Impulses über das Axon (exzitatorische Synapsen); aber es kann durch die chemische Erregung die Weiterleitung eines elektrochemischen Impulses auch gehemmt und somit ein Erreichen der Erregungsschwelle verhindert werden (inhibitorische Synapsen). Die Aktivität des Gehirns und Rückenmarks besteht zum Großteil in der Exzitation (Erregung) und Inhibition (Hemmung) von Impulsen der sensorischen Eingabe und motorischen Ausgabe.

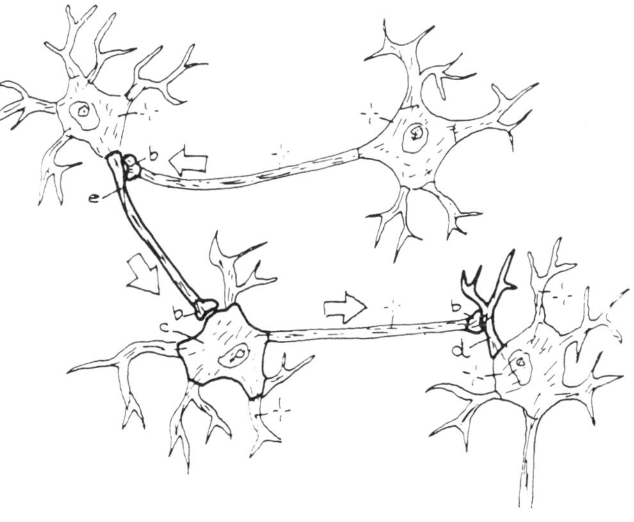

NERVENSYSTEM / FUNKTIONELLE EINTEILUNG DER NERVENZELLEN/NERVENENDIGUNGEN *

Die meisten Neurone des Nervensystems arbeiten auf eine der drei folgenden Weisen: 1. Entweder leiten sie Impulse aus dem Körper zum ZNS (afferente Neurone), oder 2., sie leiten Impulse vom ZNS in den Körper (efferente Neurone) oder 3., sie bilden ein Netz von verbindenden Neuronen zwischen den afferenten und efferenten Neuronen. Wenn die Neurone von der Körperperipherie kommen bzw. dorthin verlaufen (Skelettmuskulatur, Sehnen und Bänder der Extremitäten und Rumpfwand oder Haut und Faszie), bezeichnet man sie als *somatisch* (somatosensibel/-motorisch). Wenn die Neurone aus den Eingeweiden des Körpers stammen oder zu diesen verlaufen, bezeichnet man sie als *viszeral* (viszerosensibel/-motorisch). Keine Berücksichtigung finden hierbei die Neurone, die Neurohormone bzw. aktivierende Faktoren produzieren, sowie spezialisierte Rezeptor-Neurone (Chemorezeptoren etc.), die alle im ZNS vorkommen.

11 Farben

1. Wählen Sie bei den beiden unteren Abbildungen für das ganze sensible und motorische Neuron jeweils eine eigene Farbe. In den oberen Abbildungen erhalten ihre Untereinheiten verschiedene Farben.
2. Malen Sie b, b_1 und c mit denselben Farben an wie auf Tafel 130, 131 (geänderte Identifikationsbuchstaben).

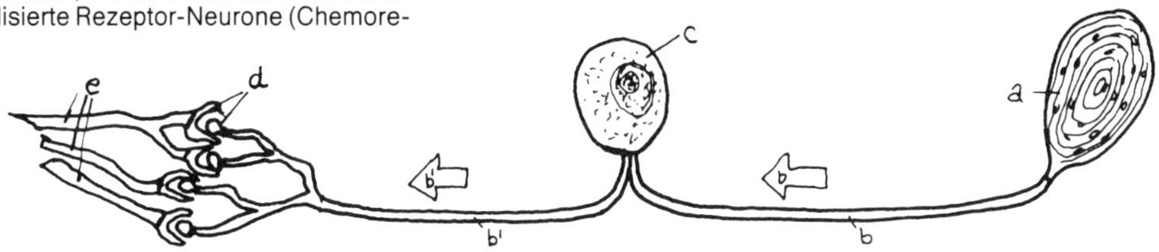

SENSIBLES NEURON *
(AFFERENT) *

REZEPTOR a
AXON (PERIPHERER FORTSATZ) b
ZELLEIB c
AXON (ZENTRALER FORTSATZ) b_1
SYNAPSEN d
ZENTRALNERVENSYSTEM (ZNS) e

Afferente (sensible) Neurone (viszerale und somatische) leiten Impulse von sensiblen Rezeptoren zu Synapsen im zentralen Nervensystem (ZNS). Die *Rezeptoren* können empfänglich sein für Berührung, Druck, Schmerz, Gelenkstellung, Muskeldehnung, chemische Konzentrationen, Licht oder andere mechanische Reize. Sie informieren den Menschen über seine äußere und innere Umwelt und ihre Veränderungen. Die Neurone, die die Impulse von den Rezeptoren weiterleiten, sind fast immer unipolar. Ihre *peripheren Fortsätze* (»Axone«) leiten die Impulse zu den *Zellleibern,* und ihre *zentralen Fortsätze* leiten die Impulse weiter ins Gehirn oder Rückenmark (ZNS). Dort bilden sie auf ihrer Eintrittsebene oder einer höheren oder tieferen Ebene Synapsen.

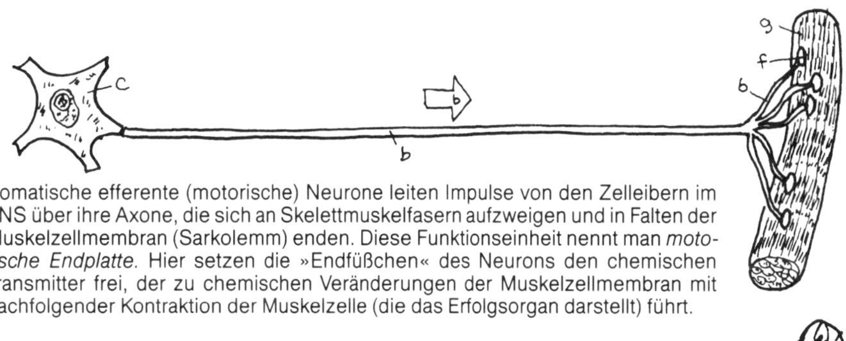

SOMATISCHES MOTORISCHES NEURON *
(EFFERENT) *

ZELLEIB c
AXON b
MOTORISCHE ENDPLATTE f
SKELETTMUSKEL g
(ERFOLGSORGAN) g

Somatische efferente (motorische) Neurone leiten Impulse von den Zelleibern im ZNS über ihre Axone, die sich an Skelettmuskelfasern aufzweigen und in Falten der Muskelzellmembran (Sarkolemm) enden. Diese Funktionseinheit nennt man *motorische Endplatte.* Hier setzen die »Endfüßchen« des Neurons den chemischen Transmitter frei, der zu chemischen Veränderungen der Muskelzellmembran mit nachfolgender Kontraktion der Muskelzelle (die das Erfolgsorgan darstellt) führt.

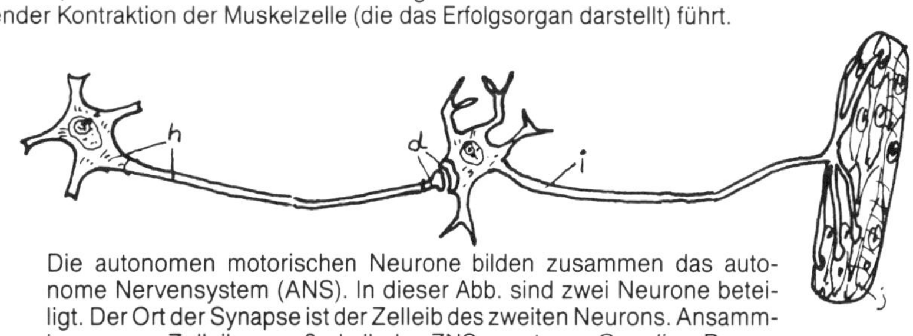

AUTONOMES MOTORISCHES NEURON *
(EFFERENT) *

PRÄGANGLIONÄRES NEURON h
SYNAPSE d
POSTGANGLIONÄRES NEURON i
GLATTER MUSKEL (ERFOLGSORGAN) j

Die autonomen motorischen Neurone bilden zusammen das autonome Nervensystem (ANS). In dieser Abb. sind zwei Neurone beteiligt. Der Ort der Synapse ist der Zelleib des zweiten Neurons. Ansammlungen von Zelleibern außerhalb des ZNS nennt man *Ganglien.* Das erste oder *präganglionäre Neuron* entspringt im ZNS und erreicht mit seinem Axon ein üblicherweise außerhalb des ZNS lokalisiertes Ganglion. Über eine synaptische Verbindung überträgt es dort seine Impulse auf das *postganglionäre Neuron,* dessen Axon zum Erfolgsorgan zieht: *glatte Muskulatur, Herzmuskulatur* oder *Drüsen.* Als Reaktion auf die Stimulation durch dieses Neuron kontrahiert sich die glatte Muskulatur oder Herzmuskulatur oder sezerniert die Drüse. Glatte Muskeln und Drüsen, die vornehmlich in inneren Organen vorkommen, werden grundsätzlich nur von Neuronen des ANS innerviert.

ZWISCHENNEURON (INTERNEURON) *

SENSIBLES NEURON k
ZWISCHENNEURON *
MOTORISCHES NEURON L

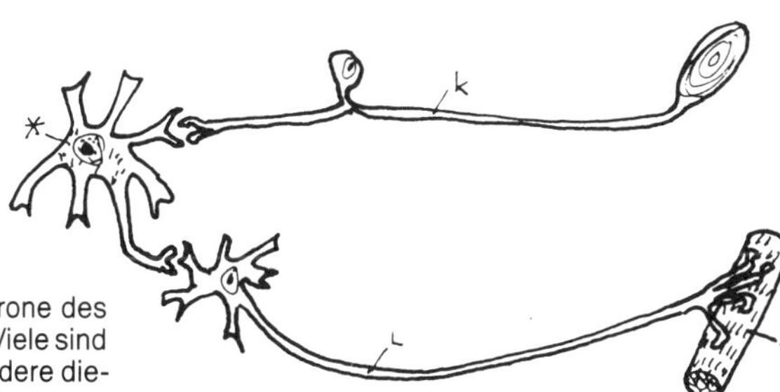

Zwischenneurone werden meist im ZNS gefunden. Sie bilden den Großteil der Neurone des Gehirns und Rückenmarks und kommen in einer Vielzahl von Formen und Größen vor. Viele sind direkt an einlaufenden afferenten oder auslaufenden efferenten Impulsen beteiligt. Andere dienen der Abstimmung von einlaufenden sensiblen Impulsen mit höheren Zentren, um eine angemessene motorische Reaktion zu ermöglichen. Die Zelleiber dieser Neurone bilden die graue Substanz des ZNS, ihre myelinisierten Axone einen Großteil der weißen Substanz. Die einfachste Schaltsituation besteht, wenn ein Zwischenneuron ein sensibles und ein motorisches Neuron wie auf dieser Abb. verbindet.

NERVENSYSTEM / REFLEXBÖGEN *

8 Farben

1. Malen Sie als erstes die obere Abb. an. Beginnen Sie an der Stelle, wo der Hammer gegen die Sehne klopft (hier ist auch der Dehnungsrezeptor und der Anfang des sensiblen Axons lokalisiert).
2. Vervollständigen Sie das Schema des monosynaptischen Reflexbogens. Der Anschaulichkeit halber ist in jedem Nerven mit seinen Wurzeln und Verzweigungen (f-i)jeweils nur ein sensibles und ein motorisches Neuron dargestellt, das so stark vergrößert ist, daß es leicht ausgemalt werden kann. Beachten Sie beim Anmalen der verschiedenen Teile des Spinalnervs, daß diese Teile in Wirklichkeit aus hunderten von Nervenfortsätzen (und hunderten von Zelleibern im Ganglion) bestehen.
3. Beginnen Sie mit dem Anmalen der Hand von der Flamme aus. An diesem Reflex sind zwei Muskeln beteiligt: ein Strecker (+) und ein Beuger (-) von Hand und Handrücken. Im dargestellten Fall wird die Kontraktion in den Beugern gehemmt (-) und somit den Streckern ermöglicht, die Finger von der Hitze- und Schmerzquelle zu entfernen.
4. Der Zelleib (e) und das Axon (e_1) des motorischen Neurons, das mit dem hemmenden Zwischenneuron verbunden ist, soll nicht angemalt werden (+).

RÜCKENMARK a
GRAUE SUBSTANZ b *
WEISSE SUBSTANZ c+

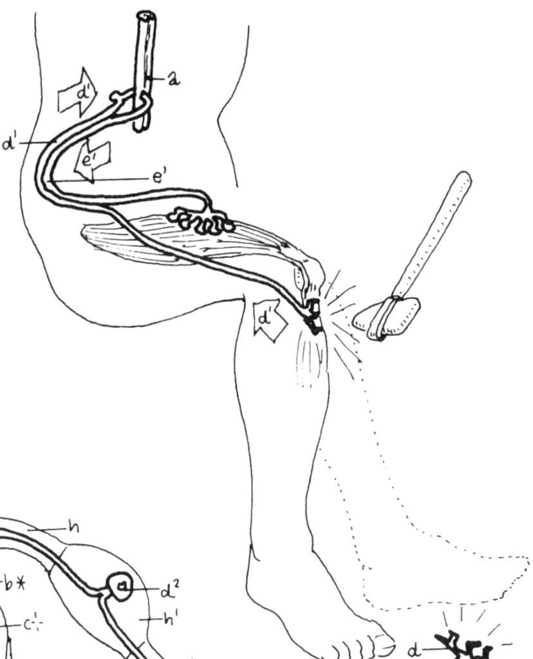

MONOSYNAPTISCHER REFLEXBOGEN *
(2 NEURONE) *

DEHNUNGSREZEPTOR d
SENSIBLES AXON d_1
ZELLEIB DES SENSIBLEN NEURONS d_2
ZELLEIB DES MOTORISCHEN NEURONS e
MOTORISCHES AXON e_1
MOTORISCHE ENDPLATTE e_2
ERFOLGSORGAN e_3
ÄSTE DES SPINALNERVS f
SPINALNERV g
HINTERE WURZEL h /
SPINALGANGLION h_1
VORDERE WURZEL i

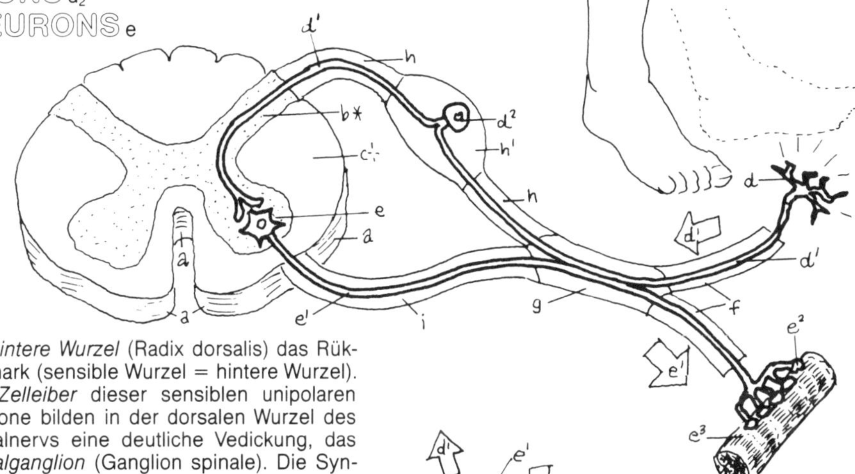

Die einfachste Reaktionsform des Nervensystems ist der Reflex: d. i. die Antwort auf einen Reiz ohne Beeinflussung durch das Bewußtsein (unwillkürlich). Mit Ausnahme von gezielten Bewegungen sind die Körperbewegungen zum Großteil reflektorisch: Herzschlag, Atmung, Verdauungsaktivität, Körperhaltung. Auf verschiedene Reize folgt immer eine Muskelkontraktion (oder Drüsensekretion). Der einfachste Reflex ist der *monosynaptische Dehnungsreflex:* Es ist nur eine Synapse beteiligt. Der Reflex beginnt mit der Dehnung einer Sehne, was zur Stimulation vieler Dehnungsrezeptoren führt. Impulse werden über sensible Neurone weitergeleitet, deren Axone einen Teil des *Spinalnerven und seiner Äste* bilden (ein Nerv ist ein Bündel aus sensiblen und motorischen Axonen außerhalb des ZNS). In der Nähe des Rückenmarks trennt sich der sensible Anteil ab und erreicht über die *hintere Wurzel* (Radix dorsalis) das Rükkenmark (sensible Wurzel = hintere Wurzel). Die *Zelleiber* dieser sensiblen unipolaren Neurone bilden in der dorsalen Wurzel des Spinalnervs eine deutliche Vedickung, das *Spinalganglion* (Ganglion spinale). Die Synapsen zwischen den zentralen Fortsätzen der sensiblen Neurone und den motorischen Neuronen liegen in der grauen Substanz (Zelleiber, Dendriten und nichtmyelinisierte Axone) des Rückenmarks. Die Impulse werden über die *Axone der motorischen Neurone* weitergeleitet, die das Rückenmark über die *vordere (motorische) Wurzel* des Spinalnervs verlassen, im Spinalnerv zu den sensiblen Axonen stoßen und zum Muskel (Erfolgsorgan) verlaufen, dessen Sehne gedehnt wurde. Als Antwort auf Impulse, die über diese motorische Nervenbahn verlaufen, kommt es zu einer schwachen Muskelkontraktion.

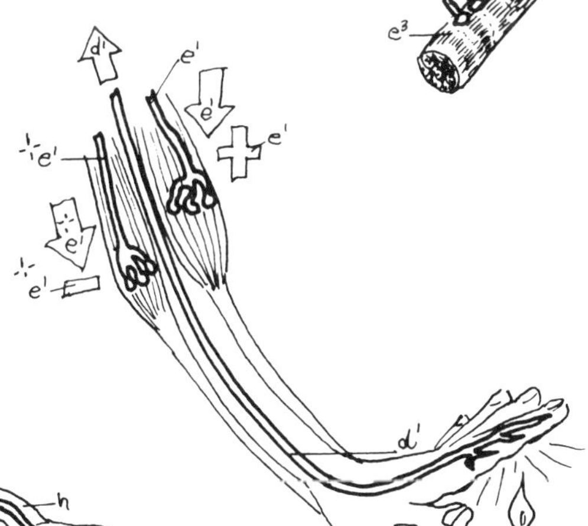

MULTISYNAPTISCHER REFLEXBOGEN *
(MEHRERE NEURONE) *

ZWISCHENNEURON j
(INTERNEURON) j
SCHMERZREZEPTOR d

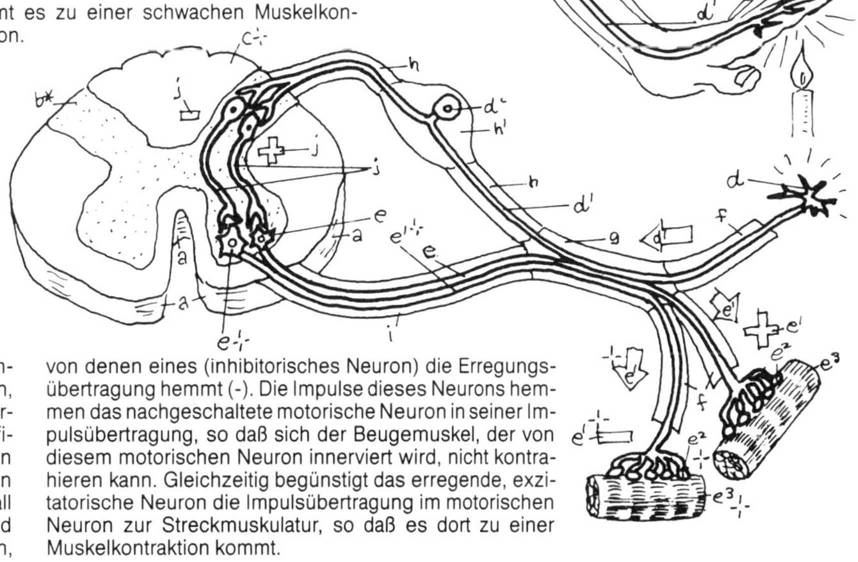

Multisynaptische Reflexe reichen vom hier gezeigten einfachen Rückzieh-Reflex bis hin zu komplexen Reflexen, die verschiedene Segmente des Rückenmarks oder verschiedene Gehirnzentren einbeziehen. Sie sind viel häufiger als Dehnungsreflexe. Zwischenneurone in der grauen Substanz vermitteln die Erregungsübertragung von den sensiblen zu den motorischen Neuronen. In diesem Fall teilt sich der zentrale Fortsatz des sensiblen Neurons und endet mit seinen Synapsen an zwei Zwischenneuronen, von denen eines (inhibitorisches Neuron) die Erregungsübertragung hemmt (-). Die Impulse dieses Neurons hemmen das nachgeschaltete motorische Neuron in seiner Impulsübertragung, so daß sich der Beugemuskel, der von diesem motorischen Neuron innerviert wird, nicht kontrahieren kann. Gleichzeitig begünstigt das erregende, exzitatorische Neuron die Impulsübertragung im motorischen Neuron zur Streckmuskulatur, so daß es dort zu einer Muskelkontraktion kommt.

NERVENSYSTEM
ORGANISATION DES NERVENSYSTEMS*

Verwenden Sie sehr helle Farben für die Strukturen A und C.

1. In der großen Abbildung wurde das Rückenmark hinter der Wirbelsäule dargestellt, um die Länge und die Regionen des Rückenmarks der Länge und den Regionen der Wirbelsäule gegenüberstellen zu können. Beachten Sie die abwärts verlaufenden Spinalnervenwurzeln (dargestellt durch die aus dem Rückenmark hinausführenden Pfeile) in der Lumbalregion und weiter kaudal.
2. Beim Bearbeiten der Spinalnerven und ihrer peripheren Äste im Bild rechts unten malen Sie bitte einfach über die Linien, die diese Nerven repräsentieren.
3. Bemalen Sie die motorischen Ganglien des autonomen Nervensystems (L und M) im Bild rechts unten.

ZENTRALNERVENSYSTEM (ZNS):*

GEHIRN: +
GROSSHIRN A
HIRNSTAMM B
KLEINHIRN C
RÜCKENMARK D / REGIONEN: D
ZERVIKAL G THORAKAL H LUMBAL I
SAKRAL J KOKZYGEAL K

Das Nervensystem besteht aus Neuronen (Nervenzellen), die untergliedert sind in einen komplex verschalteten zentralen Teil (Zentralnervensystem, ZNS) und einen peripheren Teil (peripheres Nervensystem, PNS), bestehend aus Bündeln von Nervenfortsätzen und Nervenzellinseln außerhalb des ZNS (Ganglien). Die Neurone werden von Neurogliazellen verstärkt und haben eine reichhaltige Blutversorgung. Die Neurone des ZNS sind untereinander verbunden und bilden Zentren (Kerne, graue Substanz) und Bündel aus Axonen (Bahnen, weiße Substanz). Das *Gehirn* ist das Zentrum des sensorischen Bewußtseins, der Bewegungskoordination, der Empfindungen, des logischen Denkens, des Verhaltens, der Vorausplanung, des Gedächtnisses und der Sprache.

Das *Rückenmark*, eine Art Verlängerung des Gehirns, beginnt am Foramen magnum der Schädelbasis. Es überträgt aufsteigende und absteigende Nervenimpulse und ist das Zentrum für spinale Reflexe, der Ursprungsort der motorischen Befehle an die Skelettmuskulatur kaudal des Kopfes und die Empfangsstation sensorischer Reize aus Regionen kaudal des Kopfes.

PERIPHERES NERVENSYSTEM (PNS):*

HIRNNERVEN (12 PAARE) E
SPINALNERVEN/ÄSTE F
ZERVIKAL (8) G[1]
THORAKAL (12) H[1]
LUMBAL (5) I[1]
SAKRAL (5) J[1]
KOKZYGEAL (1) K[1]

AUTONOMES NERVENSYSTEM:*
SYMPATHIKUS L
PARASYMPATHIKUS M

Das periphere Nervensystem besteht zum Großteil aus Bündeln sensibler und motorischer Axone (Ansammlungen von Axonbündeln nennt man Nerven), die vom Gehirn (als Hirnnerven) und vom Rückenmark (als Spinalnerven) segmental und beiderseits nach einem festen Verteilungsplan in alle Teile des Körpers ausstrahlen. Die *Äste* der Spinalnerven werden häufig als periphere Nerven bezeichnet. Die Nerven übertragen alle Reize aus dem Körper zu Gehirn und Rückenmark sowie alle motorischen Befehle zu den Skelettmuskeln des Körpers. Das *autonome Nervensystem (ANS)* ist eine Untereinheit aus Ganglien und Nerven des PNS, welche die Motilität der Eingeweide und die Drüsensekretion steuern sowie Reize aus den Eingeweiden zu Gehirn und Rückenmark übertragen.

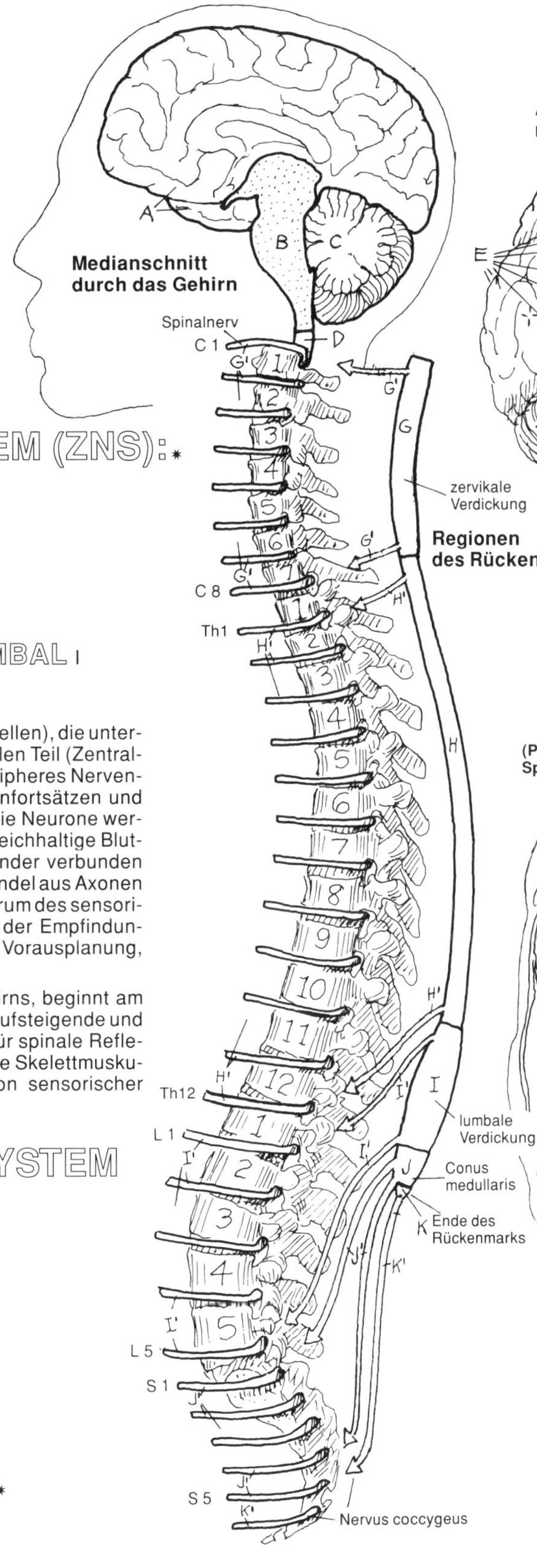

Wirbelsäule und Spinalnerven

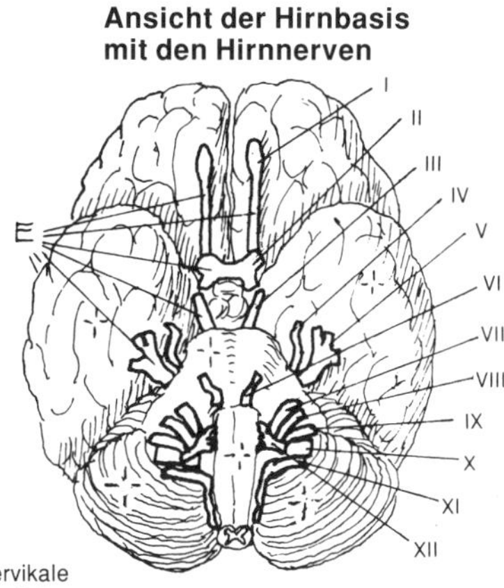

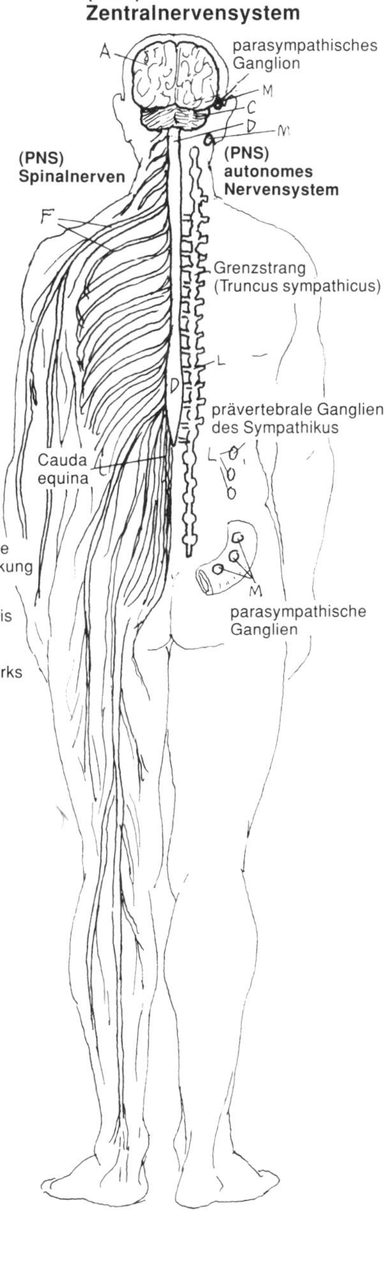

NERVENSYSTEM
ENTWICKLUNG DES ZENTRALNERVENSYSTEMS*

Verwenden Sie helle Farben für Strukturen A und C.

1. Beginnen Sie mit den beiden Darstellungen des 20 Tage alten Embryos. Bemalen Sie auch die großen Pfeile, die auf die Oberflächenbereiche zeigen. Gleichzeitig malen Sie die schematische Querschnitt-Darstellung auf der rechten Seite aus. Verfahren Sie genauso mit den übrigen Darstellungen des wachsenden Embryos.
2. Bemalen Sie die Stadien der Gehirnentwicklung aus dem kranialen Ende des Neuralrohrs.

NEURALPLATTE A
NEURALFALTE A¹
NEURALROHR A²
NEURALRINNE B
NEURALLEISTE C

Das Nervensystem entwickelt sich aus der dorsalen Oberfläche des ektodermalen Keimblatts (der zukünftigen Haut) des Embryos. Beim 20 bis 23 Tage alten Embryo beginnt sich diese verdickte Schicht *(Neuralplatte)* entlang der Longitudinalachse abzusenken, so entsteht die *Neuralrinne*. Im zentralen Abschnitt bilden sich durch die weitere Absenkung auf beiden Seiten die *Neuralfalten*. Die Absenkung der Neuralplatte schreitet von der Mitte aus in die kranialen und kaudalen Bereiche des Embryos fort. Nach etwa 22 Tagen verschmelzen die dorsalen Teile der Falten in der Mitte der Neuralrinne und bilden so das *Neuralrohr*. Während dieses Vorgangs trennt sich das Neuralrohr vom Ektoderm ab. Etwa am 24. Tag ist die Ausbildung des Neuralrohrs bis zu den beiden Enden des Embryos fortgeschritten. Aus einem großen Teil des Neuralrohrs entwickelt sich im weiteren Verlauf das Rückenmark und aus dem Kopfende das Gehirn. Aus den Zellen der *Neuralleisten*, die sich aus den beiden Neuralfalten entwickelt haben, bilden sich verschiedene Nervenzellen des peripheren Nervensystems und Schwannsche Zellen. Aus dem umgebenden Mesoderm bilden sich der Schädel, die Wirbelsäule und die Skelettmuskeln. Die Chorda dorsalis (eine frühembryonale Stützleiste des Embryos) wird von der sich entwickelnden Wirbelsäule absorbiert, und ihre Überreste bilden das Zentrum von Zwischenwirbelscheiben (Nucleus pulposus). Aus dem Entoderm entwickelt sich der Verdauungstrakt.

VORDERHIRN D
ENDHIRN E
ZWISCHENHIRN F
MITTELHIRN (MESENCEPHALON) G
RAUTENHIRN H
METENCEPHALON I
MYELENCEPHALON J
RÜCKENMARK K

Gegen Ende der dritten Woche der Embryonalentwicklung sind drei Regionen des sich entwickelnden Gehirns erkennbar: *Vorderhirn, Mittelhirn* und *Rautenhirn*. Im Rahmen des weiteren Wachstums vergrößert sich das Vorderhirn und bildet das große *Endhirn* (Telencephalon; die zukünftigen Großhirnhemisphären) sowie das mehr zentral gelegene *Zwischenhirn* (Diencephalon, das zukünftige oberste Ende des Hirnstamms). Das Mittelhirn behält als *Mesencephalon* die größtenteils röhrenförmige Form. Das Rautenhirn (Rhombencephalon) entwickelt sich zu einem oberen Teil, dem *Metencephalon* (Brücke, der zukünftige mittlere Hirnstamm) mit einer großen dorsalen Ausbuchtung (zukünftiges Kleinhirn), und zu einem unteren Teil, dem *Myelencephalon* (Medulla oblongata, unterster Abschnitt des zukünftigen Hirnstamms). Der Hirnstamm verjüngt sich und geht am Foramen magnum des Schädels ins *Rückenmark* über.

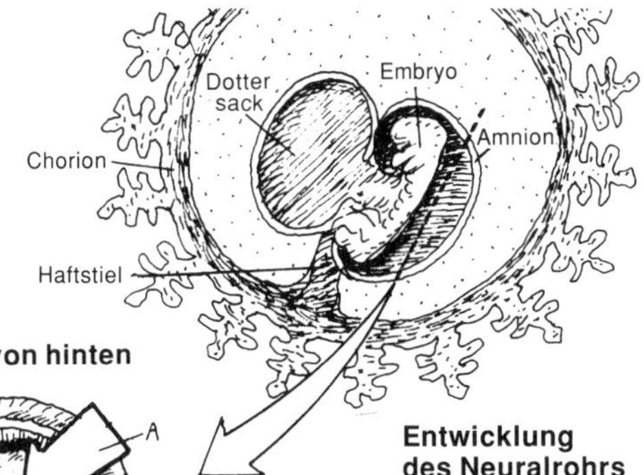

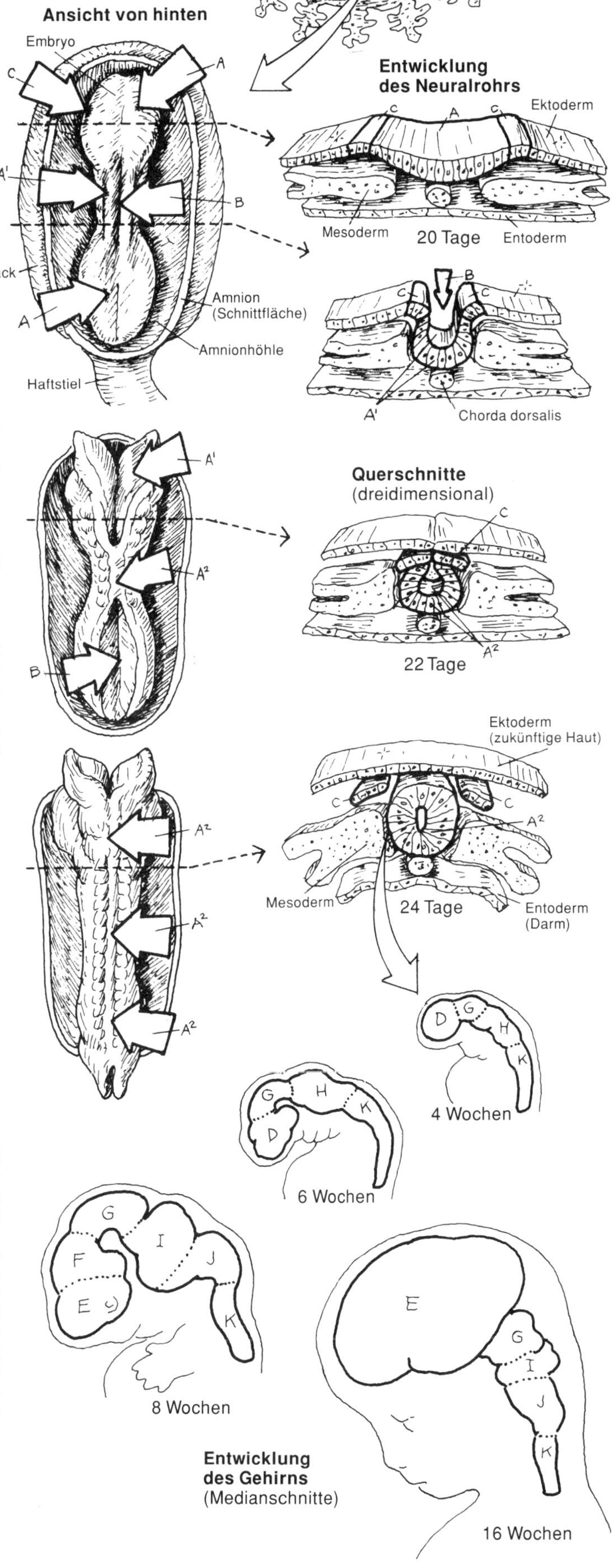

NERVENSYSTEM / ENTWICKLUNG DER VENTRIKEL*

13 Farben
1. Die ersten fünf Begriffe (h, k, L, o, a_2) sollten dieselben Farben wie in Tafel 135 erhalten (andere Kennbuchstaben!).
2. Malen Sie immer eine Abb. vollständig aus, bevor Sie sich der nächsten Abb. zuwenden.
3. Die beiden unteren Darstellungen des Ventrikelsystems malen Sie am besten zusammen aus.
4. Die gepunkteten Bezirke in der mittleren Abb. stellen das sich entwickelnde Hirngewebe dar, dessen Aufbau bereits in der Darstellung der Gehirnentwicklung und Tafel 135 unten gezeigt wurde.

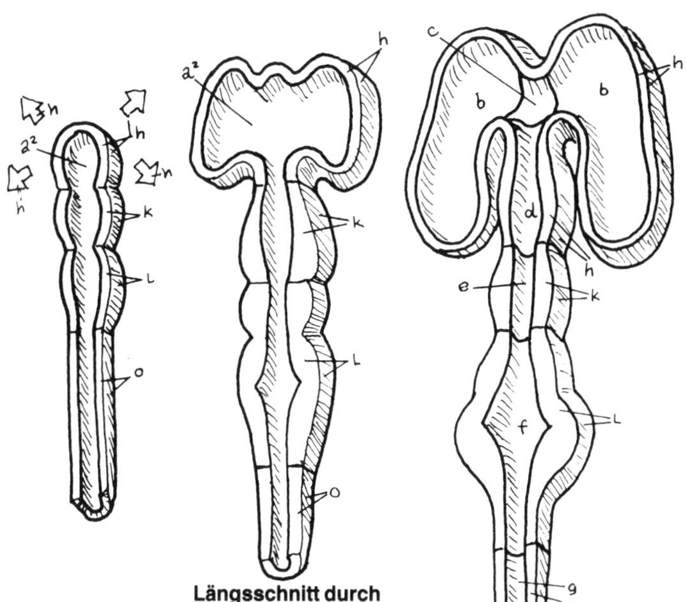

Längsschnitt durch Gehirn des sich entwickelnden Embryos (schematisch)

VORDERHIRN h
MITTELHIRN k
RAUTENHIRN L
RÜCKENMARK o
NEURALHÖHLE a_2

SEITENVENTRIKEL b
FORAMEN INTERVENTRICULARE c
3. VENTRIKEL d
AQUAEDUCTUS CEREBRI e
4. VENTRIKEL f
ZENTRALKANAL DES RÜCKENMARKS g
PLEXUS CHOROIDEUS i

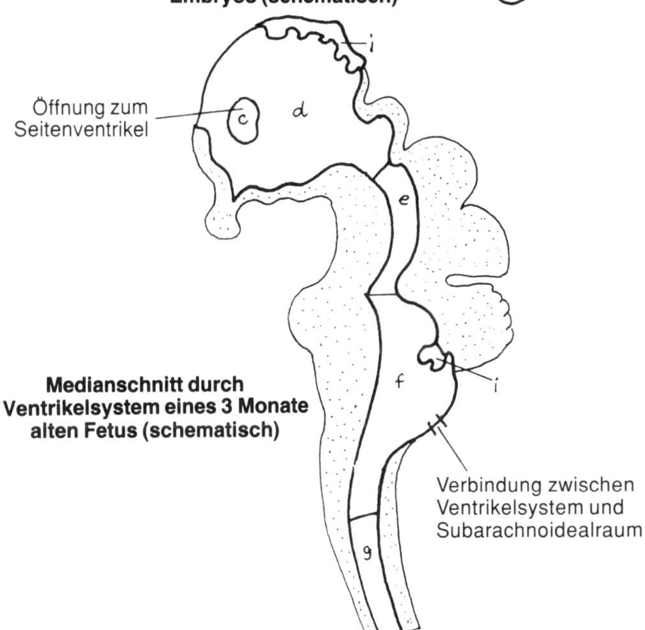

Medianschnitt durch Ventrikelsystem eines 3 Monate alten Fetus (schematisch)

Das Zentralnervensystem entwickelt sich aus einem hohlen Neuralrohr in der dorsalen Hälfte des Embryos. Aus dem Hohlraum in diesem Rohr entwickeln sich die Ventrikel des Gehirns. Die Formen dieser Hohlräume spiegeln die Umbau- und Druckverhältnisse wider, die sich im Gehirn, dessen Teil die Ventrikel sind, während der Entwicklung abspielen. Verfolgen Sie als erstes die Entwicklung des Hohlsystems im *Vorderhirn.* Der obere Teil des Vorderhirns (Endhirn, Telencephalon) dehnt sich durch sein enormes Größenwachstum in verschiedene Richtungen aus, und seine Hohlräume (*Seitenventrikel* bzw. *1./2. Ventrikel* – auf jeder Seite einer) scheinen die Richtungen des Gehirnwachstums anzuzeigen. Achten Sie auf die Größe der Seitenventrikel im Verhältnis zu den übrigen Hohlräumen. Der Hohlraum im unteren Teil des Vorderhirns (Zwischenhirn, Diencephalon) wird durch die wachsenden Großhirnhemisphären zu einem dünnen Schlitz zusammengepreßt *(3. Ventrikel).* Die Seitenventrikel der Großhirnhemisphäre sind mit dem 3. Ventrikel über die *Foramina interventricularia* verbunden. Der 3. Ventrikel wird auf beiden Seiten vom Thalamus begrenzt. Der Hohlraum im *Mittelhirn* (Mesencephalon) verändert sich während seiner Entwicklung nur leicht, denn auch die äußeren Veränderungen dieser Region sind nur relativ gering. Dieser Hohlraum behält seine Röhrenform und bildet den *Aquaeductus cerebri,* der den 3. mit dem 4. Ventrikel verbindet. Der Hohlraum des *Rautenhirns* (Rhombencephalon) wird während seiner Entwicklung durch die wachsenden Kleinhirnhemisphären in dorsaler und lateraler Richtung etwas auseinandergezogen. Dieser *4. Ventrikel* wird sowohl vom Metencephalon als auch vom Myelencephalon gebildet. Nach unten hin führt der Hohlraum zentral durch die Medulla oblongata und setzt sich als *Zentralkanal des Rückenmarks* fort. In jedem der Ventrikel (mit Ausnahme des Aquaeductus) werden bestimmte Gruppen von Zellen (Ependym-Zellen, n. d.) in die stark vaskularisierte (mit Gefäßen durchsetzte), innerste Hülle des Gehirns (Pia mater) eingebaut. Diese Gewebekombination bildet die *Plexus choroidei,* die sich am Dach jedes Ventrikels befinden. Der Plexus choroideus sezerniert den Liquor cerebrospinalis (Hirnflüssigkeit), der durch die Ventrikel in den Subarachnoidalraum zwischen den Hirnhäuten fließt und dort resorbiert wird.

Ventrikel
(leicht vergrößert)

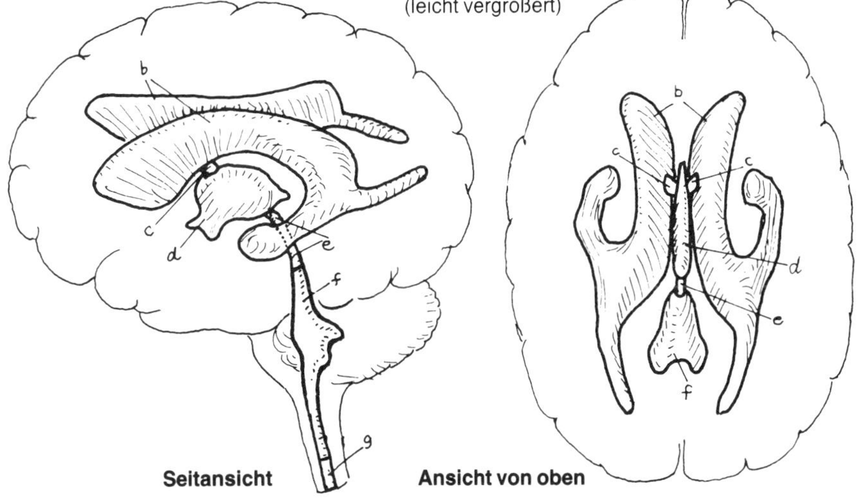

Seitansicht **Ansicht von oben**

NERVENSYSTEM
HIRNHÄUTE UND RÜCKENMARK *

Tafel 137
(vgl. Tafel 76, 134)

3 Farben
1. In der rechten Abb. sind die drei Hirnhäute (Meningen) zur leichteren Unterscheidung über den Bildrand hinaus dargestellt.
2. Verwenden Sie drei Farben, die noch nicht für die unteren Bezeichnungen in Tafel136verwendet worden sind, denn alle 10 dargestellten Strukturen kommen zusammen in der nächsten Tafel vor.
3. Die Wurzeln der Spinalnerven unterhalb vom Rückenmark (Cauda equina) wurden zur besseren Darstellung der lumbalen Zisterne abgeschnitten.
4. Malen Sie die Dura (a), die an die Schädelknochen grenzt, etwas heller an als die Falx.

DURA MATER a
FALX CEREBRI a_1
TENTORIUM CEREBELLI a_2
ARACHNOIDEA b
SUBARACHNOIDALRAUM b_1 •
PIA MATER c
FILUM TERMINALE c_1

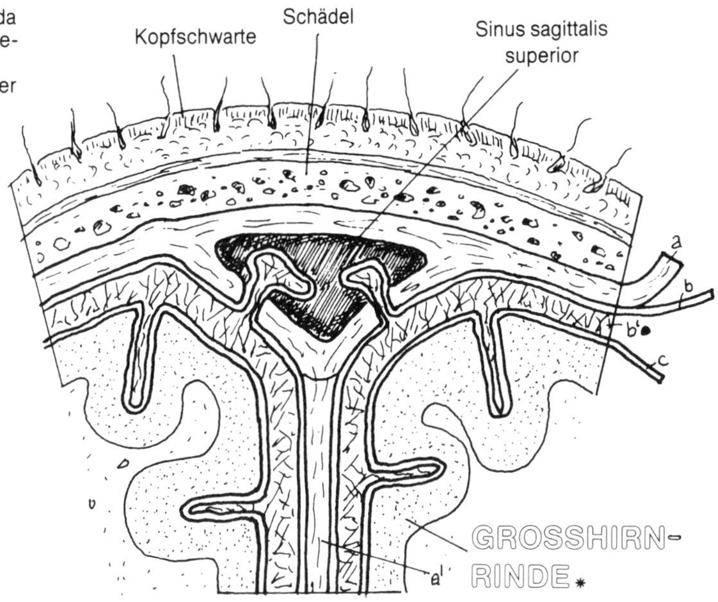

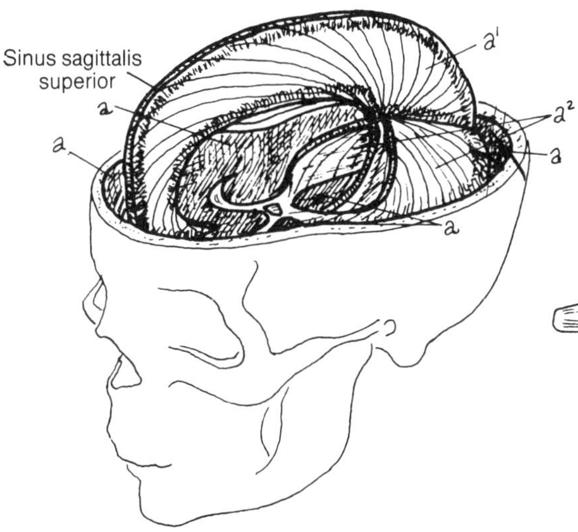

Einstülpungen (Septen) der Dura Mater
(Gehirn und Schädeldecke entfernt))

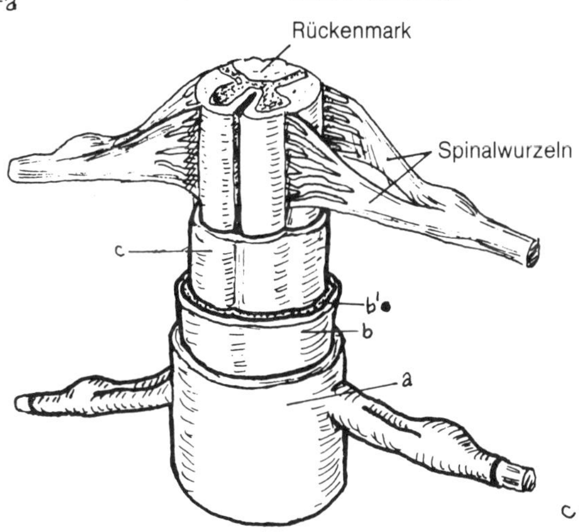

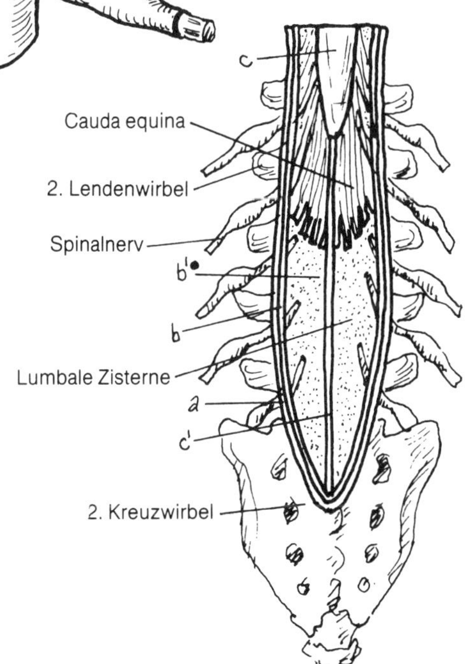

Das Zentralnervensystem ist von bindegewebigen Hüllen, den *Meningen* (Hirnhäuten), eingehüllt. Die äußerste Hülle *(Dura mater,* kurz: Dura) ist die dickste und besteht zum Großteil aus Kollagenfasern und Fibroblasten. Über dem Gehirn besteht die Dura aus zwei Schichten. Die äußere Schicht ist fest mit dem Periost der Schädelknochen verbunden. Die dünnere innere Schicht stülpt sich an bestimmten Stellen nach innen und bildet Trennwände zwischen verschiedenen Hirnarealen. Beachten Sie die sichelförmige Trennwand, die die beiden Großhirnhemisphären (n. d.) trennt: Dies ist die *Falx cerebri.* Hinten bildet die Dura über dem Kleinhirn eine zeltförmige Abdeckung *(Tentorium cerebelli),* die das Kleinhirn von den darüberliegenden Okzipitallappen trennt. Dies sind die wichtigsten Durafalten, in deren Rändern mehrere venöse Sinus verlaufen, die das venöse Blut aus dem Gehirn ableiten. Beachten Sie den Sinus sagittalis sup. im oberen Rand der Falx cerebri. Diese große Vene ist sehr wichtig. Im Wirbelkanal ist die Dura nur einschichtig, denn die Wirbel haben ihr eigenes Periost und stoßdämpfende Bänder. Die Dura, die sich vom Foramen magnum aus nach unten fortsetzt, führt als Hülle des Rükkenmarks bis zur Höhe des 2. Kreuzbeinwirbels, wo sie fest verankert ist. Ausläufer der Dura umhüllen einen kurzen Abschnitt der Spinalwurzeln.

Die *Arachnoidea* liegt der Dura im gesamten ZNS-Bereich innen an. Sie hat eine spinngewebsartige Struktur. Unterhalb der Arachnoidea liegt die sehr dünne weiche Hirnhaut (*Pia mater,* kurz: Pia), die innerste Hülle von Gehirn und Rückenmark. Diese sehr gefäßreiche Hülle liegt an bestimmten Stellen direkt der Arachnoidea an, doch meistens besteht zwischen diesen Häuten ein deutlicher Spalt: der *Subarachnoidalraum.* Dieser Raum ist an manchen Stellen stark erweitert; beachten Sie auch die lumbale Zisterne zwischen dem Endpunkt des Rückenmarks (2. Lendenwirbel) und dem Ende des Durasackes (2. Kreuzwirbel). Dieser Raum ist normalerweise mit Spinalwurzeln gefüllt, die zu ihren Austrittsstellen in die Körperperipherie ziehen. Das *Filum terminale* ist eine Ausziehung der Pia, die durch die lumbale Zisterne verläuft und unten an der Dura befestigt ist.

NERVENSYSTEM
SCHEMA DER LIQUORZIRKULATION*

14 Farben
1. Malen Sie die Meningen (a, b, c) mit denselben Farben wie auf Tafel 137 an.
2. Wenn Sie den Subarachnoidalraum (b_2) schwarz ausmalen, achten Sie darauf, daß die Zisternen (gepünktelte Flächen, stellen erweiterte Bereiche des Subarachnoidalraums dar) eine andere Farbe erhalten.
3. Malen Sie die Strukturen d-h mit denselben Farben an wie auf Tafel 136 (geänderte Identifikationsbuchstaben). Der 3. und 4. Ventrikel (e_2, e_3) erhalten dieselbe Farbe wie die Seitenventrikel (e_1).

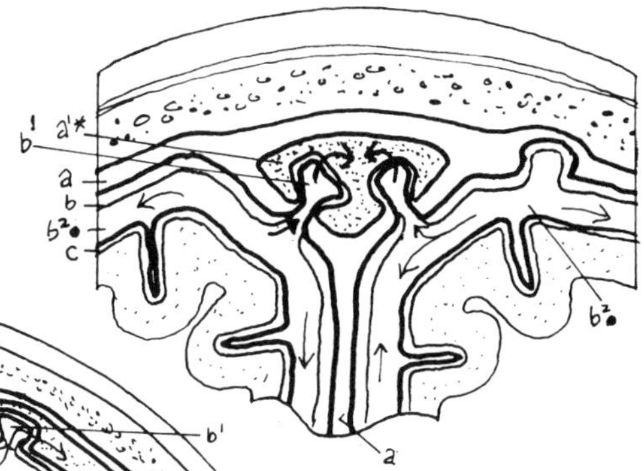

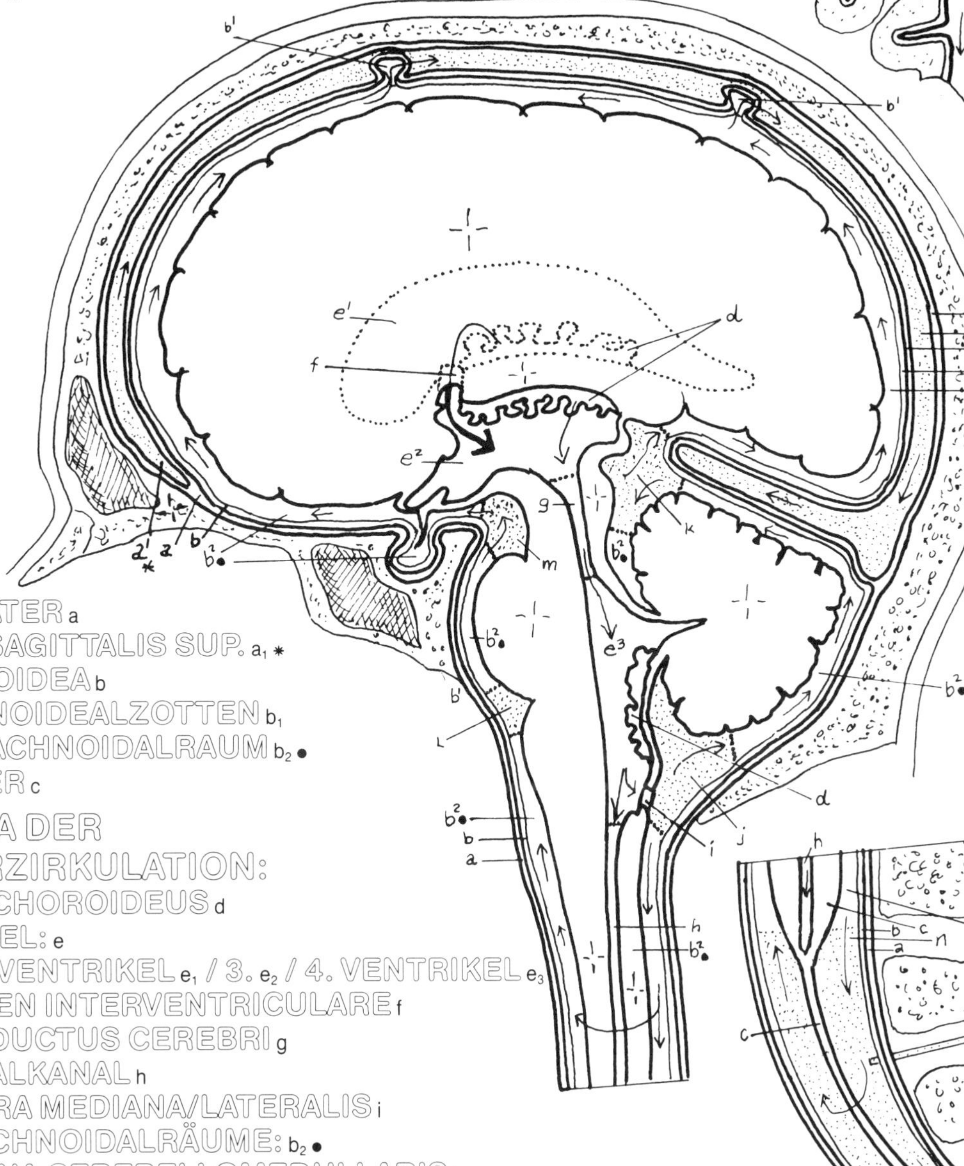

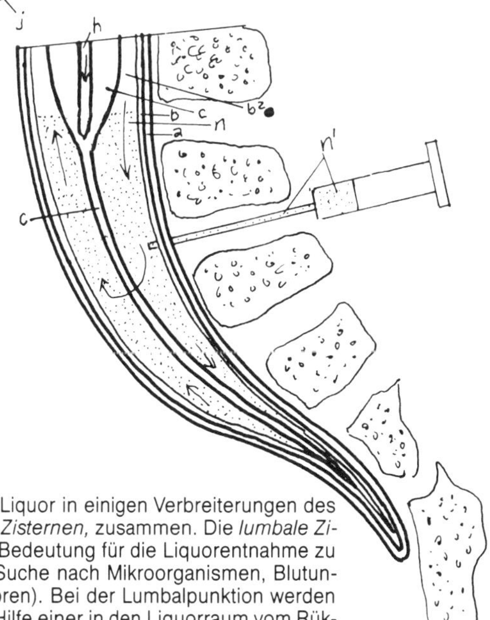

DURA MATER a
SINUS SAGITTALIS SUP. a_1 *
ARACHNOIDEA b
ARACHNOIDEALZOTTEN b_1
SUBARACHNOIDALRAUM b_2 •
PIA MATER c

SCHEMA DER LIQUORZIRKULATION:

PLEXUS CHOROIDEUS d
VENTRIKEL: e
SEITENVENTRIKEL e_1 / 3. e_2 / 4. VENTRIKEL e_3
FORAMEN INTERVENTRICULARE f
AQUAEDUCTUS CEREBRI g
ZENTRALKANAL h
APERTURA MEDIANA/LATERALIS i
SUBARACHNOIDALRÄUME: b_2 •
CISTERNA CEREBELLOMEDULLARIS j
CISTERNA AMBIENS k, BRÜCKENZISTERNE L
CISTERNA INTERPEDUNCULARIS m
LUMBALE ZISTERNE n, LIQUOR n_1

Das Gehirn ist zusammen mit dem Rückenmark von 100 ml oder mehr Liquor cerebrospinalis (kurz: Liquor) umgeben. Innerhalb der Flüssigkeit sind die ZNS-Strukturen mit der *Dura mater* fixiert. Der Liquor ist eine extrazelluläre Flüssigkeit, die eine wichtige stoßdämpfende Funktion sowie eine gewisse Stoffwechselfunktion besitzt.
Liquor wird als farblose, klare Flüssigkeit vom *Plexus chorioideus* sezerniert, einem Netzwerk aus Kapillaren, die mit den Zellen der Innenauskleidung der Ventrikel durchflochten sind. Die Liquorproduktion findet in allen vier Ventrikeln, zum Großteil vermutlich in den Seitenventrikeln statt. Von den Ventrikeln und vom Aquädukt fließt der Liquor durch die *Aperturen* in den *Subarachnoidalraum* und erreicht hier zuerst die *Cisterna cerebellomedullaris* unter dem Kleinhirn. Der Liquor sickert auch in den dünnen *Zentralkanal* des Rückenmarks. Im Subarachnoidalraum umspült der Liquor das Gehirn und das Rückenmark. Infolge der Biegungen und Einsenkungen des Gehirns fließt der Liquor in einigen Verbreiterungen des Subarachnoidalraums, den *Zisternen,* zusammen. Die *lumbale Zisterne* hat eine besondere Bedeutung für die Liquorentnahme zu diagnostischen Zwecken (Suche nach Mikroorganismen, Blutungen, Druckerhöhung, Tumoren). Bei der Lumbalpunktion werden wenige Milliliter Liquor mit Hilfe einer in den Liquorraum vom Rükken her zwischen dem 4. oder 5. Lendenwirbelkörper eingeführten Nadel entnommen. In dieser Höhe besteht keine Gefahr mehr, das Rückenmark mit der Nadel zu verletzen, da es bereits in Höhe des 2. Lendenwirbels endet und die Spinalwurzeln in der Regel beiseite gleiten, wenn die Nadel in die Zisterne eindringt. Schließlich wird der Liquor vom *Sinus sagittalis sup.* wieder resorbiert, mit Hilfe von dünnen, blumenkohlartigen Ausstülpungen der Arachnoidea *(Arachnoidalzotten).* Mit zunehmendem Alter wachsen diese Zotten immer mehr aus, was vermuten läßt, daß mit zunehmendem Alter die Liquorreabsorption vermindert ist.

5 Farben

1. Diese und die folgende Tafel sollten zusammen ausgemalt werden. Die gemeinsame Betrachtung beider Tafeln erleichtert das Verständnis des Textes. Achten Sie hier schon auf das Corpus callosum (j). Es wird im zweiten Teil (nächste Tafel) kommentiert.
2. Malen Sie bitte jeden der vier Lappen in beiden Ansichten der Großhirnhemisphären an. Die weiter unterteilten Gebiete in den Lappen (a_1, a_2, b_1, c_1 und d_1) erhalten dieselbe Farbe in einem dunkleren Ton.
3. Die beiden Hemisphären wurden zur Darstellung der sonst verdeckten Strukturen getrennt. Wenn sie zusammengelegt werden, sieht die Fissura longitudinalis (dargestellt durch den Pfeil e*) etwa so aus wie der Sulcus centralis (e_1) und der Sulcus lateralis (e_2).

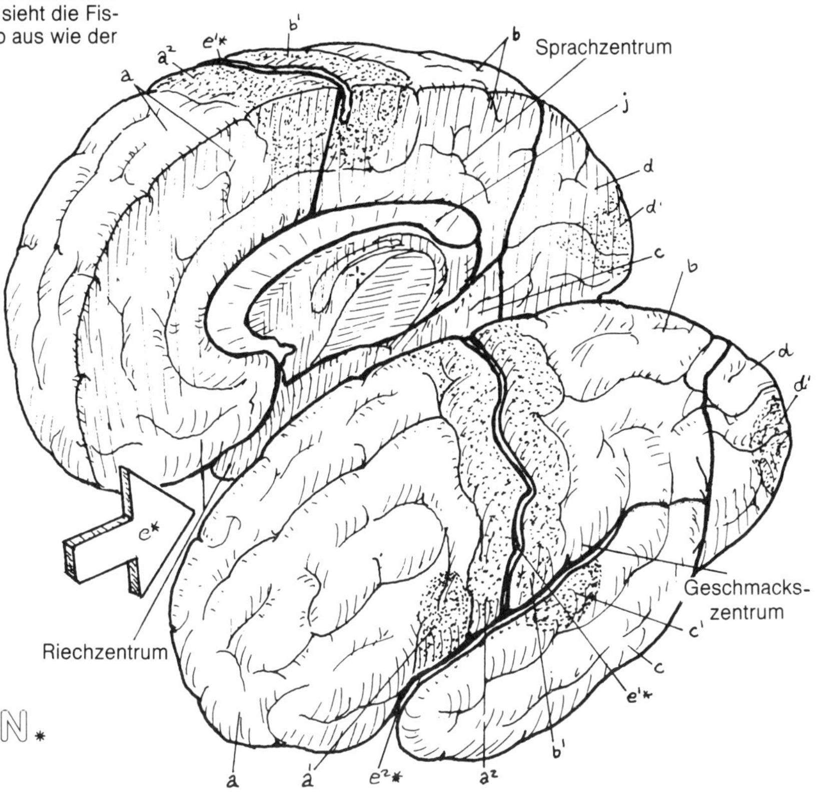

HIRNHEMISPHÄREN*
GROSSHIRNRINDE*
STIRNLAPPEN a
SPRACHZENTRUM a_1
MOTORISCHES AREAL
(GYRUS PRAECENTRALIS) a_2
SCHEITELLAPPEN b
SENSIBLES AREAL
(GYRUS POSTCENTRALIS) b_1
SCHLÄFENLAPPEN c
HÖRZENTRUM c_1
HINTERHAUPTSLAPPEN d
SEHZENTRUM d_1

GROSSE GEHIRNFURCHEN*
FISSURA LONGITUDINALIS e*
SULCUS CENTRALIS e_1*
SULCUS LATERALIS e_2*

Die *Großhirnhemisphären,* die sich aus dem Endhirn (Telencephalon) entwickeln, bestehen aus: 1. der äußeren *Großhirnrinde* aus grauer Substanz, die durch Furchen und Windungen (Sulci/Fissurae und Gyri) gekennzeichnet ist und funktionell in Lappen unterteilt wird; 2. der darunterliegenden *weißen Substanz,* die aus vielen, in allen Richtungen verlaufenden Bahnen besteht; 3. einzelnen Ansammlungen von grauer Substanz *(Basalganglien),* die den motorischen Arealen der Rinde untergeordnet sind, und 4. den beiden *Seitenventrikeln.* Die Großhirnrinde ist das entwicklungsgeschichtlich am weitesten entwickelte Gehirnareal. Sie ist etwa 6 mm dick, und ein großer Teil ihrer stark gewundenen Oberfläche liegt in den Tälern der Furchen (Sulci). Die Rindenareale werden grundsätzlich nach den Schädelknochen benannt, von denen sie bedeckt werden: Stirn-, Scheitel-, Schläfen- und Hinterhauptslappen. Zwei weitere Rindenareale (Insel, limbisches System) sind nicht dargestellt.

Die Zuordnung verschiedener Funktionen zu den entsprechenden Arealen der Großhirnrinde wurde vor allem mit Hilfe von Elektrostimulation der Areale und klinischen/pathologischen Daten erforscht. Alle Teile der Rinde speichern Erfahrungen (Gedächtnis), tauschen mit anderen Rindenarealen (Assoziation) sowie auch mit untergeordneten Arealen (afferente/efferente Projektion) Impulse aus. Der *Stirnlappen* (Lobus frontalis, a) hat u. a. intellektuelle Funktionen: z. B. Schlußfolgerung und abstraktes Denken, Aggressivität und Sexualtrieb, Geruch und Geschmack, Sprechen (besonders das mit a_1 bezeichnete Areal), Sprache und Willkür- und Haltebewegungen (Motorik). Das mit a_2 markierte Areal *(Gyrus praecentralis)* ist für die Willkürmotorik verantwortlich, die Impulse aus diesem motorischen Areal werden über die Pyramidenbahn direkt zu motorischen Neuronen der Hirn- und Spinalnerven geleitet. Der *Sulcus centralis* (e_1) kann als eine Begrenzungslinie zwischen den vorderen motorischen und den hinteren sensiblen Arealen angesehen werden.

Der *Scheitellappen* (Lobus parietalis, b) ist verantwortlich für das Wiedererkennen bestimmter sensibler Reize (z. B. Sehen eines früher schon einmal gesehenen Objektes und Fähigkeit, diese Verbindung herzustellen), die Fähigkeit, Symbole zu verwenden – die Voraussetzung für Verständigung (Kommunikation) – und die Fähigkeit zu Ideen und den zur Durchführung notwendigen motorischen Antworten. Das mit b_1 gekennzeichnete Areal *(Gyrus postcentralis)* erhält afferente Impulse aus allen Rezeptoren des Körpers, die bei Schmerz, Temperatur, Berührung, Druck und Muskeldehnung erregt werden. In diesem Areal bekommt man Informationen über diese Empfindungen und kann zwischen ihnen unterscheiden. Die Wahrnehmung und Unterscheidung von Geschmack wird am untersten Punkt des Gyrus postcentralis vermutet.

Der *Schläfenlappen* (Lobus temporalis, c) ist zuständig für Geruch und Sprache (wie auch schon der Stirnlappen) sowie für das Gefühlsleben und die damit verbundenen organischen Reaktionen, die der Selbst- und Arterhaltung dienen (einschließlich Ärger, Aggression, Sexualverhalten). Das mit c_1 markierte Areal erhält afferente Impulse, die das *Hören* betreffen: hier vollziehen sich Wahrnehmung und Unterscheidung dieser Sinnesqualität (Schallwellen) innerhalb eines relativ engen Hörspektrums. Der *Hinterhauptslappen* (Lobus occipitalis, d), besonders das markierte Areal (d_1), erhält *visuelle Impulse* aus dem Tractus opticus. Hier vollziehen sich Wahrnehmung und Unterscheidung der sichtbaren Strukturen innerhalb eines festen Sehspektrums.

In ihren Funktionen sind die beiden Hemisphären, insbesondere ihre Rinde, nicht gleich, d. h.: ihre Funktionen verhalten sich nicht spiegelbildlich zueinander. Eine Hemisphäre übernimmt jeweils die Dominanz bezüglich höherer Funktionen (mathematisch, mechanisch, künstlerisch, musikalisch, literarisch). Interessanterweise kreuzen die meisten langen Bahnen, die zum und vom Kortex ziehen, in ihrem Verlauf auf die Gegenseite des ZNS. So sind die sensiblen Rezeptoren der linken Körperhälfte grundsätzlich in der rechten Hemisphäre repräsentiert, und motorische Impulse aus der rechten Hemisphäre führen zu Muskelbewegungen der linken Körperseite.

NERVENSYSTEM
HIRNHEMISPHÄREN/HIRNRINDE/LEITUNGSBAHNEN* (2)

6 Farben
1. Malen Sie bitte die Großhirnrinde (f*) in allen vier Darstellungen grau an.
2. Das Corpus callosum (j) sollte in dieser und der vorhergegangen Tafel ausgemalt werden.

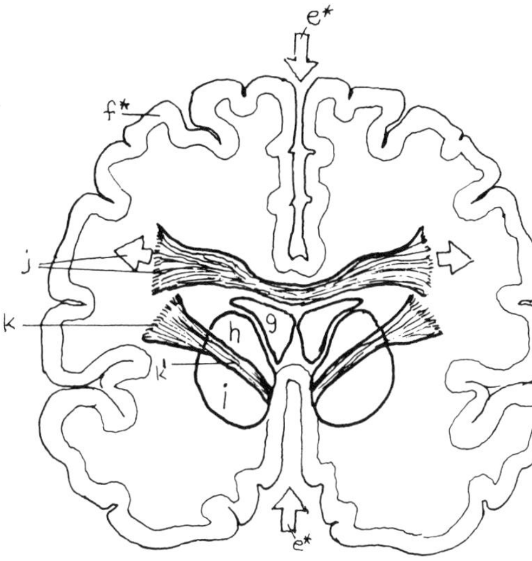

Ansicht von vorn
(Querschnitt durch das Großhirn)

GROSSHIRNRINDE f*
SUBKORTIKALE BEZIRKE*
SEITENVENTRIKEL g
BASALGANGLIEN (KERNE)*
NUCLEUS CAUDATUS h
NUCLEUS LENTIFORMIS i

Die subkortikalen Bezirke der Großhirnhemisphären bestehen aus der weißen Substanz, den Basalganglien und den Seitenventrikeln. Die *Basalganglien* (Kerne) sind einzelne Ansammlungen von grauer Substanz an der Basis der Hemisphären beidseits des Zwischenhirns (Diencephalon). Diese Lagebeziehung ist am besten in der folgenden Tafel erkennbar. Die einzelnen Bezirke der Basalganglien sind der *Nucleus caudatus* und der *Nucleus lentiformis.* Beide sind entsprechend ihrer Form benannt: der Nucleus caudatus (lat. cauda = Schwanz) scheint aus einem Kopf und einem sich zunehmend verschmälernden, gebogenen Schwanz zu bestehen; der Nucleus lentiformis (lat. lens = Linse) hat die Form einer Linse mit zwei konvexen Oberflächen. Zwischen diesen beiden verläuft die innere Kapsel (Capsula interna), ein Band aus Axonen, die Impulse zwischen der Rinde und tiefer gelegenen Zentren des ZNS leiten und zusammen mit anderen Strukturen wie eine Kapsel aus weißer Substanz um den Nucleus lentiformis erscheinen. Die Funktionen dieser Kerne können z.T. aus ihren afferenten (Input) und efferenten (Output) Verbindungen erschlossen werden: sie erhalten Fasern aus der Rinde und aus dem Thalamus, sie entsenden Fasern untereinander, zum Thalamus, zum Hypothalamus und zu den Kernen des Mittelhirns (Mesencephalon). Einen weiteren Einblick in die Funktion dieser Areale vermitteln auch die klinischen Beobachtungen von Patienten mit krankhaften Veränderungen (z.B. Verletzungen, Tumoren, Infektionen, Infarkten) in diesem Bereich: z.B. Morbus Parkinson und andere Krankheiten, die durch Zittern (Tremor), Muskelsteifheit (Rigor), Muskelkrämpfe (Spasmen) und Schwäche der Skelettmuskulatur gekennzeichnet sind. Die Basalganglien beeinflussen beträchtlich aktivierende und hemmende absteigende (motorische) Impulse, die aus den vorderen motorischen Rindenarealen mit Ausnahme des Gyrus praecentralis stammen. Sie sind an vielen unbewußten, »automatisch« ablaufenden Reflexen beteiligt, die verschiedenen Handlungen wie Essen, Körperhaltung und Abwehrreaktionen zugrunde liegen. Die Impulse aus den Basalganglien verlaufen grundsätzlich über Netze aus Hirnstammneuronen zu den motorischen Neuronen der Hirn- und Spinalnerven.

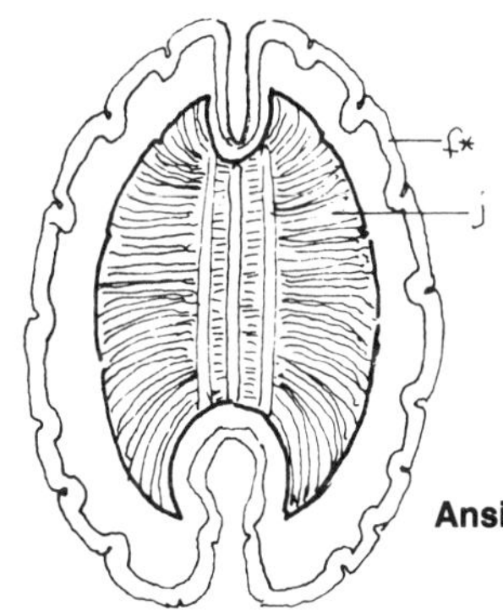

Ansicht von oben

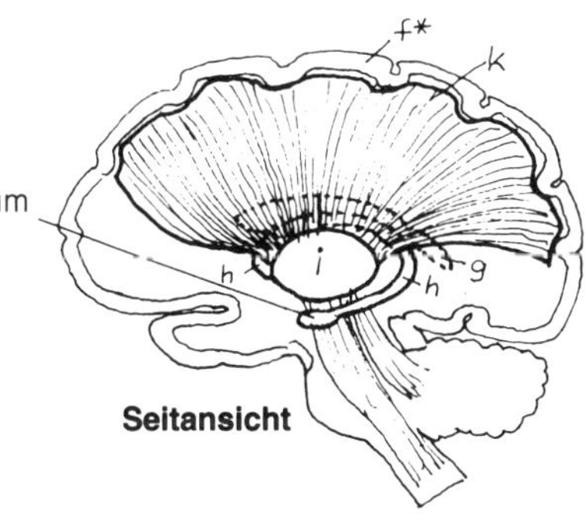

Seitansicht

UNTERGRUPPEN DER
WEISSEN SUBSTANZ*
KOMMISSURENFASERN (CORPUS CALLOSUM) j
PROJEKTIONSFASERN*
CORONA RADIATA k
CAPSULA INTERNA k₁
ASSOZIATIONSFASERN L

Die weiße Substanz der Hemisphären besteht aus Faserzügen, die in drei grundsätzlichen Richtungen angeordnet sind. Die Fasern, die linke und rechte Hemisphäre miteinander verbinden, heißen *Kommissurenfasern.* Die größte Kommissurenbahn ist das *Corpus callosum,* das bogenförmig über die Seitenventrikel zieht. Bündel aus weißer Substanz, die vordere und hintere Bereiche der Rinde verbinden, nennt man *Assoziationsfasern.* Sie bestehen sowohl aus langen als auch aus kurzen Faserzügen. Die wohl auffälligste Anordnung der weißen Substanz sind die *Projektionsfasern* aus myelinisierten Axonen, die zu und von allen Teilen der Rinde ziehen: die *Corona radiata.* Sie geht in die *Capsula interna* über, die zwischen den zwei Basalganglien hindurch zieht. Die meisten Verbindungen der Großhirnrinde laufen über die genannten Bahnstrukturen. Natürlich können über eine Vielzahl kleiner, unmyelinisierter Axone und Dendriten Impulse über die Rindenbezirke ziehen.

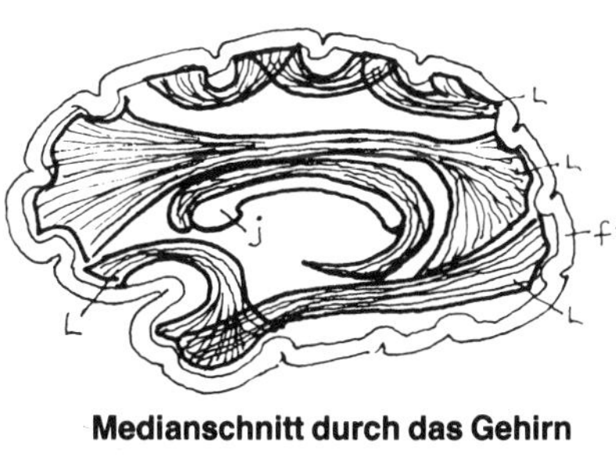

Medianschnitt durch das Gehirn

10 Farben
1. Die Strukturen h, i, j und k erhalten dieselben Farben wie auf Tafel 140.
2. Beachten Sie, während Sie den flüssigkeitsgefüllten Hohlraum des dritten Ventrikels ausmalen, daß Sie auf den dahinterliegenden Thalamus (a) blicken. Eine dünne Wand (Septum) trennt diesen Hohlraum vom Seitenventrikel.

THALAMUS a
HYPOTHALAMUS b
EPITHALAMUS (ZIRBELDRÜSE) c
DRITTER VENTRIKEL d

WEITERE STRUKTUREN*
NUCLEUS CAUDATUS h
NUCLEUS LENTIFORMIS i
HYPOPHYSE e
CORPUS CALLOSUM j
SEITENVENTRIKEL g
CAPSULA INTERNA k

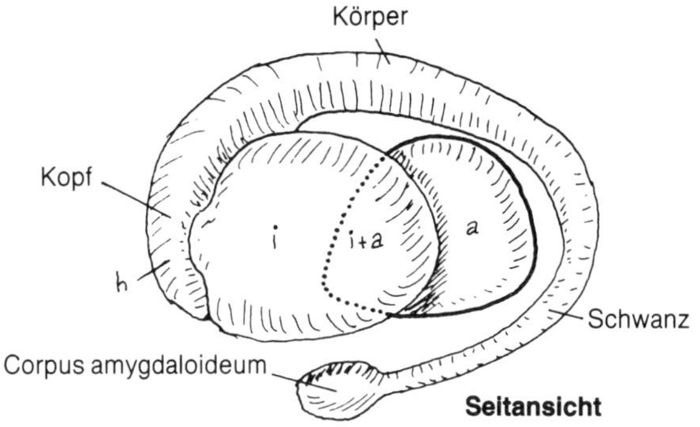

Seitansicht

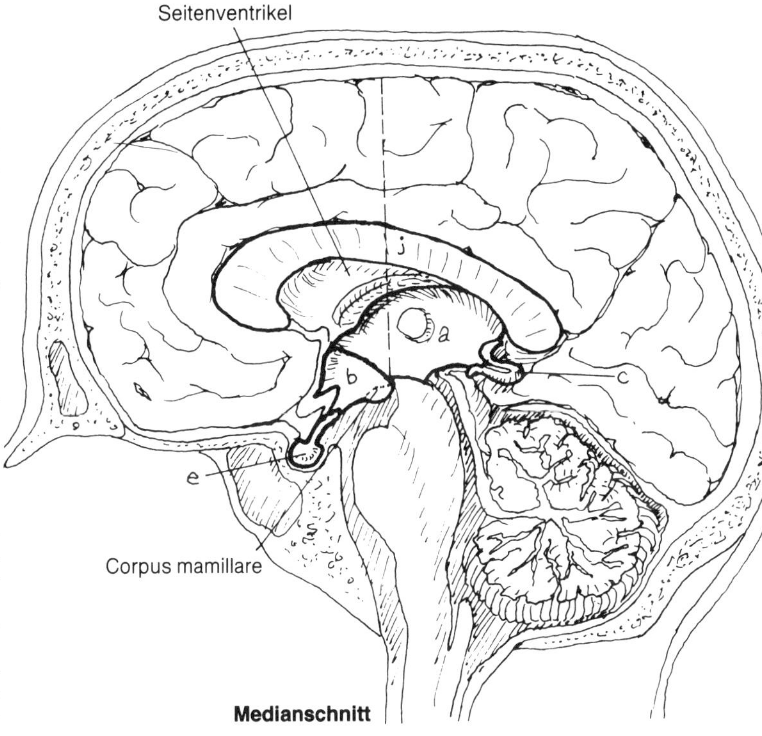

Medianschnitt

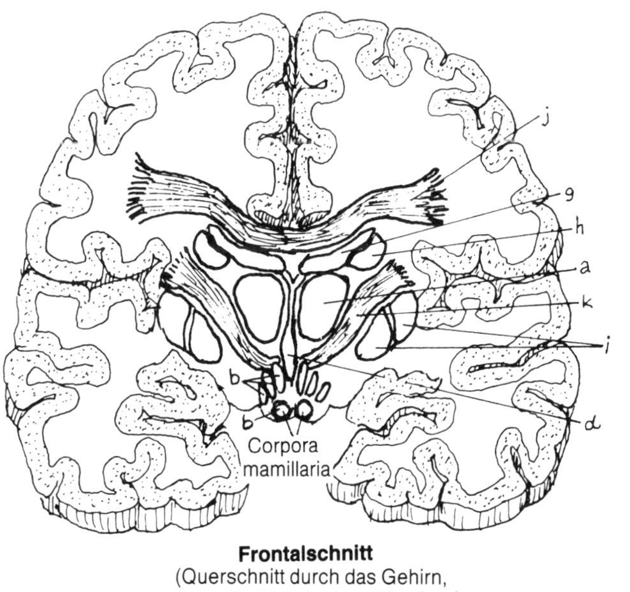

Frontalschnitt
(Querschnitt durch das Gehirn, entlang der Linie in der Abb. oben)

Das *Zwischenhirn* (Diencephalon), der kleinere der beiden Abkömmlinge des früheren Vorderhirns (Prosencephalon), wird durch die massiven Großhirnhemisphären entwicklungsmäßig zurückgedrängt. Es besteht aus dem zentralen *Thalamus*, dem darunterliegenden *Hypothalamus*, dem fortsatzähnlichen *Epithalamus* und einer dünnen Hohlraumhülle: dem *dritten Ventrikel*. Der Thalamus besteht aus mehreren Gruppen von Zellkörpern und Fortsätzen, die zum Großteil als Schaltstellen (Relais) oder Assoziationszentren arbeiten. Es ist ein einfaches Konzept, erfordert aber einen komplexen Aufbau und eine noch komplexere Funktion. Die Schaltstellen-Kerne des Thalamus erhalten aufsteigende Impulse indirekt von den meisten sensiblen Neuronen der Hirn- und Spinalnerven. Direkte Impulse erhält der Thalamus vom zweiten Hirnnerv (N. opticus); überhaupt keinen Impuls vom ersten Hirnnerv (N. olfactorius). Die postsynaptischen Neurone (Relaiskerne) entsenden Axone zu bestimmten sensiblen und motorischen Arealen der Großhirnrinde. Die Assoziationszentren des Thalamus entsenden Fasern untereinander und zu Assoziationsarealen der Großhirnrinde. Andere Kerne des Thalamus verbinden diesen wiederum mit anderen Stammhirn-Kernen einschließlich des Hypothalamus. Die Aktivität dieser Zentren/Kerne und ihrer Verbindungen führt zur Integration von sensiblen Erfahrungen, die geeignete motorische Antworten ermöglichen, sowie zu einer Verknüpfung von Gefühlen mit bestimmten sensiblen Impulsen (z.B. Weinen als Antwort auf Schmerz) und zur Steuerung und Aufrechterhaltung des Bewußtseins. Diese Funktion ist fördernden/hemmenden Einflüssen der Großhirnrinde unterworfen. Wenn auch die sensiblen Systeme den Hauptanteil des Thalamus ausmachen, lassen seine Verbindungen zu Basalganglien, Hypothalamus und Kleinhirn stark auf eine Beeinflussung von bestimmten absteigenden (motorischen) Bahnen schließen.

Der Hypothalamus liegt unmittelbar unterhalb des Thalamus an beiden Seiten dem dritten Ventrikel an. Er besteht aus mehreren, dicht gepackten Ansammlungen von grauer Substanz, die von Bahnen aus weißer Substanz abgeteilt sind, und ist mit den Rindenarealen von Stirn- und Schläfenlappen sowie mit dem Thalamus, dem Mittelhirn, dem unteren Hirnstamm und der Neurohypophyse (Hypophysenhinterlappen) verbunden. Zu seinen Aufgaben zählen die Regulation des autonomen Nervensystems, die sekretorische Aktivität der Hypophyse, die Verknüpfung von (autonomen) Eingeweidereflexen mit Gefühlsreaktionen, Aktivierung des Eßtriebes und des nach Erfüllung dieses Triebes folgenden Gefühls der Befriedigung, Regulation der Körpertemperatur (z.T. durch die Corpora mamillaria). Außerdem hat der Hypothalamus fördernde Einflüsse auf absteigende Impulse der reflexiven und gezielten Körperbewegungen.

Der Epithalamus (Zirbeldrüse) besteht in erster Linie aus dem Zirbeldrüsenkörper und assoziierten Kernen sowie aus Bahnen, die mit dem Thalamus, dem Hypothalamus, den Basalganglien und den mittleren Anteilen der Schläfenrinde in Verbindung stehen. Die genaue Funktion der Zirbeldrüse beim Menschen ist unklar, neuere Untersuchungen deuten aber daraufhin, daß sie über Hormonsekretion (Melatonin) hemmende Einflüsse auf die Eierstock- bzw. Hodenaktivität besitzt. Von Melatonin nimmt man weiterhin an, daß es abhängig von der Umgebungsbeleuchtung das ZNS beeinflußt und somit mit natürlichen Rhythmen oder Zyklen, die bei bestimmten Körperfunktionen vorhanden sind, in Zusammenhang steht.

NERVENSYSTEM HIRNSTAMM/KLEINHIRN*

(vgl. Tafel 141, 19, 137)

18 Farben

1. Malen Sie am besten zuerst die Teile des Mittelhirns in allen drei Abbildungen an, danach die Teile des Rautenhirns entsprechend ihren Bezeichnungen. Zuletzt malen Sie dann die übrigen Strukturen an und beachten hierbei ihre Beziehung zu den vorher angemalten Hirnteilen.

MITTELHIRN•

MESENCEPHALON*

PEDUNCULI CEREBRI a
AQUAEDUCTUS CEREBRI b
COLLICULI SUP. c
COLLICULI INF. d
PEDUNCULUS CEREBELLARIS SUP. e

RAUTENHIRN•

METENCEPHALON*

BRÜCKE f
4. VENTRIKEL g
KLEINHIRN h
ARBOR VITAE i
PEDUNCULI CEREBELLARES MEDIALES j

MYELENCEPHALON (MEDULLA) k

PYRAMIDEN L
4. VENTRIKEL g
PEDUNCULI CEREBELLARES INF. m

WEITERE STRUKTUREN*

CORPORA MAMILLARIA (HYPOTHALAMUS) n
CHIASMA OPTICUM o
HYPOPHYSENSTIEL p
RÜCKENMARK q

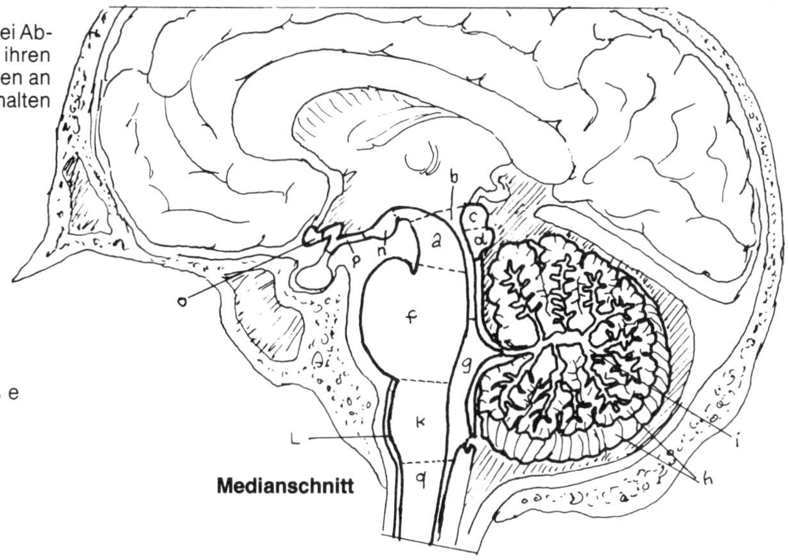

Medianschnitt

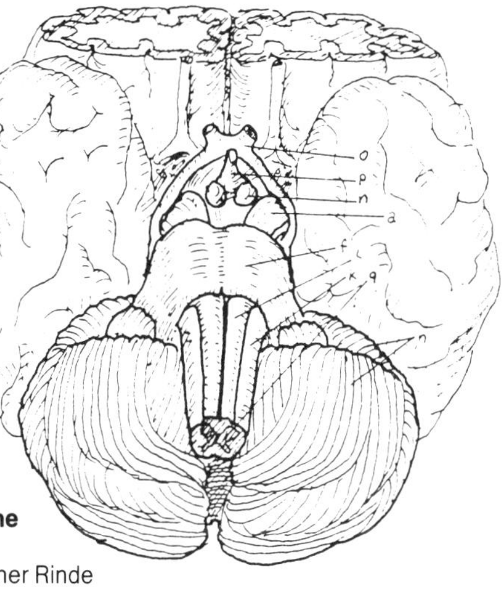

Ansicht der unteren und vorderen Oberfläche

Der *Hirnstamm* besteht aus allen Teilen des Gehirns außer den Großhirn- und Kleinhirnhemisphären. In dieser Tafel werden alle Bereiche des Hirnstammes ausgemalt, mit Ausnahme bestimmter Teile des Zwischenhirns (Diencephalon, s. Tafel 141). Das *Mittelhirn* besteht aus den zwei Hirnschenkeln *(Pedunculi cerebrales),* die durch den *Aquaeductus cerebri* von den *Colliculi sup./inf.* getrennt sind. Die Hirnschenkel bestehen aus: 1. zwei Säulen von Axonen, die absteigende Impulse von der Großhirnrinde zur Brücke, zur Medulla und zum Rückenmark leiten, und 2. einer tiefergelegenen Gruppe von Kernen/Bahnen, die mit den Hirnnerven III und IV in Beziehung stehen. Diese dienen als Schaltstellen für Impulse zwischen tieferen und höheren Zentren und bewirken eine Förderung/Hemmung von somatischen und viszeralen absteigenden Impulsen. Die Zellkörper im Colliculus sup. (oberer Hügel) sind die Zentren für visuelle Reflexe und die Zellkörper im Colliculus inf. die Zentren für Hörreflexe (z.B. Reaktion auf ein lautes, überraschendes Geräusch).

Die Abkömmlinge des Metencephalon bilden die *Brücke* (Pons), die mit dem *Kleinhirn* (Cerebellum) durch die beiden *Pedunculi cerebellares mediales* (mittlere Kleinhirnschenkel) verbunden ist, die zusammen mit den Pedunculi cerebellares sup./inf. den Liquorraum des *4. Ventrikels* begrenzen. Die Brücke besteht 1. aus den aus dem Mittelhirn absteigenden Bahnen (von der Großhirnrinde zu tieferen Zentren), 2. aus Ansammlungen von Zellkörpern, die von bestimmten kortikalen Bahnen (Bahnen von der Großhirnrinde) Synapsen erhalten und deren Axone den Pedunculus cerebellaris medialis bilden, 3. aus Kernen der Hirnnerven VI, VII und VIII, 4. aus mehreren aufsteigenden Bahnen, die in der Medulla und dem Rückenmark entspringen, und 5. aus einem Netzwerk aus polysynaptischen Neuronen, die fördernde/hemmende Einflüsse auf somatische und viszerale Reflexe besitzen und den Wachheitszustand beeinflussen. Das *Kleinhirn* (Cerebellum) wird von einer Rinde aus grauer Substanz, zentralen Ansammlungen aus motorischen Kernen und baumartig verzweigten Bahnen aus weißer Substanz (sog. Arbor vitae oder Lebensbaum) gebildet. An den Hirnstamm wird das Kleinhirn durch drei paarige Stiele aus weißer Substanz fixiert: Pedunculi cerebellares sup. (vom Mittelhirn), mediales (von der Brücke) und inf. (von der Medulla). Impulszuleitende Bahnen zum Kleinhirn verlaufen zum Großteil über die unteren und mittleren Kleinhirnschenkel; die Einflüsse des Kleinhirns auf die motorische Aktivität werden über die oberen Kleinhirnschenkel geleitet. Die Aufgaben des Kleinhirns sind Gleichgewichts- und Haltungsregulierung, Kontrolle des Muskeltonus und die Gesamtkoordination der Muskelaktivität.

Die *Medulla* und der untere Teil des *4. Ventrikels* sind Abkömmlinge des frühen Myelencephalons. Die Medulla oblongata steht oben mit der Brücke und unten mit dem Rückenmark in Verbindung. Sie besteht 1. aus zentralen Ansammlungen von Zellkörpern, die Schaltkerne (für absteigende/aufsteigende Bahnen), Assoziationskerne (Verbindungen des Netzwerks aus polysynaptischen Neuronen) und Hirnnervenkerne (IX, X, XI, XII sowie ein Teil von VIII) bilden, und 2. aus Bündeln aus weißer Substanz, die vom Rückenmark aufsteigen oder zu ihm hinunter ziehen. Die zwei Nervenfaserbündel, die an der Vorderseite der Medulla hervortreten (L), sind die *Pyramiden,* die aus kortikospinalen Bahnen (von der Großhirnrinde zum Rückenmark) bestehen und Impulse leiten, die zu gezielten Bewegungen der Feinmotorik führen. 80% dieser Fasern kreuzen unmittelbar unterhalb der Pyramiden auf die andere Seite der Medulla/des Rückenmarks. Die Assoziationskerne der Medulla sind in erster Linie zuständig für viszerale Reflexe wie Herzleistung, Kontrolle der Atemfunktion und Vasomotorik (Einstellung der Gefäßweite mit Hilfe der Gefäßmuskulatur).

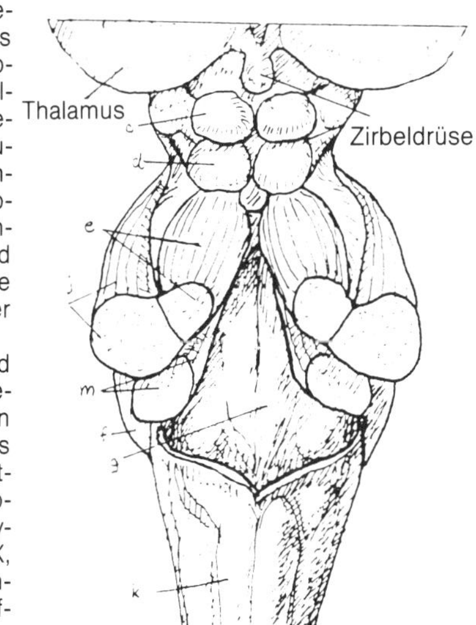

Ansicht von hinten

NERVENSYSTEM / RÜCKENMARK*

Tafel 143
(vgl. Tafel 20, 134, 137, 133)

18 Farben
1. Malen Sie in der rechten Abb. die Schichten an, die das Rückenmark einhüllen. In dieser Darstellung bedeckt die Pia mater vollständig das Rückenmark. Beachten Sie, daß aus Übersichtlichkeitsgründen die lumbale Zisterne (Subarachnoidalraum, c) aufgeschnitten und ein Großteil der darin befindlichen Nervenstränge (g) entfernt wurde.
2. Malen Sie die graue Substanz in den vier typischen Rückenmark-Querschnitten sowie deren Bezeichnungen grau aus.

DURA MATER a
ARACHNOIDEA b
SUBARACHNOIDALRAUM c•
RÜCKENMARK / PIA MATER d
ZWEITER LENDENWIRBEL e*
CONUS MEDULLARIS f
CAUDA EQUINA g
FILUM TERMINALE h
ZWEITER KREUZWIRBEL i*

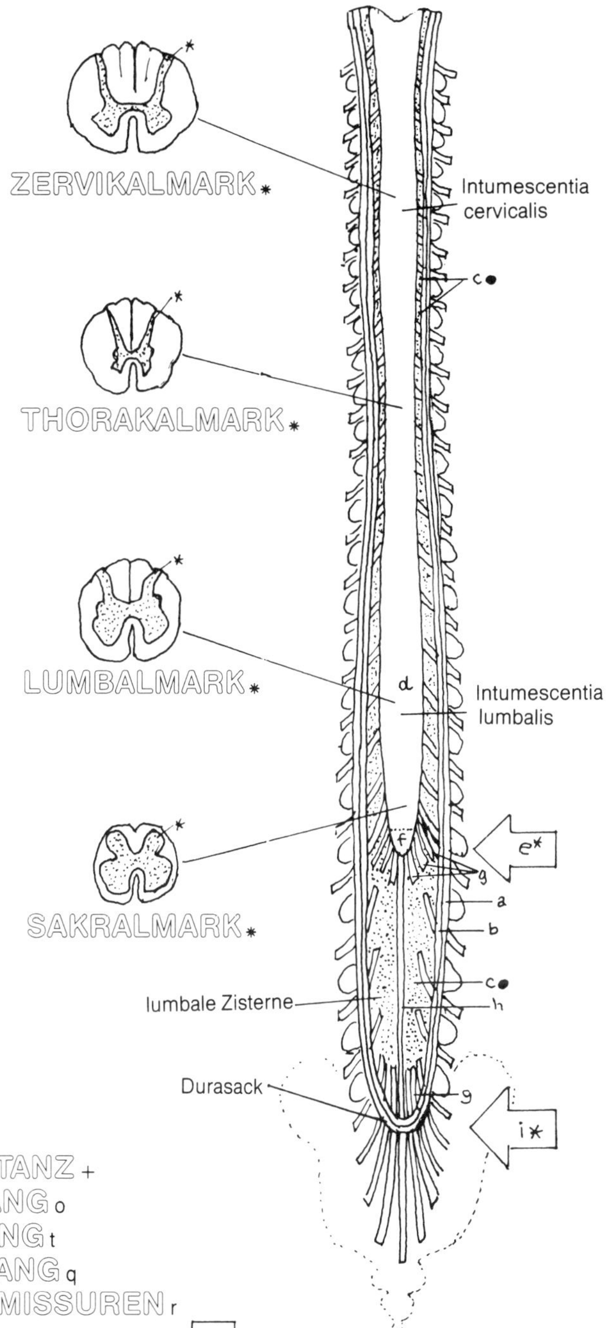

Rückenmark und Meningen Ansicht von hinten

Beginnend am Foramen magnum des Schädels stellt das *Rückenmark* (Medulla spinalis) die distale Fortsetzung des Zentralnervensystems dar. In Höhe des 2. Lendenwirbels (L2) endet es als *Conus medullaris.* In den unteren Hals- und Lendenbereichen verbreitert es sich ein wenig (Intumescentia cervicalis bzw. lumbalis), was von der erhöhten Anzahl an Neuronen zeugt, die mit den oberen und unteren Extremitäten in Verbindung stehen. Von den Hirnhäuten eingehüllt, schwimmt das Rückenmark im Liquor cerebrospinalis. Die *Pia mater* setzt sich distal des Conus medullaris als *Filum terminale* fort und vereinigt sich mit der *Dura mater* in Höhe des 2. Kreuzwirbels (S2). Hier endet die Dura und mit ihr der mit Liquor gefüllte Durasack (lumbale Zisterne). Die kaudalen Spinalnerven, die durch die lumbale Zisterne zu den sakralen (Kreuzbein-) Foramina intervertebralia ziehen, bilden eine Ansammlung von Spinalwurzeln, die man als *Cauda equina* (Pferdeschwanz) bezeichnet.

Das Rückenmark besteht aus der zentral gelegenen grauen Substanz, die schmetterlingsförmig angeordnet ist, und der umgebenden weißen Substanz, die auf- und absteigende Bahnen bildet. Von proximal nach distal nimmt der Anteil der weißen Substanz im Verhältnis zur grauen Substanz ab, da nach distal hin immer mehr Axone an die Peripherie abgegeben werden.

REGIONEN DES RÜCKENMARKS•

GRAUE SUBSTANZ*
HINTERHÖRNER j
VORDERHÖRNER k
SEITENHÖRNER L
SUBSTANTIA INTERMEDIA CENTRALIS m
GRAUE KOMMISSUREN n

WEISSE SUBSTANZ +
HINTERSTRANG o
SEITENSTRANG t
VORDERSTRANG q
WEISSE KOMMISSUREN r

SULCUS MEDIANUS DORSALIS s
FISSURA MEDIANA VENTRALIS t
ZENTRALKANAL u +

Die *graue Substanz* des Rückenmarks besteht aus den *Hinterhörnern* (Funiculi dorsales; zentrale Fortsätze von sensiblen Neuronen und Zwischenneuronen), *Vorderhörnern* (Funiculi ventrales; Zellkörper von motorischen Neuronen und Zwischenneuronen), *Seitenhörnern* (Funiculi laterales; autonome motorische Neurone in Höhe TH1 bis L2 und S2 bis S4) und Axonen verschiedener Neurone, die in den *Kommissuren* zur Gegenseite verlaufen. Die gesamten Impulse des Zentralnervensystems stammen von motorischen Neuronen aus der grauen Substanz und werden von sensiblen Neuronen des peripheren Nervensystems beeinflußt. Die weiße Substanz des Rückenmarks gliedert sich in Säulen oder *Stränge.* Jeder Strang enthält mehrere spezifische Bahnen: lange aufsteigende Bahnen (sensibel), lange absteigende Bahnen (motorisch) und kurze zwischensegmentale Bahnen. Die langen Bahnen übertragen Impulse von und zu Hirnstamm und höheren Zentren; die kurzen Bahnen führen von Segment zu Segment und sind an verschiedenen Rückenmarksreflexen beteiligt, die mehr als ein Segment miteinbeziehen.

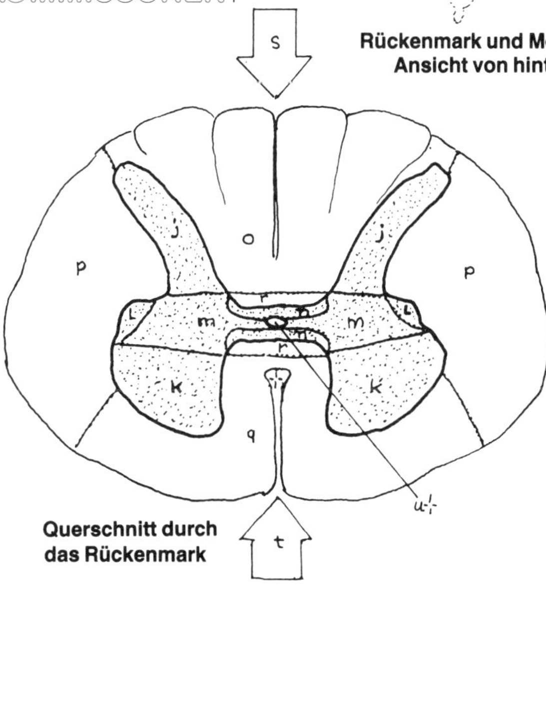

Querschnitt durch das Rückenmark

NERVENSYSTEM / AFFERENTE (SENSIBLE) BAHNEN *

3 Farben
1. Malen Sie die jeweiligen Neuronenanordnungen der vier verschiedenen Bahnen an. Vervollständigen Sie jede Bahn mit ihren Bezeichnungen, bevor Sie zur nächsten übergehen.
2. Beachten Sie, daß die Kleinhirnseitenstrangbahnen (Tractus spinocerebellares; c_2, c_3) jeweils in ihrem eigenen oberen/unteren Kleinhirnstiel (e, d) verlaufen. Die mittleren Kleinhirnstiele sind nicht dargestellt.

Frontalschnitt
(im Thalamusbereich)

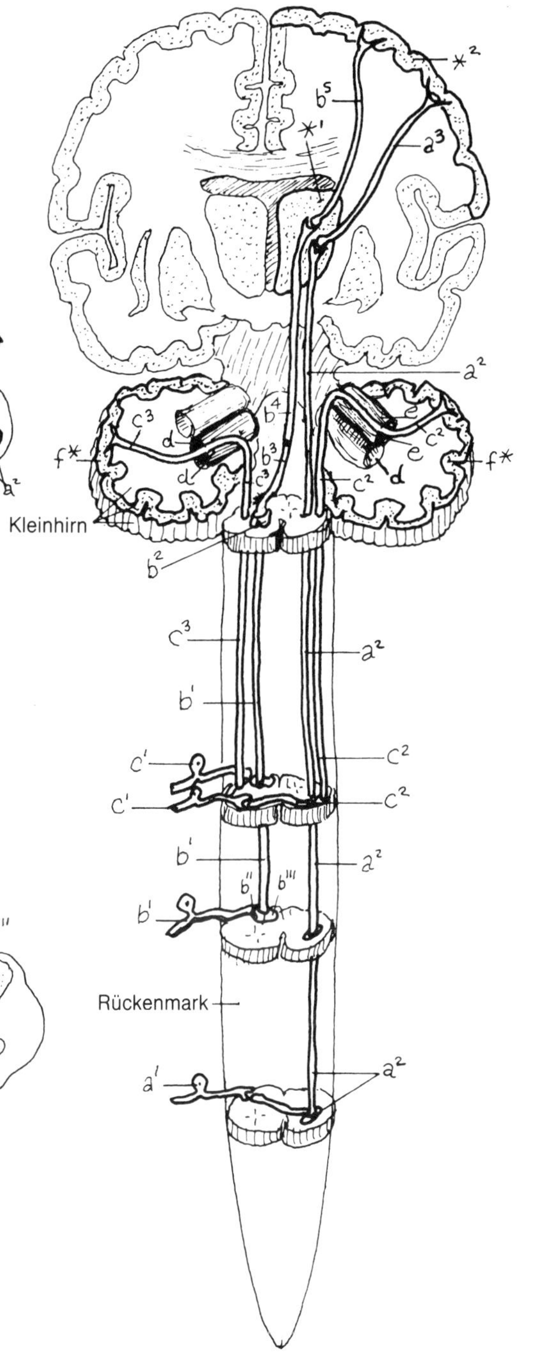

SCHMERZBAHN a

SENSIBLES NEURON (1. NEURON) a_1
TRACTUS SPINOTHALAMICUS LAT. (2. NEURON) a_2
THALAMUS $*_1$
THALAMOKORTIKALE FASERN (3. N.) a_3
GYRUS POSTCENTRALIS $*_2$

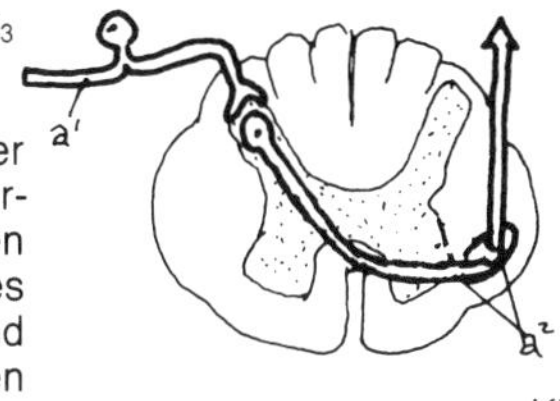

Schmerz- und Temperaturrezeptoren erzeugen einen Impuls, der durch ein *sensibles Neuron* zum Hinterhorn des Rückenmarks verläuft und dort am zweiten Neuron (Zwischenneuron einer sensiblen Bahn oder eines Systems) mit einer Synapse endet. Das Axon des zweiten Neurons kreuzt über die vordere weiße Kommissur und zieht im Seitenstrang nach oben, wo es sich mit anderen Axonen der Schmerzbahn zum *Tractus spinothalamicus lateralis,* der zum *Thalamus* zieht, vereinigt. Im Thalamus bildet das zweite Neuron eine Synapse mit Schaltneuronen, deren Axone durch die Capsula interna und die Corona radiata zum *Gyrus postcentralis* der Großhirnrinde ziehen. Axone des Tractus spinothalamicus ventralis (n. d.) übertragen Berührungsimpulse.

BAHN FÜR BERÜHRUNG / DRUCK b

SENSIBLES NEURON (1. NEURON) b_1
(IN DEN FASCICULI CUNEATUS b'', GRACILIS b''')
NUCLEUS CUNEATUS / GRACILIS (MEDULLA) b_2
FIBRAE ARCUATAE INT. (2. NEURON) b_3
LEMNISCUS MEDIALIS (2. NEURON) b_4
THALAMUS $*_1$
THALAMOKORTIKALE FASERN (3. N.) b_5
GYRUS POSTCENTRALIS $*_2$

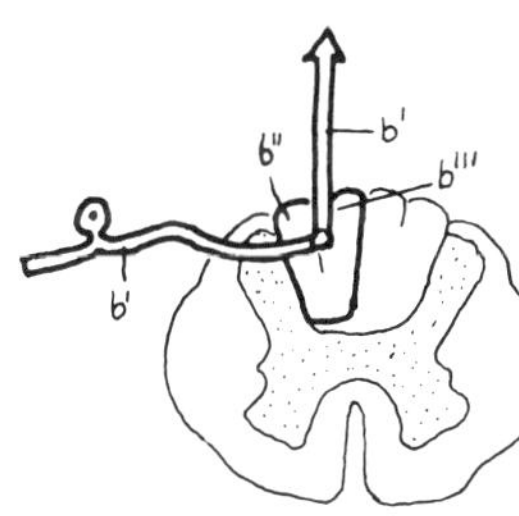

Berührungs- und Druckrezeptoren erzeugen einen Impuls, der durch ein sensibles Neuron zum Hinterhorn des Rückenmarks wandert und im Hinterstrang zur Medulla hochzieht. Zusammen mit anderen entsprechenden Neuronen bildet dieses Neuron den *Fasciculus cuneatus* (lateral) und *Fasciculus gracilis* (medial).
In den *Nuclei cuneatus* und *gracilis* der Medulla liegen die Synapsen dieser ersten Neurone mit den zweiten Neuronen, deren Axone über die *Fibrae arcuatae internae* zur Gegenseite kreuzen und den *Lemniscus medialis* bilden, ein Faserbündel, das im *Thalamus* endet. Dort bilden diese Axone Synapsen mit den Schaltneuronen (3. Neuron), deren Axone über die Capsula interna und Corona radiata zum *Gyrus postcentralis* der Großhirnrinde ziehen. Der Fasciculus cuneatus ist in der unteren Hälfte des Rückenmarks nicht vorhanden.

BAHN FÜR MUSKEL- UND GELENKSTELLUNG c

SENSIBLES NEURON (1. NEURON) c_1
TRACTUS SPINOCEREBELLARIS ANT. c_2 (2. NEURON) c
TRACTUS SPINOCEREBELLARIS POST. c_3
PEDUNCULUS CEREBELLARIS INF. d
PEDUNCULUS CEREBELLARIS SUP. e
KLEINHIRN (RINDE) f*

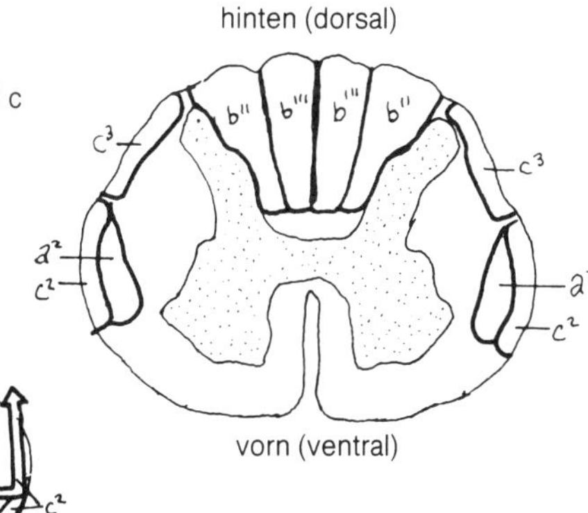

Dehnungs- und Stellungsrezeptoren erzeugen Impulse, die durch *sensible Neurone* zur grauen Substanz des Rückenmarks ziehen. Die Impulse für Sehnendehnung werden im Hinterhorn auf das zweite Neuron übertragen, dessen Axon im Seitenstrang der gleichen Seite als Teil des *Tractus spinocerebellaris post.* (C3) über dem *Pedunculus cerebellaris inf.* zu Neuronen der Kleinhirnrinde zieht. Stellungsimpulse werden im Hinterhorn auf ein zweites Neuron übertragen, dessen Axon den gegenüberliegenden Seitenstrang erreicht und dort im *Tractus spinocerebellaris ant.* (C2) hinaufzieht und über den *Pedunculus cerebellaris sup.* die Neuronen der Kleinhirnrinde erreicht.

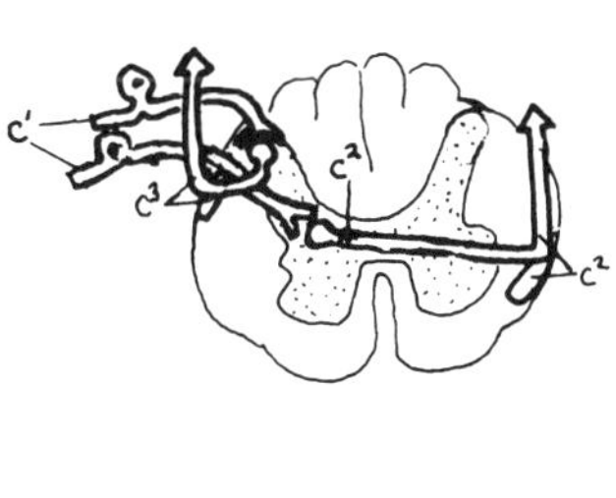

NERVENSYSTEM
EFFERENTE (MOTORISCHE) BAHNEN*

Verwenden Sie helle Farben für Strukturen H, I und K.
1. Bemalen Sie die Pyramidenbahn in dem schematischen Sagittalschnitt.
2. Bemalen Sie rechts oben die schematische Darstellung der Pyramidenbahn in der Ansicht von vorne, einschließlich der Prozentangaben.
3. Bearbeiten Sie danach das extrapyramidal-motorische System.

PYRAMIDENBAHN A/ASSOZIIERTE REGIONEN:*

MOTORISCHER CORTEX *[1]
TRACTUS CORTICOSPINALIS A[1]
TRACTUS CORTICOSPINALIS LATERALIS A[2]
TRACTUS CORTICOSPINALIS VENTRALIS A[3]
PYRAMIDEN A[4]
SEITENSTRANG B
VORDERSTRANG C

GEMEINSAME ENDBAHN:*

MOTORISCHES NEURON D
ERFOLGSORGAN E

Willkürliche Bewegungen einer Körperhälfte werden vom *motorischen Cortex* (vor allem vom Gyrus praecentralis) der Gegenseite ausgelöst. Die Axone der kortikalen motorischen Neurone (obere motorische Neurone) verlaufen als *Tractus corticospinalis* über die Corona radiata, die Capsula interna, die Hirnschenkel und die Brücke ununterbrochen hinab in die Medulla oblongata. Dort bilden diese Axone die vorderen Ausbuchtungen, die man als *Pyramiden* bezeichnet und nach denen auch die Pyramidenbahn benannt ist. An der Pyramidenkreuzung kreuzen etwa 80 % der Fasern zum *Seitenstrang* (Funiculus lateralis) der Gegenseite – diese Fasern bilden den *Tractus corticospinalis lateralis*. Die ungekreuzten Fasern verlaufen weiter im *Vorderstrang* (Funiculus ventralis) als *Tractus corticospinalis ventralis* und kreuzen erst in Höhe ihrer Endigung auf die Gegenseite. Die Axone der Pyramidenbahn verlassen die Vorder- und Seitenstränge in den verschiedenen spinalen Ebenen und bilden Synapsen an den motorischen Vorderhornzellen (untere motorische Neurone) des Rückenmarks.

Pyramidenbahn (schematisch)

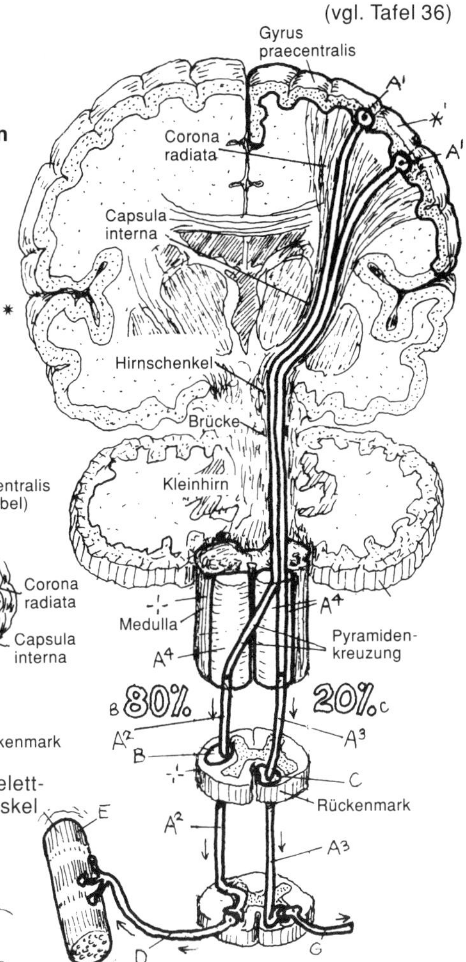

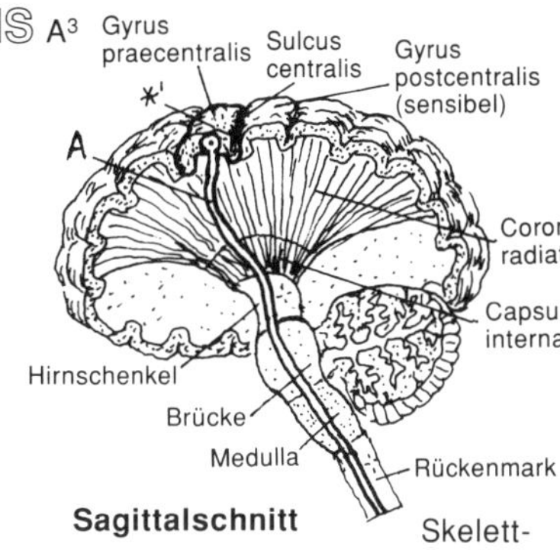

Sagittalschnitt

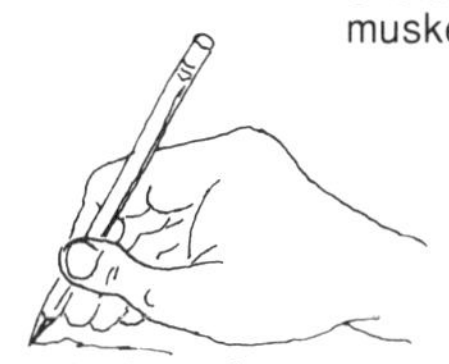

feinabgestimmte, erlernte Bewegungen

EXTRAPYRAMIDAL-MOTORISCHES SYSTEM:*

TRACTUS PONTORETICULOSPINALIS F
TRACTUS VESTIBULOSPINALIS G
ZWISCHENNEURON H

Der bewußte, kortikospinal übertragene Befehl an das untere motorische Neuron wird von der Körperhaltung, dem Gedächtnis oder anderen unzähligen Faktoren *nicht* beeinflußt. Diese verschiedenen Zusatzimpulse von der Großhirnrinde, den Kerngebieten im Hirnstamm, Kleinhirn und anderen Zentren erreichen das entsprechende untere motorische Neuron über eine Reihe absteigender Bahnen, von denen keine durch die Pyramiden der Medulla verläuft (daher der Name extrapyramidal-motorisches System). Zwei wichtige extrapyramidale Bahnen sind hier dargestellt: der *Tractus pontoreticulospinalis* von den retikulären Kernen im Hirnstamm und der *Tractus vestibulospinalis* von den Vestibulariskernen im Hirnstamm. Die synaptischen Verbindungen zwischen den Axonen und *jedem* der unteren motorischen Neurone (meist über *Zwischenneurone*) gehen in die Tausende. Abhängig von dem im präsynaptischen Neuron produzierten Neurotransmitter kann die Synapse einen erregenden Impuls fördern oder hemmen. Die Impulsauslösung im unteren motorischen Neuron hängt damit ab von der Summe aller fördernden und hemmenden Impulse, die dieses Neuron in jedem Moment erhält. Wenn ein elektrochemischer Impuls ausgelöst wird, dann wandert er entlang des Axons dieses motorischen Neurons und erreicht ohne eine weitere Beeinflussung das Erfolgsorgan. Daher ist die motorische Vorderhornzelle wirklich die »gemeinsame Endbahn« für die Auslösung des eigentlich bezweckten Ereignisses – der Muskelkontraktion.

Teile des extrapyramidal-motorischen Systems (schematisch)

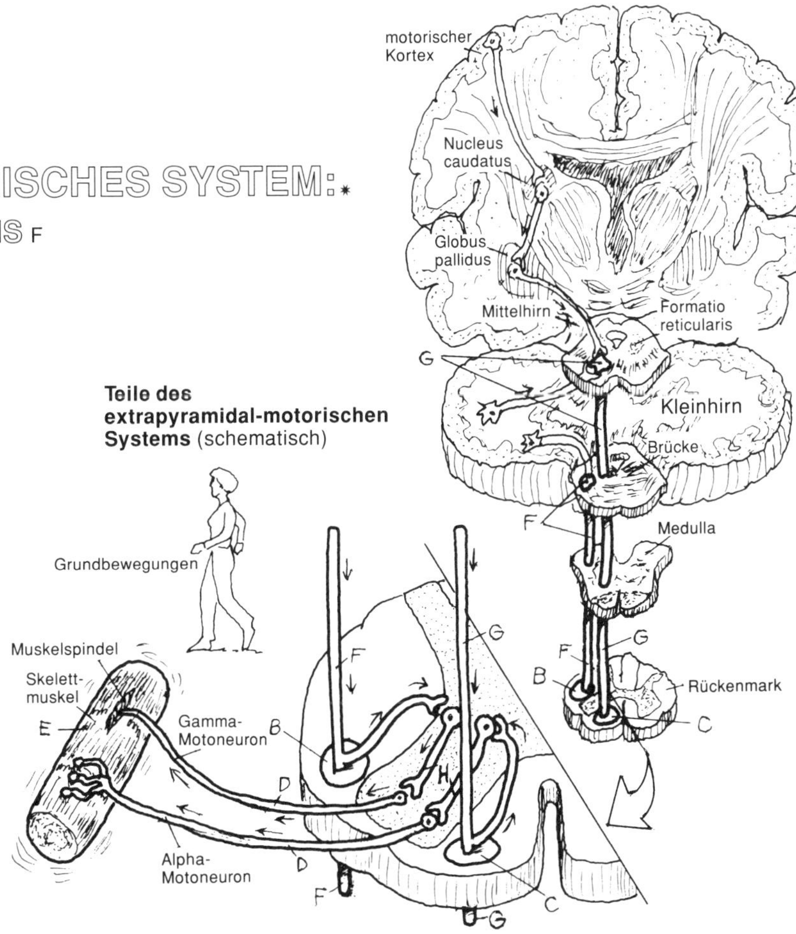

NERVENSYSTEM / HIRNNERVEN*

12 Farben
1. Verwenden Sie alle 12 Farben zum Anmalen von Begriffen, Nerven, Funktionszeichnungen und allen römischen Ziffern. Bemalen Sie auch die Pfeile in der unteren Abb., die zeigen, ob der entsprechende Nerv in erster Linie motorisch (zeigt weg), sensibel (zeigt hin) oder beides ist.
2. Bevor Sie einen Nerv kolorieren, lesen Sie am besten zuerst die Kurzbeschreibung seiner Funktion. Aus Platzgründen sind nur die Hauptfunktionen genannt.

N. OLFACTORIUS I
N. OPTICUS II
N. OCULOMOTORIUS III
N. TROCHLEARIS IV
N. TRIGEMINUS V
N. ABDUCENS VI
N. FACIALIS VII
N. VESTIBULOCOCHLEARIS VIII
N. GLOSSOPHARYNGEUS IX
N. VAGUS X
N. ACCESSORIUS XI
N. HYPOGLOSSUS XII

(vgl. Tafel 134)

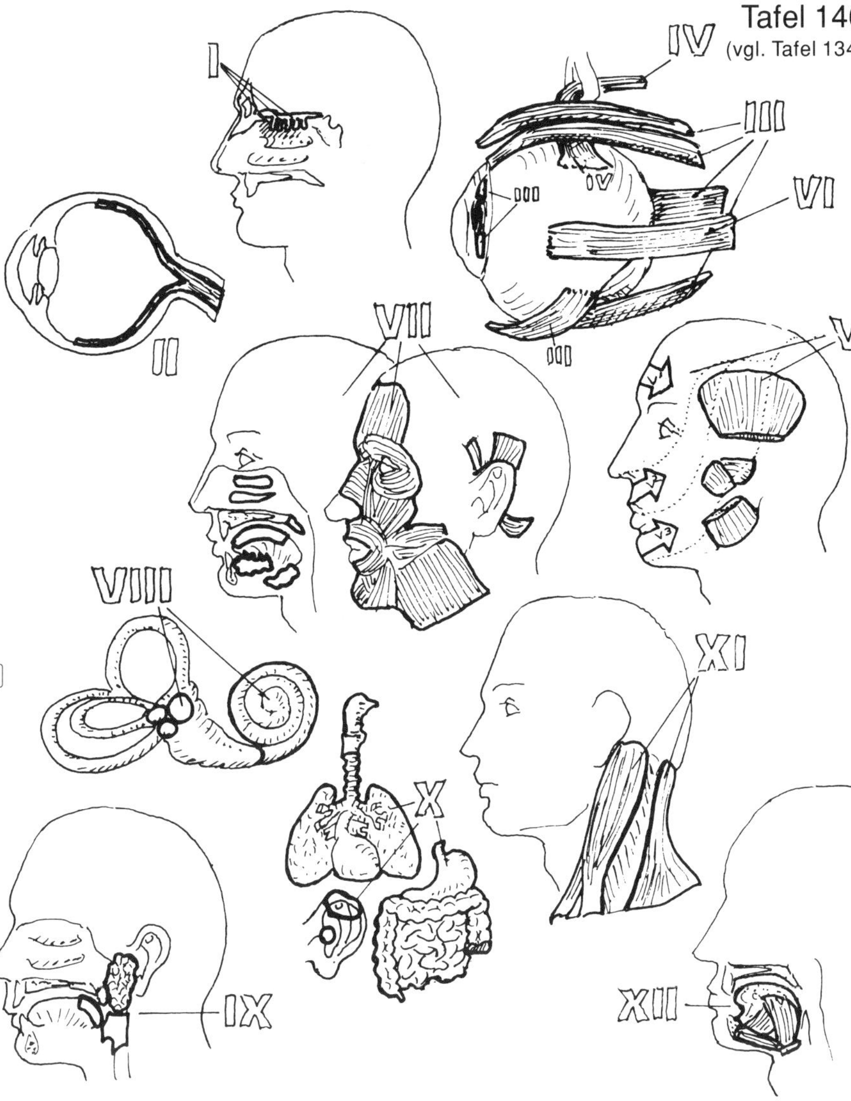

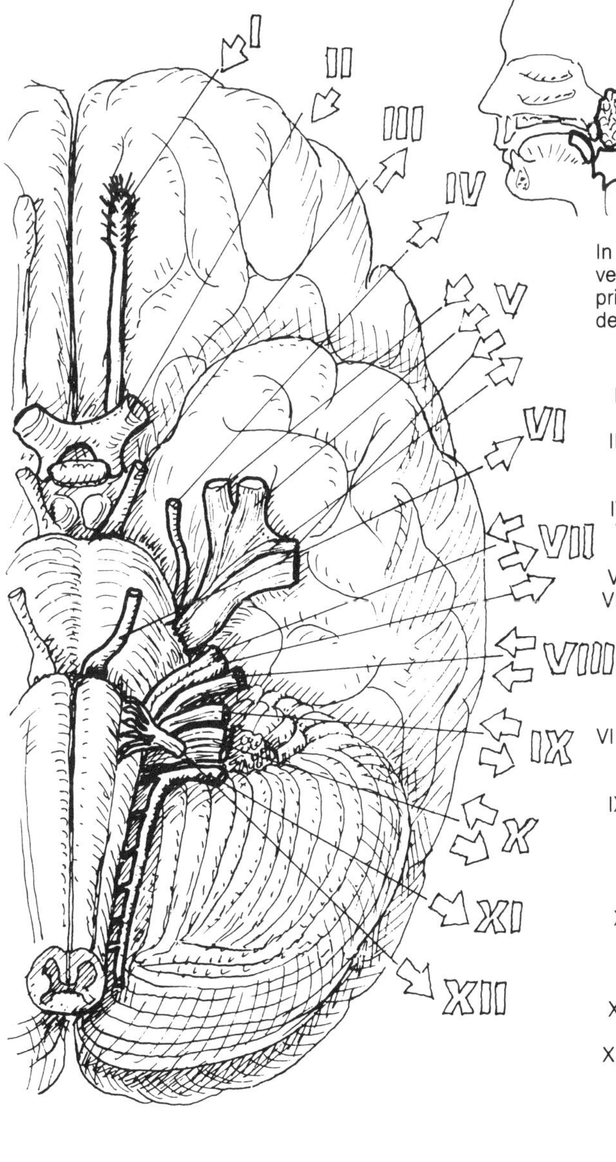

In der linken Abb. sind die Pfeile für sensible Leitungsfunktionen nicht bei den Hirnnerven eingezeichnet, deren einzige bekannte sensible Komponente aus Lagesinn (Propriozeption) besteht. Die meisten motorischen Nerven besitzen auch sensible Fasern des Lagesinns.

I. Rein sensorisch von Geruchsrezeptoren in der Nasenhöhle; Rezeptoren sensibel für Geruch.
II. Sensorisch von der Netzhaut (Lichtrezeptoren) im Auge; Rezeptoren sensibel für Licht.
III. Somatomotorisch zu den äußeren Augenmuskeln (mit Ausnahme des M. rectus lateralis und M. obliquus sup.); parasympathisch (viszeromotorisch) zum Ganglion ciliare (Innervation des Ciliarmuskels und des M. sphincter pupillae).
IV. Somatomotorisch zum M. obliquus sup. des Auges.
V. Drei Teile (V1, V2, V3): somatosensibel vom Gesicht in allen drei Teilen; motorisch (V3) zur Kaumuskulatur, Muskeln des Mittelohrs und des Gaumens.
VI. Somatomotorisch zum M. rectus lateralis des Auges.
VII. Zwei Teile: a) N. intermedius: viszerosensibel von den Geschmacksrezeptoren der vorderen zwei Drittel der Zunge; mit parasympathischen Fasern zum Ganglion pterygopalatinum (innerviert Drüsen der Nasen-/Mundhöhle und die Tränendrüsen) und Ganglion submandibulare (innerviert die Glandulae sublinguales/submandibulares); b) somatomotorischer Teil zur mimischen Muskulatur des Gesichts und des Schädels.
VIII. Zwei Teile: N. cochlearis (sensorisch von den Haarzellen der Cochlea, sensibel für Gehör) und N. vestibularis (sensorisch von den Gleichgewichtsrezeptoren des Innenohrs).
IX. Viszerosensibel von Geschmacksrezeptoren des hinteren Zungendrittels; sensibel von der Schleimhaut der hinteren Zunge und der Mandeln; sensorisch vom Sinus caroticus (an der Aufzweigung der A. carotis communis), der den Blutdruck mißt; parasympathisch zum Ganglion oticum (innerviert die Ohrspeicheldrüsen); somatomotorisch zu zwei Rachenmuskeln.
X. Sensibel von einem Teil des Ohres und der Ohrtrompete; viszerosensibel (ausgenommen Schmerz) von Pharynx, Larynx, Luftröhre, Speiseröhre, Brust- und Baucheingeweiden; parasympathisch zu Ganglien, die Brust- und Baucheingeweide versorgen; motorisch zu Pharynx und Larynx.
XI. Zwei Teile: spinale Wurzel (somatomotorisch zum M. sternocleidomastoideus und M. trapezius) und kraniale Wurzel (mündet in den Vagus und versorgt den Larynx).
XII. Somatomotorisch zur äußeren und inneren Muskulatur der Zunge.

NERVENSYSTEM / SPINALNERVEN d

(vgl. Tafel 134, 132, 133, 137, 143)

9 Farben

1. Malen Sie alle drei Darstellungen zusammen an. In der oberen Abb. sollen sowohl die beiden Nervenpaare, die die Wirbelsäule verlassen, als auch das freigelegte Nervenpaar mit seinen Wurzeln angemalt werden.
2. In der unteren Abb. sind die Zellkörper (i) der motorischen Neurone durch gepunktete Linien hervorgehoben, um ihre Position in inneren Schichten im Hinterhorn des Rückenmarks darzustellen. Malen Sie diese mit einer anderen Farbe als das Rükkenmark (a) an.
3. Verwenden Sie für entsprechende Strukturen aus Tafel133 dieselben Farben (trotz der geänderten Identifikationsbuchstaben). Beachten Sie, daß das Spinalganglion (g), die sensiblen Zelleiber (h) und die motorischen Zelleiber (i) in dieser Tafel im Gegensatz zu Tafel133 unterschiedliche Farben erhalten.
4. Autonome Neurone und ihre Beziehung zu den Spinalnerven sind in dieser Tafel nicht dargestellt.

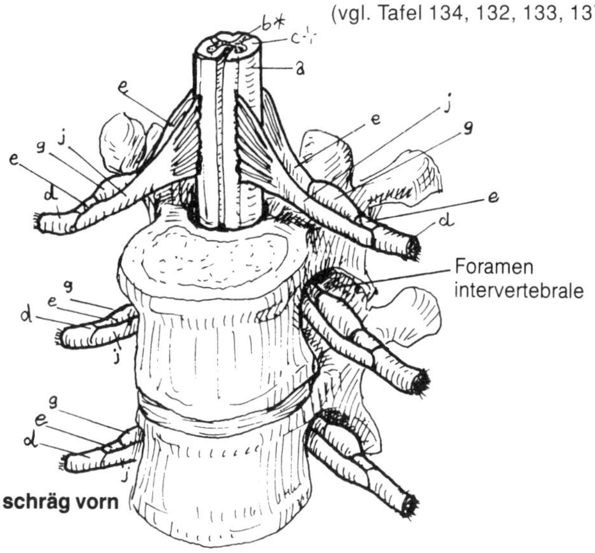

Ansicht von schräg vorn

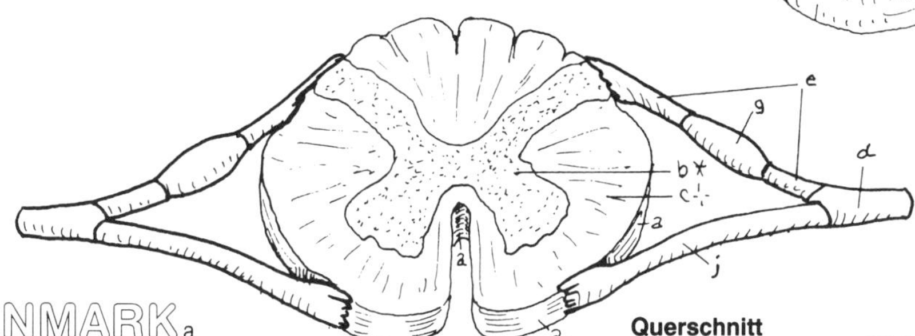

Querschnitt

RÜCKENMARK a
GRAUE SUBSTANZ b*
WEISSE SUBSTANZ c+

SPINALNERVEN d
HINTERE (DORSALE) WURZEL e
SENSIBLE AXONE f
SPINALGANGLION g
SENSIBLE ZELLKÖRPER h
MOTORISCHE ZELLKÖRPER (IM ZNS) i
VORDERE (VENTRALE) WURZEL j
MOTORISCHE AXONE k

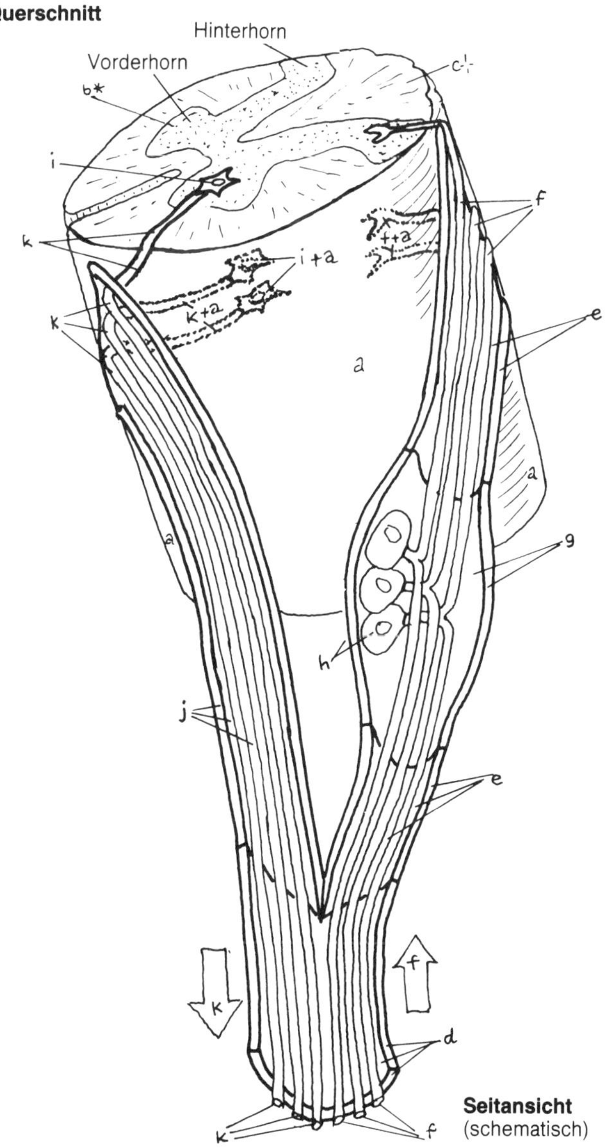

Seitansicht
(schematisch)

Spinalnerven sind Ansammlungen von Axonen des peripheren Nervensystems. Die Wurzeln der Spinalnerven entspringen am Rückenmark. Die meisten Spinalnerven und ihre Äste enthalten Axone sowohl von sensiblen als auch von motorischen Neuronen (gemischt). Es gibt 31 Spinalnervenpaare, die beidseits der Reihe nach (segmental) am Rückenmark entspringen. Die gemischten Axone der Äste der Spinalnerven bilden ein Innervationsmuster über sämtliche Skelettmuskel-, Faszien- und Hautbezirke des Körpers. Die *sensiblen Axone* (periphere Fortsätze) innerhalb des Spinalnervs führen von peripheren Körperarealen zum Rückenmark hin. Beim Durchtritt durch das Foramen intervertebrale kurz vor Erreichen des Rückenmarks schlagen sich diese Axone nach hinten und bilden die *hintere (sensible) Wurzel* des Spinalnervs. Innerhalb dieser Wurzel entsteht durch die Ansammlung der Zellkörper der unipolaren Nervenzellen eine deutliche Schwellung: das *Spinalganglion.* Die zentralen Fortsätze dieser sensiblen Neurone verlaufen in das Hinterhorn des Rückenmarks, wo sie Synapsen ausbilden oder in die weiße Substanz abzweigen. Die *motorischen Axone* des Spinalnervs entspringen an multipolaren, *motorischen Zellkörpern* im Vorderhorn des Rückenmarks. Die Zusammenschlüsse dieser Axone bilden die *vordere Wurzel* des Spinalnervs. Nach dem Durchtritt durch das Foramen intervertebrale oder den Canalis vertebralis vereinigen sich die vordere und hintere Wurzel zum Spinalnerv.

Durch den Transport entlang der peripheren Nerven (Spinalnerven und Hirnnerven) wird 1. Information über die Vorgänge der Umwelt und des inneren Milieus sowie der räumlichen Orientierung des Körpers zum Zentralnervensystem geleitet, und 2. können angemessene motorische Antworten vom ZNS zu den Erfolgsorganen (in der Regel Muskeln) gesandt werden und so zu einer Reaktion führen.

NERVENSYSTEM
STRECKREFLEXE*

(vgl. Tafel 9, 130, 131, 132)

Verwenden Sie helle Farben für Strukturen A und C sowie für Strukturen D–F die gleichen Farben wie in Tafel 146.

1. Bearbeiten Sie die beiden oberen Abbildungen gleichzeitig in der numerischen Reihenfolge von 1 bis 6, einschließlich der Pfeile. Die kleinen Pfeile an den Enden der Muskelsegmente symbolisieren die Kontraktion oder Streckung.
2. Verfahren Sie genauso mit den beiden unteren Abbildungen. Beachten Sie, daß dort das Motoneuron auch mit einem hemmenden Zwischenneuron synaptisch verbunden ist, dessen Zielorgan nicht ausgemalt werden soll.

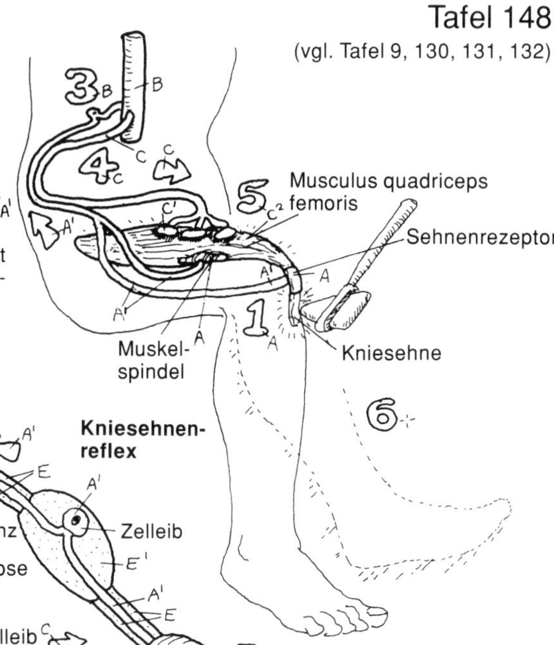

EIGENREFLEX:*

DEHNUNGSREZEPTOR A
SENSIBLES NEURON A[1]
RÜCKENMARK B
MOTORISCHES NEURON C
ENDPLATTE C[1]
ERFOLGSORGAN C[2]

SPINALNERVEN/ WURZELN:*

SPINALNERV D
AST D[1]
HINTERE WURZEL E
SPINALGANGLION E[1]
VORDERE WURZEL F

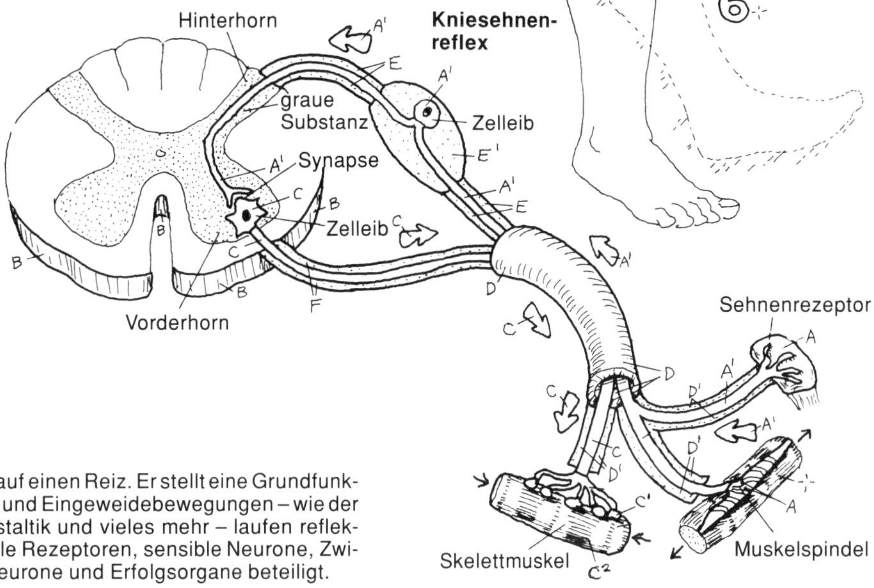

Ein Reflex ist eine unwillkürliche Muskelreaktion auf einen Reiz. Er stellt eine Grundfunktion des Nervensystems dar; die meisten Körper- und Eingeweidebewegungen – wie der Herzschlag, die Atmung, die Magen-Darm-Peristaltik und vieles mehr – laufen reflektorisch ab. An Rückenmarksreflexen sind sensible Rezeptoren, sensible Neurone, Zwischenneurone des Rückenmarks, motorische Neurone und Erfolgsorgane beteiligt.

Der einfachste Rückenmarksreflex ist ein monosynaptischer Reflex, an dem zwei Neurone und eine Synapse beteiligt sind (Muskelreflex, Streckreflex oder Sehnenreflex). Dieser Reflex wird ausgelöst durch die Streckung der Sehne eines bestimmten Muskels, wie zum Beispiel die Sehne des Musculus quadriceps femoris am Knie. Das kann durch ein kurzes Klopfen mit einem Reflexhammer (oder mit der Handkante) geschehen. Die *Streckrezeptoren*, die auf eine solche Streckung reagieren, sind die Sehnenrezeptoren (Golgi-Organe) und die Muskelspindeln (spezialisierte Muskelfasern mit Nervenendigungen, die auf eine Streckung reagieren, und motorische Neurone zu den Muskelfasern, welche die Vordehnung der Spindel regulieren). Impulse aus diesen Rezeptoren (1) werden über das *sensorische Neuron* (2) zum *Rückenmark* (3) geleitet; in dessen grauer Substanz wird der Impuls über eine Synapse an das *motorische Neuron* (4) im Vorderhorn weitergeleitet. Das motorische Neuron leitet den Impuls zur *Endplatte* im Muskel (5). Der Muskel kontrahiert sich ausreichend, um den Sollwert der Dehnung der Muskelspindel wiederherzustellen – im Falle des Kniesehnenreflexes wird das Knie kurz gestreckt (6). Da Reiz und Antwort im selben Organ erfolgen, nennt man einen solchen Reflex Eigenreflex.

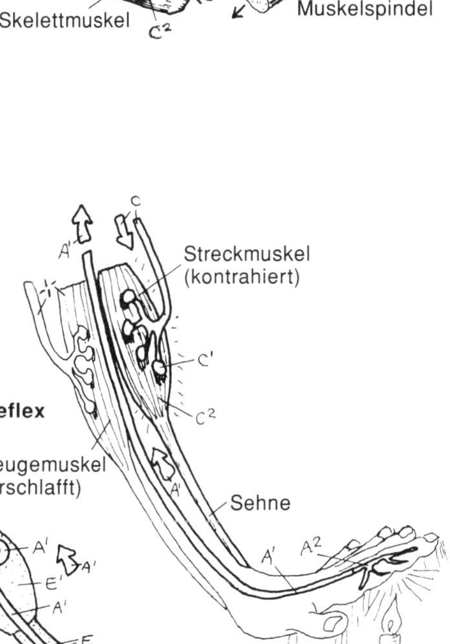

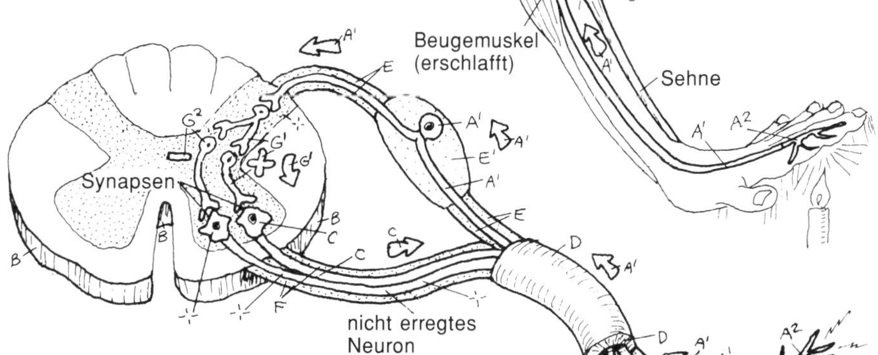

FREMDREFLEX:*

SCHMERZREZEPTOREN A[2]
ZWISCHENNEURON: G
ERREGEND (+) G[1]
HEMMEND (-) G[2]

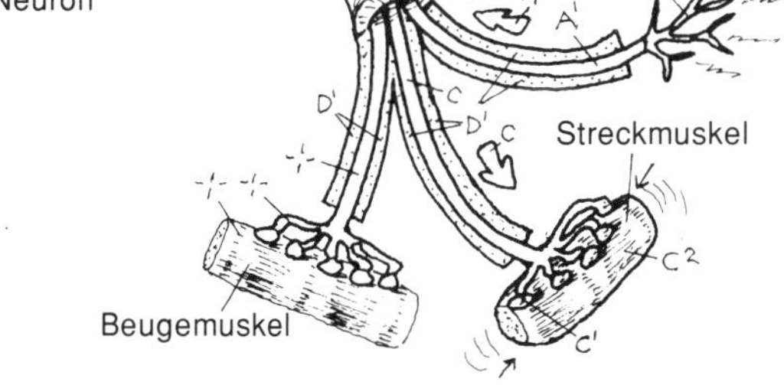

Das Spektrum der Fremdreflexe (polysynaptische Reflexe) reicht von einfachen Fluchtreflexen bis zu komplexen Reflexen, die verschiedene Bereiche von Gehirn und Rückenmark einschließen. In dem dargestellten Fluchtreflex induziert die unerwartete extreme Erwärmung an der Hand eine unwillkürliche Hyperextension (Überstreckung) im Handgelenk durch die Extensoren des Handgelenks, begleitet von einer gleichzeitigen Erschlaffung und Streckung der antagonisierenden Beugemuskeln. Es leuchtet ein, daß erstere Reaktion nicht ohne letztere ablaufen kann. Der wesentliche Unterschied zwischen diesem Reflex und dem Eigenreflex ist die Beteiligung von *Zwischenneuronen: erregende* zur Förderung der erwünschten Reaktion und *hemmende* zur Kontraktionshemmung bei den Antagonisten dieser Reaktion.

NERVENSYSTEM
AUFZWEIGUNGEN DER SPINALNERVEN*

Verwenden Sie für die Strukturen e – g die gleichen Farben wie in der vorhergehenden Tafel. Verwenden Sie helle Farben für a – d.

1. Beginnen Sie mit den Nervenhüllen. Beachten Sie dabei, daß das Endoneurium (c) nur an den verlängerten Axonen dargestellt ist.
2. Bemalen Sie den typischen thorakalen Spinalnerv und seine Aufzweigungen in dem Querschnitt durch den Brustkorb.
3. Bemalen Sie die Spinalnerven und ihre Äste in der unteren Abbildung. Beachten Sie vor allem den Unterschied zwischen den Interkostalnerven, die jeder für sich allein verlaufen, und den übrigen Spinalnerven, deren Nervenfasern sich in den verschiedenen Plexus vermischen.

NERVENHÜLLEN:*

EPINEURIUM a
PERINEURIUM b
ENDONEURIUM c
AXON d

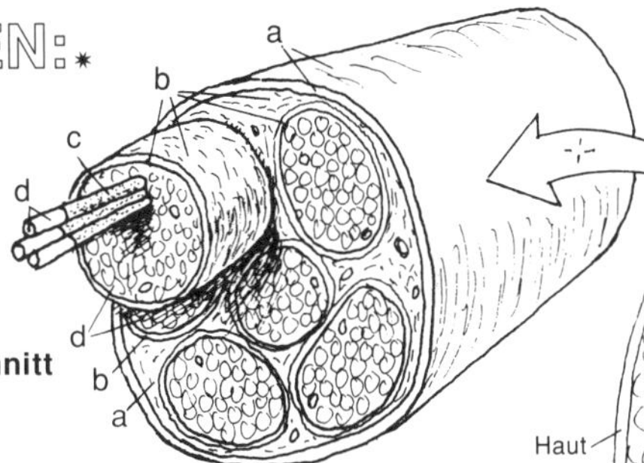

Nerv im Querschnitt

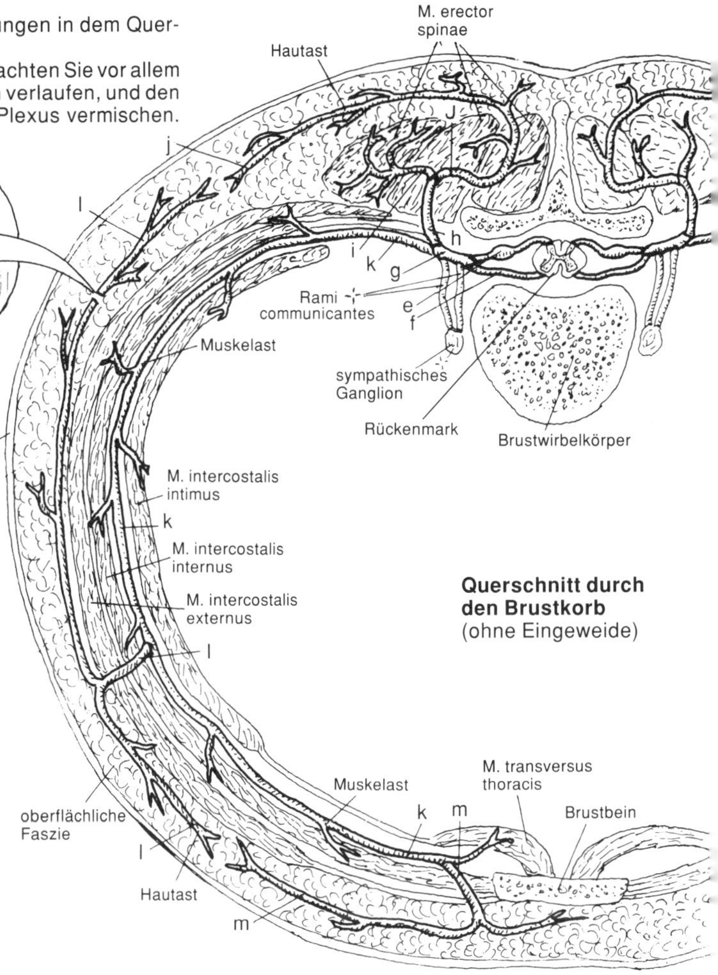

Querschnitt durch den Brustkorb (ohne Eingeweide)

Spinalnerven und ihre Äste bestehen aus Axonen (Nervenfasern) der sensorischen und/oder motorischen Neurone, eingehüllt in faserreiches Bindegewebe. Die einzelnen Axone sind von einer dünnen Hülle aus lockerem Bindegewebe *(Endoneurium)* umgeben, das Kapillaren zur Versorgung des Axons enthält. Bündel von Axonen (Nervenfaserbündel) werden von einer dichteren, festen Hülle aus kollagenem Bindegewebe *(Perineurium)* zusammengehalten. Die Nervenfaserbündel werden durch ein lockeres, faserführendes Bindegewebe *(Epineurium)* zusammengehalten, dessen innere Bindegewebsfasern konzentrische Lamellen bilden. Das Epineurium enthält die den Nerven versorgenden Blutgefäße; es steht mit dem angrenzenden Bindegewebe der tiefen oder oberflächlichen Faszie in Verbindung. Diese dreiteilige bindegewebige Stützkonstruktion stabilisiert die Nerven- und Gefäßanteile; ihre saubere Rekonstruktion ist bei traumatischer Nervendurchtrennung zur Wiedererlangung der Nervenfunktion von Bedeutung.

THORAKALER SPINALNERV:*

HINTERE WURZEL e
VORDERE WURZEL f

SPINALNERV g

RAMUS DORSALIS h
LATERALER AST i
MEDIALER AST j

RAMUS VENTRALIS k
(INTERKOSTALNERV) k
RAMUS CUTANEUS LATERALIS l
RAMUS CUTANEUS ANTERIOR m

Jeder *Spinalnerv* teilt sich nach seinem Durchtritt durch ein Foramen intervertebrale in je einen *Ramus ventralis* und *dorsalis* (vorderer und hinterer Hauptast) auf. Die Rami ventrales versorgen alle Teile des Körpers mit Ausnahme der tiefen Rückenmuskulatur und der Haut des Rückens, daher ist der Ramus ventralis grundsätzlich größer als der zugehörige Ramus dorsalis. Die Rami ventrales sind auch diejenigen, die an den Verschaltungen von verschiedenen Nerven (den Plexus) beteiligt sind – diese Plexus versorgen den Hals, die obere Extremität, Becken/Damm und die untere Extremität. Im Bereich des Rumpfes bilden die Rami ventrales die *Interkostalnerven*. Der typische Verteilungsplan eines thorakalen Spinalnerven ist in dem Querschnitt durch den Brustkorb dargestellt. Beachten Sie auch die Rami communicantes – sie werden in Tafel 153 ausführlicher besprochen. Beachten Sie beim Ramus ventralis die Muskeläste, die er in seinem Verlauf zwischen dem M. intercostalis intimus und dem M. intercostalis internus abgibt, wie auch den *Ramus cutaneus lateralis* und *anterior* und deren Verteilung in der oberflächlichen Faszie. Beachten Sie die Überschneidung der Versorgungsgebiete der Hautäste des Ramus dorsalis und Ramus ventralis. Diese Verteilung findet sich segmental und beidseitig am gesamten Brustkorb, die unteren thorakalen Spinalnerven versorgen darüber hinaus einen Großteil der Bauchwand.

Die Rami ventrales der zervikalen Spinalnerven (und der Spinalnerv Th1) bilden untereinander verschaltete Netzwerke, aus denen die Nerven des Halses und der oberen Extremität hervorgehen (s. Tafel 150). Die Rami ventrales der lumbalen und sakralen Spinalnerven bilden ebenfalls solche Netzwerke, aus denen die Nerven des Beckens, des Damms und der unteren Extremität hervorgehen (s. Tafel 151). Daher kann der Ursprung eines Interkostalnerven auf einen *einzelnen* Spinalnerven zurückgeführt werden (z.B. Th6), während der Ursprung eines Extremitätennervs auf *verschiedene* Spinalnerven zurückzuführen ist, die Nervenfasern zu diesem Nerv beisteuern (z. B. C5-C8).

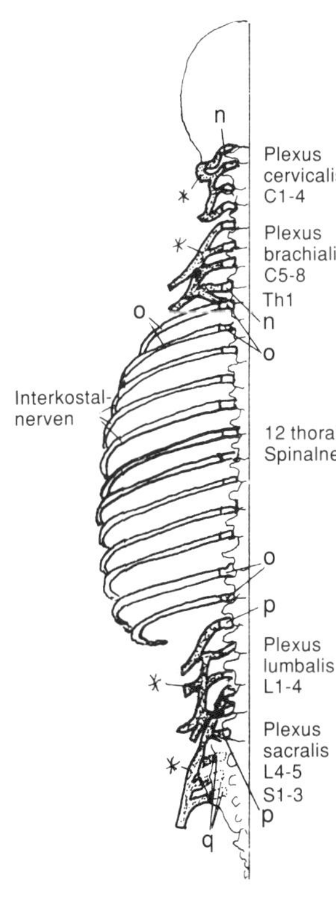

SPINALNERVEN UND IHRE ÄSTE: +

ZERVIKAL n
THORAKAL o
LUMBAL p
SAKRAL q

NERVENSYSTEM
NERVEN DER OBEREN EXTREMITÄT*
PLEXUS BRACHIALIS*

9 Farben

1. Wenn Sie die verschiedenen Teile des Diagramms vom Plexus brachialis (a-d) anmalen, empfiehlt es sich, den Fasciculus post. und seine Anteile (c_2 und d_3, gepunktete Areale) mit einer etwas helleren Farbe zu versehen. Die gepunkteten Nerven liegen tiefer (weiter hinten) als die übrigen Teile des Plexus. Lassen Sie die unbeschrifteten Äste des Plexus unbemalt.
2. Malen Sie die aus dem Plexus (gepunktetes grau auszumalendes Areal) abgehenden Nerven und ihre Verlaufswege in der unteren Darstellung des Arms an.

PLEXUS BRACHIALIS*

WURZELN (5): C5-TH1 a

TRUNCI (3): SUP. b_1 MEDIUS b_2 INF. b_3

VERZWEIGUNGEN (6): 3 VORDERE c_1 3 HINTERE c_2

FASCICULI (3): LATERALIS d_1 MEDIALIS d_2 POST. d_3

HAUPTNERVEN*

N. MUSCULOCUTANEUS e

N. AXILLARIS f

N. RADIALIS g

N. MEDIANUS h / GABEL h_1

N. ULNARIS i

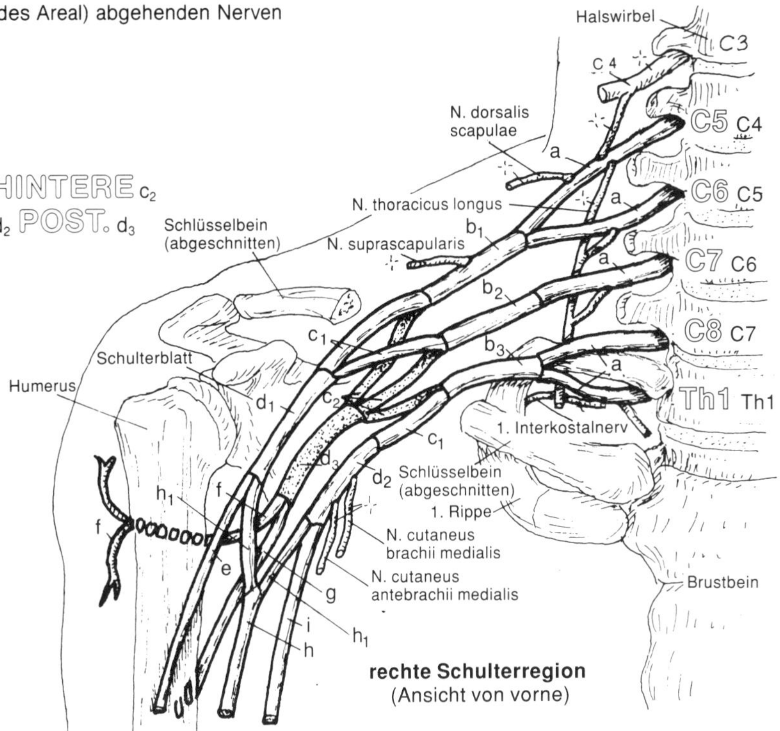

rechte Schulterregion
(Ansicht von vorne)

Die Nerven, die die Skelettmuskulatur der oberen Extremität versorgen, stammen aus den Rami ventrales des 5. bis 8. zervikalen sowie des 1. thorakalen Spinalnerven (C5-TH1). Diese Rami ventrales bilden zusammen ein Nervengeflecht im Halsbereich, den *Plexus brachialis.* Er liegt zwischen den tiefen Muskeln des seitlichen Halses, unter dem Schlüsselbein und in der Tiefe der Achselhöhle unter der Schulter. In der Achselhöhle bilden sich drei Stränge (Fasciculi) um die A. axillaris aus: der *Fasciculus lateralis* versorgt die Außenseite des Armes und einige der oberflächlichen Rückenmuskeln, der *Fasciculus medialis* die Innenseite und der *Fasciculus post.* die Hinterseite einschließlich zwei oberflächlicher Rückenmuskeln. Die Hauptnerven des Fasciculus lateralis sind der *N. musculocutaneus* (C5-7; versorgt Muskeln der Vorderseite des Armes inkl. M. biceps brachii und wird zum lateralen Hautnerv des Unterarms) und ein Teil des N. medianus. Zu den Hauptnerven des Fasciculus medialis zählt der N. ulnaris und teilweise der N. medianus. Der *N. ulnaris* (C8, TH1) zieht hinunter zum Epicondylus medialis und zur Innenseite des vorderen Unterarmes, versorgt hier zwei Muskeln und zieht weiter zur Hand, wo er den Kleinfingerballen und tiefe Muskeln wie auch die Haut über dem Kleinfinger (D5) und der inneren Hälfte des Ringfingers (D4) versorgt. Der *N. medianus* (C5-8, TH1) versorgt den Großteil der Muskulatur des vorderen Unterarmes und zieht in der Mitte des Handgelenkes zur Hand, wo er die Muskulatur des Daumenballens und die Haut über Daumen, Zeige-, Mittelfinger und äußerer Hälfte des Ringfingers versorgt.

Aus dem Fasciculus post., der tief unter der Arterie und den anderen beiden Fasciculi liegt, entspringen der *N. axillaris* (C5, 6, windet sich um das Collum chirurgicum des Humerus und versorgt den M. deltoideus und den M. teres minor) und der *N. radialis* (C5-8, TH1). Dieser versorgt den M. triceps brachii, macht eine halbe Drehung um den Humerus und zieht zum hinteren Unterarm, um den M. brachioradialis und andere Muskeln dieser Region (großenteils Strekker) zu versorgen.

Nerven, die nahe der Oberfläche oder um einen Knochen ziehen, sind bei Verletzungen oft gefährdet: der N. radialis im mittleren Schaftbereich des Humerus (dortige Frakturen können den Nerv verletzen, was durch Ausfall der Strecker zur sogen. »Fallhand« führt), der N. axillaris im Bereich des Collum chirurgicum des Humerus (Frakturen können hier den Riß des Nerven und damit den Funktionsverlust des M. deltoideus verursachen), der N. medianus tief unter der Haut des Handballens (tiefe Verletzungen können den Nerv treffen und so zu sensiblen Ausfällen der Finger und einer teilweisen Bewegungseinschränkung des Daumens führen), und der N. ulnaris beim Vorbeiziehen am Epicondylus medialis (Frakturen können hier die Verletzung des Nerven und dadurch eine »Krallenhand« zur Folge haben, insbesondere im Bereich von Ring- und Kleinfinger, D4, D5).

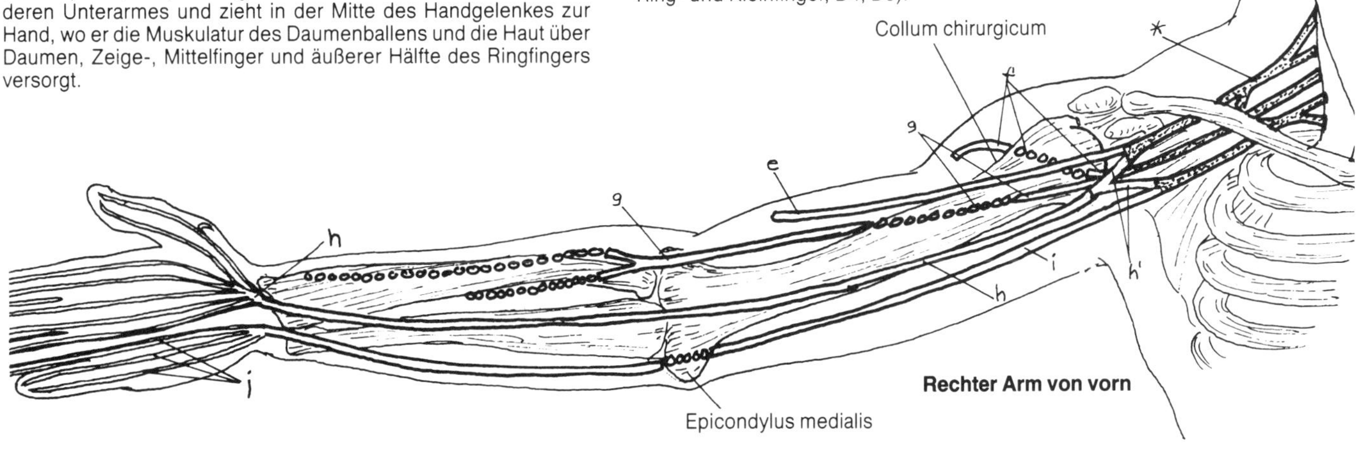

Rechter Arm von vorn

NERVENSYSTEM
NERVEN DER UNTEREN EXTREMITÄT *

14 Farben

1. Beachten Sie, daß die Wurzeln der Plexus lumbales und sacrales in zwei unterschiedlichen Grautönen ausgemalt werden sollen.

PLEXUS LUMBALIS a*
N. FEMORALIS b
N. OBTURATORIUS c
N. CUTANEUS FEMORIS LATERALIS d
TRUNCUS LUMBOSACRALIS e

PLEXUS SACRALIS f•
N. GLUTAEUS SUP. g
N. GLUTAEUS INF. h
N. PUDENDUS i
N. ISCHIADICUS j
N. CUTANEUS FEMORIS POST. k
N. TIBIALIS L
N. PLANTARIS MEDIALIS/LATERALIS m
N. PERONAEUS COMMUNIS n
N. PERONAEUS SUPERFICIALIS o
N. PERONAEUS PROFUNDUS p

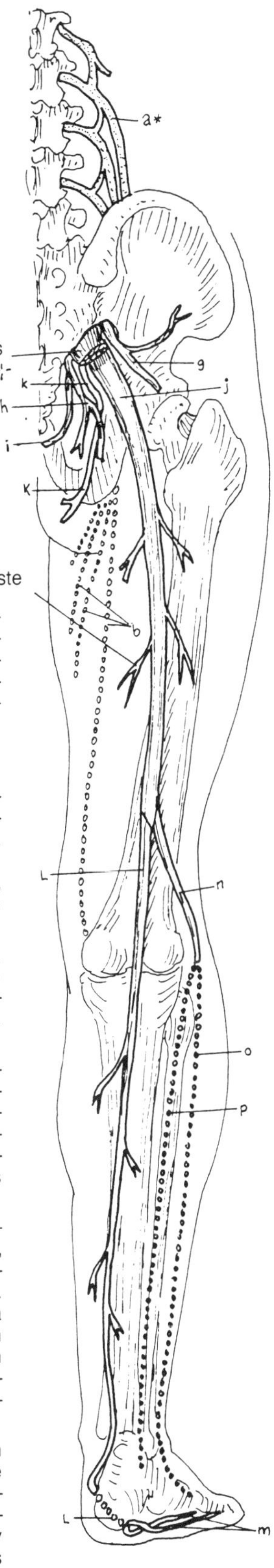

Ansicht von hinten

Die Nerven, die die Skelettmuskulatur der unteren Extremität versorgen, stammen aus den Rami ventrales der 2.-5. lumbalen und 1.-3. sakralen Spinalnerven. Die Spinalnerven L1-L4 bilden den *Plexus lumbalis* zwischen den Fasern des M. psoas major an der hinteren Bauchwand. Die Spinalnerven L4-L5 (Truncus lumbosacralis) und S1-S3 bilden den *Plexus sacralis* in der hinteren seitlichen Wand des Beckens.

Der Plexus lumbalis entsendet Nerven zur unteren Bauchwand, zum Hodensack (große Schamlippen) sowie zum vorderen und inneren Oberschenkel. Die Hauptnerven des Plexus sind der *N. femoralis* (L2-L4; versorgt die vordere Oberschenkelmuskulatur, die darüberliegende Haut und mit einem Hautast den inneren Oberschenkel), der N. obturatorius (L2-L4; versorgt Muskeln des inneren Oberschenkels und die darüberliegende Haut), und der *N. cutaneus femoris lateralis* (L2, L3; entsendet die Hautäste zum seitlichen Oberschenkel vom Gesäß bis zum Knie).

Der Plexus sacralis entsendet Nerven zum Damm und zum Becken *(N. pudendus)*, zur Glutäalregion *(Nn. glutaei)*, zur Haut des hinteren Oberschenkels *(N. cutaneus femoris post.)*, zur Muskulatur des hinteren Oberschenkels und zum gesamten Unterschenkel und Fuß *(N. ischiadicus)*.

Der N. ischiadicus (L4-L5, S1-S3), der mit dem Durchmesser etwa eines Daumens den größten peripheren Nerv des Körpers darstellt, verläßt das Becken durch das Foramen ischiadicum majus, vom M. piriformis bedeckt. Er zieht zwischen der ischiokruralen Muskulatur nach unten und entsendet von dort die Muskeläste. Kurz oberhalb der Kniekehle teilt er sich in seine Endäste, den N. tibialis und den N. peronaeus communis.

Der *N. tibialis* (L4-L5, S1-S3) zieht zwischen den Köpfen des M. gastrocnemius nach unten und versorgt den hinteren Unterschenkel, dann biegt er an der Innenseite des Fußgewölbes nach unten und entsendet die *Nn. plantares mediales* und *laterales* der Fußsohle. Der *N. peronaeus communis* (L4-L5, S1-S3) zieht um den Hals der Fibula (Wadenbein) herum und teilt sich in einen tiefen (profundus) und einen oberflächlichen (superficialis) Ast. Der *N. peronaeus profundus* zieht in die Tiefe und versorgt die Muskeln des vorderen seitlichen Unterschenkels; der *N. peronaeus superficialis* zieht zur Außenseite des Unterschenkels und versorgt die Mm. peronaei.

Der N. femoralis wird bei Verletzungen des obersten Teils des vorderen Oberschenkels oft in Mitleidenschaft gezogen (kann sensible Ausfälle in diesem Gebiet und Schwierigkeiten bei der Kniestreckung gegen einen Widerstand zur Folge haben). Der N. obturatorius kann bei raumfordernden Prozessen im Becken durch den Druck gegen den Nerv geschädigt werden (führt zu übermäßigem Auswärtsschwingen des Beines beim Laufen wegen Lähmung der Adduktoren). Der N. ischiadicus kann gelegentlich im Gesäßbereich (durch Messer oder Nadel) verletzt werden, da er unmittelbar unter dem M. glutaeus maximus liegt (führt u. U. zu Schmerzen bis hin zu Lähmungen). Der N. peronaeus communis wird oft durch Gipsverbände und zu enge Stiefel in seinem Verlauf um den Fibula-Hals unter der Haut geschädigt (führt zu Herabhängen des Fußes wegen Ausfall der Dorsalflexoren des Knöchels). Eine Mitbetroffenheit der Spinalnervenwurzeln L4 und L5 bei Rückenverletzungen manifestiert sich meistens an den von diesen Wurzeln versorgten Erfolgsorganen (was sich in zum Fuß hinunterziehenden Schmerzen und ebenfalls in einer Fußhebeschwäche äußert).

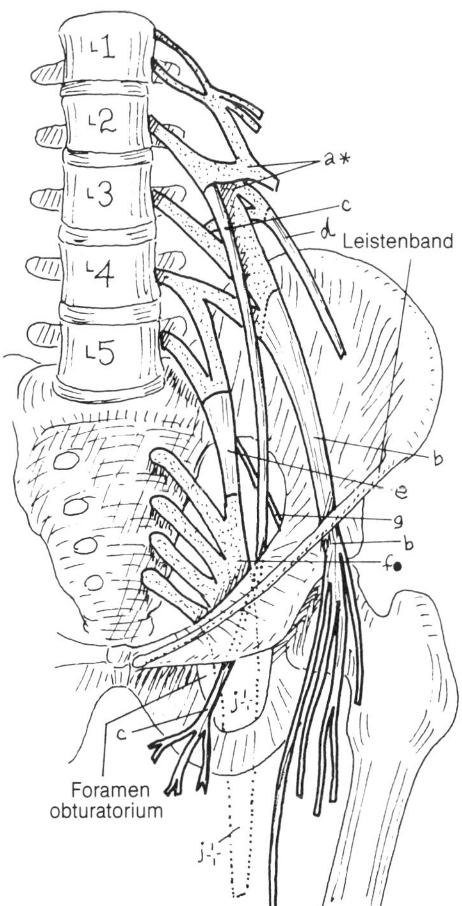

Ansicht von vorn
(alle Strukturen bis auf Nerven und Skelett entfernt)

NERVENSYSTEM / DERMATOME.*

4 Farben

1. Beginnen Sie mit dem kleinen Schema, das anhand der sensiblen Hautinnervation die Überlappung einzelner Dermatome zeigt. Wenden Sie sich dann der großen Abbildung der Dermatome zu.
2. Malen Sie bitte die vier Begriffe in jeweils anderen Farben an. Danach sind die zugehörigen Dermatome sowohl in der Vorder- als auch in der Rückenansicht an der Reihe. Denken Sie beim Kolorieren der vier Gruppen an die Plexus (P. cervicalis, C1-C4; P. brachialis, C5-TH1; P. lumbalis, L1-L4; P. sacralis, L5-S3) und die Interkostalnerven, die zusammen einen Großteil der Nerven abgeben, die diese Dermatom-Bereiche versorgen. Die Dermatome des Rückens von C2-C4, TH2-L2 und S3-S5 werden durch die Rami posteriores dieser Spinalnerven versorgt.
3. Verwenden Sie kontrastierende Farben für angrenzende Gruppen (zervikal, thorakal, usw.), um die Grenzen hervorzuheben. Es empfiehlt sich von TH2-TH12 bei den einzelnen Banden einen helleren und dunkleren Ton derselben Farbe abwechselnd zu verwenden.
4. Das Gesicht soll hier nicht ausgemalt werden, denn es wird vom N. trigeminus (5. Hirnnerv) und nicht von Spinalnerven versorgt. Seine sensible Versorgung wird auf Tafel 146 behandelt.

SPINALNERV *

DERMATOM *[1]

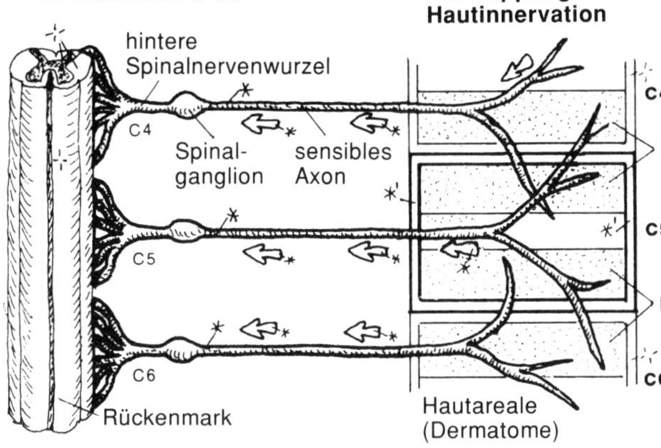

HINTERE WURZELN DER ZERVIKALNERVEN (C2-C8)

HINTERE WURZELN DER THORAKALNERVEN (TH1-TH12)

HINTERE WURZELN DER LUMBALNERVEN (L1-L5)

HINTERE WURZELN DER SAKRALNERVEN (S1-S5)

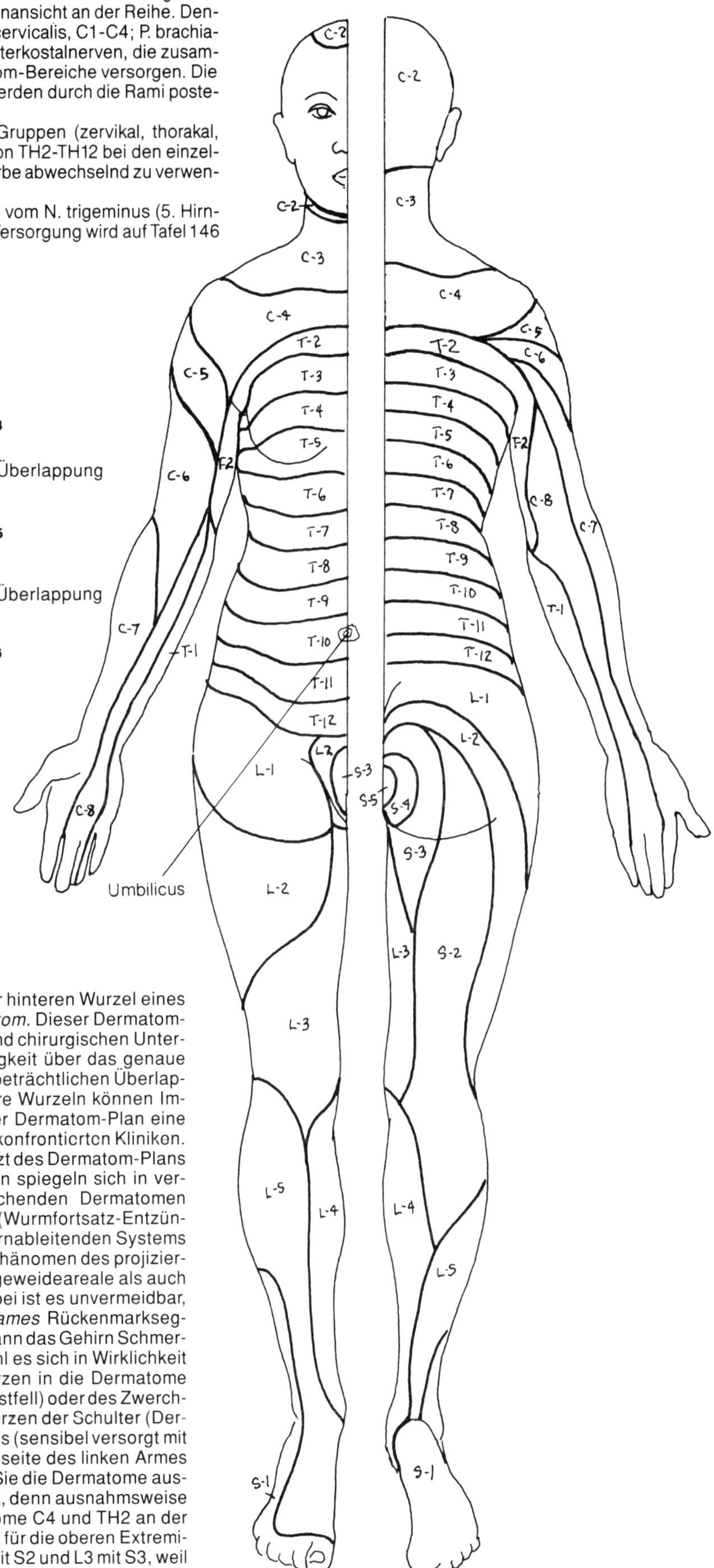

Ein Hautareal, dessen sensible Rezeptoren/Axone von einer hinteren Wurzel eines einzelnen Spinalnerven versorgt werden, nennt man *Dermatom.* Dieser Dermatom-Plan wurde in einer Reihe von experimentellen, klinischen und chirurgischen Untersuchungen erstellt. Es besteht sicherlich keine völlige Einigkeit über das genaue Areal eines Dermatoms. Dies liegt zum Großteil auch an der beträchtlichen Überlappung benachbarter Dermatome (bis zu drei oder vier hintere Wurzeln können Impulse aus einem Areal empfangen). Dennoch ist ein solcher Dermatom-Plan eine wertvolle Hilfe für den mit Schmerzen und Gefühlsverlusten konfrontierten Kliniken. Bei der Antwort auf die Frage »Wo tut es weh?« ist sich der Arzt des Dermatom-Plans bewußt. Bestimmte Nervenschäden und ZNS-Erkrankungen spiegeln sich in verstärkten/abgeschwächten Empfindungen in den entsprechenden Dermatomen wider. Eingeweideschmerzen, wie z. B. bei Appendizitis (Wurmfortsatz-Entzündung), Gallenblasenentzündung und Steinverschluß des harnableitenden Systems werden häufig auf bestimmte Hautareale projiziert. Dieses Phänomen des projizierten Schmerzes beruht auf der Tatsache, daß sowohl die Eingeweideareale als auch die Hautoberflächen vom Rückenmark versorgt werden; dabei ist es unvermeidbar, daß bestimmte Organe und Dermatome sich ein *gemeinsames* Rückenmarkssegment teilen. Aus bisher noch nicht völlig geklärten Gründen kann das Gehirn Schmerzen in ein bestimmtes Hautareal hineininterpretieren, obwohl es sich in Wirklichkeit um Eingeweideschmerz handelt. So können Nierenschmerzen in die Dermatome TH10-TH11 projiziert werden; Entzündungen der Pleura (Brustfell) oder des Zwerchfells (innerviert vom N. phrenicus, C3-C5) können als Schmerzen der Schulter (Dermatome C3-C5) projiziert werden; Spasmen des Herzmuskels (sensibel versorgt mit Axonen von TH1-TH5) können auf die Hautfläche der Innenseite des linken Armes (Dermatom TH2) projiziert werden. Beachten Sie, während Sie die Dermatome ausmalen, daß 1. der 1. Zervikalnerv (C1) kein Dermatom besitzt, denn ausnahmsweise hat er keine hintere Wurzel, 2. überlappen sich die Dermatome C4 und TH2 an der Brustwand, denn die Dermatome C5-TH1 sind hauptsächlich für die oberen Extremitäten zuständig, und 3. überlappen sich die Dermatome L2 mit S2 und L3 mit S3, weil die Dermatome L3 bis S2 hauptsächlich für die untere Extremität zuständig sind.

NERVENSYSTEM
AUTONOMES NERVENSYSTEM*/ SYMPATHIKUS*

8 Farben
1. Bearbeiten Sie diese Tafel zusammen mit den nächsten beiden Tafeln und verwenden Sie dabei dieselben Farben.
2. Malen Sie Struktur g weiß oder hellgrau, Struktur h dunkelgrau an.
3. Kolorieren Sie sorgfältig in der ganz rechten Abb. und in der mit 3 markierten Region der unteren Abb. die Nn. splanchnici (i), die den Sympathikusstrang (d) mit den prävertebralen Ganglien (e) verbinden.

PRÄGANGLIONÄRE ZELLE
KÖRPERLOKALISATION (TH1 – L2) a +
PRÄGANGLIONÄRE ZELLKÖRPER a
PRÄGANGLIONÄRE AXONE b
POSTGANGLIONÄRE ZELLKÖRPER c
SYMPATHISCHER GRENZSTRANG d
PRÄVERTEBRALE GANGLIEN e
POSTGANGLIONÄRE AXONE f

RAMUS COMMUNICANS ALBUS g*
RAMUS COMMUNICANS GRISEUS h•
N. SPLANCHNICUS i

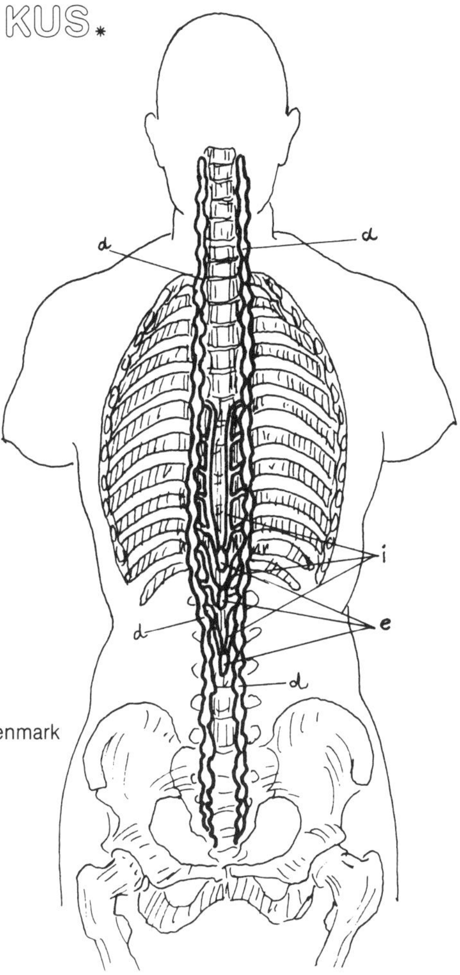

Das autonome Nervensystem (ANS) ist der Teil des peripheren Nervensystems (PNS), der glatte Muskeln und Drüsen der Eingeweide wie auch den Herzmuskel innerviert. Es ist ein motorisches System und funktioniert zum Großteil unabhängig vom Willen; es ist autonom, aber nicht automatisch. Das ANS wird vom restlichen PNS (bezüglich der Klassifikation) sowohl aus strukturellen wie auch aus funktionellen Gründen unterschieden: Die ZNS-Effektor-Bahn besteht aus zwei Neuronen: das erste (präganglionäre) Neuron entspringt selbstverständlich im ZNS. Sein Axon zieht zu einem peripheren Ganglion, wo es eine Synapse mit dem sekundären (postganglionären) Neuron bildet, dessen Axon zum Erfolgsorgan verläuft. Weil sich die sensiblen Neurone der Eingeweide strukturell/funktionell nicht von ihren somatischen Gegenstücken unterscheiden, werden sie nicht zum ANS gezählt. In Wirklichkeit bilden die viszerosensiblen Neurone und das ANS zusammen das viszerale Nervensystem.

Das ANS besteht aus zwei Teilen: einem sympathischen und einem parasympathischen. Zu den Aufgaben des sympathischen Teils zählen die Angriffs- und Fluchtreaktionen, Erweiterung der Pupille, Erhöhung von Herz- und Atemfrequenz, erhöhte Durchblutung der Skelettmuskulatur, Schwitzen und andere Reaktionen, die im Zusammenhang mit entsprechenden Situationen vorkommen. Aufgaben des parasympathischen Teils sind eher die vegetativen Reaktionen, z.B. die, die nach einer üppigen Mahlzeit auftreten. Dazu gehören die Steigerung der Verdauung und Resorption von Nährstoffen (erhöhte sekretorische Aktivität), Harnableitung aus der Harnblase, herabgesetzte Herz-/Atemfrequenz und Drosselung der Skelettmuskel-Durchblutung zu Gunsten der Durchblutung von Verdauungsorganen. Strukturell besteht zwischen diesen beiden Teilen ein großer Unterschied in der Lage ihrer Ganglien und der Art und Weise, wie die Nerven diese erreichen und verlassen.

Wir befassen uns zunächst mit dem *Sympathikus:* die *Zellkörper* der *präganglionären Neurone* (a_1) befinden sich in den Seitenhörnern des Rückenmarks von TH1-L2 (a) (daher wird der Sympathikus auch als thorakolumbaler Teil des ANS bezeichnet). Ihre *Axone* (b) verlaufen durch die vorderen Wurzeln der Spinalnerven TH1-L2, gliedern sich zu den Axonen dieser Spinalnerven ein und zweigen dann abrupt zum *sympathischen Grenzstrang* (d) ab, der an der Außenseite der Wirbelsäule vom 1. Halswirbel bis zum Steißbein lokalisiert ist. Dadurch bilden sie den *Ramus communicans albus* (weißer Verbindungsast, g); dieser hat eine weiße Färbung, weil die Axone myelinisiert sind. Im Strang hat das präganglionäre Axon drei Verlaufsmöglichkeiten: 1. Es kann auf der gleichen Höhe, auf der es eingetreten ist, mit einem *postganglionären Zellkörper* (mittleres c) eine Synapse bilden; 2. kann es innerhalb des Strangs über ein oder mehrere Segmente auf- oder abziehen und dort eine Synapse mit einem postganglionären Zellkörper bilden (oberes c), oder 3. kann es ohne Synapsenbildung durch den Strang hindurchlaufen und im *N. splanchnicus* (i, Zusammenschluß aus sympathischen präganglionären Neuronen) zu den postganglionären Zellkörpern (unteres c) der *prävertebralen Ganglien* (e) ziehen, die in der Bauchhöhle an der Vorderseite der Wirbelsäule lokalisiert sind. Die *Axone der postganglionären Neurone* (f) verlassen den Sympathikusstrang über den unmyelinisierten *Ramus communicans griseus* (grauer Verbindungsast), verlaufen weiter im Spinalnerv oder verlassen den Sympathikusstrang direkt und gesellen sich zu Blutgefäßen, die dieselben Zielorgane versorgen (auf dieser Tafel n. d.; vgl. f und f_1 auf Tafel 154), oder sie verlassen die prävertrebralen Ganglien und gesellen sich zu Blutgefäßen, die dieselben Zielorgane, in diesem Fall die Baucheingeweide, versorgen. Diese Verteilungsmöglichkeiten sind in der folgenden Tafel dargestellt.

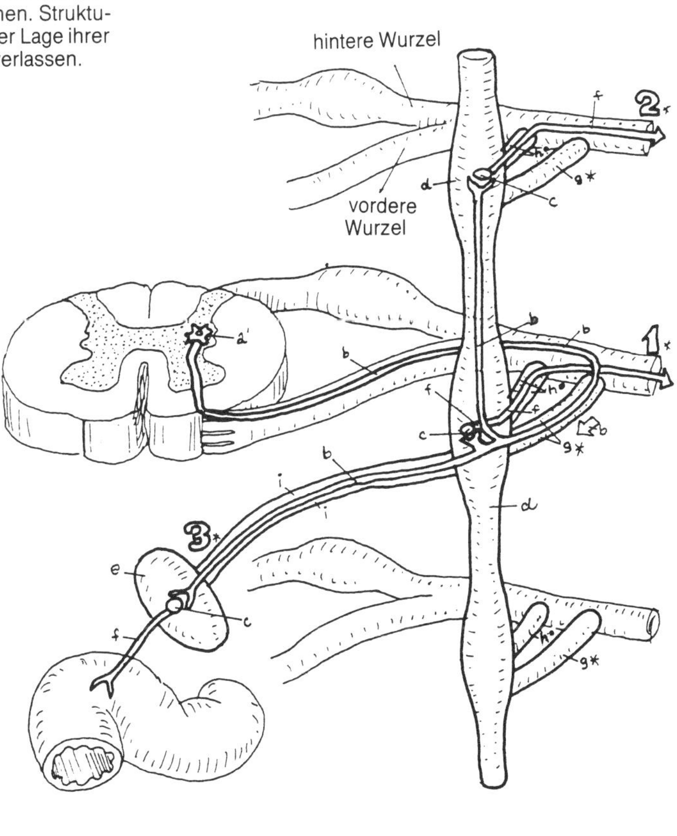

(vgl. Tafel 153, 149, 163)

NERVENSYSTEM
AUTONOMES NERVENSYSTEM*
SCHEMA DES SYMPATHIKUS*

7 Farben

1. Orientierungshilfe: In der Mitte sehen Sie das Rückenmark mit den Grenzsträngen links und rechts. Die Verbindungen zwischen den Strängen werden nicht dargestellt (im Körper sind rechte und linke Stränge gleich aufgebaut, einer wurde hier aus Platzgründen weggelassen). Links werden nur die Nervenbahnen zur Haut gezeigt, rechts die Nervenbahnen zu Kopf, Hals und den Körperhöhlen.
2. Malen Sie am besten die Flächen nach der Titelliste von oben nach unten und eine nach der anderen aus und lesen dabei den erläuternden Text.
3. Beachten Sie, daß die vor einem Ganglion liegenden Axone (b), die in die prävertebralen Ganglien (e) münden, Bestandteile des Nervus splanchnicus (i) sind und zwei verschiedene Farben erhalten. Die Organe brauchen nicht angemalt zu werden.

PRÄGANGLIONÄRE NEURONE*

ZELLKÖRPER a, AXONE b
NERVUS SPLANCHNICUS i

POSTGANGLIONÄRE NEURONE*

ZELLKÖRPER c
AXONE ZU KOPF UND HALS f
ZU DEN THORAXORGANEN f¹
ZUR HAUT: f²
SCHWEISSDRÜSEN f²
MUSCULI ARRECTORES PILORUM f²
BLUTGEFÄSSE f²
ZU DEN BAUCHORGANEN f³
ZU DEN BECKENORGANEN f⁴
SYMPATHIKUSSTRANG d
PRÄVERTEBRALE GANGLIEN e
SPINALNERVEN j

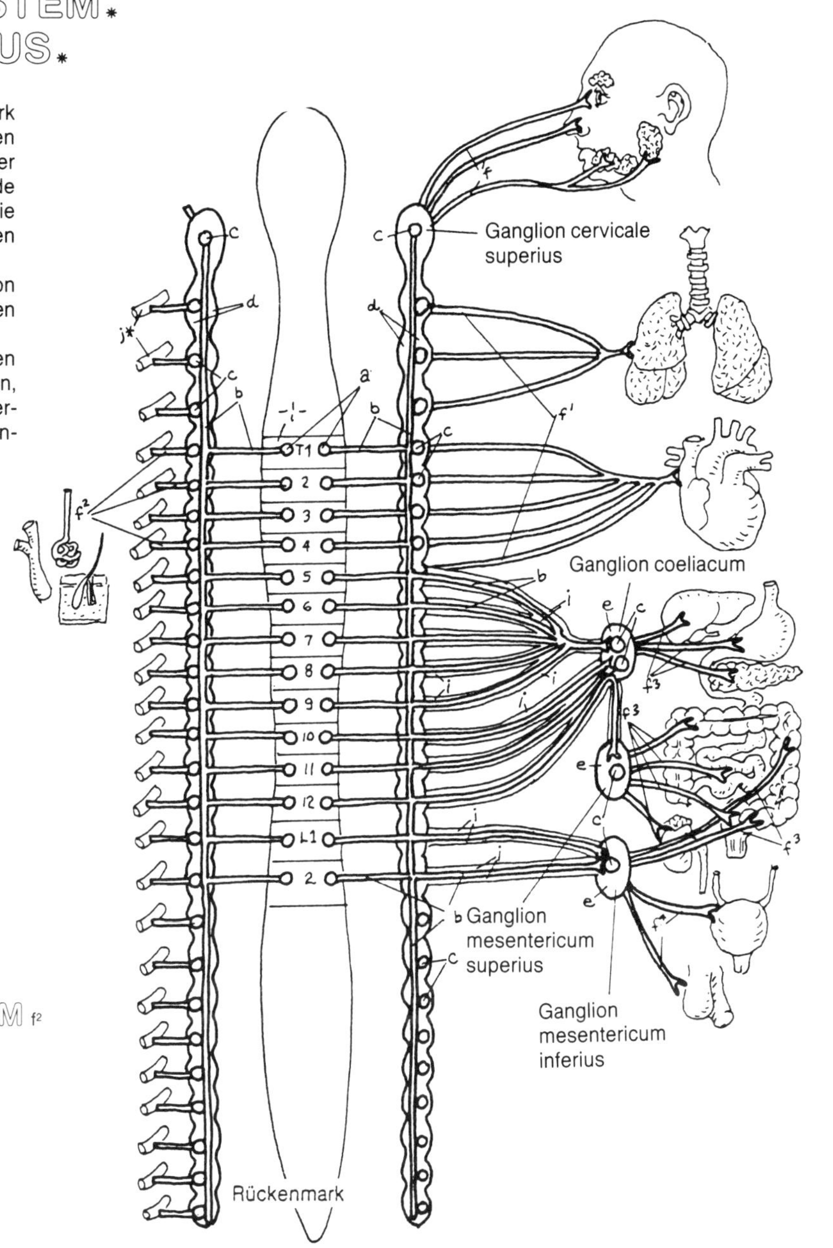

Diese Tafel konzentriert sich hauptsächlich auf den postganglionären Teil des autonomen Nervensystems. Die vorhergehende Tafel befaßt sich mit dem präganglionären Teil. Die postganglionären Axone haben fünf grundlegende Regionen zu versorgen: Kopf und Hals, Thorax, Hautregionen, Unterbauch (Abdomen), Becken (Pelvis) und Damm (Perineum).

Die postganglionären Axone zu Kopf und Hals:
Diese Axone (f) verlassen den Sympathikus am Ganglion cervicale superius, verbinden sich unterwegs mit den Karotisarterien (n. d.) und versorgen den Musculus dilatator pupillae, die Tränendrüsen, die Nasen- und Mundhöhlen (verminderte Sekretion), die glatten Muskeln der Blutgefäße (Vasokonstriktion), die Schweißdrüsen (zunehmende Sekretion) und auch die Musculi arrectores pilorum (sie richten die Haare an der Hautoberfläche auf).

Die postganglionären Axone zu den Organen des Thorax:
Diese Axone (f¹) verlassen den Sympathikus in Richtung Nervengeflecht des Herzens, der Lunge und des Ösophagus (n.d). Die sympathischen Axone dieses gemischten autonomen Nervengeflechtes versorgen den Sinus- und AV-Knoten des Herzens und die Koronarien (zunehmendes Herzminutenvolumen, Koronardilatation), die Lungen und Bronchien (Vasodilatation und Bronchodilatation) und den Ösophagus (Hemmung der peristaltischen Aktivität).

Die postganglionären Axone zur Haut:
Diese Axone (f²) verlassen den Sympathikus über den grauen Strang (Ramus communicans griseus) (n. d.) an jedem Abschnitt der Wirbelsäule, um sich mit den Spinalnerven (j) zu verbinden. Diese Axone gabeln sich zusammen mit den entsprechenden somatischen Axonen und versorgen auf diese Weise sowohl die Arterien, die mit den Skelettmuskeln verbunden sind (Vasodilatation), als auch die Hautregionen (zunehmende Schweißdrüsenaktivität, Erektion der Haare und Vasokonstriktion).

Die postganglionären Axone zu den abdominalen Organen:
Die prävertebralen Ganglien (e) bestehen aus 3 Gruppen von mehreren Zellkörpern, die um die größeren Zweige der Abdominal-Aorta (n. d.) herum angelegt sind. Die Zellkörper haben ihren Namen nach den benachbarten Arterien. Die präganglionären Axone erreichen diese Ganglien durch die Splanchnicus-Nerven (i).
Die postganglionären Axone (f³) verlassen die 3 Ganglien und versorgen die glatte Muskulatur und die Drüsen der Eingeweide, ebenso die glatten Muskeln ihrer Arterien (verminderte Peristaltik und Drüsensekretion, zunehmende Sphinkter-Aktivität, Vasokonstriktion).

Die postganglionären Axone zu Becken und Damm (f⁴):
Sie verlassen das Ganglion mesentericum inferius in absteigender Linie zu einem Geflecht von autonomen Fasern (n. d.). Von dort erreichen die Axone die glatte Muskulatur des unteren Intestinaltraktes, des Beckens und der Organe im kleinen Becken.

NERVENSYSTEM
AUTONOMES NERVENSYSTEM*
SCHEMA DER PARASYMPATHISCHEN INNERVATION*

4 Farben
1. Diese Abb. zeigt ein Schema des Parasympathikus auf einer Körperseite. Beachten Sie, daß sowohl in kranialen als auch in sakralen Bereichen präganglionäre Zellkörper existieren.
2. Der Text hält sich an die Reihenfolge der Bezeichnungen. Malen Sie alle zu einem Begriff gehörenden Strukturen an, bevor Sie im Text fortfahren, und lesen Sie den dazugehörigen Textteil. Die Organe bleiben unbemalt.

PRÄGANGLIONÄRE NEURONE: b
ZELLKÖRPER a
AXONE IM HIRNNERV:
III b_1 / VII b_2 / IX b_3 / X b_4
AXONE AUS SEGMENT S2/S3/S4 b_5

GANGLIEN: e
G. CILIARE e_1
G. PTERYGOPALATINUM e_2
G. SUBMANDIBULARE e_3
G. OTICUM e_4
INTRAMURALE GANGLIEN e_5

POSTGANGLIONÄRE NEURONE: f
ZELLKÖRPER c
AXONE ZU: AUGE f_1 / MUND- UND NASENHÖHLE f_2
SPEICHELDRÜSEN f_3
BRUST- / BAUCHEINGEWEIDE f_4
BECKEN- / DAMMEINGEWEIDE f_5

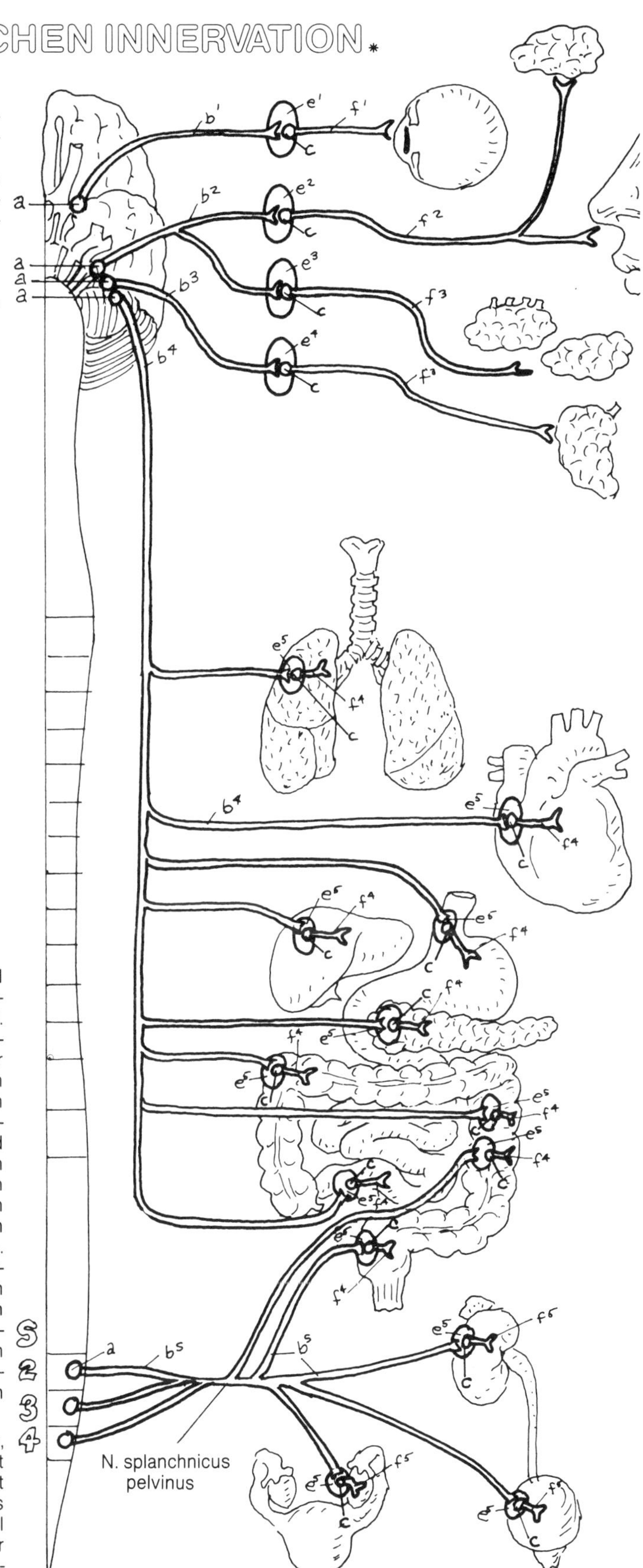

Parasympathische *präganglionäre Neurone* beginnen im Hirnstamm und im sakralen Teil des Rückenmarks. Im Kopfbereich verlaufen die präganglionären Axone zusammen mit somatischen Axonen in den Hirnnerven N. oculomotorius (III), facialis (VII) und glossopharyngeus (IX) zu ihren Ganglien. Präganglionäre Fasern des N.vagus (X) verlaufen den Hals hinunter zum Larynx, zur Luftröhre, zu den Bronchien und weiter nach unten zum Colon descendens (wie dargestellt). Ihre Ganglien sind in den von ihnen versorgten Organen lokalisiert. Im Thorax treffen die vagalen mit den sympathischen Fasern in den Herz- und Lungenplexus zusammen (n. d.) und verteilen sich in den Organen. Die übriggebliebenen vagalen Fasern bilden einen Plexus auf der Außenseite der Speiseröhre (n. d.), ziehen mit ihm durch das Zwerchfell und erreichen so den Bauchraum, wo sie sich in den prävertebralen Ganglien mit den sympathischen Fasern vermischen. Von dort ziehen sie mit den entsprechenden Arterien zu ihren Erfolgsorganen. Die *sakralen präganglionären Axone,* deren Zellkörper in den Seitenhörnern des Rückenmarks (Segmente S2-S4) lokalisiert sind, ziehen durch die vordere Wurzel und wenige Millimeter im Spinalnerv, bevor sie diesen in Richtung Beckenraum verlassen. Aus Ansammlungen dieser Nerven bestehen die Nn. splanchnici pelvini, die zusammen mit den sympathischen Axonen (von den Ganglia mesenterica) auf dem Rektum den Plexus hypogastricus inf. bilden. Danach verlaufen die Axone mit den entsprechenden Arterien zu ihren Erfolgsorganen.

Die parasympathischen *Ganglien* des Kopfes sind einzelne Körperchen, die etwas kleiner als ein Stecknadelkopf sind. Das *Ganglion ciliare* befindet sich unmittelbar hinter dem Augapfel, das *Ganglion pterygopalatinum* liegt in der seitlichen Wand der Nasenhöhle im Bereich des Epipharynx; das *Ganglion oticum* ist in der Fossa infratemporalis unter dem vertikalen Teil des Unterkiefers lokalisiert; das Ganglion submandibulare liegt hinter der Glandula submandibularis am Unterrand des Unterkiefers. Die *intramuralen Ganglien* (assoziiert mit N. vagus und sakralen präganglionären Axonen), die in der Submukosa und zwischen den Muskelschichten der Eingeweide liegen, sind mikroskopisch klein. Von diesen Ansammlungen von Zellkörpern stammen die kurzen postganglionären Axone.

Postganglionäre Axone des Auges versorgen den M. ciliaris (der die Linsenform reguliert) und den M. sphincter pupillae (verkleinert die Pupille). Postganglionäre Axone von intramuralen Ganglien der Brust-, Bauch-, Becken- und Dammeingeweide sind sehr kurz und versorgen die glatte Muskulatur, die Herzmuskulatur sowie die Drüsen der entsprechenden Organe (gesteigerte Sekretion und Muskelaktivität, herabgesetzte Herzfrequenz, Bronchokonstriktion). Beachten Sie, daß parasympathische Fasern grundsätzlich keine Gefäßmuskulatur, Schweißdrüsen und Mm. arrectores pilorum versorgen; daher werden sie nicht so oft in peripheren Nerven angetroffen wie sympathische Axone.

NERVENSYSTEM
SENSIBLE REZEPTOREN*

Verwenden Sie für die Strukturen A und E ihre hellsten Farben.
1. Beginnen Sie mit dem Überblick der sensiblen Reizleitung.
2. Malen Sie die wichtigsten Exterozeptoren aus. Beachten Sie, daß jeder Rezeptor mit einem sensiblen Neuron (B), das eine andere Farbe erhält, verbunden ist.
3. Bemalen Sie danach die Propriozeptoren in der unteren Abbildung. Malen Sie dabei über die innere Muskelspindel, aber nicht über die umgebenden Muskelfasern.

Sensible Rezeptoren liefern dem Gehirn Informationen über innere und äußere Umweltfaktoren. Die meisten Rezeptoren wandeln mechanische, chemische, elektrische oder optische Reize in elektrochemische Impulse um, die vom Nervensystem weitergeleitet werden können. Wird ein sensibler Impuls ausgelöst, dann wandert er über das sensible Neuron zum ZNS und erreicht schließlich den Thalamus. Von hier werden die sensiblen Impulse zur bewußten Wahrnehmung an die somatosensorische Rinde übertragen oder an motorische Zentren zur angemessenen (Reflex-)Reaktion.

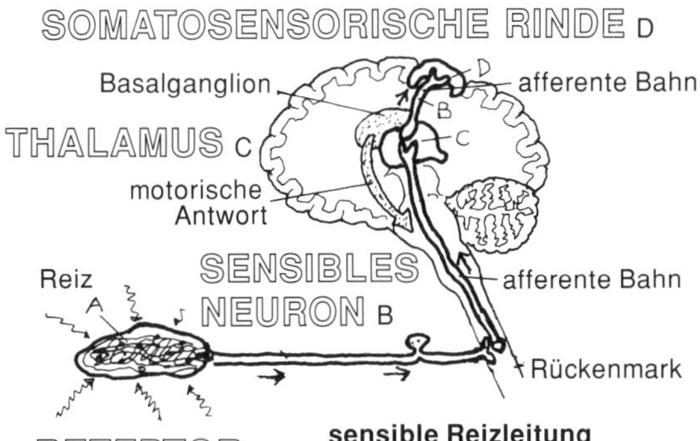

sensible Reizleitung
(schematisch)

EXTEROZEPTOREN: A

TASTREZEPTOREN A[1]
THERMOREZEPTOREN A[2]
MEISSNERSCHE TASTKÖRPERCHEN A[3]
FREIE NERVENENDIGUNGEN A[4]

Exterozeptoren sind in der Nähe der Körperoberfläche lokalisiert. Zu den speziellen Exterozeptoren (nicht dargestellt) zählen auch die Photorezeptoren der Retina (optische Reize), die Geschmacksrezeptoren (chemische Reize) und die Gehörrezeptoren (akustische Reize). Zu den Exterozeptoren der Haut gehören die freien Nervenendigungen und die gekapselten Nervenendigungen, die auf Berührung, Temperaturänderungen und Schmerzreize an der Körperoberfläche reagieren. Zu den *Tastrezeptoren* zählen diejenigen, welche Haarwurzel und Haarschaft ringförmig umspinnen, und die Merkelschen Tastscheiben unmittelbar unter der Epidermis. Die ebenfalls berührungsempfindlichen *Meissnerschen Tastkörperchen* kommen vor allem an der dicken, haarlosen Haut vor, sie liegen in den zapfenförmigen dermalen Papillen. *Thermorezeptoren* (empfindlich für Temperaturänderungen) können freie oder gekapselte Nervenendigungen sein. *Freie Nervenendigungen* reichen bis tief in die Epidermis hinein. Sie sind empfindlich für Berührung, Hitze, Kälte und/oder Schmerz (Nozizeption). Freie Nervenendigungen, die für mehrere verschiedene Sinnesreize empfindlich sind, nennt man polymodale Rezeptoren.

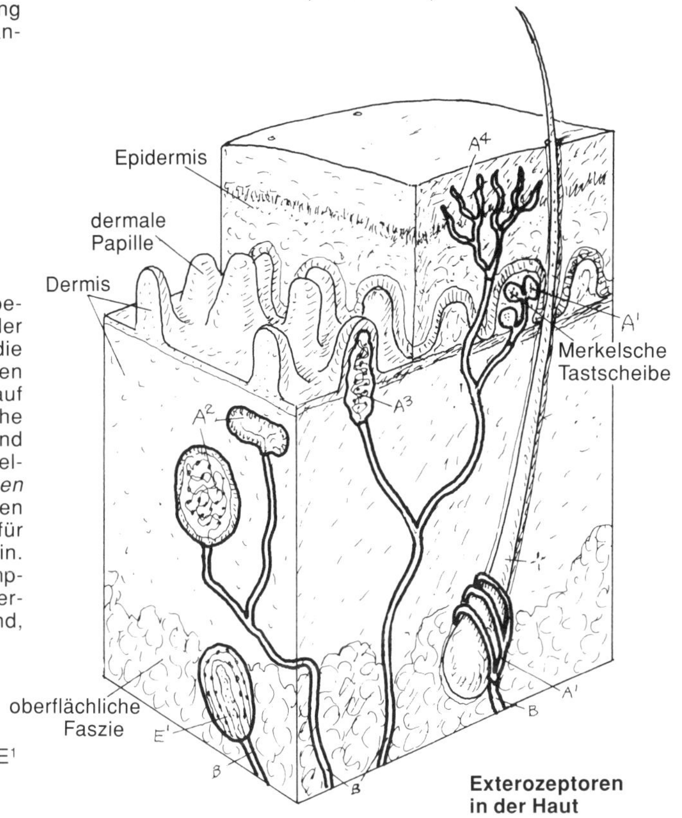

Exterozeptoren in der Haut

PROPRIOZEPTOREN: E

VATER-PACINISCHES LAMELLENKÖRPERCHEN E[1]
MUSKELSPINDEL E[2]
GOLGI-SEHNENORGAN E[3]

Propriozeptoren findet man in tiefer gelegenen Geweben (oberflächliche und tiefe Faszie, Sehnen, Bänder, Muskeln, Gelenkkapseln usw.) des Bewegungsapparates. Sie reagieren auf Dehnung, Bewegung, Druck und Lagewechsel. Die *Vater-Pacinischen Lamellenkörperchen* sind größere lamelläre Körper, die als Mechanorezeptoren fungieren: eine Verformung ihrer zwiebelschalenartigen Lamellen erzeugt einen elektrochemischen Impuls. *Muskelspindeln* reagieren auf Dehnung, sie bestehen aus zwei Arten von spezialisierten Muskelfasern (Kernkettenfasern und Kernhaufenfasern), die von anulospiraligen Endigungen oder Flower-spray-Endigungen umflochten sind. Die Dehnung dieser Spindeln (und des Skelettmuskels, in dem sie lokalisiert sind) induziert eine Entladung der sensiblen Fasern. Diese Impulse werden zum Kleinhirn weitergeleitet. Die reflektorischen motorischen Befehle entspannen die Muskelspindel und steigern die Anspannung des Muskels, dadurch wird eine weitere Dehnung erschwert. Über diese Spindeln kontrolliert das ZNS den Muskeltonus und die Muskelkontraktion. Die *Golgi-Sehnenorgane* sind gekapselte Nervenendigungen in den Muskel-Sehnen-Übergängen oder in Sehnen. Sie erzeugen elektrochemische Impulse, wenn die Sehne deformiert oder gedehnt wird.

VISZEROZEPTOREN: +

Viszerozeptoren (nicht dargestellt) sind freie oder gekapselte Nervenendigungen, oft mit spezialisierten Epithelzellen assoziiert. Sie sind in den Wänden von Gefäßen und Eingeweiden lokalisiert. Sie kommen als Chemorezeptoren, Barorezeptoren (Druck) und als Nozizeptoren vor. Sie reagieren im allgemeinen auf andere Reize als die Exterozeptoren.

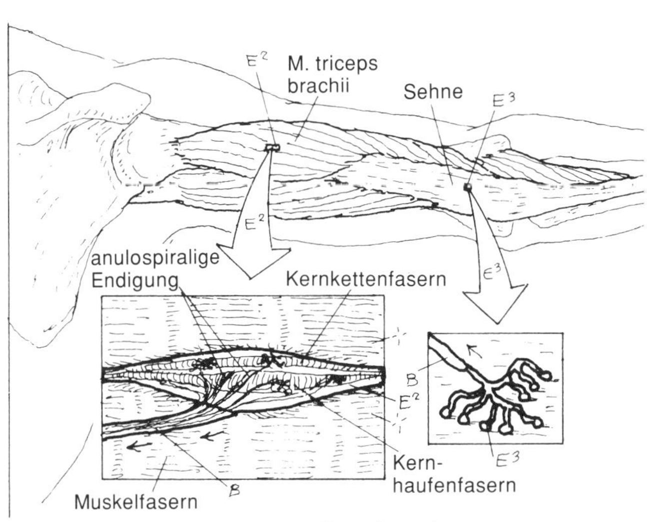

Propriozeptoren in tieferen Geweben

NERVENSYSTEM
SEHORGAN (1)

21 Farben

1. Achten Sie in diesem Sagittalschnitt durch das Auge auch auf die umliegenden Strukturen, die frei bleiben. Die räumliche Struktur des Augapfels kann in Tafel 159 studiert werden.
2. Verwenden Sie eine helle Farbe für i, j und j_1 und rot für Struktur h.

SCHICHTEN DES AUGES *

LEDERHAUT a, HORNHAUT a_1 +
ADERHAUT b
ZILIARKÖRPER c
PROCESSUS CILIARIS c_1
IRIS d
NETZHAUT e
FOVEA CENTRALIS f
SEHNERV-PAPILLE g
RETINA-ARTERIEN h

HOHLRÄUME/ FLÜSSIGKEITEN *

GLASKÖRPER i
FLÜSSIGKEITSRÄUME j
VORDERE AUGENKAMMER j
HINTERE AUGENKAMMER j_1
LINSE k
ZONULAFASERN L
PUPILLE m •, BINDEHAUT n
N. OPTICUS o
MUSKELN DES AUGAPFELS p

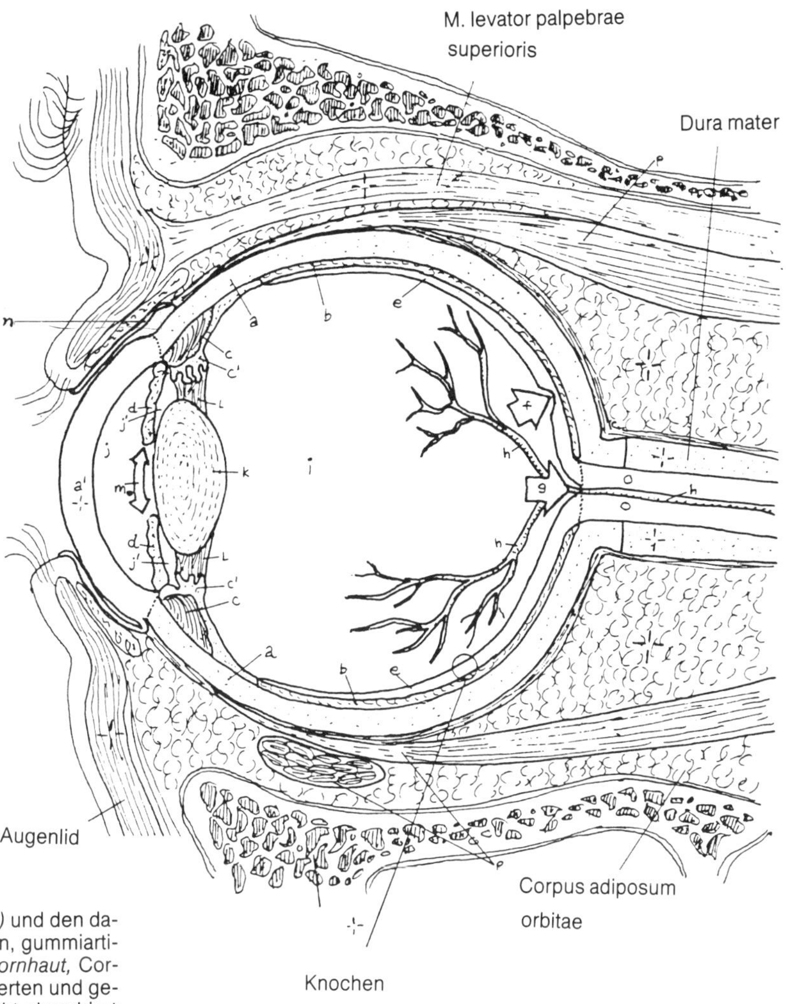

Das Auge besteht aus einer Lichtrezeptor-Schicht (*Netzhaut)* und den dazugehörigen Neuronen, eingebettet in einer bindegewebigen, gummiartigen Kugel *(Lederhaut,* Sklera), die vorne durchsichtig ist (*Hornhaut,* Cornea). Nach innen wird die Lederhaut mit einer stark pigmentierten und gefäßreichen Schicht (*Aderhaut,* Choroidea) begrenzt, die Licht absorbiert und Lichtstreuung verhindert. Die meisten der übrigen Strukturen im Augapfel sind für die Weiterleitung der Lichtwellen zuständig. Die parallelen, geraden Lichtwellen werden beim Eintritt ins Auge (durch die *Pupille)* gebündelt (gebrochen) und laufen in einem Brennpunkt vor der Netzhaut zusammen. Die Medien, die zur Lichtbrechung beitragen, sind (in der Reihenfolge ihrer funktionellen Bedeutung): *Hornhaut* (feine, parallele Faserschichten, an beiden Seiten von Epithelzellen eingefaßt), *Linse* (dicht gepackte, langgestreckte Epithelzellen mit hoher Elastizität), *Glaskörper* (Corpus vitreum, aus Wasser und Mukoprotein bestehende, gallertartige Substanz), *Flüssigkeitsräume* (mit extrazellulärer Flüssigkeit gefüllte vordere/hintere Augenkammer).

Vorne verbreitert sich die Aderhaut und bildet den *Ziliarkörper* (Corpus ciliare), der aus pigmentiertem Bindegewebe und glatten Muskelfasern besteht. Von dessen Fortsätzen *(Processus ciliares)* führen die *Zonulafasern* (Fibrae zonulares) zur Linse. Diese Fasern üben auf die Linse passiv einen Zug aus und bestimmen so deren Krümmung. Der M. ciliaris, der parasympathisch beeinflußt wird, steuert die Spannung der Zonulafasern, was zu einer stärkeren Krümmung der Linse bei Anspannung des Muskels und somit zur Sehschärfe bei Nahsicht führt.

Die *Regenbogenhaut* (Iris) ist eine Ausziehung des Ziliarkörpers, die eine runde, in ihrer Weite einstellbare Blende vor der Linse bildet. Die Blendenöffnung bezeichnet man als *Pupille.* Der Durchmesser der Pupille kann durch Muskeln in der Regenbogenhaut, die in zwei Richtungen angeordnet sind, verändert werden. Der M. dilatator pupillae zieht die Regenbogenhaut zurück zum Ziliarkörper und vergrößert so die Pupille; der M. sphincter pupillae zieht die Regenbogenhaut vor die Linse und verkleinert so die Pupille. Die Farbe der Regenbogenhaut richtet sich größtenteils nach der Menge an eingelagertem Pigment.

Die Netzhaut ist aus mehreren Schichten von Zellkörpern und Nervenfasern aufgebaut. Die *Stäbchen* (hochempfindlich für Licht und wenig empfindlich für Farbe) und *Zapfen* (farbempfindlich, ermöglichen höchste Sehschärfe) sind die beiden Arten von *Photorezeptor-Neuronen;* die Stäbchen sind meist mit einem Verhältnis von 20:1 in der Überzahl. Eine Ausnahme hiervon besteht an der *Fovea centralis* (eine leichte Absenkung in einem gelben, runden Netzhautareal), wo nur Zapfen mit ihren Verbindungsneuronen vorkommen. Dieser Punkt der Retina ist der optische Weg bei direkter Lichteinstrahlung; daher kann auch die höchste Sehschärfe bei der direkten Betrachtung eines Objekts und guten Lichtverhältnissen erreicht werden. Die *Sehnerv-Papille* (wo Fasern des N. opticus den Augapfel nach hinten verlassen) enthält keine Stäbchen und Zapfen und ist somit ein blinder Punkt.

SCHICHTEN DER RETINA *

MEMBRANA LIMITANS INTERNA e_1
AXONE (DES N. OPTICUS) o_1
GANGLION-ZELLEN q
BIPOLARE NEURONE r
PHOTOREZEPTOREN *
STÄBCHEN s ZAPFEN t
PIGMENTEPITHEL u
LICHTSTRAHLEN * NERVENIMPULS •

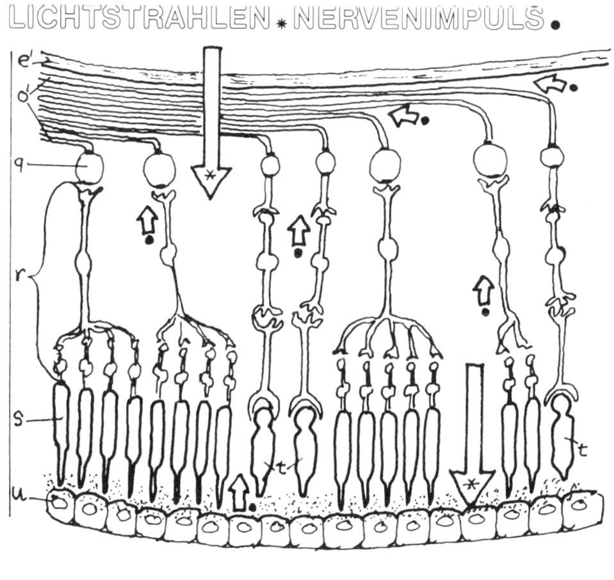

NERVENSYSTEM / SEHORGAN (2)*

15 Farben
1. Malen Sie die obere Abb. mit den auf Tafel 157 benutzten Farben aus.
2. Vervollständigen Sie die untere Abb., auch wenn nicht alle Strukturen auf dieser Tafel beschriftet sind.
3. Lassen Sie die Pfeile, die die Zirkulation des Kammerwassers zeigen, frei.
4. In der unteren Abb. beziehen sich die Identifikationsbuchstaben auf andere Strukturen als oben. Malen Sie dort die Richtungspfeile grau aus.

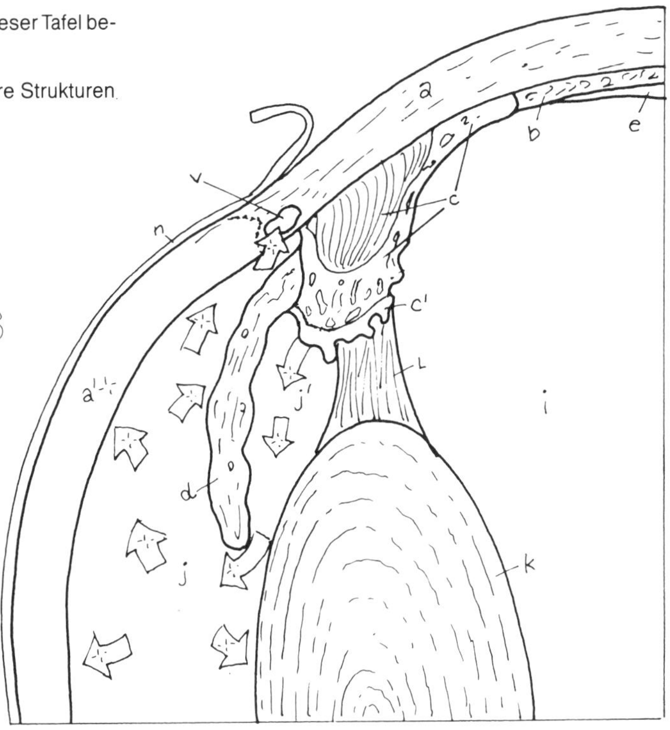

SEKRETION / ABFLUSS DES KAMMERWASSERS

LEDERHAUT a / HORNHAUT a₁ +
ZILIARKÖRPER c / FORTSÄTZE c₁
HINTERE AUGENKAMMER j₁
REGENBOGENHAUT d
VORDERE AUGENKAMMER j
SCHLEMMSCHER KANAL v

Das *Kammerwasser* ist eine extrazelluläre, dem Liquor cerebrospinalis ähnliche Flüssigkeit, die von Epithelzellen des *Ziliarkörpers* in die *hintere Augenkammer* sezerniert wird. Die Flüssigkeit fließt durch die Pupille in die *vordere Augenkammer* und wird dort von dem kleinen *Schlemmschen Kanal* resorbiert, der kreisförmig an der Verbindungsstelle zwischen *Regenbogenhaut* und *Lederhaut* verläuft. Das Kammerwasser fließt dort über kleine Venen ab, die mit dem Kanal verbunden sind. Normalerweise wird jeweils soviel Kammerwasser sezerniert, wie resorbiert wird. Das Kammerwasser erzeugt einen Augeninnendruck, der für die mechanische Stabilität der Augeninnenstrukturen (Linse, Ziliarkörper, Netzhaut u.s.w.) notwendig ist. Gleichzeitig stellt es Nährstoffe für die gefäßlose Linse zur Verfügung. In Ausnahmefällen kann das Kammerwasser nicht ausreichend über den Kanal abfließen – z. B. bei erhöhtem Druck der ableitenden Venen oder bei einem Verschluß. Dadurch kann der Augeninnendruck derartig ansteigen, daß nach einer bestimmten Zeit eine schwere Augenschädigung resultiert. Dieser erhöhte Augeninnendruck, der als Glaukom oder grüner Star bezeichnet wird, kann durch regelmäßige Messung erkannt werden, und meist lassen sich durch medikamentöse Therapie (Tropfen) oder einen chirurgischen Eingriff die normalen Zirkulationsverhältnisse wiederherstellen.

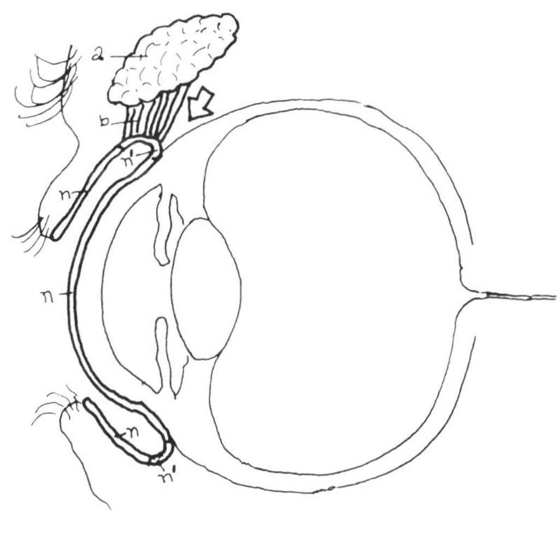

TRÄNENAPPARAT*

TRÄNENDRÜSE a
AUSFÜHRUNGSGÄNGE b
BINDEHAUT n, FORNIX n₁
PUNCTA LACRIMALIA c
TRÄNENKANÄLCHEN d
TRÄNENSACK e
TRÄNENNASENGANG f
MEATUS NASI INF. g
(NASENHÖHLE) g

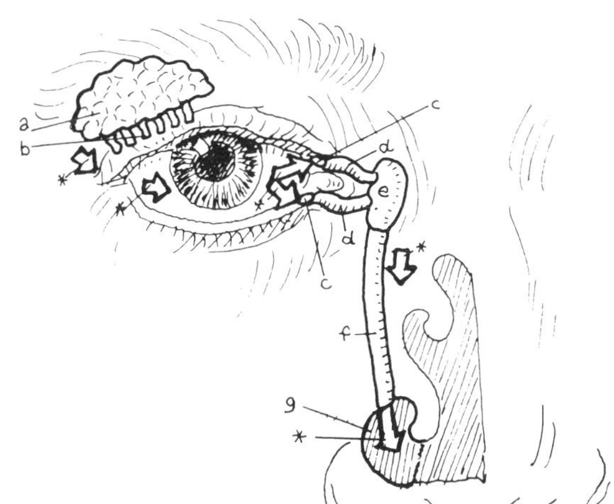

Der *Tränenapparat* stellt einen Mechanismus der Sekretion und des Abflusses der Tränenflüssigkeit dar, der durch die Feuchthaltung einen reibungslosen Lidschlag über die Hornhaut ermöglicht. Die inneren Oberflächen der Augenlider sind mit einer gefäßreichen, epithelbegrenzten Schicht, der *Bindehaut* (Conjunctiva) ausgekleidet. Diese Schicht schlägt an ihren Ansatzstellen der Augenlider um und bedeckt die Hornhaut. Eine Reizung dieser Schicht (Konjunktivitis) ist allgemein als »Augenrötung« bekannt. Von der *Tränendrüse,* die oben seitlich in der Orbita liegt, führen mehrere Ausführungsgänge in und durch die Konjunktivalfalte *(Fornix).* Die Tränenflüssigkeit, eine speichelähnliche Flüssigkeit, fließt über die mit Bindehaut überzogene Hornhaut und fließt in kleinen Seen an der medialen Ecke des unteren Augenlides zusammen. Durch die *Tränenkanälchen,* deren Mündungen in den medialen Ecken beider Augenlider als *Puncta lacrimalia* liegen, fließt die Tränenflüssigkeit in den *Tränensack* und durch den *Tränennasengang* nach unten am *Meatus nasi inf.* in die *Nasenhöhle.* Emotionale Erregungen bewirken oft eine parasympathische Stimulation der Tränendrüse (Weinen).

NERVENSYSTEM
SEHORGAN (3)*

Tafel 159
(vgl. Tafel 157, 158, 146, 142)

9 Farben
1. Kolorieren Sie jeden Muskel (aber nicht seine Sehne) und dazu den Pfeil, der die von ihm erzeugte Bewegung anzeigt. Malen Sie die Augenbinnenmuskeln an, inkl. der Pfeile, die die Bewegung der Regenbogenhaut anzeigen.
2. Verwenden Sie im unteren Diagramm nur zwei Farben. Lesen Sie alle Begriffe, malen diese zuerst grau aus und kolorieren Sie dann die beiden dazugehörigen Teile der Sehbahn mit den beiden Farben.

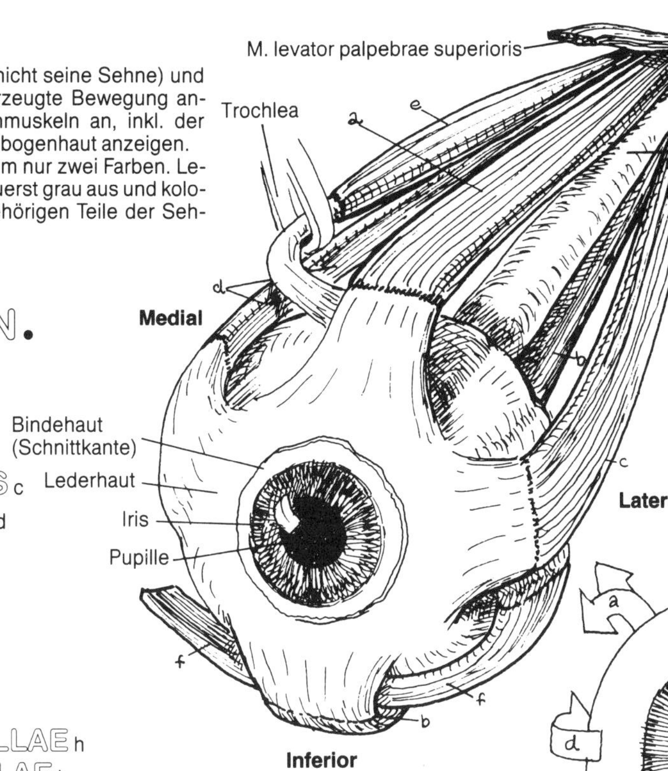

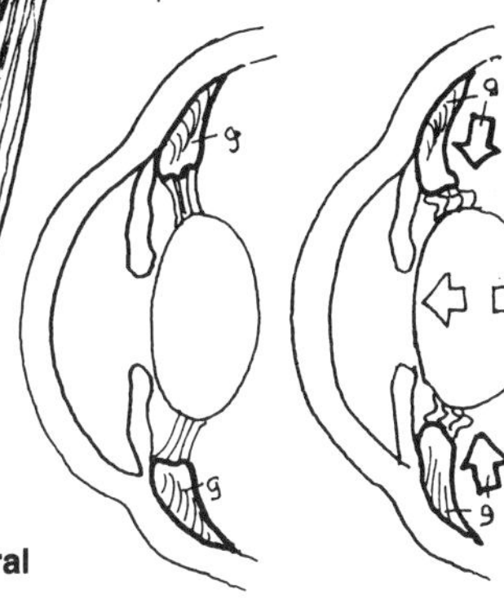

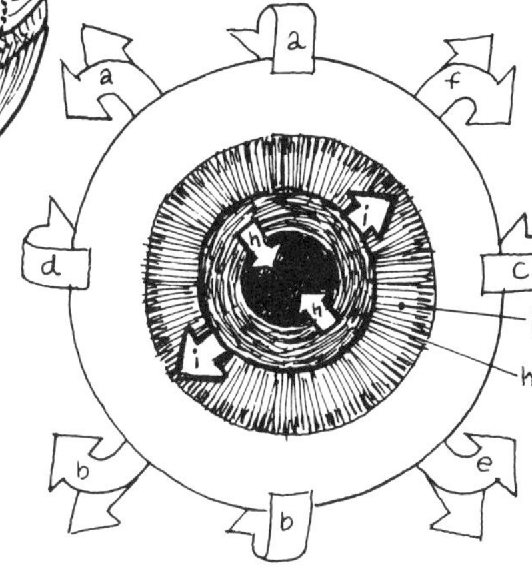

AUGENMUSKELN.
ÄUSSERE*
M. RECTUS SUP. a
M. RECTUS INF. b
M. RECTUS LATERALIS c
M. RECTUS MEDIALIS d
M. OBLIQUUS SUP. e
M. OBLIQUUS INF. f

INNERE*
M. CILIARIS g
REGENBOGENHAUT*
M. SPHINCTER PUPILLAE h
M. DILATATOR PUPILLAE i

Die *äußeren Skelettmuskeln* des Auges werden von den Hirnnerven versorgt, entspringen von einer zirkulären Sehne um den N. opticus und inserieren an der Lederhaut (zur übersichtlichen Darstellung wurden die Muskeln hier von der Lederhaut abgehoben). Ihre Funktionen sind vielfältig und werden von folgenden Faktoren erschwerend beeinflußt: 1. Es gibt keine Möglichkeit, die spezifische Funktion eines einzelnen Augenmuskels zu messen, und 2., die Achse des Augapfels (vom Mittelpunkt der Pupille zur Papille) stimmt nicht mit der optischen Achse (vom Mittelpunkt der Pupille zur Fovea centralis) überein. Es gibt vier Augenbewegungen: Hebung (a), Senkung (b), Abduktion (c) und Adduktion (d). Die Kreisbewegungen einwärts (e) und auswärts (f)) sind komplizierter. Wichtig ist, daß jede Augenbewegung auf die eine oder andere Weise alle sechs Muskeln miteinbezieht; daher werden die Kreisbewegungen von den allgemeinen Augenbewegungen »miterledigt«. Der M. levator palpebrae sup. hebt das obere Augenlid und steht nicht mit der Lederhaut in Verbindung.
Innere Augenmuskeln sind glatt und werden von autonomen Fasern der Hirnnerven versorgt. Ihre Ursprünge und Ansätze befinden sich innerhalb des Auges. Die Funktion dieser Muskeln wurde in der Tafel 158 besprochen.

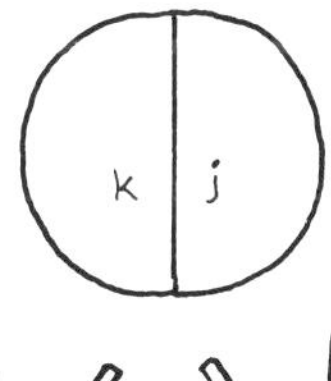

SEHBAHN.
GESEHENES OBJEKT j, k
LICHTSTRAHLEN j_1, k_1
NETZHAUT j_2, k_2
N. OPTICUS j_3, k_3
CHIASMA OPTICUM j_4, k_4
TRACTUS OPTICUS j_5, k_5
CORPUS GENICULATUM LATERALE j_6, k_6
COLLICULI SUP. j_7, k_7
RADIATIO OPTICA j_8, k_8
SEHRINDE j_9, k_9

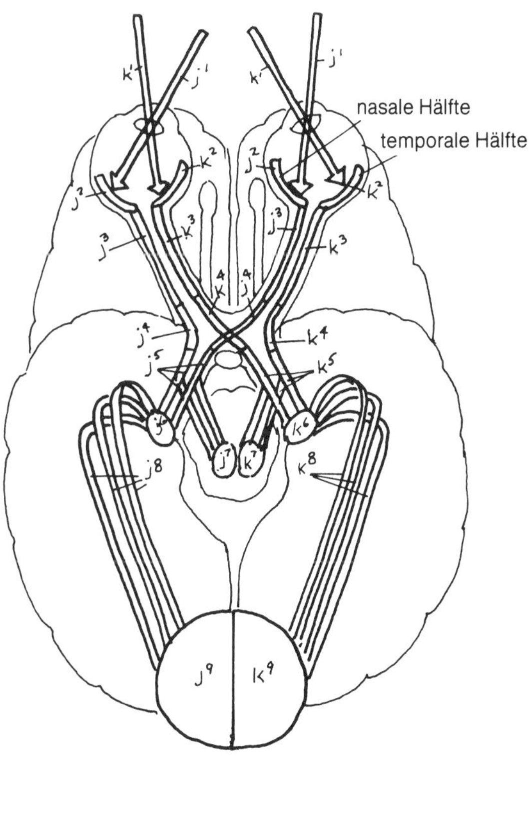

Die *Lichtstrahlen* treffen auf die *Netzhaut* und stimulieren die Photorezeptoren zur Aussendung von Nervenimpulsen. Diese Impulse werden von der Retina nach dem nebenstehenden Schema zur *Sehrinde* im Hinterhauptslappen geleitet. Beachten Sie, daß die Fasern von der äußeren (temporalen) Retina nicht im *Chiasma opticum* auf die Gegenseite kreuzen, im Unterschied zu den inneren (nasalen) Fasern. Wo der *Tractus opticus* zu den *Corpora geniculata laterales* des Thalamus zieht, werden einige Fasern zu den *Colliculi sup.* geleitet, in denen optische Reflexe erzeugt werden. Impulse von den Colliculi werden zu motorischen Zellen der Hirn- und Spinalnerven geleitet sowie zu weiteren zwischengeschalteten Zentren, die eine Antwort auf einen gefährlichen optischen Reiz vermitteln. Impulse, die an der Sehrinde ankommen, erzeugen ein räumliches optisches Bild, das mit Hilfe angeschlossener Assoziationszentren eine Bedeutung erlangt. Beachten Sie, daß das im Hinterhauptslappen erzeugte Bild umgekehrt zu dem gesehenen Objekt steht. Die Verarbeitung der Impulse (sowohl optisch als auch mit Hilfe des Gedächtnisses) in der Hinterhauptsrinde führt zur Wahrnehmung des Objekts in seiner richtigen Stellung.

NERVENSYSTEM HÖRORGAN (1)

26 Farben

1. Vervollständigen Sie jede einzelne Abb. (von oben nach unten), bevor Sie mit der nächsten beginnen. Lesen Sie beim Ausmalen den dazugehörigen Text.
2. Das Cortische Organ (v) ist in Abb. D als eine einheitliche Struktur dargestellt. Im vergrößerten Ausschnitt E wird der Aufbau genauer gezeigt. Hier werden die einzelnen Strukturen ausgemalt.

ÄUSSERES OHR *
OHRMUSCHEL a
ÄUSSERER GEHÖRGANG b
TROMMELFELL c

MITTELOHR *
HAMMER d AMBOSS e
STEIGBÜGEL f OHRTROMPETE g

INNENOHR *
KNÖCHERNES LABYRINTH h
VORHOF i OVALES FENSTER j
CANALES SEMICIRCULARES k
SCHNECKE (CHOCHLEA) L
SCALA VESTIBULI m
SCALA TYMPANI n
RUNDES FENSTER o
HÄUTIGES LABYRINTH p
SACCULUS q / UTRICULUS q_1
DUCTUS ENDOLYMPHATICUS r
DUCTUS SEMICIRCULARES s
DUCTUS COCHLEARIS t
MEMBRANA TECTORIA u
CORTISCHES ORGAN v
HAARZELLEN w
STÜTZZELLEN x
BASILARMEMBRAN y
GANGLION SPIRALE z /
HIRNNERV VIII z_1

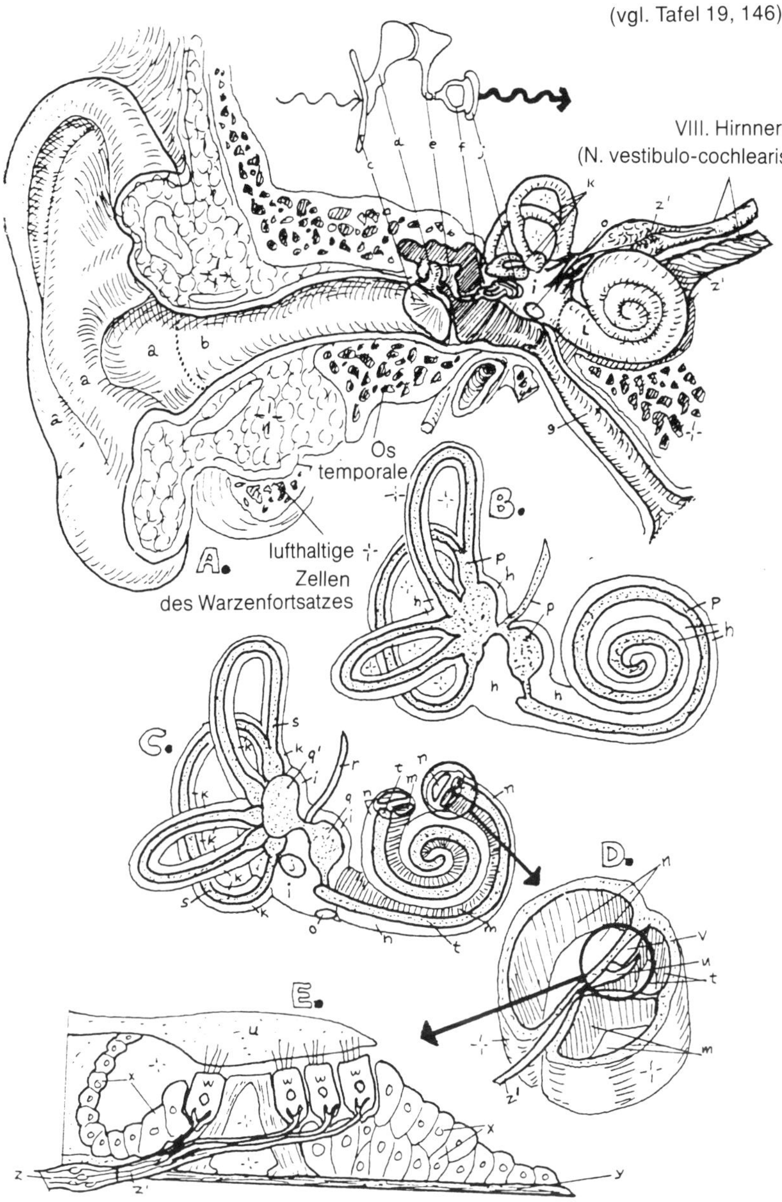

Das Ohr beherbergt Strukturen des Hör- und des Gleichgewichtsorgans. Es besteht aus einem *äußeren Ohr* mit *Ohrmuschel* (a) und *äußerem Gehörgang* (b), die die auftreffende Schallenergie sammeln und nach innen leiten. Außerdem besteht es aus dem *Mittelohr,* der Paukenhöhle, deren vorrangige Aufgabe es ist, die auftreffende Schallenergie in mechanische Schwingungen umzusetzen, diese zu verstärken und zum Innenohr weiterzuleiten, und dem *Innenohr,* das die herangeführten Schallreize und die vestibulären Reize verarbeitet. Die auftreffende Schallenergie versetzt das *Trommelfell* (Membrana tympani, c) in Schwingungen. Diese Schwingungen werden über die drei Gehörknöchelchen (Hammer = Malleus, Amboß = Incus, Steigbügel = Stapes – sie sind gelenkig miteinander verbunden) auf das *ovale Fenster* (j) übertragen. Das ovale Fenster trennt die Räume des Mittel- und des Innenohrs. Die im Mittelohr gelegene Paukenhöhle ist mit Flimmerepithel ausgekleidet und liegt in der Pars petrosa (Felsenbeinteil) des Os temporale. Sie ist über die *Ohrtrompete* (Eustachische Röhre, Tuba auditiva) mit dem Nasenrachenraum verbunden. So kann ein Druckausgleich zwischen der Paukenhöhle und dem äußeren Luftdruck stattfinden, außerdem steht sie mit den pneumatischen Räumen des Mastoids (Warzenfortsatz, ein Teil des Os temporale) über eine Öffnung in der hinteren Wand (n. d.) in Verbindung.
Das Innenohr, das eingebettet im Felsenbein Teil des Os temporale liegt, besteht aus einigen in Verbindung stehenden Räumen und Gängen *(knöchernes Labyrinth),* die mit Flüssigkeit (Perilymphe) gefüllt sind. Im knöchernen Labyrinth liegt ein formentsprechendes System von membranumhüllten Kammern und Gängen *(häutiges Labyrinth),* das ebenfalls mit einer Flüssigkeit, der Endolymphe, gefüllt ist. Die räumlichen Beziehungen zwischen diesen beiden Labyrinthsystemen können Sie sich nach dem Ausmalen von Abb. B besser vorstellen.

Wie in Abb. C zu sehen ist, besteht das knöcherne Labyrinth aus dem Vorhof (Vestibulum, i), den *Canales semicirculares* (knöcherne Bogengänge, k) und der *Schnecke* (Cochlea, L), am besten in Abb. A zu sehen. In den vergrößerten Darstellungen C und D erkennt man, daß die Schnecke aus zwei nebeneinanderliegenden Röhren besteht: der *Scala vestibuli* (m), die in den Vorhof mündet; und der *Scala tympani* (n), die am *runden Fenster* endet. Diese beiden Röhren stehen an der Schneckenspitze miteinander in Verbindung.
Das häutige Labyrinth, vergrößert dargestellt in Abb. C, besteht aus folgenden Teilen: *Sacculus* und *Utriculus* und, von hier ausgehend, der *Ductus endolymphaticus* (q, q_1, r) liegen im Vorhof (Vestibulum); die *Ductus semicirculares* (häutige Bogengänge s) liegen im knöchernen Bogengangsystem; der *Ductus cochlearis* (t) füllt einen Teil der Scala vestibuli der Schnecke aus. Der Ductus endolymphaticus endet blind an der harten Hirnhaut, die das Os temporale hier an der Schädelbasis überzieht. Innerhalb des gewundenen Ductus cochlearis, der von Knochen, *Basilarmembran* und einer dünnen Trennschicht (Reissnersche Membran, nicht beschriftet) zwischen Ductus cochlearis und Scala vestibuli gebildet wird, liegt ein Streifen von spezialisierten Rezeptorzellen *(Haarzellen)* und einigen *Stützzellen,* der von der sogen. *Membrana tectoria,* einer gallertartigen Schicht, bedeckt ist. Dieser Zellkomplex, das sogen. *Cortische Organ,* ist dafür zuständig, daß mechanische Energie in elektrochemische Impulse umgesetzt wird, die über den cochleären Anteil des VIII. Hirnnerven (N. vestibulocochlearis) via *Ganglion spirale* zur entsprechenden Verarbeitung im Gehirn weitergeleitet werden.

Die genaue Funktion von Hör- und Gleichgewichtsorganen wird auf der folgenden Tafel ausführlich besprochen.

NERVENSYSTEM / HÖRORGAN (2) GLEICHGEWICHTSORGAN *

(vgl. Tafel 160, 146)

8 Farben

1. Verwenden Sie dieselben Farben wie auf Tafel 160 für hier wieder dargestellte Strukturen.
2. Die Pfeile in der oberen Abb. (außer Pfeil z) werden nicht bemalt.
3. Malen Sie die einzelnen Strukturen aus, während Sie den Text lesen (vgl. auch Text Tafel 160).
4. Die Abb. rechts ist eine stark schematisierte Darstellung der Strukturen des Hörorgans und verdeutlicht die genaue Reihenfolge der Ereignisse beim Hörvorgang. (Eine anatomisch korrekte Abb. der Schnecke mit ihren 2½ Windungen s. Tafel 160).
5. Da für die unteren Zeichnungen 3 neue Farben (für die Strukturen 1. – 3.) benötigt werden, sollten Sie jede vorhandene Struktur von a – z *zuerst* ausmalen und dafür entsprechend die Farben von Tafel 160 einsetzen. Dann wählen Sie 3 neue Farben für 1. – 3. oder Farben von Tafel 160, die hier nicht mehr gebraucht werden.

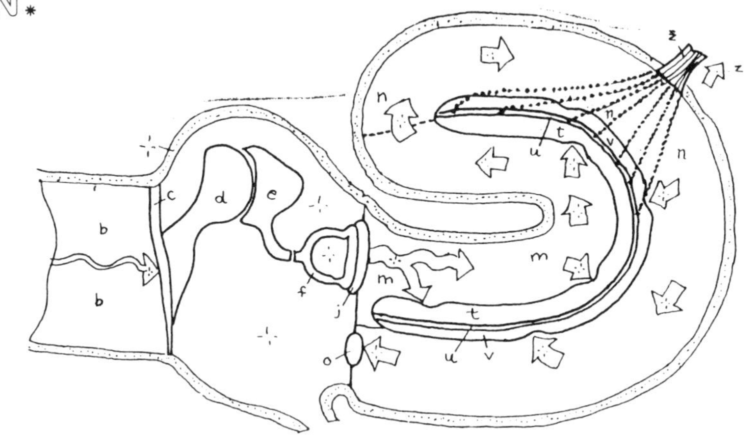

Das Gehirn hat keine eigenen Rezeptoren für Schallwellen. Daher muß die Schallenergie in mechanische Energie umgesetzt werden, die ihrerseits zur Erzeugung von elektrochemischen Impulsen führt, die im Gehirn verarbeitet werden können. Dies erklärt z.T. den ungeheuer komplexen Vorgang des Hörens. Das äußere Ohr sammelt die Schallwellen und leitet sie durch den äußeren Gehörgang zum Trommelfell (Membrana tympani), das in Schwingungen versetzt wird und so Schallenergie in mechanische Energie transformiert, die auf die Gehörknöchelchen (Ossicula auditus) übergeleitet wird. Über die Gehörknöchelchen im Mittelohr wird die Energie erheblich verstärkt, und die Schwingungen werden über die Membran des ovalen Fensters auf den Vorhof übertragen. So wird die Perilymphe des knöchernen Labyrinths in Bewegung versetzt, die über die Membran des häutigen Labyrinths auch Wellen in der Scala vestibuli erzeugt. Diese Wellen pflanzen sich fort bis zur Schneckenspitze und laufen in der Scala tympani zurück bis zum runden Fenster, dessen Membran die Schwingungen abdämpft. Die Flüssigkeitsbewegung in der Scala vestibuli führt zu Schwingungen in der dünnen, membranösen Trennschicht (Reissnersche Membran, nicht beschriftet) zwischen Scala vestibuli und Ductus cochlearis und damit auch zu einer Bewegung der enthaltenen Endolymphe (vgl. Abb. B und E, Tafel 160). Die Endolymphbewegung führt zu einer Verschiebung der Membrana tectoria, die über dem Cortischen Organ liegt. Dabei werden die haarähnlichen Fortsätze der Rezeptorzellen, deren Ausläufer in der Tectorialmembran sitzen, gebogen, und dadurch elektrochemische Impulse erzeugt. Diese Impulse laufen über die bipolaren Spiralganglien im cochleären Anteil des VIII. Hirnnerven zu den Nuclei cochleares im Hirnstamm. Die Stimulation von Haarzellen an der Schneckenbasis führt zur Wahrnehmung von hohen Tönen, die Impulsauslösung an der Spitze der Schnecke zu tiefen Tönen.

GLEICHGEWICHTSORGAN *

AMPULLE 1.

CRISTA AMPULLARIS *

CUPULA 2.

HAARZELLEN w_1

NERVENFASERN z_1

STÜTZZELLEN x_{d1}

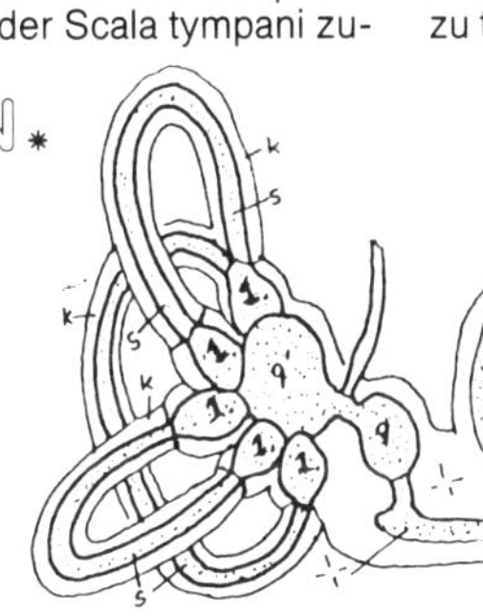

SACCULUS q / UTRICULUS q_1

MACULA *

STATOLITHENMEMBRAN 2'

STATOLITHEN 3

HAARZELLEN w_1

NERVENFASERN z_1

STÜTZZELLEN x_1

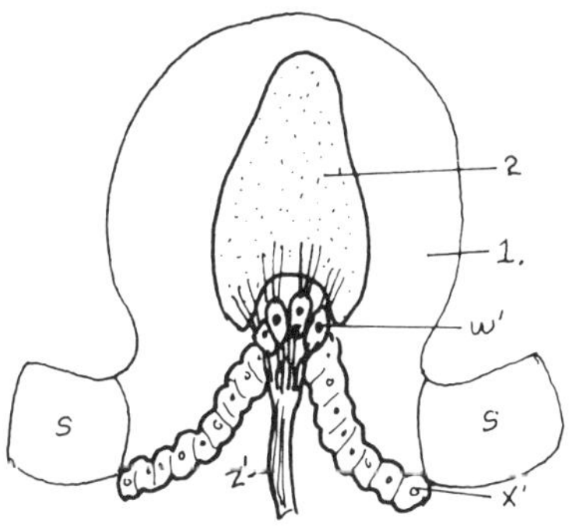

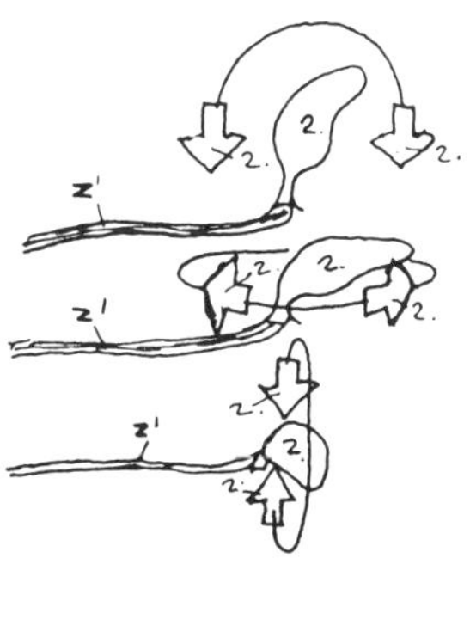

CANALES SEMICIRCULARES k DUCTUS SEMICIRCULARES s

Das *Gleichgewichtsorgan* besteht aus den *Canales semicirculares* (knöcherne Bogengänge, rechtwinklig angeordnet), den darin liegenden *Ductus semicirculares* (häutige Bogengänge) und den im Vorhof liegenden *Sacculus/Utriculus.* Die häutigen Bogengänge schwimmen in der Perilymphe der knöchernen Bogengänge und stehen mit Sacculus und Utriculus in Verbindung. Das häutige Gang- und Kammersystem ist mit Endolymphe gefüllt. An den Enden der häutigen (und knöchernen) Bogengänge befinden sich Ausbuchtungen, die sogen. *Ampullen.* In jeder Ampulle liegt eine *Crista ampullaris,* ein Wulst, der quer zum Verlauf des Bogenganges in der Ampulle steht und an seiner Oberfläche Haarzellen als Rezeptoren und Stützzellen trägt. Die haarähnlichen Fortsätze dieser Rezeptorzellen ragen in die gallertartige, aus Glykoproteinen bestehende *Cupula,* die bis zur Decke der Ampulle reicht. Durch Kopfbewegungen ausgelöste Endolymphströmungen führen zu einer Auslenkung der Cristae ampullares nach einer Seite, wobei die Fortsätze der Haarzellen gebogen werden und so Nervenimpulse auslösen (Drehbeschleunigung). Diese Impulse verlaufen über den Vestibularisanteil des VIII. Hirnnerven zu den Nuclei vestibulares in der Medulla oblongata.

In der Wand von Utriculus und Sacculus befindet sich je eine sogen. *Macula* (Macula sacculi/utriculi), die im Grunde nach dem gleichen Prinzip wie die Cristae ampullares arbeiten. Die Maculae reagieren auf lineare Beschleunigung, die Cristae, wie erwähnt, auf Drehbeschleunigungen. Die Macula besteht aus einem Feld von Haar- und Stützzellen. Ihre dünnen Fortsätze ragen in eine gallertige (aus Glykoproteinen bestehende) Schicht, die *Statolithenmembran* mit kristallinen Partikeln aus Kalziumsalzen, den *Statolithen.* Endolymphbewegungen verschieben diese Statolithen und verursachen dadurch eine Auslenkung der haarähnlichen Fortsätze, was zur Entladung von Nervenimpulsen führt. Die Sinneseindrücke dieser Gleichgewichtsrezeptoren beeinflussen Augenbewegungen und Körperhaltung und führen so zur Orientierungsfähigkeit und ständigen Anpassung an sich ändernde räumliche Gegebenheiten.

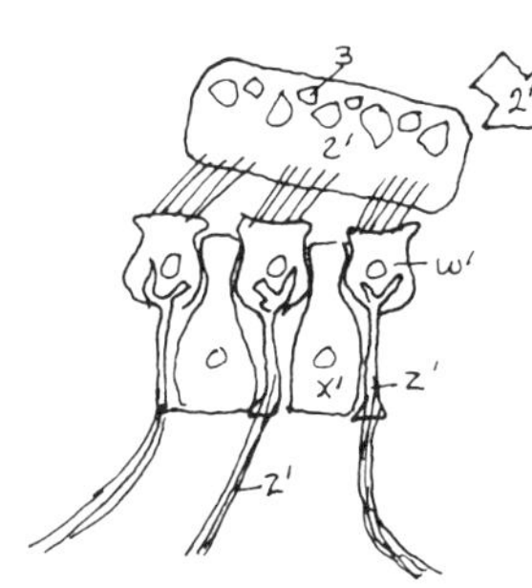

NERVENSYSTEM
GESCHMACKSORGAN UND GERUCHSORGAN *

15 Farben
1. Die Papillae filiformes (c) in der Abb. der Zunge sind die kleinsten, dünnrandigen Kreise.
2. Die unten dargestellte Regio olfactoria (i) liegt im Bereich des gepunkteten Gebiets. Beachten Sie, daß die mit (j) bezeichneten Strukturen durch Spalten der Lamina cribrosa (m) treten.

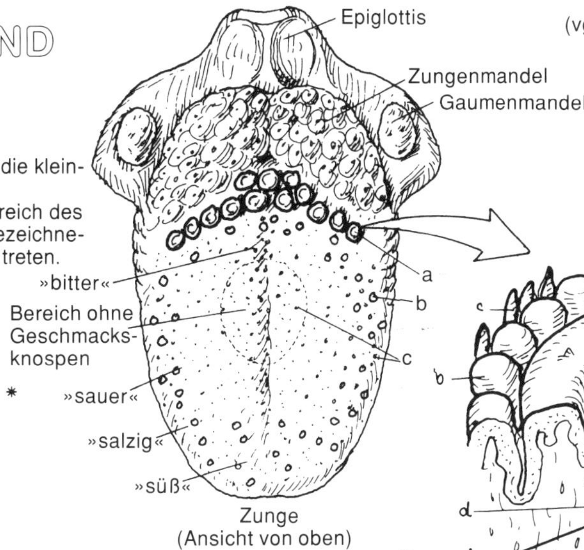

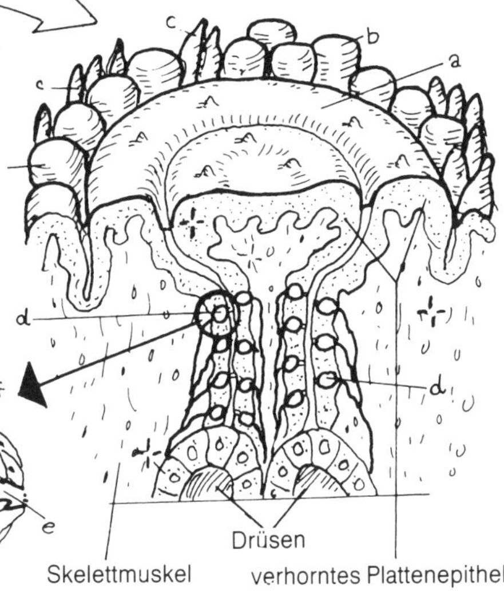

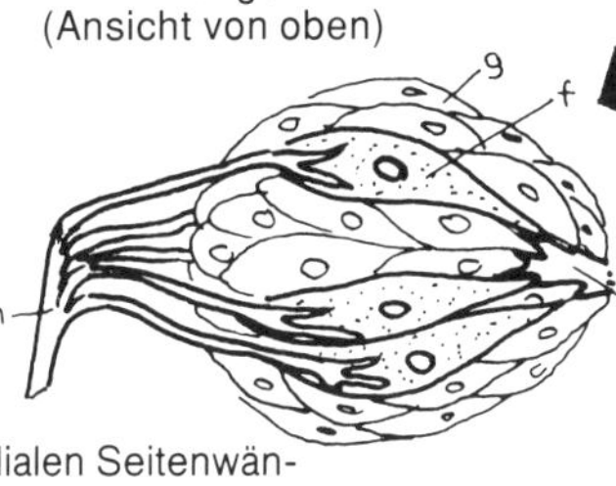

GESCHMACKSPAPILLEN *
PAPILLAE *
CIRCUMVALLATAE a
FUNGIFORMES b
FILIFORMES c

GESCHMACKSKNOSPEN d
GESCHMACKSPORUS e
SINNESZELLEN f
STÜTZZELLEN g
NERVENFASERN h

Geschmacksrezeptoren (*Geschmacksknospen)* finden sich in den epithelialen Seitenwänden der wallgrabenähnlichen *Papillae circumvallatae* auf der Zunge, aber auch auf dem weichen Gaumen, im Mesopharynx und auf der Epiglottis (Kehldeckel). Jede »Knospe« besteht aus einer Anzahl von sensorischen Rezeptorzellen, die von Stützzellen umgeben sind. An der Spitze einer Geschmacksknospe liegt der *Geschmacksporus* (e), in den zerkaute und in Lösung gegangene Nahrungspartikel gelangen müssen, um die Rezeptoren zu erreichen. An der Basis jeder Geschmacksknospe liegt eine ableitende Nervenfaser (h), die sich je nach Ableitungsort dem VIII. bzw. IX. Hirnnerven anschließt. Nur in Lösung gegangene Stoffe kann man schmecken. Obwohl Experimente gezeigt haben, daß es vier grundsätzliche Geschmacksrichtungen gibt (sauer, salzig, süß und bitter), konnte im mikroskopischen Aufbau kein entscheidender Unterschied zwischen den einzelnen Geschmacksknospen gefunden werden. Die sensorischen Rezeptorzellen der Geschmacksknospen unterliegen – wie viele andere epitheliale Gewebe – einer hohen Mitoserate (alle paar Tage). Jede Tochterzelle muß dann eine neue Synapse mit der sensorischen Nervenendigung ausbilden.
Die Geschmacksdifferenzierung eines Feinschmeckers kommt durch mehrere Faktoren zusammen zustande: Geschmacksempfindungen, Temperatur, Geruch und Nahrungsbeschaffenheit. Die Geschmacksempfindung wird durch einen eingeschränkten Geruchssinn deutlich beeinträchtigt (z.B. bei einer Erkältung mit Schnupfen ist der empfindlichere Geruchssinn ausgefallen). Die Interpretation und Einordnung von Geschmacksempfindungen findet in Geschmackszentren der Hirnrinde statt.

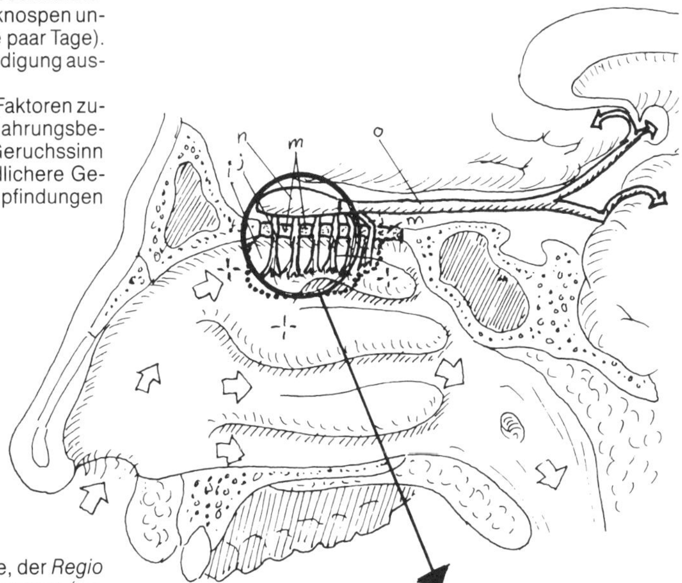

GERUCHSORGAN *
REGIO OLFACTORIA i
OLFAKTORISCHE SINNESZELLEN j
RIECHHÄRCHEN (CILIEN) k
STÜTZZELLEN L
LAMINA CRIBROSA m
BULBUS OLFACTORIUS n
TRACTUS OLFACTORIUS o

Die *Geruchsrezeptoren* liegen in einem kleinen Gebiet am Dach der Nasenhöhle, der *Regio olfactoria.* Die olfaktorischen Sinneszellen sind echte bipolare, sensorische Neurone (anders als die meisten Rezeptoren, die erst mit sensorischen Fasern eine Synapse bilden). Ihre Stützzellen kommen in zwei Ausprägungen vor, von denen eine Art den typischen Aufbau von respiratorischem Flimmerepithel zeigt (mehrreihiges Zylinderepithel). Das zur Nasenhöhle hin liegende Ende der Sinneszellen bildet einen sogen. Riechkegel (nicht beschriftet), der in der Schleimschicht der Nasenhöhle liegt.
Von diesem Riechkegel aus erstrecken sich mehrere *Riechhärchen,* von denen man annimmt, daß sie für die Erregungsbildung als Antwort auf einen olfaktorischen Reiz verantwortlich sind. Olfaktorische Reize (Geruchsstoffe) kommen mit der Atmung in die Nasenhöhle (die Pfeile verdeutlichen den Luftstrom). Wenn sie im Schleim in Lösung gegangen sind, stimulieren die Geruchspartikel die Geruchshärchen zur Abgabe von elektrochemischen Impulsen, die durch die olfaktorischen Sinneszellen (j) Richtung Gehirn geleitet werden (die Richtung dieser Impulse ist mit kleinen Pfeilen angegeben). Die zentralwärts liegenden Enden der Sinneszellen ziehen mit ihren Axonen durch kleine Spalten in der *Lamina cribrosa* des Os ethmoidale. Im *Bulbus olfactorius* bilden die Axone der ersten sensorischen Neurone Synapsen mit den Nervenzellen des *Tractus olfactorius,* die zu temporalen (mediale und untere Fläche) und frontalen (untere Fläche) Rindenanteilen jeder Hemisphärenhälfte und zu damit in Verbindung stehenden Zentren ziehen.

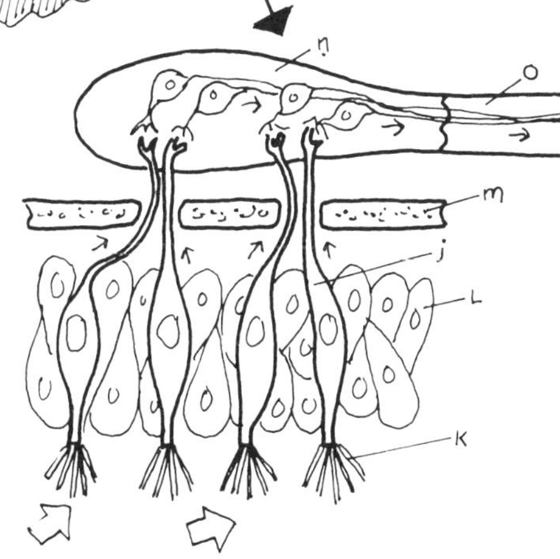

HAUT / AUFBAU DER HAUT*

18 Farben
1. Verwenden Sie bitte gelb für den Nerv (g), rot für die Arterie (h), blau für die Vene (gepunktetes Gefäß mit i markiert) und eine helle Farbe für die Lymphgefäße (j). Achten Sie auch auf die querangeschnittenen Gefäße und auf die Papillen der Haarfollikel.
2. Bemalen Sie beide Abbildungen zusammen. Beachten Sie, daß das Stratum lucidum (b) nur in der unteren Abb. dargestellt ist.

EPIDERMIS*
STRATUM CORNEUM a
STRATUM LUCIDUM b
STRATUM GRANULOSUM c
STRATUM SPINOSUM d
STRATUM BASALE e
(REGENERATIONSSCHICHT) e

DERMIS*
BINDEGEWEBE f
PAPILLEN f_1
NERV g
ARTERIE h, VENE i
LYMPHGEFÄSS j
HAAR*
HAARSCHAFT k
HAARFOLLIKEL L
BULBUS m, HAARMATRIX m_1
HAARPAPILLE n
M. ARRECTOR PILI o
TALGDRÜSE p
SCHWEISSDRÜSE q

FASCIA SUPERFICIALIS r

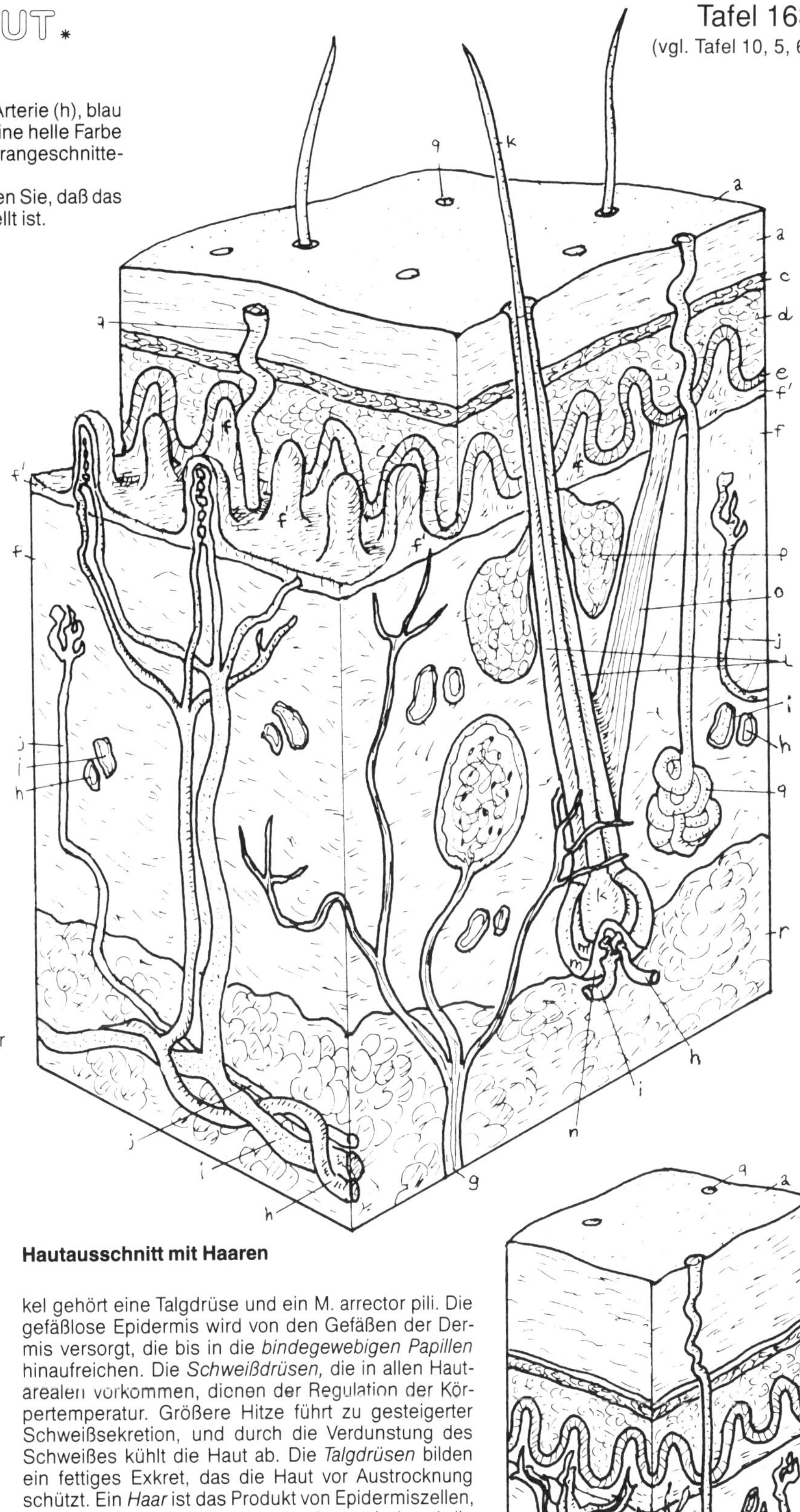

Hautausschnitt mit Haaren

Die *Haut* ist eine unterschiedlich dicke, sehr sensible, gut vaskularisierte Schicht, die den Körper bedeckt. Sie besteht aus zwei Schichten: epitheliale Epidermis und bindegewebige Dermis. Die *Dermis* grenzt an die fettgewebsreiche und bindegewebige Fascia superficialis (subkutanes Fettgewebe), eine unterschiedlich dicke Zwischenschicht zwischen Haut und tiefer liegenden Strukturen (Faszien-begrenzter Skelettmuskel oder Periost-begrenzter Knochen). Die *Epidermis* besteht aus mehreren Zellagen. Die meisten dieser Zellen stammen von den sich häufig teilenden, hochprismatischen Zellen (Basalzellen) des *Stratum basale.* Deren Tochterzellen wandern in Richtung Oberfläche, um eine weitere Zellage aus polygonalen Zellen zu bilden, die durch kurze, stachelförmige Fortsätze miteinander verbunden sind *(Stratum spinosum).* Die älteren Zellen der nächsten Lage *(Stratum granulosum)* haben in ihrem Zytoplasma Granula (Körnchen), die von dem Protein Keratin gebildet werden. Die nächste Zellage *(Stratum lucidum),* die nur in Hautbereichen mit einer starken Hornbildung (z.B. Fingerkuppe) beobachtet wird, besteht aus flachen, sehr hellen Zellen. Die oberste Lage ist das breite *Stratum corneum* (Hornschicht). Sie besteht aus flachen, abgestorbenen Zellen, in denen das Zytoplasma und der Nukleus gegen Keratin ersetzt wurden (dicht gepackte Filamente in einem dichten, strukturlosen Medium: Horn). Es ist vor allem die unterschiedliche Dicke dieser Schicht, die die Hautdicke beeinflußt. Zellen der Epidermis, die nicht von den Basalzellen abstammen, sind die Melanozyten. Sie liegen auch im Stratum basale. Diese Zellen produzieren das Pigment Melanin und geben es an die unteren Zellagen der Epidermis sowie an die Haarfollikel ab.

Die *Dermis* besteht aus dicken Bündeln von faserreichem Bindegewebe, in dem viele *Blut-* und *Lymphgefäße* in netzartiger Anordung sowie Schweißdrüsen und Haarfollikel eingelagert sind. Zu einem Haarfollikel gehört eine Talgdrüse und ein M. arrector pili. Die gefäßlose Epidermis wird von den Gefäßen der Dermis versorgt, die bis in die *bindegewebigen Papillen* hinaufreichen. Die *Schweißdrüsen,* die in allen Hautarealen vorkommen, dienen der Regulation der Körpertemperatur. Größere Hitze führt zu gesteigerter Schweißsekretion, und durch die Verdunstung des Schweißes kühlt die Haut ab. Die *Talgdrüsen* bilden ein fettiges Exkret, das die Haut vor Austrocknung schützt. Ein *Haar* ist das Produkt von Epidermiszellen, die tiefer in die Dermis eingewachsen sind und die Haarwurzelscheide (epidermaler Anteil) eines *Haarfollikels* bilden. Im *Bulbus* des Follikels bilden konzentrische Schichten aus verhornten, pigmentierten Epidermiszellen aus der *Haarmatrix* den *Haarschaft,* der über die Hautoberfläche hinauswächst. Die *dermale Haarpapille* versorgt den Haarschaft mit einem ernährenden Gefäßnetz. Ein Verlust der Papille führt zum Ausfall des Haares. Der *M. arrector pili,* der am Haarfollikel entspringt, kann den Haarschaft aufrichten und die Talgsekretion steigern. Die Haut mit ihren Anhangsgebilden schützt den Körper vor dem Eindringen von Mikroorganismen, Chemikalien und UV-Strahlen; sie spielt eine wichtige Rolle bei der Regulation der Körpertemperatur, außerdem ist sie auch ein Sinnesorgan, das über den Zustand der unmittelbaren Umgebung des Körpers informiert.

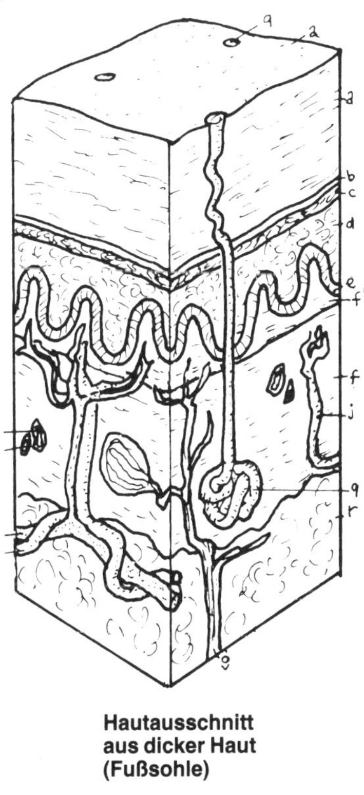

Hautausschnitt aus dicker Haut (Fußsohle)

REGISTER

A

B

C

D

E

F

G

H

I

J

K

L

M

N

O

P

Q

R

S

T

U

V

W

X Y Z

ANTWORTSCHLÜSSEL

zu den Tafeln 75 und 80

Tafel 75: Arterien

a	Aorta
b	A. brachiocephalica
c	rechte/linke A. carotis communis
d	A. carotis externa
e	A. carotis interna
f	A. subclavia
g	A. axillaris
h	A. brachialis
i	A. radialis
j	A. ulnaris
k	Arcus palmaris superficialis
L	Arcus palmaris profundus
m	Aa. digitales
n	A. thoracica interna
o/o_1	Aa. intercostales anteriores/posteriores
p	A. epigastrica superior
q	A. epigastrica inferior
r	Truncus coeliacus
s	A. renalis
t	A. mesenterica superior
u	A. testicularis/ovarica
v	A. mesenterica inferior
w	A. iliaca communis
x	A. iliaca interna
y	A. iliaca externa
z	A. femoralis
1.	A. poplitea
2.	A. tibialis anterior
3.	A. tibialis posterior
4.	A. peronea
5.	A. plantaris lateralis
6.	A. arcuata
7.	A. dorsalis pedis
8.	A. plantaris medialis
9.	A. digitalis
10.	Truncus pulmonalis/Aa. pulmonales

Tafel 80: Venen

a	V. digitalis
b/b_1	dorsales/palmares venöses Netzwerk
c	V. basilica
d	V. cephalicae V. radialis
f	V. ulnaris
g	V. brachialis
h	V. axillaris
i	V. subclavia
j	V. brachiocephalica
k	V. cava superior
L	V. jugularis externa
m	V. jugularis interna
n	V. azygos
o	Vv. intercostales
p	V. thoracoepigastrica
q	V. mesenterica inferior
r	V. mesenterica superior
s	V. lienalis
t	linke V. gastrica
u	V. portae (Pfortader)
v/v_1	V. digitalis/Arcus venosus plantaris
w	Arcus venosus dorsalis pedis
x	V. saphena magna
y	V. saphena parva
z/z_1	V. plantaris medialis/lateralis
1.	V. dorsalis pedis
2.	V. tibialis anterior
3.	V. tibialis posterior
4.	V. poplitea
5.	V. femoralis
6.	V. iliaca externa
7.	V. iliaca interna
8.	V. iliaca communis
9.	V. cava inferior
10.	V. renalis
11.	V. testicularis/ovarica
12.	V. hepatica
13.	V. pulmonalis

BIBLIOGRAPHIE

Anthony, C. P., and N. J. Kolthoff. *Textbook of Anatomy and Physiology,* 9th ed. St. Louis: C. V. Mosby Co., 1975.

Arey, L. B. *Developmental Anatomy,* 7th ed. Philadelphia: W. B. Saunders Co., 1965.

Benson, R. C., ed. *Current Obstetric and Gynecologic Diagnosis and Treatment.* Los Altos, CA: Lange Medical Publications, 1976.

Bloom, W., and D. W. Fawcett. *A Textbook of Histology,* 10th ed. Philadelphia: W. B. Saunders Co., 1975.

Chusid, J. G. *Correlative Neuroanatomy and Functional Neurology,* 16th ed. Los Altos, CA: Lange Medical Publications, 1976.

Clemente, C. D. *A Regional Atlas of the Human Body.* Philadelphia: Lea and Febiger, 1975.

De Robertis, E. D. P., F. A. Saez, and E. M. F. De Robertis, Jr. *Cell Biology.* Philadelphia: W. B. Saunders, Co., 1975.

Elson, L. M. *It's Your Body.* New York: McGraw-Hill Book Co., 1975.

Frohse, F., M. Brodel, and L. Schlossberg. *Atlas of Human Anatomy.* New York: Barnes and Noble, 1961

Ganong, W. F. *Review of Medical Physiology,* 7th ed. Los Altos, CA: Lange Medical Publications, 1975.

Gardner, E., D. J. Gray, and R. O'Rahilly. *Anatomy,* 4th ed. Philadelphia: W. B. Saunders Co., 1974.

Goss, C. M., ed. *Gray's Anatomy of the Human Body,* 28th ed. Philadelphia: Lea and Febiger, 1966.

Grant, J. C. B. *An Atlas of Anatomy,* 6th ed. Baltimore: Williams and Wilkins, 1972.

Guyton, A. C. *Textbook of Medical Physiology,* 5th ed. Philadelphia: W. B. Saunders Co., 1976.

Haymaker, W., and B. Woodhall. *Peripheral Nerve Injuries,* 2nd ed. Philadelphia: W. B. Saunders Co., 1953.

Hollingshead, W. H. *Textbook of Anatomy,* 3rd ed. New York: Harper & Row, 1974.

Lockhart, R. D., G. F. Hamilton, and F. W. Fyfe, *Anatomy of the Human Body,* 2nd ed. Philadelphia: J. B. Lippincott Co., 1965.

Netter, F. H. *Nervous System,* Ciba Collection of Medical Illustrations, vol. 1. Summit, NJ: Ciba Pharmaceutical Products, 1953.

Noback, C. R. *The Human Nervous System.* New York: McGraw-Hill Book Co., 1967.

Romanes, G. J., ed. *Cunningham's Textbook of Anatomy,* 11th ed. New York: Oxford University Press, 1972.

Shapiro, D., F. Belamarich, and C. Levy. *Human Anatomy and Physiology,* New York: Holt, Rinehart and Winston, 1974.

Tortora, G. J., and N. P. Anagnostakos. *Principles of Anatomy and Physiology.* San Francisco: Canfield Press, 1975.

Truex, R. C., and M. B. Carpenter. *Neuroanatomy,* 7th ed. Baltimore: Williams and Wilkins, 1974.

Turner, C. D., and J. T. Bagnara. *General Endocrinology,* 6th ed. Philadelphia: W. B. Saunders Co., 1976.

Warwick, R., and P. L. Williams, ed. *Gray's Anatomy,* 35th British ed. Philadelphia: W. B. Saunders Co., 1973.

Williams, R. H., ed. *Textbook of Endocrinology,* 5th ed. Philadelphia: W. B. Saunders Co., 1974.

———. *Atlas of Body and Mind.* New York: Rand McNally, 1970.